2015

湖北建设年鉴

HU BEI JIAN SHE NIAN JIAN

《湖北建设年鉴》编委会 编

湖北人民出版社

编 辑 说 明

《湖北建设年鉴》是湖北省住房和城乡建设厅主办的综合性大型年刊。2008 年创刊，按年出版，一年一册，旨在逐年全面、真实、准确地记载全省住房和城乡建设系统各个领域的发展与成就。

《湖北建设年鉴》的编辑工作由省住房和城乡建设厅年鉴编辑委员会领导，省住房和城乡建设厅办公室组织，省建设信息中心具体承办，并得到省、市、州建设主管部门大力支持和积极参与。具有真实性、资料性、完整性和权威性，可供各级政府部门和从事建设事业的企事业单位、科研机构、高等院校参阅、研究和收藏。

《湖北建设年鉴》2015 年版是记载 2014 年湖北省住房和城乡建设系统全面落实科学发展观，构建和谐社会采取的举措和取得的成就。全书按湖北建设风貌（彩照）、特载、专文、大事记、湖北建设概况、市州建设概况、行业学会协会、附录等八大部分进行记述，黑白照片随文。

《湖北建设年鉴》目录为三级制，一级为类目，二级为子目，三级为事条目。由上而下，由总到分，由省到市州，由主体到客体谋篇布局，力求纲举目张，克服条目体零散之不足。

鉴乃志之积，志乃鉴之成。为了突出《湖北建设年鉴》的专业特点，保持主要条目的稳定性和史料的连续性，2015 年版继续收录县（市）建设情况。

《湖北建设年鉴》从 2010 年开始，书首“建设风貌”彩照按建筑物的类型分设专辑，系统保存湖北建筑实物资料，古今兼收，纵横相彰。为加强传统村落的保护与管理，延续乡愁古韵，弘扬荆楚文化，《湖北建设年鉴》（2015 卷）特设传统村落专辑。

建设系统在全国、全省通用之简称，文中不另行加注。如住房和城乡建设部，简称住建部；住房和城乡建设厅，简称住建厅；四城同创，即创建全国文明城市、国家卫生城市、国家环保模范城市和国家园林城市；禁实，即禁止使用实心黏土砖；禁现，即禁止现场搅拌混凝土和砂浆。

《湖北建设年鉴》(2015)编纂委员会

主　任

尹维真

副主任

朱建卿　黄祥国　徐武建　苗　欣　金　涛　童纯跃
赵　俊　杨世元　曲　波　李　斌　胡贵玉

委　员

陈建军　洪盛良　王同初　曹向东　万应荣　王云泉
阮　斌　杨　东　谈华初　熊南山　卢修华　周松柏
李晶杰　张文绚　张明豪　张晓曦　曾　龙　林文书
王继连　何　艳　苏霓斌　张　军　陈祖信　左绍斌
余常晏　晏　勇　吴金文　董才友　黄学杰　石裕武
吴　刚　夏文翰　刘丰雷　张　毅　江　永　李宏根
高玉成　杨斐然　张清甫　熊炬国　肖　勇　许晓林
赵新建　伍义兵　柴普林　张少华　伍昌军　项一峰
高　平　邹永华　熊　鹰　杨　剑　崔宏国　王　俊
熊德斌　刘振军　吴献俊　刘　辉　李　全　胡石安
彭　杏　杜昌奕　杨丛林　叶　华　严书高　万建明
毛宁波　黄建军　冯圣明　张书成　胡清明　王日辉
袁国俊　黄先柏　徐志钢　黎胜国　孙新淼　肖　彬
李勤才　李　光　胡建平　贾计平　刘泽富　熊忠海
叶晓剑　魏　强　何仁义　王定志　张　勇　雷纯忠
陈怀玉　郭尔军　刘中芹　刘惠民　张红云　刘行兵
余道香　吴铁柱　黄　罡　曹　林　文仁军　郭义龙
黄振林　杨贤森　张昌斌　赵忠锋　刘爱国　张才友
贾成华　望开全　孙三治　王建忠　向贵明

主　编

黄祥国

常务副主编

李　斌

副主编

张文绚　张明豪

总　纂

王绍明

编　辑

段晶坤　钱　璟　蔡　梅　黄　玉　鞠金坤　李卉放
李　薇　鲁丽君　万彩莲　查立新　张　萍

撰稿人（排名不分先后）

张明豪　罗　辑　王　南　宋智宇　刘宏涛　张　迪
敖　鹰　杜　伟　陈　楹　熊菊珍　聂婧一　顿德爱
欧阳柳萌　邱正炯　何　倩　张四平　李　振　张雨梅
唐先国　李　璐　王　淼　戈　莉　戚　毅　张艳华
侯莉蕊　成　诗　周佳麟　王　旭　李小播　陈　锋
王宏德　董志敏　丁　辉　严　仲　王　鹏　高　建
齐斌成　杨孟秋　周世汉　聂晨辉　石　磊　余　莹
孙　勇　张　平　许红智　朱　滔　刘洪祥　罗道权
袁　凯　左迎春　荣　华　范海涛　罗　锋　郭　欢
秦永启　程　亮　陈卫民　黄艳艳　虞宇杰　李华侨
李必义　汪　海　陈隽勋　朱西胜　姜　奇　黎　鹏
刘红元　周先军　卢林洲　熊家伟　孙登攀　郑方明
胡军辉　王　建　尚传财　王伯安　郑菊峰　蒋新华
段朝方　郑新民　刘　伟　曾超琴　张君芳　程少武
吴元发　江志仿　程远泽　瞿祥祖　李直泰　彭于爽
卢亚兵　汪　洋　张　华　李官颢　何　碧　郭　峰
王诗聪

目　　录

特　　载

专　　文

大　事　记

湖北建设概况

市州建设概况

行业学会协会

附　录

美尔雅房地产公司

宜昌市房地产投资开发有限公司

仙桃市城市建设投资开发公司

荆州市华鼎房地产开发有限公司

宜昌新首钢房地产开发有限公司

荆门宝丽景房地产有限公司

随州碧桂园房地产开发有限公司

大冶市晟达房地产开发有限公司

湖北新楚源置业有限公司

湖北中正信置业有限公司

宜昌市宏基置业有限公司

安陆市恒坤置业有限公司

彩页索引

武汉市城市管理委员会

武汉园林和林业局

武汉市江岸区建设局

武汉市武昌区建设委员会

武汉市蔡甸区城乡建设局

武昌区城市管理委员会

武汉市房产测绘中心

武汉市房地产市场管理中心

武汉市住房保障管理中心

湖北城市建设职业技术学校

襄阳市住房保障和房屋管理局

襄阳市建筑安全生产监督管理站

南漳县城市管理执法局

宜昌市城市管理委员会

宜都市城市管理局

宜昌市伍家岗区城管局

宜昌市建设工程质量安全监督站

十堰市住房和城乡建设委员会

十堰市郧阳区城乡规划局

荆门市园林局

荆门市城市管理执法局

荆门市墙体材料革新与建筑节能办公室

鄂州市城乡建设委员会

鄂州市规划局

鄂州市房产管理局

鄂州市城市管理局

孝感市城乡建设委员会

孝感市住房保障和房屋管理局

孝感市孝南区城乡建设局

应城市住房保障和房屋管理局

云梦县住房保障和房屋管理局

安陆市城乡建设局

大悟县住房保障和房屋管理局

孝昌县城乡建设局

黄冈市住房和城乡建设委员会

黄冈市市容环境卫生管理局

黄冈市散装水泥管理办公室

团风县城乡规划局

蕲春县城乡规划局

黄冈住房公积金管理中心武穴办事处

美尔雅房地产公司

宜昌市房地产投资开发有限公司

仙桃市城市建设投资开发公司

荆州市华鼎房地产开发有限公司

宜昌新首钢房地产开发有限公司

荆门宝丽景房地产有限公司

随州碧桂园房地产开发有限公司

大冶市晟达房地产开发有限公司

湖北新楚源置业有限公司

湖北中正信置业有限公司

宜昌市宏基置业有限公司

安陆市恒坤置业有限公司

湖北建设风貌

（中国传统村落）

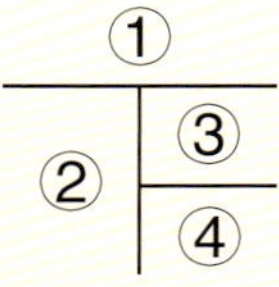

大余湾

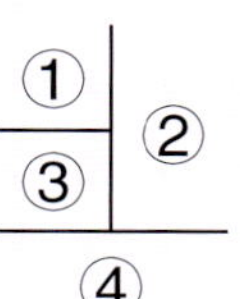

南漳县巡检镇漫云村

宣恩县沙道沟镇彭家寨村吊脚楼群局部

来凤县百福司镇兴安村茶岔溪建筑群全貌

利川市沙溪乡张高寨村吊脚楼

利川市谋道镇鱼木寨传统村落

鹤峰县中营镇大路坪村传统村落全貌

利川市沙溪乡张高寨村

武穴市梅川镇同心村李垅垸

红安县华家河镇祝楼村祝家楼垸

麻城市歧亭镇丫头山村

红安县华家河镇祝楼村祝家楼垸

丹江口市官山镇吕家河村四合院

竹溪县中峰镇甘家岭村

丹江口市官山镇吕家河村古建筑石刻

房县军店镇下腰店村古道

房县军店镇下腰店村古建筑

竹溪县中峰镇甘家岭村古建筑

竹溪县中峰镇甘家岭村古建筑

丹江口市官山镇吕家河村村落风貌

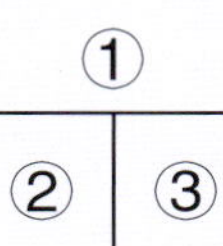

随州市广水市武胜关镇桃源村

①
② ③ ④
郑场镇渔泛村

咸宁市咸安区桂花镇刘家桥村

咸宁市咸安区桂花镇刘家桥村

通山县九宫山风景区中港村

通山县九宫山风景区中港村

咸宁市咸安区桂花镇刘家桥村

葛店武城村古民居

葛店武城村古民居

葛店武城村古巷道

杨岗村灵鹫寺

①②
③④

孝昌县小悟乡向阳村

⑤ ⑥ ⑦ 孝昌县小悟乡项庙村

湖北中国传统村落名录（第1批—第3批）

第一批列入中国传统村落名录的村落名单

武汉市黄陂区木兰乡双泉村大余湾
武汉市黄陂区李家集街道泥人王村
黄石市阳新县浮屠镇玉堍村
黄石市阳新县排市镇下容村阚家塘
十堰市竹溪县中峰镇甘家岭村
宜昌市长阳土家族自治县高家堰镇向日岭村六组
襄阳市枣阳市新市镇前湾村
荆门市钟祥市客店镇赵泉河村
孝感市大悟县芳畈镇白果树湾村
孝感市大悟县宣化镇铁店村八字沟
黄冈市红安县华家河镇祝楼村祝家楼垸
黄冈市麻城市歧亭镇丫头山村
黄冈市武穴市梅川镇同心村李垅垸
咸宁市赤壁市赵李桥镇羊楼洞村
恩施土家族苗族自治州恩施市崔家坝镇滚龙坝村
恩施土家族苗族自治州恩施市白果乡金龙坝村
恩施土家族苗族自治州鹤峰县铁炉白族乡铁炉村
恩施土家族苗族自治州鹤峰县铁炉白族乡细杉村
恩施土家族苗族自治州鹤峰县五里乡五里村
恩施土家族苗族自治州鹤峰县中营乡三家台蒙古族村
恩施土家族苗族自治州来凤县百福司镇新安村
恩施土家族苗族自治州来凤县大河镇冷水溪村
恩施土家族苗族自治州利川市凉雾乡海洋村
恩施土家族苗族自治州咸丰县大路坝区蛇盘溪村
恩施土家族苗族自治州咸丰县甲马池镇马家沟村王母洞
恩施土家族苗族自治州咸丰县清坪镇中寨坝村郑家坝
恩施土家族苗族自治州宣恩县椒园镇庆阳坝
恩施土家族苗族自治州宣恩县沙道沟镇两河口村

第二批列入中国传统村落名录的村落名单

黄石市大冶市金湖街道办上冯村
孝感市孝昌县小河镇小河村
孝感市孝昌县小悟乡项庙村
黄冈市罗田县九资河镇官基坪村罗家大垸
黄冈市罗田县河铺镇肖家垸乌石岩村
黄冈市罗田县白庙河乡潘家垸村
恩施土家族苗族自治州利川市谋道镇鱼木村
恩施土家族苗族自治州利川市忠路镇老屋基村老屋基老街
恩施土家族苗族自治州利川市沙溪乡张高寨村
恩施土家族苗族自治州建始县花坪镇田家坝村
恩施土家族苗族自治州咸丰县尖山乡唐崖寺村
恩施土家族苗族自治州来凤县百福司镇舍米湖村
恩施土家族苗族自治州来凤县大河镇五道水村徐家寨
恩施土家族苗族自治州来凤县革勒车乡鼓架山村铁匠沟
恩施土家族苗族自治州来凤县三胡乡黄柏村下黄柏园

第三批列入中国传统村落名录的村落名单

黄石市大冶市保安镇沼山村刘通湾
黄石市阳新县三溪镇木林村枫杨庄
黄石市阳新县王英镇大田村清潭湾
十堰市房县军店镇下店子村
十堰市丹江口市官山镇吕家河村
襄阳市南漳县巡检镇漫云村
孝感市孝昌县小悟乡向阳村
孝感市大悟县丰店镇桃岭村九房沟
孝感市安陆市王义贞镇钱冲村
黄冈市团风县贾庙乡百丈崖村
黄冈市红安县华家河镇涂湾村
黄冈市红安县太平桥镇回龙寨村石头湾
黄冈市红安县永佳河镇欧桥村刘云四湾
黄冈市罗田县胜利镇瓦房基村老闫家垸
黄冈市英山县国营英山县吴家山林场大河冲村
黄冈市蕲春县向桥乡狮子堰村
黄冈市麻城市歧亭镇杏花村
黄冈市麻城市夫子河镇付兴湾
黄冈市麻城市木子店镇王家畈村
黄冈市麻城市黄土岗镇小漆园村
黄冈市武穴市龙坪镇花园居委会
咸宁市咸安区马桥镇垅口村垅口冯
咸宁市咸安区桂花镇刘家桥村
咸宁市崇阳县白霓镇回头岭村
咸宁市通山县闯王镇宝石村
咸宁市通山县九宫山风景区中港村
咸宁市通山县大畈镇西泉村
咸宁市通山县大路乡吴田村畈上王
随州市曾都区洛阳镇九口堰村
随州市随县桐柏山太白顶风景名胜区解河村戴家仓屋
随州市广水市武胜关镇桃源村
恩施土家族苗族自治州恩施市盛家坝乡二官寨村
恩施土家族苗族自治州利川市柏杨坝镇水井村
恩施土家族苗族自治州利川市忠路镇长干村张爷庙
恩施土家族苗族自治州利川市毛坝镇山青村
恩施土家族苗族自治州利川市毛坝镇石板村
恩施土家族苗族自治州利川市毛坝镇向阳村
恩施土家族苗族自治州宣恩县长潭河乡两溪河村
恩施土家族苗族自治州宣恩县晓关乡野椒园村
恩施土家族苗族自治州咸丰县坪坝营镇新场村蒋家花园
恩施土家族苗族自治州来凤县大河镇独石塘村
恩施土家族苗族自治州来凤县漫水乡兴隆坳村落衣湾
恩施土家族苗族自治州来凤县漫水乡渔塘村上渔塘
恩施土家族苗族自治州来凤县三胡乡石桥村
恩施土家族苗族自治州鹤峰县走马镇白果村
仙桃市郑场镇渔泛村

特载

● 尹维真　在全省住房城乡建设工作会议暨党风廉政建设工作会议上的讲话

在全省住房城乡建设工作会议暨党风廉政建设工作会议上的讲话

省住建厅党组书记、厅长　尹维真

（2015 年 2 月 12 日）

同志们：

经省政府同意，今天召开一年一度的全省住房城乡建设工作会议。会议的主要任务是，贯彻落实党的十八大、十八届三中、四中全会精神，贯彻落实中央领导对住建工作的重要指示批示精神，贯彻落实全国城市规划建设工作座谈会、全国住房城乡建设工作会议和省委、省政府决策部署，总结 2014 年住建工作，部署安排 2015 年工作。下面，我讲三个方面的意见。

一、2014 年工作回顾

2014 年，经济下行压力不断加大，房地产市场迅速变化，地方政府城建投融资平台受到掣肘。面对错综复杂的国内外环境和繁重艰巨的改革发展任务，全系统深入落实中央和省委、省政府的决策部署，坚持“竞进作为”、践行“三维纲要”，迎着困难前行，不断改革创新，全面完成各项住建工作任务。去年，全省住建工作呈现出“两超”（建筑业总产值超万亿元，市政基础设施投资超千亿元）、“两高”（实施棚户区改造 37.88 万套、总量居全国第四，争取中央各类住建补助资金 155 亿元、同比增长 32.5%，均创历史新高）、“一稳”（房地产市场保持平稳发展，开发投资、商品住房销售和地税收入增幅均居全国前列、中部第一）、“两加强”（全系统党风廉政和干部作风建设明显加强）的良好态势。

（一）2014 年，是中央和省委、省政府对住建工作不断提出新要求的一年。去年以来，习近平总书记、李克强总理多次就住建工作作出重要指示和批示，为我们做好工作指明了方向。12 月 16 日，国务院在杭州召开了高规格的全国城市规划建设工作座谈会，张高丽副总理作了重要讲话，对城市规划建设工作提出了新的更高要求。去年，省委、省政府先后就推进全省住建改革、建筑业发展、保障房建设、农村生活垃圾统筹治理等工作多次召开会议，并出台了城镇污水处理、棚户区改造、住房公积金管理、建立城乡规划督查制度等 7 个政策性文件，对做好各项住建工作给予了强有力的指导推动，也充分体现了省委、省政府对住建系统的关怀和重视。

（二）2014 年，是住建系统上下联动强力推进改革的一年。我们主动谋划，争取将住房城乡规划建设管理改革纳入了全省第 22 个改革专项，研究确定了 6 大方面、58 项具体改革任务，成立了由分管省领导为组长、16 个部门参与的改革领导小组。建立了“四个一”（每一改革事项，由一名领导领衔、一个处室牵头、一个专班负责）的改革推进机制。2014 年确定的 14 项改革事项有序推进：黄石共有产权住房建设、县域农村生活垃圾统筹治理、工程质量标准化和智慧城市建设等 4 项改革纳入国家试点；鄂州、十堰等地开展污水处理市场化改革，推动社会资本参与市政基础设施建设运营；省级行政审批事项由改革前的 35 项精简到 17 项、率先在全

国住建系统建立政务服务基本规则和受理清单、率先在省直机关实现网上审批和并联审批，实施住房公积金异地贷款、代际互助等改革创新，都取得了积极成效。

（三）2014年，是全面完成或超额完成各项政府目标任务的一年。开工保障性安居工程46.89万套，基本建成26.5万套，分配入住17.42万户，新增发放租赁补贴2.19万户，完成农村危房改造和渔民上岸安居工程7.3万户。搭建省级融资平台，全省争取国开行融资贷款额度587.5亿元，发放163.76亿元；利用商业信贷等方式，争取棚改企业债、私募债规模540多亿元。完成房地产开发投资3983.8亿元，商品住房销售面积5600万平方米，增幅分别超全国平均水平10.7、13.3个百分点。新增公积金归集额257亿元，新增个人住房公积金贷款270亿元，为促进住房消费发挥了积极作用。实现市政基础设施投资1334亿元，新改建城市道路950公里、排水和污水管网1965公里，城市污水处理率达到85%、生活垃圾无害化处理率达到88.7%。全省建筑业总产值实现10060亿元；新增建筑节能能力79.15万吨标煤，绿色建筑和可再生能源建筑应用提前一年完成“十二五”工作目标。

（四）2014年，是行业管理深入拓展的一年。一是加强规划引领调控。围绕实施“一元多层次”战略，统筹推动大中小城市和小城镇协调发展，稳步推进黄梅小池、浠水散花、钟祥柴湖、恩施龙凤等一批试点镇建设。实施规划管理创新，推行县（市）城乡总体规划“多规合一”试点，制定实施了《湖北省镇域规划编制导则》、《“荆楚派”建筑风格设计导则》等技术文件。率先在21个“四化同步”示范乡镇开展全域规划试点。建立了省级城乡规划督察制度。二是全省多数市州大城管格局基本形成。所有设区城市均设立了政府直属的城管综合执法局，14个市州城市数字化城管系统建成运行，健全了常态化检查考评和奖惩激励机制。三是建设工程质量安全监管力度加大。针对饱受社会诟病的工程质量问题，联合工商等部门集中开展为期3个月的建筑市场综合大整治，启动实施了工程质量治理两年行动，推进落实工程项目五方主体质量终身责任，严厉打击市场违法违规行为。全省工程质量总体可控，3个项目获得鲁班奖；生产安全事故起数、死亡人数实现双下降。四是依法行政工作不断加强。《湖北省城镇供水条例》进入人大三审，《湖北省物业管理条例》、《湖北省国有土地上房屋征收补偿实施办法》等立法抓紧推进。开展了以领导干部和执法人员为重点的法律法规知识全员培训考试，增强了干部职工依法行政的意识和能力。

（五）2014年，是全系统党风廉政和干部作风明显加强的一年。各级住建部门认真落实党风廉政建设“主体责任”，不断完善惩防体系建设，积极支持纪检部门“三转”，加大执法执纪力度；扎实开展教育实践活动“回头看”、“三抓一促”和政风行风评议等活动，持续推进作风改进，着力整治了一批影响发展环境、损害群众利益的突出问题，促进了政风行风进一步好转，涌现了一批全国和省级文明单位、青年文明号以及湖北五一劳动奖状、奖章等先进典型。我厅被省委、省政府表彰为党建工作先进单位、民主评议政风行风优秀单位、平安法治湖北创建活动先进集体。全系统上下初步形成了谋事干活、干净做事的良好氛围。

这些成绩的取得，得益于省委、省政府的正确领导和住建部的强力指导，得益于各地党委政府的高度重视和各部门的大力支持，也得益于全系统广大干部职工辛勤工作、团结奋进。在此，我代表厅党组向关心、支持住建事业发展的各级各部门领导表示衷心的感谢，向全系统广大干部职工致以崇高的敬意！

二、2015年工作安排

2015年，是全面深化改革关键之年，是全面推进依法治国开局之年，是“十二五”规划的收官之年，也是谋划“十三五”长远发展的重要一年。做好今年的住建工作，任务繁重艰巨，意义重大深远。

我们要遵循“全面建成小康社会、全面深化改革、全面依法治国、全面从严治党”的总要求，认真贯彻落实中央和省委、省政府的决策部署，主动适应经济发展新常态，紧紧围绕提高人民群众居住水平，提升城镇综合承载能力，改善城乡人居生态环境，统筹谋划，突出重点，务求实效，奋力推动“六个转变”(推动住房工作由注重规模向提升品质转变，城乡规划由注重编制向创新体系、强化监管转变，城镇建设由外延扩张向内涵提升转变，城市管理由市容整治向常态化、精细化管理转变，建筑业发展由总量提升向转型升级转变，行业管理由行政监管向依法治理转变)，努力开创全省住建事业新局面。

今年的工作任务，厅里已下发工作要点，请大家认真抓好落实。这里我着重强调几项工作，概括地讲，就是“保持一个稳定、三个着力加强、三个深入推进”。

(一)保持一个稳定

采取有效措施保持房地产市场平稳健康发展。去年以来，房地产市场供求状况发生了一些变化，但房地产在国民经济中的地位和作用没有变。房地产的走势受宏观经济的影响，又在一定程度上影响整个经济运行。我们要看到，随着新型城镇化的推进，相当数量的新市民住房问题还没有得到解决，相当数量的城市居民对改善住房条件还有新的期待。这就要求我们按照“稳需求、去库存、控风险、促转型”的思路，准确把握新情况、新问题，注意地区间的差异，跟踪市场走势，加强形势研判和风险防范，做好应对政策储备，正确引导房地产消费，促进房地产市场平稳健康发展。要进一步落实《关于促进全省房地产市场平稳健康发展的若干意见》，把握保障房和商品房土地供应规模和节奏，保持市场平稳；加强分类指导，加大征收拆迁货币化安置力度，加快培育和发展住房租赁市场，支持企业因地制宜地发展商业、工业、旅游、养老等产业地产；加快全省城镇个人住房信息系统建设，确保年底建成投入使用。提升物业管理和服务水平，加强住房专项维修资金管理使用工作。

更大力度推动以棚改为重点的保障性安居工程建设。今年全省要新开工建设保障性住房和棚户区改造住房46.59万套，实施各类棚户区改造40.16万户。棚户区改造既是重大的民生工程，又是拉动经济增长的重要举措。我们要审时度势，抢抓机遇，更大力度、更大规模地推进棚户区改造。要千方百计破解资金筹措和征收安置难题，努力拓宽投融资渠道，在争取中央补助资金的同时，充分发挥国开行政策性金融支持作用(力争专项融资贷款额度850亿元，发放300亿元)，利用好企业债、私募债等市场化融资方式，鼓励和引入企业积极参与。要大力推进棚改货币化安置，注重研究政策，规范程序，力争全省棚改货币化安置达到40%以上。

要加强各类保障性住房的合理布局、规划设计、工程质量和配套设施建设管理，强化开工、竣工、入住“三率”考核，力争多建成、早入住。要不断创新方法，完善相关制度，继续推进廉租房、公租房并轨运行，总结拓展共有产权住房试点，将符合条件的农民工纳入住房保障范围。要在根据需求集中新建公租房的同时，充分发挥

市场作用，通过市场提供保障房房源，住房补贴租金，实现“补砖头”、“补人头”并举，提高住房保障效率。

充分发挥住房公积金支持住房消费的作用。继续贯彻落实省政府《关于进一步加强住房公积金管理工作的通知》和住建部等部委《关于放宽提取住房公积金支付房租条件的通知》精神，以非公企业为重点开展公积金扩面建缴工作。要改进住房公积金提取机制，提高资金使用效率，增强制度有效性和公平性。

（二）着力加强三项工作

加强规划调控、引领和约束。规划是重要的公共政策，是政府的第一资源。现在，我省已经基本解决了有无规划的问题。省域城镇体系规划于2012年编制完成，36个城市、40个县城、915个乡镇都编制了总体规划，2.6万个行政村已有1.5万个完成了村庄规划编制。我省城镇建设进入有规划可依的阶段。目前存在的主要问题是，一些地方规划的预见性不够，水准不高和执行不严。下一步要着重抓好以下工作：一要围绕实施“一元多层次”战略，推进规划体系创新。构建以“区域协同规划、城镇体系规划、市（县）城乡总体规划、镇（乡）域全域规划、村庄体系布局、村庄规划”为主体的城乡全域规划体系，强化规划“硬约束”，提升规划科学性。城市规划要力争多留精彩之笔，尽力避免发生败笔，不犯颠覆性错误。二要严格落实城乡规划“三区四线”管控制度。强化规划在区域协调、城乡统筹、绿色低碳、文化传承、城市风貌等方面的调控、引领和约束作用。在武汉城市圈开展“多规合一”试点，积极推进区域协同管控“一张图”试点建设。三要强化规划督察问责制度。从今年开始，实施城乡规划督察问责，以国家级风景名胜区、历史文化名城、重点城市等为重点，采取巡查与重点督察相结合、遥感监测与挂牌督办相结合的方式，严肃问责规划违法违纪行为，增强规划的严肃性和权威性。严格规划编制审批和修编程序，不得一任领导一个规划，不得违反规划搞建设。四要加强城市设计。城市设计是介于城市规划和建筑设计之间的必不可少的重要环节，是解决“贪大、媚洋、求怪”等建筑乱象的重要制度安排。我们要按照中央要求，加紧研究制定湖北省城市设计导则和工作指引，强化城市设计对建筑设计、城市风貌的约束指导，不断提升城市品质，体现地域特征、民族特色和时代风貌。要做好城市整体层面和重点区域、地段的设计，包括对天际线、视线通廊、建筑风格及色彩、高度、体量等提出要求，并作为控制性详规和土地出让条件。五要注重历史文化传承，加强历史文化名城、历史街区、历史建筑的保护。注重发挥高端人才的领军作用，开展湖北省工程勘察设计大师、工程建造大师评选。注重建立完善建筑设计决策评估和重大工程的后评估机制，有效遏制建筑乱象。

加强以地下管网为重点的城市基础设施建设。要坚持“先地下、后地上”，“先规划、后建设”的理念，着力解决城市内涝、管网漏损、“拉链马路”等群众反映强烈的突出问题。按照住建部要求，抓紧申报并务实推进城市地下综合管廊和海绵城市建设试点。推进各城市加快建立统筹协调、分工负责的城市地下管线综合管理协调机制，今年要全面完成城市地下管线普查，建立综合管理信息系统，地下管线综合规划编制工作。深入贯彻落实《省人民政府关于进一步加强城镇生活污水处理工作的意见》，全面推进城市污水管网配套、雨污分流改造和污泥处理处置等设施建设，城市污水处理率要达到86%。要拓宽城市基础设施融资渠道，实现投资1600亿元，保持20%以上的增长。要在住建领域大力推行政府和社会资本合作(PPP)模式,通过特许经营、购买服务、股权合作等方式,建立利益共享、风险分担的长期合作关系。今年年中,要召开PPP模式投资建设运营现场会,推广可复制、可借鉴的成熟经验。要加强城市生态园林建设,确保第十届中国(武汉)国际园林博览会按期开园,积极支持中法武汉生态示范城以及神农架世界自然遗产申报和国家公园体制试点示范建设。

加强以垃圾治理为重点的农村人居环境建设。省委、省政府高度重视农村人居环境,将治理农村生活垃圾作为推进新型城镇化、促进城乡一体化的重要内容,作为全面建成小康社会的重要任务,进行了全面安排部署。自2013年启动实施创建“美丽家园、清洁乡村”三年行动计划以来,我省农村生活垃圾治理取得积极成效,各个工作层面涌现了一批先进典型。但是,全省发展不平衡,一些地方仍然存在领导重视不够、发动群众不够、治理方式简单粗放和设施能力不足等问题,离国家提出5年专项治理的要求、到2019年实现全国90%村庄的生活垃圾得到有效处理的目标,存在很大差距。为此,省委、省政府于今年2月6日召开了专题电视电话会议,对这项工作进行了再动员、再部署。各级住建部门务必主动作为,敢于担当,切实抓好工作落实,确保提前一年完成国家提出的目标任务。特别是要在善于争取领导、协同部门行动上下功夫,在组织发动群众、科学编制规划、强化资金保障、层层传导责任、因地制宜选择处理模式上抓落实。当前,要以“三万”活动为载体,抓好工作推进。上半年,以县为单位的规划编制要实现全覆盖,要消除生活垃圾无害化处理13个空白县市。我们将按省委、省政府的要求,加强定期通报,强化督办问责。

改善农村人居环境,要结合推进新型城镇化建设,引导农村人口就近就地有序转移。充分发挥21个“四化同步”示范乡镇的典型带动作用,总结推广不同类型小城镇特色化、差异化建设模式,建立完善小城镇建设体制机制,提升小城镇综合承载能力。要加强传统村落保护和利用,制定出台《湖北省历史文化名镇名村评选办法》,评选公布一批省级历史文化名镇名村,传承和弘扬荆楚传统文化。要抓好宜居村庄建设,结合“荆楚派”村镇风貌与民居建筑风格塑造,抓好“美丽乡村”和“荆楚派”民居特色建设示范,建设保留历史记忆、传统格局、山水风貌的美丽村镇。要组织编制农村居民点布局规划,引导乡村风貌建设。要加强规划监督,防止盲目迁村并点建新村。

(三)深入推进三项工作

今年,我们要继续抓好建筑业转型发展、工程质量安全治理和城市管理这三项工作。按照新形势、新要求,不断推动三项工作向纵深发展。

深入推进建筑业转型升级。这些年,我省建筑业取得长足发展,去年总产值突破万亿元大关,增加值占GDP的比重达到6.99%,从业人员达到225万人,对经济发展贡献大,就业吸纳能力强,是我省名副其实的支柱产业。加快建筑业转型发展,对稳增长、促就业意义重大。今年,我们要按照经济发展的新要求,着重抓好以下工作。一要大力打造建筑业“湖北品牌”。进一步强化扶优扶强措施,培育龙头企业,壮大产业规摸,支持鼓励企业“走出去”发展。今年建筑业总产值要保持20%的增长。二要推动企业经营管理模式创新。大力推行工程总承包模式,实现技术、人力、资金和管理资源的高效整合,促进投资、研发、设计、施工、管理一体化发展;鼓励发展混合所有制企业,促进央企与省内本土企业、民营企业协同发展;支持骨

干企业以BOT、PPP等方式走进资本市场，参与新型城镇化建设。三要推动要素资源整合。充分发挥建筑产业联盟平台作用，推动行业聚合优势资源，形成协同创新、共赢发展的局面。四要大力推动建筑产业现代化。要以住宅产业化为切入点，以保障房建设为突破口，推进建筑标准化、工厂化生产。研究制定政策措施，加强技术标准体系、质量安全规范、造价取费政策等研究，力争年内建成2～3个区域性产业化基地。五要强力推进绿色建筑发展。开展省级绿色生态城区示范、绿色建筑集中示范和高星级绿色建筑项目示范。实施绿色建筑省级认定办法，逐步将绿色建筑标准由推广应用转变为强制实施。全年新增建筑节能能力71万吨标煤，发展绿色建筑313万平方米、可再生能源建筑应用面积1443万平方米。

深入推进工程质量安全治理。我省正处于大开发、大建设时期。2014年，全省监督工程项目2.2万个，房屋建筑施工面积6.2亿平方米，建筑工程点多面广量大，对我们质量安全监管提出了严峻的挑战。抓好建筑质量安全，责任重于泰山。我们必须常抓不懈，不能有丝毫懈怠。要创新管理方式，推动建筑工程质量安全管理由事后监管向全过程监管转变。要扎实推进工程质量治理两年行动，强化五方主体项目负责人质量终身责任，大力推进建筑市场诚信体系建设。6月底前建成诚信体系项目库、企业库、人员库，出台实施《湖北省建筑企业信用评价办法》、《湖北省建筑市场黑名单制度》。贯彻落实新《安全生产法》，严格履行“党政同责、一岗双责”，制定各方主体责任追究办法，坚决遏制安全事故高发势头。

深入推进城市管理。近几年，在各地党委政府高度重视下，城市管理工作不断加强，市容环境面貌发生显著变化。但是也存在一些不容忽视的问题。特别是对长期困扰我们的借法执法、执法队伍不适应依法行政要求等问题，我们一定要高度重视，认真研究破解，切实提高城管执法水平。要按照党的十八届四中全会关于“依法赋予设区的市地方立法权”的新要求，推动各设区城市开展立法尝试，使城市管理于法有据、有法支撑。要进一步理顺城管体制机制。推动形成“属地管理、条块互动、部门协作、群众参与”的大城管格局。要强化文明执法教育培训，大力提升执法队伍依法管理、文明执法的能力。要全面推进城市管理常态化精细化，完善提升数字化城市管理系统。要实施市容环境容貌提质工程。大力开展“广告街区”、“最美工地”、“最美社区”等示范创建活动，深入整治影响市容环境的突出问题。坚决治理违章建筑，通过拆除违章建筑，拆出生态环境，赢得民心。要提升服务管理效能，以供水、供气、房管等窗口行业为重点，大力推进标准化、规范化服务，着力解决群众关心的热点难点问题。加强市政设施维护、运行管理，强化城市公园等人员密集场所安全防范，完善应急处置机制，确保城市运行安全。要健全完善逐级检查考评和奖惩激励制度，提升城市管理整体水平。

要认真谋划，做好“十三五”规划研究编制工作。抢抓长江中游城市群、汉江运河经济带等重大战略机遇，精心谋划一批事关住建发展大局的重大项目，争取纳入省级乃至国家笼子，主动做好与总体规划和行业规划的衔接，努力使“十三五”规划成为引领新常态、指导住建事业科学发展和跨越式发展的行动指南。

三、加强住建系统作风能力建设

今年住建改革发展任务依然艰巨繁重，我们要主动适应新常态新要求，围绕打造“四个住建”(法制住建、活力住建、服务住建、廉洁住建)目标，以法治建设为核心，以改作风提能力为重点，全面加强住建系统自身建设，为圆满完成各项工作任务提供坚强保障。

（一）树立法治思维，推进依法行政。要认真贯彻落实十八届四中全会和省委十届五次全会精神，全面履行政府职能，坚持法定职责必须为、法无授权不可为，把住建工作纳入法制化轨道。加快行业立法进程，积极做好《湖北省城镇供水条例》、《湖北省物业管理条例》、《湖北省国有土地上房屋征收补偿实施办法》等法规规章立法工作。依法推进职能转变，加大简政放权力度，加强对取消和下放行政审批事项的事中和事后监管，推行权力清单、责任清单、负面清单制度，坚决纠正不作为、乱作为，坚决惩处失职渎职，不断规范住建系统行政行为。全面推进政务公开，对涉及人民群众切身利益和优化发展环境等方面的信息依法依规予以公开。切实做好法制宣传教育，加强全行业全员培训，不断提升用法治思维和法治方式推进住建工作的能力和水平。

（二）全面深化改革，增强发展活力。今年，省级层面初步确定了6大方面、30项年度改革任务。对这些任务，要逐项明确责任，明确完成时限，严格考核结账。要举全系统之力，联动推进4项国家层面改革试点和纳入省委常委会工作要点的改革任务（住房保障和供应体系建设），在政府与社会资本合作（PPP）试点、城市地下综合管廊和海绵城市建设、工程质量管理标准化、建筑产业现代化等重点领域和关键环节的改革上取得实质性突破。各级住建部门也要结合实际，有序推进一批改革事项，抓实施、见成效。

（三）创新工作方法，提升工作效能。一要善谋实干。住建部门是一个多行业管理部门，工作系统性、综合性强，由于经济运行存在诸多不确定因素，完成今年工作任务特别艰巨。但事在人为、为在谋划。要多请示、勤汇报，争取将行业的工作纳入党委政府的“大盘子”中去推动，要主动协调其他部门支持配合，借力发力。要善借媒体的力量，主动发声，加强宣传，争取社会各界理解支持。要善于搭建平台，创新工作抓手，通过召开现场会等形式，示范引导，有效指导推动工作。二要上下联动。住建厅和市州、市州和县市区住建部门要实现工作联动，做到统一思想、步调一致，形成合力。三要狠抓落实。要加强层级管理，责任传导，一级抓一级、层层抓落实。对安排部署的工作任务逐一分解，定责任、定目标、定路线图和时间表，逐项抓落实。要强化督促检查，加强考核，奖惩兑现，结好硬账；对于工作落实不力的，要严格问责追责。

（四）加强队伍建设，改进行业作风。要保持强烈的“本领恐慌”意识，切实加强住建队伍作风能力建设。要深入学习党的十八大、十八届三中、四中全会精神和习近平总书记系列重要讲话精神，引导党员干部牢固树立市场意识、法治意识、服务意识，主动认识新常态、把握新常态、引领新常态。要加强各类教育培训，着力提升驾驭复杂局面、推动改革发展、服务保障民生的能力水平。关于党风廉政建设，朱建卿同志已经作了全面的部署，这里我再作强调。全省各级住建部门党组织要认真贯彻十八届中央纪委第五次全会和国务院第三次廉政工作会议精神，落实从严治党和党风廉政建设主体责任，认真落实“一把手”第一责任人的责任；党员领导干部要主动适应从严治党新常态，做清醒人、明白人、局中人，牢记管党治党职责，认真落实“一岗双责”，坚持一手抓改革发展、一手抓反腐倡廉，加强廉政风险防控和权力运行监督，以更坚定的决心、更有力的举措，毫不松懈地把党风廉政建设和反腐败斗争推向深入。要支持纪检监察实行“三转”，严格执纪监督问

责。要严格执行中央八项规定和省委六条意见，坚决反对“四风”，持续改进作风。各级住建党员领导干部要以身作则，以上率下，坚决整治“慵懒散混”、“为官不为”等问题，争当清廉为官、事业有为的好干部。这里，我再次提醒住建系统干部职工务必时刻谨记两句话：一要干活，二要干净。

同志们，春节将至，大家要努力做好城市各项服务工作，保证安全生产，要关心老干部和困难群体，安排好职工生活，过一个祥和、愉快、平安的春节。

借此机会，我代表厅党组，祝各位，并通过各位，祝全省住建系统的全体同志们，春节快乐，万事如意！

专文

- 主动适应新常态　推动住建新发展　尹维真
- 主动适应新常态　建设新型随州城　袁善谋

主动适应新常态　推动住建新发展

尹维真

2015年，是全面深化改革关键之年、全面推进依法治国开局之年、“十二五”规划收官之年，也是谋划“十三五”长远发展的重要一年，做好住房城乡建设工作，任务繁重艰巨，意义重大深远。我们要认真贯彻落实中央和省委、省政府的决策部署，主动适应经济发展新常态，紧紧围绕提高人民群众居住水平，提升城镇综合承载能力，改善城乡人居生态环境，着力加强城乡规划建设管理，切实转变行业发展方式，奋力推进住房城乡建设新发展、新跨越。

一、推动住房建设由注重规模向提升品质转变

住房是民生之要、发展之基。去年，面对房地产市场风险加剧的严峻局面，我省积极应对，精准施策，住房建设实现了“两高”(即棚户区改造37.88万套、总量居全国第四，争取中央住建补助资金155亿元、同比增长32.5%，均创历史新高)、“一稳”(即房地产市场保持平稳发展，开发投资、商品住房销售和地税收入增幅均居全国前列，中部第一)的良好态势，受到住建部的充分肯定。我们要清醒地看到，现在房地产市场供求状况虽然发生了一些新的变化，但房地产在国民经济中的地位和作用没有变，特别是随着新型城镇化的推进，相当数量的新市民住房问题还没有得到解决，相当数量的城市居民对改善住房条件还有新的期待。这就要求我们按照“稳需求、去库存、控风险、促转型”的思路，准确把握新情况、新问题，加强形势研判和风险防范，做好应对政策储备，正确引导房地产消费。要进一步落实促进全省房地产市场平稳健康发展的政策措施，把握保障房和商品房土地供应规模和节奏，保持市场平稳；加强分类指导，加快培育和发展住房租赁市场，支持企业因地制宜地发展商业、工业、旅游、养老等产业地产；加快全省城镇个人住房信息系统建设，加强住房专项维修资金管理，提升物业管理和服务水平。

要更大力度推动以棚改为重点的保障性安居工程建设。同时，充分发挥住房公积金支持住房消费的作用，改进和创新住房公积金提取机制，切实提高资金使用效率。

二、推动城乡规划由注重编制向创新体系、强化监管转变

规划是重要的公共政策，是政府的第一资源。我省省域城镇体系规划于2012年编制完成，目前存在的主要问题是，一些地方规划的预见性不够、水准不高和执行不严。当前和今后一个时期，一要围绕实施“一元多层次”战略，推进规划体系创新。构建以“区域协同规划、城镇体系规划、市(县)城乡总体规划、镇(乡)域全域规划、村庄体系布局、村庄规划”为主体的城乡全域规划体系，强化规划“硬约束”，提升规划科学性。二要严格落实城乡规划“三区四线”管控制度。强化规划在区域协调、城乡统筹、绿色低碳、文化传承、城市风貌等方面的调控、引领和约束作用。在武汉城市圈开展“多规合一”试点，积极推进区域协同管控“一张图”试点建设。三要强化规划督察问责制度。从今

年开始，实施城乡规划督察问责，以国家级风景名胜区、历史文化名城、重点城市等为重点，采取巡查与重点督察相结合、遥感监测与挂牌督办相结合的方式，严肃问责规划违法违纪行为，增强规划的严肃性和权威性。四要加强城市设计。城市设计是解决“贪大、媚洋、求怪”等建筑乱象的重要制度安排，要研究制定湖北省城市设计导则和工作指引，强化城市设计对建筑设计、城市风貌的约束指导，不断提升城市品质，体现地域特征、民族特色和时代风貌。五要注重历史文化传承，加强历史文化名城、历史街区、历史建筑的保护。注重发挥高端人才的领军作用，开展湖北省工程勘察设计大师、工程建造大师评选。注重建立完善建筑设计决策评估和重大工程的后评估机制，有效遏制建筑乱象。

三、推动城镇建设由外延扩张向内涵提升转变

要坚持“先地下、后地上”，“先规划、后建设”的理念，着力解决城市内涝、管网漏损、“拉链马路”等群众反映强烈的突出问题。按照住建部要求，抓紧申报并务实推进城市地下综合管廊和海绵城市建设试点。推进各城市加快建立统筹协调、分工负责的城市地下管线综合管理协调机制，全面完成城市地下管线普查，建立综合管理信息系统，积极开展地下管线综合规划编制工作。深入贯彻落实《省人民政府关于进一步加强城镇生活污水处理工作的意见》，全面推进城市污水管网配套、雨污分流改造和污泥处理处置等设施建设，城市污水处理率要达到86%。拓宽城市基础设施融资渠道，实现投资1600亿元，保持20%以上的增长。要在住建领域大力推行政府和社会资本合作(PPP)模式，通过特许经营、购买服务、股权合作等方式，建立利益共享、风险分担的长期合作关系。加强城市生态园林建设，确保第十届中国(武汉)国际园林博览会按期开园，积极支持中法武汉生态示范城以及神农架世界自然遗产申报和国家公园体制试点示范建设。

要加强以垃圾治理为重点的农村人居环境建设。省委、省政府高度重视农村人居环境，将治理农村生活垃圾作为推进新型城镇化、促进城乡一体化的重要内容，作为全面建成小康社会的重要任务，进行了全面安排部署。省住建厅将协同有关部门按照省委、省政府的要求，加强定期通报，强化督办问责，坚决消除生活垃圾无害化处理13个空白县市。要充分发挥21个“四化同步”示范乡镇的典型带动作用，总结推广不同类型小城镇特色化、差异化建设模式，建立完善小城镇建设体制机制。加强传统村落保护和利用，制定出台《湖北省历史文化名镇名村评选办法》，结合“荆楚派”村镇风貌与民居建筑风格塑造，抓好“美丽乡村”和“荆楚派”民居特色建设示范，建设保留历史记忆、传统格局、山水风貌的美丽村镇。

四、推动城市管理由市容整治向常态化、精细化管理转变

近几年，在各地党委政府高度重视下，我省城市管理工作不断加强，市容环境面貌发生显著变化。但是也存在一些不容忽视的问题，特别是对长期困扰的借法执法、执法队伍不适应依法行政要求等问题，一定要高度重视，认真研究破解，切实提高城管执法水平。要按照党的十八届四中全会关于依法赋予设区城市地方立法权的新要求，积极开展立法尝试，使城市管理于法有据、有法支撑。要进一步理顺城管体制机制，推动形成“属地管理、条块互动、部门协作、群众参与”的大城管格局。强化文明执法教育培训，大力提升执法队伍依法管理、文明执法的能力。全面推进城市管理常态化精细化，完善提升数字化城市管理系统。实施市容环境容貌提质工程，大力开展“最美工地”、“最美社区”等示范创建活动，深入整治影响市容环境的突出问题。要提升服务管理效能，以供水、供气、房管等窗口行业为重点，大力推进标准化、规范化服务，着力解决群众关心的热点难点问题。加强市政设施维护、运行管理，强化城市公园等人员密集场所安全防范，完善应急处置机制，确保城市运行安全。健全完善逐级检查考评和奖惩激励制度，提升城市管理整体水平。

五、推动建筑业发展由总量提升向转型升级转变

这些年，我省建筑业取得长足发展，去年总产值突破万亿元大关，增加值占GDP的比重达到6.99%，从业人员达到225万人，对经济发展贡献大，就业吸纳能力强，是我省名副其实的支柱产业。当前，要按照经济发展的新要求，着重抓好以下工作。一要大力打造建筑业“湖北品牌”。二要推动企业经营管理模式创新。三要推动要素资源整合。四要大力推动建筑产业现代化。五要强力推进绿色建筑发展。

我省正处于大开发、大建设时期。2014年，全省监督工程项目2.2万个，房屋建筑施工面积6.2亿平方米，建筑工程点多面广量大，对质量安全监管提出了严峻的挑战，抓好建筑质量安全，责任重于泰山。要创新管理方式，推动建筑工程质量安全管理由事后监管向全过程监管转变，扎实推进工程质量治理两年行动，强化五方主体项目负责人质量终身责任，大力推进建筑市场诚信体系建设，抓紧建成诚信体系项目库、企业库、人员库，出台实施《湖北省建筑企业信用评价办法》、《湖北省建筑市场黑名单制度》。贯彻落实新《安全生产法》，严格履行“党政同责、一岗双责”，制定各方主体责任追究办法，坚决遏制安全事故高发势头。

六、推动行业管理由行政监管向依法治理转变

今年住建改革发展任务艰巨繁重，要主动适应新常态新要求，围绕打造“四个住建”(法制住建、活力住建、服务住建、廉洁住建)目标，以法治建设为核心，以改作风提能力为重点，全面加强住建系统制度建设，不断推进行业管理由行政监管向依法治理转变。要依法履行政府职能，坚持法定职责必须为、法无授权不可为，把住建工作全部纳入法制化轨道。加快行业立法进程，积极做好《湖北省城镇供水条例》、《湖北省物业管理条例》、《湖北省国有土地上房屋征收补偿实施办法》等法规规章立法工作，不断完善行业管理法规体系。依法推进职能转变，加大简政放权力度，加强对取消和下放行政审批事项的事中和事后监管，推行权力清单、责任清单、负面清单制度，坚决纠正不作为、乱作为，坚决惩处失职渎职，不断规范住建系统行政行为。全面推进政务公开，切实做好法制宣传教育，加强全行业全员培训，不断提升用法治思维和法治方式推进住建工作的能力和水平。

与此同时，要坚持全面深化改革，不断增强行业发展活力。今年，省住房城乡规划建设管理改革专项初步确定了6大方面、30项年度改革任务，要逐项明确责任，明确完成时限，严格考核结账。举全系统之力，联动推进4项国家层面改革试点和纳入省委常委会工作要点的重要领域改革任务(住房保障和供应体系建设)，在政府与社会资本合作(PPP)试点、城市地下综合管廊和海绵城市建设、工程质量管理标准化、建筑产业现代化等重点领域和关键环节的改革上取得实质性突破。各级住建部门也要结合实际，有序推进一批改革事项，抓实施、见成效。

(作者系湖北省住房和城乡建设厅党组书记、厅长)

主动适应新常态　建设新型随州城

袁善谋

在新常态正在成为国家治理理念和决策依据的今后一个时期，我们应认真遵循“三个规律”、坚定“三种”发展，在推进新型城镇化的进程中，围绕以人为本的城镇化核心，处理好“人、地、钱”的关系，坚持四化同步发展思路，贯穿生态文明理念，在城市“产业优化升级、第三产业和消费需求比重增加、创新驱动为主”等问题上精准定位、精准发力，才能够主动作为，干有所成。

随州市地处于湖北省中北部，国土面积9936平方公里，人口260万，2000年设立地级市，2014年常住人口城镇化率45%。在中国经济社会发展处于新常态的背景下，随州市需要变观念、理思路、主动作为，切实有效地推进城镇化的进程。

一、扮靓“三张”牌

随州市是国务院首批命名的中国历史文化名城，是中华民族始祖炎帝神农故里、世界编钟音乐之乡、中国佛教禅宗发祥地之一，围绕这三张名牌，努力把随州声誉扮靓。

——“炎帝牌”。弘扬中华民族勤劳、节俭、友善、孝悌的传统文化，结合社会主义核心价值观，把世界华人“谒祖”产业做大、“孝”文化做响。

——“编钟牌”。随州出土春秋战国时期的大型编钟为世界敬仰，将编钟元素与文化创意相结合，策划“中国编钟音乐之都”文化创意园的建设，衍生音乐教育业、音乐产权交易业、音乐博览业、综合娱乐业等，真正把编钟品牌敲响。

——“大洪山牌”。大洪山是国家级风景名胜区和国家4A级旅游景区，又是华中佛教禅宗发源地之一，已成为人们旅游、观光、养生、礼佛的目的地。在湖北省委、省政府“两圈两带”发展战略上，大洪山综合保护开发利用已升为省级战略，今后大洪山的名声会更响。

二、树立“三维”观

随州在“湖北中部崛起战略支点”支撑中定位是“圣地车都”，但经济总量和人均占用量在湖北明显落后，随州人“等不得”，但又“急不得”，因此，在发展理念上必须牢固树立三维观。

关于“市场观”。随州建市晚、三次产业比重不尽合理，但后发优势强劲，在产品生产的过程中，应努力寻求“优、特、名”，随州农副产品中的香菇、木耳、蕙兰、银杏饮誉中外；工业产品中的“专用汽车”生产品种全、品牌优；第三产业中的旅游业正蒸蒸日上，这些产品已在全国开始崭露头角，但也需要市场进一步磨砺。

关于“绿色观”。生态文明建设中应该树立“绿色决定生死”的观念，随州是国家园林城市、国家森林城市，森林覆盖率达54%，但仍须坚定不移地走绿色发展之路，在发展方式的转变、绿色产业的发展、绿色GDP的引领上下功夫，划定城镇及产业发展的生态红线，淘汰资源消耗型、环境污染型产业，做到既要金山银山，更要绿水青山。

关于“民生观”。随着城镇化水平不断提高，城镇化人口聚集度越来越大，而现有的城市承载力有限，城市的“水、电、路、汽、网、房”等基础设施建设严重滞后，特别是污水、垃圾治理难以达标，城镇居民生活的幸福感不强，如老随州城5平方公里的面积居住近10万人，现有城中村和棚户区户数达2万余户，这些都迫切需要在城市基础设施建设和市民住房条件上加以改善。

三、建好“三个”城

到2020年，随州中心城区面积将达100平方公里，人口100万，为随州市城镇化率贡献8 ～10个百分点，因此，按新型城镇化的三线（城市发展边线、生态红线，耕地保护底线）要求，切实建好随州的“三个城”。

——琵琶古城。按照随州历史文化名城保护规划，随州老城区的东护城河、西护城河合围的琵琶城占地5平方公里，遗存有“河、城、桥、楼、巷”等，古随州城印象的记忆十分清晰。但由于保护力度不够、投入不足、设施落后、人口密度大等原因，古城消失危险性极大，因此，对古城的保护是当务之急，办法与措施就是：强化规划刚性约束、加大保护投入力度、老城减载卸载、做优做美老城。

——产业新城。随州高新技术产业园占地约80平方公里，集中近百家专用汽车企业，是湖北汽车产业带中的重要节点汽车城，更是随州城镇化过程中工业化的重要平台和支撑，应严格按照国际国内生产标准，提高核心竞争技术，努力提高附加值，把汽车产业城做强。

——文化生态新城。随州城南文化生态新城规划面积30平方公里，以文化、服务、教育、居住为一体，以“中国编钟音乐之都”策划规划建设为抓手，建“中国一流、世界特色”的文化创意之城、音乐之城、教育之城、生态休闲之城。

四、干实“三件”事

一是实实在在地做规划。把市县经济社会发展规划、土地空间利用规划、城乡建设规划和生态修复与建设规划融合一体，一张蓝图规划到底，在市县党委、政府的领导下，一届接着一届干。

二是实实在在地定政策。针对推进新型城镇化过程中的融资难问题、土地政策问题、人口流动问题、产业发展问题等，结合中央、省委全面深化改革的总思路，先行先试，如对农村“三块地”如何改革、城市政府投融资如何改革、人口流动中红利如何释放、城乡基本公共服务如何统筹等，一项一项研究。

三是实实在在地干成事。新型城镇化建设是一个遵循规律、顺势而为的工作，但必须树立担当意识，敢作敢为，不等待、不观望，积小步为大步，善做善成。

（作者系随州市委常委、副市长）

大事记

2014 年建设大事记

2014年建设大事记

1 月

7日　厅长尹维真主持召开全厅干部大会，传达全国住房城乡建设工作会议暨住房城乡建设系统党风廉政建设工作会议精神、省委十届四次全体（扩大）会议暨全省经济工作会议精神，通报全厅党的群众路线教育实践活动有关情况，部署新一轮“三万”活动。

9日　厅长尹维真率机关干部赴云梦县沙河乡开展“三万”活动，并组织相关企业举行现场捐赠。副厅长赵俊、厅副巡视员曲波出席活动。

10日　省住建厅、中国建筑学会联合举办的“荆楚派”建筑风格高层研讨会在武汉召开。副省长张通会见与会专家，厅长尹维真出席会议致辞并作总结发言。中国工程院院士张锦秋、同济大学教授阮仪三、全国建筑设计大师袁培煌、武汉大学教授冯天瑜、华中科技大学教授张良皋等知名专家学者，对荆楚文化和荆楚建筑风格进行深入研讨。

14日　张通副省长一行赴武汉市走访慰问环卫、建筑行业一线干部职工，代表省政府送去新春祝福，并发放慰问金。省政府副秘书长王润涛和厅长尹维真、副厅长杨世元陪同。

20日　省两会举行第四场新闻发布会，聚焦“民生决定目的”主题，厅长尹维真在会上发布新闻并回答记者提问。

23日　全省培育和践行社会主义核心价值观新春集中行动在汉启动，会议表彰了最美环卫工等“2013年度湖北好人”。省委常委、宣传部部长尹汉宁，省人大常委会副主任王玲，省政协副主席刘善桥，厅长尹维真出席会议并颁奖。

29日　省住建厅召开党的群众路线教育实践活动总结会。厅长尹维真主持会议并代表厅党组作总结报告，省委第十三督导组组长毛凤藻到会指导。厅领导参加了会议。

本月恩施市、随州市、仙桃市、当阳市、房县、嘉鱼县6个城市（县城）跻身国家园林城市（县城）称号。

2 月

12日　全省住房城乡建设工作会议暨党风廉政建设工作会议在武汉召开。厅长尹维真作2015年住房城乡建设工作报告，纪检组长朱建卿作了全省住房城乡建设系统党风廉政建设工作报告，厅领导出席会议。

13日　全省深化住房城乡建设改革工作座谈会在武汉召开。副省长张通出席会议并讲话。厅长尹维真汇报了2013年住建工作情况，介绍了住房城乡建设改革的初步设想。省政府副秘书长王润涛主持会议。厅领导出席会议。

18日　省委第十考核组来省住建厅进行2013年“五项考核”工作。厅长尹维真代表厅党组作了2013年度述职述廉报告。厅领导参加了考评活动。

28日　省住建厅召开深入开展“抓学习、抓作风、抓环境，促改革发展”活动动员大会，厅长尹维真作动员讲话，厅巡视员占世良主持会议，厅领导出席会议；楚天工程质量论坛2014年会

在武汉召开。总工程师徐武建出席会议并讲话。中国建筑业协会质监分会会长金德钧、副会长杨玉江到会指导。

3　月

5日　为期3天的全省“四化同步”示范乡镇试点规划（第二批）审查会在武汉召开，对襄城区尹集乡、襄州区双沟镇、仙桃市彭场镇、汉川市沉湖镇、监利县新沟镇全域规划进行审查。总规划师童纯跃出席会议。

17日　在中法两国元首见证下，中国政府代表、中国驻法大使翟隽和法国政府代表、法国生态、可持续发展和能源部部长菲利普·马丁在巴黎签署文件，约定在中国武汉共建生态示范城项目。

19日　省住建厅召开污水处理工作专题会议。厅长尹维真主持会议并讲话。襄阳市委常委、副市长朱慧，宜昌市委常委、副市长毛传强，鄂州市副市长汪继明结合本市工作安排，就污水处理投融资建设和运营管理作了发言；副厅长金涛介绍了省住建厅关于污水处理投融资建设和运营管理改革的初步设想。

25日至27日　省住建厅参加了省广播电视台湖北之声、湖北经广台承办的“政风行风热线”节目。厅长尹维真，副厅长杨世元，厅副巡视员吴公稳参加现场直播，接受咨询和投诉，化解矛盾，为群众排忧解难。

26日　厅长尹维真，副厅长金涛、赵俊一行赴十堰市进行为期两天的城乡污水、垃圾处理调研工作。十堰市委书记周霁，市委常委、常务副市长龙良文，副市长李发平陪同调研。

本月住建部和国家文物局日前公布第六批中国历史文化名镇（村）名单，湖北省三镇两村榜上有名。其中荣膺中国历史文化名镇的有钟祥市石牌镇、随县安居镇、麻城市歧亭镇，荣膺中国历史文化名村的有利川市谋道镇鱼木村、麻城市歧亭镇杏花村。

4　月

2日　厅长尹维真、副厅长金涛一行到襄阳市进行为期两天的城乡污水、垃圾处理调研工作。省委常委、襄阳市委书记王君正接见，襄阳市长别必雄、副市长朱慧陪同调研。

11日　厅长尹维真，总规划师童纯跃，副厅长赵俊一行到小池调研，重点了解小池开放开发总体目标任务进展、招商引资进展等情况。

15日　省住建厅举办深入学习习近平总书记系列讲话精神辅导讲座。特邀省委党校党史党建教研部主任任大立教授作辅导报告。副厅长赵俊主持讲座，厅领导参加了学习。

16日　厅长尹维真一行到鄂州调研住房城乡建设工作，实地考察鄂州市城市建设情况。省住建厅与鄂州市政府签订了《关于支持鄂州新型城镇化建设厅市合作共建协议》。鄂州市委书记李兵出席签约仪式并讲话，厅领导杨世元、金涛、童纯跃、张弘出席签约仪式。

5　月

5日　省住建厅召开2014年全省住建系统民主评议政风行风工作电视电话会议。厅长尹维真作动员讲话，纪检组长朱建卿宣读了《全省住建系统民主评议政风行风工作方案》，省纪委党风政风室副主任李晓菁就做好政风行风评议工作提出要求。厅巡视员占世良主持会议，厅领导出席会议。

8日　神农架红坪机场通航。

20日　2014年全省住建系统民主评议政风

行风工作督查员聘请仪式暨征询意见座谈会在省住建厅召开。副厅长杨世元受厅长尹维真委托作讲话，总工程师徐武建宣读了聘请通知，纪检组长朱建卿介绍了相关情况。厅巡视员占世良主持会议。厅领导出席会议。

28日　全省建设工程安全生产电视电话会议召开。厅长尹维真出席会议并讲话，总工程师徐武建通报了安全生产形势。省工商局副局长李江汉，省质监局总工程师朱宝玉，省公共资源交易监管局副局长张鲁江作了讲话。厅党组成员、省建管局局长张弘主持会议。

29日至30日　厅巡视员占世良带队赴安徽省考察保障性住房建设和城镇个人住房信息系统建设情况。安徽省住建厅厅长侯淅珉，副厅长李建、仲亚平陪同考察。

6　月

9日　省住建厅举办党政领导干部落实党风廉政建设主体责任专题研讨班。厅长尹维真就落实党委主体责任、纪检组长朱建卿就落实纪委监督责任作辅导报告，副厅长赵俊传达了省委全省党政主职干部落实党风廉政建设主体责任专题研讨班有关精神。厅领导参加了研讨。

24日　省住建厅召开了《省住建厅信息化建设总体方案》专家评审会。副厅长金涛出席会议。

25日　住建部文明办处长王敏、机关党委宣传部部长吴培新，来省住建厅调研第二批党的群众路线教育实践活动、精神文明创建、服务型党组织建设等工作开展情况。厅副巡视员梁晓群出席座谈会。

26日　副省长曹广晶调研建筑业发展情况，省政府副秘书长王润涛主持调研座谈会。厅党组成员、省建管局局长张弘汇报了湖北建筑业发展情况，厅巡视员占世良陪同调研。

28日至7月2日　以住房城乡建设部稽查办副主任俞滨洋为组长的检查组，对湖北省建设工程质量安全和建筑施工转包、违法分包等市场违法行为开展了监督执法检查。厅党组成员、省建管局局长张弘汇报了有关工作情况。

7　月

10日　副省长曹广晶一行来省住建厅调研指导工作，并召开座谈会。省政府副秘书长王润涛，省政府办公厅有关负责同志参加了调研活动。厅领导出席座谈会。

13日　由省纠风办主办、《楚天都市报》承办的“市民有约・九厅局长接听热线”活动举行第四场，厅长尹维真接听读者热线，并回答网友提问。

16日　住建部稽查办副主任朱长喜一行对湖北保障性安居工程建设进展情况进行专项巡查。总工程师徐武建出席并主持会议。

18日　省住建厅举办专题学习讲座，厅长尹维真作了题为“学习考察新加坡城市建设与管理”的辅导报告。副厅长赵俊主持讲座，厅领导，厅机关全体干部、厅直单位主要负责人参加了学习。

19日　《“荆楚派”建筑风格设计导则》、《“荆楚派”村镇风貌规划与民居建筑风格设计导则》专家评审会暨“荆楚派”建筑风格研究与应用科技成果鉴定会在武汉召开。总规划师童纯跃出席会议并讲话。

20日　全省住房城乡建设工作座谈会、住建系统政风行风评议工作推进会在武汉召开。厅长尹维真主持会议。副厅长杨世元主持会议。厅领导出席会议。

21日　省委第二督察组组长黄喜旺一行来省住建厅督查贯彻落实习近平总书记在中办考

察调研时重要讲话精神和党风廉政建设主体责任及监督责任情况，纪检组长朱建卿、副厅长金涛出席会议。

23日　湖北省建筑业发展大会在武汉召开。住建部副部长王宁、副省长曹广晶、厅长尹维真、住建部工程质量安全监管司副司长曾宪新出席会议。省政府副秘书长王润涛主持会议。会前，王宁副部长、曹广晶副省长等领导一行还实地查看了武汉市青山区保障性安居工程。厅党组成员、总工程师徐武建和省建管局局长张弘参加会议并陪同调研。

8　月

14日　副厅长杨世元、赵俊到华新水泥股份有限公司调研，就支持水泥窑协同处置生活垃圾技术推广应用工作进行专题座谈。

26日　省纪委、省监察厅、省纠风办主办《问作风、问环境、促发展——2014媒体问政》现场直播特别节目。正住建厅等有关部门主要负责人在现场接受问政。省委常委、常务副省长王晓东，省委常委、纪委书记侯长安出席活动。厅长尹维真，总规划师童纯跃作为问政嘉宾，现场解答群众提问、并接受主持人面对面访谈。

29日　省政协副主席、中南工程咨询设计集团董事长张柏青，中南工程咨询设计集团党委书记、总经理张云一行来省住建厅调研，并就工程设计咨询业发展进行对接座谈。厅长尹维真，副巡视员梁晓群出席会议。

9　月

2日　湖北省城乡规划“问作风、问环境、促阳光规划”工作座谈会在武汉召开。厅长尹维真出席会议，总规划师童纯跃主持会议。

4日　住建部召开全国工程质量治理两年行动电视电话会议，部长陈政高出席会议并作重要讲话，副部长王宁对“两年行动”工作作全面部署。厅长尹维真，总工程师徐武建，厅党组成员、省建管局局长张弘在省分会场出席会议。

14日　省住房和城乡规划建设管理改革专项领导小组召开第一次会议。副省长曹广晶出席会议，省政府副秘书长王润涛主持会议。厅长尹维真，副厅长金涛、赵俊，厅党组成员、省建管局局长张弘参加了会议。

15日至17日　欧美同学会·中国留学人员联谊会第三届年会暨中国留学人员创新创业湖北发展峰会在武汉举行。总工程师徐武建、副厅长赵俊出席了智慧城市与城镇化发展论坛。

24日　住建部住房公积金监管司司长张其光一行来湖北调研住房公积金改革与发展工作。厅长尹维真、副厅长赵俊陪同调研。

28日　省人大重点建议《关于推进湖北省绿色建筑产业化发展》、省政协重点提案《加快新型城镇化背景下的城镇污水和垃圾处理设施建设》办理工作座谈会在武汉召开。副省长曹广晶出席会议，省政府副秘书长王润涛主持会议。厅长尹维真、总工程师徐武建、副厅长赵俊参加了会议。

10　月

14日至23日　省住建厅在全省开展了住房城乡建设工作调研。10月22日至23日，厅长尹维真一行赴宜昌市调研。其他厅领导也结合行评工作联系点分工，深入各市、州、县及企业开展了调研工作。

21日　省住建厅召开党的群众路线教育实践活动总结大会。厅长尹维真作了讲话，副厅长赵俊传达了全国和全省党的群众路线教育实践活动总结大会精神，纪检组长朱建卿对省住建厅教育实践活动进行了总结，副厅长杨世元主持会议。厅领导参加了会议；仙洪、四湖地区乡镇污水处理工作推进会在武汉召开。省住建厅代表省政府同有关县、市、区签订了乡镇污水处理工作目标责任书，明确要求乡镇污水处理厂年底前实现稳定运行。省政府副秘书长王润涛出席会议并讲话，厅长尹维真主持会议。

27日　厅长尹维真一行赴鄂州调研城乡污水处理市场化改革工作，研究探讨通过市场化改革，拓宽融资渠道，加快城乡污水处理设施建设。鄂州市委书记李兵陪同调研，厅领导金涛、赵俊参加调研。

29日　省住建厅举办“市场大学”专家辅导讲座暨党组中心组集中学习。特邀华中师范大学经济与工商管理学院曹阳教授，作了题为“社会主义市场经济条件下政府职能转变”的辅导报告。副厅长赵俊主持讲座。

11　月

11日　全省工程质量治理两年行动暨工程质量管理标准化现场观摩会在武汉岳家嘴青扬城市广场项目施工现场召开。厅党组成员、省建管局局长张弘出席会议并讲话。

11日至12日　全省住建系统通用法律法规知识培训班在武汉举办。培训特邀省依法治省办公室专职副主任侯江波作了辅导报告。

13日　厅领导会见了荷兰荷隆美集团董事局主席兼集团首席执行官Michiel Jaski先生一行。厅长尹维真、副厅长金涛、总规划师童纯跃出席会议。双方就进一步落实《荷鄂推进湖北省新型城镇化发展顾问机制备忘录》有关工作进行了交流，并会商了下一步推动工作思路及措施。

17日　新疆建设兵团第五师住建系统专业技术人才湖北研修班在湖北城建职院开班。副厅长杨世元出席开班仪式并讲话。

20日　全省棚户区改造工作现场会在宜昌召开。副省长曹广晶，省政府副秘书长王润涛，厅长尹维真、总工程师徐武建出席会议。

25日　省电子政务办副主任张唯佳率武汉理工大学信息工程学院院长刘泉任组长的验收专家组一行，对省住建厅承担的湖北省住房公积金监管及在线服务信息系统进行验收。这是全国首家正式运行的省级住房公积金监管信息系统。纪检组长朱建卿出席会议。

27日　第十届中国(武汉)国际园林博览会组委会第二次会议在武汉召开。组委会主任、住建部副部长陈大卫，组委会主任、副省长曹广晶出席会议并讲话，组委会主任、武汉市市长唐良智致欢迎词。住建部城市建设司司长陆克华主持会议。武汉市副市长张光清汇报了园博会筹备工作进展情况，省住建厅副厅长金涛汇报了园博会吉祥物征集情况；组委会就园博会吉祥物进行了审议及表决。省政府副秘书长王润涛、省住建厅厅长尹维真、中国风景园林学会常务副理事长陈重、中国公园协会会长陈蓁蓁出席会议。

同日　住建部副部长陈大卫一行到襄阳市，实地调研城市污泥处置、餐厨废弃物资源化利用和无害化处理项目。副厅长金涛，襄阳市委常委、副市长朱慧陪同调研。

29日至12月3日　以住建部执法稽查办副主任朱长喜为组长的住建部第六检查组对湖北建筑节能与绿色建筑行动实施情况开展了专项检查。总工程师徐武建陪同检查。

12　月

3日　全国住宅工程质量常见问题专项治

理工作观摩会在武汉召开。住建部工程质量安全监管司副司长曾宪新出席会议并讲话，厅党组成员、省建管局局长张弘致欢迎词。

4日　省住建厅举办学习贯彻十八届四中全会精神辅导报告会。特邀湖北省委党校赵静教授，作了题为“以四中全会精神为指导，全面推进依法治国”的辅导报告。纪检组长朱建卿主持报告会。

5日　充实棚户区改造省级融资平台资产座谈会在省住建厅召开。厅长尹维真主持会议，省政府金融办主任刘美频、省长投集团董事长邹顺明、国家开发银行湖北省分行副行长吴恒跃、厅总工程师徐武建出席会议；全省住房公积金管理中心主任培训班在仙桃举办。副厅长赵俊出席并讲话。住建部住房公积金监管司吴旭彦处长和项目组专家分别对《住房公积金基础数据标准》及《全国住房公积金银行结算数据应用系统》进行了宣讲。

10日　首届荆楚最美村镇揭晓：十堰市郧县茶店镇樱桃沟村等为“十大荆楚最美乡村”，随州市大洪山风景名胜区长岗镇等为“十大荆楚最美乡镇”，襄阳市谷城县五山镇堰河村等10个村镇获“荆楚最美乡村(镇)单项奖”。

11日　副省长曹广晶、省政府副秘书长王润涛一行来省住建厅调研，征求省住建厅党组对省政府党组、党组成员个人以及省政府办公厅党组的意见，研究2015年工作。厅长尹维真汇报了2014年全省住建工作基本情况、2015年重点工作初步考虑，并提出有关请求和建议。

16日至17日　副省长曹广晶一行赴浙江调研建筑产业现代化，并与浙江省相关部门进行座谈交流，了解推进建筑产业现代化的扶持政策和措施。总工程师徐武建，厅党组成员、省建管局局长张弘及有关处室负责同志参加了调研。

17日　美国JM Eagle集团董事长、台湾泉恩集团董事长、台塑集团董事王文祥、台湾泉恩集团副总裁兼董事长特别助理张学礼一行来省住建厅，就湖北省城市市政基础设施建设投资环境、项目需求和双方开展合作进行了会商洽谈。厅长尹维真，副厅长赵俊出席洽谈会议。

28日　武汉市鹦鹉洲长江大桥通车。

29日　住建部、中国人民银行住房公积金管理调研座谈会在省住建厅召开。住建部住房公积金监管司司长张其光出席并讲话，厅长尹维真陪同调研，副厅长赵俊致辞；住建部召开全国建筑施工安全生产电视电话会议。住建部长陈政高出席会议并作重要讲话，副部长王宁通报了近期全国发生的5起建筑施工坍塌较大及以上安全事故，并对下一阶段建筑安全生产工作作出了全面部署。厅长尹维真、总工程师徐武建出席了省分会场会议。

湖北建设概况

- 住房和城乡建设综述
- 住房城乡建设领域改革
- 城乡规划
- 城市建设
- 城市管理
- 村镇建设
- 房地产业
- 住房保障
- 住房公积金
- 建筑施工
- 勘察设计
- 人事教育
- 建设法制
- 行政审批
- 党风廉政建设
- 机关党建和精神文明建设
- 城市建设档案

住房和城乡建设综述

2014年，面对经济下行压力不断加大等不利因素和错综复杂的国内外环境，全省住建系统围绕打造法治、活力、服务、廉洁“四个住建”目标，克难求进、改革创新，全面超额完成各项目标任务，住建工作实现“两超”（建筑业值超万亿元、市政基础设施投资超千亿元）、“双高”（争取中央补助资金、实施棚户区改造创历史新高）、“一稳”（房地产市场保持平稳发展），为稳增长、促改革、调结构、惠民生作出了积极贡献。

建筑业增量提质　总产值超万亿　推动建筑业转型升级。7月23日召开全省建筑业发展大会，落实扶优扶强措施，培育龙头企业，打造湖北建筑业品牌；推动企业转变经营方式，推行工程总承包模式，实现技术、人力、资金和管理资源的高效整合，促进投资、研发、设计、施工、管理一体化发展；发挥建筑产业联盟的平台作用，推动行业聚合优势资源，形成协同创新、共赢发展的局面。全省建筑业总产值达到10060亿元，由2013年的全国第四位跃居第三，同比增长18.8%；增加值占GDP比重达到6.99%，比上年提高0.4个百分点。新增节能能力79.2万吨标煤，绿色建筑和可再生能源建筑应用提前一年完成“十二五”工作目标。加强建设工程质量安全监管，集中开展为期3个月的建筑市场综合大整治，启动实施了工程质量治理两年行动，推进落实工程项目五方主体质量终身责任，全省工程质量总体可控，3个项目获得鲁班奖；生产安全事故起数、死亡人数实现双下降。

创新投融资方式　市政基础设施投资超千亿　在地方政府城建投融资平台受到掣肘的情况下，充分发挥公共财政的杠杆带动作用，积极探索PPP投融资模式，引导社会资本参与城市市政基础设施建设。全年实现城市市政基础设施投资1334亿元，同比增长40.1%，一大批重大功能性、基础性项目建成投入使用。在全面调查研究的基础上，报请省政府出台实施了《关于进一步加强城镇生活污水处理工作的意见》，着力推进城市污水管网配套、雨污分流改造和污泥处理处置等设施建设，在鄂州、十堰等地开展污水处理市场化改革试点。城市污水处理率达到85%、生活垃圾无害化处理率达到88.7%。

紧跟国家政策走向和资金投向　争取国家项目资金155亿元　抢抓国家稳增长、促改革、调结构、惠民生政策机遇，积极将争取项目、资金支持作为促进住建事业持续发展的重要抓手，紧跟国家投资方向，确保争取中央投资的力度和份额“两个增加”。坚持“三抓”：抓早，2013年底，住建厅成立项目工作专班，研究吃透政策，指导市州做好项目申报；抓紧，厅长和分管厅长先后10多次率专班赴京向住建部汇报，争取支持，明确专人负责跟踪办理；抓实，注重项目前期工作质量，加强与发改、财政部门沟通衔接，申报项目均达到可研或初步设计的深度。2014年，全省住建领域争取中央财政资金同比增长32.5%；全省农村生活垃圾县域统筹治理、工程质量管理标准化、黄石市共有产权住房建设、武汉等7个市（区）智慧城市建设等纳入全国试点示范。

破解征收拆迁和融资难题　棚户区改造量位居全国第四　全省开工保障性安居工程46.89万套（其中，实施棚户区改造37.88万套），基本

建成26.5万套，分配入住17.42万户，新增发放租赁补贴2.19万户，完成农村危房改造和渔民上岸安居工程7.3万户。强化目标管理，加强项目开工、竣工、分配入住“三率”考核和基础设施配套建设。着力破解征收拆迁和融资难题，坚持安置先行，积极引导和鼓励货币化安置；搭建省级融资平台，全省争取国开行融资贷款额度587.5亿元，发放163.76亿元；利用商业信贷等方式，争取棚改企业债、私募债规模540多亿元，棚户区改造直接投资超过1500亿元。

综合施策保持房地产市场总体平稳　投资和销售增幅居中部第一　密切跟踪房地产市场变化，及时出台实施了促进全省房地产市场平稳健康发展的18项举措，会同有关部门调整和落实限购、差别化信贷等方面的政策，总体上保持了全省房地产市场平稳运行，没有出现大起大落。全年完成房地产开发投资3983.8亿元，同比增长21.2%，高于全国平均水平10.7个百分点，高于全省固定资产投资增幅0.8个百分点；商品房销售面积5600万平方米，同比增长5.7%，增幅高于全国平均水平13.3个百分点；地税收入748.6亿元，同比增长22.1%，对地税收入的贡献率达到54.5%，比上年提高1.5个百分点。在全国率先制定实施了公积金使用和监管的政策措施，支持公积金用于房屋装修、租赁和异地贷款使用，全省新增住房公积金归集额257亿元，新增个人住房公积金贷款270亿元，为促进住房消费发挥了积极作用。

抓住改革创新和统筹谋划　增强住建事业发展活力和后劲　主动谋划争取，住房城乡规划建设管理改革纳入了全省第22个改革专项，研究确定了6大方面、58项具体改革任务，成立了由分管省领导为组长、16个部门参与的改革领导小组。建立了“四个一”（每一改革事项，由一名领导领衔、一个处室牵头、一个专班负责）的改革推进机制。2014年确定的14项改革事项有序推进，在市政公用事业市场化改革，探索全域规划编制、推进多规合一、实施城乡规划督查，深化行政审批改革等方面，都取得了积极成效。结合“十三五”规划研究编制，抢抓长江中游城市群、汉江运河经济带等重大战略机遇，精心谋划了10个事关住建发展大局的重大项目，总投资额达到11288亿元，并积极争取纳入国家和省重大项目笼子。

住房城乡建设领域改革

2014年，省住建厅按照省全面深化改革领导小组的总体部署，在曹广晶副省长的领导下，认真贯彻落实党的十八届三中、四中全会和省委十届四次、五次全会精神，齐心协力、主动作为，认真制定专项改革实施方案，开展试点示范，在推进住房保障和供应体系建设、推动市政公用事业市场化改革、完善城镇化健康发展体制机制、探索绿色生态城乡建设模式、创新城市建设管理体制机制、推动建筑业转型升级等方面取得改革实效。全年制定出台改革文件 17 件，改革方案确定的2014年当年结项的14项工作任务已基本完成。

制定住建改革实施方案

改革实施方案是推进改革的重要依据。省住建改革专项领导小组设立后，省住建厅将改革方案的制定作为头等大事。经过深入调研，反复论证，制定出台了《省住房和城乡规划建设管理改革专项领导小组工作方案》、《省住房和城乡规划建设管理改革专项领导小组成员单位职责》，审议通过了《全省住房和城乡规划建设管理改革实施方案(送审稿)》，已提请省全面深化改革领导小组审定。该改革方案明确了住建改革的任务书、路线图、时间表和可检验的成果形式，确定的58项体制机制创新任务，有14项已经完成，其他的也在积极推进。

试点先行 探索住建改革有效路径

2014年，省住建厅主动争取住建部将共有产权住房、农村垃圾城乡统筹治理、智慧城市建设和工程质量管理标准化等4项国家层面的改革试点放在了湖北，力求通过先行先试，为全省赢得改革先机；通过探索总结，为全国行业改革提供“湖北经验”。目前，试点工作稳步推进，初见成效。

共有产权住房制度改革试点 黄石市被列为全国6个共有产权住房制度改革试点之一，4月份住建部在黄石组织召开了改革试点座谈会，作了总结推广。在此基础上，湖北省又选择宜昌、秭归、汉川等城市作为省共有产权住房制度改革试点城市。拟定通过在公共租赁住房退出时实行共有产权，在棚户区改造安置房中实施共有产权，在新建商品房中配建共有产权住房，改经济适用住房为共有产权住房等多种方式，探索解决城镇中低收入家庭、新就业职工和进城务工人员等群体住房困难的新途径。

县域农村生活垃圾城乡统筹治理试点 湖北省作为住建部确定的两个试点省份之一，省委省政府高度重视，专门发文作了部署。按照试点方案，省住建厅组织开展了农村生活垃圾治理、创建“美丽家园、清洁乡村”活动。全省各级投入财政资金6.14亿元，建设垃圾池47万多个、压缩式垃圾中转站233座，配置垃圾转运车6.31万辆、垃圾箱(桶)323.5万个，配备农村保洁员 5.9 万名。通过抓不同层面的试点示范，涌现了一批先进典型，鄂州、大冶、远安、江夏、襄城区等市县(区)，基本实现了垃圾收集设施、农村清扫保洁、垃圾中转设施全覆盖，初步建立了农村生活垃圾治理技术支撑体系、管理体系和资金保障体系。

智慧城市建设试点 住建部将湖北省武汉市、宜昌市、襄阳市、咸宁市、黄冈市等五个城市列入了全国智慧城市建设试点范围，省住建厅按照住建部要求，指导各试点城市制定了规划纲要和创建方案，并与住建部签订了《创建目标任务书》。目前，试点城市正按照《国家智慧城市（区、镇）试点指标体系》和《创建目标任务书》，着力推进城市公共信息平台、智慧政务、智慧社区、智慧交通、智慧医疗、智慧教育等重点项目建设，同时面向全社会征集智慧城市建设示范项目。

工程质量管理标准化试点 湖北省被住建部列为全国工程质量管理标准化两个试点省份之一，为此，省住建厅专门制发了《关于开展工程质量管理标准化工作的实施意见》，提出了以施工企业为重点，以施工现场为中心，以对质量行为和实体质量控制评价为基本手段，落实企业主体责任，健全质量管理体系，提高现场管控能力的试点思路，计划用两年时间完成试点，然后全面实施。目前，结合工程质量治理两年行动，试点工作已经全面展开。

突出重点 整体推进住建行业改革发展

创新机制 扎实推进住房保障和供应体系建设 一是推进“两房”并轨。年初，研究制定了关于做好公共租赁住房和廉租住房并轨运行的指导性文件，积极推进“两房”并轨，目前已基本实现。二是创新保障房建设的融资机制。积极利用商业信贷、社会资本、民间资金等多种方式，拓展融资渠道，化解资金瓶颈。抓住国家开发性金融支持棚户区改造的政策机遇，搭建了棚户区改造省级融资平台，全省争取国开行融资贷款额度587.5亿元，发放163.76亿元；利用商业信贷等方式，争取棚改企业债规模140亿元、私募债规模400多亿元，有效缓解了资金压力。全省开工建设保障性住房、棚户区改造住房46.89万套，基本建成26.5万套，分配入住17.42万户，新增发放租赁补贴2.19万户，分别占目标任务的102.3%、110.4%、108.9%、127.4%。其中，实施棚户区改造37.88万户。完成农村危房改造和渔民上岸安居工程7.3万户，占目标任务的138.5%。全省保障房建设拉动投资超过1000亿元。三是通过改革促进房地产市场健康发展。今年9月，报请省政府同意，适时出台6个方面18项改革发展举措，有效稳定了房地产市场。全省房地产投资和价格未出现大起大落，商品住房销售总面积稳中有升、销售均价基本稳定、库存总量在可控范围。全省房地产开发完成投资3983.79亿元，同比增长21.2%，占全省固定资产投资的16.4%。湖北省房地产调控措施针对性强，为全省经济增长作出积极贡献，受到住建部充分肯定。四是改进住房公积金提取使用机制。在全国省级层面率先制定实施了加强公积金使用和监管的政策措施，创新出台了公积金用于房屋装修、租赁，异地贷款使用，缩小公积金缴存比例差距等举措，全省新增住房公积金归集额257亿元，占全年目标任务的112.7%，新增个人住房公积金贷款270亿元，占全省个人住房贷款总量的28%，有效支持了居民住房消费。

政策引领 推进市政公用事业市场化改革 一是提请省政府就加强城镇生活污水处理改革工作出台指导意见。今年10月，省政府印发了《关于进一步加强城镇生活污水处理工作的意见》，要求按照市场化运作、企业化经营、产业化发展、社会化服务的改革方向，积极推进城镇污水处理厂的建设和运营，以盘活存量、取得实效作为工作重点，集中解决已建成污水处理设施正常运营问题，切实消除“晒太阳”现象。二是积极推进城镇供水立法。为解决城镇供水工作中的体制机制障碍问题，使改革于法有据，经过广泛调研、考察学习，起草了《湖北省城镇供水条例》，已经提请省人大常委会审议，2015年有望颁布实施。三是积极开展试点示范。省住建厅已在武汉、鄂州、十堰等部分城市开展试点探索，通过以点带面、分类指导推进改革。如在鄂州市开展城乡一体化污水全收集全处理全覆盖试点，探索城乡生活污水统筹治理模式，将已建污水处理设施打捆招标，将厂网整体的投资建设和运营管理交给专业公司，实现规模化、专业化运营。另外，借助南水北调工程送水的契机，积极协调住建部、北京市相关部门，将十堰市一部分运转存在困难和问题的污水企业，用市场化的办法，整体打包交由北京市有实力的专业公司托管经营，并向管网配套建设上延伸，取得明显成效。同时，已在黄石市启动城市地下综合管廊建设试点。通过一系列改革举措，在一定程度上破解了融资难题。

更新理念 构建规划引领城镇化健康发展体制机制 一是加快推进“全域规划”编制。组织13家全国一流的规划设计单位编制完成了21个“四化同步”示范乡镇的全域规划，制发了各层级规划编制技术导则和工作指引，初步建立了具有湖北特色和时代特征的城乡规划体系。二是加强重点区域规划。主动对接全国城镇化规划和长江中游城市群发展战略部署，深化实施《湖北省城镇化与城镇发展战略规划》，加强区域发展规划研究，加快推进汉孝临空经济区等次区域规划研究编制，积极开展“多规合一”试点。三是着力开展“荆楚派”建筑风格研究，并在全省重要城镇试点应用，为建设具有湖北地域文化特色的城镇提供了技术支撑。四是积极推进“三区四线”规划管控工作。规划督察是保障规划得到严格实施的有效手段。今年11月，已报请省政府同意并发文，建立实施城乡规划督察制度，弥补了规划执法监督的短板。五是积极推进中法武汉生态示范城项目建设。2014年3月，中法双方政府代表在巴黎签署了《关于在武汉市建设中法武汉生态示范城的意向书》。11月，王国生省长率团访问法国，与法方就实质性推动中法武汉生态示范城建设进行了会谈，并就合作项目签署了协议，双方将在生态城镇规划、设计、建设管理等领域展开深度合作，充分吸收和运用发达国家在可持续发展方面的技术和经验，贯彻低碳生态和产城融合发展的理念。

理顺体制 构建城市综合管理格局 “理顺城管执法体制，加强城市管理综合执法机构建设，提高执法和服务水平”是十八届三中、四中全会《决定》的重要内容。按照省委省政府的要求，省住建厅坚持以城市管理工作检查考评为抓手推动城市管理创新，修订了《城市管理检查考评方案》，把“构建城市综合管理格局、建设数字化城管新模式、理顺城管执法体制、加快城市管理作业市场化改革”等重点改革事项纳入了考评体系，并明确细化了目标任务，确保改革取得实效。

优化环境 推动建筑业转型发展 全面落实省政府关于促进建筑业发展的系列扶优扶强、转型升级政策措施，全省建筑业继续保持良好发展势头，已成为湖北省重要的支柱产业，全省建筑业总产值突破万亿元大关，在全国排第4位。增加值占全省GDP的比重保持在6.5%左右。深入开展工程质量治理两年行动，切实落实五方主体质量终身责任，严厉打击市场违法违规行为，不断健全监督监理机制，全省建设工程质量安全总体可控。认真落实“四节一环保”，促进建筑业绿色发展，全省累计完成绿色建筑评价标识项目49个，总面积444.61万平米，占年度目标任务的175.9%；全省实施可再生能源建筑应用项目1776项，建筑面积1894.42万m^2，占年度目标任务的147%，新增节能能力70万吨标煤。绿色建筑和可再生能源建筑应用提前一年完成“十二五”工作目标。

简政放权　推进住建行政管理体制改革创新　积极与国家层面的行政审批制度改革对接，深入清理建设行政审批事项，主动公开行政权力清单，各类权力和服务事项界定为286项。主动下放安全生产许可证延期审批事项，将个人执业资格注册集中到政务服务大厅。制定行政审批工作规范，积极推进网上审批、并联审批，方便办事群众，提高审批效率，行政审批“三集中”改革成效进一步凸显。出台指导意见，组织业务培训，推动住建行政审批改革向县市延伸。

城 乡 规 划

开展新型城镇化相关研究 对接《国家新型城镇化规划》，组织开展《全省城镇人口分布与城镇化空间布局问题研究》、《引导湖北省长江经济带新型城镇化发展研究》等专项研究工作。结合城市空间增长边界划定工作，推动城市规划由扩张性规划逐步转向优化城市空间结构的规划。

次区域规划编制 组织开展《老（河口）谷（城）丹（江口）城市组群协同规划》、《汉孝临空经济区空间协同规划》、《江汉运河生态文化旅游城镇带空间规划》等次区域规划的编制工作，推进“两圈两带”、“一主两副”发展战略。

地方总规编制 评估 修改 改进城市总体规划评估、修改、审查审批办法，严把规划质量，提高审批效率，做好有关城市（镇）总体规划修改的相关工作。2013 年，黄石市城市总体规划顺利通过部际联席会和住建部专家审查，先后完成松滋市、安陆市城市总体规划和大冶市城乡总体规划审查与恩施市、荆门市城市总体规划和宜都市城乡总体规划报批等工作。

加强规划引导 重点加强对城市新区、各类园区和重要项目策划的规划引导，先后完成咸宁经济技术开发区、随州高新技术产业园等六个园区和新城的设立、升级的规划审核。

注重文化传承 省住建厅与省文化厅建立合作框架，签订了战略合作框架协议，制定了三年行动计划。联合省文物局召开了全省历史文化名城名镇名村保护工作座谈会，成立了湖北省历史文化名城名镇名村保护工作指导委员会和湖北省城市规划协会历史文化名城名镇名村专业委员会。组织武汉昙华林等 24 条历史风貌完整、传统建筑集中、历史遗存丰富的街区申报中国历史文化街区。

推进中法生态城建设 3 月 26 日，中法两国元首见证、中法双方政府代表在巴黎签署中法《关于在武汉市建设中法武汉生态示范城的意向书》，约定在武汉共建中法生态示范城项目。此后，按照省政府要求，协调武汉市实质性推进该项目，并做好与住建部对住建部汇报衔接工作。

加大“三区四线”管控力度 按照党中央和省委省政府加强生态文明建设的要求，将脆弱资源保护放在当前城乡规划工作的突出位置。全面总结湖北省“四线”管制制度实施情况，严格实施“三区”、“四线”管控制度，在鄂州开展《鄂州市城乡空间增长边界暨三区四线管控规划》编制试点，将其作为湖北省三区四线管控制度的实例范本。

参与“荆楚派”研究与应用 贯彻落实省委、省政府关于城乡建设体现荆楚文化和湖北特色的要求，协助开展“荆楚派”建筑风格研究和应用，结合传统村落保护，“荆楚派”村镇风貌塑造与“三生空间”建设，在全省选择 10 个自然生态型村庄，以改善人居环境为目标，探索具有湖北地域特色和荆楚文化底蕴的建筑风格。

加强城乡规划省级标准制定和实施 为增强城乡规划工作的科学性、规范性和可操作性，组织编制《湖北省市（县）城乡总体规划编制规程（试行）》、《湖北省市（县）城乡总体规划编制导则（试行）》、《控制性详细规划编制导则》、《修建性详细规划编制导则》、《空间资源集约节约利用指引》、《基于引导城市功能区建设的实施

型规划》、《历史文化名城保护规划编制导则》、《地下空间利用规划指引》、《湖北省“三区四线”管控规划编制导则》、《省级重大项目规划选址工作研究》等技术导则和相应的工作指引。

推动行政审批提速提效 严格执行城市规划区“一书两证一核实”制度，按照《湖北省建设项目选址意见书管理办法》，进一步规范省级建设项目选址意见书核发程序，规范办事流程、提高工作效率。省厅全年完成汉十城际铁路等187项《建设项目选址意见书》的办理工作。

建立城乡规划督查制度 建立省级城乡规划督查制度和全省城乡规划成果库、专家库。配合做好城乡规划督察工作，加大城乡规划监督检查力度，严肃查处违法行为。协助完成住建部交办的12个城市遥感图斑核查工作。

加强村镇规划工作 争取住建部支持，将湖北省140个镇列入新一轮全国重点镇名单，将小池镇列为2014年全国镇规划试点。印发了《湖北省镇域规划编制导则（试行）》，对进一步规范湖北省镇域规划编制工作，提升镇域规划编制水平发挥了积极作用。完成了省委、省政府确定的21个“四化同步”示范乡镇试点的全域规划编制工作，对于湖北省不同地区、不同类型乡镇的全域规划编制进行了积极有益的探索。

城 市 建 设

2014年，在宏观面经济下行压力背景下，充分发挥公共的杠杆带动作用，积极引导社会资本参与城市基础设施建设，市政基础设施投资创新高。实现市政基础设施投资1334亿元，新改建城市道路950公里、城市供水管网800公里、燃气管道450公里，新增城市绿地900公顷，排水和污水管网1390公里，全省城市污水处理率达到85%。截至2014年，湖北省获得国家级园林城市（县城）称号19个（14个城市，5个县城）；获得省级园林城市（县城）称号37个；13个项目获得中国人居环境范例奖。2014年全省获得“楚天杯”称号城市（县城）28个，小城镇40个。武汉市轨道交通4号线一期建成试运营，与轨道交通1号线、2号线一期构成“工”字形轨道交通架构，轨道交通连通三大火车站，可达五大长途客运站，高铁、城铁、地铁、长途客运实现快速换乘。

排水和污水处理

出台政策文件 完成《关于全省城镇生活污水处理调研报告》，通过省政府专题会议的审定，形成了政策文件，10月下旬，《省人民政府关于进一步加强城镇生活污水处理工作的意见》（鄂政发〔2014〕46号）正式印发。进一步明确了市县政府污水处理的主体责任，明确了今后一个时期的目标任务，明确了省级和市县财政的保障责任和机制，尤其是明确提出了鼓励社会资本参与投资建设运营污水处理设施的政策和改革路线图。

市场化运作 按照《省人民政府关于进一步加强城镇生活污水处理工作的意见》，探索建立多元化投融资机制，通过特许经营、投资补助、政府购买服务等多种形式，吸引社会资本参与投资建设（改造）和运营管理生活污水处理设施；积极培育市场主体，加快推进城镇生活污水处理行业市场化改革，逐步向独立核算、自主经营的企业化管理模式转变；探索污水管网建设运营市场化新模式，鼓励通过“特许经营+融资租赁”方式引入社会资本投资；打捆建设运营乡镇污水处理设施，将乡镇生活污水处理项目集中打捆招商，择优选择专业化污水处理企业负责运营管理，等等。在鄂州开展城乡污水全收集、全处理试点，探索由市场主体规模化建设运营区域城乡污水处理设施模式。指导鄂州市制定了引进社会资本推进城乡一体化污水处理工作方案，目前已引进大型水务企业作为合作伙伴，投资2.1亿元，建成农村污水处理站80座，建设污水管网175公里。

重点项目建设 南水北调水源地十堰市五条河流域，整治排污口590个，配套建设雨污分流管网710公里，所有污水处理厂达到一级A排放标准；襄阳市污泥和餐厨垃圾综合处置示范项目荣获中国人居环境范例奖。

城 市 供 水

政策文件 完成《湖北省城市供水条例（草案）》送审稿，并通过了制度廉洁性评估，在省人大立法项目“公推公选”活动中被确定为2014年立法计划项目。省政府组织了省内外立法调研，广泛征求了意见，进一步修改完善了《条例

（草案）》送审稿。经过努力，《条例（草案）》送审稿通过了省政府常务会议审议，顺利进入省人大二审程序。

安全监管 下发了《关于开展全省县城公共供水厂水质督查的通知》（鄂建办〔2015〕222号），对全省40个县城的57家供水厂开展督查，每个水厂采集1个出厂水样品、每个县城采集2个管网水样品进行水质检测。督查工作将于2015年底全面完成。

推进城市节水 指导各地组织开展了全国第23个城市节约用水宣传周活动，2013年5月10日—16日，主题为“建设海绵城市，促进生态文明”。旨在深入宣传贯彻党的十八大、十八届三中、四中全会精神，广泛宣传生态文明主流价值观，落实习近平总书记在中央城镇化工作会议上提出的“建设自然积存、自然渗透、自然净化的海绵城市”要求。通过宣传城市节水工作典型、城市节水知识，增强了广大市民节水意识，在全社会形成节约用水的良好氛围。通过宣传节水型企业（单位）以及节水型城市创建的工作成效，以典型示范，带动了城市节水工作的全面推进。

城市供气

深入开展以油气管线为重点的全省城镇燃气行业安全运营专项整治行动，消除隐患，确保安全。全省燃气管理部门和1085家燃气企业（其中：天然气127家，液化石油气958家），按照国家和省里的统一部署和要求，依据《全省城镇燃气行业安全运营专项整治行动方案》，对全省12620公里的高中压城市管道、87座天然气门站、187座加气站、884座液化气冲装站、1092个瓶装液化气销售站点等重点部位、重要项目的安全运行情况进行了拉网式排查，共排查出各类安全隐患3754处，消除隐患3267处，责令限期整改487处。在此基础上，组织对各地燃气管理部门和燃气企业贯彻执行《全省城镇燃气行业安全运营专项整治行动方案》情况进行了认真抽查，共查找出安全隐患128处，消除隐患97处，责令限期整改31处，有力促进了湖北省城镇燃气行业健康发展。总的来看，各地燃气管理部门和燃气企业高度重视、排查认真、整改落实、效果明显。

市政路桥

政策贯彻落实 贯彻落实《住房城乡建设部关于进一步加强城市窨井盖安全管理的通知》（建城〔2013〕68号）、《住房和城乡建设部关于加快城市道路桥梁建设改造的通知》（建城〔2014〕90号），切实加强城市道路桥梁检测和养护维修管理工作，确保城市交通和社会公共安全。依据《城市道路管理条例》、《城市桥梁检测和养护维修管理办法》、《城市桥梁养护技术规范》、《湖北省城市桥梁养护管理考核评价办法》，在全省开展城市道路桥梁管理部门和养护维修管理单位自查自评。

安全检查 湖北省住建厅下发了《关于开展全省城市道路桥梁养护管理工作情况抽查的通知》（鄂建办〔2014〕199号），2014年9月至10月份，组织城市道路桥梁专家分三个小组对全省29市、州、县（市区）的城市道路桥梁养护管理工作情况进行了抽查。共抽查了110余座城市桥梁，50余条道路的部分窨井盖，查找出安全隐患和问题68个，并及时整改到位。

园林绿化

科学编制城市绿地规划、生物多样性规划

和绿线管制规划，构建城镇整体绿色生态网络，建立城市园林绿化数字化信息库，对已规划和建成的绿地全部实现绿线控制管理。积极推进“公园绿地工程”、“老城区添荫工程”、“林荫道工程”、“林荫停车场工程”建设。加大各类公园建设力度，提高人均公园绿地水平。加强街头小游园、小绿地建设和老城区垂直绿化、屋顶绿化。加强城市中心区绿化和江岸、河岸、湖岸的绿化建设。深入开展园林城市创建活动，不断提高城镇绿化建设和管理水平。通过园林城市创建，拉动了一大批园林绿化项目建成，全省城市绿量成倍增长，新增公园26个，第十届中国（武汉）园博会主会场基础建设稳步推进。

风景名胜

截至2014年，湖北省共有7个国家级风景名胜区，28个省级风景名胜区。2014年，湖北省住建厅配合国家级风景名胜区执法检查组对湖北省陆水、九宫山、大洪山三处国家级风景名胜区进行了执法检查，湖北省三处风景名胜区均为达标等级。对检查中存在的问题进行跟踪督查整改，逐条对照问题和整改意见，对整改工作进行了研究、部署、调度，制定了整改落实方案，明确了任务清单、责任主体、完成时限、督办制度，并制定强有力的措施坚决执行整改意见，历时3个月，基本整改完成。

楚天杯创建

开展了第六届城镇规划建设管理“楚天杯”创建考核工作，根据《湖北省第六届城镇规划建设管理“楚天杯”创建考核考评办法》（鄂建〔2013〕12号，以下称《办法》），在全省所有设市城市、县城和神农架林区开展创建工作。按照《城市类“楚天杯”创建考评标准》和《小城镇类“楚天杯”创建考评标准》，经过地方自查，省辖市、直管市和林区由省厅组织材料审查和现场考评，县（市）和小城镇由市州考评，报省人民政府同意，共有68个市（县、镇）获得了“湖北省第六届城镇规划建设管理‘楚天杯’称号”。

城 市 管 理

综 合 管 理

体制改革 制定《关于深化城市管理体制机制改革的实施方案》，全省各地依照本地实际，按照“政府主导、条块结合、部门联动、公众参与”的原则，推动城市管理重心下移。同时强化协调、监督和考评，逐步完善大城管格局。宜昌市印发《市委、市政府关于进一步深化城区城管体制机制改革，全面提升城市综合管理工作水平的意见》，对该市城管工作的目标任务、体系方式、容貌治理、发展保障进行破题和布局，市城管局升格为城管委。咸宁市坚持体制创新与技术创新并重，理顺和完善城管执法体制，印发《中共咸宁市委关于全面深化改革的实施意见》，着力构建“大城管”格局和完善城市综合管理考核办法。

检查考评 修订完善省级检查考评办法和标准，印发《2014年全省城市管理检查考评方案》(含相关标准)。进一步完善了第三方暗访检查考评方式方法，增加群众满意度测评，增强考评的客观性和公正性。各市州参照省厅制定本地检查方案标准，做好所辖城区和县市城市管理检查考评工作，推动县、市、区城市管理工作提档升级。

环卫作业市场化 研究出台《湖北省市容环卫行业市场化改革方案》，指导各地进一步转变政府职能，加大政府购买公共服务力度，开放资本、经营和作业市场，广泛吸纳社会资金以独资、合资、合作、联营等形式，参与生活垃圾收集转运、处理设施建设和运营，建立完善市容环卫行业市场化运作体制和机制，全面全省环卫作业市场化率达到50%的目标。孝感市采取招投标的办法，将城区15条道路290多万平方米清扫保洁工作推向市场，来自湖南、湖北、深圳三家专业公司中标。同时，健全和实施考核、督办、协调“三位一体”的考核督办机制。

数字化城管建设 2014年，武汉、宜昌、黄石、荆门、黄冈、潜江市级平台已经通过省级验收，襄阳、天门、孝感、荆州、鄂州、咸宁、仙桃和恩施市等数字化城管系统已建成运行，十堰、随州、神农架林区正在加紧建设中。已经运行的数字化城管平台，工作成效显著。宜昌、黄冈等地积极推进县市数字城管建设，宜都、远安和武穴等县市指挥平台投入试运行。依托社会管理创新机遇，划分县市城市管理网格，推动日常工作步入扁平化运行轨道。

市容环境综合整治 围绕“道路拥堵、垃圾围城、广告杂乱、立面破旧、沿街为市、绿化缺失”六个突出问题开展专项整治，开展“市容环境美好示范路”创建，全年市州上报的示范路候选道路共计65条，推动城市容貌再上新台阶。武汉市深入推进“双十”行动，即十大重点环境整治“战役”和十大文化创意景观建设工程，致力治理城市顽症，城市环境面貌得到较大提升。提高洗路作业标准，落实主次干道和车行道5公里不允许有2处以上点状垃圾、人行道200米不允许有1处以上点子垃圾的保洁标准，保持主干道、人行道、花坛绿化三个本色率均达到90%以上。十堰市围绕“宜居、宜业、宜游”城管主题，坚持全域覆盖与重点治理相结合、集中整治与常态服务相结合，以创建市容环境美好示范路活动为载体，轮番推进市容环境治理专项行动，为中考、高考和“五一”、“十一”黄金周以及重大兴市活动，持续提供了净美、通畅、平安的城市环境。

队伍教育培训 印发《湖北省城市管理执法人员行为规范(试行)》，要求各地加强城管执法人员的教育培训力度，建立常态化培训机制。在武汉大学举办全省城管局长培训班，在黄冈举办了全省数字化城市管理技术培训班，进一步加快数字化城市管理建设推进步伐。黄石市坚持“三个学习”，即坚持开展纪律作风学军队、执法水平学公安、办案质量学法院活动。每年坚持封闭式军事训练，实行“双月一法”学习制度，邀请住建部、高校等专家、学者授课，就有关法律法规的应用、执法程序、城管执法典型案例、纪律作风建设等进行分析讲评。在各大队广泛开展执法办案比赛和执法“一月一考评”活动。仙桃市在加强日常学习教育的基础上，组织城管执法人员、环卫管理人员、协管员260多人，开展了为期一周的封闭培训，学习党的群众路线理论、法律法规和城管业务知识，不断提高城管人员综合素质。

生活垃圾环卫

加强宣传 提高市民环卫意识 配合《湖北日报》分别于2014年6月9日、7月11在“今日视点”栏目刊载“垃圾围村、艰难求解”和“剩菜剩饭如何变废为宝”等批评性报道。

完善政策 根据《省人民政府关于加强全省城乡生活垃圾处理工作的意见》(鄂政发〔2013〕20号)，研究起草完成《城市生活垃圾处理重点工作部门分工方案》、《湖北省餐厨废弃物管理办法》等初稿。

设施建设 召开专门会议，部署安排中央预算内投资城镇生活垃圾备选项目申报工作，国家为湖北省21个城镇生活垃圾备选项目下拨1.55亿元支持资金；黄石市获批为全国第四批餐厨废弃物资源化利用和无害化处理试点城市，争取试点资金1080万元；为丹江口库区16个城镇垃圾项目争取国债资金3.5838亿元；省“两型办”为1个水泥窑预处理项目支持资金200万元。推荐黄石、鄂州、神农架林区申报全国生活垃圾分类示范市(区)。

认真开展督办 联合省发改和环保等部门、陪同厅领导、省政府办公厅有关领导，先后三轮次对尚未建成垃圾无害化处理场(厂)的26个市县进行超强度检查督办。恳请省政府组成专班对孝感等17个市县开展了实地督办检查。其中浠水、英山、嘉鱼、长阳4县生活垃圾卫生填埋场通过专家无害化处理等级评定，直接消除空白。谷城、南漳、通城3县将生活垃圾转运至市级焚烧厂无害化处理，间接消除空白。竹溪、郧西、随县3县生活垃圾处理场建成试运行，即将消除空白。其它16个项目正在加紧建设。

业务培训 编辑印制《城市市容环卫国家及湖北省相关法规文件汇编》，指导省城管研究会环卫专委会开展垃圾分类、存量垃圾治理业务培训；利用全省各市县城管局长培训时机，组织各市州城管局(住建委)领导赴河南许昌考察学习其建筑垃圾资源化利用和监督管理经验；在武汉市城管委的大力支持下，举办全省城市生活垃圾卫生填埋场规范运营管理业务培训班，全省51座填埋场的领导和作业骨干学习了生活垃圾卫生填埋国家标准、部颁技术规范(规程)，赴武汉市长山口卫生填埋场进行了实训。

推动城乡统筹 湖北省住建厅组织召开“全省农村生活垃圾治理试点工作座谈会”，提出城乡垃圾统筹治理思路、方式和工作建议。加强对小池、木鱼等重点乡镇垃圾处理设施建

设业务指导。推广武汉市江夏区、鄂州市、远安县城乡生活垃圾处理一体化经验做法。

稽 查 执 法

制定重点稽查执法工作方案 根据住房和城乡建设部《关于印发2014年重点稽查执法工作方案的通知》(建稽〔2014〕33号)要求,会同有关处室认真制定《全省住建系统2014年重点稽查执法工作方案》(鄂建办〔2014〕65号)。

加大案件稽查工作力度 全年共受理案件32件,其中,住建部稽查办查办件20件,转办件9件,厅领导批办3件。在受理的案件中,主要反映在违法建设6件、规划违规7件、遥感图斑11件、资质挂靠3件,其他5件。

城乡规划督察 为了认真做好城乡规划督察工作,根据工作安排和厅领导的要求,先后到甘肃、安徽、云南、广东等地住房和城乡建设厅,学习调研开展城乡规划督察工作做法和经验,通过学习调研,代拟并以省政府名义印发了《省人民政府办公厅关于实施湖北省城乡规划督察制度的通知》,完成《湖北省城乡规划督察工作方案》、《湖北省城乡规划督察员管理办法》(讨论稿)、《湖北省城乡规划督察员工作规程》(讨论稿)。

村 镇 建 设

2014年7月，住房城乡建设部、国家发展改革委、财政部、国土资源部、农业部、民政部、科技部等七部门，联合发布了新一批全国重点镇名单，湖北省共有140个镇位列其中。全省新启动实施200个村的宜居村庄示范项目建设，重点加强规划引导、完善配套村庄基础设施，增强村庄宜居功能，进一步改善村庄人居环境。同时，完成对各地2013年开展创建的宜居村庄示范项目评价验收，命名了全省第三批“宜居村庄”200个。在2014年召开的第六次全国民族团结进步表彰大会上，湖北省住建厅被授予全国民族团结进步模范集体称号。

村 镇 规 划

制定印发《湖北省镇域规划编制导则（试行）》。该《导则》以“全域覆盖、多规协调、规划项目化”为重点，探索建立具有湖北特色和时代特征的镇域规划体系，对进一步规范湖北省镇域规划编制工作，提升镇域规划编制水平发挥了积极作用。在住房城乡建设部公布的2014年全国村庄规划、镇规划和县域村镇体系规划试点名单，黄梅县小池镇被列为县域副中心镇规划试点。完成了省委、省政府确定的21个“四化同步”示范乡镇试点的全域规划编制工作，对于湖北省不同地区、不同类型乡镇的全域规划编制进行了积极有益的探索。

基 本 建 设

传统文化保护　2014年2月，住房城乡建设部、国家文物局公布了全国第六批历史文化名镇名村名单，湖北省钟祥市石牌镇、利川市鱼木村等五个镇村被命名为中国历史文化名镇名村，至此湖北省中国历史文化名镇名村已达到19家。2014年11月，住房城乡建设部、文化部、国家文物局、财政部、国土资源部、农业部、国家旅游局联合命名了第三批中国传统村落名录，湖北省黄石市大冶市保安镇沼山村刘通湾等46个村庄被命名为中国传统村落，至此湖北省中国传统村落已达89个。

危房改造　2014年，湖北省共完成农村危房改造7.3万户。根据2010年住建部抽查统计，湖北省共有农村危房92万户（其中D级、C级危房各46万户），约占全省农户总数的10.7%。截至2014年底，全省已累计完成农村危房改造50.2万户，已全面完成农村D级危房改造任务。

生活垃圾治理　稳步推进城乡统筹治理农村生活垃圾试点，确立了农村生活垃圾收运处理总的技术路线，初步建立起县域农村生活垃圾城乡统筹治理的管理体系，在不同层面涌现了一批先进典型。如鄂州市基本建立了全域治理的工作体系；大冶市、枝江市、远安县、京山县、襄阳市襄城区、武汉市江夏区等，基本建立了县域城乡生活垃圾统筹治理体系。全省33.51%的农村生活垃圾得到有效治理。

农村污水处理　省人民政府出台《关于进一步加强城镇生活污水处理工作的意见》（鄂政发〔2014〕46号），对今后一段时期农村地区污水处理工作提出了明确要求，鼓励社会资本参与乡镇污水处理设施建设运营，并制定了一系列支持政策措施，进一步强化县（市、区）人民政府

在乡镇生活污水处理工作上的责任，有力地促进了农村污水处理工作。

名镇名村

湖北省全国重点镇名单（140个）

黄石市　阳新县兴国镇、富池镇，大冶市金牛镇、保安镇、还地桥镇，十堰市张湾区黄龙镇，十堰市郧阳区城关镇、茶店镇，郧西县城关镇、上津镇，竹山县溢水镇、宝丰镇，竹溪县城关镇，房县军店镇，丹江口市浪河镇、六里坪镇。

宜昌市　夷陵区龙泉镇、鸦鹊岭镇，兴山县昭君镇，秭归县归州镇，长阳土家族自治县龙舟坪镇，五峰土家族自治县渔洋关镇，宜都市红花套镇、枝城镇，当阳市河溶镇，枝江市安福寺镇、董市镇、问安镇。

襄阳市　襄城区卧龙镇，樊城区牛首镇、太平店镇，襄州区伙牌镇、双沟镇，南漳县武安镇，谷城县石花镇，保康县马桥镇，老河口市仙人渡镇，枣阳市太平镇、兴隆镇、吴店镇，宜城市小河镇。

鄂州市　梁子湖区太和镇，鄂城区汀祖镇、燕矶镇，荆门市东宝区子陵铺镇、漳河镇，掇刀区团林铺镇，京山县宋河镇、钱场镇，沙洋县后港镇、官垱镇，钟祥市胡集镇、旧口镇、柴湖镇。

孝感市　孝南区肖港镇，孝昌县花园镇，大悟县河口镇、宣化店镇，云梦县伍洛镇，应城市黄滩镇，安陆市洑水镇，汉川市马口镇、沉湖镇。

荆州市　沙市区岑河镇，荆州区弥市镇，监利县朱河镇、新沟镇、白螺镇，江陵县熊河镇，石首市新厂镇、东升镇，洪湖市新滩镇、峰口镇、府场镇，松滋市沲水镇、刘家场镇。

黄冈市　黄州区堵城镇，团风县团风镇、回龙山镇，红安县七里坪镇、高桥镇、八里湾镇，罗田县九资河镇、胜利镇、三里畈镇，英山县温泉镇、石头咀镇、草盘地镇，浠水县巴河镇、散花镇，蕲春县蕲州镇、横车镇、刘河镇，黄梅县小池镇，麻城市中馆驿镇、宋埠镇、白果镇，武穴市田家镇、梅川镇、花桥镇。

咸宁市　咸安区汀泗桥镇、横沟桥镇，嘉鱼县陆溪镇、潘家湾镇，通城县麦市镇，崇阳县沙坪镇、白霓镇，通山县九宫山镇，赤壁市赵李桥镇、官塘驿镇、周郎嘴回族镇（赤壁镇）。

随州市　曾都区淅河镇、府河镇，随县殷店镇、唐县镇、洪山镇，广水市杨寨镇、长岭镇。

恩施土家族苗族自治州　恩施市龙凤镇、白杨坪镇，利川市汪营镇、谋道镇，建始县红岩寺镇、花坪镇，巴东县信陵镇、野三关镇，宣恩县椒园镇、沙道沟镇，咸丰县坪坝营镇，来凤县百福司镇，鹤峰县走马镇。

省直辖县级行政单位仙桃市毛嘴镇、彭场镇。潜江市熊口镇、浩口镇、张金镇。天门市渔薪镇、皂市镇。

神农架林区　松柏镇、木鱼镇。

湖北省第六批中国历史文化名镇、名村名单

钟祥市石牌镇、随县安居镇、麻城市歧亭镇、利川市谋道镇鱼木村、麻城市歧亭镇杏花村。

湖北省第三批中国传统村落名录（湖北省46个）

黄石市　大冶市保安镇沼山村刘通湾，阳新县三溪镇木林村枫杨庄、王英镇大田村清潭湾。

十堰市　房县军店镇下店子村、丹江口市官山镇吕家河村。

襄阳市　南漳县巡检镇漫云村。

孝感市　孝昌县小悟乡向阳村，大悟县丰店镇桃岭村九房沟，安陆市王义贞镇钱冲村。

黄冈市　团风县贾庙乡百丈崖村，红安县华家河镇涂湾村、太平桥镇回龙寨村石头湾、永佳河镇欧桥村刘云四湾，罗田县胜利镇瓦房基村老闫家垸，英山县国营英山县吴家山林场大河冲村，蕲春县向桥乡狮子堰村，麻城市歧亭镇杏花村、夫子河镇付兴湾、木子店镇王家畈村、黄土岗镇小漆园村，武穴市龙坪镇花园居委会。

咸宁市　咸安区马桥镇垅口村垅口冯、桂花镇刘家桥村，崇阳县白霓镇回头岭村，通山县闯王镇宝石村、九宫山风景区中港村、大畈镇西泉村、大路乡吴田村畈上王。

随州市　曾都区洛阳镇九口堰村，随县桐柏山太白顶风景名胜区解河村戴家仓屋，广水市武胜关镇桃源村。

恩施土家族苗族自治州　恩施市盛家坝乡二官寨村，利川市柏杨坝镇水井村、忠路镇长干村张爷庙、毛坝镇山青村、毛坝镇石板村、毛坝镇向阳村，宣恩县长潭河乡两溪河村、晓关乡野椒园村，咸丰县坪坝营镇新场村蒋家花园，来凤县大河镇独石塘村、漫水乡兴隆坳村落衣湾、漫水乡渔塘村上渔塘、三胡乡石桥村，鹤峰县走马镇白果村。

仙桃市　郑场镇渔泛村。

湖北省第三批“宜居村庄”名单（200个）

市　州	县市区	名　　单
武汉市	汉南区	廖家堡大队凤凰苑社区，东荆街郧阳村
	蔡甸区	奓山街奓山新社区，玉贤镇蝙蝠村，蔡甸街西屋台村
	新洲区	李集街建新村，旧街街洪山村，阳逻经济开发区垡楼村，阳逻经济开发区红岗村，汪集街西湖村
	黄陂区	横店街建国社区，天河街道店村，蔡家榨街长岭岗村
	江夏区	山坡街和尚桥村，五里界街锦绣社区，郑店街莲花桥许宗湾
黄石市	铁山区	熊家境村
	大冶市	金湖街办上冯村，东风农场东风村
	阳新县	富池镇金堡村，白沙镇青山村，浮屠镇金泽村，军垦农场七大队
襄阳市	枣阳市	南城王湾村，七方镇七方村，琚湾镇闫家岗村
	老河口市	仙人渡镇仙鹤社区，张集镇油坊湾村
	宜城市	小河镇余云村
	南漳县	九集镇九仙观村，巡检镇峡口村
	保康县	黄堡镇峠峪村，城关镇陈家河村
	谷城县	石花镇五家洲村
	襄城区	尹集乡青龙村，欧庙镇庞岗村，卧龙镇迴龙村
	樊城区	牛首镇张湖村，太平店镇王台村
	襄州区	双沟镇陈湾村，朱集镇寇集村
荆州市	沙市区	岑河镇西湖村，观音垱镇杨林村
	荆州区	川店镇双店村，马山镇城河村
	江陵县	马家寨镇金旗村，普济镇大军湖村
	松滋市	纸场河镇陈家场村，卸甲坪乡卸甲坪村，南海镇横岭村
	公安县	章田寺乡长春村，毛家港镇魏家祠村
	洪湖市	龙口镇高陆村，新滩镇上湾村
	石首市	高陵镇高陵岗村，小河口镇合兴村
	监利县	程集镇新垸村，分盐镇土地村

续表

市州	县市区	名单
宜昌市	点军区	联棚乡联棚村
	夷陵区	小溪塔街办官庄村，三斗坪镇黄陵庙村，龙泉镇香烟寺村
	宜都市	王家畈乡横冲村，潘家湾乡吕家坳村
	枝江市	安福寺镇秦家塝村，七星台镇兴隆山村
	当阳市	淯溪镇勤丰村，玉泉办事处岩屋庙村
	远安县	荷花镇广坪村，河口乡张桥村
	秭归县	茅坪镇建东村，归州镇万古寺村
	兴山县	古夫镇平水村，黄粱镇金家坝村
	长阳县	龙舟坪镇何家坪村，磨市镇芦溪村
	五峰县	仁和坪镇大栗树村，牛庄乡牛庄村
十堰市	郧　县	胡家营镇土地沟村，谭家湾镇五道岭村
	丹江口	蒿坪镇卢咀村，盐池河镇盐池湾村，土关垭镇金山村
	张湾区	汉江街办桐树沟村
	房　县	野人谷镇杜川村，窑淮镇淮水村，军店镇上茅坪村
	竹溪县	龙坝镇吴坝村，中峰镇邓家坝村
	郧西县	土门镇关帝庙村，安家乡神雾岭村
	竹山县	溢水镇华家湾村，秦古镇大溪村
	茅箭区	赛武当自然保护区管理局营子村
孝感市	孝南区	朋兴乡朋兴村，杨店镇浐川村
	应城市	黄滩镇沿河村，杨岭镇潘集村
	大悟县	宣化店镇杏冲村，宣化店镇玄坛村
	云梦县	伍洛镇程垸村，城关镇西王村
	孝昌县	花园镇常丰村，花园镇新屋村
	汉川市	庙头中心台村，西江乡北河村
	安陆市	赵棚镇中湾村，雷公镇魏桥村
荆门市	钟祥市	东桥镇永隆村，客店镇邵台村
	京山县	绿林镇向集村，孙桥镇沙岭湾村，罗店镇马岭村
	沙洋县	五里镇陈池村
	东宝区	牌楼镇牌楼村，牌楼镇荆钟村，牌楼镇泗水桥村
	掇刀区	麻城镇火山村
	屈家岭管理区	何集办事处下洋村
	漳河新区	双喜小区同乐村
鄂州市	鄂城区	杜山镇三山村，碧石渡镇李境村，汀祖镇荷花池新社区
	华容区	段店镇孙彭村，临江乡粑铺村
	梁子湖区	东沟镇东沟村，沼山镇畈雄村，沼山镇新桥村，涂家垴镇王营村
	鄂州开发区	张袁村，秋千村，白浒镇村

续表

市　州	县市区	名　　单
黄冈市	麻城市	夫子河镇陶寨村,福田河镇林家垸村
	团风县	总路咀镇卢家榜村,但店镇方新湾村
	罗田县	九资河镇文家畈村,凤山镇蹬场坳村
	蕲春县	横车镇九颗松村,蕲州镇雨湖村
	黄梅县	柳林乡望江村
	黄州区	陈策楼镇王福湾村,陈策楼镇陈策楼村
	武穴市	梅川镇张牌村,余川市大坝村
	浠水县	蔡河镇闵牌楼村,兰溪镇花鼓石村
	英山县	金家铺镇东冲坳村,方家咀乡向垅垸村
	红安县	七里坪镇花园畈村,觅儿寺镇凉亭村,高桥镇程河村
	龙感湖管理区	塞湖办事处东风新村
咸宁市	咸安区	向阳湖镇广东畈村,高桥镇石溪村
	赤壁市	柳山湖镇腊里山村,赤壁镇九豪村
	崇阳县	白霓镇油市村,沙坪镇谷城村
	通城县	关刀镇道上村,四庄乡四庄村
	嘉鱼县	潘家湾镇四邑村,高铁岭镇八斗角村
	通山县	九宫山管委会中岗村,通羊镇沙堤村
随州市	随　县	新街镇凤凰寨村,万福店镇凤凰山村,尚市镇群金村,安居镇和睦畈村,洪山镇黄龙寺村
	广水市	马坪镇胡家岩村,郝店镇关店村
	曾都区	洛阳镇永兴村,万店镇小河沟村
	大洪山风景区	长岗镇熊氏祠村
恩施州	恩施市	芭蕉侗族乡黄连溪村,白杨坪镇鹿子渡村
	利川市	柏杨坝镇栏堰村
	来凤县	三胡乡黄柏园村,大河镇冷水溪村
	巴东县	茶店子镇洞坪村,清太坪镇八字岩村
	建始县	景阳镇双寨子村,高坪镇麻扎坪村
	咸丰县	坪坝营镇坪坝营村
	鹤峰县	走马镇白果村,燕子镇新行村
	宣恩县	万寨乡伍家台村
仙桃市		毛嘴镇文庙村,三伏潭镇夏市村,西流河镇杜窑村
潜江市		积玉口镇么口村,高场办事处高场村,运粮湖农场大湖新村
天门市		岳口镇保安桥村,马湾镇廖湾村,黄潭镇万场村
神农架林区		木鱼镇木鱼村,下谷乡兴隆寺镇,宋洛乡后山坪村

房 地 产 业

房地产市场

概况 2014年，湖北省房地产市场运行总体平稳，房地产开发投资占全省固定资产总投资的16.4%，比上年增长0.1个百分点。房地产地税收入占全省地税总收入的45%，较上年增长1.53个百分点。房地产开发投资3983.8亿元，增幅超全国平均水平10.7个百分点。商品房销售面积5602万平方米，增幅超全国平均水平13.3个百分点。市场运行总体平稳，没有出现大起大落。房价和住房销售分别比上年增长5%和5.7%；房地产业银行贷款不良率1.14%，低于银行总贷款不良率0.27个百分点；兼并重组企业20家，占房地产企业总量的0.3%。

分类调控 指导 9月15日，经省政府同意，省住建厅印发了《关于促进全省房地产市场平稳健康发展的若干意见》(鄂建〔2014〕16号)，就加强市场分类调控、支持合理住房消费、改进住房供应方式、发挥金融税收和住房公积金支持作用、促进房地产业转型发展、营造良好市场环境等6个方面提出了政策措施。9月24日，武汉市全面放开住房限购；其他市(州)按照"一市一策、一县一策"的要求先后制订出台贯彻落实措施。省政府及时协调督促全省各金融机构贯彻落实银监会《关于进一步做好住房金融服务工作的通知》(银发〔2014〕287号)要求，执行新的首套房认定标准，落实个人住房贷款相关政策。在调控政策的引导下，四季度全省房地产市场活跃度上升，36个城市商品住房销售1162万平方米，环比增长25%，同比增长35%，特别是武汉市改变了前几个月逐月下行的态势。

房地产市场监管 重点做好市场下行阶段的风险防控工作。已在全部设区城市和4个县市制订实施了预售资金监管制度，防范房地产企业资金链紧张而挪用预售款。针对房地产开发企业和房地产中介机构开展全省非法集资风险专项排查活动，防范房地产企业违规向社会公众集资。

房地产管理信息化建设

拟定完成并评审通过了湖北省城镇个人住房信息系统建设项目，核定项目资金3441万元。完成全省城镇个人住房信息系统建设可行性研究报告和初步设计方案。启动省级城镇个人住房信息系统建设，赴先进省份开展了工作调研，统一全省数据标准，做好各地系统与省级系统的对接工作。

征收(拆迁)

认真做好信访维稳工作，制定了城镇房屋征收维稳年度工作计划，实施了专项治理工作。今年以来，全省发布征收决定194个，涉及征收房屋47825户，总建筑面积为564.53万平方米，至目前，全省无因国有土地上房屋征收问题引发的恶性案件和大规模群体事件发生。

房地产交易与登记服务

以民主评议政风行风工作为契机，进一步提升房地产交易与登记窗口单位的服务质量和办事效率，各类房产登记办理时限在法定工作时间内缩短20%以上。通过加大政策制定和实施力度，全省各地共解决20批、5780件历史遗留办证问题。

物业管理 老楼危楼安全排查

开展《湖北省物业管理条例》立法前期调研和准备工作，努力培育和规范物业服务市场。在全省组织开展老楼危楼安全排查，组织房管系统300余人参加老楼危楼安全管理培训，提升城市老楼危楼安全管理水平。

行业发展服务与引导

完成2014年度湖北省重大调研课题主报告《加快建立符合湖北省情的住房保障和供应体系》和分报告《湖北省住房市场体系的现状与问题》的研究撰写工作，推进建立“低端政府兜底、中端支持给力、高端市场放开”的住房保障和供应体系。完成《湖北省物业管理调研报告》课题，为地方立法奠定基础。协调省质监局出台省标《房产测绘技术规程》，规范房产测绘工作，为房屋交易与权属管理提供科学依据。

住 房 保 障

2014年，保障性安居工程目标任务量达历年之最。新开工建设保障性住房和棚户区改造住房45.81万套，基本建成24万套，分配入住16万户，新增发放租赁补贴1.71万户。年底，全省开工建设保障性住房、棚户区改造住房46.89万套，基本建成26.5万套，分配入住17.42万户，新增发放租赁补贴2.19万户，完成农村危房改造和渔民上岸安居工程7.3万户，分别占目标任务的102.4%、110.4%、108.9%、128.1%、138.5%。

棚户区改造

2014年，湖北省棚改任务为37.15万户，占全年保障性安居工程总任务的81.1%，是有史以来任务最重的一年。各级住房保障部门充分发挥职能作用，切实采取有效措施，大力支持推动棚户区改造工作。一是及时出台相关办法。报省政府印发了《关于进一步加快棚户区改造工作的通知》、《湖北省棚户区改造省级融资平台贷款实施办法》、《湖北省棚户区改造省级融资平台贷款实施细则》，进一步界定了棚户区改造范围，对规划编制、征收补偿、贷款资金借入、贷款资金拨付和使用等提出了明确规定。二是多方筹措资金。2014年，共争取保障性安居工程中央补助资金114.8629亿元，在此基础上，全省争取国开行融资贷款额度587.5亿元，发放195亿元；利用商业信贷等方式，争取棚改企业债、私募债规模540多亿元。三是多次召开会议推进工作。2014年来，省政府、省住建厅先后组织召开了宜昌棚户区改造现场工作会、全省棚户区改造融资工作会，鄂西南、鄂西北、鄂东片区棚户区改造融资工作会，确保棚户区改造工作顺利推进。

工程质量总体监控

全省各地严格落实项目法人制、招标投标制、工程监管制、合同管理制，要求在建项目现场公布勘察设计、施工、工程监理等各方责任主体的信息和负责人姓名，对保障性住房建设实行终身负责制。省住建厅在各地经常性检查的基础上，4月和9月组织专家对全省在建和已竣工的保障性住房项目进行抽检。检查结果表明，全省保障性住房工程质量总体处于可控状态。武汉市汉堤村城中村改造、宜昌市锦绣华庭等项目，荣获全省2013—2014年度建设优质工程楚天杯奖。随州市城东新区棚户区改造还建房，荣获2013—2014年度省建筑工程安全文明施工现场楚天杯奖。

专 项 改 革

认真贯彻落实《全省住建领域全面深化改革方案》，健全符合省情的住房保障和供应体系，有序推进各项专项改革工作。

制定《推进住房保障和供应体系建设工作方案》 按照“构建以政府为主提供基本保障、以市场为主满足多层次需求的城镇住房保障和供应体系”的总体目标，细化改革任务，实施步骤并划定时间表和路线图构。

公共租赁住房和廉租住房并轨 全省16个

市(州)、大部分县市出台关于并轨后公共租赁住房的管理办法。基本实现公共租赁住房和廉租住房统一规划建设、统一资金使用、统一申请受理、统一运营管理。

共有产权试点 组织省内高校和有关单位专家对黄石市国家共有产权住房试点方案进行完善。同时初步选择宜昌、汉川、秭归等城市作为省共有产权住房试点城市。通过在公共租赁住房退出中实行共有产权，在棚户区改造安置房中实施共有产权，在新建商品房中配建共有产权住房，改经济适用住房为共有产权住房等多种方式，探索解决城镇中低收入家庭、新就业职工和进城务工人员等群体住房困难的新途径。

信息化建设

信息系统建设 完成湖北省住房保障信息网站的全新改版上线。在网站页面上，新增加了廉租房、公租房并轨专栏和棚户区改造专栏，并根据国家目前形势，及时更新网站新闻、政策文件、工作进度等相关信息。基本实现了“以需定建、以网促管、以图管房、以房管人”的信息化工作既定目标。

信息公开 指导各地房管部门严格执行“信息公开审查制度”、“信息依申请公开制度”、“信息公开责任追究制度”，促进政务信息公开工作走上制度化、规范化的轨道。7月，对各地住房保障信息公开工作进行了专项检查，并印发工作情况通报，9月，对各地住房保障信息公开整改情况再次通报，并对整改工作落实不力的地方进行了重点督办。

督办检查

为确保住房保障目标任务完成，2014年，国家住建部、省政府督查室及省直相关部门对各地保障性安居工程建设情况开展了多次督办检查工作。3月，省住房保障局组织相关人员，分六个组重点检查计划新开工项目落地情况，督促加快项目前期工作。7月，省住房保障局对全省住房保障信息公开工作进行了专项检查，印发了通报。8月，省政府督查室率省直相关部门对全省住房保障工作进行了一次全面督促检查并印发了督查通报。10月，省住建厅会同省发改委对国有工矿棚户区改造进行了专项检查，并对开工、基本建成及分配入住指标明显滞后地方进行了督查。7—11月，住建部巡查组对湖北省1/3市县的保障性安居工程建设情况进行了巡查，充分肯定了我省的工作。

住房公积金

行业发展 2014年，全省住房公积金管理工作以党的十八届三中全会精神为指导，按照省住房和城乡建设工作会议统一部署，围绕厅党组下达的年度目标任务，不断扩大制度覆盖面，大力发展个贷业务，全面推进住房公积金改革创新，强化监管能力，努力提升服务水平，充分发挥住房公积金支持住房消费的制度功能。截止2014年底，全省累计住房公积金缴存总额达到2326.54亿元，缴存余额1383.06亿元。累计发放个人住房公积金贷款总额1459.33亿元，贷款余额940.36亿元，全省个贷率达到68%。

不断扩大住房公积金制度覆盖面 2014年，着力加强归集扩面工作，重点推进非公企业缴存住房公积金。积极争取省人大将住房公积金缴交写入《湖北省集体合同条例》，2014年2月1日《条例》正式实施，在全国地方立法属于首例。6月14日，省住建厅联合省总工会在全省范围内开展住房公积金宣政策传日活动，加大非公企业住房公积金缴存扩面力度。截至年底，全省新增缴存住房公积金407.64亿元，同比增长16.33%，缴存覆盖率达80%。

大力发展住房公积金贷款业务 2014年，各中心大力发展住房公积金个人住房贷款业务，提高资金使用效率。全年新增住房公积金贷款273.80亿元，住房公积金个贷占全省商业性住房个贷的三分之一（其中宜昌市占比达44%），有效发挥了住房公积金支持住房消费的作用。一是建立个贷通报制度。及时下发通知，在全省建立住房公积金个人住房贷款发放情况通报制度。每月通报全省住房公积金个人住房贷款发放情况。对个贷发放率低的中心、分中心和县（市、区）办事处进行约谈。二是加大检查考核力度。将个贷发放情况纳入各中心年度目标考核，作为年度管理工作的一项重要考核指标，加大个人住房贷款业务考核权重，定期进行贷款发放专项检查。三是积极开展住房异地贷款业务。目前异地贷款业务已经在我省各地全面开展，武汉也与长沙、合肥、南昌签署合作协议，规定四城市中心缴存职工在就业地缴存公积金，在户籍地购买自住住房的，可向户籍地公积金中心申请公积金个人住房贷款。

积极探索住房公积金改革创新 2014年是全面深化改革的开局之年，全省公积金行业积极探索住房公积金改革创新，住房公积金行业改革发展呈现新常态。一是积极配合省人大对公积金制度进行立法调研。2014年3月17日至5月7日，积极配合省人大调研全省公积金制度实施情况，起草了《全省住房公积金管理情况调研报告》，经省人大常委会审议，常务副省长王晓东、分管副省长曹广晶分别作出批示。调研引发高度关注，推动“湖北公积金新政”出台，并入选湖北省人大常委会2014年“十大创新工作”。二是代省政府起草的《省人民政府办公厅关于进一步加强住房公积金管理工作的通知》正式出台。这是12年来第一个由省政府颁发的纲领性文件，从缴存、使用、管理、服务、考核等方面提出了一揽子务实有效的改革措施，推动公积金制度改革取得了重大突破。从全国范围来看，《通知》在政策措施上有很多创新亮点，具有很强的前瞻性和可操作性，为全省住房公积金事业的发展指明了方向，被媒体誉为湖北住房公积金“新政16条”。

大力推进住房公积金行业信息化建设 大力加强行业信息化建设，充分利用信息化技术，提高住房公积金管理和服务水平。一是积极贯彻落实《住房公积金基础数据标准》。根据住建部《关于贯彻落实住房公积金基础数据标准的通知》精神，各中心于年底前拟定了贯彻基础数据标准的方案和计划。力争用3年时间，完成基础数据标准的贯彻落实工作。二是规范公积金系统软件市场，举办互联网公积金业务培训班。6月25日，在武穴举办了各市、州、林区中心主任信息科长参加的全省互联网公积金业务培训班，所有在鄂的12家软件系统开发企业展示了新产品，整顿规范了全省公积金软件开发市场。三是开通湖北省住房公积金网及住房公积金手机APP(应用程序)，为全国省级首发上线。目前全省已形成网上营业大厅、12329服务热线、手机短信、营运网点“四位一体”的服务体系。

不断加强住房公积金监管能力建设 强化监管能力建设，丰富监管手段，确保资金安全有效运行。一是加强检查考核。3月中旬，省住建厅与财政厅、人行武汉分行、湖北省银监局等四个部门组成联合考核组，对全省2013年度住房公积金管理工作和文明创建工作进行了考核。二是在全省住房公积金系统开展廉政风险大排查。认真落实住建部《关于开展住房公积金廉政风险防控检查工作的通知》，要求各地严格按照文件精神，对各中心及所属县市办事处逐项进行自查，并采取分组循环互查的形式，在全省范围内开展住房公积金廉政风险防控大检查。三是湖北省住房公积金监管及在线服务信息系统正式上线。11月25日，全省住房公积金监管及在线服务信息系统通过了湖北省电子政务办的验收并正式运行。这是全国首家正式运行的省级住房公积金监管信息系统，极大地丰富了我省住房公积金监管手段，确保住房公积金资金安全。

努力提升住房公积金服务水平 通过健全服务制度、优化服务流程、改进服务方式、提升服务能力，切实提高我省住房公积金行业服务工作水平。一是大力推动12329服务热线全省全覆盖。根据省住建厅党组拓展住房公积金12329服务热线，作为全省住建系统政风行风投诉监督电话的要求。我们即时督促全省22个住房公积金管理中心、分中心全部开通12329服务热线，发挥投诉转办平台作用。二是开展加强和改进服务专项督查。根据住建部《关于开展加强和改进住房公积金服务专项督查工作的通知》要求，及时督促各中心高度重视，积极进行自查整改，并于11月18日至25日，陪同住建部督查组先后对黄冈中心、黄石中心、十堰中心及相关县市办事处进行专项督查。

建 筑 施 工

建筑业行业概况

2014年，全省建筑业围绕打造“万亿产业、绿色产业、平安产业、诚信产业”的工作目标，坚持竞进提质、深化改革、创新发展、强化监管、优化服务，积极应对经济下行压力，全面超额完成各项目标任务，行业发展和管理呈现“一超”（建筑业总产值超万亿，达到10059.59亿元）、“两高”（建筑业总产值增幅18.8%，高于全国10.2%的平均增幅8.6个百分点；建筑业增加值1912.91亿元，同比增长16.63%，高于9.7%的全省GDP增幅6.93个百分点）、“三加强”（建筑市场管理、质量安全管理、干部作风建设得到加强）的良好态势。继续领先中部，全国排名第四。近六年来，每年建筑业总产值以千亿元级的规模递增，年均增长26.6%，高于全国同行业平均增幅，支柱产业地位不断提升。

建筑业转型升级被列入全省住建系统六大重点专项改革之一，全省各级建筑行业主管部门认真谋划、全面部署建筑业改革与发展目标任务、政策措施。湖北省建筑业特色专业发展势头强盛，建筑央企领军创新、武汉桥建、新洲建筑、钢构集群、孝感劳务、大冶古建、石首防水、黄冈窑炉、凌云幕墙、定向爆破成为湖北建筑业特色品牌。一大批本土企业茁壮成长，高等级资质企业逐年增加，全年特级总承包企业新增5家，目前湖北省具有特级总承包企业资质共达到16家；一级总承包企业新增95家；入选湖北省百强企业新增3家，达到27家。省政府通报表彰了全省建筑业企业综合实力20强、装修装饰10强、勘察设计企业10强；表扬了17家有突出贡献的在鄂建筑业央企。各地相继出台支持建筑业发展的政策措施，产业规模不断攀升，区域建筑业加快发展，13个市州建筑业总产值超过百亿，武汉高达5840亿元，黄冈超800亿元，宜昌、襄阳各超600亿元，鄂州、随州、仙桃、天门、神农架增幅均超过30%。湖北省大力实施“走出去”发展战略，支持企业积极拓展外埠市场，2014年完成省外产值3882.19亿元，占总产值的38.59%，同比增长26.16%；112家建筑业企业在全球60多个国家和地区，完成营业额58亿美元，同比增长11.5%。推进建筑产业现代化，组织开展技术标准编制、政策研究等工作，武汉市政府出台《关于加快推进建筑产业现代化发展的意见》，产业化基地建设和项目示范工作正在有序进行。

建筑市场监管

制定和完善市场管理地方性法规和规范性文件，形成基本完备的法律法规体系。推行工程质量治理两年行动，整顿和规范建筑市场秩序，加强建设工程标后履约监管，严格建筑市场进入清出制度，规范诚信建设的市场行为。各级建筑行业主管部门实施建筑市场与施工现场联动管理，联合工商、质监、公共资源交易监督管理等部门集中开展为期3个月的建筑市场综合整治，检查在建项目8337个，下达各类执法文书3696份，对严重违法违规的37家企业和36名个人进行了处罚。严格资质动态管理，对1421家企业开展资质动态监督核查，撤回企业资质

171家，降低资质等级16家。加强合同履约管理，全年共受理拖欠工程款和欠薪投诉459件，解决拖欠工程款14.56亿元，解决欠薪金额5.9亿元。武汉、宜昌、黄石、十堰、鄂州、仙桃等地积极推进诚信体系建设，武汉、随州、荆门实施黑名单制度，襄阳、荆州等地开展了现场实名制管理。

工程质量管理

按照全省部署扎实推进工程质量治理两年行动，共组织相关知识培训52场，各地认真实施五方责任主体项目负责人质量终身承诺制度、永久性标牌制度和信息档案制度，开展工程质量常见问题专项治理，鼓励支持企业开展质量创优和技术创新活动，武汉、宜昌、襄阳、黄石认真开展工程质量管理标准化试点。通过创建示范工程、组织观摩交流、强化奖惩措施，有效推进了工程质量管理工作。住宅工程质量常见问题专项治理工作得到了住建部肯定，去年住建部召开的全国建筑业改革与发展大会上，湖北省交流了经验，并作为全国工程质量标准化实施试点的两个省份之一。12月下旬，住建部在武汉召开专项治理工作观摩会。全年创省建设优质工程（楚天杯）奖81项，获“鲁班奖”3项、国优奖3项；全省创建新技术应用示范工程13项，省级工法216项，获国家级工法61项。

安全生产监管

贯彻落实新《安全生产法》和《湖北省安全生产党政同责暂行办法》，全面构建安全生产“党政同责、一岗双责、齐抓共管”的责任体系。持续开展隐患排查治理，全省共排查整治各类安全隐患2万多处，下达限期整改通知单6934份，停工整改通知单1260份，查处各类违法违规行为4000多起，实施经济处罚700余万元，公布重点监控企业145家。加强危险性较大分部分项工程安全的监管，去年全省报备超过一定规模的危险性较大分部分项工程1229项，公布136家建筑起重机械“一体化”企业名录。武汉市建立建筑起重机械“一体化”管理信息平台，基本实现项目全覆盖；武汉、咸宁、仙桃采用政府购买服务模式，聘请专家参与建筑起重机械专项检查；恩施、黄冈邀请特种设备检测单位参与安全检查。各地加强重大节假日、重点时段安全生产管理，确保了全省建筑施工安全生产的基本平稳，实现了事故起数、死亡人数双下降，黄石、随州、鄂州、仙桃、天门、神农架全年未发生安全生产亡人事故，省厅被省政府评为安全生产优秀单位。

行风建设

各地结合党的群众路线教育和政风行风民主评议工作，加强党风廉政建设，改进工作作风，加强调查研究，提高服务质量和服务效率，解决行业热点难点问题。省住建厅选择了180家工程质量优、市场信誉好、发展潜力大、综合实力强的地方建筑企业以及总部在鄂的中央企业作为重点培育和服务对象，实施直通车服务，加速转型升级步伐，在市场推介、资质审批、银企合作、评先评优等方面予以重点指导和扶持。在培育优势企业快速发展的同时，省厅还实施了“中小企业成长工程”，选择了300多家市场行为比较规范、有发展前景的中小企业作为培育对象，跟踪了解企业发展状况，研究中小企业成长中的困难和问题，促进中小企业加快发展，形成湖北建筑业企业发展梯队。对想做大、能做强、发展势头好的企业，加大重点扶持、靠前服务力度，为企业提档升级创造条件。加强建筑业统计工作，随州、潜江、天门统计上报率达到90%以上，十堰、荆州、随州、恩施、天门等地一级资质企业月度快报上报率达到100%。发挥各级行业协会作用，建立健全行业自律机制。

建筑产业联盟

2013年11月，湖北省成立了由勘察设计、建筑施工、建材厂家、大专院校、科研院所、金融机构、行业协会等67家成员单位组成的建筑产业战略联盟，入选该年度中国建筑业十大新闻。联盟成员单位新八集团荣获中国驰名商标，中铁大桥局、中铁十一局获得湖北省长江质量奖，中建三局、武汉建工被评为全国30家工程质量管理成绩突出的优秀企业，中国一冶、葛洲坝五公司、中建三局二公司、新七建设集团等企业成功晋升为特级资质，山河集团、新八集团、新七集团分别进入全国民企500强、湖北民企百强，中建三局、山河集团、新八集团分别进入中国建筑业竞争力百强，建筑联盟紧扣万亿元产业目标，成为湖北省打造建筑强省的主力阵容。

整合资源 引领行业发展 伴随着“中部崛起”“长江经济带”“建设国家中心城市”“一主两副”等国家、省市和区域性战略的快速推进，荆楚大地正迎来黄金建设期。联盟成立以来，不断整合资源，抢占先机，引导扶持企业参与重大基础设施的投资和建设，服务省内外建设大市场、大项目，进而向国际高端市场发展，引领行业捷报频传。

中建三局以“敢为天下先、永远争第一”的气魄，聚焦高端市场、高端客户、高端项目，深入推进“建造+投资”两轮驱动的发展战略，承建了全国20个省区市第一高楼，不断刷新城建地标。该局通过强抓战略客户的甄别、培育、维护和增值服务，推进战略合作。全局签约10亿元以上项目60个，其中50亿元以上项目5个，全年中标额2600亿，2014年在湖北完成投资额134.47亿元，2014年成为湖北省营业收入突破千亿元大关的建筑业龙头企业。

中铁大桥局凭着国家“桥建梦之队”的强劲实力，2014年6月份中标孟加拉国帕德玛公铁两用大桥，该项目合同额折合人民币96.7亿元，是迄今为止中国企业承接的最大国际桥梁项目。这项工程不仅将成为孟加拉的新地标，也将成为大桥局“走出去”的新里程碑。

2014年7月，有着“中国水电航母”之称的葛洲坝集团承接到阿根廷最大水电工程项目，合同总金额287.82亿元。8月份又中标阿根廷波黑图兹拉火电站7#机组建设项目，该项目合同金额达85亿元，工期56个月。

中交二航局2014年在沙特、利比里亚、巴基斯坦、马来西亚等8个国家和地区承揽工程12项，总合同额逾11亿美元，比去年同期增长185%。目前在建海外项目17个，遍布11个国家和地区，合同总额接近200亿元。8月9日又成功签约以色列阿什多德南部港建设项目，合同额39.9亿元，这是该局承接的最大一单海外项目。

华新水泥和塔吉克斯坦政府于2014年9月正式签署投资协议，确定在塔吉克斯坦建设和运营第二条和第三条水泥生产线项目，可辐射阿富汗、吉尔吉斯斯坦、乌兹别克斯坦等国，带动湖北向西开放，推动长江经济带与丝绸之路经济带的对接。

铁四院配合国家“走出去”战略，先后与美、法、德、日、韩等10多个国家和地区的相关企业开展技术交流与合作，2014年11月20日中标尼日利亚沿海铁路项目，合同金额约120亿美元。

联合投资是联盟协同创新、立足市场的一大举措。大桥局依托资金、技术、管理优势，充分发挥建桥产业链主导者的优势，联合武船、汉阳市政、葛洲坝集团等企业实施战略合作，共同投资建设武汉鹦鹉洲长江大桥、杨泗港长江大桥等重点基础设施BT项目。积极探索PPP模式，联合中铁大桥勘测设计院、湖北交通规划设计院等单位和武汉交投组成联合体，投资建设武汉青山长江大桥BOT+EPC项目，实现优势互补，提高项目运作能力。目前，该局通过战略合作，已实施5个基础设施投资项目，总投资达220亿元，通过投资合作，提高了产业链联合体共同进入桥梁高端市场的能力，提升各单位主业的盈利能力，实现了多赢发展。

有着"建筑之乡"、"慈善之乡"、"教育之乡"盛誉的新洲一年一度的慈善助学大会感动荆楚，声名远播，2014年以新八建、新七建为代表的37家爱心企业及其员工，总计捐款813.8万元，共资助736名贫困大学生，提高了社会美誉度。不论是"走出去"拓展外埠市场，还是精心打造企业品牌，产业联盟不仅引领行业持续快速健康发展，而且社会知名度和影响力不断扩大。

集聚优势 完善产业链条 实施战略采购，完善建筑产业链上下游有机运行，搭建起"互动、协同、创新"的合作平台，推动各种建筑业生产要素的整合、优化、聚集，各成员单位十分珍惜这一平台，战略合作开展得有声有色。武钢是国内排名第三大钢铁上市公司，资产达300多亿元，拥有当今世界先进水平的炼铁、炼钢、轧钢等完整的钢铁生产工艺流程，钢材产品共计7大类、500多个品种。华新水泥年生产能力突破7000万吨，总资产达230余亿元，综合实力居国内同行业前列。中建三局、中交二航局、中铁大桥局等多家单位与武钢、华新水泥签订了战略合作框架协议，通过实施战略采购，供应企业增加了产品销量，施工企业节约了采购总成本，各方实现互利共赢，优化了供应链管理，提升了企业的核心竞争力。

省建协钢结构分会先后发起联合物资采购或大宗物资采购活动，与武钢江北、武船重工等多家企业建立了战略合作伙伴关系，已有12家企业签订了框架合作协议，采购钢材千余吨，采购成本降低五个百分点，促进了钢结构相关企业的互利共赢，计划将扩展合作达万吨级规模。2014年4月，为对接全国建筑钢结构行业大会，联盟组织召开大宗物资采购座谈会，会议围绕大宗物资采购的辐射面进行了沟通和交流，天津金万方、上海博思格等钢结构企业，武汉铁锚焊接公司等材料供应商展示了最新的研究成果，相互间达成了合作意向。

联盟成员单位葛洲坝集团正以形成的立体合作运行网可见一斑：该集团与长江勘察设计院深化合作关系，共同开辟国际建筑市场；与武钢合作在国外从事矿产资源开发，提供电力供应和矿山施工等业务；房地产投资方面，同等条件下，优先选择产业联盟单位；设计方面，密切与中南建筑设计院、中信建筑设计院、华科大建筑设计研究院、武汉开来建筑设计公司等单位开展了合作；施工方面，与中建三局、中核二十二公司、新八建、新建总公司、武汉二建等单位开展合作；装修装饰方面，与武汉正大时空建筑装饰公司、武汉亚述装饰设计公司、武汉嘉禾装饰集团等单位开展合作；物资供应方面，与武汉钢铁公司、华新水泥公司等单位开展合作。

山河集团注重与一批行业上下游企业强强联手，推进自身转型升级。与弘毅公司在施工与设计方面合作的普提金国际金融中心，荣获"中国建筑钢结构金奖"，双方合作设计项目建筑面积超过20万方。

湖北弘毅作为湖北省首批开展建筑工业化体系和部品研发的企业，先后与武船重工、武钢江北、山河集团、武汉大学、中信建筑设计院、武汉理工大学等多家单位开展“研发—设计—生产—施工”一体化合作。此外，与湖北广盛、长安建筑、湖北远大、神州建材等多家联盟成员单位的对接合作，也为弘毅建筑工业化的进一步发展拓宽了视野。

联盟多次组织成员单位的工程技术负责人参观神州建材有限公司新型建筑材料基地，观摩活动为联盟内相关勘察设计、建筑施工单位提供了一个推行新型节能环保材料应用的合作平台。目前已有中建三局、中天建设、中房集团、中建地产、宝业建工、万科、绿城、金地、朗诗、武汉嘉禾装饰等三十余家企业成为神州建材的客户，其中还有不少联盟成员单位与其达成合作意向，省内数10个知名项目已经应用了高性能蒸压砂加气混凝土砌块产品并获得好评。

省装协先后组织了装饰企业与陶瓷生产厂家、玻璃生产企业和铝型材生产企业的产销对接座谈会，达成了共识，合作前景看好。

互通共赢　扩大交流合作　联盟积极引导和鼓励金融机构积极向建筑、勘察设计、建材企业提供各类授信、贷款以及其他多种优质便捷的金融服务，增加中长期贷款的比例，对拥有自主知识产权的企业给予相关信贷优惠政策，银企合作的范围和规模日益扩大。葛洲坝集团积极开展银行信用建设，争取各大银行对集团两级企业进行资信评估和授信，2014年供获银行授信 2000 多亿元。山河集团授信总额度达到50亿元，与其合作的金融机构达20余家，授信品种主要是流动资金贷款、银行承兑汇票、工程类保函、商业承兑汇票等几大类。据初步统计，一年来光大银行、平安银行等金融机构通过联保、抵押，共同基金等方式向联盟成员单位发放贷款，无一笔贷款出现逾期和不良，实现了银企共赢。

校企合作日益活跃。大桥局把联手高校开展培训、科研、管理等方面的合作，作为新常态下的企业转型升级跨越发展的重大举措，取得了实质性进展。与武汉大学签署《战略合作框架协议》，就共建本科生与研究生联合培养、就业基地、共建科技创新基地等方面确立了合作关系；与武汉理工大学签订《联合举办“海外工程储备人才”培训班协议书》，对34名应届毕业生开展为期一年的海外相关课程培训。葛洲坝集团分别与武汉大学、武汉理工大学、三峡大学等学校签订了战略合作协议，明确在人才培养、科技攻关、新兴业务和科技项目孵化等方面开展广泛的合作，对企业发展开展战略研究。水泥公司与武汉理工大学合资成立公司利用水泥窑技术变废为宝，生产新型道路材料；与武汉大学开展合作，联合攻关江河湖泊流域污水污泥处理，目前已中标昆明滇池治理项目。广厦湖北六建和武汉理工大学联合成立了“广厦湖北六建—武汉理工大学技术中心”，主要面向建筑业发展前瞻性技术的研发，重点是建筑施工与设计的新技术、新工艺、新材料、新产品的开发和应用。今年自主研发设计的《多功能预应力先张拉台座》等七项技术通过国家知识产权局审查，获实用新型专利证书。湖北工建集团与武汉大学城建学院双方合作的重点是共同开发和应用BIM(建筑信息模型)技术，为企业在建筑施工管理的过程中提高生产效率、节约成本和缩短工期方面发挥重要作用。弘毅公司与武汉理工大学、华中科技大学等高校建立了产学研合作关系，自行研制开发的建筑工业化部品、构件等方面的专利130余项，其中发明专利20余项，初步形成了产品标准、技术规程和施工验收规范等 10 余项。神州建材与武汉理工大学合作开展高性能蒸压墙体材料的制备与应用技术研究，建立省级企业技术中心。目前双方正探讨联合共建蒸压加气混凝土研究所，为中国蒸压加气混凝土的拓展应用提供技术支撑。

诚信经营 推进绿色施工 联盟坚持建筑业资源循环利用,研发低碳建造工艺、技术和材料,鼓励绿色设计,推动绿色施工,加快推进建筑工业化,促进建筑业与建材业相融合,带动住宅产业化基地与钢结构、构配件及部品等工业化基地建设。在2014年7月召开的全省建筑业发展大会上,联盟单位负责人进行了诚信宣誓和签字活动,把诚信守法,协同创新作为联盟成员单位共同恪守的铁律,在建筑市场的打拼中,联盟大力推行绿色设计,推动绿色施工,定期召开新技术、新工艺、新材料及新设备推广应用现场观摩经验交流会和绿色施工推介会。各成员单位带头诚信经营,实施绿色施工,具有普遍的示范意义。

中建三局重视科技创新在企业发展中的关键性作用,在行业关键领域和建筑科技前沿掌握了一批核心技术和专利技术,形成了超高层建筑、复杂体系巨型钢结构、高性能及特种混凝土研发生产等九大特色技术优势,尤其在BIM技术、地下空间技术、绿色建造技术、建筑工业化等方面进行探索,开展前瞻性研发工作。目前已与武汉市新洲区签定产业园投资协议,征用1080亩的工业用地指标,协同打造集PC制品、机电预制组合立管、装饰部品、整体厨卫等全系列的建筑工业化部品基地,打造建筑科技产业园,实施绿色建造,开展绿色施工示范工程创建工作。

武汉建工集团全面推行安全质量标准化工作,科技创新和精品工程创建成效显著。10个工程获得2013—2014年度第一批湖北省建筑工程安全文明施工现场,12个工程获得武汉市安全生产标准化示范工地;承建的武汉国际博览中心洲际酒店获中国钢结构金奖、获1项国家级工法、4项实用新型专利获得授权;承建的武汉长江传媒大厦和武汉国际博览中心洲际酒店两项工程被评为第三批全国建筑业绿色施工示范工程。

建立产业化基地是推进建筑产业现代化的重要措施。弘毅公司积极建设示范项目,已投资数亿元在武汉、襄阳、宜昌、团风等地布局六大建筑工业化生产基地,并获得"湖北省新型建筑工业化部品工程中心"称号。其中沙口基地作为主要部品生产基地,已完成一期厂房(40000平方米)建设,一期工程年内投产,将可满足30万平方米左右的装配需要。

湖北广盛公司以讲诚信,重品质赢得市场,坚持每月10日按时足额发放人工工资,每月15日按合同支付材料款,规范的支付方式确保了广盛的资金一直运转流畅。企业结合自身特点创造性地实施项目股份制,有一支诚实可信、技术精湛、服从调遣的劳务队伍,所有塔吊、施工电梯等大型设备均为公司自有,且都是国内一线品牌,确保工程创优和施工安全,在业内有着较好的引领和示范作用。

工程质量治理两年行动是规范建筑市场行为重大举措,自住建部召开电视电话会以来,湖北省联盟成员单位中建三局、武建集团、一冶等企业反映强烈,纷纷组织学习传达贯彻落实两年行动的有关会议、文件精神,周密进行部署和安排,严格实施自查排查和自纠整改,自觉抵制不良市场行为,为企业诚信经营、绿色施工建树标杆。

热忱服务 树立联盟形象 支持联盟成员单位提档晋级。湖北省住建厅出台了《关于对全省建筑业龙头骨干企业实施重点培育的通知》明确规定,对联盟成员单位在资质增项、资质升级方面采取积极扶持措施,实施"直通车"服务,支持成员单位提档晋级。为进一步提高建筑产业战略联盟企业资质管理水平,使联盟

企业资质管理人员更好地理解和掌握现行资质标准和有关规定，保证企业报送资料的准确性和有效性，提高企业资质申报的成功率，联盟在汉举办了企业资质管理培训班；为联盟成员单位提供宽松的发展环境。促成召开全省建筑业发展大会，积极研究制定区域开发战略，加强与省外建设行政主管部门的沟通联系，为企业开拓外埠市场提供有效政策、信息服务，激励建筑企业到热点区域和利润点较高区域、海外境外去抢占滩头，选准市场切入点，先涉足，后立足，由点到面扩大规模，实现有组织、有重点的整体开发，提高湖北省企业在国内市场的占有率。多次召开不同层次的企业家座谈会、现场办理会、表彰推介会等，积极争取当地政府的支持，加强与相关部门的联系与沟通，协调解决现场治安、企业融资、税赋征收等建筑业发展面临的突出问题，营造建筑业快速健康发展的良好氛围；营造联盟单位质量创优的良好氛围。在2014年4月份召开的全国建筑业改革发展暨工程质量安全工作会议上，湖北省被住建部列为全国质量管理标准化试点地区，并就工程质量管理工作情况作了大会交流发言。为了让老百姓住上放心房、通过安全桥、行走平安路，我们以精品创建为抓手，全面提升工程质量管理水平，秉承“服务基层、服务企业、服务工程”的宗旨，出台了《湖北省建设工程质量创优奖励实施办法》，多次组织全省建设工程质量巡讲团专家开展质量巡讲活动，召开质量安全标准化管理施工现场观摩会，营造开展质量创优的良好氛围；为联盟成员单位提供便捷服务。按联盟章程规定，联盟工作处设在省建管局，切实为联盟提供便捷服务采取了一些具体措施：完善规章和联络员制度，明晰职责；建立联络员QQ群，开辟厅网联盟专栏；拟定2014年工作要点，有计划地组织各类座谈会和活动；对联盟的发展和对联盟成员单位的服务进行研究部署，在各主流媒体宣传报道联盟发展动态。

协同创新　增强联盟合力　推进联盟规范化运行。制定联盟5年发展规划，明确联盟协同发展的指导思想、目标、原则、思路和主要任务。进一步完善联盟的组织架构，成立专家技术委员会，建立以企业为主体、市场为导向、产学研结合的产业技术创新机制。积极开展科技与人才下企业服务工作，推进企业技术研发，加快成果转化，培养技术和管理人才，改善企业技术创新管理水平。进一步探讨联盟未来发展问题，推进联盟的组织化、制度化、规范化运行；择优吸纳行业优势单位为联盟成员。为了更好地发挥建筑产业战略联盟在行业中的引领作用，实现强强联合、优势互补，优化创新资源要素，突破行业共性技术，按照面向市场、优势突出、地域特色、平等自愿原则，从发展急需的特色专业、空白领域、高新技术方面，吸纳具有创新能力的知名企业，具有基础研究与共性技术研发优势的大学和科研院所，形成全产业链技术创新支持平台；构建建筑产业现代化创新基地。推进联盟绿色设计与绿色施工、建筑部品部件工厂化与装配化施工、产业技术攻关与工程转化平台建设，优化资源，大力支持企业构建建筑产业现代化创新基地，形成产学研联合开发、风险共担、利益共享的创新机制，加速促进设计标准化、构件部品化、施工机械化、管理信息化的协调发展，贯通科学研究、工程研发、产业化屏障，系统地、持续地支持形成技术成果产业化，重大技术产品产学研联合开发，加速产业技术创新专业化与创新价值链对接；积极推进联盟多元化合作与交流。积极推进联盟的合作与交流，分期、分批、分类组织形式多样的培训，培育多学科、多专业融合优势的人才团队，建立交叉学科联合创新机制，加强产业技术和产品标准研究的国际化步伐，加快实现与国际标准的接轨。围绕联盟多元化产业合作，积极推进完善上、下游产业链业务与市场、产业对接，做大做强产业集群，提升联盟在国家经济社会发展中的支柱作用；精心组织联盟的宣传活动。全国首家建筑产业战略联盟阵容强大，是一支崛起于湖北的“中国筑林”，为扩大联盟的社会影响力，与主流媒体联手，共同策划联盟——“中国筑林”的深度宣传活动，展示新时代建筑企业家及其团队梦筑天下的创业历程和积极向上的精神风貌，歌颂湖北建筑企业家乐善好施，参与公益，回报社会的高尚品德，借鉴“中国光谷”品牌的成功经验，达到可持续传播，提升社会与市场认可的效果，使之成为湖北又一张新名片。同时，充分利用互联网的优势，加强联盟与外部、联盟工作处与各成员单位、成员单位之间的沟通和联系，建立联盟展示、信息发布、信息上报、研发基金项目管理、科技资源共享等交互平台。

著名企业
（2013年度）

湖北省建筑综合实力20强企业

1. 山河建设集团有限公司
2. 新八建设集团有限公司
3. 新七建设集团有限公司
4. 宝业湖北建工集团有限公司
5. 武汉建工股份有限公司
6. 湖北远大建设集团有限公司
7. 武汉东方建设集团有限公司
8. 武汉新十建筑集团有限公司
9. 武汉市市政建设集团有限公司
10. 湖北长安建筑股份有限公司
11. 湖北民族建设集团有限公司
12. 卓峰建设集团有限公司
13. 湖北省路桥集团有限公司
14. 广厦湖北第六建设工程有限责任公司
15. 武汉三星建工集团有限公司
16. 武汉新建总建设集团有限公司
17. 湖北全洲扬子江建设工程有限公司
18. 湖北省工业建筑集团有限公司
19. 湖北顺泰建设有限公司
20. 武汉市汉阳市政建设集团公司

装修装饰10强企业

1. 湖北凌志装饰工程有限公司
2. 湖北弘毅建设有限公司
3. 当代建筑装饰集团有限公司
4. 武汉创高幕墙装饰工程有限责任公司
5. 湖北科艺建设集团有限公司
6. 湖北龙泰建筑装饰工程有限公司
7. 武汉丽岛科技有限公司
8. 湖北鼎元建筑装饰工程有限公司
9. 武汉华达建筑装饰设计工程有限公司
10. 湖北高艺装饰工程有限公司

勘察设计综合实力10强企业

1. 中南建筑设计院股份有限公司
2. 武汉都市环保工程技术股份公司
3. 湖北省交通规划设计院
4. 武汉市测绘研究院
5. 武汉市政工程设计研究院有限责任公司
6. 中南勘察设计院（湖北）有限责任公司
7. 中冶南方武汉钢铁设计研究院有限公司
8. 武汉地质工程勘察院
9. 武汉和创建筑工程设计有限公司
10. 武汉正华建筑设计有限公司

优质工程

2014年湖北省获国家优质工程奖名单

中建三局建设工程股份有限公司承建的同济医院住院医技综合楼

中建三局二公司承建的武汉东湖会议中心

中铁十一局集团有限公司承建的汉宜铁路沉湖汉江特大桥

2014年湖北省获鲁班奖名单

湖北全洲扬子江建设工程有限公司承建的孝感市第一人民医院新区外科大楼

中建三局集团有限公司承建的武汉国际博览中心会议中心总承包工程

中天建设集团有限公司承建的华中科技大学同济医学院附属协和医院门诊医技大楼

2013-2014年度(第二批)湖北省建设优质工程楚天杯项目名单

工程名称	结构/层次	建筑面积或规模(m²、m、万元)	施工单位	项目经理
武汉市(22项)				
汉阳人信汇项目D地块一期6#楼	钢筋混凝土框架结构/27	37906	山河建设集团有限公司	林中茂
武汉国际博览中心会议中心	框架-剪力墙结构/5	177000	中建三局集团有限公司	亢秀山
兴建长江航道重点实验室6号模型实验大厅	钢筋混凝土框架结构/1	27434	武汉建工股份有限公司	刘宣传
武汉航天首府2#楼	框架-剪力墙结构/43	20867	中天建设集团有限公司	唐　斌
华中农业大学第四教学楼	钢筋混凝土框架结构/6	25643	湖北省建工第二建设有限公司	吴学成
殡仪馆(整体搬迁项目主体施工工程)主楼	钢筋混凝土框架结构/2	6185	武汉东方建设集团有限公司	王治耀
华中科技大学同济医学院附属协和医院门诊医技大楼	框架-剪力墙结构/26	87780	中天建设集团有限公司	陈恩成
武汉市人民检察院办案和专业技术用房扩建工程	框架-剪力墙结构/16	24776	中建二局第三建筑工程有限公司	张志松
空军预警学院雪莲小区1#楼	框架-剪力墙结构/30	27041	新八建设集团有限公司	刘正喜
知音学府	框架-剪力墙结构/29	21438	山河建设集团有限公司	徐金生
金地名郡B栋	框架-剪力墙结构/49	63043	新八建设集团有限公司	刘先成
齐心新社区二期8#楼	框架-剪力墙结构/26	13730	山河建设集团有限公司	邵祥国
武汉永清综合开发项目B11地块	框架-剪力墙结构/32	80979	中天建设集团有限公司	张国权
武汉朗诗绿色街区2#、3#楼	剪力墙结构/26	37081	中天建设集团有限公司	王　钢
焊接能力提升及技术改造项目(焊接车间)	钢结构/2	20635	宝业湖北建工集团有限公司	廖志国
中南国家计量测试中心综合大楼	框架-剪力墙结构/16	24875	中太建设集团股份有限公司	冯春利
融科珞瑜路95号一期工程T2#	剪力墙结构/31	13663	湖北中地鼎天建筑工程有限公司	王武文
湖北省图书馆新馆建设工程	框架-剪力墙结构/10	100523	中建三局集团有限公司	徐　钧
愿景广场二期1#楼	框剪/26	29306	天业建设集团有限公司	张　宇
湖北农业科技楼	框架/22	21979	武汉新十建筑集团有限公司	汪晓春

续表

工程名称	结构/层次	建筑面积或规模(m^2、m、万元)	施工单位	项目经理
武汉朗诗绿色街区 9#楼	框架-剪力墙结构/25	22889	正太集团有限公司	钱忠杰
后湖花园二期 9#楼	框架-剪力墙结构/32	14300	龙信建设集团有限公司	谢丽校
黄石市(10 项)				
正阳·雅丽花园 B 栋	框架-剪力墙结构/27	29727	黄石市下陆建筑有限责任公司	李名刚 敖厚勇
恒基·江岸名城 1#楼	框架-剪力墙结构/27	15780	黄石华厦建设集团有限公司	陈敦军
黄石市华商大厦商住楼	框架-剪力墙结构/29	17354	黄石市住宅建筑公司	王卫功
黄金山科技园公租房办公楼及地下室	钢筋混凝土框架结构/16	16036	湖北长安建筑股份有限公司	徐学益
阳新县人民检察院办公楼及侦察技术大楼	框架-剪力墙结构/10	14749	湖北江天建设集团有限公司	彭宜夏
黄石湖景花园城上城 3#楼	框架-剪力墙结构/34	38204	大冶建工集团有限责任公司	李远文
黄石市水上搜救中心办公楼	钢筋混凝土框架结构/13	6796	黄石华厦建设集团有限公司	张圣玉
黄石扬子玉龙湾 5#楼	框架-剪力墙结构/32	43750	黄石扬子建安集团有限公司	陈中强
黄石二中综合教学楼	钢筋混凝土框架结构/7	12407	黄石扬子建安集团有限公司	程金良
团城山供电公司生产营业用房	钢筋混凝土框架结构/6	5865	黄石扬子建安集团有限公司	罗克佐
襄阳市(2 项)				
襄阳市中医医院药剂楼	框架-剪力墙结构/17	14000	南通华荣建设集团有限公司	钱　建
襄阳市残疾人康复中心综合楼	钢筋混凝土框架结构/7	11310	江苏省江建集团有限公司	董明阳
荆州市(5 项)				
楚天都市佳园 9#楼	框架-剪力墙结构/12	7180	江苏万邦建设集团有限公司	陈　玮
荆州市楚天都市佳园 7#住宅楼	框架-剪力墙结构/19	8692	江苏省第一建筑安装有限公司	王向阳
公安县中医医院住院楼	框架-剪力墙结构/13	12974	湖北利达建设工程集团有限公司	周启发
楚都御苑 7#楼	框架-剪力墙结构/18	11880	荆州市金隆建设工程公司	黄凤俊
荆州市精神卫生中心住院大楼	框架-剪力墙结构/16	18725	荆州市三江建设发展有限公司	彭金辉
宜昌市(10 项)				
锦绣华庭 R16 号楼	框架-剪力墙结构/19	7534	中国核工业第二二建设有限公司	叶　芃
湖北匡通电子股份有限公司半导体大楼工程	钢筋混凝土框架结构/11	29094	重庆市欣宏建筑有限责任公司	傅家均
宜昌凯利"城中金谷"一期 10#、11#楼	框架-剪力墙结构/29	33294	武汉顺华建筑工程有限公司	时建伟
畔山怡园 3#楼	框架-剪力墙结构/19	11353	重庆西江建设(集团)有限公司	王秋林

续表

工程名称	结构/层次	建筑面积或规模(m^2、m、万元)	施工单位	项目经理
锦绣星城三期 1A#住宅楼	剪力墙结构/29	19119	浙江海天建设集团有限公司	周德胜
长江瑞景 5#楼工程	框架-剪力墙结构/26	55985	长信建设有限公司	陆祥和
锦绣星城(三期)Ⅱ标段 4#楼	剪力墙结构/19	13814	中建二局第三建筑工程有限公司	伍金斌
锦绣华俯经济适用房 1 号楼	剪力墙结构/19	12675	重庆市渝万建设集团有限公司	牟宗强
锦绣华俯经济适用房 3 号楼	剪力墙结构/19	6550	重庆市渝万建设集团有限公司	牟宗强
秭归县司法局、卫生监督局业务用房	钢筋混凝土框架结构/7	6007	秭归县沙镇溪建筑有限责任公司	王　华
十堰市(6 项)				
郧县人民医院内科医技综合楼 1#楼	框架-剪力墙结构/20	27957	武汉常博建设集团有限公司	陈新红
京华园二期 7#楼	框架-剪力墙结构/31	47500	湖北天达建筑实业有限公司	严玉良
阳光栖谷 13#楼	框架-剪力墙结构/36	24929	重庆市渝建实业股份有限公司	王祖永
丽景湾花园居住小区(一期)4#楼	框架-剪力墙结构/20	10199	湖北至高建设集团有限公司	余水舟
十堰出入境检验检疫局业务用房工程	框架-剪力墙结构/9	6542	江苏沪武建设集团有限公司	张志敏
烟草物流中心业务用房	框架-剪力墙结构/6	9682	重庆市东正建筑工程股份有限公司	成世华
孝感市(6 项)				
孝感市防汛指挥综合业务大楼	钢筋混凝土框架结构/14	12708	湖北全洲扬子江建设工程有限公司	叶海涛
宇济·滨湖天地竹苑 7#楼	框架-剪力墙结构/34	19032	华太建设集团有限公司	王志林
美丽国际大酒店	钢筋混凝土筒体结构/27	54522	华太建设集团有限公司	姚　琦
孝感市第一人民医院新区外科大楼	框架-剪力墙结构/15	45534	湖北全洲扬子江建设工程有限公司	孙芳洲
万山科研综合楼	框架-剪力墙结构/18	31000	湖北三江航天建筑工程有限公司	杨　敏
全洲盛世北城 A1 区-2#楼	框架-剪力墙结构/32	26330	湖北全洲扬子江建设工程有限公司	刘春满
荆门市(3 项)				
锦绣紫荆城 35#楼	钢筋混凝土框架结构/6	5286	华太建设集团有限公司	颜良元
中建金象广场二期工程 1#楼	框架-剪力墙结构/32	37435	中建三局第一建设工程有限责任公司	张　欣
中百集团钟祥购物中心	框架-剪力墙结构/8	103210	中国建筑第六工程局有限公司	邵永美

续表

工程名称	结构/层次	建筑面积或规模(m²、m、万元)	施工单位	项目经理
黄冈市(6项)				
蕲春县妇幼保健院住院大楼	框架-剪力墙结构/12	7802	赤东建设集团有限公司	董晓松
升华·翡翠一品12#楼	框架-剪力墙结构/28	18491	湖北长安建筑股份有限公司	马　骥
蕲春县交通运政综合大楼	钢筋混凝土框架结构/11	5003	湖北雅华建筑安装有限公司	伊建文
罗田县人力资源和社会保障局办公楼	钢筋混凝土框架结构/13	13806	湖北富华建筑安装有限公司	王华春
黄冈科技孵化器创业者公寓楼	框架-剪力墙结构/17	17438	黄冈市松泰建设工程有限公司	黄小生
黄冈科技孵化器综合楼	框架-剪力墙结构/20	35508	湖北玉环建筑工程有限公司	张正权
咸宁市(2项)				
三江森林温泉度假公寓	钢筋混凝土框架结构/10	23863	湖北三江航天建筑工程有限公司	郑　俊
赤壁·印象十五镇风情街公寓1#楼	框架-剪力墙结构	37829	湖北东升建设有限公司	徐德欢
随州市(3项)				
汉东名居二期4#楼	剪力墙结构/34	26869	湖北城乡建设集团有限公司	汪三中
随县国土整治办公室等单位综合业务用房	钢筋混凝土框架结构/9	7792	湖北三箭建筑工程有限公司	杨　江
广水市公安局业务技术大楼	钢筋混凝土框架结构/10	10371	随州市沿河建筑工程有限公司	罗明亮
恩施州(4项)				
恩施州公安局交警支队办证综合服务楼	框架-剪力墙结构/8	9673	恩施州通宇建筑安装装璜有限责任公司	贺友东
恩施州文化中心建设项目	钢筋混凝土框架结构/4	84620	恩施自治州翔宇建设工程有限公司	刘祥禹
来凤县公安局指挥中心大楼工程	框架-剪力墙结构/12	17247	恩施兴州建设工程有限责任公司	向光会
恩施经济开发区企业服务中心	钢筋混凝土框架结构/8	23037	恩施自治州翔宇建设工程有限公司	彭旌凌
天门市(2项)				
天门市公安局业务用房	钢筋混凝土框架结构/12	16440	中天建设集团有限公司	单益明
天门市人民法院审判法庭综合楼工程	钢筋混凝土框架结构/12	10875	湖北华茂建筑工程有限公司	杨茂才

勘察设计

2014年，省住建厅坚持科技创新绿色发展，加快推动产业转型升级，全省勘察设计营业收入超过1200亿元，是年度目标的133.33%，继续稳居中部第一、全国前列。

开展"荆楚派"建筑风格应用与研究，力求传承与创新荆楚建筑文化，繁荣建筑创作。发布《"荆楚派"建筑风格设计导则(试行)》、《"荆楚派"村镇风貌规划与民居建筑风格设计导则(试行)》。

启动全省房屋建筑工程勘察设计质量专项治理五年行动计划和建筑工程质量两年行动，制定实施方案，完善制度建设。组织开展全省勘察设计质量专项行动，重点加强工程勘察、施工图审查、建筑节能、抗震设防、消防和无障碍设计的监管，共检查省内127家企业，查出违法违规行为为20余起，下达执法建议书和整改通知书6份。全年共通过房屋建筑工程施工图设计文件审查项目8650个，总建筑面积18568万平方米，纠正违反强条16818条，清除重大安全隐患1023处。

按照住建部《房屋建筑和市政基础设施工程施工图文件审查管理办法》要求，拟定我省的机构人员换证方案，组织全省审查机构和人员按照新部长令平稳过渡、严格就位，认定审查机构26个、升级一类机构8个，认定审查人员400余人。

组织开展2014年度全省优秀工程勘察设计评选，武汉二七长江大桥工程勘察等162个项目获得一、二、三等奖。中南建筑设计院股份有限公司、武汉都市环保工程技术股份公司、湖北省交通规划设计院、武汉市测绘研究院、武汉市政工程设计研究院有限责任公司、中南勘察设计院(湖北)有限责任公司、中冶南方武汉钢铁设计研究院有限公司、武汉地质工程勘察院、武汉和创建筑工程设计有限公司、武汉正华建筑设计有限公司荣获省政府2013年度湖北省勘察设计企业综合实力10强。

建筑节能 自2014年起，武汉全市域及其他市、州、直管市中心城区新建居住建筑执行低能耗居住建筑节能标准。同时，全省国家机关办公建筑和政府投资的公益性建筑，武汉、襄阳、宜昌市中心城区的大型公共建筑，武汉市中心城区的保障性住房开始实施绿色建筑标准。

全年已有109个项目获得绿色建筑星级标识，总建筑面积1085.11万平方米；可再生能源建筑应用面积达到5777.57万平方米，均提前一年完成"十二五"建筑节能规划目标任务。

全省城市城区"禁实"工作得到巩固，列入"禁实"计划的29个重点镇通过了省级验收。列入"十二五"建筑节能规划的100个重点镇的"禁实"任务圆满完成。

印发《湖北省绿色生态城区示范技术指标体系(试行)》，启动绿色生态城区示范、绿色建筑集中示范和高星级绿色建筑项目示范工作，武汉市四新生态新城等8个城镇新区，黄石奥山星城等13个绿色建筑集中示范区和宜昌规划展览馆等8个高星级绿色建筑项目成为首批省级示范创建项目。

编制印发《湖北省既有建筑节能改造技术指南(试行)》，明确了既有公共建筑和居住建筑节能改造的技术路线、推进模式和工作流程。

印发《关于开展绿色建筑省级认定工作的

通知》，明确了省级认定的依据、步骤和程序。同时印发了《湖北省绿色建筑省级认定技术条件(试行)》。

标准定额 启动营改增对建筑业企业和计价定额影响的研究，在加强营改增相关政策学习的基础上，选派专业技术人员赴上海先行试点单位进行调研学习，组织召开建筑业营改增工作座谈会，邀请全省28家不同专业、不同性质、不同规模企业进行营改增对工程造价影响的测算；作为住建部标准定额司确定的全国统一工程定额修编的3个主编单位之一，我厅承担《全国统一〈市政工程消耗量标准〉》的编制任务，现已完成编制工作，并通过住建部组织的专家评审；编制完成了《湖北省城市园林绿化养护费用指标》、《湖北省城市园林绿化养护消耗量定额及基价表》及《湖北省园林绿化工程消耗量定额及基价表》；组织开展光纤到户、建筑采光设计标准国家标准和2013年新编计价定额的宣传贯彻培训，培训范围涵盖相关管理部门、质量监督、图审、施工、设计、监理、房地产开发等工程建设领域的各个行业，培训人员2100余人；结合13版计价定额的发布实施，对“湖北省建设工程造价管理系统”的相关数据指标进行了修改和补充，提高备案系统整体适用性；组织开展清单计价国家标准贯彻实施情况监督检查工作，共抽检13个市130个项目；重新修订完成《湖北省工程造价咨询企业信用评价管理办法》，简化资料申报流程，对信用等级的划分和评价工作程序、评价内容的权重分配、设有分公司企业评价分数取定、业绩、行为证明资料认定等方面做出了明确规定，并组织开展了全省工程造价咨询企业第二次信用评价工作。全省共234家企业参加了评价工作，其中41家被评为5A级、60家被评为4A级，73家被评为3A级；组织开展了全省工程造价咨询企业执业质量检查暨资质动态复查，对全省上年度执业质量检查结论为良好以下的企业，开展执业质量检查暨资质动态复查工作。

抗灾防灾 启动襄阳、黄冈、荆门、恩施、仙桃、随州抗震防灾专项规划编制工作。按照《湖北省减灾委成员单位述职和联系重点县（市、区）减灾救灾工作制度》的要求，重点联系指导仙桃市完成城市抗震防灾专项规划编制；组织专家对武汉长江航运中心等35项超限高层建筑工程进行审查，优化了结构设计方案，确保了超限高层建筑的抗震设防安全；制定印发《关于贯彻落实〈湖北省消防安全责任规定〉，切实履行消防安全工作职责的通知》和《2014年全省住建行业消防工作意见》，建立机制，明确职责，对年度工作进行部署。

人 事 教 育

行业培训教育管理　一、加强培训机构管理，修订完善了评估管理办法，提高了准入门槛，细化了管理措施；二、严格考培分离，按地区集中设置考点，实施“第三方”监考。实行闭卷考试，充实完善了试题库；三、改革考核评定办法，从严控制通过率；四、研发培训考核和证书管理信息系统，初步实现了网上报名、证书查询等功能；五、规范发证管理，建立了20个工作日制度，方便了企业和参考人员。“八大员”培训考核工作，顺利通过了住建部人事司的调研评估，成为全国13个核发全国统一证书的省市之一，方便我省从业人员到外省就业。全年完成“五大员”培训考核及继续教育发证12.5万人、项目经理培训培训考核发证1.1万人、技能培训鉴定发证5.4万人、建造师继续教育发证4579人。

协调技能鉴定办证　截至2013年底，因省人社厅技能鉴定指导中心制证环节过长、证书数量有限等原因，造成27905名已通过技能鉴定的建设行业一线操作工人无法领证，给相关个人和企业造在了较大影响。上半年人事处多次与省人社厅协调，补办工人技能鉴定证书27905本，同时，主动向省人社厅技能鉴定指导中心主要领导沟通，宣讲建设行业技能鉴定工作的重要性，取得了该中心的支持，今年鉴定的人员均及时领取了鉴定证书。

清理规范退（离）休干部在社团兼职　按照省委组织部、省民政厅的要求，根据《湖北省关于规范退（离）休领导干部在社会团体兼任务职务的规定》，组织厅机关、厅直传达学习，宣讲政策规定，制定下发了厅清理规范方案，督促分管处室（单位）对厅业务主管的21个社团进行了全面清理。共清理出不符合规定人员17名（含9名厅级干部），均已辞去相关兼任职务，并对17名符合规定人员的取酬和履职情况进行了规范。

公务员培训　按照省公务员的要求，协调相关业务处室（单位）组织了15期公务员培训班，培训干部2185人。主要是对新任分管领导、局长和业务骨干，采取专家辅导、现场观摩、经验交流、座谈讨论等形式，围绕年度工作重点，进行业务知识、新法规、新方法等的培训，进一步提高全省住建系统工作人员的能力素质。

法律法规培训　按照厅党组要求，结合全省住建系统特点，制定下发了《关于在全省住建系统开展法律法规学习培训的通知》，分行业、分层次组织对全省住建系统各级干部、职工，重点是领导干部、基层执法队伍等关键岗位人员，进行了系统性的法律法规培训，解决了部分干部职工法规知识模糊、法制观念淡薄、执法能力不足等问题，全面加强住建系统依法行政能力。

“市场大学”读书与讨论活动　按省委组织部要求，给我厅实际，制定下发了《省住建厅开展“市场大学”读书与讨论活动实施方案》，分读书学习、研究讨论、成果交流3个阶段，采取个人自学、集中研学、专家导学、研讨交流等多种方式，组织全厅党员干部，重点是处级以上领导干部，深入理解和把握市场化改革内容体系，查找思想和工作中不适应市场化改革的突出问题，进一步树立市场意识，研究适应市场化改革的方法和措施。在全厅范围进行了学习成果交流，向省委组织部推荐了两篇优秀学习体会文篇。活动的开展，使广大党员干部深刻理解了市场与政府的关系，进一步树立了市场意识，改进了工作方法和工作作风，营造了积极为市场经济服好务的浓厚氛围。

群众路线教育 省住建厅作为第二批群教活动的保留单位，成立了整改督查领导小组办公室，制定下发《关于在全省住建系统开展第二批党的群众路线教育实践活动的实施意见有关要求的通知》，严格落实五项制度，逐月上报我厅整改落实台账情况，2014年25个项目全部整改销号。对省委转办的3个主办和7个协办项目，都能及时组织人员赴基层了解情况，坚持行业指导与属地管理相结合的原则，形成整改方案。建立厅领导联系点制度，定期开展检查、抽查、督导活动，对有关问题整改落实给以现场指导。坚持把基层单位的群众路线教育实践活动与民主评议政风行风工作有机结合，坚持把制度建设作为解决问题的治本之策，指导基层结合各自实际和行业特色，不断健全联系群众、服务群众的长效机制。

年度考核 2013年年度考核工作，考核办法在以往经验的基础进行了修订完善，一是简化了量化打分的程序和方法；二是增加了领导评鉴和平时考核的权重；三是充分征求各处室和全体干部的意见，在处室提名的基本上，大会推荐优秀等次人员，更具代表性和广泛性；四是加强各个环节的监督，确保考核结果公平、公正、公开，圆满完成了考核任务。

建设法制

加快推进行业立法 不断完善制度体系

《湖北省城镇供水条例》的制订与呈报

2014年初,《湖北省城市供水条例》草案上报省政府法制办后，省政府法制办公开征求了意见,并组织赴山东、安徽和省内的荆州、宜昌、咸宁、潜江等地进行了调研。经多次修改,目前该条例已经省政府常务会议通过并提报省人大常委会进行了一审和二审，并进入对该条例的第三次审议程序。条例草案的名称由原来的《湖北省城市供水条例》修改为《湖北省城镇供水条例》,内容也作了较大的调整。该条例被省人大列为2014年的计划项目。

城市综合管理 物业 房屋征收补偿等规章

《湖北省城市综合管理条例》被省人大列为2014年预备项目。湖北省物业管理条例》、《湖北省国有土地上房屋征收补偿实施办法》和等法规规章的立法工作也在抓紧推进。

同时，做好上级机关征求法规规章和规范性文件意见的回复工作。2014年共组织办理规章草案和文件征求意见达百余件，比去年同期增长了近30%，并且都在规定时间内将住建部门的意见建议及时作了反馈，力争上级机关出台的法规规章更有利于住建行业发展，有效维护和强化部门职能，确保了相关法规规定和管理工作的有效衔接。

夯实法治思维基础 积极开展普法宣传

坚持以会代训推进普法 3月初,省厅法规处组织召开了全省住建系统法制工作会议，采取典型交流、专家授课、以会代训的形式,积极开展普法宣传教育。9月初,省厅法规处组织召开全省住建系统法规科(处)长座谈会,进行行业普法工作、法治建设、政策研究及改革工作的总结交流，研究部署当前和今后一个时期住建系统依法行政工作。

加强舆论引导做好住建系统对外宣传工作

省厅法规处围绕行业的重大改革、重大典型和重大活动,加大对外宣传力度,为住建事业的改革发展营造良好的舆论氛围。12月初，又组织对全省住建系统新闻宣传骨干进行了集中培训。2014年，省厅法规处共有近百篇稿件被《湖北日报》、《中国建设报》、《法治湖北》、《湖北荆楚网》、《省政府法制信息网》、《咨询与决策》等报刊杂志和网站刊登。法规处和法规处获得“全省2013年度法治通讯工作先进单位”称号。

组织参加全省2014年无纸化学法用法活动

按照省委组织部、省委宣传部、省人社厅、省国资委、省普法依法治理工作领导小组办公室的有关要求，进一步完善了无纸化学法用法考试系统，组织并保障厅机关干部完成了本年度无纸化学法任务，并在今年“12 · 4”国家宪法日、法治宣传日期间,组织厅机关和部分直属单位的同志参加了全省无纸化学法用法统一考试,参考率达到了100%,平均成绩达到了96.1分。

转变政府职能 规范 行政行为

行政审批事项的清理 厅机关保留的17项行政许可事项，再次进行了清理，在去年取消、下放的基础上，下放了“建筑施工企业安全生产许可证核发”中“延期”审批的许可事项，并将下放后的衔接工作组织有关部门进行了协调落实，建立起了厅行政审批清单管理制度。

法规 规章 规范性文件清理 根据《湖北省规范性文件备案审查规定》和省人大、省政府对地方性法规、政府规章和规范性文件清理的要求，结合省住建厅实施规范性文件的实际情况，省厅法规处集中近三个月时间，对由省住建厅起草且目前正在实施的所有法规、规章和规范性文件，组织厅机关相关部门和厅直属相关单位进行了清理，共清理出省政府规章23部，省政府及政府办公厅发布的规范性文件共清理出49件，厅机关实施的规范性文件共376件。地方性法规共清理出7部，对其中2部法规共涉及8项条款提出了修改建议，其他5部法规建议继续有效使用，暂不作修改。以上法规、规章及省政府规范性文件的清理结果报送省人大、省政府后，目前已得到确认公布，厅机关制定实施的规范性文件清理结果，根据规范性文件的报备程序，已报省政府法制办备案，并同时在厅政务网站进行了公布。

规范性文件备案审查 为从源头上保障机关行政行为合法、适当，按照厅《规范性文件制定和备案审查工作规程》，加强了对厅起草制定的规范性文件的事前审查，并及时向省政府做好报备工作。全年省住建厅共制发规范性文件2件，另有2件进入办理流程，经省厅法规处审查备案的规范性文件没有出现被省政府提出修改或通报的情况。

非事务性文件合法性审查 凡涉及厅重大决策和重大经济合同省厅法规处都认真负责的进行研究，有针对性地提出法律意见和建议，努力保证其合法性，充分发挥了法律顾问的参谋助手作用。

组织依法行政工作的学习培训 组织全省住建系统各部门分管法制工作的领导、法制机构的骨干以及厅机关部分处室和厅直属有关部门的领导干部举办了法律法规知识的学习培训。同时，按照管行业就要管依法行政、管法规知识培训的要求，分行业组织全系统领导和业务骨干开展了全员法规知识大培训活动，共组织培训班8期，参加培训人员达1400余人。

依法加强层级监督 妥善化解社会矛盾

截至2014年12月15日，省住建厅共收到行政复议申请56件，比上年同期的43件又增长了30%。其中，不予受理7件，受理的49件。在受理的案件中，维持28件，确认违法5件，终止6件，驳回2件，其他2件，其余6件按程序正在审理，法定时限内结案率达到了100%，较好地实现了法律效果和社会效果的统一。同时，还依法办理行政诉讼案件3起，有效维护了行政机关的合法权益。办理行政处罚案件近30起，没有一起因处罚不当引起行政诉讼的。

担当作为 推进专项改革

省厅法规处按照厅党组的要求，承担了改革办职责，积极争取专项改革增项，不失时机地加强与省改革办和有关方面的联系，加快推进行业改革工作。先后起草了改革实施方案，明确了改革的任务书、时间表、路线图，建立了改革工作台账，制定出台了《湖北省住房和城乡规划建设管理改革专项领导小组工作方案》、《湖北省住房和城乡规划建设管理改革专项领导小组成员单位职责》、《湖北省住建厅全面深化住房城乡建设改革近期主要任务》。在充分准备的基础上，提请召开了改革专项领导小组第一次全体会议，顺利审议通过了一系列相关文件，不断推进改革试点和重大改革措施的出台。改革实施方案确定的58项体制机制方面的创新，有12项已经完成，有5项进度已经过半，其他的也在积极推进。省住建厅为4个省级改革专项领导小组的成员单位之一，各种征求意见的文件、交办的工作事项，都需要统筹落实。2014年，完成各种征求意见的改革文件近40件，每件都认真反馈，交办的各项工作都及时完成。整理报送住建部和省改革办的9份改革信息，全部被采用。2014年省厅法规处还承担完成了《加快建立符合湖北省情的住房保障和供应体系》重大课题的组织研究工作，向省政府法制办申报的《深化住建行政执法体制改革问题研究》课题，并已立项。年底，这些课题已经结项，为住建改革提供了决策参考。

行 政 审 批

2014年，共受理行政审批事项49806件，平均每个工作日202件。按时办结率100%，相对法定时限提速72.76%，在2013年基础上又提速10.5%，群众电子评价满意率保持在99.97%。

加大改革力度　提升行政审批效能

制定行政审批深化改革实施方案　在厅党组和厅综合改革办的指导下，审批办会同法规处制定了《省住建厅深化行政审批制度改革工作实施方案》，明确了2014年及今后一个时期深化行政审批制度改革的指导思想、主要目标、重点任务和工作要求。

成立注册中心　4月21日，按照湖北省住建厅决定，执业资格注册实行集中办公，由审批办统一管理。相关处室（单位）积极给予人、财、物方面的支持，集中7名工作人员，添置必要的办公设备，在厅十三楼新增330平方米办公场所，原来由5个处室委托5个协会或机构办理的8项执业资格注册工作全部移交到审批办统一管理。至此，2011年5月报省审改办认可的《省住建厅行政审批"三集中"改革试点方案》（"三集中"指行政审批职能、审批事项和审批人员向一个机构集中）全部落实到位。会同业务部门制发《湖北省二级临时建造师延期注册的通知》（鄂建办〔2014〕330），为实施建筑企业资质新标准，继续促进省住处建厅建筑行业发展，缓解了建筑业注册人才不足的矛盾。

根据全省事业单位分类改革的新形势，执业资格注册中心机构获批，成立正处级事业单位。审批办积极参与筹建工作，配合人事处制定执业资格注册中心"三定"方案，配合厅计财处制定执业资格注册中心经费预算，为执业资格注册中心的正式运转奠定了基础、提供了保障。

清理行政审批事项　落实简政放权　根据省住建厅《关于进一步规范全省建设工程质量检测行为的通知》（鄂建办〔2014〕49），从3月起，取消了全省490家企业内部实验室检测资质的审批。根据省住建厅《关于下放建筑施工企业安全生产许可证延期审批事项的通知》（鄂建办〔2014〕129），从7月1日起，将涉及全省1万余家建筑业企业安全生产许可证延期的审批权限，按照属地管理原则下放到市州住建部门管理，同时明确企业在新申请安全生产许可证审批事项时，不再提交安全评价机构出具的《安全生产评价报告》，减少了前置条件，总计为企业减少评价费用5千多万元。举办了90多人参加的各地安全生产许可证延期下放网上审批培训班。为做好住建部下放房地产估价一级资质下放的承接工作，制定下发了《省住建厅关于贯彻住房城乡建设部第14号令进一步规范房地产估价机构管理工作的通知》（鄂建办〔2014〕87号），对有关工作进行安排部署。

根据省审改办要求，先后3次会同省住建厅政策法规处对省住建厅行政审批事项的目录名称、法规依据、申请条件、申请材料、办理流程、办理时限等内容进行全面清理规范。2014年12月，省住建厅全部行政审批事项已通过《湖北省人民政府关于取消和调整行政审批项目的决定》（鄂政发〔2014〕40号）向全社会发布，目录清单在厅网站和省政府门户网站"湖北省级行政审批事项清单"栏目中公开。4月、10月，前

后两次对行政审批前置服务项目进行清理，造表登记报省审改办。

实施检查督促 强化资质监管 企业资质证书变更事项、安全生产许可证延期审批事项下放后，坚持放权不放责任，简政不减监管的原则，积极开展下放审批事项抽查。9月中旬，省住处建厅行政审批办结合行评督导，赴咸宁市、嘉鱼县开展相关资质抽查。检查组深入基层窗口，现场查看网上办理流程和纸质存档文件，向相关主管部门指出发现的问题，提出改进要求。为确保审批质量，9月下旬，审批办各专业负责人分期分批，对10个市州办理的3084件企业资质证书变更事项进行了网上抽查，并形成抽查情况报告，分析存在的问题，提出对策措施，进一步规范了企业资质审批。

加强注册建造师注册执业管理，遏制建造师挂证行为，根据住建部建筑业企业资质管理和注册建造师管理的有关规定，审批办加大注册建造师与企业资质动态管理力度，2014年，先后对134家企业下达了整改通知书，其中撤回7家企业的建筑业资质，进一步规范了建筑业市场。坚持对弄虚作假企业实行“零容忍”，2014年，先后对7家申请安全生产许可证弄虚作假企业进行了通报处理。按住建部要求积极开展业绩核查，先后完成5批81个项目的报部业绩核查；配合厅监察室、信访办查处涉及资质申报材料作假的举报9起，确保了行政审批工作的公平、公正和权威。

完善运行机制 提升政务服务水平

创新服务方式 擦亮服务品牌 坚持在政务服务大厅每月开展“三亮、三比、三评”活动，并大力开展争创全国“青年文明号”活动，2014年，先后评选三星岗位13人次，二星岗位13人次，一星岗位25人次，通过评比竞赛和争创先进进一步激励事业心责任感。开展政务大厅窗口受理方式的改革试点，逐步将目前按专业类别设置的窗口变为不分专业的通用窗口，从7月份起，对建筑业、房地产类、招标代理、工程监理、造价咨询、园林绿化、质量检测、城市规划、勘察设计等13个专业，涉及6个窗口的受理工作人员，开展了3个批次的轮岗。根据办事群众的要求，政务服务大厅还增设预约服务、延时服务、QQ群服务、免费快递服务，受到广泛好评。

提高审批效能 2014年，1229家建筑业企业安全生产许可证和195家园林绿化企业的资质证书三年集中到期需延续，158家规划编制单位面临集中换证，建筑业企业资质新标准11月颁布施行后，479家建筑业企业资质需要审批。审批办全年共受理企业资质期办件7445项，快办件8010项，执业资格注册期办件23646项，快办件10705项，其中执业资格注册期办件审批时限比法定时限提速11%，快办件审批时限比法定时限提速35.5%，高效完成了行政审批工作。

完善信息化建设 建立企业数据库 优化页面设置，优化网上审批操作界面，编制操作手册，完善网上审批操作功能，每两月召集一次信息化建设分析会，针对企业反映的上网操作难题及审批审核操作过程中遇到的技术性问题，进行分析研究，提出改进建议，提请信息系统研发单位修改完善系统软件。会同省建设信息中心、北京理正人信息技术公司开展企业资质信息数据库建设。针对房地产三类企业原来没有建设相关数据库的实际，专门下发通知，从各市州收集相关数据信息，通过几个月的收集整理，初步完成全省6369家房地产开发企业、3609家物业服务企业和198家房地产估价机构数据信息的汇总，实现了省住处建厅房地产三类企业数据信息的首次整合。审批办还对10195家建筑业、2538家房地产类、489家质量检测、417家园林绿化企业开展了数据补录和核实工作，保证了相关数据信息的真实性、完整性和有效性。截至2014年年底，已完成13类资质的企业信息数据收集，取得阶段性成效，目前正在进行相关数据的查重、录入工作。

开展标准化建设　规范审批行为　加强行政审批工作规范化、制度化建设，2014年行政审批办联合华中科技大学公共管理学院、省建设信息中心、省交通规划设计院成立课题组开展了行政审批标准化管理体系建设工作。先后5次召开推进标准化管理体系建设协商会，集中研究制定标准化管理体系建设方案。按照结合实际、积极稳妥的原则，完成了政务服务大厅各受理窗口标准化受理清单和《行政审批标准化手册》框架大纲、建立了政务服务大厅窗口受理数据统计标准表样。目前各项建设工作按计划开展，初步形成《标准化受理清单》、《行政审批标准化手册》框架和《行政审批标准化体系调研报告》等成果。2014年，我厅行政审批标准化建设被省质监局列为全省24个社会综合管理标准化建设试点项目之一。

巩固改革成果　促进行业发展

扶持建筑业企业提档升级　2014年，省住建厅重点支持4家建筑业企业申报特级总承包资质。中建三局二公司房建总承包特级已获批，新七建设集团房建总承包等3家建筑企业已通过住建部资料审查。这是新标准实施后，湖北省特级企业（新标准）取得的零的突破。92家建筑企业成功申请建筑业企业一级资质，占“三集中”以来的42%。“三集中”以来，获部批一级资质221项（219家企业）比历年一级资质累计数增加79.8%，其中，一级房建、市政、钢结构总承包分别增加120.2%、97.1%、300%。厅批建筑业企业二级资质686项，占“三集中”以来的61%。全省80多个县、区已全部拥有二级及以上企业。省住处建厅行政审批办还积极帮助企业出省发展，全年办理出省服务登记的企业1900家（次）。通过培育市场主体和服务企业提档晋级，为省住处建厅建筑业创万亿元产业奠定了坚实的基础。

扶持房地产开发企业提档升级　会同房产处下发《关于明确房地产开发企业资质标准中有关问题的通知》，以政策支持房地产开发企业发展。“三集中”以来，有10家房地产开发企业获得一级资质，占目前全省34家一级资质企业30%。三级升二级109家，四级升三级243家，获得升级的开发企业超过核准企业的50%。

行业指导　审批办会同相关业务处室（单位）研究制定了《全省住建系统政务服务窗口建设指导意见》和《规划许可、施工许可、竣工验收备案、房产登记政务服务项目办事指南》，成为全国省级住建系统规范行政审批、政务服务的第一个。10月份，审批办会同相关业务处室（单位）首次在武汉举办全省住建系统“1+6”政务服务窗口建设培训班，印发了全省住建系统88个“窗口”《政务服务窗口工作总结材料汇编》，来自各地政务服务窗口首席代表或负责人98人参加了培训。

坚持教管并举　加强自身建设

群众路线教育　坚持“为民、务实、清廉”宗旨，邀请“人民满意的公务员”、武汉“城市英雄”王静作示范演讲，用先进人物和典型事例，从思想上进一步巩固为民清廉的宗旨意识；邀请交通规划设计院的王敏、华中科技大学的李静、来

凤县政务服务中心主任等专家学者，讲授服务规范，从行为方式上进一步提高服务质量和水平；坚持审批办每月一次的集体学习，进一步提高政策理论和业务水平；组织政务服务大厅工作人员开展“在窗口服务中体现人生价值”的主题演讲活动，进一步激励了工作热情，增进了团结，使全体工作人员的奉献意识得到增强。与新七集团“青联”委员开展登东湖磨山比赛暨纪念“五四”青年节活动，进一步活跃了工作氛围，增进了团结，调动了工作积极性。同时，结合行评，总结身边的好人好事，写成《擦亮名片——记省厅服务大厅二三事》，以行评简报形式，在全省住建系统宣传学习，受到广泛好评。

落实主体责任 2014年6月、12月，组织召开2014年上半年和全年个人述廉大会，审批办和政务服务大厅、执业资格注册室、制证档案室全体工作人员均在会上汇报了个人廉政情况，并提交了年度个人述廉报告，厅领导、监察室负责人和社会监督员对述廉发言进行了点评，收到警钟长鸣、防微杜渐的预期效果。积极参与行风评议。根据厅行评工作安排，审批办积极对行政审批及政务服务大厅工作开展第三方问卷调查，发放征求意见表500份，收回493份，汇总意见和建议26条并逐一进行整改，两次赴咸宁市、赤壁市和通城县开展调研督查，确保行评工作的顺利推进。2014年，审批办共处理行评投诉件4起，涉及政策咨询、服务方式等方面，都及时给予回复，认真解答，群众比较满意。

接受监督 省住处建厅行政审批办始终坚持把开展第三方监督贯穿政务服务工作全过程。2014年10月，配合省住建厅监察室组织业务处室及行政审批社会监督员，对厅行政审比办2014年以来的行政审批资料随机抽取40份进行检查，满意率为100%。组织社会监督员开展网上审批抽查和政务服务大厅明察暗访，收到良好的效果。为进一步规范我厅行政审批服务，更好地发挥社会监督员的作用，2014年7月组织召开了“省住建厅社会监督员网上审批抽查工作现场会”，邀请13名社会监督员视察了省住建厅行政服务大厅和电子评审会议室，现场抽取了部分审批资料进行检查，对规范行政审批和政务服务起到良好的激励监督作用。

党风廉政建设

主动作为 协助厅党组落实主体责任

强化党组主体责任意识 组织学习中纪委十八届三次、四次全会和省委落实两个责任系列会议、省纪委十届四次全会精神，举办了厅机关及厅直单位党政领导干部落实党风廉政建设主体责任研讨班，进一步明确了中央和省委抓党风廉政建设和反腐败工作的指导思想、目标任务和工作重点，使党组对两个责任的认识定位更加深刻、准确。构建了厅党组、纪检组、厅“一把手”和分管厅领导、处室负责人四个层面的责任网络体系。厅党组书记作为“第一责任人”，坚持责任上肩，落实“四亲自”要求，厅班子其他成员对职责范围内的党风廉政建设担好领导责任，履行“一岗双责”。

协助党组构建责任传导机制 既向下传导，又向上报告，形成完整“传导链”。厅主要领导与机关处室、厅直单位签订党风廉政建设责任书。分管厅领导在各自召开的部门业务工作会议上，同步部署反腐倡廉任务。制定反腐倡廉工作任务责任分解意见，对全年党风廉政建设工作任务、责任分工进行逐项分解，形成一级抓一级、一级对一级负责的责任传导网。

协助党组落实责任考核追究 制定出台了党风廉政建设责任制实施办法和检查办法，对各单位落实责任制情况进行检查考核，排名通报。严格落实问责办法，坚决查处违规违纪行为，并及时通报，达到查处一个、教育一片的震慑效果。

狠抓作风 扎实开展政风行风评议

严格落实中央八项规定和省委六条意见 严格落实《湖北省纪检监督机关于加强对贯彻落实中央“八项规定”和省委“六条意见”监督检查的办法》有关要求，采取定期与不定期检查相结合，集中检查、重点抽查、明察暗访、信访受理等相结合的方式，突出中秋国庆、元旦春节等重要节点，行政审批、城乡规划、住房保障等重点领域、关键环节和重要岗位，公款吃喝、公费旅游、公车私用等突出问题，会同省住建厅有关处室6次对厅机关、直属单位进行监督检查，一个节点一个节点地抓，一个问题一个问题地查，驰而不息，久久为功。针对厅机关办公用房超面积的现状，采取强有力措施及时进行清理，办公用房已经全部达标。1—11月份，厅本级“三公经费”支出与去年同期相比降幅达40%，下发公文数量降幅达41%；召开全生参会人数精简36%，厅领导班子下基层调研人均达47天。

扎实抓好民主评议政风行风 坚持“管行业必须管行风”的理念，督促各级住建部门自上而下建立了“一把手负总责、分管领导具体抓、业务部门抓落实、纪检监察抓督办”的工作机制，形成了上下联动、全员覆盖的政风行风建设责任体系。坚持问题导向，各级住建部门同步开通12329行风热线，24小时受理投诉；从全省聘请了208名行评督查员，分区分片开展督查，构建多方位“千里眼”和“观察哨”。通过“请进来、走出去”等方式，广泛深入查找存在问题，全系统共召开各类座谈会335场（次）、走访企业

4190余家，发放征求意见函10万余份，收集问题和意见2139条，梳理四大类39个方面的问题，并提出整改落实措施。坚持把整改贯穿始终，实行领导挂帅，责任到人，销号管理。全省住建系统共解决群众关心的住房保障、城镇供水供气安全等民生诉求3273件；整治衙门作风、影响行业形象的突出问题8大类、1459件；建立完善推动作风建设、规范行业服务行为的制度措施5大类、126条；动真格曝光处罚群众反映尖锐、整改处置不力的单位69个、个人574人；树立勤政为民、热心服务群众的先进单位138个、个人691人，有力改善了行业形象。

强化教育　巩固拒腐防变思想防线

认真传达学习中纪委十八届三次、四次全会和省纪委十届四次全会精神，并结合重大节日易发多发和群众反映强烈的馈赠贺年卡、挂历、烟花爆竹等问题，及时转发中纪委、省纪委有关规定，提出廉洁从政要求。结合我厅实际，先后组织开展了一系列学习教育活动。如举办厅直单位领导干部廉政建设专题培训班；组织厅机关党员干部、厅直单位负责人参观洪山监狱；定期利用厅电子大屏幕播放党员干部自编的勤政廉政警句格言，广泛开展温馨提示活动；组织开展了以“严明党的纪律教育、学习弘扬焦裕禄精神活动”等为主要内容的15个党风廉政建设宣传教育月活动。积极促进廉政文化进机关活动，围绕“思想教育制度化、责任落实具体化、活动开展经常化、氛围建设形象化”展开工作，确保廉政文化进机关活动开展有重点、有声势、有成效。

健全制度　加强对权力的制约监督

根据省委《关于贯彻〈建立健全惩治和预防腐败体系2013—2017工作规划实施办法》要求，结合实际，拟制了《省住建厅建立健全惩治和预防腐败体系2013—2017年实施细则》，明确了推进惩防体系建设的目标和任务，把工作责任明确到处室，工作进度化到阶段，工作措施落实到具体事项。为进一步落实党风廉政建设党委主体责任和纪委监督责任，制定了《中共湖北省住房和城乡厅党组关于落实党风廉政建设党组主体责任和纪检组监督责任的意见》，明确了党风廉政建设“两个责任”的具体内容，对主体责任和监督责任做了清晰的划分和确认，为各级组织履行责任提供了有力抓手和依据。围绕贯彻中央八规定和省委六条意见，制定出台了领导干部工作联系点制度、领导干部及机关人员深入基层调查研究制度、治庸问责明察暗访制度与规定共计18项。在“问责追责”方面，制定了《省住建厅党组对党员领导干部进行诫勉谈话的实施办法》、《省住建厅干部问责实施办法》等。在抓好首问负责制、限时办结制、行政效能监察制等制度落实的同时，重点抓了领导干部个人重大事项报告、民主生活会、廉政谈话、述职述廉、廉政测评等制度规定。对新提拔的党员干部，在任职前实行廉政谈话制度；对重点岗位、重点人员在重大节日来临之前，做到早打招呼、早提醒、早预防。

加强监管　优化住建发展环境

注重加强对中央和省委、省政府重大决策部署贯彻落实情况的监督检查，牵头和配合有关部门对保障房建设、城乡规划、房屋征收拆迁、公积金管理等重点行业进行监督检查，严肃查处各种违法违问题，保证上级要求落实到位。根据《省住建厅市场中介领域突出问题专项治理实施方案》要求，认真排查整改存在的突出问题。积极推进廉洁高效政府建设改革创新试点工作，下大力抓好“严格依法行政，确保公开公正”等6项政务诚信承诺兑现，并在《湖北日报》上公开了兑现情况，提高了厅机关公信力。按要求完成改革创新试点任务，着力打造法治住建、服务住建、阳光住建和廉洁住建，进一步优化了经济发展环境。同时，按省纪委统一部署，下大力抓好“开发区项目建设领域腐败问题及防治对策研究”课题调研工作，为省委加强开发区党风廉政建设提供了参考和依据。

注重实效　推进纪检工作“三转”

转职能　聚集主业主责　紧扣党章规定的“三项主要任务”和“五项经常性工作”，进一步厘清了工作职责，明确工作定位，聚集中心任务。按照省委规范纪委书记（纪检组长）分工和在领导班子中排序的要求，制发了纪检组长排序分工的意见，于5月全部落实到位。坚持有所为有所不为，对厅纪检组牵头和参与的议事协调机构和不属于业务范围内的工作进行全面清理，克服“事事参与、样样牵头”、“大包大揽”、“种了别人田荒了自家地”现象，确保从繁杂的日常协调事务中解脱出来，做到不越位、不缺位、不错位、不包办。目前纪检组牵头和参与议事机构由19个精简到5个，精简62%；向业务部门移交不该管的工作项目11项。

转方式　增强纪检监督　坚持抓早抓小，及时掌握党员干部思想、工作和生活情况，对党员干部存在的问题早发现、早提醒、早纠正、早查处，防止小问题演变成大问题。发挥“再监督、再检查、再执法”职能，把工作重心放在组织协调上，督促职能部门认真履行职责，发挥好主体作用。

转作风　提高能力素质　强化对纪检队伍的监督管理，按照“打铁还须自身硬”的要求，积极开展理论学习、纪检典型案例分析，不断提高业务素质。带头纠正“四风”，做到情况明、数字准、责任清、作风正、工作实，养成严、细、深、实的工作作风，打造过硬的纪检监察队伍。

严肃查处违纪违法案件　建立完善多渠道监督和信访举报网络制度，要求各有关部门和单位设立举报信箱、公布举报电话、接待干群来访、推行网上举报等方式，扩大监督、举报途径。建立健全投诉举报查处制度，对群众举报无论是否属实，都认真组织调查处理。认真办理群众的来信来访举报，对省纪委转办的信访件均进行核查，及时将核查结果报送省纪委有关部门。

武汉市城市管理委员会

2014年，武汉市城市管理委员会围绕建设国家中心城市和创建全国文明城市、国家卫生城市等中心工作任务，坚持“人民城管服务人民”的宗旨，纵深推进“城管革命”，加快城管体制机制改革，深入推进十大重点环境整治战役和十大文化创意景观建设工程，实现了城市环境面貌的根本性变化，城市综合管理水平达到国内领先、省内一流水平。

举全系统之力开展创建，国家卫生城市创建取得历史性突破。健全创建工作机制，协调城管系统干部职工，发动全市人民，整体推进市容环境综合整治，先后通过国家卫生城市暗访检查及技术评估，创卫工作取得历史性重要突破，全国文明城市创建工作扎实有效推进。推进市容乱象整治，取缔各类违法占道2万余处；配合285家农贸市场升级改造，整改周边环境问题4.5万余个；开展城中村、城乡结合部环境综合整治，完成率达95%；开展铁路沿线环境整治。推进综合市容环境治理，处罚“门前三包”不落实、出店、占道经营等问题5万余件，处理噪声油烟污染事件2万余次，查处损绿毁绿行为3千余次，开展创建“楼顶洁净”达标示范社区活动，清理暴露垃圾2881处，清理楼顶乱堆乱放2958处，清理雨阳蓬6851个。

加强环境卫生管理。按照洗路作业“五定”（定时间、定路段、定车辆、定人员、定责任）责任要求，坚持反复洗、洗反复，主干道、人行道、花坛绿化三个本色率均达到90%以上。推进环卫作业市场化改革，实现各区环卫作业市场化年增长率不低于10%的目标。启动长山口生活垃圾焚烧厂二期、填埋场飞灰专区、长山口水泥窑协同垃圾预处理项目，全市垃圾无害化处理率达100%。加强繁华地带、窗口地区公厕建设，新建公厕200座。

强化市政管养维护。大力推进市政道路维护，维修沥青路面58.98万平方米、水泥路面13.87万平方米，修复人行道55.40万平方米。整治病害井盖2.7万个，推广新型井盖1.9万个。健全机制，提高桥梁安全监管水平，完成桥面维修4878平方米。加强燃气行业监管，查处各类燃气违法案件156起。强化桥梁治超力度，查扣超重车900余台。

实施市容市貌整治。拆除存量违法建设3389处、176万平方米，新增违法建设得到有效控制。开展广告招牌整治，整治不符合规定的门面招牌3535块。统筹推进双语标识规范整治，整改问题标牌约3万块。深化渣土污染整治，查处违规行为2714起，暂扣违规运输车辆1164辆，封停工地355次。完成286个老旧社区、101条城市道路架空管线的连片整治。完成新建景观亮化150栋（处），建成江汉区发展大道亮化景观街，武昌区水果湖、WTA国际网球中心片亮化景观区。

2015年，武汉市城市管理委员会将进一步升华理念，提高标准，完善制度，着力提升十项管理标准，推进十大攻坚战役，开展十项文化创意景观工程，不断巩固“城管革命”和创文、创卫成果，为建设国家中心城市、复兴大武汉作出新贡献。

1. 省级市容环境美好示范路蔡甸大街
2. 拆除武昌临江大道大型户外广告
3. 市城管委主任干小明检查城市桥梁设施安全
4. 武昌区司法城管工作室
5. 学生志愿者体验“城管举牌执法”
6. “城管革命”走进街道社区
7. 实施道路清洗保洁，洗出道路本色
8. 水果湖夜光景观街

武昌紫阳湖公园鸟瞰全景

WUHANSHIYUAN LINHELINYEJU

武汉市园林和林业局

植树节戴家湖公园义务植树活动

沙湖公园雁桥秋影

2014年，全市园林部门大力弘扬“大树精神、小草情怀”，抢抓举办园博会契机，坚持开门办园、规模建绿、依法治绿，促进了全市生态绿楔大建设、城市景观常变样、园林绿化总体水平再提升，促成生态文明建设进入新常态。围绕筹备园博会，深入实施“一园多点、一点全域”战略，加快推进“八个一”工程建设，积极迎接“国家园林城市”复查，全力融入“国家卫生城市”、“国家环境保护模范城市”和“全国文明城市”创建工作，加强自身建设和行业管理，促进管理、服务水平再上新台阶。武汉市园林局被武汉市委、市政府授予2014年度全市绩效目标综合考评立功单位、创建全国文明城市突出贡献单位，荣获湖北省“五一劳动奖状”和第九届中国（北京）国际园林博览会系列创新大奖。

积极筹备第十届中国（武汉）园博会。突出“生态园博、绿色生活”的办会主题，探索城市生态治理模式和可持续发展道路。园博园园区建设强力推进，绿化施工全面启动。82个参展城市和地区陆续进场建园，氛围营造、社会发动有序展开。

重点工程建设有序推进。张公堤城市森林公园新建111公顷，“一带”已成雏形，“十园”稳步推进中，昔日“灰带”变“绿带”。“画圆”拓宽三环线城市绿化带，市政协将此作为2号建议案，议案办理工作民主测评满意率达100%。大力推进绿道建设工作，绿道建设进入发展期，2014年新建绿道242公里。全面建设戴家湖公园，深入推进沙湖公园工程项目，启动新一轮临江环湖沿河公园建设。

生态福利普惠市民。大力提升养护管理水品，景观效果凸显，按照“一园多点、一点全域”的总体要求，打造“绿满江城、花飘三镇”景观特色，“三小”绿地、园林小景建设亮化街头。践行“开门办园、民意建园、社会护园、和谐理园”新思路，开门办园，创新服务，贴近民生。公开选聘市民园长，组建志愿者服务队伍，完善便民服务举措，倡导“微笑服务”，积极开展各类公益活动为弱势人群送关爱。园林文化活动丰富多彩，组织金秋菊展、郁金香展、杜鹃花展、荷花展各类园林群众性活动，受到市民广泛好评。

张公堤新貌

菊展-首义广场

后官湖绿道

江岸区建设局

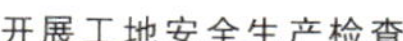

开展工地安全生产检查

高温慰问建筑工人

石桥一路(石桥花园路–兴业路)道路修建前后

【概况】

2014年江岸区建设局重点加快改善全区交通微循环,抓好辖区建筑工程监管工作，积极协调服务重点工程建设，全力推进社区道路改造工作，圆满完成全年各项工作任务。2014年江岸区建设局共获得市、区各级政府、各战线授予的各项荣誉18项，荣获“全省住建系统先进集体”，连续四年被市建委授予“安全生产管理工作红旗单位”，被区委区政府授予“全区综合考评立功单位”、“江岸区党建工作先进单位”、“全区安全生产优秀单位”等荣誉称号。1项工程荣获湖北省建筑工程楚天杯奖，8项工程荣获武汉市建筑工程黄鹤杯奖。

【道路建设】

积极改善江岸辖区交通微循环，推进片区基础设施建设。一是以城中村改造配套道路建设为抓手，加快完善后湖新城路网结构，2014年完成胜华村（正义横路、正义二路、正义三路、后湖一路）、跃进村（石桥二路）、三金潭村（三金潭小路）等城中村改造6条配套道路，新开工跃进村（塔子湖西路、春兰街）、石桥村（青松路、翠柏路）、三金潭村（三金潭公共通道）、新春村（兆瑞大道、华岭路、健康街、健身街）等9条城中村改造配套道路，全面改善了该地居民出行条件和环境面貌。二是积极推进二七沿江商务区基础设施修建性规划编制及审批工作，引导社会资金参与城市基础设施建设。三是积极改善汉口科技新城交通状况，实施堤角前街道路建设，启动物流园路建设，推进解放大道下延线道路改造工程。四是提升老城区交通通行能力，完成惠济四路等微循环道路，加快推进韦桑路、台北二路等工程前期准备工作，进一步畅通老城区微循环路网。

【重点工程建设】

充分发挥协调服务职能，督促完成重点项目建设。一是积极推进市级重点项目建设。2014年江岸辖区市级城建重点工程分别为轨道交通3、6、7、8号线，解放大道下延线，三环线绿化，三环线北段综合改造，张公堤城市森林公园等8项工程。2014年全年完成征地50.76亩，完成房屋签约9.03万平方米，房屋拆除11.78万平方米。二是服务区重大项目建设。2014年，全区25个重点项目中红星美凯龙、武汉天地商务裙楼永旺、天悦星辰、新兴街片A、B地块、惠济四路、后湖教育设施项目、八医院后湖院区和公共办公用房、社区养老服务中心等项目有序推进，积极促进了全区重点项目建设进度。

【社区道路改造】

背街小巷提档升级任务全面完成。对江岸辖区15条街道77个社区进行了摸底调查，2014年实际改造46个社区共计283条道路，总面积达5.5万平方米的破损路，全面完成了社区道路改造工作。积极开展提升基础公共服务能力专项行动，全年完成22处压占供电管道、43处压占供气管道整治工作，配合天然气公司发展新用户7855户，提高了社区公共安全指数，改善了居民生活环境。路灯建设成效明显，全年共安装社区路灯470盏，惠及49个社区，受到社区群众的广泛好评。

【建筑业管理】

2014年该局监管的浙商大厦工程项目获湖北省建筑工程楚天杯奖，8项工程获武汉市建筑工程黄鹤杯奖，其中黄鹤杯金奖2项，黄鹤杯银奖6项。建筑工程主体申报省结构优质1项，建筑面积3.02万㎡，创市结构优质36项，建筑面积71.61万㎡，创市优质工程26项，建筑面积46.84万㎡。创无质量常见问题住宅工程75%以上。全年无一起重大质量安全事故。一是保持质量检查的高压态势。全年开展质量检查750次，下达工程质量整改通知单117份，认真落实了工程质量管理各项规定，保持辖区工程质量检查的高压态势，有效保证了辖区工程质量总体受控。二是扎实开展安全生产大检查。全年共对辖区内项目开展912次安全生产检查，检查项目覆盖率100%，开展节日前后的安全检查、地下箱涵管网隐患排查、工地劣质安全帽检查工作、脚手架、模板支撑、起重机械、深基坑、粉尘、消防安全等专项检查，确保了辖区建设工程安全生产工作平稳有序。三是结合“双创”、空气治理工作目标，做好文明施工管理工作。2014年，对辖区内建筑工地开展文明施工检查1250次，对规范打围、公益广告、裸土覆盖、扬尘控制等方面开展了全面整治，参检人次4950次，检查项目覆盖率100%。切实做好施工现场扬尘控制、工地围墙整治、病媒生物防制等工作。积极推进文明创建工作，确保建管职责范围内工作全面达标。

落实工程质量两年行动推进安全文明施工标准化

开展2015年建筑工地安全生产活动

丹北社区武汉铁塔厂幼儿园院落改造前后

武汉市武昌区建设委员会

概况

【城市基础设施建设】

2014年，为落实我区“三区融合，两翼展飞”（即武昌古城、滨江商务区、华中金融总部区三大功能区融合发展，带动武昌南北白沙新城、杨园新城建设）的发展战略，全面承载金融、文创、信息、商旅等城市主要功能，不断提升城市空间结构，完善道路交通体系，改善城市生态环境，更好的促进武昌科学发展、可持续发展。我区市政基础设施建设按照《全市“城建攻坚”五年行动计划》和《武昌区“城建攻坚”五年行动计划》具体安排，为快速推进道路建设，我区融资贷款30亿元，为基础设施建设提供了资金保障。紧紧围绕“建设武汉江南金融商务中心和历史文化名城”的战略发展目标，积极主动服务重点工程，全面推进微循环道路建设。以“城建攻坚”五年行动计划为中心，坚持突出服务、突出重点、突破难点，全力推动重大项目建设上水平。加快项目审批进度，抓好项目前期准备工作的每一个环节。狠抓道路征收，拆除各类房屋69500平方米。及时解决项目建设中的困难和问题，着力破解建设难题。确保重点基础设施和水果湖周边交通疏解工程顺利完成，为“汉秀剧场”和“电影乐园”的正式开业提供了畅通的交通环境，积极服务于房地产开发项目。38条微循环道路，道路总里程20.547公里，计划投资22.58亿元。截至2014年底，兴国路、兴沪路、安邦路、兴武路、学院路、健康路、武车一路、积玉路、前进路、1818连通道、徐东北路13条道路已全部竣工，建成总里程6公里，完成总投资4.2亿元。兴河路、武车小路、杨园路、沙湖南环路续建、金沙路、瑞景路东段、宝通寺路、紫阳东路延长线、宏祥路、宏茂巷、武珞六巷、中南三路、长喻路南段、七星路等道路建设正在推进之中。

【建筑管理】

按照“全覆盖、零容忍、严执法、重实效”的要求，扎实有效地开展建管工作，较好地完成了市区两级下达的各项工作目标任务，全年共监管建设项目107项，面积417万平方米，工程造价72.1亿元。

建筑安全文明施工管理。2014年，区建管站安全生产监督管理工作按市城建委要求达标。新开工项目安全措施审查率、所有区管在建工程安全巡查覆盖率均达100%。开展了建设工地起重机械、脚手架、高支模、消防、安全文明施工专项整治，聘请起重设备专家对辖区起重设备运行情况进行检查和指导，督促企业开展消防演练，优化完善区级建设工程质量安全应急救援预案，成立我区建设工程应急小分队。定期召开安全形势分析会。积极开展安全月宣传活动，开展安全培训、人员培训300余人，协助施工企业创办农民工业余学校共计16所。辖区工程创安全楚天杯工程3项、黄鹤杯9项。

工程质量监督管理。2014年，区建管站工程质量监督抽查工作到位率达100%，竣工验收备案审核率100%，工程验收质量投诉处理回复率100%，承监工程无质量责任事故。建设工程施工图设计文件报备率100%，对在建工程图纸审查质量抽查率8%。全年深基坑项目共计17项，在建深基坑有7项，完工10项，其中新安万福广场基坑属于重点监控的项目；区保障性安居工程共计5项目，对保障房工程小区抽查覆盖率100%；全年创武汉市建筑结构优质工程29项、黄鹤杯7项、楚天杯2项。

建筑节能。2014年，区建管站建筑工程项目预拌混凝土的使用率100%，项目预拌砂浆使用率80%。办理墙改专项基金征收15项，总建筑面积63.3万平方米，合计469.55万元；办理散装水泥专项基金征收15项，总建筑面积 63.3万平方米，合计71.03万元。在建项目散装水泥使用总量约15万吨，预拌砂浆合同总量约8万吨。新建建筑执行公共建筑节能设计标准和低能耗居住节能设计标准100%，新型墙体材料率达100%，建筑节能备案40项，总面积500367平方米。

工程招投标与行政许可。2014年，区建管站完成报建项目共56项，总投资额共33.8亿元，工程施工类招标43项，工程服务类招标17项，工程货物类招标8项。办理质量安全监督手续54项，工程造价18.29亿元。办理施工许可41项，投资额21.3亿元。办理施工合同备案54项，合同价总计16.98亿元。

林军参加武昌区建筑工地创卫和扬尘污染治理现场观摩会

组织区属企业参加武昌区非公企业职称专场评审政策培训

工程造价管理。2014年，区建管站施工总承包合同报审备案率100%，竣工结算报审备案率100%。办理竣工结算审查备案25项，总建筑面积90.91万平方米，工程总造价合计15.41亿元。

执法管理。2014年，区建管站全年共办理处罚案件45起（无证施工4起，文明施工4起，安全管理28起，质量监督5起，招标4起）。其中已办结案件37项，总计处罚金额人民币193.5万元。

建筑企业资质管理。2014年，区建管站坚持服务企业、服务项目，深入企业开展调研，配合武汉市、武昌区人力资源局举办“武昌区非公企业职称专场评审政策培训”。督促4家建造师数量不达标企业整改落实，全年新资质申报87家，资质变更125家建造师初始注册176余人次，变更注册106人次，涉及企业78家。

【“三创一控”工作】

2014年，区建管站以创建全国模范城市、卫生城市、文明城市与控制扬尘污染治理承诺整改为契机，通过公开承诺、现场观摩、提升标准、加强督查等措施狠抓工地文明施工管理。全年投入47万元经费用于卫生城市和文明城市创建，合计面积21500平米，完成了创建全国卫生城市、文明城市各项迎检工作。

白鹭街道路改造工程

前进路道路排水工程

白鹭街道路改造工程

武汉市蔡甸区城乡建设局

CHENGXIANGJIANSHEJU

全区2015年工程建设管理工作会议

地震应急疏散演练

索河镇梅池村“香草花田”景区

奓山街星光村

管网信息平台系统

示范项目

后官湖湿地公园

蔡甸绿化广场

蔡甸区城乡建设局挂人民防空办公室、地震工作办公室牌子，与区住房保障和房屋管理局合署办公，区房产中心归口城乡建设局管理，具体职能包括五个方面，即城乡建设、建筑业管理、人民防空管理、城建档案管理、管网建设管理。

2014年，我局在蔡甸区委、区政府的统一领导下，以武汉市“1+6”城市建设为契机，按照建设产城融合、相对独立的中等城市理念，加快构建“1+1+N”（城关+中法生态示范城+风情小镇）城市格局，市政项目建设有了新进展，村镇建设有了新亮点，智慧城市建设有了新突破，建设行业管理有了新举措，为把蔡甸打造成生态最美、环境最优、宜居宜业的新城区做出了应有贡献！

武昌区城市管理委员会(城市管理执法局)

副省长曹广晶慰问武昌区环卫工人

武汉市城管委干小明主任在武昌区指导工作

"司法城管"街头问计会

拆除临江大型广告牌

道路维修夜间施工

"治超"工作

环卫机械"梯形"洗路作业

2015年，武昌区城市管理委员会（城市管理执法局）认真贯彻落实党的十八大、十八届三中、四中全会精神，紧紧围绕"三区融合、两翼展飞"发展战略，以三城同创为重点，不断深化"城管革命"，不断探索和创新城管工作体制机制，强力开展环境综合整治，全面提升城市综合管理水平，全力打造"干净、整洁、美观、文明"的城区宜居环境。

兢兢业业，高质量完成各项工作。全区5000余城管人不辞辛苦，兢兢业业，高质量完成各项工作任务。

加大环卫基础设施建设力度。投入2000万元，全面完成公厕改造273座，拆除旱厕25座，拆除垃圾池601个，更换封闭式垃圾容器12270个，对全区6座垃圾转运站粉饰见新，强化规范管理。

加大立面整治建设力度。规范整治门面招牌，拆除各类违章大型户外广告75块，整治一店多牌1086块。完成电信大楼、东湖路绿化带等27栋（处）楼宇、景观灯光建设。

加大市政道路管养力度。投入7619万元万元，维修各类路面29.55万平方米，主次干道车行道完好率达95%，处理问题井盖1万余块。

加大架空管线整治力度。完成了洪山路、小东门等61个社区、东一路、八一路等10条主次干道的管线整治工作，共计整治管线36万余米。

奋勇争先，提升精细化工作水平。勇于创新，敢于打破常态，在提升城管工作精细化水平上狠下功夫。

积极探索实施法治城管建设。在全国首创"司法+城管+公安"工作模式，成立"司法城管工作室"，吸纳律师、人民调解员、公安干警介入城管执法全过程。一方面监督、规范城管队员执法行为，另一方面由司法人员提供客观、真实、合法的证据，保护双方合法权利，推进城市管理向城市治理转变。

环卫"四化"建设再上台阶。以环卫"四化"，即作业机械化、设施容器密闭化、清扫保洁精细化和环卫市场化为目标，率先实现环卫日常保洁"全过程、全覆盖"机械化作业，推行"垃圾不落地、不见天"的密闭式收运模式，严格环卫保洁作业标准，政府购买公共服务引入市场竞争机制，显著提升了环境卫生管理水平。

推进数字化城管建设。以街道原有社区网格化综合管理指挥中心和综治工作中心为基础，整合基层综治、信访、公安、城管、安监等社会管理资源和力量，建立社区综合管理指挥中心，实现城管日常工作的统一受理、指挥派遣、监督考核和突发公共事件的处置，进一步提高了数字化城管工作水平。

强化控管，提高执法工作成效。以舍我其谁的勇气和决心，大刀阔斧地整治城市管理中的顽疾、痼疾。

强化违法建设控管。围绕"减存控新"目标，深入推进"1条道路、1个社区及1个小区楼顶"的"三个一"拆违行动，创建"无违"街道、社区等工作，拆除违法建设326处72279平房米。

强化施工渣土源头控管。采取24小时值守控管、设置门禁系统、视频监控系统、运输车辆"平盒子"装载等措施，强化施工工地渣土源头管理。

强化燃气安全监管。加大燃气安全监管力度，落实监管责任，以常态化的排查治理为抓手，依法查处非法违法经营行为，督促解决存在的安全隐患。

水果湖亮化

武汉市房产测绘中心

机构简介

武汉市房产测绘中心是武汉市住房保障和房屋管理局下属的正处级事业单位，致力于构建全面服务于房产行政管理的信息化测绘保障体系，成为在房产测绘领域全国领先的综合甲级单位。

中心在职职工130人，其中，教授级高级工程师1人，高级工程师11人，中级工程师22人，注册测绘工程师3人，测绘技术人员约占70%。中心现已取得房产测绘甲级资质和工程测量、地籍测绘、地理信息系统工程三个乙级测绘资质，并通过了ISO9001质量管理体系认证，是湖北省房产测绘领域规模最大、技术实力最强的单位。

发展理念

中心围绕“构建信息测绘，成就智慧房管”的战略目标，坚持“转变测绘发展方式，壮大地理信息产业”的方针。立足测绘，服务房管，构建以房产测绘为基础，工程测量、地籍测绘、地理信息系统工程、城镇人居管理为辅的多元化产业发展格局。利用现代信息化手段、最新技术生产方式、现代市场服务理念来主动提升行业价值地位，成为专业特点鲜明、综合实力较强、发展道路更宽的改革示范事业单位，引领房产测绘发展方向。

行业地位

中心不断提升保障服务能力，以突出的业绩和忠实的社会责任感成为房产测绘的领跑者。

开创性地将地理信息系统引入房产测绘，大力发展以“3S”支撑的现代测绘生产技术，全面延伸房产测绘服务领域，充分发挥地理信息技术的重要支撑作用。由于在服务国民经济发展、社会创新管理，服务群众生活、保障民生方面取得了显著成果，2014年，省测绘地理信息局联合省电视台对测绘中心存量房评税、危房管理、长江大道立面整治等项目进行了专题调研，并给予高度评价，在全省展示了中心的应用成果。

在行业内首次开展新建小区物业管理服务区域图和考评社区平面图测绘工作，为完善全市物业服务综合治理，建立物业管理项目信息管理系统夯实基础。

主笔完成武汉市首部《住房保障与房屋管理蓝皮书》，提供了房屋安全、物业管理、保障性住房、产权登记等多项基础数据和图件，为政府科学决策提供有力保障。

在市政府下达的全市房屋全生命周期管理基础信息调查的工作中，作为具体实施单位，承担为调查工作提供测绘图件的重要基础工作，为全市房管系统行政提高效能实现质的飞跃奠定基础。

完成俄租界及“万里茶道”遗存建筑调查工作，摸清了租界区内各类房屋资源的“家底”，以及与“万里茶道”有关的遗存建筑情况，在调查成果的基础上，自主研发了二三维一体化房产综合管理平台，满足了房屋资源的多元数据采集、处理、分析、可视化和更新的管理需求。该项工作得到了市委、市政府的高度重视与肯定，并通过了专家评审，在《长江日报》“文化新闻”版进行了大版面的专题报道，具有重要的现实意义。

主编《湖北省房产测绘技术规程》和《武汉市房产测绘实施细则》，在规范行标方面作出了积极努力。

荣誉奖项

《武汉城市观景大道（长江大道）沿线房屋三维建模及立面整治测绘》获国家优秀测绘工程银奖

《武汉市中心城区既有危房图数表一体化地理信息系统建设》获国家测绘科技进步三等奖

《武汉市汉南区二、三维图数一体化房产综合管理平台》获中国地理信息产业优秀工程铜奖和湖北省测绘科技进步二等奖。

《信息系统在房产测绘工作中的应用研究》和《城市历史文化风貌街房屋现状调查测绘及三维建模》在国家级刊物《测绘通报》上予以刊登。

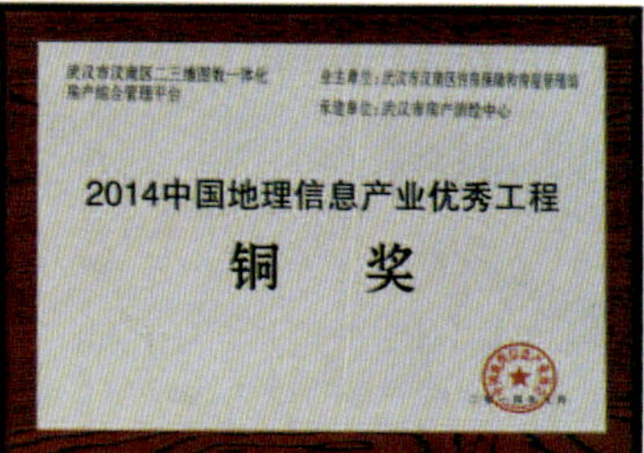

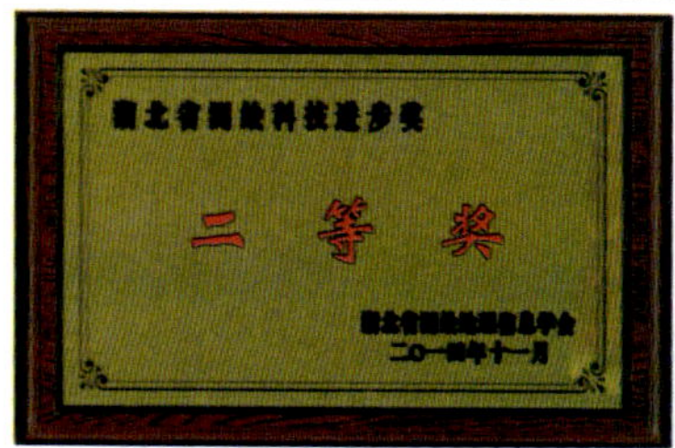

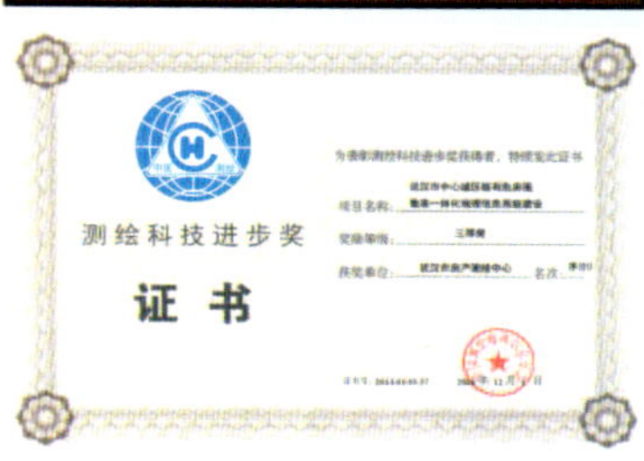

物业服务管理区域平面图（地上、地下、三维）

文明创建促和谐 齐心协力强发展

武汉市房地产市场管理中心 武汉市住房专项维修资金管理中心

团结服务 和谐奋进

武汉市房地产市场管理中心是武汉市住房保障和房屋管理局下属行政事业单位，成立于1992年，2012年7月，加挂“武汉市住房专项维修资金管理中心”牌子。负责行使住房专项维修资金管理、商品房销售管理服务及预售资金监管、房地产市场秩序整治及查处违法违规行为、物业管理事务指导等具体工作职能，是房管系统服务企业、服务群众的重要前沿阵地，共设立4个对外服务窗口。

领导班子

近年来，中心认真践行“情系百姓、致力安居”的房管精神，卓有成效地开展了文明建设工作。以积极进取的精神风貌、优质高效的服务态度、扎实过硬的业务实绩赢得了企业和群众的普遍赞誉。先后荣获了全国文明单位、省级最佳文明单位、省级卫生单位、市级学习型标兵单位、市五一劳动奖状等近150项集体荣誉，涌现出了“省级青年岗位能手、市巾帼建功先进个人、市五一劳动奖章”等一批先进个人。

参加市局“十八大”歌咏比赛

团支部组织棋类比赛

爱心课堂

一、加强领导，明确目标，将创建责任落实在日常工作中

提出“办一流房管服务窗口、建一流房管服务中心、带一流房管服务队伍、树一流房管服务形象、创一流房管服务品牌”的创建工作目标；强化以“一把手”为组长的文明创建工作领导小组职责，坚持将创建工作与日常工作同部署、同落实；将创建工作纳入目标考核，层层落实创建责任，真正做到广参与、同推动；通过组织各种实践活动，将精神文明创建工作融入到日常工作中，实现中心的发展与精神文明建设的双促进、双提升。

二、教育引导，文化引领，将创建精神融入到职工心中

以深入开展党的群众路线教育实践活动为契机，以创建群众满意基层站所、民主评议政风行风等活动为载体，采取专题培训、专家辅导、集中座谈、参观学习、研讨交流、演讲比赛等多种形式，引导干部职工树立正确的世界观、人生观、价值观；以“身边人讲身边事、身边人讲自己事、身边人教身边人”为基本形式，每年开展6期道德讲堂活动，将道德讲堂活动与践行中心文化、廉政反腐宣传、道德模范宣传、社会主义核心价值观、志愿服务等活动紧密结合，打造了中心人感受道德、践行道德、彰显道德的大课堂；以职工亲自设计、公开投票甄选等方式，确立中心文化标识和中心精神，增强了中心的凝聚力，构建了和谐共赢的文化愿景。

全国文明单位
中央精神文明建设指导委员会
2015年2月

档案工作目标管理
省一级
湖北省档案局颁发
有效期五年

二〇一二年度安全生产
先进单位
武汉市人民政府
二〇一三年三月

2014年度全市房管系统绩效目标考评
立功单位
武汉市住房保障和房屋管理局
二〇一五年三月

召开2015年工作会

开展合同备案工作流程解读及政策宣讲

资金监管上门服务

“法制宣传日”进社区宣传

三、优化环境，提升品质，打造优质高效的对外服务窗口

我们一方面着力改进窗口服务“硬”环境，统一窗口柜台布置和人员着装，集中开辟政策宣传区，印制各类《服务指南》和一次性告知书；另一方面着力改进窗口服务“软环境”，大力推行文明服务、规范服务、高效服务、优质服务、廉洁服务。牢记“符合条件立即办、材料不全帮着办、上级审批协主办、企业有难上门办、跟踪服务快捷办”，坚守“不言不能办、只言怎么办”的服务理念。窗口运行以来，多次收到企业和群众送来的锦旗和感谢信，窗口工作人员也多次荣获房管系统践行武汉精神先进职工和微笑服务明星等光荣称号。

中心领导重阳节社区慰问

四、牢记宗旨，志愿服务，将雷锋精神落实基层和群众中

成立学雷锋志愿服务队，定期深入企业、深入社区开展志愿服务，上门为社区和企业送政策、送服务，每年组织志愿服务50余次；建立了各业务政策答疑QQ群，及时在线解决企业困难；以驻点帮扶的方式深入农村基层了解群众困难，为困难家庭募捐献爱心，帮助创建农家书屋、购置文体设施、向留守儿童和乡村小学捐赠书籍；拍摄《繁星中的你》微电影（该片已经湖北文明网宣传推广），以写实的手法宣传了国家扶农惠农政策，推动了城乡共建和“三万”活动的开展。

与珠琳村结对共建关爱教育

五、以人为本，人文关怀，促进中心上下心齐风正

按照“注重业绩、体现公平”的原则，实施用工制度改革，让发展成果惠及干部职工；每年组织职工体检，落实带薪休假制度，走访退休职工家庭，为困难职工送温暖；组建羽毛球俱乐部、开展户外拓展活动，使中心上下团结一心、和谐融洽；整合更新党员活动室和职工之家、开辟荣誉角、布置文化长廊、设置滚动电子屏，建设中心外网和微信平台，多形式多角度传递中心文明创建工作理念和追求，营造奋发向上的良好氛围。

六、尽职尽责，文明助推，各项职能工作出实绩

年完成商品房预售资金监管进账总额1155.88亿元，拨付总额1052.71亿元，为完善房地产市场监管机制、助推全市经济发展增添新举措；积极解决维修资金使用难题，创新应急使用方式，完善缴存续交制度，防止“跑、冒、滴、漏”，全年归集维修资金16.05亿元，拨付使用资金5349.24万元，为落实惠民利民工程尽心尽力；针对住房限购政策调整后商品房合同备案工作量倍增的实际情况，主动加班加点，为企业提供快捷服务，年完成新建商品房合同备案20220套，促进了武汉市房地产市场的健康发展；年检查在建在售商品房项目420个，受处理并处置各类投诉1564起，为促进房地产市场稳定发展保驾护航；全面启动物业管理事务指导工作，建设前期物业管理招投标服务平台，开展全市1700余个住宅小区物业服务满意度测评，摸清我市物业服务质量底数，为推动我市物业管理向法制化、规范化、标准化迈进提供了支撑。

开展“党员进社区”活动

武汉市住房保障管理中心

WUHANSHI ZHUFANG BAOZHANG GUANLI ZHONGXIN

党政领导班子

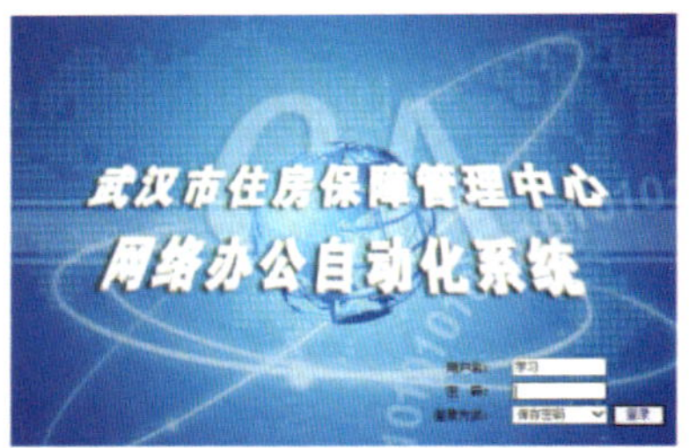

武汉市住房保障管理中心（前身为武汉市经济适用住房发展中心）2008年7月1日挂牌成立，主要职责承担全市住房保障日常管理工作，具体承担全市保障对象的动态监管；项目的巡查督办与协调；配售配租以及后期管理；受市局委托对各区及开发企业实施监管等工作。

多年来，中心紧紧围绕绩效目标，以解决中低收入家庭住房困难为主线，切实履行职责，深化内部管理，完善工作机制，强化服务意识，有效推进住房保障管理工作持续健康发展，荣获“湖北省五一劳动奖状”、“武汉市重点工程“双创双保”劳动竞赛先进集体”、“湖北省住建系统先进单位”、“武汉市安全生产先进单位”、“武汉市职工职业道德十佳单位”，多次荣获市局绩效目标“立功单位”。

2014年主要工作：

（一）抓开工督交付分配，全面完成绩效目标任务

（二）完善制度加强监管，切实履行住房保障职能

（三）强化服务扩大宣传，不断提升公共服务效能

（四）夯实基础完善系统，持续推动信息化建设

（五）改进作风争先创优，服务改革发展大局

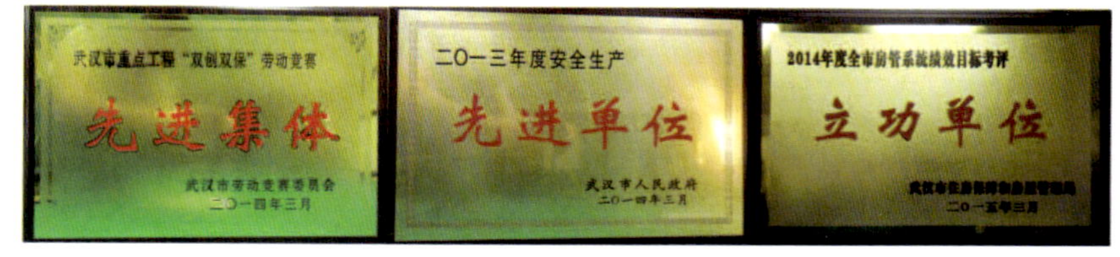

住建部督导组检查调研

市委书记阮成发视察

省住建厅尹维真厅长考察棚改征收工作

局领导督办目标进度

2015年保障性安居工程、棚户区改造工作目标:

（一）新开工建设保障性安居工程72120套（户）

（二）基本建成55800套

（三）分配入住30200套

（四）新增廉租住房租金补贴1000户

全总调研劳动竞赛工作

研讨会

党员进社区

教育培训

政策咨询

消防安全演习

项目巡查督办

办公地址：武汉市江岸区高雄路166号武汉市房地产交易大厦10楼　联系电话：027-85482249　传真：027-85482449

建设行业培养高素质技能型人才的摇篮

--湖北城市建设职业技术学院

党委书记 程超胜

院长 危道军

湖北城市建设职业技术学院是经湖北省人民政府批准成立的，湖北省唯一一所建筑类全日制（公办）普通高等学校，隶属湖北省住房和城乡建设厅。是湖北省示范性高职院校，湖北建设职业教育集团理事长单位，湖北建筑工程职教品牌院校。学院地处武汉“中国光谷”核心地带，坐落在风景秀丽的国家湿地公园汤逊湖畔，校园环境幽美。学院占地面积60.84万平方米，总建筑面积32.47万平方米，在校生12000人。

学院教学设施完备，各项公共服务设施齐全。拥有1个国家建筑技术实训基地，2个中央财政支持的职业教育实训基地，4个省级职业教育实训基地，99个校内实验实训室和172稳定的校外实训基地。建有2.6万平方米的图书信息大楼，馆藏图书46.58万册。建有高标准的田径运动场，篮球、排球、乒乓球、羽毛球、网球等场馆。

学院专业特色鲜明。在多年办学实践中，形成了以土建施工类专业为龙头，以建设类专业为主体，以经济、管理、艺术、物流、设备、信息等多专业交叉渗透，稳步协调发展的专业体系。设有建筑工程系、市政工程系、建筑设计系、环境艺术系、经济管理系、信息工程系、物流管理系、基础课部、成人教育与中职教育处、继续教育部等10个教学部门。开设有建筑工程技术、建筑装饰工程技术、工程造价等38个高职专业，其中省级示范专业3个，央财支持专业2个，省级重点专业6个，湖北建筑工程职教品牌专业群5个，省级品牌特色专业2个，有国家精品课程2门，国家精品资源共享课2门，省部级精品课程9门。

学院师资力量雄厚。现有专兼职教师632人，其中，专任教师355人，专任教师中，正高职称13人，副高职称148人，湖北省级名师1人，楚天技能名师14人；有277名企业能工巧匠长期在学院教学。有40余人在国家级（省级）教育学会、专业委员会担任副会长、主任委员、理事等职务；有87人拥有注册建筑师、建造师、结构师、造价师、监理师等执业资格证书，职业技能鉴定高级考评员32人，专业教师双师素质达80%以上。建筑工程技术和建筑装饰工程技术两个专业教学团队为省级教学团队。

学院立足建设行业，服务社会发展。秉承“立德、尚能、笃学、创新”校训，大力弘扬“鲁班精神”、“诚信文化”，着力打造特色文化品牌，不断完善“工学结合、校企合作”教育模式，全面提高人才培养质量。学院2005年率先在湖北与中建三局、武建集团、山河集团等12家单位组建校企合作董事会，成员单位随后扩展到34家；2013年受省教育厅委托，又牵头成立了有60余家院校、企业、行业协会组成的湖北建设职业教育集团。与200多家大中型企业建立了良好的合作伙伴关系，实施“订单”培养，开办有“中建装饰班”、“武建班”、“天衡班”、“九州通班”、“京东班”等订单班，并积极开展现代学徒制试点。

学院坚持开放式办学理念，积极开展国际交流合作，先后与荷兰格罗宁根汉斯大学合作开办“国际工程管理”班，与加拿大菲沙河谷大学、加拿大木业协会定期开展交流活动。

学院实施学术强校工程，科研成果丰硕。主编国家“十一五”、“十二五”规划教材22部；近五年主持各级课题（项目）121项，发表论文近2000篇，其中SCI、SSCI、EI、ISTP检索16篇。学院利用自身科技、智力资源优势，服务区域经济社会发展。开放教育资源，大力开展社会培训教育工作，每年为社会培训20000人次以上，为华中科技大学、武汉理工大学、武汉科技大学等高校建筑学院在校生实训1600人次。积极为企业行业提供技术研发和技术服务，每年开展技术服务、技术研发、技术咨询、工法研究等活动30余项。

学院人才培养质量高。面向全国20多个省、市、自治区招生，近几年新生报到率名列全省高职院校前茅。学院重视就业工作，广泛开辟就业渠道，不断提升就业质量，近三年毕业生职业资格证持证率和毕业生就业率均稳定在96%以上，2015年毕业生就业率达到98.7%，名列全省高校前茅，形成了“出口畅”、“进口旺”的良好发展态势。学院成立近40年来，为社会培养了近5万名技术技能型人才，为湖北经济建设作出了应有的贡献。

学院是国家建设行业技能型紧缺人才培养培训基地、国家建筑技术实训基地、中国物流学会产学研基地；是教育部土建施工类专业分指导委员会副主任委员单位、中国建设教育协会高职与成教专业委员会中南分会会长单位、湖北省产学研合作促进会等上十个协会副会长单位。学院先后获得全国青年文明号、全国建设系统先进单位、全国巾帼文明岗、全省就业工作先进单位等数十个省级以上荣誉称号。

立足城市发展，致力新型城镇化建设。面对新的发展机遇和挑战，学院正以十八大精神为指导，按照“规范管理建机制，改革创新办特色，提升内涵铸品牌”的工作方针，推动实施现代职业教育质量提升工程，不断提升学院综合实力和核心竞争力，为把学院建设成为全国一流的高职院校而努力奋斗。

校园_全景图

校园

校园_军训

即将落成的保障性住房项目“南山·玉麒麟”

襄阳市住房保障和房屋管理局

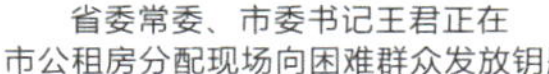

省委常委、市委书记王君正在市公租房分配现场向困难群众发放钥匙

市委副书记、代市长秦军在“筑梦·衡庄园”保障性住房项目工地视察

近年来，在襄阳市委、市政府的坚强领导下，襄阳市住房保障和房屋管理局认真贯彻落实国家、省、市相关政策，真抓实干，确保保障性住房真正成为“建得起、住得进、管得好”的重要民生工程。2014年，襄阳市共开工建设各类保障性住房56816套，完成目标任务的101%；基本建成37114套，完成目标任务的103.1%；分配入住21383套，完成目标任务的101.8%，新增发放租赁补贴3072户，完成目标任务的109.3%。

截至目前，已累计建成分配保障性住房133587户，租赁住房补贴累计保障64069户，有效解决了中低收入群体的住房困难。实施以城市棚户区改造和城中村改造为主要内容的“两改”工程，规划启动了29个“两改”项目，累计完成棚户区改造37155套，有效改善了人居环境，提升了城市形象。

多年来，襄阳市住房保障和房屋管理局一直致力于住房保障工作改革创新。一是创新保障性住房投融资机制。推进存量资产货币化，提高融资能力。坚持向市场要资金，实行“以房养房，滚动发展”，组建成立市房投公司，充分发挥房投公司资产优良、没有包袱的优势，通过抵押等方式面向市场融资，实现存量资产货币化，广泛吸纳央企、社会资本参与保障房建设。二是推动保障性住房供给制度改革。按照“多渠道、分层次、广覆盖”的思路，科学设计保障房政策框架，构建公租房、棚户区改造、人才公寓、新市民公寓等“四位一体”的供给体系，基本实现“低端有保障、中端有供给、高端有市场”。建立透明公平的分配、退出机制，实行“两级审核公示、公开摇号选房”，连续7年实现保障房分配“零投诉”。三是创新保障性住房管理方式。坚持建设、管理、服务并重，强化保障性住房的后续管理，切实做到“建设竣工一批、及时分配一批、物业跟进管好一批”。整合房管工作职能和管理资源，组建襄阳市物业管理有限公司，专门为保障性住房小区和市区“三无”小区提供物业管理服务，实现房管部门职能由管理房屋向服务居民转型。提出“法治精神引领房管”、“法治文化引领社区”“两引领”活动思路，在保障房小区创建“法治荟园”、“法治故事百米街”，开展“感恩教育进社区、人文关怀进社区、法制教育进社区”“三进社区”活动，使保障房住户积极参与小区管理、主动约束个人行为，基本实现物业公司与小区住户共管共建的和谐局面。

团结奋进的局领导班子及局机关干部职工

保障性住房小区邓城·芳草园开展“三进社区”活动

保障性住房小区汉江·水云间群众向我局干部职工新春拜年

襄阳市建筑安全生产监督管理站

基本概况

陪同市城建委肖勇主任检查工地

陪同市城建委万剑波副主任 参加（祥龙泰然居）安全文明施工现场观摩会

近年来，市安全站围绕中心、顾全大局，盯住目标、突出重点，用心推进各项工作开展。连续两年全省安全文明施工现场观摩会在我市召开，在全省率先建成了塔吊远程监控和施工现场视频监控平台，建成了全省规模最大、功能最全、鄂西北第一家安全理论和实际操作培训考核基地。2014年至今，市区建设工程领域内安全无事故。其做法如下：

一、注重大局，全面监管保安全

细处入手，敢于担当。

1、全覆盖监管建设工程。按照市城建委“大建设、大安全”的理念，主动担当，将安全生产比较薄弱的市政工程、园区工程全部纳入监管范围，成立了专门的监督室进行常态监管。市政基础建设项目、园区工程项目安全文明水平大幅提高。

2、重点监管关键工程。对关键性工程项目，加强安全监管的力度，实行专人专管、专查专报，加大检查频次，确保安全隐患及时消除，促进工程施工顺利开展。

3、全力做好文明卫生等各项工作。在“五城同创”、法治襄阳建设、城市防汛等工作中，市安全站主动协调各方面的关系，积极、主动的开展了工地“灭四害”工作、围墙（围挡）整治工作和公益宣传整治工作，开展了工地绿化、硬化、美化、亮化、净化等工作，“扬尘”治理，减少噪音，关注环保，用心完成各项任务。

二、严字当头，真抓实干保安全

坚守红线多措并举，强化责任顽强拼搏。

1、严明责任。制定安全监管路线图，成立了七个工作专班，明确监管任务，细化责任落实到人。

2、严守标准，严格督查。坚持高点定位，坚持标准规范不动摇，高标准监管。安全培训、安全评价、安全科技创新、安全信息化等工作，走在了全省前列。坚守安全底线、坚守检查标准，落实“四不两直”“一线”工作法，对隐患“零容忍”，对重大安全隐患，坚决停工整改，力保整改到位，消除隐患，有效预防事故的发生。

3、严肃处罚。对存在严重安全隐患和安全违规行为的项目，坚决落实“四个一律”的要求，建立了“黑名单”制度，定期发文公布，在新闻媒体和网站上公开曝光。运用短信平台和“主流媒体”的作用，对各方主体违规行为进行通报和安全预警，震慑安全违规企业。

清明缅怀革命先烈 重温入党誓词

三、创新形式，提升意识保安全

甘愿当好全程安全保姆，真诚帮扶企业发展。

1、开展党建进工地活动。市安全站党支部一直把服务项目，帮扶企业放在党建工作的首要位置。为发挥项目建设中党组织的战斗堡垒和党员的先锋模范作用，通过“施工现场讲规范”、“安全常识下基层”、“维权知识送工地”等特色教育活动，使在建项目中的党员冲锋在前，充分发挥党员带头作用，促进工程项目在工程质量、安全生产、文明施工等各方面达标创优。

2、丰富宣教形式。为提高安全教育效能，市安全站创新形式，构建了多渠道、多形式、全覆盖的宣教体系。组织了安全知识讲座和各类事故应急演练活动，编印了《安全标准化图册》、《市政工程围挡图集》等资料，无偿发放到全市建设工程各方主体。建立了“图说工地”微信平台、“平平安安QQ群”信息共享，开通了“安全专家库”、“安全证书查询”系统。将电影《生命无价》和安全生产警示片《警钟长鸣》无偿提供给企业和项目。开展了“送清凉”到工地活动，在工地现场施工作业层组织开展了安全生产“双向承诺”活动。

3、突出关键人员。“三类管理人员”、特种作业人员、监理人员的安全意识、安全行为直接影响着工程施工安全。市安全站严查“三类管理人员”、特种作业人员、监理人员到岗、持证和履责情况，推行了“监理报告制度”，积极开展了模范班组评比、安全技能大赛、小教员讲课、“手牵手”创优、“点对点”帮扶等活动，用心提高安全管理人员和实际操作人员的安全素质，夯实安全生产基础。

与企业签订安全生产目标责任状

南漳县城市管理执法局

一、概况

南漳县城市管理执法局成立于2007年4月，隶属南漳县政府管理，属正科（局）级参公管理事业单位，依法行使市容环境卫生、城市绿化、城市规划、市政、环境保护、工商、公安交通管理等方面的法律、法规、规章规定的七项行政处罚权。

2014年，南漳县城市管理执法局大力实施了“123410”城管工程，先后被授予“县级文明单位”、“县级信访、维稳先进单位”、“231先进单位”、“招商引资先进单位”等荣誉称号，并同时授予南漳县城市管理执法局党组书记局长陈晓焕同志市级“社会治安综合治理”等先进个人。

二、市容面貌整顿

实施城市绿化、美化、亮化景观工程。制定城区绿化考核标准，划分绿化包保责任区，纳入城市管理考核内容，定期检查；以“十星级文明卫生庭院”创建活动为契机，实施“拆墙透绿”，开展凤凰大道美好示范路建设、对水镜路、徐庶路、学府路、玉印路、苗圃路的户外广告统一规划整治，新设置统一样式、颜色的店招300多家，基本形成一街一品，一街一景；对县城所有重点路段安装满天星、彩灯、射灯、景观灯和造型灯，营造出“火树银花”靓丽夜景；对徐庶农贸市场、青泥湾路、江华厂夜市等地段的烧烤夜市进行清理规范；取缔移动式灯箱广告牌

县委书记黄启洲、县长王鹏等领导深入城市街道视察城管工作慰问一线环卫工

城管局领导就城管工作做安排部署

城管局党组书记、局长陈晓焕同志带队整治城市环境

200多个、拆除清理条幅及“牛皮癣”2万多处、规范占道经营3000余次。

三、环境卫生管理

提高环卫市场化力度。加大环卫市场化作业力度、实行机械化作业；加大无害化处理力度，将城区年产近4万吨的生活垃圾全部运输到襄阳火力发电厂进行焚烧处理；高质量完成城区100万平方米道路清扫保洁、14座公厕的冲洗和改造维修、日均85吨垃圾压缩清运无害化处理、道路的洒水压尘等环境卫生管理工作；南漳县首座位于苗圃北路的垃圾压缩站于2014年8月15日投产运行，彻底解决了垃圾露天堆放、转运的突出民生问题；在凤凰大道和苗圃路、金漳大道、发展大道路段新建4座公厕，为漳城居民提供生活便利。

四、交通秩序整治

规范城区道路停车秩序，有效解决城市拥堵问题。组织城管、交通运管、交警开展联合执法重拳整治交通秩序，严管重罚乱停乱放行为，查扣非法载人电动三轮车229辆、依法拍照处罚5100余台、当场处罚乱停乱放摩托车620辆。对玉印路、金漳大道、电信公司空置地块进行平整硬化，方便大型货运车辆停放。对城区14条主要街道停车线进行刷新，根据城区主要街道实际情况，新增划276个停车位，方便群众停车。

五、违法建设查处

南漳县城市管理执法局紧紧围绕县委、县政府中心工作，围绕违法建设“零增涨”、“零状态”的工作目标：一是县政府制定出台了《南漳县控制和查处违法建设管理办法》，建立快速处置、快速反应的巡查联动控违机制；二是继续巩固查违控违成果，实行动态管理执法；三是建立快速反应快速处置的联动机制，组织精干团队全时段备勤、全方位服务；四是加大对控违禁违工作考核和责任追究，强化成员单位的监管责任，实现谁主管谁负责、谁失控谁担责的工作目标，全年召开了3次控违成员单位联席会议；五是开展了拆违专项行动，从严打击新占地违法建设，做到了发现一起拆除一起。组织拆除原汽运公司占用消防通道的铁棚，打通了消防通道，安装了防护栏，做了警示牌，参与水镜广场拆除行动；共拆除违建面积3.2万平方米，立案查处违法建设420起，强拆18户，其中大型强拆6次，有效控制了违法建设的蔓延。

六、城管考核

南漳县城市管理执法局修改完善了《城管工作包保责任制》、《城市管理检查考核评比办法》和《城乡违法建设处理办法》等文件，并以县政府文件出台。在对城区164个包保单位的管理区域增强考核的基础上，实现城管考核向“镇区、园区、社区、居民小区”四个延伸，将全县11个镇区、1个经济开发区、城区6个社区、居民小区纳入城市管理考核评比工作范围。通过建立“责任全覆盖、考核全方位、管理全天候”工作模式，形成城管执法、部门包保、社会参与的多重管理格局，初步建立完善大城管指挥系统和快速反应机制。

南漳县首座垃圾压缩站

环卫洒水车

强制拆除违法建筑

开展综合执法行动

江华厂美食街

南漳夜景

城管局机动队

城管女子中队

宜昌市城市管理委员会

省委常委、市委书记黄楚平；市委副书记、市长马旭明；市委常委、常务副市长宋文豹；市委常委、副市长毛传强等领导视察城市管理工作

省住建厅厅长尹维真视察宜昌城市规划建设管理工作

市城管委党组书记、主任张毅在电视问政专场

宜昌市城市管理委员会（加挂“宜昌市城市管理综合执法局”牌子）为宜昌市政府工作部门，主要负责市政设施、环境卫生和城管综合执法的行业管理，履行市城市综合管理工作领导小组办公室职责，具体负责统筹协调市直相关部门和单位做好城管工作。市城管委下设5个直属单位：市城市管理监察支队、市城市管理监督指挥中心、市市政环卫处、市桥梁隧道管理处、市固废处置管理中心。2015年2月，宜昌市城管委荣膺第四届全国文明单位。

宜昌市城市管理系统秉承以营造一流的投资环境和“洁、绿、亮、美、静、畅”的人居环境为己任，以“省内保第一、中部争第一、全国创一流”为目标，紧扣“安全有序、整洁美观、文明和谐”的城市管理工作要求，实施科学发展、和谐发展、持续发展的指导方针，深化体制改革，创新工作机制，加强综合管理，推进精细管养，建立数字网格管理，不断提升行业“精神之标、管理之标、作业之标、考核之标和保障之标”，为宜昌获得“全国文明城市”、“国家园林城市”、“国家卫生城市”、“全国环保模范城市”称号做出了积极贡献。

责任城管

当好“创城迎检”主力军。顺利完成全国城市文明程度指数测评、国家卫生城市复查、省“楚天杯”创建等各项创建迎检任务。2011年至2014年，在全省城管综合考评中取得了三个第一、一个第二的优异成绩。

全力服务特大城市建设。在全省地级市中率先发布城市容貌标准，推动出台建筑垃圾、扬尘污染、广告店招、饲养宠物的管理办法、通告等规范性文件，制定果皮箱设置、道路挖掘管理等制度，强力治理乱搭乱建、广告杂乱等城市“顽疾”，助推城市新区建设和城市整理工作顺利开展。促成宜昌市市成为全省唯一的全国生活垃圾分类示范城市和全国第二批餐厨废弃物资源化利用和无害化处理试点城市。

营造良好城市市容环境。组织各区各部门开展“人行道破损修复、道路机械化作业、违法建筑治理、出店占道经营及夜市规范管理”等四大行动，建立建筑渣土运输车辆“四统一”管理制度，市容发生较大改观，我市云集路、沿江大道、平湖大道、松湖路和桔城路5条道路先后获得省级市容环境美好示范路殊荣。

效能城管

22号文件出台实施。2014年10月18日，宜昌市委、市政府出台《关于进一步深化城区城管体制机制改革，全面提升城市综合管理工作水平的意见》（宜发〔2014〕22号），对2014年至2017年宜昌城区城管工作的思路目标、体制机制、容貌治理、发展保障进行了破题和布局，对做好当前和今后一个时期城管工作具有重要的现实意义和指导意义。

改革管理体制。按照“重心下移，属地管理”原则，将城区主干道清扫保洁、基础设施管养、“7+1”城管执法、行政处罚和行政强制等权力划转各区，园林绿化管理整体移交市园林局，建立了“监督考核以市为主，组织实施以区为主”的市区城管新体制。形成了“市为统领、区为主体、街道为平台、社区为基础，网格为单元”的五级管理体系，“属地管理、部门联动、社会参与”的“大城管”格局基本形成。

创新运行机制。推行数字化管理。建成视频监控、指挥调度等9大应用系统，建立任务派遣处置体系，城市管理问题基本做到第一时间发现和处置，2012年以来受理案件18万件，结案率达98.2%。创新考评机制。实施目标管理，实行第三方考评，建立日检查、周考核、月评价的考评制度，设立奖惩资金，考评工作步入科学化、常态化、绩效化轨道。

法治城管

健全制度体系。深入贯彻落实涉及城市管理的33部法律法规，以执法“四制”为基础，制定法律顾问、行政自由裁量权行使标准等制度，再造行政审批、行政执法、行政强制、行政复议流程，发布《宜昌市城市容貌标准》等规范性文件，进一步规范了执法行为。

规范队伍管理。实现法制培训常态化，进一步增强“办事依法、遇事找法、处理问题用法、化解矛盾靠法”的法治意识。在“内强素质，外树形象”的思想指导下，积极推行“五统一、三规范”的准军事化管理，全市城管执法队伍以“城管监察”命名，开展执法案卷评查，出台“五要十不准”禁令。

创建法治单位。全系统分层推进，积极创建全省住建系统法治单位。以创建全省基层行政执法示范点为抓手，认真开展宜昌基层满意执法站所参评工作。成功推出宜昌“十佳城管人”，启动首届全市群众满意城管执法中队评选活动。2014年，市城管委被省依法治省办公室评为全省“六五”普法中期考核先进单位，成为全省法治单位创建先进集体。

廉洁城管

认真落实“两个责任”。认真落实党风廉政建设责任制，高度重视党风廉政建设和反腐败工作，坚决执行党风廉政建设责任制各项规定，开展纪检监察工作专题调研和党风廉政建设巡查，推行“常查常访”特色纪检监察项目建设和纪检专干制度，完善腐败风险预警防控措施。

发挥典型带动作用。通过评选“城管先锋”、“城市美容师”、“最美环卫工人”，开展先进典型事迹县市区巡回演讲，充分调动干部职工创先争优积极性，涌现出以“全省优秀共产党员”、“湖北省劳动模范”、“湖北十佳城管人”李西全同志，全国住建系统劳动模范、全省“创先争优”优秀共产党员任稚萍同志为代表的一批先模人物，共有全国、省（部）和市级劳模13名。

推进治庸问责。组织干部职工“十一查十一看”，推行责任清单制度，建立全员岗位责任制，完善问责制度和程序，强化防违控违、广告招牌治理、文明执法等重点工作失职渎职责任追究，开展行政效能、公车私用、工作纪律、工作作风等明察暗访，确保了各项工作对点达标。2012年以来问责追责干部职工229人。

人文城管

加强职业道德建设。持续开展“道德讲堂”和“城管讲坛”活动，组织“城管精神”大讨论，积极培育行业文化，参加“电视问政”，走进“政风行风热线”，建立民情日志记载制度，引导干部职工牢固树立“为民管城”职业。

改进工作方式方法。开展行政审批“四减五制三集中”，进一步提高服务效率，委行政审批窗口连续多年被评为市行政审批红旗窗口。积极探索城管进驻社区联勤网格。坚持疏堵结合治理市容秩序。市城管委连续4年被评为群众满意机关，连续2年被评为市目标考核优胜单位。

着力解决民生难题。免费开放107座公厕，化解了“如厕难”。加强道路停车场管理，新增停车泊位2980个，缓解了“停车难”。取缔环城东路和环城南路等马路市场，发放《卖瓜线路图》，开辟瓜农免费临时销售点54处，解决了“行路难”。每年专项整治中考、高考施工噪音污染，查处违规行为，为学生提供了安静的考试环境。加强城区防汛，及时管养城区防汛设施，保障群众生命安全。

宜昌市城管委荣膺第四届全国文明单位

城管执法誓师动员大会

城管干部李西全同志荣获市首届”十大法制人物“称号

省劳动模范张应高同志

市危险废物集中处置中心作业区

宜都市城市管理局

相关领导视察宜都市城管工作

城管局市容队员日常巡查

全国孝亲敬老之星张林

基本概况

宜都市城市管理局于2005年6月成立，系财政全额拨款事业单位，现有事业编制78人，城管协管员30人。局内机构设置有办公室、园林绿化科、市容环卫科、市容监察大队、规划执法大队、政策法规科。主要担负着城区市容环境卫生、园林绿化、城市规划、市政设施、公用事业等六大管理监督职能。城管局所属二级单位有陆城环卫服务中心、园林绿化处和吴家湾垃圾处理场。

近年来，宜都市城市管理局认真贯彻落实各级指示精神，围绕“全省先进、宜昌一流”工作目标，实行规范管理，严格执法，热情服务，赢得了社会各界的广泛认可和好评。先后获得湖北省住建系统先进集体、湖北省爱国卫生先进集体、宜昌市文明单位、宜昌市城管系统先进集体、宜都市文明单位等荣誉。

形成大城管工作合力。成立宜都市城市综合管理委员会，42个部门为组成成员，每年召开城市管理执法联席会议。出台《宜都市城市管理质量综合考核办法》，每年对考核方案进行微调，将管理延伸到乡集镇和中心村，每两个月开展一次乡容镇貌考核。

建成数字城管系统上线运行。城市运行中的各类问题按照“第一时间发现、第一时间处置、第一时间监督”的原则解决，标志着宜都市城市管理工作全面进入高效能的信息化轨道，每年通过数字城管系统上报各类城市管理问题近1500件。

城乡生活垃圾处理考核全覆盖。按照《宜都市城乡生活垃圾处理一体化考核方案》，市城管委、市委督查室、市爱卫办、市住 建局和市广电局组成联合考核组，采取查资料、看现场、访民情的方式，对全市123个村、28个社区进行了全面考核。在考核中发现问题，下发考核通报，督促各乡镇整改，促进城乡生活垃圾处理一体化体系不断完善和健全；

城市主要街道实施洗扫作业。购置各类清扫、冲洗车等作业设备，三台作业车辆采用梯形三位一体作业流程，经过洗扫的街道一尘不染，环境面貌焕然一新，同时极大减轻了环卫工人劳动强度。

背街小巷管理升级。出台《陆城城区小街小巷环境卫生作业标准》和《陆城城区小街小巷清扫清运责任区域划分明细》，做到界限清晰，责任到社区。并将小街小巷划分为一类区域和二类区域，对不同区域制定清扫、保洁作业时间和作业标准，有利于作业和管理，考核结果公示并和评先评优挂钩。

开展垃圾循环收运。签订《生活垃圾定时排放协议书》2500余份，向临街商户发放垃圾袋近7万个，收运人员分三个时段沿街循环收运，每名循环收运人员平均每天收运垃圾4车约1吨。

推进建筑垃圾社会化作业。出台《关于加强城市建筑垃圾管理的通知》，对城区所有建筑垃圾的处置实行许可管理，和施工企业签订环境卫生责任书，要求运输车辆统一加装盖板，对建筑垃圾运输路线和处置地点实施全程监控，对私拉乱倒和私自处置的单位和个人实施严管重罚。在加强建筑垃圾管理的同时，着重推进建筑垃圾社会化作业，选址两处建设建筑垃圾消纳场，消纳场作为建筑垃圾清运公司申请核准的前置条件之一，由清运公司负责进行建设和经营。

开展市容整治

建成数字城管系统

开展垃圾循环收运

七一演讲比赛

宜昌市伍家岗区城管局

2014年，在区委、区政府的正确领导下，伍家岗区城管局以党的十八大精神为指导，深入探索城市管理体制创新，扎实推进城市精细化管理，着力抓好城市顽症治理，努力完善城市长效管理机制，为争创“城市建设管理示范区”打下了良好基础。

抓改革，促保障。将“四办一乡”5个城管中队的指挥权、事权、考核奖惩和工作经费全部下放至街（乡），街(乡)下设城管办，负责城市管理具体事务，街（乡）分管领导和城管中队长实行交叉任职，由街（乡）为主实行双重管理，基层管理力量得到进一步充实。

抓服务、促发展。服务项目建设，对城中金谷、财富广场等重点项目减免部分行政收费，支持了企业发展；服务新区建设，向新区办派驻城管执法队员，为新区建设提供保姆式服务；严厉打击新区为抢种抢建，拆除新区内违章建筑38000多平米，为国家节约大量拆迁资金，有力推动了新区建设。

抓环境、促整洁。投入180万元，购买大型洗扫车4台，提高机械化作业力度，对胜利四路、沿江大道、桔城路、白沙路、城东大道等景观道路提质提标，洗扫范围由车行道扩大到人行道、市政设施；推进城乡环卫作业一体化，将伍家乡各村纳入全区环卫统一作业；将加大考核力度，将街（乡）、社区（村）反映的环境卫生问题纳入对作业公司的考核，实现背街小巷清扫保洁全覆盖。

抓民生、促和谐。2014年，伍家岗区在城市管理中投入4900多万元，其中80%直接用于服务民生领域。方便群众出行，新建、维修人行道1.2万平方米，维修沥青路面600多平方米。关爱弱势群体，向全区1000多户低保家庭退返环卫费5万多元，按照每月300元标准为全区600名环卫工人增加绩效工资。畅通城市“肠道”，对全区150多个杂居小区的排水系统进行了集中清疏，累计清疏杂居小区排水管道2万多米，清疏城市主排水7万多米，辖区下水堵塞、污水外溢的发生率明显下降。

区委书记张鹏、区长吴刚到城管局现场办公

区长吴刚慰问受伤城管队员

城管队员配备执法记录仪

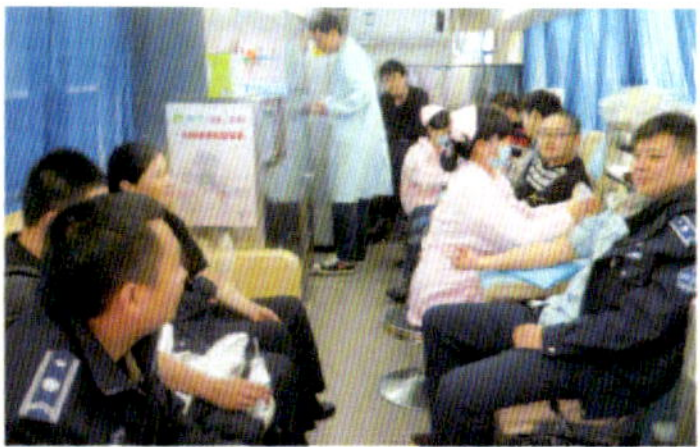

干部职工踊跃献血

环卫机械化洗扫

拆除违章建筑

安装防坠网

桔城路绿化美化

WUJIAGANGQUCHENGGUANJU

宜昌市建设工程质量安全监督站

以身作则获荣誉

站领导服务指导桥梁工程

倡议书签名

技术指导进企业

宜昌市建设工程质量安全监督站成立于1985年4月1日，为正科级自收自支事业单位，隶属于宜昌市住房和城乡建设委员会，具有独立法人资格，单位现有正式在编职工25人，其中正高3人，高工10人，工程师10人，助工1人，技师1人，市建设系统优秀专家3人，专业结构配备合理，专业技术人员占总人数的比例为92%。

宜昌市建设工程质量安全监督站现设有办公室、财务室、质监一室、质监二室、安监一室、安监二室、市政室、综合监督室、档案室等九个科室和葛洲坝质量安全监督分站。

宜昌市建设工程质量安全监督站是受宜昌市住房和城乡建设委员会的委托，依据国家法律、法规和工程建设强制性标准，对参与城区房屋建筑工程和市政基础设施工程建设的建设、勘察、设计、施工、监理、检测等单位履行质量、安全责任的行为以及工程实体质量、安全文明施工实行监督管理，并进行竣工备案的机构。

宜昌市建设工程质量安全监督站自建站以来，在市住建委的领导下，在社会各界的支持下，本着“为人民服务、为社会负责”的宗旨，坚定不移地贯彻执行党和国家的关于监督工作的方针、政策，紧紧围绕加强政府监督，确保工程质量和安全这个中心，以国家法律、法规和部门规章为准绳，以有关规范、规程和技术标准为依据，遵循“客观、科学、独立、公正”的原则，对工程精心把关、严格监督，为宜昌市的改革开放和城市建设作出了显著的贡献。建站20多年来，累计监督单位工程4000多项，建筑面积1700多万平方米，其中夷陵长江大桥和三峡开发公司总部大楼两项工程荣获全国建筑行业最高奖“鲁班奖”，200多项工程荣获“楚天杯”（省优质工程、安全文明施工现场），10多项工程荣获湖北省科技示范工程。历年来我站先后荣获“全国工程质量监督系统先进工程质量监督站”、“湖北省建设系统先进单位”、“湖北省先进工程质量监督站”等多项部省级荣誉称号，多次被市住建委党组、市住建委评为市建设系统“先进单位”、“建筑业管理先进单位”、“先进基层党组织”、“五好创建基层党组织”。有50多人次被国家、省及市建设行政主管部门授予各种荣誉称号。

近年来，国家不断规范对建筑业市场的管理，新的政策不断出台.为了适应新形势的要求，我站在加强监管的同时，不断加大宣传服务力度，在全省率先实行质量安全联合监督，取消了实行多年的责任监督员为主的监督模式，建立项目监督小组负责制，实施集体监督，对不同性质的质量安全问题的处理作出了明确规定，保证监督工作的公正性。同时对原有的监督工作程序及时进行了修订，结合实际制订了新的质量安全监督程序，建立了完善的三级巡查制度，明确规定了每个项目的最低巡查频次和巡查的主要内容，并根据工程实际和工程现场的管理情况，实施差异化管理。质量安全联合监督的实施，既方便了各责任单位、减轻了企业负担，又降低了监督工作成本、提高了监督效能、改善了监督执法形象。

为了加强对结构实体的监督检测和监督工作的信息化建设，我站购置了钢筋定位仪、激光测距仪、砼回弹仪、数码摄像机、数码照相机、计算机、服务器等监督设备50多台（套）。建立内部局域网，开通了宜昌市建设工程质量安全监督网站，实现了监督信息公开。

目前，宜昌正以“走在中部同等城市发展前列”为目标，加大城市品牌建设力度，努力打造宜旅宜居宜业、充满活力与希望的旅游名城和长江中上游区域中心城市，全面构建和谐社会。宜昌市建设工程质量安全监督站将在宜昌市住房和城乡建设委员会领导下，以科学发展观为指导，不断深化改革，积极转变工作思路、创新监督方法，为宜昌市建设工程的质量和安全文明施工水平的不断提高作出更多更大的贡献。

单位地址：宜昌市体育场路7号建管大楼四楼
邮政编码：443000
联系电话：0717-6459369

参见各方送锦旗

支部领导慰问困难群众

安全宣传进工地

开展宣传咨询活动

十堰市住房和城乡建设委员会

省住建厅党组书记、厅长
尹维真调研十堰垃圾污水处理工作

十堰市政府副秘书长、住建委
主任李宏根现场督办项目建设

2014年4月10日，十堰市神定河污水处理厂正式委托北京碧水源公司运营管理

基本概况

2014年以来，十堰市住房和城乡建设委员会坚持以科学发展观为指导，紧紧围绕国家生态文明先行示范区和鄂豫陕渝毗邻地区中心城市工作目标，全面加强市政公用基础设施的建设和管理、强化建设行业的监督管理，积极服务各县市城区、村镇建设工作，营造想事、干事、干成事的良好氛围，较好地完成了上级赋予的各项目标任务，开创了城乡建设事业健康快速发展的新局面。

一、强力推进滨江新区和市政重点工程建设。积极争取住建部、省住建厅支持郧县撤县改区，郧阳区正式成立，十堰城区面积增加到5056平方公里，建成区面积增加到120平方公里，常住人口增加至120万，十堰中心城市布局由“山城”向“山水城”迈进，提升了城市的辐射力和带动力。中心城区基础设施建设全面提速，城区市政公用设施建设投资达35亿元，涵盖大小项目近百个，发展大道、龙门大道、风神大道二期、京东路建成通车，武当路、郧阳路、镜潭路以及22条背街小巷、10条市政道路微循环项目改造全面完成。年供气5500万方压缩天然气加气母站建成运营，新增天然气对接入户1万户。新建污水管网380公里，完成入河排污口整治343个。神定河污水处理厂提标扩能工程改造完成，改造规模由16.5万吨/日扩能至18万吨/日，出水标准提升至一级A标准。在全省率先探索推行污水垃圾设施委托运营管理，通过公开竞争谈判、择优选择，十堰城区、丹江、竹溪、房县、郧阳区、武当山全面完成了污水处理厂委托建设运营一体化工作，全市已签订托管合同并移交污水处理厂46家、垃圾填埋场22家，全市污水处理厂年达标处理污水14631万吨，比2013年增长15%。

二、全面加快城镇建设和库周环境治理。各县市区围绕“一核多支点”战略，全面加大基础设施建设力度，提升了城镇服务功能，亮点纷呈。全年争取国家和省污水治理、农村危房改造等补助资金突破4亿元，成功创建11个国家级重点镇、8个全省重点中心镇、6个全省特色镇和16个宜居村庄；竹溪县中峰镇甘家岭、房县军店镇下店子、丹江口市官山镇吕家河被列为中国传统村落名录；改造完成农村危房8392户；完成列入“十二五”规划的污水处理项目48个，垃圾处理项目20个，城乡建设水平全面提升。同时，全力推进库周1公里内村庄环境整治，为十堰市“保水质、迎调水”奠定了基础。

三、切实规范以质量安全监管为主的行业管理。质量监管范围进一步拓展，将移民内安、市政重点工程、水污染防治项目等纳入监管范围，拟定了《十堰市工程质量专项治理两年行动工作方案》，通过召开现场观摩会、加大检查巡查力度等方式，全面落实五方主体项目负责人质量终身责任，深入推进建筑市场诚信体系建设，强化事前控制，注重事中控制，确保工程质量全过程监管到位。全年共监督工程项目212项，查出并消除质量隐患2500余处，全年组织评审市“武当杯”优质工程41项，获省级建筑结构优质工程奖39项，获省“楚天杯” 优质工程奖6项。认真落实“一岗双责、党政同责”工作要求，进一步完善了各项安全生产管理制度，以推进安全生产标准化为主线，先后组织开展了建筑消防、建筑起重机械、打非治违等综合检查30余次，检查各类工程项目4800项，处置安全隐患352处，同时加大燃气、供水等公用行业的安全监管和服务力度，确保了供水供气安全运行。

全省建筑质量安全施工
现场观摩会在十堰召开

2014年5月26日发展大道建成通车

车城广场湿地

十堰市郧阳区城乡规划局

十堰市郧阳区启动新一轮总规修编

十堰市郧阳区长岭开发区一角

十堰市郧阳区农副产品加工工业园鸟瞰图

创新机制 规范管理 服务发展

基本概况

十堰市郧阳区城乡规划局成立于2003年，原属区政府直属的正局级事业单位。负责全区城乡规划编制、审查、审批和基础测绘管理工作。2010年政府机构改革时，将规划局调整为12个政府组成部门之一。如此高规格的设置规划部门，这在全省也是不多见的，充分体现了郧阳区委、区政府对规划工作的高度重视。

城乡规划体系不断完善。

坚持“城市建设，规划先行”的理念和“先规划后建设”的原则，从2012年起，郧阳区委、区政府先后投资3000余万元，通过网上招投标、邀标等方式委托重庆规划设计院、湖北省规划设计院、中国对外建设有限公司规划设计院、长沙景观规划设计院、深圳易道景观规划设计院、上海同济规划设计院等一批大家、大院、大师完成各类城乡规划编制项目200多个，如郧阳区城市发展战略规划、郧阳区城乡总体规划修编、十堰生态滨江新区控规及城市设计、老城区控规及城市设计、政务新区控规、长岭经济开发区控规、子胥湖生态新区控规、茶店镇“四化同步”试点镇规划等。核心区控规覆盖面积达70平方公里，在全市率先实现了县城规划区控详规全覆盖。全区需编制总规的乡镇19个，现已完成17个，编制率89%。需要编制控规的有17个，现已完成13个，编制率71.6%。编制村庄规划158个，编制率46%。规划实施了农产品加工工业园、洋河集团白酒基地等一批工业园区，金色港湾等数十万平米保障性住房以及16个垃圾填埋场、污水处理厂，公交、环卫、燃气及环湖绿道等专项规划。

规划管理措施不断强化。

始终坚持“规划一张图、审批一支笔、建设一盘棋”的工作方针，不断强化管理措施。坚持把好“五关”：一是把好审查准入关。全面实行“五个一律”制度。即：个人建房一律不批；用地面积小于1万平米的一律不批；规划和建筑设计不符合相关规范和城市设计要求的一律不批；公共设施不配套的一律不批；没有绿化、亮化规划的一律不批。二是把好技术审查关。建设单位报送项目设计方案时，必须在满足规划条件各项技术指标的前提下，报送具有不同建筑风格、建设理念的方案最少两个，实行多方案比选，以提高项目设计方案质量。三是把好行政审批关。坚持实行专家评审、规委会民主讨论、集中决策、规委会主任“一支笔”审批制度。严格执行“一书两证”规划行政许可制度。四是把好规划公示关。做到“五公开”、“六公示”。五是把好规划勘验关。严格执行规划放验线和规划综合验收制度。

规划监管机制不断健全。

区委、区政府高度重视规划管理的体制建设，不断完善规划建设管理机制，在机构改革中率先组建成立了综合执法局，加大了规划建设执法力度，改变了过去规划执法体制不顺、职责不明、力量薄弱的状况。

樱桃沟生态乡村

樱桃熟了村民乐了

十堰市郧阳区库岸治理工程

十堰市郧阳区长岭开发区集中拆迁安置小区

山村如市车水马龙

十堰市郧阳区长沙一级路

十堰市郧阳区十堰大道

十堰市郧阳区城关镇污水处理厂

2014年，荆门市园林局全体干部职工，认真学习贯彻党的十八大精神，围绕生态荆门建设目标，团结一心，担责负重，奋发作为，较好地完成了全年工作任务。

一、专业绿化增量提质。实施绿化项目19个，完成投资3000余万元，新增绿地面积23.4万平方米。完成了漳河大道分车带绿化建设、大林巷小游园建设。两山景区实施了基础设施改造、景观优化工程。对象山二路游园、廉政文化广场等公园绿地及40余条道路进行了设施改造和绿化补植。凤凰湖湿地公园建设全面启动。

二、社会绿化稳步推进。市中心城区周边29个已关闭采石场、塘口完成了复绿总体方案制定。73家单位完成义务植树任务，建成绿地5100平方米。中心城区16家单位进行了庭院绿化、花化改造。开展“三送三进”活动，为22个单位和小区居民送去各类苗木近万株。

三、特色工作亮点纷呈。在城区5个公园广场游园、20余条道路、19个节点，栽植开花乔、灌木1.5万余株，色块植物近3万平方米，播种自行花卉18万平方米。开展2016年第十二届中国（荆门）菊花展前期工作，启动了展出场地市植物园建设，成立了中国菊展组织机构，制定了总体工作方案，积极筹备邀展工作。成功举办荆门市第二十一届菊花展，展出菊花及配花30万盆、扎景27组，共接待游客20余万人次。启动了武汉园博园荆门园建设。

四、行业管理显著增强。一是城市园林绿地管理精细化、标准化、常态化。印发了《城市园林绿地养护管理工作要点和要求》、《荆门市绿地精细化养护管理考核实施方案》等文件，建立了园林绿化养护工作的检查、考核机制，严格奖惩兑现。及时处置数字化城管案件，按时、保质处理各类案件103起。二是强化行业管理。在原市花木盆景协会的基础上组建了市园林行业协会。实行行政审批一站式服务，推行窗口办公、公开受理、阳光操作、限时办结制度，办理行政许可事项172起，无行政复议。严格执法管理，全年查处各类损绿毁绿行为74起，查案率达98%以上，无一投诉。

五、队伍建设卓有成效。以党的群众路线教育实践活动、民主评议政风行风活动等活动为载体，不断强化队伍素质和作风建设，广大干部职工思想进一步提升，作风进一步改进，能力进一步增强，保证了干部职工“能干事、干成事、不出事”。着力打通联系服务群众“最后一公里”，扎实开展“三万”、“第一书记”、“县级领导干部结对扶贫”等活动，为十里铺镇洋坪村和白庙街办冯庙村赠送宣传读本、学习资料200余份，筹集资金近20万元用于改造、维修U型渠、道路等，栽植树木200余株，协助村委开展了网格化建设，走访慰问困难群众，发放慰问金2万余元，与5户困难户、6名留守儿童开展了结对活动。

六、和谐园林建设成果丰富。扎实开展社会治安综合治理、信访维稳、安全生产等工作，做到了“责任、人防、物防、技防”四到位，全局全年无集体上访、越级上访、重大刑事及治安案件、安全生产事故、参与邪教组织、失泄密等事件发生。回复办理17件人大议案和政协提案、16个市长专线交办单、37个网络舆情，回复率、满意率100%。工、青、妇等群团组织工作卓有成效，举办了秋季职工运动会、演讲比赛、慈善捐款等活动。市园林局被评为湖北省文明单位、荆门市社会治安综合治理优胜单位、荆门市党风廉政建设先进单位。市城市绿化管理处、市龙泉公园管理处、市广场游园管理处被评为市级文明单位。市城市绿化管理处被市总工会授予市五一劳动奖状。

文明湖风光

荆门市第二十一届菊花展

道路高杆月季花

荆门市

城市管理执法局

局领导检查建筑工地渣土运输出入口冲洗设施

[城市管理长效机制全面构建]一是完善考评机制。将市民投诉、领导批示、市区城管局领导班子节假日带班巡查、马路局长工作专班巡查和人大建议、政协提案办理等纳入考评范畴，每周开展两次暗访，实施社区分类考评，实行月点评制度，常态化城市管理检查考评机制基本建立。二是发挥数字城管效能。将70名城管监督员下沉到社区，实行“12319”电话投诉与网格员报案、视频监控并网处置，开发“门前三包”管理子系统，完善监督和指挥“两心”功能，充分发挥数字化平台效能。三是推行“四全”管理。推行市区城管局领导班子节假日带班巡查工作制，督促各区落实城市管理驻街道、进社区工作，制定出台《中心城区道路占用管理标准》、《中心城区道路清扫保洁标准和规范》，实现了城市管理全天候巡查、全方位覆盖、全过程监督、全时段管控。四是夯实基层基础。强化各区城市管理主体地位，建立健全区级“大城管”，形成了政府为主、部门联动、街道负责、社区参与的工作格局。

[城管三年行动计划圆满收官]大力实施城乡垃圾、户外广告和店招店牌、违法建设、主次干道临时占道“四大”清理，着力开展市容环境美好示范路、最干净示范街和最规范秩序示范路、农村网格化管理示范镇村、城乡生活垃圾统筹治理示范镇村“四项”创建，集中开展月亮湖路路面污染、中天街及周边经营和交通秩序、建筑垃圾清运处置、车窗抛物、沿河路环境卫生和经营秩序、中心城区经营秩序、噪声油烟污染、巡游宣传促销、散装货物运输车辆抛撒等“九大”整治，城市精细化管理水平明显提升，市容市貌明显改观。2014年，荆门市在全省城市管理综合考评中位列第三，并被授予“2014年度‘楚天杯’城市管理优胜奖城市”称号，农村网格化建设在全省率先实现全覆盖，农村生活垃圾治理在全省检查考评中名列第四，象山二路被省住建厅、省公安厅命名为省级市容环境美好示范路。

[城管服务有效提升]扎实开展“三最”服务，由11名县级领导干部包联100家重点项目，进行两轮大走访，解决城管服务问题200多件次，设置城管服务岗亭5个，得到了广大项目业主的称赞和好评。着力提高审批效能，全年238个审批项目平均办理时限为

拆除不规范遮阳棚

每月月末周五组织各部门（单位）开展“洁城绿城”活动

联合交管部门开展车辆超载、超限和抛撒专项整治

建设全国领先的网格化社会管理
和数字化城市管理监督指挥中心

美化、靓化城市街景

高压清洗车冲洗道路

铁腕拆除违法建设

加大投入，提升改造环卫设施

环卫工人深夜清扫保洁

3.5个工作日，办理时效提高了30%，实现了零差错、零投诉。认真做好驻村工作，驻村帮扶工作被市委常委、组织部部长王本举批示表扬，驻村工作组被评为2014年度全省“万名干部进万村惠万民工作突出单位”。深入开展城市管理进商铺、进机关、进社区、进学校、进企业、进车辆“六进”活动，共走访企业357家、市直部门89家、社区53个、商业门店8562户、学校20所，营造了城管部门与广大市民群众和谐互动、共建共管共享的浓厚氛围。

[队伍素质不断加强] 坚持“管行业必管行风”，积极开展群众路线教育实践活动，扎实开展民主评议政风行风活动，认真落实党风廉政建设责任制，制定出台27项机关管理制度。先后被评为2014年度民主评议政风行风优秀单位、政协提案办理满意单位。

美化、靓化城市街景

荆门市墙体材料革新与建筑节能办公室

JINGMENSHIQIANGTICAILIAOGEXINYUJIANZHUJIENENBANGONGSHI

以创建宜居生态城市为抓手 全面推动全市建筑节能工作上台阶

绿色建筑：荆门市政务中心

腾宝砂加气砌块

汉通楚天城太阳能一体化

星球商业中心太阳能热水系统

2014年，我市认真按照《湖北省“十二五”建筑节能和墙体材料革新目标责任书》、《2014年全省建筑节能工作意见》以及全省勘察设计与建设科技工作会要求，全面强化新建建筑节能，大力推广可再生能源和绿色建筑，着力推进乡镇“禁实”和发展新型墙材，工作成效显著。

（一）加强闭合管理，推进新建建筑节能。2014年全市竣工项目173万平方米，其中公共建筑43万平方米，居住建筑130万平方米，新建建筑节能标准执行率设计阶段保持100%，施工阶段达到100%。积极执行低能耗建筑设计标准，目前已通过设计审查的低能耗居住建筑面积362万平方米，开工在建项目建筑面积344.1万平方米，其中荆门城区241万平方米，京山县82.7万平方米，沙洋县16万平方米，钟祥市4.4万平方米。

市住建委定期研究建筑节能工作，各相关部门相互配合，在设计、施工、验收阶段建立把关制度，形成了合力。对建设项目未达到建筑节能设计标准要求、未按要求实施可再生能源的民用建筑设计文件，不予办理施工许可证，对建筑节能专项验收中达不到规定标准要求的民用建筑工程，责令建设单位限期整改，对拒不改正，一律不得办理建设工程竣工备案手续。我委制定下发的《关于进一步加强建筑节能设计、施工图审查工作的通知》，明确规定新建居住建筑从2012年11月起，执行节能65%设计标准。目前，荆门城区、京山县城区新开工居住建筑项目基本做到低能耗建筑全覆盖；沙洋县低能耗建筑起步早，设计、施工走入正轨。全市各地通过“源头把关、过程监管、事后控制”的工作机制和齐抓共管的系统方法，使全市新建建筑节能工作步入了良性发展轨道。

（二）采取多项措施，积极发展可再生能源。可再生能源建筑应用已竣工验收应用面积68万平方米；已开工在建的项目应用面积83万平方米。京山双箐图强粮食储备库、钟祥誉虎实业公司太阳能光伏电站建成并网发电。

我市充分利用国家可再生能源建筑应用示范城市契机，大力推动可再生能源建筑规模化应用。我们结合实际，于2013年11月出台了《市住建委关于进一步加强可再生能源建筑应用和管理的通知》，文件要求：从2013年12月1日起，18层以下居住建筑要求统一安装太阳能热水系统，18层以上居住建筑太阳能热水系统要求达到50%以上；国家机关办公建筑和1万平方米以上大型公共建筑应统一设计安装地源热泵空调系统。基本上做到了建设项目可再生能源利用全覆盖，做到了太阳能热水系统与建筑同步设计、同步施工、同步验收、同步投入使用。

（三）加强示范引领，全方位推进绿色建筑。漳河新区、钟祥莫愁湖绿色生态城区建设和申报工作开展良好，通过住建部专家评审，将作为省级示范城区进行审查。市水文水资源巡测基地0.4万平方米、市政务中心9.8万平方米、钟祥王府大酒店4.45万平方米项目已获得2星级设计标识，荆门万达广场35.57万平方米已获得1星级设计标识。汉通楚天城、财政国土中心、钟祥鑫泰国际等一批绿色建筑项目正在申报接受省厅组织的专家评审。

我市十分重视绿色建筑发展，提出以新建单体建筑推广、城市新区集中推广为手段，实现绿色建筑的快速发展，政府投资的公益性建筑、保障性住房、建筑面积5万平方米以上的居住建筑小区和2万平方米以上的单体公共建筑全部要求达到绿色建筑评价标准，其他民用建筑以及新农村建设都要按绿色建筑理念进行设计、建造。按照“普及一星、推广二星、示范三星”的要求，大力开展绿色建筑评价标识工作。同时，加快推进漳河新区国家绿色生态示范城区创建工作，明确要求漳河新区所有新建居住建筑按1星级以上、公共建筑按2星级以上绿色建筑评价标准进行设计建造。

（四）引领新型墙材发展，强化质量管理。市委、市政府和住建委十分重视新型墙材发展，组织相关部门负责人到上海等地学习考察，引导和支持湖北腾宝新材料有限公司研发B05级砂加气混凝土优质精确砌块，市委书记万勇、副书记周松青、住建委主任杨剑多次深入企业解决实际问题，组建以总工程师双晖为组长，勘察设计科、建管科、村镇科、建管处、墙革节能办等单位为成员的支持湖北腾宝新材料有限公司发展包联专班。组织全市新型建材推广现场会，着力推广轻质、高强、节能、环保的优质精确砌块。2014年9月市住建委出台《关于贯彻执行湖北省地方标准〈蒸压砂加气混凝土精确砌块墙体自保温系统应用技术规程〉的通知》，开始在全市全面推广墙体自保温系统。

各县、市城区及4个重点镇“禁实”保持100%，新型墙材产量明显增长，2014年年产量达28亿块标准砖；产品结构、产业布局更趋合理；建筑应用率达到100%；墙体材料革新正在各乡镇延伸，大部分乡镇发展和使用新型墙材情况良好。沙洋县关闭粘土实心砖企业工作成效显著，该县曾是我省粘土实心砖产量大县，仅监狱管理局范家台砖瓦厂就有砖窑108门，产量过亿，通过大量扎实有效的工作，实现了全县无粘土砖瓦生产的良好局面。

（五）开展能耗统计，推动既有建筑节能改造。既有公共建筑节能改造完成7.8万平方米，既有居住建筑节能改造完成1.78万平方米。完成机关办公建筑和大型公共建筑能耗统计；9个能耗监测平台有7个已建设完成，2个已签约，2015年初全部建成运行。

机关办公建筑和大型公共建筑能耗统计完成按期上报工作；能耗监测平台建设任务完成80%。既有建筑节能改造目标任务全面完成，各地要求凡既有建筑装修维修，必须按节能标准进行技术改造，既有公共建筑节能改造运行良好，主要改造项目为门窗、外墙、屋面、空调系统。

扎实推进城市建设 提高市民幸福指数

——鄂州市城乡建设委员会

省住建厅与鄂州市签订新型城镇化厅市共建协议现场

鄂州市住建委开展行评大接访活动

参加市直机关歌咏比赛决赛获第一名

2014年建成开放的西山公园

2014年，市住建委以开展党的群众教育实践活动为契机，以新班子、新作风、新业绩，全面推进城乡建设和队伍建设迈上了新台阶。

市政基础设施建设完成投资再次刷新历史。当年，主城区市政基础设施建设累计完成投资15.06亿元，再破历史最高水平。火车站广场建成投入使用；鄂州大道南互通及公铁立交工程完工；西山广场、桔园生态公园建成并开放；吴楚大道西段、葛山大道改扩建工程快速推进，鄂州城市建设画卷又翻开了崭新的一页。

建筑业首次突破百亿产值大关。出台了《关于促进鄂州市建筑业发展的意见》，不断规范建筑市场秩序，全年累计查处围标串标、违反强条和施工许可项目50起，累计处理700多万元。加强工程质量安全管理，行业连续五年未发生较大以上质量、安全事故及亡人事故。全年实现建筑业总产值历史性地突破100亿元，达到126.69亿元，较上年度增长35.6%，吸纳就业人口5万余人。

园林绿化建设实现“硬增长”。当年，完成园林绿化建设投资投资1.25亿元，新增绿地面积50余万平方米，城市绿地率37.53%，城市绿化覆盖率42.87%，人均公园绿地10.72平方米，园林绿化“三大”指标均达到“创卫”标准和今年“国家园林城”复检要求。如今可以说是“绿盈古都春满城”。

城乡污水处理“全覆盖”工作全面铺开。积极推动污水处理投融资体制机制改革，完成城乡污水处理投融资的前期相关工作；积极推进污水处理集镇和农村试点，并争取上级污水处理政策资金4800万元；加快在建污水处理设施建设步伐，为三年实现城乡污水全收集、全处理、全覆盖打下了坚实的基础。

村镇建设管理工作不断深入。指导汀祖镇开展全国重点中心镇申报和创建工作；指导梁子湖区万秀村开展“全国宜居村庄”和22个村庄“省级宜居村庄”创建工作，完成农村危房改造任务300户，累计完成重点中心镇、特色镇基础设施建设投资6900万元，村镇面貌发生了可喜变化。

防震减灾体系建设不断完善。指导地震宏观观测点、应急避难场所和地震安全农居工程建设，不断强化防震减灾功能；定期组织对鄂州强震台和信息节点的观测仪器进行检查、调试和标定，信息节点全年运行率达到99.97%；深入指导防震减灾科普示范学校创建工作，共创建市级防震减灾科普示范学校3所。强化应急人员培训，加强图审机构内部管理和质量控制，完成85项一般建设工程抗震设防审查工作，施工图审查在工程质量控制中的龙头作用渐显。

住建队伍展现出生机与活力。通过开展党的群众路线教育实践活动，扎实推进“两个责任”落实，狠抓“转作风、履职责、抓落实”督查跟进和政风行风建设，开展演讲比赛、歌咏比赛、职工运动会等活动，队伍凝聚力、战斗力不断增强。住建委被省政府机关事务管理局授予“公共机构节能示范单位”，全市市直机关歌咏比赛决赛第一名，全市“宪法在我心中”演讲比赛二等奖。地震局获得全省防震减灾工作先进单位，建管站获得市监察局、法制办表彰的“人民群众满意基层站所”优秀单位。

展望未来，鄂州市住建委将不断更新观念，顺势而为，勇当排头兵，抢抓党的十八大、十八届三、四中全会重大机遇，不断推进城市建设提速、城市功能完善，努力将鄂州建设成为山水园林城市、生态宜居城市、智慧和谐城市，长江之滨一颗耀眼的明珠。

2014年建成开放的橘园公园

鄂州市规划局

组织全市规划管理人员在华中科技大学系统培训　　在江滩公园孙权广场组织测绘法宣传活动

概况

2015年3月，根据《鄂州市政府职能转变和机构改革实施方案》，市规划局由市住房和城乡规划建设委员会挂牌机构调整为市政府工作部门，加挂市测绘地理信息局。下设4个派出机构：直属分局（规划监督局）、鄂城区分局、华容区分局、梁子湖区分局（参照公务员管理单位）；下设4个二级单位：市规划设计研究院、市勘测院、市地理信息中心、市规划报建服务中心。全局系统职工总数172名，其中：党员112人，大专以上学历125人，副高职称22人，中级职称81人，国家注册规划师、建筑师等各类注册师19人。

近年来，市规划局以党的十八大、十八届三中、四中全会精神为指导，围绕市委、市政府、省住建厅中心工作，按照综合配套改革、城乡一体化、新型城镇化的总要求，深化规划工作改革，坚持依法行政，狠抓党风廉政建设，全面服务沿江滨湖新区开放开发，城乡规划工作的整体水平有了较大提高，为全市经济社会发展提供了科学引导和高效服务。

一是全域规划进展顺利。中心城区实现了控制性详细规划全覆盖，完成了中心城区地下空间开发利用规划、蓝线规划、绿道系统规划、城乡一体化污水专项规划等规划85项；七大新区总规修编基本完成，控制性详细规划均已启动；全省“四化同步”示范乡镇汀祖镇镇村系列规划通过省政府评审，编制完成了32个美丽乡村规划；承接了国家级试点“多规合一”工作，开展了厅市共建省级试点《城市增长边界及“三区四线”规划》，全市城乡规划编制体系进一步完善。

二是许可程序逐步优化。全面清理了规划审批过程中的搭车收费、捆绑收费，取消了2个非法定前置条件；简化审批层级，优化审批程序，对于招商引资、工业项目、市政基础设施、公共服务设施、拆迁安置项目等开辟“绿色通道”，3日内办结，真正实现“一个窗口受理、一次性告知、一个流程许可、一站式服务”。

三是实体超建依法查处。依法依规查处主城区2013年9月30日前的实体超建项目73个，处罚追缴8331万元，对其它在建项目起到了极大的震慑作用，建市多年来的实体超建顽疾得到有效遏制。

四是规划服务前置前移。选派业务骨干服务新区建设，组织全市各级规划管理人员201人，在华中科技大学建筑与城市规划学院接受规划原理、法规知识专业培训，聘请专家为七大新区规划管理人员讲授规划建筑标准规范，效果明显，基层人员专业水平大幅提升。

五是数字城市全面建设。第一次地理国情普查工作顺利推进，通过了国务院普查办的检查，工作进度走在全省前列；完成了三维辅助规划决策系统、基础测绘成果转换到2000国家坐标系、60平方公里三维模型数据更新、时空信息云平台等厅市共建项目；对全市测量标志点进行了普查和维护，继续深化地理信息平台在公安、规划、房产、社会管理综合治理、环卫等领域的应用。

六是自身建设得到加强。坚持以问题为导向，将学习教育贯穿始终，扎实开展了党的群众路线教育实践活动，整改完成群众反映“四风”问题25个；站在从严治党的高度，进一步落实党风廉政建设主体责任，有序开展了党风廉政宣传月、行风评议、廉政谈话等活动，组织廉政建设、依法行政、风险防控等专题讲座12次，梳理了权力监管清单，排查了职业风险点，制定了两个责任清单，将落实情况纳入年度目标考核；贯彻落实中央“八项规定”、省委“六条意见”以及市委实施细则，压缩了会议、精简了文件，“三公”经费比去年减少了30%；采取网络屏蔽技术整顿“玩网”问题，做法在全市推广，7月24日在《湖北日报》经验交流，干部职工的行为日趋规范。

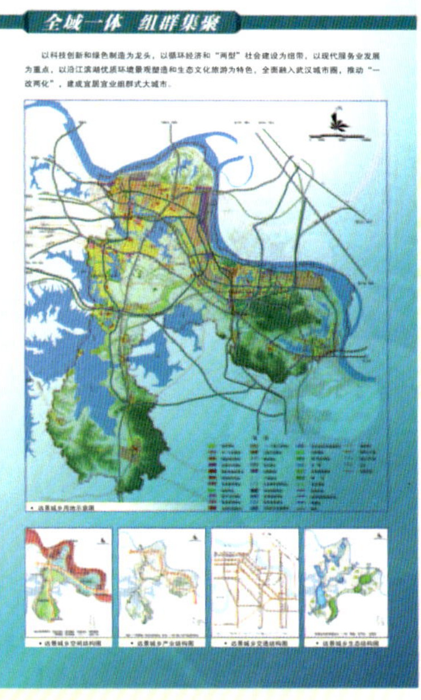

鄂州市房产管理局

市委书记李兵检查老旧住宅区物业管理全覆盖工作

2014年，受全国经济下行和房地产低迷影响，鄂州市房地产市场形势较为严峻。一年来，市房产局按照“竞进提质、升级增效”的总要求，主动适应房地产市场新常态，克难奋进，勇于担当，恪尽职守，统筹推进改革、稳定、发展和民生各项工作，取得好于预期的成效。全年共办理房地产交易4.1万件、近400万平方米；登记发证9.1万本、1500万余平方米。开展房屋安全排查和鉴定96万平方米，白蚁防治240万平方米。加强协调，将亮化和立面整治纳入全市城建计划，列入计划资金800余万元，累计组织实施亮化单位324家，督促开展立面整治19处。主动对接各新区，按要求全面下放市房产局行政审批、执法和监管权。选派业务骨干和年轻干部到新区工作，到对口村组担任第一书记。严格依法行政，荣获全省首批依法治理先进单位。

【房地产市场管理】出台《鄂州市房地产开发企业信用评价管理办法》，建立信用评价管理体系；完善商品房预售资金管理规定，严格管理，全市在建在售商品房项目全部纳入监管范围；加强商品房预售许可和合同备案管理，防范一房多卖、多抵等恶意欺诈行为。开展全市房地产市场专项检查，对违规项目或企业负责人进行约谈，督促整改；逾期未整改的，严格依法查处，并记入企业信用档案；情节严重的列入黑名单，清退出鄂州市场；对群众反映强烈的开发企业或项目，提前介入，制定预案。加强制度建设，联合市国土局等5部门出台《促进鄂州市房地产市场健康稳定发展的意见》。

【棚户区改造】加强组织领导，成立棚户区改造工作领导小组办公室，统筹推进全市棚户区（城中村）改造，棚户区（城中村）改造工作步入规范、有序发展轨道。报请市政府出台《鄂州市城中村改造管理办法》；集中清理城中村改造项目，严格项目把关；加大违规项目处置力度，着力解决借城中村改造名义进行房地产开发的问题。加大协调力度，发挥市民生房地产开发公司建设主体作用，加快推进棚户区试点项目，已启动西山广场和鄂城水泥厂棚户区改造。加大融资力度，向国家开发银行申请并获批棚改专项贷款19亿元。

【保障性住房建设】筹措资金11亿元，开工建设保障性住房6300套（户），基本建成4000套，发放廉租住房租赁补贴260万元，圆满完成省政府下达的目标任务和市政府十件实事规定任务；全市城镇低收入住房困难家庭实现“应保尽保”。公租房建设和管理工作经验在全省住房保障工作会上进行了交流和推广，一个公租房项目先后荣获湖北省和全国工人先锋号。国务院、住建部专项督查组和省、市领导先后实地查看鄂州市保障性住房建设，均给予充分肯定。

市长叶贤林调研保障房建设

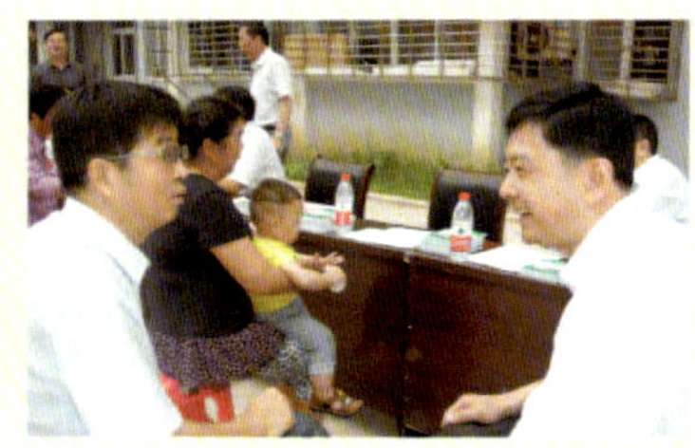

局长胡石安进社区征求意见

【拆迁安置】按照专项整治的统一部署和要求，坚持以人为本，坚持问题导向，变压力为动力，凝神聚力，攻坚克难。一方面，主动上门，征询被拆迁户意见，疏通情绪，化解矛盾，维护稳定。另一方面，明确目标，落实责任，全力以赴，加快安置房建设进度。经过努力基本完成历史遗留安置房建设任务，同时完成20个市政工程项目的拆迁调查摸底、测算送审和打包协调工作。

【物业管理】坚持“两手抓”：一手抓新建住宅小区和已实施物业管理住宅小区的提档升级，一手抓老旧住宅区物业管理全覆盖。新建住宅小区和已实施物业管理的住宅小区，物业服务水平不断提高，老旧住宅区物业管理全覆盖三年工作计划圆满完成。全市累计实行社会化、市场化、专业化物业管理面积1280万平方米。

【机关管理】认真贯彻执行中央“八项规定”、省委“六条意见”和市委实施细则，严控“三公”经费支出，局机关“三公”经费同比下降55%，系统各单位“三公”经费同比均大幅下降。局党委认真落实主体责任，履行“一岗双责”，抓好党风廉政建设，全局系统未发生违法违纪案件。各级领导班子坚持民主集中制，重大事项集体研究、集体决策，严格执行“一把手”不直接分管人事、财务制度。局领导班子带头认真执行领导干部个人重大事项报告制度，严格遵守操办婚丧嫁娶相关规定。信访维稳工作扎实有效。全年共受理各类批示件、信访件200余件，接待群众来访1000余人次。

鄂州市城市管理局

局长杜昌奕陪同省住建厅
领导检查指导城乡环卫工作

省政府参事调研鄂州城乡
生活垃圾统筹治理工作

市环卫局党员柯昌全先进
事迹在全市通报学习

城管队员劝导出店经营行为

市政设施下水道疏通机械化作业

市容环境美好示范路

一、完善“大城管”，部门履责全参与

成立由市长担任主任的城市综合管理委员会，定期召开城管委全会。建立城市综合管理例常考核机制、控违查违目标考核机制、城管保证金和奖惩兑现机制。市城管委印发《鄂州市主城区无人管理区域环境卫生全覆盖工作实施方案》，并按年度拿出150万元，对各街办落实环境卫生全覆盖工作进行考核奖补。

二、挑战“硬骨头”，严格执法敢担当

对历史遗留的出店占道问题进行重点整治，整治一处，巩固一处，基本实现常态化管理。组织专业部门制定主城区主要道路户外广告详细规划，未经审批的户外广告、展销促销活动一律不得设置。严肃查处建筑工地违规运输处置渣土、装饰装修垃圾乱排放、商砼车滴漏以及载货车辆抛洒等违规、违法行为。积极开展房地产规划突出问题专项整治，对主城区范围内105家项目进行了全面清理整顿，通过以拆促控，城区基本实现新建违建为零。按照示范路检查验收标准，对市级示范路滨湖南路道路设施进行了提档升级改造和整体维修，滨湖南路作为省级市容环境美好示范路向省住建厅进行了申报。

三、打破“老思维”，环卫发展新突破

城区主干道全面推行机械化清扫、清洗，大幅度提升机械化作业率，环境卫生质量提高，环卫作业效率提高，环卫工人劳动强度下降。按照全域鄂州、全域城管、全域考核的要求，在全省率先推行城乡一体化垃圾收运处理并实施考核全覆盖。梁子湖万秀村被评为全省“十大荆楚最美乡村”称号，拱北、余湾、武圣、旭光等一大批环境美好村落也多次接受省委、省政府、省住建厅调研及各兄弟城市考察学习。组建洁城公司、美洁公司两个专业作业机构，逐步实行环卫公司化运作。

四、提倡“短平快”，民生工程无小事

按照年度计划安排，及时推进新增道路、排水管网养护、下水道清淤以及积水点改造等项目维护任务。将农贸市场建设列入市政府“十件实事”，以市容疏导规范为重点，引导和规范市民文明守法经营。按照住建部标准，对主城区40平方公里内的8大类85小类共18万个城市部件进行了数据采集、整理、建库和初步确权，对主城区3040个万米单元网格和44个工作网格进行了科学划分，数字化城管系统已进入内部试运行。由华新公司投资1.2亿元建设的生活垃圾水泥旋窑预处理厂正式建成投入运营。

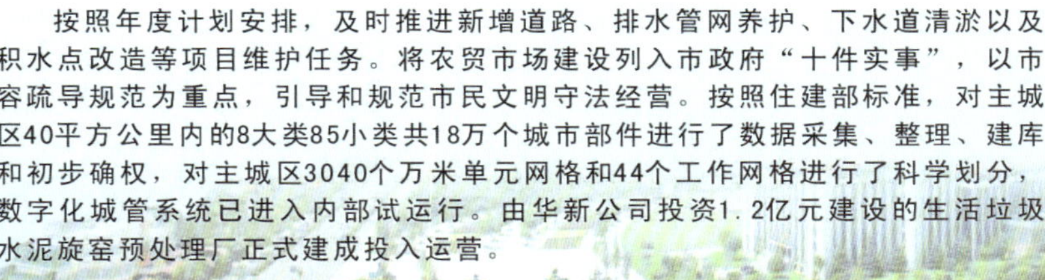

打造法治 活力 有为 廉洁的城乡建设系统

适应新常态 落实新要求

孝感市城乡建设委员会

概况

孝感市城乡建设委员会党组书记、主任 叶华

2014年，全系统坚持教育实践活动与业务工作同安排、同部署、同检验、同考评，圆满完成年度目标任务，市建委被评为全省“三万”工作突出的工作队、全省卫生先进单位、市直目标考核先进单位、全市行评优秀单位、先进党组中心组、社会管理综合治理先进单位、信访工作先进单位、市直“活力机关、文明庭院”。

以增加城市绿量为重点，国家园林城市创建进一步推进。孝感城区新增绿地150万平方米；槐荫公园作为全省最大的人工湿地公园基本建成，形成长达6.5公里的城市中央绿色生态走廊；道路绿化带补植1.2万平方米；董永公园孝文化建设项目建成；绿地规划、排水规划、排涝规划评审完成；国家园林城市预申报至住建部，并接受省住建厅预验收。

“鲁班奖”工程·孝感第一人民医院院新区外科大楼

北大鸿城屋顶绿化

东城新区

以增强承载能力为主导，城市建设管理水平进一步提升。孝感城区实施城建项目110个，完成投资50亿元；黄陂东路、天仙北路、东闸箱涵、东闸泵站等民生工程加快建设；东部新区“四横九纵”13条道路整体推进；城区供水安全有力；污水处理厂安全稳定运行，污泥固化成效明显；全年无燃气安全事故发生。

市委书记陶宏、市长滕刚视察城市建设工作

以新型城镇化为牵引，村镇建设管理进一步加强。全市城镇化率提高到52%；9个镇列入新一轮全国重点镇；省级重点镇及特色镇投入1.5亿元进行基础设施建设；农村生活垃圾治理5年行动全面启动；实施农村危房改造4126户；新建省级宜居村庄14个；3个村列入国家第三批传统村落保护名录。

以全省首家民营企业在本地创鲁班奖为动力，建筑行业得到进一步发展。全市建筑企业达381家，新增64家；建筑劳务规模全省第一，从业40多万人、收入220亿元。全洲扬子江公司开启全省民营企业本地项目在本地创鲁班奖的先河；创省级以上建筑类奖项34个；全年实施2轮全市建筑工程综合监管巡查，建筑工程由单一行政处罚向全方位监管转变，建筑市场进一步好转，质量安全形势总体可控。

省住建厅总工程师徐武建调研孝感行政审批和行评工作

以转型升级为契机，建筑科技进一步发展。市临空区创全国绿色生态示范城区获住建部专家评审通过；创住建部二星级绿色建筑设计标识项目4个；中心城区新建居住项目全面实施65%的低能耗设计标准；4个重点镇通过“禁实”达标验收；2家住宅产业化生产企业落户我市，并开始生产；新型墙材比例、应用率均达100%。

以深化行政审批改革为重点，经济发展环境进一步优化。建筑企业资质实行第三方评审；树立打造“两张名片”工作目标，建设窗口连续19个月在市政务服务中心考核排名第一；集中审批服务办件准确率、及时率均达100%；清理行政权力266项，废止规范性文件130件。

住建部人事司来孝感调研建筑工人技能培训工作

以教育实践活动为总揽，自身建设水平进一步提升。教育实践活动高标准完成，省委督导组、市委督导组给予肯定；全系统层层签订责任状36份；深入开展源头治腐，建委实施的工程全部实行廉洁阳光工程创建；推进惩防体系建设，查找风险点87个，制定防控措施308项；市建委党风廉政建设工作在市直83家单位中考核为第14名，行评工作全市第二。

槐荫公园

孝感市住房保障和房屋管理局

概 况

孝感市住房保障和房屋管理局是主管全市住房保障和房屋管理工作的市政府直属事业单位,主要承担住房保障、房地产市场监管、物业管理、房地产交易与房屋登记等职责，以及提供白蚁防治、房屋安全鉴定、房地产测绘等配套业务服务。局内设8个科室，下设6个二级单位。局系统现有干部职工212人。全局设1个机关党委，10个党支部，共有党员135名。

近年来，孝感市住房保障和房屋管理局先后被列为全市行政审批流程管理试点单位、行政审批电子监察试点单位、政务公开示范点建设单位、党员(党支部)目标管理试点单位，连续10年被省住建厅评为全省住建系统先进单位，连续6届被市委、市政府评为市级最佳文明单位。2013年，继我局被省委省政府授予省级文明单位之后，又被市委、市政府评为落实党风廉政责任制先进单位、“五项”目标责任考核达标单位、全市信访工作目标管理考核先进单位、全市信访系统信访工作先进集体、全市党委信息工作先进单位、市政府系统政务信息先进单位、提案办理工作先进单位，市政务服务中心房管窗口被评为2013年度优化经济发展环境最佳服务窗口、房地产测绘队被评为2013年度优化经济发展环境最佳服务科室、红光嘉园保障房项目部被评为2013年度全国工人先锋号、高新嘉园保障房项目部被评为2014年度湖北省工人先锋号。

2014年，随着房地产业的发展和社会经济建设步伐的加快，住房保障和房屋管理工作越来越凸显出其重要作用和地位。孝感市住房保障和房屋管理局在市委市政府的正确领导下，按照“住房保障保民生、房产监管促发展、开发小区功能化、物业管理全覆盖”的总体思路，积极发挥职能作用，提供优质服务，为把孝感建设为武汉城市圈副中心城市作出积极的贡献。

住房保障 2014年，新开工保障性住房、棚户区改造住房共44044套（户），占目标任务的106%，排全省第二位。其中：新增公共租赁住房7834套（廉租住房2572套），占目标任务的103%；城市棚户区改造33494户，占目标任务的107%；国有工矿棚户区改造936户，占目标任务的101%；垦区棚户区改造1780户，占目标任务的100%。基本建成保障性住房、棚户区改造住房共19558套（户），占目标任务的122%，排全省第三位。分配入住保障性住房、棚户区改造住房11252套（户），占目标任务的121%，排全省第四

副省长曹广晶视察高新嘉园保障房项目工地建设现场

省委第二巡回督查组来孝感督查高新嘉园公租房建设项目

湖北省住房保障局领导来孝感检查保障性住房建设工作

保障性住房高新嘉园1#楼封顶

荣誉证书

授予：孝感市安居房地产开发有限责任公司高新嘉园保障房项目部

湖北省“工人先锋号”

湖北省总工会

二〇一四年四月

工人先锋号证书

位。新增发放廉租住房租赁补贴2485户，占目标任务的108%。

房地产市场 开展评选十强企业、行业名片企业等活动，表彰先进，树立发展标杆，激励创新业绩；开展非法集资风险排查、市场巡查与暗访等活动，查找和预防整治市场上出现的各种违规行为，及时净化市场环境，为行业的持续发展创造良好环境。进一步优化服务流程等优惠政策措施，促进孝感市房地产市场健康发展，房地产市场呈现出行业主体诚信、经营行为规范的良好局面。2014年，在全国房地产市场整体下行情况下，孝感市房地产开发投资额同比大幅增长，商品房竣工面积、销售面积及销售额等主要指标均保持同比增加，商品住房价格总体保持稳定。

物业管理 加大《物权法》、《物业管理条例》、《孝感市物业管理办法》等法律法规政策的宣传力度，开展了“物业管理进万家”、“文明卫生小区”创建等活动。指导8个住宅小区成立业主委员会，目前，孝感城区小区已成立业主委员会达45个。组织专家评审了一批小区物业服务等级，为物业服务企业诚信服务、优质服务打下了坚实基础。及时有效化解了大批关于物业管理方面的矛盾纠纷，保持了小区的和谐稳定。

信息化建设 加大业务系统建设，完成了行政审批系统、商品房预售资金监管系统、物业专项维修资金管理系统的建设和房产测绘、商品房网上备案、房屋登记系统的“三网联通”工程，使孝感市成为全省唯一一个实现房地产行业行政审批网络化和第三个实现“三网联通”技术标准的市(州)。加强房产基础数据整理，全市(含县市)库存的66.57万卷房屋登记纸质档案全部完成数字化处理，为实现省、市、县三级城镇个人住房信息系统联网运行奠定了基础。做好信息化建设成果运用，与市综治办、市检察院业务系统实现了专线连接，积极开展与市地税局、市民政局等单位的信息共享，充分发挥房管信息系统的公共服务能力。

基础工作 推行网上审批，市本级共计受理各类审批服务事项28715件，其中服务事项28410批件，核发各类资质、预售许可证等行政审批事项305件，累计获得锦旗、表扬信10余面封。全年共办理房屋登记28410宗，面积1157.32万平方米；办理房屋租赁登记备案130户，租赁面积7108.40 平方米，发放房屋租赁证130本。开具房地产证明9693份，档案查阅、咨询3698人（次）。为“三区”和孝南区“直通车”企业办理抵押登记87宗，直接融资额36.70亿元。白蚁防治、安全鉴定完成白蚁预防面积170万平方米，实施白蚁灭治面积达4万平方米，完成白蚁防治180余万平方米，为“三区”工业企业项目和贫困户减免费用40余万元。对城区老楼危楼、校舍房屋进行了安全大排查，共鉴定房屋740栋、面积614.77万平方米。测绘各类房屋3367栋，建筑面积466.3万平方米，其中服务“三区”拆迁房屋测量面积65.8万平方米、招商引资项目房屋测量面积61.3万平方米；为招商引资项目实施政策内减免测绘费40余万元。

东城新区

大力推进新型城镇化 努力开创建设新局面

——孝感市孝南区城乡建设局

丹阳古镇

孝感市一医院外科大楼（鲁班奖）

2014年，在区委、区政府的正确领导和市建委的指导下，孝南区城乡建设局按照“围绕中心、把握大局、突出重点、抓住关键”的总体要求和部署，结合群众路线教育实践活动，强化建筑行业监管，强力推进新型墙材，大力推进民生重点工程建设，建设工作取得一定成绩，被省住建厅评为先进集体。

一、以新型城镇化为指导，城镇建设管理水平进一步提升。

2014年，全区城镇化率达59.01%。大力推进绿满孝南行动，推进澴川公园、仙女湖公园规划及前期建设工作；全年新开工工程148项，面积177.12万㎡，工程造价14.17亿元；办理竣工验收备案工程167项（包括上年转接）。市一医院工程成功创“鲁班奖”。全区获省级建筑结构优质工程6项、市级建筑结构优质工程9项、孝感市“孝天杯”1项。全年共开展安全巡查200余次，监督施工项目150余个，下发整改通知书153份、限期改正通知书153份、停工整改通知书12份，现场排除隐患600余起，全年安全生产零事故；朋兴乡朋兴村、杨店镇沪川村被命名为全省第三批“宜居村庄”；肖港镇纳入全国新一轮重点镇。继续做好省级重点镇肖港镇、毛陈镇和省级特色镇三汊镇以及市级重点镇祝站镇和杨店镇等5个乡镇的推行新型城镇化和城乡一体化的各项工作。积极协助西河镇新景园申报全国小城镇宜居小区示范。完成孝南区古名居村落的调查与上报工作。

二、以民生建设项目为重点，公用事业取得新成效。

投资1.4亿元，推进碧泉污水处理厂和东拓污水处理厂厂区及配套管网建设全部完工，已进入运营阶段；投资3086.78万元，完成“南线”八一水厂至东山头、“北线”城区至永安段供水管网等工程；通过公开招标方式，确定了3家公司（秦龙、恒光、中亚）特许经营权。通过了孝感市孝南区天然气专项规划（2013-2030），共铺设高中压燃气管网58.5公里；新增垃圾池572个，垃圾桶3948个，建成垃圾中转站4座，运营2座，

孝南区碧泉污水处理厂(日处理10万吨能力）

完成7座中转站选址。南城新区高压电网搬迁工作全线启动，完成220KV5.5公里和110KV7公里的高压电网搬迁工作。

三、以“鲁班奖”创建为动力、建筑行业得到进一步发展。

截止目前，我区有建筑业企业73家，实现建筑业总产值95.49亿元，同比增长33%，劳务创收36亿元，同比增长33%,位居全市第一。其中总承包企业34家（一级资质4家、二级资质12家、三级资质18家）、专业承包企业21家、劳务分包企业13家、中介服务机构3家，企业个数比2010年前增长72%，进一步壮大了建筑业实力。积极扶持和帮助新办3家总承包企业资质和新办6家专业承包资质；完成2家三级升二级专业承包资质的初审工作；引导2家企业增项资质提档晋升一级资质；指导1家新增市政三级总承包资质、1家新增焊接一级劳务资质；完成3家企业合并变更的初审工作;负责指导建办21所建筑工地“农民工学校”，组织农民工培训24次，培训人数1420余人；职业技能培训鉴定566人.

道店农村新社区

孝感监狱太阳能应用

祝站继光村新农村建设（宜居村庄）

全洲国际商城可再生能源应用项目
--太阳能光热一体化集中供热系统

四、以科技创新为手段，建筑节能取得新突破

全市首家能耗检测系统市一医院行政综合楼能耗监测系统与省能耗监测中心已并网运行，并获省级节能示范工程。今年新增建筑节能建筑面积35.8万㎡，其中按武汉城市圈高标准65%的要求执行，建筑节能面积达14.9万㎡。可再生能源建筑应用工程10个，建筑面积14.1万㎡，建筑节能可再生应用面积全市第一。星河天街华侨大酒店单体建筑定为绿色建筑的示范项目；北大鸿城大面积采用太阳能集中供热系统；肖港华都世纪城、朋兴丹阳古镇等10个项目采用太阳能热水器。城区“禁实”率达100%。全区建筑节能与新型墙材产品备案企业共14家。

五、以制度建设为导向，经济发展环境进一步优化。

坚持党风廉政建设与群教活动、行风评议相结合，坚持以问题为导向，始终聚焦“四风”，切实解决建设系统存在的突出问题；组织干部职工到孝感监狱、烈士陵园接受教育，提高思想觉悟；聘请第三方机构，对全系统工作人员的上班纪律、工作作风进行明察暗访，处理干部职工28人，约谈相关责任人11人；修改完善32项层级管理制度。投资4.7万元，建立信访网格化管理平台，安排专人值守，做到事事有回音，件件有着落。事有回音，件件有着落。

孝感市一医院地下室采光井

应城市住房保障和房屋管理局

已建成的保障房小区——春天名苑

基本概况 JIBENGAIKUANG

原副省长张通调研保障性住房建设管理工作

省住建厅副厅长占世良
在春天名苑保障房小区视察

孝感市委书记陶宏率队调研保障房建设情况

2014年，应城市房管局紧紧围绕“保障民生、促进发展、创新环境、优质服务、构建和谐”五大主题，不断完善住房保障体系，规范房地产市场运作，强化小区物业管理，创建一流服务窗口，较好完成了全年各项工作任务。

一、抓项目，搞进度，扎实推进保障房项目建设。坚持“一个项目、一套班子、一个方案、一抓到底”管理机制，精心组织，强力推进，全年开工建设各类保障房项目13个4152套，其中公租房1040套，棚户区改造3115户，基本建成项目7个1620套。严格执行“三级审核、两次公示、入户调查、公开摇号”操作程序，公开公平公正对“家和小区”、“中石家园”等7个项目955套住房进行了分配，取得较好社会反响。

二、抓监管，促发展，全力促进房地产市场健康发展。加强房地产宏观调控，引导开发企业走规模化、品质化发展之路，全年共开工建设商品房项目31个，总建筑面积114万平方米，预售面积43.4万平方米。坚持动态巡查与日常监管相结合，严把商品房预（销）售许可、商品房合同备案等关键环节和重点关口，不定期开展拉网式检查，及时打击了违规预售、随意涨价等违法违规行为。

三、抓管理，创环境，全面规范小区物业管理。出台了《应城市普通住宅小区物业管理服务收费等级标准》等规范性文件，初步建立了“质价相符、分等定级”的服务机制。深入开展物业服务进万家活动，协调解决了一批群众反映强烈的热点难点问题。积极探索物业管理新机制，指导12个老旧小区落实了规范化物业管理。深入开展物业服务企业专项整治，严肃查处了一批物业服务质量不高、投诉多的物业企业。

四、抓联动，提效能，全面履行各项房管职能。针对群众反映的办证难、办证烦等问题，将房管服务事项全部纳入行政服务中心房地产窗口，实行一站式办公、一条龙服务，做到职责明确，环环相扣，极大地方便群众办事。共受理档案咨询4550起，办理各类房屋登记5212宗，房地产测绘面积83.78万平米，安全鉴定房屋4.2万平方米，实现了群众满意、政府满意、社会满意的目标。

五、抓班子，带队伍，树立房管部门新形象。坚持抓教育，促思想、抓班子，促队伍、抓制度，促管理、抓公开、促公正，深入开展党的群众路线教育实践活动、政风行风评议等主题实践活动，扎实推进房管系统作风建设，在全局上下形成了“用心谋事、团结共事、实在做事、为民办事、积累成事、干净干事”的浓厚氛围，营造了勤政廉政的房管形象。

规范化小区物业管理

2014年“家和小区”“中石家园”
公共租赁住房摇号配租仪式

云梦县住房保障和房屋管理局

基本概况 JIBENGAIKAUNG

云梦县住房保障和房屋管理局于2007年5月成立，属县政府直属事业单位。局机关内设五个股室，即：办公室、行政审批股、住房保障管理股、房地产市场监管股、物业管理股。局下设三个二级单位，即：房屋登记中心、住房保障中心、房屋管理所。主要职能职责包括：负责全县保障性住房的建设、分配及管理工作；负责全县房地产交易与权属登记、物业行业管理、房地产市场监管、房屋安全鉴定及白蚁防治等工作。

（一）、坚持保障民生，进一步完善住房保障体系

1、全面完成省、市住房保障工作任务。完成城市棚户区改造开工2504套，占2500套任务的100%；完成新增公共租赁住房开工533套，占500套任务的106%；完成工矿棚户区开工270户，占270户任务的100%；完成住房补贴发放新增309户，占300户任务的103%。

2、首次开展公、廉租房并轨运行。对公、廉租房进行了两房并轨。2014年9月20日，举行了西城嘉园公（廉）租房并轨首次公开摇号配租活动，328家住房困难户圆了住房梦。

3、保障性住房配建初见成效。出台了《云梦县城区保障性住房配建办法》，城区所有的商品房项目将按5%的比例配建保障性住房。

（二）、坚持从严监管，进一步规范行业管理秩序

1、房地产市场健康有序。一是出台了《预售资金监管暂行办法》。2014年已签订三方监管协议10份，监管项目9个，监管资金达5000余万元。二是开展非法集资排查。排查项目40个，对违规项目采取相应的整改措施，停止了3个项目广告发布和5个项目预售。三是加强商品房销售登记备案。2014年已登记备案的在建开发项目32个，施工面积126万平方米。商品住房成交31万平方米，均价每平方米3108元。

东城区开发的房地产项目

南洋新城物业小区

入住后的保障性住房小区（东城嘉园）

首批公廉租房并轨摇号分配小区（西城嘉园）

建设中的城东新区

2、物业管理实现全覆盖。一是将城区新建小区、老旧小区、单位自建小区、分散小区（组团）和城中村小区346个按照聘请物业公司管理、单位自治管理、社区管理等模式实施物业管理。二是进行了住宅专项维修资金归集工作，共归集维修资金2329万元。三是完成《楚盛·香湖郡》、《东城·尚园》、《西城嘉园》、《白云世纪城》4个小区的物业管理招投标工作。四是办证时坚持没有物业管理用房及配套设施的小区不予办理房屋所有权证，不缴纳公共维修资金的小区不予办理房屋所有权证。

3、房屋登记规范化办理。一是成立了房地产交易与登记审核委员会，健立和完善房屋登记的质量保证体系。制定了房地产交易与登记办件质量和定期抽检制度、房地产交易与登记错案责任追究制度。二是实行平行受理，精简办事环节，做到登记流程无缝对接。三是完善了房产测绘、商品房网上备案、房屋登记系统的“三网联通”工程，为实现省、市、县三级城镇个人住房信息系统联网运行奠定了基础。向“规范化、市场化”转变。

精益求精抓管理 巩固提升抓建设 扎实推进生态宜居城市建设

——安陆市城乡建设局

城乡建设局党组书记、局长
池青峰同志为党员干部上廉政党课

【概况】2014年安陆市城乡建设局在市委、市政府的正确领导下，围绕建设“生态宜居城市”中心，通过规范工程建设程序、创新城市管理机制、加大建筑行业管理力度，实现城市功能更加完善、市容环境更加靓丽、服务水平更加优质的目标。城乡建设局被安陆市委、市政府评为“四城同创”、对上争资、宣传思想工作先进单位。

【干事创业的氛围初步形成】通过组织开展大夜学、观看教育片、开展思想大讨论、听“四好”典型的代表报告、开展“争做焦裕禄式的好党员好干部”演讲比赛，用正能量洗涤思想灵魂，形成学习先进赶超先进的浪潮；坚持集体领导，大事讲原则，小事讲风格，形成干事创业的合力，提高了班子集体的凝聚力、战斗力；以党的群众路线教育和政风行风评议活动为契机，从优化行政审批流程、规范工程建设管理、依法行政等关键环节入手，建立起服务群众的长效机制；以第十五个党风廉政建设宣传月活动为契机，营造浓厚的廉政氛围。对照“两个责任”清单，党组成员和局属各单位负责人各自把担子挑起来，把职责履行好；加强制度建设，先后制定出台《市政基础设施工程建设管理暂行规定》、《关于市政工程资金拨付管理的意见》等制度，进一步规范工程预算、招标、建设、资金拨付等程序；对2014年新开工建设的22项重点工程，实行领导班子成员包保制度，做到建设前期准备、施工和资金拨付等环节相对分离。局纪检组对整个程序实行全程监督，从源头预防腐败。认真落实“三集中三到位”要求，进一步简化程序，优化流程，全年共受理各类事项4095件，限期办结率100%。

【城市建设水平进一步提高】对工程建设采取挂图作战的方式，定时更新进度。通过相互比、经常督等措施，加快了整体工程建设进度。先后完成金秋大道、发展二路北延等工程；围绕人民群众反映强烈的出行不便、设施不配套、停车难等问题，先后完成城区住宅小区污水管网对接、海子河上游河道清淤、小街小巷配套等工程。通过扩面、增绿、提质，先后完成太白大道、安花线等地段大银杏栽植工程，德安植物园、小转盘等重要节点栽补植工程，城区新增城市绿化面积8.93万平方米。

【城市形象进一步提升】以“四城同创”为契机，开展了“垃圾围城、广告杂乱、设施破损、沿街为市、绿化缺失、飞扬洒漏”六项城市环境整治行动，城市形象明显提升。活动开展以来，拆除临街违法搭建的占道棚亭500余处，清理规范出店、占道经营摊点1200余处、清除破损广告1700余块、查处飞扬洒漏运输车辆60余台次。清理垃圾1200余车、杂草3万余平方米、城市环境明显改观。通过开展一系列整治活动，城市环境脏乱差状况得到明显改观，安陆市成功申报“省级文明城市”。

【服务水平进一步提高】一是加强建筑行业管理。规范建筑市场行为，严肃查处违法转包分包行为，建立不良信息记录和黑名单清退制度。严格市场准入，施工许可办证率、质量安全监督率、合同备案率、监理率均保持100%；加强工程质量监管，扎实开展“工程质量治理两年行动”，督促落实五方主体责任，实行工程质量终身负责制，创建孝感市建筑结构优质工程3项；在日常巡查的基础上，结合季度安全生产大巡查和文明工地创建活动的开展，加强工程隐患的排查和治理，有效提高行业安全生产水平，创孝感市文明施工现场3项。二是加强供水供气和档案管理，提高服务质量和安全生产水平。全年供水1920万吨，水质合格率、安全供水率达100%；下达燃气安全隐患整改通知书37份,停业整改2份，查处重大安全隐患2起；全年接受工程档案115个单位工程，归档数量达到1558卷。三是建筑节能工作再创佳绩。全面完成“禁实”“禁现”和绿色建筑推广任务，孝感市绿色建筑暨建筑节能现场会在安陆市成功召开。

【集镇建设进一步加快】积极对上争取资金和项目，加快集镇道路、排水、绿化、亮化等基础设施建设。协助洑水镇成功申报全国重点镇、王义贞镇钱冲村列入“全国传统村落保护名录”。扎实开展“三万”活动，城乡建设局充分发挥牵头单位的作用，向驻点14个村捐款捐物47万余元，被市委、市政府评为“先进工作组”。

【领导班子成员】

池青峰：城乡建设局党组书记、局长

宋申杰：城乡建设局党组成员、纪检组长

董清平：城乡建设局党组成员、副局长

彭余葆：城乡建设局党组成员、副局长

周明成：城乡建设局党组成员、副局长

正在施工建设中的东方世纪城住宅楼

新开发的东方家园住宅小区一角

城管人员在河滨公园拆除违章游乐设施

烟店镇冯庙新农村建设

大悟县住房保障和房屋管理局

机构概述

2002年12月经大悟县人民政府批准成立大悟县房地产管理局，为县政府直属正科级事业单位。2010年7月更名为大悟县住房保障和房屋管理局。内设机构6个，事业编制13名，在册人数15人，班子成员5人。下属事业单位5个，事业编制114人，在册人数115人。局党总支下设4个党支部，共有党员48人。

总支书记、局长李精华

重要工作和事项

【住房保障】住房保障工作取得了较好的成效。一是新增发放廉租住房租赁补贴227户发放补贴126.85万元；二是新开工建设公共租赁住房709套，基本建成549套面积2.8万㎡；三是改造城市棚户区5704套，已基本建成2228套面积17.8万㎡；四是改造国有工矿棚户区554套4.98万㎡，基本建成486套4.37万㎡；五是配售经济适用房338套3.04万㎡；配售国有工矿棚户区改造住房476套4.28万㎡；配租公共租赁房301套1.3万㎡。

省厅房地产交易与登记规范化管理达标考核评审会

县房管系统纠风正纪促跨越工作推进会

县房管系统业务培训暨政风行风评议大会

【市场监管】按照县委、县政府的统一部署，配合相关职能部门继续在城区范围内开展了整顿和规范土地房地产建筑市场秩序活动，并对发现的问题进行了分类处理，进一步规范了城区的房地产市场秩序。全县有34家具备资质的房地产开发企业从事房地产开发（其中外地备案企业5家），在建项目15个，其中2014年新增项目7个，2013年续建项目8个，面积47.3万㎡；计划投资额18亿元，全年共完成投资8.2亿元；办理预售许可21起面积达38.4万㎡；施工面积50.9万㎡，竣工面积41.6万㎡，销售面积28.5万㎡。房地产市场监管平稳有序，商品房价格总体保持稳定。

【房屋登记】继续以房屋交易与权属登记管理规范化和信息化为主线，全面提升管理水平和服务质量。全年共办理房屋所有权证1488本，总面积65.01万㎡；办理抵押登记662起，抵押房屋面积34.88万㎡；办理房地产交易手续1171起，总面积14.41万㎡，其中新建商品房交易554起7.04万㎡，二手房交易617起7.37万㎡；开展房地产评估业务971宗，37.2万㎡，评估总值10.17亿元。

【物业管理】认真履行行业管理职能，继续加强对物业服务企业的监管工作力度，加强物业服务企业资质管理，规范物业企业行为。创新管理模式，分类推进小区物业管理全覆盖工作，将城区所有的133个住宅小区分为五类，对各类小区区分不同情况实行物业管理全覆盖。目前全县有专业资质的物业服务企业11家，从业人员150人。

【中心工作】积极向上争取项目资金和政策支持，共整合城市棚户区改造资金11986万元，全力支持“两区两园”拆迁还建户的集中安置房建设。工作进展达到预期目标：1、高铁经济实验区孝感北站周边棚户区改造2438套，一期建设共38栋1200套已建成分配入住，二期正在进行基础施工；2、阳平工业园古寨片区城市棚户区改造226套已竣工；3、阳平片区城市棚户区

省住房保障局检查我县住房保障工作情况

“两化”建设中，县领导检查历史档案录入情况

县领导邓勇、王瑛等现场督促检查我县保障性住房建设进展情况

孝感市住房保障和房屋管理局
党组书记、局长万建明来我局调研

改造988套，该项目382套主体工程已完工，正在进行市政工程配套建设；4、河口工业园区城市棚户区改造800套，该项目420套主体结构已封顶；5、县经济开发区东杨湾片区城市棚户区计划改造1252套，正在进行基础施工。

【其它工作】白蚁防治、房产测绘、安全鉴定等其他配套服务职能不断加强，服务水平不断提高，较好的服务了人民群众和县委县政府的工作大局、重点项目和工程；扎实开展党的群众路线教育实践活动和民主评议政风行风工作，党的基层组织建设工作不断加强，党员干部队伍素质明显提高，作风建设上了一个新台阶；坚持以社会主义核心价值观为统领，以深入开展文明创建、“五型”机关创建、“四城同创”等活动为载体全面加强党的建设和精神文明建设；“三万”活动、信访综治维稳、办理人大政协提议案等工作取得新成绩。

领导班子成员

总支书记、局长：李精华

总支副书记：熊教育

总支委员、副局长：李体实

总支委员、副局长：宁霞

总支委员、总工程师：余家勇

获得荣誉

被中共孝感市委、孝感市人民政授予文明单位；

被孝感市住房保障和房屋管理局授予住房保障工作先进单位；

被大悟县人民政府授予“2014年度向上争取项目资金工作先进单位”；

被大悟县纪委、监察局授予纪检监察工作先进单位。

孝昌县城乡建设局

2014年，在县委、县政府的坚强领导下，县建设系统以党的群众路线教育实践活动为动力，紧紧围绕建设平原水岸生态宜居孝昌和“四产业一平台”建设的目标，以改善和关注民生为着眼点，以推进新型城镇化和“四城同创”为抓手，遵循“先急后缓，量力而行，起点要高，程序规范”的要求，加快城乡基础设施建设，加强城乡精细化管理，不断完善城乡功能、提升城镇品位、突出城镇特色，为群众创造更加舒适、方便的生活和工作环境。投资2.7亿元完成了华阳大道东拓等8条道路的配套，桃园路人行道、昌盛街改造等工程，栽植行道树1.23万株，植灌木2.7万平方米，植草皮7000平方米，城区新增绿地面积4.3万平方米。天然气年储气量6000万立方米，目前已建管网43.8km，年供气量491万立方米，用气户6378户，汽车加气站1座，年供气量64.8万立方米，县城气化率91%，燃气普及率达68.14%。强化行业管理，全年没有发生一起建筑安全事故，完成建筑业总产值9亿元。全年完成农村危房改造2100户。小悟项庙村、向阳村，小河社区被国家命名为传统村落，花园镇常丰、新屋被省推进新型城镇化工作领导小组办公室命名为“湖北省宜居村庄示范项目”。县城建局被县委、县政府授予综合目标考核优胜单位、党建先进单位、社会治安综合治理先进单位等荣誉称号。目前城区建成区面积17.3平方公里，常住人口15.1万人，城镇化率38.2%。新建成和改造城市道路面积12.9万平方米，新增道路5.88公里。城区绿地率29.06%，绿化覆盖率34.42%，人均公园面积8.77平方米。

局长　谈旭华

小悟乡项庙村传统村落

孝昌县孟宗公园孝子祠

松姚线城东入口改造

黄冈市住房和城乡建设委员会

HAUNGGANGSHIZHUFANGHECHENGXIANGJIANSHEWEIYUANHUI

黄冈市区城市建设遗爱湖

黄冈市住建委是市政府的职能部门之一，担负着全市工程建设、城市建设、村镇建设及建筑业、房地产业、市政公用事业"三建三业"综合管理职责，又承担着市区供水供气服务等12项社会管理职能，下属2个副县级单位、13个科级事业单位、10个机关职能科室，共有干部职工800多人。

2014年以来，市住建委深入贯彻落实党的十八大和十八届三中全会精神，紧扣市委、市政府提出的"强工兴城、强农兴文"发展战略，突出重点中心工作，坚持抓建设、惠民生、促发展，住房城乡建设工作各项任务圆满完成。围绕"兴城"主题，加快推进全市新型城镇化建设，全年完成城乡建设投资302亿元，城镇化率达到42.1%，年增长1.25%，增速全省第一；黄冈获批第二批全国重点镇24个，数量全省第一，全国第三。高昂市区龙头，全年累计完成市政工程货币投资量6.63亿元，新、扩、改建市政工程项目31项，路网建设全面升级。坚持服务民生，省政府下达的保障性住房建设及市政府十件实事确定的保障性住房建设任务超额完成；全年改造农村危房9000户，到位资金7122万元；全年完成城市供水3940万吨；销售天然气3300万立方米、新增天然气居民用户5800户。扶持产业发展，全年实现建筑业产值819.97亿元，增长29.34%，全市建筑业企业发展到435家；市内工程及企业争创全省优质工程"楚天杯"16项，全市评选"大别山杯"优质工程17项。深入推进行政审批改革，作为全市行政审批制度改革的试点单位，整合住建委系统44项行政审批和政务服务事项全部归并集中到行政审批科，住建委行政审批改革被确定为全省住建系统和全市行政审批制度改革的先进典型。节能减排持续推进，全市建成污水处理厂14座，城市污水处理率达到85%；新增建筑节能量2.69万吨标煤，超额完成目标任务。

2014年，市住建委认真贯彻落实党中央、省市委有关作风建设的规定要求，坚持严管理转作风、保民生促发展，扎实推进党风廉政建设，不断加强自身建设，住建委顺利通过全国文明单位、省档案特级复查验收，先后荣获全省住建系统先进单位、全市安全生产、依法行政、法治建设、综合治理、机关党建先进单位等多项荣誉。

崛起的黄冈城市建设

诗画一体

黄冈市区城市建设黄州大道

黄冈市市容环境卫生管理局

市城管执法局党组成员、
市环卫局局长罗宜文

团结务实的领导班子

省住建厅杨厅长视察垃圾无害化处理场

概况

黄冈市市容环境卫生管理局成立于1952年，为市政府财政定额补贴的副县级事业单位，隶属市城管执法局。主要担负黄冈市区353.7万平方米道路清扫保洁、洒水降尘、街道冲洗、公厕看管、环境卫生管理、环卫规费征收、环卫设施建设、环卫专业规划以及市区生活垃圾收集、清运和无害化处理等职责。现有干部职工553人，其中正式工202人（退休62人），临时（合同）工351人。局党总支下设机关、环卫管理两个党支部，共有党员47名。内设9个职能科室，下属9个生产公司、5个费收科室和1个环境卫生管理办公室。

近年来，在市委、市政府的高度重视和关心下，在社会各界大力支持下，黄冈市环卫局坚持科学发展观，以新一轮“城管会战”、“四城联创”为契机，以“清洁城市、造福人民”为己任，大力弘扬“宁愿一人脏，换来万家洁”的环卫精神，不断推进环境卫生管理精细化、常态化和制度化建设，促进市区环境卫生事业大提质，为城市的整洁美丽作出了积极贡献。

截止到2014年我局现有各种环卫生产作业及管理车辆100多台套。街道清扫保洁机械化作业率达到73.5%。市区垃圾收集、中转、运输实现全程密闭化，主次干道清扫冲洗机械化，目标管理常态化，检查考核数字化。市区生活垃圾无害化处理场于2013年通过省住建厅组织的专家评审，达到国家二级标准。

黄冈市环卫局先后被评为“全国环卫文化建设先进单位”，被建设部授予“全国城市市容环卫先进集体时传祥奖”，多次被湖北省爱卫会、湖北省住建厅授予“湖北省卫生先进单位”、“城市市容环卫工作先进单位”、“湖北省城市管理先进单位”称号，被黄冈市委、市政府授予2011至2014年市级“最佳文明单位”称号。环卫工人林久一被授予“全国先进工作者”称号，徐春枝荣获全国五一劳动奖章，被评为2014年“感动黄冈十大杰出人物”、首届十大“湖北好人”，林久一、谢敏、童旺珍先后被评为“全国优秀环卫工人”，“湖北省优秀环卫工人”，徐春枝当选为黄冈市政协委员，黄志当选为黄冈市第四届党代表。

市委书记刘雪荣到环卫局视察工作

市长陈安丽慰问环卫工人

表彰“城市美容师”

先进的环卫清扫设备

美容师

黄冈市散装水泥管理办公室

HUANGGANGSANZHUANGSHUINIGUANLIBANGONGSHI

黄冈市散装水泥管理办公室于1986年7月成立，经过数十年的风雨历程，在几代“散装人”齐心协力地耕耘下，已成为一个有纪律、有效率、促发展、重和谐的基层优秀单位。先后被省、市表彰先进单位201个、先进个人420个、荣获省、市推散评比工作一等奖15个、二等奖30个、三等奖43个。十二五期间，在省散办和市住建委正确领导下，在委属各职能科室站（办）的大力支持配合下，以科学发展观为指导，坚持“夯基础、攻重点、抓落实、求发展”，围绕管理与发展相统一、管理与服务统一、管理与执法统一的要求，加大依法推散力度，以发展散装水泥对促进循环经济、节能减排、保护环境、节约资源的重要意义为重点，切实抓好宣传工作，全市散装水泥事业实现了超前跨越式的发展，取得了较大的社会效益和显著的经济效益。推广使用散装水泥775万吨，超出计划指标19万吨，全市水泥散装率达到60%；预拌混凝土1444M3，超计划指标196万立方，全市“禁现”率为100%。为构建“天蓝、地净、水美”的和谐黄冈作出了应有的贡献。我们将继续艰苦奋斗、与时俱进，坚持抓机遇，不断向着和谐、文明、法制、绩效的新型目标积极迈进创造“散装人”新的辉煌。

天枢星

天枢星

武穴市天枢星混凝土制品有限公司成立于2008年6 月，公司注册资本2016万元，是武穴市第一家经营成品混凝土、水泥预制品生产销售的新型企业。经营七年以来，企业规模不断扩大，拥有资产6250余万元，现有员工98人，其中安置下岗再就业员工55人，年上缴税收700多万元。为武穴市的经济发展贡献了自己的一份力量。

公司现有3立方混凝土搅拌主机2套，年生产能力可达90万立方米砼。并配有乙级试验设备，搅拌车28辆，泵车8辆。同时能承接C10-C60之间的各种规模砼生产业务。虽然公司成立的时间不长，但是承担了多个大型工程的建设。祥云新区，广济药业大金工业园，武穴市行政服务中心，龙潭国际商城等都是在天枢星的建设下高质量完成。

公司的发展离不开市委，市政府的大力支持，在武政发（2008）16号文强调在武穴全面禁止现场搅拌混泥土之后。为了进一步加快我公司的发展步伐，在吕维胜董事长，郭军义总经理的带领下，公司积极响应这项政策，并大力实施，进行技术改革，在同行业中取得了优异的成绩，得到了许多荣誉称号，省消费者协会授予“2009--2010年度消费者满意单位”，市工商局授予“2008--2010年度文明诚信私营企业”黄冈市建设委员会颁发“2009年度发展散装水泥先进单位”，黄冈市建筑节能与墙体材料革新领导小组颁发“2011年“十一五”全市建筑节能与墙体材料革新材料工作先进单位”，省市“重合同、守信用”企业。武穴市政府“2012 年度武穴市十大优秀企业”等。

这些荣誉称号都是对天枢星多年努力的肯定，每一个肯定都增加了我们继续前进的信心。天枢星是一个年轻的企业，正因为年轻，所以更有活力，技术的创新是企业发展的根本，我们会始终坚持改革创新，永远走在时代的前列，为武穴更美好的明天增添光彩。

湖北中阳明集团投资有限公司是集房产地产开发，商砼生产与销售，快速消费品，物流，餐饮等为一体的多领域综合开发投资的集团公司。总投资额逾20亿元，集团业务遍布湖北。为进一步扩大集团影响力，计划三年内走出湖北，陆续在其他省市设立子公司，最终达成集团公司上市的目标。

黄冈中阳明建材有限公司是湖北中阳明集团投资有限公司在黄冈市投资建成的专业从事商品混凝土和预拌砂浆生产，销售，服务的公司。整体投资项目计划投资一亿元，工期分为两期。一期建成年生产能力达60万立方米的混凝土生产线，2012年12月12日正式投产，二期建成预拌砂浆生产线。建成后成将成为黄冈地区规模最大，实力最强，设备最先进，管理最专业的商品混凝土企业。

我们崇尚踏实，拼搏，负责的企业精神，并以诚信，共赢开创为经营理念，以全新的管理模式，完善技术，周到的服务，卓越的品质为生存根本，我们始终坚持用户至上，用心服务客户，坚持用自己的服务去打动客户。黄冈中阳明将秉承技术、团队、市场的企业理念，把混凝土的专业性，安全性发挥到极致，以最优质的服务和最实惠的价格，为黄冈市的发展建设贡献绵薄之力。我们也相信，随着“8+1”城市圈及黄冈经济的稳步发展，黄冈的城市面貌将越来越美，黄冈中阳明建材有限公司一定乘时势而上，创精品服务，树企业形象，成为黄冈市混凝土行业的标杆企业。

中阳明

团风县城乡规划局

TUANFENGXIANCHENGXIANGGUIHUAJU

基本概况

团风县域总面积833.1平方千米，截至2013年9月，规划区面积150.1平方米，建设用地22.9平方千米，城镇化率42%。从1996年建县开始，完成三次县城总体规划修编；编制了团风开发区控制性详细规划、白鹤林片区控制性详细规划、长河沿线控制性详细规划、老城区沿江片区控制性详细规划、金锣港高新产业园控制性详细规划，编制完成团风城区市政专项规划、城东工业园市政规划、长河沿线景观规划、杨汊湖概念性规划、武汉新港产业园白鹤林片市政规划；2008年至2014年完成全县新一轮乡镇总体规划修编工作；2007年至2012年完成全县287个村的村庄规划编制工作，村庄规划覆盖率100%。

县城乡规划局是根据《中共黄冈市委、黄冈市人民政府关于印发〈团风县机构改革方案〉的通知》（黄文[2001]68号）的文件精神，于2001年组建而成，是县人民政府城乡规划、测绘行业主管部门，2010年政府机构改革更名为县城乡规划局，加挂县测绘管理办公室牌子。2012年，县测绘管理办公室更名为县测绘地理信息局。局机关定编9人，其中党组成员4人，其中，党组书记、局长夏华章，党组成员、副局长李文兵、喻文利，党组成员、工会主席赵震；主任科员余金洲、副主任科员丰球春，副科级干部杨武；股级干部4人。设办公室、规划股（行政审批股）、综合股、测绘股4个职能股室。局属单位4个：规划勘测设计院、规划监察大队、规划报建咨询中心、测绘地理信息中心。

近几年来，城乡规划工作取得了较好的成绩，被省测绘局授予“2014年度全省测量标志管护先进单位”、连续四年被市城乡规划局授予“全市城乡规划工作先进单位”、连续五年县政府责任目标考核先进单位、连续四年授予“两案办理先进单位”。多次被县委、县政府授予“全县社会管理综合治理考核优胜单位”、“全县落实减负惠农政策工作考核优胜单位”、“全县党建工作县直先进单位”、“县直机关帮扶计划生育后进村先进单位”。2014年度，在政风行风评议和政协议政问效工作考核均被评为优秀等次。

【改革创新】

1、畅通项目审批绿色通道。为了进一步增强服务意识，提升服务质效，全力推进项目建设，县城乡规划局进一步优化行政审批服务体系，将行政服务中心从一个窗口扩展成为两个窗口，从一名工作人员增加到七名工作人员，业务审批人员率先全建制进驻服务中心窗口，授权行政审批职能。同时，为了更好服务项目建设，县城乡规划局进一步完善了《创建“十佳”优质服务单位社会承诺》、《城乡规划局工作人员过错责任追究制》，对工业项目、招商项目、民生项目的报建程序进一步进行简化，实行“容缺受理”。在服务时效、工作纪律、投诉都有严格要求，力求高质量地搞好规划服务工作。

2、创新城乡服务机制。为了更好地贯彻执行县委、县政府推动重点项目建设的相关工作安排，全局上下口径一致的提出了“上门式保姆”服务模式，做到随叫随到，随到随服务的服务格局。在园区项目建设现场、在城区道路刷黑建设现场无处不见城乡规划人员的身影。同时，县城乡规划局服务专班主动上门服务企业，先后多次赴鸿路钢构总部、闽台产业新城总部等项目进行工作对接，与投资业主、项目设计部门沟通协商，调整规划设计方案，力求项目建设高速推进。

3、完善健全部门联动机制。县规划部门为了进一步完善服务重点项目建设工作机制，充分发挥规划部门服务项目建设的作用。先后组织与发改局、国土局、投资公司、供电公司等部门召开联席工作会议，讨论协商在行政审批部门联动工作中存在的难点问题，力求进一步加强部门协作力度。

团风县规划风采

县委书记刘应文就规划工作现场调研

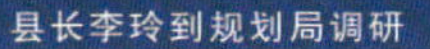

县长李玲到规划局调研

副县长丁永忠为实践教育基地揭牌

档案晋升省一级

为企业提供现场服务

开展党风廉政警示教育讲座

蕲春县城乡规划局

基本概况

蕲春县城乡规划局成立于2010年9月，为县政府直管的正科级事业单位，担负着全县城乡规划的编制、审批和监管职能职责。现有干部职工47人，内设6个职能股室，有规划报建中心、赤龙湖湿地公园规划分局和规划勘测设计院三个二级单位，同时加挂县测绘管理办公室牌子。

近年来，按照“政府组织、部门合作、专家领衔、公众参与、科学决策”的要求，建立了总体规划、专项规划、控制性详细规划、修建性详细规划等多个层级的规划体系。先后组织修编城市总体规划，编制了河西新区、老城区控制性详细规划，多规合一全域综合规划，完成了城南新城城市设计、河西新区城市设计、老城区给排水专项规划、绿地系统规划、生物多样性保护规划等几十部专项规划。全县12个乡镇办编制了总体规划，200多个村完成村庄规划编制。在规划上初步显现“一轮明月”、“满天星斗”的格局。

领导班子成员

省住建厅来我县调研规划工作

蕲春县全域综合规划编制工作启动，县委书记赵少莲（前排中）和南京、长春两家设计单位负责人出席动员大会

完成了《蕲春县城市规划修编（2012—2030）》，城市规划区范围为蕲南“六镇一办”，总面积890.14平方公里，其中中心城区83.2平方公里；规划到2030年中心城区人口规模为39万人，建设用地规模为40平方公里。交通布局为“四横四纵”的组团方格网状，城区空间结构为一核（城南城市核心区）、两轴（沿东璧大道串联独山、城南新城和河西新区的城市发展横轴和沿漕河四路串联老城中心和新城中心的城市发展纵轴）、七片（老城生活片、城西生活片、城西南生活片、独山生活片等四个生活片和李时珍经济开发区、河西新区、李时珍国际医药港三个产业片区）。

县长詹才红（前排中）到规划局调研工作

新型城镇化全域综合规划，将经济社会发展规划、城乡建设规划、土地利用规划、生态环境保护规划、文化规划和旅游发展规划等进行深度融合，实现全县一张图，县域全覆盖。该规划全面优化蕲春县城镇化布局和形态，凸显蕲春地方特色和乡村特色。促进城乡产业提升，调整优化产业空间结构。统筹考虑蕲春县各乡镇的发展定位、发展规模、发展方向。以基本公共服务均等化为目标，统筹安排城乡公共服务设施。加强生态环境保护，明确全域空间管控目标和措施。

充分发挥规划的综合调控和协调作用，运用编制和管理两个“杠杆”，协调政府、部门和公众利益，调和社会矛盾，提高公共资源的综合效益。同时，通过布局和优化基础设施和公共服务设施，改善人居环境，提高综合承载力，使城市越来越有“城市味”，市民生活越来越有尊严，公共资源的收益与民众提高生活质量的诉求有机统一，道路交通、教育、医疗、供排水、电力、电信、旅游等资源的社会效益得以最大化，城市建设和管理逐步向“现代化”迈进。

在自身建设上，严格落实八项规定，狠抓党风廉政建设“一岗双责”，全面推进政务公开和财务公开，严格财务管理。建立学习测评长效机制，不断提升干部职工综合素质。在全县抓班子带队伍方面成为一面旗帜，多次被表彰为市城乡规划工作先进单位、县服务企业先进单位、县城镇建设和新农村建设工作先进单位等。

荣誉牌

二〇一二年度全市城乡规划工作
先进单位
黄冈市城乡规划局
二〇一三年二月

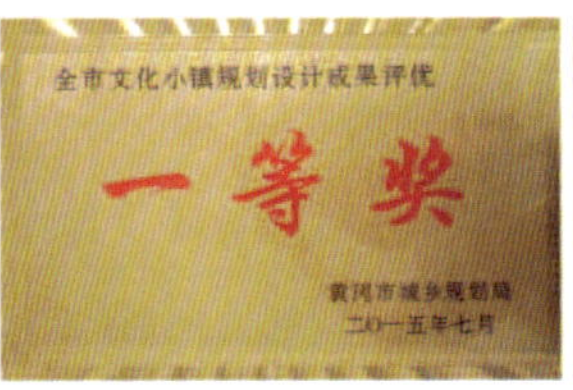

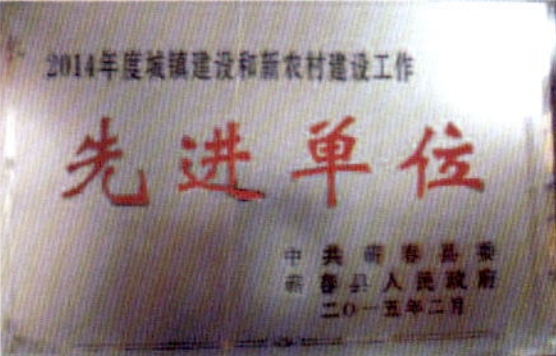

2014年度服务企业
先进单位
中共蕲春县委
蕲春县人民政府

黄冈市住房公积金管理中心武穴办事处

WUXUEBANSHICHU

基本概况

Basic profile

住建部住房公积金监管司副司长崔国盛（右三），来武穴住房公积金调研“三为一体”综合服务模式，听取黄冈市住房公积金中心主任黎胜国（左四）介绍相关情况。

省住建厅副厅长赵俊（前右）、黄冈市副市长李俊（前左）在武穴住房公积金听取办事处主任陈仲良（中）介绍信息化建设

省住房公积金监管处阮斌处长（中）与全国督查组一起探讨武穴住房公积金首创住房公积金cis（住房公积金统一形象识别系统）建设

河北省住房公积金监管办主任刘聚朝（中）带领石家庄、邢台、邯郸等住房公积金领导一行6人来武穴住房公积金学习交流五型公积金建设，图为武穴住房公积金主任陈仲良（右二）在介绍相关情况。

黄冈保第一、全省争进位、全国有影响

2014年，武穴住房公积金在住建部、住建厅、黄冈中心党组和武穴市委、市政府的正确领导下，紧紧围绕“黄冈保第一、全省争进位、全国有影响”的创先争优目标，以党的群众路线教育实践活动为载体、认真谋划、扎实苦干，超额完成了年初制定的各项任务。“五型公积金加五零服务”的服务品牌得到住建部、住建厅的领导及全国住房公积金行业专家的一致好评，武穴住房公积金已成为全省乃至全国县市级住房公积金管理服务的样榜。

一年里，武穴住房公积金列为住建部全国唯一县市联系点，全省住房公积金县市办事处工作现场会在武穴召开，全省建设工作会武穴公积金作书面经验交流，代表湖北省迎接全国住房公积金服务工作督导组检查，被省住建厅评为年度先进单位，被推荐为省级文明单位、黄冈市平安单位、武穴市党建先进单位，目标责任考核先进单位等。

【住房公积金归集】当年归集18025万元，超年度计划56.8%，新增非公企业开户33家，超年度计划27家，新增缴存人数2034人，超年度计划的481%，住房公积金覆盖率达95.3%，超年度计划15.3个百分点，累计归集92788万元，归集余额74526万元，缴存职工30129人，存量资金规模在全省县市排位第二。

【住房公积金使用】当年提取住房公积金555笔4217万元，提取率23.3%，比年度计划低6个百分点，当年发放贷款356笔6992万元，超年度计划17.8%，累计发放个贷35504万元，贷款余额18631万元，贷款逾期率为零。

【住房公积金增值收益】当年实现增值收益1160万元，超年度计划45%，提取贷款风险准备金220万元，累计提取风险准备金1621.5万元，为年末贷款余额的8.7%，上缴政府性基金收入940万元，其中上缴廉租房补充资金400万元，超年初计划300%，安全率100%。

【以学教活动为载体整改成效显著】一年来，武穴住房公积金扎实开展党的群众路线教育实践活动成效显著。通过学教活动，切实解决了“门难进、脸难看，话难听，路难跑，事难办”的“五难”问题，完善了制度、振提了精神、优化了流程、提升了质效，同时也打造了品牌、树立了形象。武穴住房公积金被住建部列入全国唯一的县市住房公积金党的群众路线教育活动的联系点。

【以非公扩面为抓手归集再创新高】一是建立协管员网络，归集队伍扩大。全市共聘请180名住房公积金协管员，通过开协管员会议、学政策、联感情、教业务，变过去仅公积金人员抓归集为全市家家单位有人抓归集。二是实行银公合作，归集创新常态。与两家招标银行联合，将所有缴存单位定向分到组分到行，按季考核定向单位缴存情况，委托银行协助新开户，将银行新开户情况与资金存储挂钩，以银行的金融优势撬动非公企业扩面。据统计2014年288户定向单位当年公积金缴存率达到98.6%，有8家非公企业在银行部门共同努力下实现住房公积金缴存扩面。三是开展联合走访，归集活力倍增。继续与经信局和委托银行，共同开展“双百双送”大走访活动，在活动中与企业家交朋友，在活动中宣传住房公积金政策。全年走访规模以上非公企业168家。通过走访提高了企业对住房公积金政策的认识，为归集工作注入了活力。

【以楼盘按揭为突破使用稳健拓展】一是提高审批频率破解审批难。推行限时办结制，在提取上做到取消离退休单位盖章手续，离退休等销户提取随来随办，一般提取一周一办，贷款一周一审，审贷会后五日内办完。二是优化程序破解手续难。取消不合理审批表格材料，实行一表管提取，一本管个贷，实行一站式受理、提取不跑二趟路、个贷只跑一个窗口。三是开展楼盘按揭破解担保难。与五家房产公司签约五个楼盘，开展按揭贷款，变住房公积金质押的单一担保方式为质抵押结合，全年共办理按揭贷款65笔，发放抵押贷款1880万元。

【以网络建设为依托信息工作领先】一是全面完善系统，增加服务手段。已基本形成内部管理系统，网上服务系统，线监管系统，网上支付系统，自助终端查询系统，移动手机APP等等，从缴存、查询、提取、贷款、还贷全方位提供便捷服务。二是各类资源共享，提升服务质效。与房产部门联网、与银行部门联网、与政务服务中心联网、与安防系统联网、与上级监管联网，通过五大网络互连，让数据跑路，使百姓满意。三是建设高质量网站，提供便捷服务。严格按照栏目设置科学、信息公开及时、方便群众使用等原则建好网站，及时公布行业信息、部门信息，及时公开行业政策，及时受理预约答疑等。截至2014年底，武穴住房公积金网站访问量达到23万人次。互联网公积金建设在2014年全省建设工作会上曾作为经验交流，住房公积金手机APP在全国率先开通，信息工作已走在全省乃至全国县市住房公积金前列。

【以品牌创建为龙头服务便捷高效】一年中，以“解决服务群众最后一公里”为出发点，充分利用现有条件，通过不断提炼和总结创建了“五型”公积金加“五零”服务的机关服务品牌，即建“窗口式”公积金实现办事“零停留”；建“键盘”公积金实现受理审批“零关系”；建“身边”公积金，实现倾心服务“零利益”；建“专家”公积金，实现沟通咨询“零距离”；建“移动”公积金，实现服务质量“零差错”。

创新管理思路 提升城市品质

——咸宁市城市管理执法局

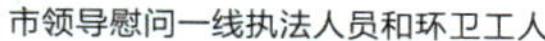
市领导慰问一线执法人员和环卫工人

加强市容市貌综合整治

加强市政设施管理维护

2014年，我们在市委、市政府的正确领导下，认真贯彻党的十八大和十八届三中、四中全会精神，以“旅游节”、“城考”、“创卫”为契机，以市容环境综合整治为重点，认真践行“为民城管、科学城管、法治城管、服务城管”理念，创新管理、奋力拼搏，为努力打造群众满意的品质城市作出了积极贡献。

一、创新城管体制机制，全面提升工作效能

一是创新城管体制。为打造“秀美、浪漫、和谐、生态、文化”的香城泉都城市品牌，充分发挥城市管理委员会统筹协调、高位监督的重要作用，提高权威性、指导性。二是创新县市考核考评。针对省“城考”中暗访项目，我市与黄冈市组织检查组采取交叉互评办法，邀请黄冈市对我市6个县市区进行暗访检查，通过交叉检查县市区城考工作进展情况，了解存在的问题，督促县市区进一步做好城市管理工作，确保以高标准、高质量迎接省城市管理检查。三是创新机构职能。为提高城市管理效能，成立了“市城市管理指挥中心”，实现高位监督、统一指挥、本位运行、便捷高效的新型城市管理模式，以数字化精品工程推进咸宁智慧城市建设。设立了“市车站广场管理办公室”，加强对火车站、高铁北站、城铁东、南站广场的市容环境、交通秩序、客运市场、公共交通、卫生保洁等工作实施综合管理，全面提升了各站前广场形象，为旅客出行营造了整洁有序的环境。设立了“市桥梁管理处”，接管了城区21座桥梁的日常监管工作，确保桥梁设施的安全运行，结束了城区桥梁无序监管的历史。设立了“市城区机动车服务中心”，开展城区机动车停车秩序管理和服务，规范机动车辆停放秩序，方便了市民出行。

二、开展市容环境综合整治，不断提升城市形象

在城市管理执法过去的一年中，我们坚持不等不靠，干中求进、干中求变。以“白加黑”、“五加二”的实干精神，加强市容市貌管理，持续开展“城区市容环境综合整治行动”、努力提升城市形象。一是加强市容市貌常态化管理。先后223次组织执法人员9000余人次，对屡劝不改的出店占道经营、违规设置户外广告、店招进行集中整治，规范出店经营门店1900余处，拆除违规设置的户外广告、店招348块，清理“牛皮癣”5000余处，面积约5万平方米。二是加强环境卫生清扫保洁质量。坚持主次干道一日三扫18小时清扫保洁制，采取人机清扫清洗相结合，每日对城区主次干道和人行道循环冲洗，每逢雨天组织全城清洗，用高压喷水设备将雨水未冲净的道路泥沙污迹洗净、见底显本色；对街面垃圾做到日产日清，不留垃圾滞夜，对小区（单位）做到及时清运，箱满即运，做到日产日清率100%、生活垃圾无害化处理率达100%。三是加强银泉大道等街景整治工程。按照“秀美、浪漫、和谐、生态、文化”的城市定位，对银泉大道等主要街道实施了拆房透绿、拆墙透绿、补绿提档、立面整治为主要内容的街景改造工程，打造一条条绿色精致的景观大道，为香城泉都增光添色。四是加强市政设施管理维护。对城区雨水箅、窨井盖、火烧板等设施缺失破损松动进行全面拉网式清理和排查，对刷黑道路、水泥道路及人行道路面断裂、塌陷进行及时修补维护，对500多个窨井盖加装防坠网，确保市政设施完好率达95%以上。五是加强人行道路停车管理。对城区部分路段人行道实行禁停，重点整治了鱼水路宏大市场周边、温泉集贸市场周边乱停乱靠行为，确保人行道通畅，共规范和纠正违停车辆1.2万余台次，施划新增停车泊位450个。

加强执法队伍建设

城市管理指挥中心

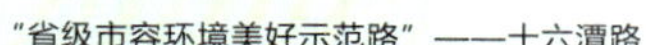
“省级市容环境美好示范路”——十六潭路

积极参加学雷锋志愿者服务活动

三、加强队伍建设，提高执法与服务水平

一是强化班子带队伍。在加强干部职工学习的同时，局党组理论学习中心组把学习贯彻党的十八届三中、四中全会、党风廉政建设文件和各项规定，以及市委、市政府重大决策和重要工作部署作为学习的重点。做到学习有计划、有内容、有交流、有记录，党组理论学习中心组认真落实每月学习1次，参学率达100%，党组成员还坚持在线学习。以班子自身作为和工作形象带动队伍、感染队伍，率先垂范，充分发挥模范带头作用，展现出了超强的团结力和战斗力，为全局队伍建设做出了榜样。二是转变观念抓队伍。通过开展学习实践科学发展观、军事训练强素质、增强服务群众意识等培训活动，提高干部职工法律知识、公务员职业道德、公务礼仪等业务知识和素养。进一步培养了执法队伍知难而进、扎实苦干的敬业精神。三是健全制度管队伍。先后制定了《机关工作人员行为规范》、《市行政服务中心城管局窗口人员工作制度》、《人事管理制度》以及考核、奖惩等方面的规章制度40项，切实加大对干部职工的约束力。四是树立典型促队伍。通过开展“向我身边的共产党员学习”主题教育活动，大力表彰和宣传全国优秀环卫工人——徐本瑜等7名优秀共产党员，聚合正能量，激励先进、鞭策后进，在全局系统形成了“严格执法、微笑管理、优质服务，做新时期最可爱的人”的良好队风，为城管执法工作的不断创新发展提供不竭动力。

绘香城蓝图 造泉都风景

——咸宁市园林绿化管理局

淦河公园

十六潭公园鸟瞰图

月亮湾

桂乡大道

人民广场

咸宁市园林绿化管理局把服务省级战略咸宁实施作为园林工作的第一要务，坚持把创建国家园林城市作为最实的发展工程、最优的民生工作抓紧抓好，精心规划，精美建设，精诚经营，精细管理，积极探索赶超跨越、科学发展的新局面。

一、以势论道，努力实现园林愿景。

我局注重做好“借势”的文章，为园林工作创新发展注入活力。巧借国家园林城市创建之势，通过争取重视创园、对照标准创园、夯实基础创园、完善功能创园、以人为本创园、突出特色创园等创建思路，形成齐抓共管的“大园林”格局，明确了园林绿化健康发展的方向；巧借重大节会活动之势，以节促建，以节促变，使最好的城市用地、最有限的财政资金、最重要的行政资源往园林项目建设上倾斜，建成了一大批重点基础设施工程，开辟了园林绿化跨越发展的路径；巧借新型城镇化之势，按照“大地园林化、全域景观化”的思路，将园林绿化的主战场，从城市主干道向背街小巷延伸，从新城建设向旧城改造延伸，逐步构建了城乡一体的绿化体系，拓展了园林绿化永续发展的空间。

二、以特制胜，努力做优园林品质。

绿色是咸宁的本色，生态是咸宁的状态。依托丘陵地貌特色，通过运用山青、水秀、桂香、竹翠、泉温、洞奇等丰富的自然元素，依山建园，傍水造景，形成了拥湖抱江、山水相依、城林相融的城市空间格局；依托地域人文特色，通过运用吴风楚韵、嫦娥之乡、三苗故里、茶麻古道等历史文化元素，建成了泉都公园的“泉城七景”、十六潭公园的“香城八景”、潜山公园的“三台八景”、淦河游憩带的“淦川八景”，桂乡大道的“桂乡九景”等一大批园林景观工程，使园林绿化成为传承历史文化的重要载体；依托乡土资源特色，充分运用乡土树种、自行花卉、鄂南地被、本地石材，率先建成了全省两型社会建设示范路桂乡大道，开创了用河水雨水浇灌绿化苗木的历史先河。

三、以香化城，努力升华园林担当。

围绕打响“泉都”品牌，打造“香城”名片。我们率先成立了专门的课题组，邀请省内外专家学者进行理论研讨，编写了《中国香城战略规划》和《中国香城建设规划》。为此，省委书记李鸿忠同志作出重要批示：“咸宁‘中国香城’建设是‘城市发展特色、城市发展品牌、城市发展文化、城市发展灵魂绿色繁荣’四位一体的得力战略之举。要从国际视野，战略高度，中国定位，湖北品牌的思路扎实推进，长期努力，志在必成。”为了进一步拓宽视野，我们策划并承办了首届中国香城论坛，邀请了孟兆贞院士、余秋雨大师以及田文忠、杨澜等国内外知名人士纵论香城发展之道。在此基础上，我们着力建设香园、香道、香山、香河、香泉、香院、香廊，使咸宁“四季飘香、满城花香、绿中含香、鸟语花香”。可以说，咸宁“香城泉都”省级战略的确立，凝结了咸宁园林人的智慧和汗水。

咸宁市住房公积金管理中心

2014年全市住房公积金新增归集9.5亿元，同比增长17.6%；发放个人住房公积金贷款5.58亿元，同比增长24.3%；实现增值收益5055万元，同比增长46%。

一、明确公积金缴存基数，规范管理行为。中心出台了《关于规范2014年度住房公积金缴存基数和缴存比例的通知》（咸公积金[2014]13号），明确了职工住房公积金月缴存基数，将行政事业单位各类规范津贴补贴和奖金等纳入缴存收入。明确了住房公积金缴存比例，本市行政区域内职工和单位住房公积金的缴存比例分别为10%，同时允许有条件的单位在此比例上提高1-2个百分点，有困难的单位下调1-5个百分点。财政供养的行政事业单位和职工个人住房公积金缴存比例分别为12%。明确了2014年度职工月缴存住房公积金的限高保低标准，最低每月缴存180元（单位个人各半）、最高每月缴存1880元。对以前年度未按照政策规定标准足额为其职工缴存的单位，可就差额部分为职工进行补缴，单位补缴部分在单位经费或成本中列支。

二、加强窗口建设，提升服务水平。中心装修了服务大厅，市民可在一楼大厅“一站式”办理公积金归集、贷款、提取业务，新服务大厅宽敞明亮，环境舒适，配置了大屏幕显示屏、沙发、饮水机、填单台、查询机、开通了12329服务热线，方便了职工查询和办理公积金业务。

三、出台公积金新政，落实惠民措施。为认真贯彻落实全省住房公积金新政，市政府办转发市房产局《关于促进房地产市场健康稳定发展的意见》的通知（咸政办函[2014]32号），涉及住房公积金新政有8条，主要内容是放宽贷款和提取条件。

四、加强巡查监管，确保资金安全。对住房公积金业务关键环节进行全程实时监控，确保快速、高效、准确发现纠正违规问题，切实防范潜在资金风险。加大内部审计工作力度，及时发现在业务办理和经费使用中存在的各类问题，以内审促规范防风险。加强住房公积金提取管理，完善提取业务事后监督制度。建立“贷前严审、贷中规范、贷后跟进”贷款风险管理机制，强化日常监控，严格落实各项风险防控措施。加强贷后催收工作，通过电话、短信、实地催收等多种方式，对可能发生逾期的贷款及时进行催收。

咸宁市建设工程管理处

XIANNINGSHI JIANSHE GONGCHENGGUANLICHU

市委书记任振鹤看望慰问市建工处援疆干部

市长丁小强（右四）检查建筑工地安全生产工作

2014年咸宁市建设工程管理处以群众路线教育实践活动和民主评议政风行风工作为契机，创新工作方法，狠抓工作落实，圆满完成各项工作任务，先后获得“全省安全生产先进单位”、“全省住建系统先进集体”、“全省建筑市场管理先进单位”“全省建筑质量管理先进单位”、“全市安全生产红旗单位”、“全市三万活动先进工作组”等荣誉。

副市长曾国平（右四）等领导观摩指导施工消防应急演练

市建工处领导班子深入企业调研解决发展难题

建筑业逆势稳健发展。全市建筑业实现总产值119.77亿元，同比增长22%，全年共新增建筑业企业55家，全市建筑企业数量达到280家，其中一级以上高等级资质9家，南楚、远升、桂乡、玉立华隆等6家企业进入全省重点培育企业。对外拓展能力增强，全年建筑业企业完成省外产值7.71亿，占建筑业总产值的6.4%，在广东、吉林等省份产值已过亿。从业人员持续增加。全市建筑行业年平均从业人数约3.5万人，工程技术管理人员约1.5万人，转移农村富余劳动力作用明显，全市建设项目设立农民工业余学校249个，培训农民工17715人。

建筑市场整治力度加大。对“国优”、“省优”项目实行“优质优价”、创优企业和项目经理享受投标“加分”，落实非国有资金投资房地产开发项目自主发包。对施工许可证办理程序进行“瘦身”，在施工准备阶段主动告知办证程序。与工商、质检、招投标等部门建立联合执法常态机制，从建筑原材料质量入手，狠查“三无”产品和劣质材料，对招投标行为进行过程监督和标后检查，有效规范建筑市场秩序。出台《咸宁市建筑施工项目经理质量安全违法违规行为记分实施办法》，将审批许可与日常监管有机结合，建成全市建筑市场监管网上平台，项目数据库平台投入运行。

咸宁建管大楼

安全生产水平走在前列。全市主要指标均控制在限定范围内，安全生产管理水平位列全省第一方阵。全年受表彰国家级3A文明施工现场1个，省级文明施工现场12个，市级文明施工现场28个。认真开展深基坑、高支模、脚手架、建筑起重机械等安全专项整治，淘汰老式物料提升机，所有起重机械由专业资质的单位安装和保养。在威港豪庭、湖北工业大学商贸学院咸宁校区项目组织现场观摩和消防演练，提高了全市建筑安全生产应急救援能力。建立塔机视频监控系统和塔机远程监测系统（黑匣子）中心平台，市直项目新安装的塔机同步安装远程监测系统，创优项目必须安装视频监控系统，建立项目档案数据库。落实企业安全生产的主体责任，推进施工现场安全生产标准化建设，积极引导“文明施工现场”创建活动，培植“阳光威娜”项目获得国家“AAA”安全文明施工现场。

举行建筑施工现场消防安全演练

工程质量水平稳步提升。全年创省级优质工程18个，市级优质工程54个。推行项目五方主体责任承诺和竣工后永久性标牌制度，明确项目负责人质量终身责任制，全面实行《监督工作方案》和监督交底要点书面告知。组织住宅质量通病专项整治，开展“墙体裂缝和外墙、窗户四周渗漏防控”专题培训，落实住宅工程质量分户验收制度。培植了“湖北工业大学商贸学院咸宁校区”和“财茂新都会”两个质量样板工程。理顺既有服务质量问题投诉处理机制，在《香城都市报》刊登了“房屋有了质量问题找谁”的专刊，方便老百姓解决房屋质量问题。开展“两年行动”。召开全市性的动员会、推进会，成立专门机构、制定行动方案，及时在新闻媒体上报道动态、施工现场悬挂标语，营造浓厚氛围。深入试点地区和试点企业，召开调研观摩会，总结推广试点经验。

春节期间看望慰问建筑工地留守农民工

咸安区住房和城乡建设局

党委书记、局长周文平

经过多次市、区职能调整，咸安城区和乡镇的建设和管理职能全部上划市相关部门。咸安区住房和城乡建设局的现有职责为**建筑市场管理、城建档案管理和住房保障管理。**

建筑市场监管

2014年，全区完成建设工程招标87项，工程造价16.7亿元，投标率达到100%。全区在建项目70个，建筑面积125.81万平方米，工程受监率100%；竣工备案项目37个，建筑面积95.59万平方米，工程合格率100%，工程优良率24.2%，工程备案率95%以上。全年无一重大安全事故发生。对全区在建工程建筑市场主体进行综合执法检查6次，下发停工及催办通知书19份。全面启动工程质量治理两年行动，处理质量投诉33起，对全区70多个在建项目的消防和起重机械进行重点检查，开出整改通知书30份，暂停施工通知书6份。推进安全生产标准化，培育一个省级安全文明施工观摩现场威港·泉都豪庭项目。加强对建筑用材分类检测，出具各类检测报告3.2万余份。加大农民工工资保证金征缴力度，设立了农民工工资保障金专户，实行实名制管理，收取农民工保证金200万元。参与调解拖欠农民工工资投诉20余起，帮助农民工追讨拖欠工资700余万元。

保障住房建设

2014年新增公共租赁住房968套和城市棚户区改造1754套，已全部开工，开工率达到100%。下达基本建成保障性住房、棚户区改造住房共880套，基本建成1197套，竣工率136%，超额完成任务。实行“五公开”及“三级审核，两级公示”制度，2014年市政府下达咸安区分配入住保障性住房、棚户区改造住房650套，已分配入住694套，入住率106%。完成新增租赁补贴102户任务目标，完成率达到102%。制定《住房保障小区物业管理办法》，廉租房、公租房小区实行物业公司管理。启动廉租房和公租房的并轨制度，对保障性住房的对象管理、资金使用、分配管理实行统一管理。

城乡统筹

深挖桂花文化、嫦娥文化、中秋文化，成功申报一批国家、省级命名。刘家桥村荣获湖北省示范乡村；刘家桥村、垄口村垄口冯荣获全国第三批传统村落；石溪村和广东畈村荣获湖北省第三批宜居村庄。完成省住建厅下达的危房改造指标804户，补助资金603万元。实行“一套政策管总、一个专班负责、一流服务到底”的协调机制，青龙山公园、金桂西路、笔峰塔文化公园、双龙山公园等项目扎实推进，背街小巷和公厕建设按计划推进。南、西外环污水管网工程按计划稳步推进中，怀德路片区改造已完成评估工作。严格执行区委、区政府优惠政策，对招商引资项目收费协商中介机构实行最低标准，将施工许可前置条件由原来8项优化为6项，将工业项目招投手续委托给工业园自行组织，简化办事程序。

农村生活垃圾治理创建“美丽家园、清洁乡村”活动2月初，出台了《咸安区农村生活垃圾治理创建“美丽家园、清洁乡村”活动实施方案》，建立了“户分减、组保洁、村监管、镇集中、区处理”的垃圾收集处理模式，实现了全区农村垃圾保洁、转运全覆盖，分类处理和无害化处理水平得到较大幅度的提高。2014年我区代表咸宁市接受省政府考核，荣获全省农村垃圾治理工作第六名。

加强红色文化学习

法制学习

建筑技能比赛

肖桥公租房新貌

马桥镇垃圾清运车

赤壁市
房地产管理局

房管局交易大厅

贯彻落实党的十八大精神、践行党的群众路线，以解决好群众关心的热点和难点问题为切入点，突出服务为本，提高服务水平。广泛开展政风行风工作，不断转变工作作风，优化经济发展环境。住房保障、房地产行业、抵押登记、城市物业管理、等工作得到有序开展。

住房保障工作深入推进,健全完善供应体系。

赤壁市保障性安居工程建设按照“建得好、住得好、管得好”的“三好”目标，严格落实住建部、省住建厅保障性安居工程建设相关规定，推进保障性住房建设和管理。

2008年至2013年全市保障性住房建设用地211.8亩，总建设规模229777平方米（其中：经济适用住房30065平方米，廉租房111416平方米，公租房88296平方米），共4709套（其中：经济适用住房358套，廉租房2300套，公租房2051套）。2014年公租房建设项目计划投资4800万元，建设公租房400套24000平方米。2014年城市棚户区改造项目计划投资24655万元，改造城市棚户区1816户19.87万平方米。2014年垦区棚户区改造项目计划投资770万元，改造垦区棚户区350户4.2万平方米。截止2014年，我市累计共发放住房租赁补贴2386户，5801人，1993.25万元。多层次完善了保障体系。2014年，我们在认真总结前几年保障性安居工程项目选址经验的基础上，提出了在更好地地段建设群众更满意的保障性住房的目标要求。市委、市政府在资金、土地、施工建设和配套设施建设等方面制订了多项优惠政策。项目选址上，政府舍得“割肉”，把交通便利、利于出行的最好地块用于保障性安居工程建设项目；土地供应上，实行政府划拨，开通“绿色通道”优先保障；项目推进上，把保障性安居工程建设列入市政府重点项目，实行市级领导牵头督办、协调，并享受重点工程优惠政策，免收行政事业性收费和政府基金，各项劳务性收费按国家收费标准的三分之一征收；设施配套上，将保障性安居工程小区道路、绿化、供排水、电力、电讯等配套设施同步规划、同步建设、同步验收，水电“一户一表”；物业管理上，每个保障房小区都配备了物业用房，通过公开招标方式，选择资质较高、实力较强、信誉较好的物业企业负责小区安保、保洁、设施维护和水电管理等物业服务。

房地产开发平稳发展,市场监管有力

为了促进房地产市场持续平稳健康发展，赤壁市房地产管理局狠抓房地产开发市场管理，健全我市房地产市场运行和监管机制，稳步推进商品房预售制度的执行；启动了预售资金监管，完善了商品房网上备案系统；启用房地产权属管理办公软件，实现网络审核、批件、收件、传阅、受理等，大大提高了办事效率，做到公开、透明、节约、高效。建立健全房地产信息发布制度，在房产交易网上全面、及时、准确地发布商品住房交易信息，定期发布商品住房交易及房源信息，正确引导市民合理消费，促进房产开发商理性投资与开发，确保消费者的合法权益。加强了宣传力度，邀请专家授课，成功举办商品房销售人员岗位培训。今年还进行了房地产开发企业协会换届选举，修改了协会章程。强化档案管理，规范房地产交易市场。登记的权属档案信息入机率和入库率均达到100%。

城市物业服务监管水平逐年提高

物业管理向社会化、市场化、专业化发展。规范物业服务市场，提升小区居住环境。积极探索旧城区物业管理实施过程中出现的新情况、新问题和解决办法，着力指导物管小区完善业主大会。推行物业管理招投标，严格物业管理前期介入、承接验收制度，支持物业企业走市场化道路。加强物业维修资金的收缴力度，确保物业服务持续发展。加强了全市物业服务小区检查督办力度，明显改善了物业服务小区人居环境，加大住宅专项维修资金的归集力度，归集率达100%。新建小区物业管理覆盖面达100%,全市物业服务、监管水平不断提高。

简化手续、优化环境，全面提升房产服务形象

深入开展党的群众路线教育实践活动，坚决反对“四风”。着重从转变工作作风、提高办事效率等多方面入手。整合制订业务流程再造，进一步简化手续，公开承诺办结时限，实现便民、快捷、阳光的一站式服务。

开发区陆水园区公租房

凤凰小区廉租房

崇阳县住房和城乡建设局

基本概况 JIBENGAIKAUNG

2014年，崇阳县住房和城乡建设工作在县委、县政府的正确领导和上级主管部门的大力支持下，深入学习贯彻党的十八大及十八届三中、四中全会精神，始终围绕执政兴业这一要务，坚持敢于善为，以全年工作为中心，以“六城同创”为推手，全面加快城乡规划编制、城区项目建设、环境美化建设和产业壮大工程，推进住房和城乡建设再攀高枝。

1、城市功能不断完善。

立足百姓期盼，把项目建设作为推动城市发展的第一要务，全面完善城市功能。完成老城区4条道路升级改造，天城物流园一期建成开园，军警城、新党校圆满竣工，信达步行街和星光天地顺利营业。启动文体中心、天城污水处理厂二期和青山供水复线建设，农贸大市场加快推进，大集公园二期开园迎宾，推进城西片区道路建设。全县开工建设的城市重点项目45个，21个项目完工，24个项目在建，全年完成投资达12.25亿元。

2、城乡规划快步推进。

突出城市规划的引领作用，编制了城市排水防涝综合规划和城西生态工业新城规划，完成8个项目规划方案评审和32个项目工程放线测量。按照“四化同步”要求，17个试点乡镇、村启动村镇发展、土地利用、产业发展、新型农村社区及美丽乡村建设规划编制。强化城区建设规划控管，制定管理办法，规划局成立了36人的规划巡查队伍，对城区建设进行无缝对接巡查，共查出并报告各类“两违”建设147户。

景观大道—迎宾大道

新建成的大集公园

园林养护工人除草

保障性住房香山小区一角

党员干部开展“重温入党誓词活动”

3、城区环境快速提升。

以“六城同创”为载体，加快城区绿化、美化、亮化打造。开展“绿满崇阳.美丽天城”行动，实施“三大公园”、“六小游园”和城区道路绿化工程，新增绿化面积3万平方米。开展第二轮背街小巷改造，对8处1050米背街巷道进行路面硬化、下水道疏通、路灯安装等综合改造。加强城区45万m2，道路、公园、广场等公共绿地养护，及时巡查疏通堵塞下水道、修复破损路面，积极实施节能减排，实现天城污水处理厂正常运行，可再生能源建筑规模化应用得到快速发展。

4、住房保障进步夯实。

岗水塘小区加快配套设施建设，香山小区600套廉租房、449套林业棚改房分配入住、首批500套公租房面向社会公开分配。公租房向乡镇延伸，今年在4个乡镇新建公租房200套，750户棚户区改造进行主体施工，新增住房补贴200户，发放住房补贴700万元。积极实施农村危改工程，共进行农村危房改造1132户。服务房地产市场开发建设，崇尚华府二期、泰田山水天城、雍景地产等15个项目加快建设。举办2014秋季房地产（汽车）展示交易会，全年完成投资9.38亿元，销售商品房24.4万m22000余套。加强小区物业管理，推动小区物业管理从目前“前期物业”向“规范化、市场化”转变。

来凤县城市管理"严管重罚促文明"启动仪式

来凤县城管局开展"争做文明市民小小监督员"活动

来凤县城管局

LAIFENGXIAN CHENGGUANJU

概况

来凤县城市管理综合行政执法局职能

来凤县城市管理综合行政执法局负责拟订全县城市管理方面的规划和计划，并组织实施；负责对城市管理行政执法队伍的规范管理和调度指挥，组织开展阶段性集中统一的行政执法活动；负责对全县城市管理行政执法工作进行业务指导和检查监督，组织开展城市管理法规、规章业务培训。行使城区市容环境卫生、规划执法、市政设施、园林绿化等方面法律、法规、规章规定的行政处罚权以及环境保护、工商行政、公安交通、道路运输、殡葬管理等方面部分行政处罚权。县城管局以"畅通、洁净、靓丽、特色、文明、和谐"为目标，推进城市管理工作上档次、进位次，为建设"武陵山区经济强县"营造了良好的城市环境。

来凤县城市管理综合行政执法局机构人员情况

来凤县城市管理综合行政执法局（以下简称县城管局）是负责全县城市管理和城市管理综合执法工作的部门。2010年1月县城管局正式挂牌运行，为县政府直属全额拨款正科级工作部门。内设办公室、法制宣教股、综合管理股和督查室。局下设园林绿化管理局、城市管理执法大队、环境卫生管理所、市政管理所4个全额财政拨款事业单位，并负责对城区道路清扫保洁市场化企业实施监管。全局共有正式员工127人，临聘人员200人，市场化清扫保洁企业人员98人。

环境优美的政府小游园

来凤县城区“凤舞霓虹”亮化工程

武汉大道三期绿化成果

武汉大道路灯建设成果

湘鄂情大桥牌楼

随州市房产管理局

SUIZHOUSHIFANGCHANGUANLIJU

基本概况

2014年，随州市房产工作在市委、市政府和市住建委的领导下，紧紧围绕“圣地车都、神韵随州”主战略，始终坚持以科学发展观为指导，积极践行党的群众路线，通过完善保障住房供应体系、强化预售资金监管、规范市场主体行为等，不断提升房产行政服务质量，着力打造“六型”房产（民生、服务、数字、阳光、人才、清廉），实现了经济效益、社会效益、自身建设的同步发展，确保了我市房地产市场“供需基本平衡、结构基本合理、价格基本稳定”，有力地推动了我市住房保障工作开展和房地产业平稳健康有序发展，年度责任目标全部超额完成。

随州市市长郜英才实地踏勘了左岸星城、机电小区、汉东名居和文峰都市花园4个小区的物业管理情况

市委常委、副市长袁善谋在市房产局局长叶晓剑的陪同下观察房交会

随州2015房交会

心系群众，倾力绘制“民生”房产蓝图 2014年，我市住房保障工作坚持以民为本、民生先行，紧紧围绕全市各项年度目标任务，提前谋划，科学组织，千方百计加快项目落实和建设进度，超额完成年初各项预订目标。

强化监管，合力培植“服务”房产理念 2014年我市房地产市场管理坚持预防和惩治相结合、服务与监管相结合，从健全房地产市场主题诚信体系建设着手，通过定期与相关单位开展房地产市场综合检查，适时进行房地产市场专项检查。通过不断引导、规范房地产市场从业主体和从业人员行为，合力培植服务群众理念。

提升效率，奋力构建“数字”房产模式 紧紧把握国家、省、市建设城镇个人住房信息系统的契机，按照统筹规划、全面推进、分步实施的原则，简化办事流程，提高办事效率，大力推进“数字”房产建设。进一步完善电子政务、行政执法、行政管理、行政审批和便民服务制度、平台建设，不断提高服务质量，提升办事效率。

推行公开，大力打造“阳光”房产品牌 根据中央、省、市有关信息公开的规定，按照公开、公平、公正的原则，对涉及民生等群众关切的各类政务、事务信息主动公开、及时公开、全程公开，将各类涉房事项的服务流程、服务环节、服务时限、服务承诺等采取群众喜闻乐见的形式在不同媒介上及时予以公开。加强对政务运行过程和结果的监督检查，切实保障群众的知情权、参与权和监督权，让权力运行

城东公租房

2014年12月29日，在随州市涢湖体育场举办城东公租房一期摇号仪式

拆迁现场摸底

白蚁预防施工现场

白蚁灭治检查

房屋安全鉴定现场查勘

在阳光下。

激发活力，努力营造“人才”房产氛围　2014年，按照局党总支的同意部署，出台了房产系统干部素质提升三年计划，坚持“德才兼备、一德为先”的用人标准，建立“以实绩论英雄、凭实选干部”的用人机制，强化“能者上、平者让、庸者下”的用人导向，在系统中全面营造一种重才、信才、爱才、用才的良好氛围，夯实干事创业的基础。

牢记底线，致力于树立“清廉”房地产形象　一是强化教育，树立底线意识。局党总支通过组织观看电教片、实地走访、座谈谈论等形式，强化廉政教育。二是健全制度，筑牢反腐堤坝。结合领导班子内部制度建设、党的群众路线教育实践活动等要求，坚持“三重一大”事项科学决策、民主决策。坚持和完善财经制度，抓好各种专项资金的管理和使用，严控“三公”经费支出，2014年，局“三公”经费同比下降50%以上。三是加大查处，形成高压态势。针对系统风险点多、杂的特点，定期组织专班对系统各二级单位行政审批、行政执法、执行财经纪律等情况进行检查。同时，结合财政、审计等部门查处情况，加大惩处力度，认真抓好整改，努力形成一种“不想腐、不敢腐、不能腐”的高压态势。

城南公租房

书记、局长 易中华

随县公共租赁住房公开摇号仪式现场

随县房产管理局

基本概况

随县房产管理局是全省最年轻的一个房产管理机构，该局成立于2010年，组建五年以来，该局围绕打造“文明房产、安全房产、保障房产”的目标，内强素质，外树形象，在短短时间里改变了一穷二白面貌，被随县县委、县政府授予“十佳站所”、“十面红旗单位”，被随州市委授予“全市党组织建设先进单位”，被省住建厅授予“全省建设系统先进单位”。

一、房屋登记优质高效。在省、市业务主管部门的支持下，随县房产局只用了不到半年时间，即启动了房产登记交易业务。几年来，共办理各类登记、交易业务三万多宗，无一差错。同时该局充分发挥平台功能，优化流程，简化程序，很好的服务了经济社会发展和人民群众。2014年，被省住建厅授予“房屋登记交易规范化建设达标单位”。

二、住房保障任务全面完成。几年来，该局将住房保障作为一号工程，千方百计加强组织领导，加强资金筹措，克服了重重困难，连续五年圆满完成了省市下达的住房保障任务，共建设公租房1714套，改造各类棚户区5500套，为城镇

文明房产、安全房产、保障房产

低收入住房困难家庭发放租赁补贴1500余万元，广大人民群众“居有所居”的目标得到实现。

三、房屋征收规范平稳。随县作为一个没有县城的县，是在厉山镇的基础上新建，无论是站在县城建设角度还是站在改善居民居住环境的高度，建县后面临大量房屋征收任务。面对这个“天下第一难”，随县房产局依据法律法规，妥善处理政府实力和保障群众利益的关系，几年来先后完成房屋征收2500户，没有发生任何违法违规问题，有力的维护了群众利益，推进了县城建设。

四、市场监管及时有力。按照国家房地产市场监管的一序列政策法规强化市场监管，违法开发行为得到扼制，市场行为得到规范，保证了县域内房地产市场的平稳健康发展。

精神焕发的职工队伍

房地产开发异军突起

棚户区改造焕然一新

广水市城市管理局

基本概况

广水市城市管理局成立于2002年，主要行使城区卫生管理、环境监察等职能。2011年7月，根据上级精神，启动了相对集中行政处罚权工作，成立了广水市城市管理综合执法局。内设办公室、综合执法科、市容环境科、宣传法制科、财务审计科5个科室，下辖城市管理综合执法第一、第二、第三、直属4个执法大队，长岭分局1个基层城管分局，应山、广水2个环境卫生管理所，管理市美洁服务有限公司，为市政府直属事业单位。

2013年-2014年，主要做了以下工作：

一、提速，科学发展实现跨越化

一是体制改革大提速。稳步推进环卫市场化改革，于2014年8月完成了环卫对包承包招投标工作，15年元月正式投入运行。深化综合执法改革，进一步厘清权限，划转职能，切实履行“8+1”管理职责。二是基础建设大提速。投资6亿元，建设了应广大道，刷黑城区十长路、军民路等主次干道14条，完成了9条道路和“一河两岸”的绿化工程，新增绿地面积26万平方米，城市宜居指数明显提升。投入专项资金，完成了中心城区16座公厕的翻新维修工作，实行专人管理，全部无偿提供给市民使用。三是应对处置大提速。确立了工作任务定时办结机制，对管理事项限时交办，对发现问题限时办结迎接上级领导检查、大型活动70余次，以良好的市容环境，受到了社会各界的一致好评。

二、提质，环卫作业着眼精细化

一是职能上发生“量变”。两年来新增清扫保洁面积近30万平方米，环卫服务进一步向城乡结合部推进。二是效率上发生“质变”。大力完善环卫基础设施设备，机械化清扫率达50%以上，环卫作业强度进一步降低，清扫保洁质量进一步提升。三是机制上发生“蝶变”。确立了流动保洁机制，组建了流动保洁专班，实行动态巡回保洁，实现了垃圾无积存，卫生无死角，保洁全覆盖。

三、提效，综合整治瞄准长效化

文明执法，优质服务

市民学校

全民参与，万人洁城

小手拉大手，共做文明人

一是狠拳治“差”。全面推行错时、错岗工作制，实施轮流值勤，努力做到全天候监控管理问题，无缝隙交接管理责任,消除了管理盲点，杜绝了管理空档。整治处罚违停行为3000余次，取缔座商游和违章出市经营6000余次，农贸市场经营秩序日益规范；开展禁限鞭工作，城区人居环境进一步改善。二是重拳治“乱”。加强了户外广告管理力度，全面清理违章广告和“牛皮癣”，城市空间形象进一步提升。进一步完善建筑渣土运输审批，严格实行“四限”（限时、限重、限路段、限倾倒地点）管理，严禁沿路抛撒。大型建筑工地一律要求建设冲洗池，安装冲洗龙头，不得带沙上路。三是铁拳治“违”。制定“两违”行为处理细则，采取白天集中巡查、夜间分散值守方式，以社区（村）为单位，划分责任片区，实行24小时分片无缝隙管控，对违建行为实行最严厉的处罚，狠刹了私人违建歪风，维护了政府规划权威。

四、提神，文明创建促向社会化

一是弘扬了“创城”主旋律。深入开展省级文明城市、省级环保模范城市、省级卫生城市、省级园林城市、省级森林城市“五城同创”工作，保障相关举措顺利推进，取得了显著成效，2013年成功保牌“全省卫生城市”，14年成功创建“全省文明城市”。二是奏响了“创城”最强音。大力开展创建省级文明城市宣传教育，在市电台、电视台、门户网站等新闻媒体上播刊创建新闻及温馨提示，在全市公共场所和单位电子显示屏启动了滚动宣传，在社区开办了市民学校，先后对居民集中进行文明素质培训60余场次；组织市戏协以文明城市创建为主题自编了16个节目在全市开展巡回演出，激发了创建热情，扩大了创建声势，造浓了创建氛围。三是引导了“创城”大合唱。进一步深入开展“小手拉大手”、“万人洁城绿城”等主题活动，发展中小学生走出校园，发动干部职工走出机关、企业，积极投身环境治理，树立讲文明、讲卫生的社会新风尚。在新闻媒体上实施陋习曝光，督促各企业、商户、居民自觉承担市容维护职责，加大了对“三乱”行为的纠正和处罚力度，引导市民自觉参与文明创建，提高了社会参与广泛度。

机关党建和精神文明建设

思 想 建 设

党员干部思想建设 学习内容上突出一个“新”字。在坚持不懈抓好党员干部的党性教育、理想信念教育，增强对中国特色社会主义的道路自信、理论自信和制度自信的同时，坚持与时俱进，注重加强对党的创新理论和创新成果的学习。组织党员干部认真学习党的十八大、十八届三中、四中全会精神和习总书记系列讲话精神，学习中央《条例》及湖北省《实施办法》，以及现代科技知识和最新法律法规等，引导广大党员干部将个人理想与实现中华民族伟大复兴的“中国梦”结合起来，与加快推进“五个湖北”建设和打造“四个住建”结合起来，统一思想、凝聚共识，增强做好住建事业改革发展各项工作的责任感和自觉性，提高服务履职的能力和水平。

学习方式上突出一个“活”字。充分发挥厅理论中心组学习、机关干部业余学校、处长论坛、道德讲堂等载体作用，采取个人自学、专家导学、集中研学、领导讲座、干部轮训、事迹报告会等多种方式和途径，引导党员干部学理论学业务、学政策法规、学先进典型。2014年，厅中心组集中组织学习11次，厅主要领导带头讲课2场次，邀请专家教授作辅导报告6场次，组织“红星照耀中国”等现场参观学习2场次，举办全国道德模范、红军老战士及住建系统先进典型人物事迹报告会3场次。组织举办“年轻干部成长工程”、“军转干部培训工程”、“技术干部提升工程”等“三大工程”系列培训班和落实“党委主体责任、纪委监督责任”专题研讨班，培训厅直机关党员干部200余人，充分利用网络平台开展学习，全厅干部在线学习参学率达到90%以上。

学习氛围上突出一个“浓”字。先后在厅门户网站开辟学习专栏，在办公楼大厅设置宣传栏，结合十八大、十八届三中、四中全会精神的学习、“三抓一促”活动，以及民主评议政风行风活动等，共举办宣传板报6期，编印各类学习及工作《简报》若干期，为机关每名干部购置学习书籍和辅导材料14册，使中央和省委有关精神在全厅上下能够得以及时广泛学习宣贯。按照省直机关工委的部署安排，在全厅自下而上组织开展了“书香机关·践行梦想”读书演讲竞赛预赛、复赛活动10余场次，对复赛获奖的13位选手分别给予奖励，促进了全厅“爱读书、读好书、善读书”学习氛围的形成。

学习效果上突出一个“实”字。为引导党员干部勤学勤思、善学善成，做到“学以致用、学用相长”，先后举办了多次学习交流活动。为检验十八届三中全会精神学习成效，27名厅机关处室和直属单位负责人，分别结合各自学习和工作实际进行了大会交流；为落实“两个责任”，组织16个处室和直属单位主要负责人，分别作了大会发言和书面交流；为检验“市场大学”学习效果，要求机关每名干部撰写学习心得体会，并在支部交流的基础上，遴选代表参加全厅的大会交流。

作 风 建 设

厉行“三短两简（俭）”。以贯彻落实中央八项规定、省委六条意见为突破口，着力解决群众反映强烈的文山会海、三公经费开支过大等一些突出问题，取得明显成效。截至今年三季度末，省住建厅以鄂建、鄂建设规、鄂建文等下行文种发文数量，较去年同期减少40%；召开全省性会议1次，参会人数精简36%，会期压缩半天，领导讲话总时长压缩50%；“三公”经费较去年同期减少34%。

大兴亲民务实之风。扎实开展“在职党员到社区报到，为群众服务”活动，在职党员到社区报到率达到100%，实现了全员报到。切实增强与所在社区的沟通协调和联动共建，认真制定工作计划和活动方案，开展了机关干部到社区讲党课、联合整治辖区环境卫生、组织观看优秀影片、开展文明过马路志愿劝导等活动，受到所在社区党员群众的好评。

组织建设

按照“健全基本组织、建强基本队伍、开展基本活动、完善基本制度、落实基本保障”的要求，结合中央《条例》和我省《实施办法》的贯彻实施，着力加强党的基层组织建设，各级基层党组织的凝聚力、战斗力和创造力不断增强。

基层党组织建设逐步健全。根据工作需要和直属单位调整变化情况，对厅直基层党组织的设置及时进行调整和完善，批复成立了省住房保障局党总支，整建制转出了省建设工程招标办党支部，形成了4个党委、2个总支、59个支部的厅直机关党建工作新架构，使党组织设置更趋合理，结构更加优化。今年初，为切实落实“一岗双责”要求，我们结合党的群众路线教育实践活动，对厅机关党支部进行了优化设置，将“支部建在处上”。当前，厅机关16个党支部书记全部由处长担任，切实做到党建工作任务与业务工作“两手抓、两手硬”。积极开展党建示范创建，在厅直属单位中开展“党建工作先进单位”评选，在全厅党组织中开展“十佳红旗党支部创建”，充分发挥基层党组织战斗堡垒作用。

省住建厅党建工作的实际成效得到了上级党组织的充分肯定，2014年“七一”，再次被省委表彰为“党建工作先进单位”。

党委(支部)班子建设不断加强。根据各级领导班子和领导干部不断变化情况，及时对厅机关各支部和厅直单位党组织的负责人进行了充实、增补和调整。同时采取以会代训、举办专题培训班和党校轮训等多种方式，对党务干部进行系统、集中学习培训。对党委(支部)工作职责、目标任务和基本制度作了进一步明确，基层党建工作程序日趋规范。坚持支部工作目标管理制度，定期组织实施考核和讲评，各支部责任意识明显增强。高度重视“三会一课”制度、民主生活会制度、民主评议党员制度和思想汇报制度等各项制度的落实，党组织生活不断丰富完善。根据统一部署安排，近期厅机关各党支部和直属各单位党组织分别召开了组织生活会，对本支部党员进行民主评议，厅领导班子成员以普通党员身份过双重组织生活，向支部党员做党性分析，接受群众评议。

党员教育、管理、服务和发展工作日益规范。注重强化对党员的教育、管理、服务和监督，严格党内组织生活，建立健全了党员干部立足岗位“创先争优”的长效机制。严格按照有关规定，认真做好党费收缴、使用和管理工作。认真做好党员发展工作，确保发展党员质量，2014年，全厅共新发展党员121名。同时，积极组织党务干部参加省直机关工委和省住建厅自行组织的各类培训。按要求组织机关党委书记参加了省直机关北大培训班，机关支部书记和其他兼职党务干部分批次参加了省直机关支部书记培训班和省住建厅组织的专题研讨培训班。注重抓好入党积极分子的教育培训，落实科级干部党校学习各项要求，全年安排9名科级干部到省直机关工委党校培训学习。

充分发挥群团组织的桥梁纽带作用。厅机关工会积极开展健康有益的球类比赛、健康讲座等文体活动，活跃了机关的文化生活，增强了机关的凝聚力。团组织充分发挥党的助手和后备军作用，积极开展形式多样、丰富多彩的青年活动，厅机关团委先后3次被团省委和省直机关工委表彰为先进团组织。厅机关妇工委深入开展“巾帼建功”等活动，鼓励女职工自强、自立、自重、自爱。

制度建设

建立健全机关党建工作责任制。严格落实党建工作责任，明确机关处室、直属单位的主职为党建工作第一责任人。厅机关党委年初召开机关党的工作会议，年中召开党建工作座谈会，开展中期评估，机关党委书记向各级党组织负责人、工青妇相关负责人作工作报告并通报情况。机关党支部、直属单位党组织按时向机关党委报告党建工作情况；机关党委不定期向省直机关工委报告工作动态，并按期报告党建工作目标完成情况。

落实党风廉政建设主体责任。厅党组印发了《关于落实党风廉政建设党组主体责任和纪检组监督责任的意见》，进一步建立和完善部门党组（党委）负总责、党组（党委）书记带头抓、分管领导具体抓、机关党委抓落实、行政负责人“一岗双责”的党建工作责任体系，建立健全科学的机关党建考核评价体系。严格落实领导干部个人重大事项报告制度、述职述廉制度、诫勉谈话制度和经济责任审计等各项规章制度，结合领导班子考核，组织主要领导在全体干部大会上述职述廉。机关党委和机关纪委认真履行主体责任和监督责任，机关纪委书记由机关党委副书记兼任、由监察室主任担任，切实加强对党员领导干部落实党风廉政建设责任制的监督。按照有关要求，省住建厅实行了机关党委专职副书记列席厅党组会议制度，充分发挥机关党组织的协助和监督作用。

推进制度建设“立改废”工作。坚持从源头抓起，建立规制，着力打造“法治住建、服务住建、阳光住建和廉洁住建”。厅党组研究制定了《省住建厅关于加强制度建设工作实施方案》，拟定了制度建设计划，内容涉及党的建设、机关作风建设和干部管理等方面。目前已制定出台《省住建厅党组民主生活会制度》、《省住建厅“三重一大”决策制度》、《省住建厅机关干部作风建设考核评价实施办法》、《省住建厅领导干部深入基层调查研究制度》、《省住建厅党员领导干部联系服务群众制度》、《省住建厅治庸问责明察暗访制度》，以及干部选拔任用、公务用车、公务接待、因公出国（境）等方面的制度与规定共计18项。

精神文明建设

培育和践行社会主义核心价值观。年初，印发了《全省住建系统2014年精神文明建设工作要点》，坚持把社会主义核心价值体系建设贯穿于精神文明建设全过程，在办公楼大厅、各个会议室、宿舍区、厅门户网站等设置宣传标牌标语，发放宣传册，深化社会主义核心价值体系的学习宣传和实践。全省住建系统围绕十八大提出的“三个倡导”的要求，将宣传教育、示范引领、实践养成统一起来，推动社会主义核心价值观内化于心、外化于行，成为广大干部职工的价值追求和自觉行动。结合住建工作实际，把社会主义核心价值观融入城市规划建设管理，并形成住建品牌，在8月份省委召开的文明湖北建设推进会上，尹维真厅长作了经验交流发言。积极推进窗口单位和行业服务文化建设，引导干部职工增强服务意识，提高服务技能，打造服务品牌。

推进思想道德和诚信体系建设。狠抓思想道德建设。深入贯彻落实《公民道德建设实施纲要》，广泛开展学习宣传道德模范活动，在广大干部职工中形成知荣辱、讲正气、作奉献、促和谐的良好风尚。积极开展“10.17扶贫日”捐款和“再交一次特殊党费”活动，厅领导带头捐款，党员干部和职工踊跃参加，厅机关和厅直单位共募集捐款137320元，是湖北省直机关捐款最多的单位之一。省标准造价管理总站倡导发起“捐资助学”活动，共募集资金约150万，为湖北10所高校近300名学子提供资助。各地通过网络、板报、电子屏等多种形式，大力营造活动氛围，宣传建设行业先进人物事迹，讲身边的人，讲身边的事，激发了干部职工干事创业的热情。我省住建领域1人荣获全国道德模范提名奖，宜昌建筑工人谭学军“背着母亲去打工”的事迹广为流传，为促进建设行业良好道德风尚的形成注入了正能量。按照部文明办和省文明办的统一部署，在供水、供气、城市管理、公园景区等行业开展了道德领域突出问题专项教育和治理活动。积极开展公益广告宣传和志愿服务。积极配合地方文明办做好建筑围档公益广告。结合行业特点，整合各类志愿服务组织，建设了一批服务项目多样化、服务流程规范化的行业志愿服务队伍，推动了“学雷锋精神，树文明新风”志愿服务活动深入开展。

开展群众性精神文明创建活动。全省住建系统结合行业特点，创新载体，改进方法，深入推进文明创建活动。厅机关配合辖区积极参与武汉市争创全国文明城市相关活动，并坚持从细胞抓起，修订了文明处室、文明职工创建考评办法，增加了每季度检查考评和基层单位、服务企业测评项目，进一步健全了精神文明创建考评的程序和方法，调动了机关文明创建的积极性；厅城建处、公积金处突出行业特色，与省文明办开展联动联促活动，大力推进文明行业创建工作，推出一批行业文明窗口。各地住建部门以“服务人民、奉献社会”为主题，普遍开展了文明行业、文明单位、文明工地、文明小区、文明景区等创建活动，摸索和积累了许多好的经验做法，涌现出了一大批精神文明建设先进单位。2014年，省住建厅向省文明办推荐申报了16个单位为全省住建系统文明行业创建活动示范点；全系统各单位积极参加所在地组织的文明创建活动，一批单位获得了各级文明单位荣誉称号。

文明处室、文明职工评选表彰。组织开展了2014年度文明处室、文明职工评选表彰活动，厅机关共有8个处室被评为文明处室，49名个人被评为文明职工。

文明处室：办公室、政策法规处、城乡规划处、村镇建设处、住房公积金监管处、计划财务处、人事处、行政审批办公室

文明职工：胡小平、黄弢、陈红、顿德爱、陈建军、樊伟、汪华、邱实、徐俊、刘铁军、蒋红翠、唐先国、李振、刘良栋、康忠荣、杨锦、熊菊珍、寿燕、刘宏涛、栗圻文、张怡、张忠诚、杜伟、杨晓晶、何晓霞、石世华、高璟婕、吴俊、胡青平、许丙林、田森林、伍桂花、汪周淳、李平、宋志祥、辛海铭、白建明、郭亮、乐宁、柯萍、景琼、滕清柱、许娜、孙平、丁燕、刘罡、黄银雪、刘姝、段晶坤

城市建设档案

城建档案法规和标准化建设 完成《湖北省城市建设档案管理办法》（省长令第127号）的修改工作，并于2014年12月31日以《湖北省人民政府关于规章清理结果的决定》（省长令第378号）公布施行。该令是根据国务院转变政府职能的工作部署和省委、省政府党的群众路线教育实践活动整改要求，对现行有效的规章清理结果进行了研究后决定出台的，为今后的城建档案工作创造了良好的法律环境。完成了厅规范性文件的清理工作，对废止了的规范性文件，今后不再作为行政管理活动的依据。在《关于印发规划许可、施工许可、竣工验收备案、房屋登记等四项政务服务事项办理指南的通知》中将城建档案作为竣工验收备案事项的报备条件之一。

组织开展《湖北省城镇地下管线信息系统技术规范研究》项目的研究，并作为湖北省软科学项目研究上报住建部。该项目研究的目的是通过《湖北省城镇地下管线信息系统技术规范》的制定，能够统一湖北省城镇地下管线信息系统建设的技术要求，规范数据采集、数据建库和动态管理的数据内容、数据格式、数据质量，保证系统安全运行，提高共享服务质量，有效提高湖北省城镇地下管线的建设与管理水平，保障地下管线的安全运行。

与中地公司、省测绘局遥感院、武汉大学、武汉科岛公司等单位合作，开展了《湖北省城镇地下管线信息系统技术规程》地方标准的起草工作。

组织开展地下管线普查工作 按照《国务院办公厅关于加强城市地下管线建设管理的指导意见》（国办必〔2014〕27号）的部署安排，切实加强城市地下管线建设管理，保障城市安全运行，提高城市综合承载能力和城镇化发展质量，指导全省地下管线普查工作的开展。参与了潜江市地下管线普查成果验收并启用的工作；十堰市、武汉市蔡甸区按照工作安排，对城市地下管线进行二期普查；荆门市地下管线普查外业探测工作完成，正在进行数据整合和系统安装；谷城县地下管线普查准备工作已经完成，正式进入招标程序。

城建档案异地备份 2014年，湖北与吉林两省继续开展城建档案数据异地备份工作，孝感与梅河口市城建档案馆分别进行了互访，通过开展异地档案备份工作，不断拓宽两省在城建档案领域的交流、合作、开发。

城建档案馆库建设 2014年，全省城建档案管理机构无论在馆库建设、办公用房、办公设备配备上都有极大的改善，基本实现了办公自动化。襄阳市、鄂州市、孝感市等地利用上级主管局机关兴建办公大楼的时机，实际建成馆库分别为9030平方米、2217平方米、1824平方米，改善了办公条件和馆库用房。

城建档案信息化建设 2014年，城建档案网站全面升级，省城建档案网站的点击率达到了24.8万人次，上传信息329条，保证了网站信息更新，为社会各界上网查询城建档案提供了便利快捷的服务。2014年有2家城建档案馆新增城建档案管理系统。

建设工程项目接收利用 为加强城建档案工作的业务建设，提高城建档案的标准化、规范化、科学化管理水平，按照《城建档案业务管理规范》(CJJ/T 158-2011)行业标准和《关于印发〈湖北省建设工程竣工档案编制及报送规定〉的通知》(鄂建〔2010〕92号)的要求，规范建设工程项目的收集和移交、整理、保管，确保建设工程项目档案的完整、准确、及时接收进馆。一年来，全省各级城建档案管理机构共接收档案14万卷，接待1.1万多人次查询各类档案，提供利用各类档案3万多卷(册、张)次。

城建档案编研成果 2014年，全省各城建档案管理部门在抓业务工作的同时，不断探讨和研究档案管理工作，提高档案管理水平，一年来各城建档案馆完成成果编辑22册，编辑PPT资料10多部，拍摄专题片16部，武汉、宜昌、襄阳、孝感、随州等6家单位编印图册8本。

业务培训 2014年，为了加强城建档案工作的业务建设，提高城建档案信息化管理和应用水平，我们在深圳举办了“湖北省城建档案业务管理系统培训班”。培训班围绕“培养馆内信息化管理人才，交流信息化建设经验”这一主题，有针对性的从软件、硬件两方面深入浅出的分析了城建档案馆信息化建设的一些方案设计及经验案例，对城建档案馆在系统操作过程中遇到的问题进行了详细讲解。各城建档案馆技术人员根据馆内业务管理与系统使用情况与伟图工程师进行深入交流与探讨，并将自己馆内的新技术、管理模式、工作经验等与他人分享，全省各市城建档案馆分管领导和专业技术人员70多人参加了培训。

为推动城建档案信息化、数字化建设，提高我省城建档案管理人员技术水平和业务技能。我们组织全省城建档案馆业务骨干近60人到珠海市参加住建部科技与产业发展中心举办的——城建档案信息化技术交流暨国家标准(建设工程文件归档规范)宣贯会。

组织相关城建档案馆专家对全省城建档案持证上岗教材进行重新修订，在各位专家的努力下，形成《城建档案专业基础知识》、《城建档案专业管理实务》和《城建档案法规标准选编》3本系统教材，以内部资料正式出版。

继续组织全省城建档案从业人员参加城建档案管理员持证上岗和继续教育培训工作，举办城建档案管理人员培训班 3期，培训持证上岗人员549人；继续教育培训班3期，参加继续教育人员304人。培训考试成绩合格者，由省住建厅统一颁发岗位培训合格证书，作为城建档案管理从业人员持证上岗的凭证。

市州建设概况

- 武汉市建设
- 黄石市建设
- 襄阳市建设
- 荆州市建设
- 宜昌市建设
- 十堰市建设
- 孝感市建设
- 荆门市建设
- 鄂州市建设
- 黄冈市建设
- 咸宁市建设
- 随州市建设
- 恩施州建设
- 仙桃市建设
- 潜江市建设
- 天门市建设
- 神农架林区建设

武汉市建设

武汉风貌

城市建设

2014年，城建攻坚投资突破1500亿元，地铁、路网等重大基础设施建设取得新突破，城市承载力显著提升。全年城建重大项目竣工19个、开工17个、续建33个。完成全年城建攻坚投资目标1515.64亿元，比上年增长9.83%，占全社会固定资产投资计划(7000亿元)的21.65%。

基础设施建设 2014年，轨道交通有10条线在建或开工、竣工：4号线二期通车，三镇全部实现地铁连通；地铁向新城区加速延伸，1号线汉口北延长线5月建成通车，机场线、29号线、21号线、27号线开工建设。

快速路、主干路建设之二环线实现全线主体结构贯通，其中墨水湖北路段、鹦鹉洲长江大桥正桥及汉阳、武昌接线具备通车条件。三环线加速实行综合改造，北段改造完工，西段改造基本实现主线结构贯通。同时，姑嫂树路改造、机场高速、长江大道(范湖——湖滨花园)、李纸路一期、沙湖大道等一批放射路、主干路工程建成，中南与中北路景观大道工程春节前主体基本建成，长江大道(三环线——青年路)和光谷大道快速化改造、武咸公路高架和21号公路维修改造、古田四路北延工程开工建设。东湖通道、东风大道改造、长丰大道等工程抓紧推进。

鹦鹉洲长江大桥建成，成为全市第八座长江大桥。杨泗港长江大桥、三阳路过江通道、江汉二桥拓宽工程开工建设。江汉六桥主体结构贯通。

城建体制机制改革 2014年，市政府出台城建攻坚项目建设综合考核办法(试行)，9月份正式启动综合考核工作，市区共建格局实现制度化、常态化。各区城市基础设施建设投资力度加大，2014年区级城建攻坚完成投资587亿元，占全市城建攻坚投资的39.13%，全年可

建成200条区级道路(截至11月底已建成119条)。

为推进武汉市轨道交通持续快速发展，组织起草了《关于轨道交通建设管理体制的规定》、《关于支持地铁建设的土地资源筹集意见和方案》，已经市政府常务会审议通过。地铁集团与新洲、黄陂、江夏等区分别签订了21号、27号线的共建协议，29号线由东湖开发区负责自建并已开工。

配合相关部门和平台公司开展城建债务清理工作，起草了《关于城市基础设施建设筹融资改革的意见》，初步形成了支持城建发展和投融资的主要思路。指导平台公司完成筹融资任务，通过实施城建财政资金“拨改租”改革，累计为平台公司融资172.7亿，有效增强了城建融资能力。

新型城镇化建设 2014年，创新村镇建设资金分配方式，通过竞争性分配，集中资金重点支持13个街镇(3个省定的示范街镇和10个市级特色镇)的建设，按照“建一片、成一片、亮一片”的要求，加快推进“四化”同步示范片小城镇建设。同时，实施村镇建设项目86个，新创建省级宜居村庄20个，两个传统村落(黄陂区李集街泥人王村和木兰乡大余湾村)被列入中央第一批配套补助资金范围。

城市管网建设统筹 2014年，推进管线与道路同步建设，稳步开展管线综合设计，提请市政府印发实施了《关于进一步加强全市城市管线建设管理工作的意见》。同时，组织研究武汉市城市地下管线信息平台建设，确定了1+3+N的平台建设方案，已完成可研报告并通过了专家论证，着手采购招标。

规划和国土资源管理

2014年，全面深化行政审批制度改革。将31项行政服务事项移交市民之家窗口受理、办理，并将22项具体事项移交窗口直接办结。国土规划服务窗口连续第二年获得全年综合绩效评比全市第一。

全年核发选址意见书622本，总用地面积3620.7万平方米；核发建设用地规划许可证848本，总用地面积4170.6万平方米。核发建设工程规划许可证1367本，总建筑面积6333.9万平方米，管线长度26.9万米；核发建设工程竣工验收规划条件核实证明907本，建筑面积4105.4万平方米，管线长度2万米。

完成了新一轮基本农田划定工作，耕地保有量、基本农田保护面积均超过省国土厅下达目标。完成省国土厅下达300公顷增减挂钩项目上报任务，验收归还指标56.9公顷。组织实施新增高产农田项目22个，面积15.8万亩，计划投资金额约3.8亿元。

探索建立全市统一的自然资源保护管理体系，完成了《武汉市自然资源资产产权制度研究报告》。启动全市不动产统一登记前期工作，开展了《不动产登记技术规程》、《不动产权能研究》等课题研究。完成全市宅基地和集体建设用地使用权确权登记发证外业调查，涉及集体建设用地1.2万宗，宅基地80余万宗。全市办理各类土地登记19.8万宗，登记面积9486万平方米。

出台缩小征地范围试点项目的指导意见，试点范围扩大到全市6个新城区。起草上报了《武汉市征收土地中青、鱼苗及地上附着物和其他有关设施补偿实施指导意见》、《武汉市集体土地征收中留地安置实施指导意见》。发布土地征收公告125份，面积776公顷；发布征收土地补偿安置方案公告280份，面积1156公顷；审批《征收土地补偿安置方案》348份，面积1298公顷；核发建设用地批准书313份，面积908公顷。

研究制订《武汉国有土地上房屋征收与补偿操作指引》，提出具体规定130条，属全国首创，得到部、省肯定。建立了全市征收(拆迁)例会制度，组织房屋征收上岗人员培训2000余人次，核发征收上岗证1737个。全年完成房屋征收(拆迁)41582户，房屋面积438万平方米。

通过排查确定地质灾害隐患点25处，处置突发性地质灾害隐患10次，进一步完善了地质灾害气象风险预警预报系统，办理《建设工程项目地质灾害危险性评估报告》备案165宗，全面完成了年度地质灾害防治工作。武汉市及所辖区矿政管理信息系统正式投入运行。实施的矿山地质环境治理示范工程受到国土部汪民副部长和省市领导的充分肯定，2014年再获国家2.16亿元资金支持，将对9处矿区进行治理，治理面积6.8平方公里。认真开展矿业权年检，关闭年检不合格矿山12家。

全年完成测绘资质审查25项，地图编制审批30项，涉密基础测绘成果使用审批63项，测绘项目登记472项。完成2014年“问题地图”专项治理，对《武汉空港之旅》等4起违法违规地图进行了查处；完成94家测绘单位注册登记工作；开展了市属128家乙、丙、丁级测绘资质单位复审换证，通过审核123家；完成了17家测绘单位的测绘产品质量监督检查。组织武汉全国少儿手绘地图大赛，14幅作品获国家奖励。

土地矿产卫片执法检查顺利通过部、省验收；完成年度土地变更调查，违法用地占耕比例为7.69%；完善土地变更调查与卫片执法信息系统，将青山、东西湖等7个区扩大纳入了监控试点。查处土地违法案件477起，违法面积581公顷；违法建设案件47起，违建面积21.2万平方米。推进了“171”重点工程项目集中清理处置、小产权房清理、房屋“两证”历史遗留问题办理等工作。平稳有序完成查违职责调整和移交工作。积极推进规划卫片执法工作，顺利通过住建部稽查办对重点图斑的核查。

《武汉市城乡规划条例》2014年4月20日由市人大常委会公布，并于7月1日正式实施。《武汉市建设工程规划管理技术规定》(市政府248号令)于4月1日实施。《关于老旧小区新增停车配套设施规划管理暂行规定》、《武汉市规划管理建筑面积计算技术规定》等6件规范性文件公布实施。对外公布行政权力和政务服务事项112项、通用权力7项。

规划设计　2014年，按照市委市政府《关于落实武汉2049远景发展战略的实施意见》的要求，围绕8个大项23个子项的重点任务实施规划编制。开展了《城市总体规划》、《土地利用总体规划》、《城市综合交通规划》修编评估，组织完成《武汉市新型城镇化规划》等一系列重大规划编制。

完成《国家中心城市重点功能区体系规划》。起草并报请市政府印发《关于加快推进重点功能区建设的意见》。指导各区开展重点功能区实施性规划编制，二七滨江、武昌滨江、青山滨江、汉正街、杨春湖、四新、归元等7个功能区的实施性规划编制完成，并通过市规委会审查，初步构建了由“重点功能区——次功能区——更新提升区”组成的功能区实施体系。围绕新城中心、工业示范园、郊野公园等重点功能区，开展了新城区实施性规划编制。

基本完成《全域生态框架保护规划》编制，初步实现基本生态控制线市域全覆盖。组织起草《关于加强基本生态控制线管理的实施意见》、《都市发展区基本生态控制线内既有项目清理及处置意见》，并报请市政府印发施行。开展了《武汉市基本生态控制线管理条例》立法调研，启动了《武汉市生态绿化工程三年行动规划》编制，完成了《三环线城市生态带实施性规划》、

《园博园周边地区生态景观整治规划》编制工作,《后官湖生态绿楔保护与发展规划》和《大东湖湿地公园系统规划》通过市规委会审查和市政府审批。中法生态城相关规划工作得到省市领导的高度评价。完成全市16个历史文化风貌街区保护规划的编制(优化)工作。《关于加强历史文化名镇名村保护和可持续发展工作的意见》和《武汉市历史文化名镇名村评选办法(试行)》报请市政府印发施行,这是武汉市首次就历史文化名镇名村保护出台的规范性文件。

开展《武汉地铁城市规划研究》,完成《轨道交通建设规划(2014—2020)》,申报新增规模173.5公里,2020年规划总里程400公里。在全市率先完成第一个2049专项——《轨道交通线网规划(2014—2049)》,规划至2049年将形成25条线路总长1045公里的轨道交通线网。按照市政府治理交通拥堵的工作部署,研究制定了2014—2017年常规公交线网结构性调整实施方案及主城区公交专用道三年行动方案,引导公交都市建设。《武汉市电动汽车充电桩布局规划》获市政府批复,支持新能源汽车推广应用。编制了《交通市政基础设施五年行动计划及年度实施计划》,统筹解决市政规划与建设脱节等问题。

力推“美丽武汉”建设,编制完成《主城区空间形象规划》、《主城区建筑色彩和材质规划与管理研究》、《武汉市城市设计论证编制技术规程》、《城市设计空间管控用图》,构建城市有序空间、彰显城市个性魅力。会同相关部门开展了《全市体育设施空间布局规划》、《两江四岸旅游规划》、《新城区湖泊“三线一路”规划》、《武汉市主体功能区规划》等专项规划编制。

加大报批力度,《武汉区域金融中心空间布局规划(2014—2030年)》等13个项目获市政府批复。作为依法实施规划管理的重要依据,65片主城区和155片新城组群控规导则获市政府批复。组织召开市规委会会议5次,审议了《中山大道整治交通规划》等33个重点项目。“一张图”系统实现了市域全覆盖,基本构建了两规合一的“一张图”管理体系框架。

在全国优秀城市规划设计评奖中,全市国土规划系统获得一等奖2项、二等奖5项、三等奖15项,在全国规划行业系统内获奖排名第一,在市级层面上仅次于北京、上海,排名第三。

土地管理 2014年,建立新增建设用地项目库,实施用地计划精细化管理。上报建设用地总面积5261公顷,其中新增地4286公顷;获批建设用地总面积3978公顷,其中新增地3176公顷。新城区实现区级计划的55%用于工业项目,74%的工业用地计划位于工业示范园区。

编制年度土地储备计划、国有建设用地供应计划。起草了《关于进一步加强全市土地资产经营管理工作的实施意见》,并报市政府印发施行。启动13家未进入土地储备机构名录打包平台单位“统借统贷”工作,完成5家分中心共38宗6773亩的土地储备项目划转变更和委托手续。

市土地储备中心累计取得22家金融机构授信额度610亿元,新增贷款规模289亿元。投入储备资金294亿元,为历年同期最大规模,重点实施了二七滨江商务区片等5个重点功能片区土地储备工作,完成土地储备4888亩,收回市供销社、汉钢等国有企业900亩土地使用权。

进一步规范土地公开出让行为,土地网上交易实现全市域、全类型、全天候覆盖。全市成交土地626宗,面积44604亩,成交金额725亿元。

加强土地利用管理,审议通过供地项目787宗,用地面积3579公顷。对927个建设用地进行了供后巡查,实现建设用地供后开发利用的全程监管。开展了新城区新增建设用地批后核查，配合武汉督察局完成节约集约用地督察核查工作，获批新增建设用地供地率达到省国土厅目标要求。配合国家审计署驻武汉特派办完成土地出让收入和耕地保护情况专项审计工作。完成都市发展区土地级别与基准地价更新工作。

推动土地节约集约利用，完成3个国家级开发区、7个中心城区和汉南区等11个区的发展方向划定和土地集约利用评价，评价范围753平方公里。2013年度全市单位GDP地耗降低率为8.9%，下降率连续3年高于省国土厅下达目标。全市闲置低效用地处置率88.3%，超额完成省国土厅下达78%的目标要求。起草上报《市政府关于进一步加强土地供应管理促进节约集约用地的通知》，研究制定《建设用地节约集约用地标准》。东西湖区获全省土地利用绩效考核优秀集体。

服务重大工程建设 2014年，武汉市建设局对园博园、天河机场三期、省委党校、华星光电、襄阳大厦、地质博物馆等一大批重点项目进行审批协调。完成东风本田扩建、“926工程”等项目的建设用地预审，金口污水处理厂、沌口长江公路大桥等项目规划落实方案的审查和报批工作。清理全市近5年全部市政项目875项，形成了《关于推进武汉市市政基础设施土地管理工作的报告》。

推进“三旧”改造。制订发布《区级“三旧”改造规划纲要》，组织7个中心城区编制完成区域“三旧”改造规划，全部通过审查，启动首批“三旧”改造单元规划工作。制订了城中村改造奖励还建用地（调剂用地）、产业用地管理等政策。完成长丰村、罗家墩村、仙山村、老关村等“老大难”城中村改造项目的规划审批和挂牌工作。

编制了《武汉市标准化菜市场空间布局规划（2014—2020年）》、《主城区公益性设施实施性规划》等专项规划。落实中心城区保障性安居工程项目用地166.4公顷。编制完成《武汉市2014年保障房选址规划》，规划纳入保障房项目库105个项目，总计保障房约11万套（户）。配合建设筹集保障性住房84808套，基本建成48179套，为汉正街改造、江岸沿江商务区、雄楚大街快速化等市级重点工程项目提供安置房源，保障项目顺利实施。

水务建设

2014年，全市水务建设完成涉水市级投资40亿元。在排水3年计划、污水5年计划的基础上，2014年底，市政府审议通过了《中心城区排涝、治污、供水二年决战行动计划》。

城市防汛抗旱 2014年对汛前排查出的98处各类防洪安全隐患逐一落实防护措施，及时整治17处重点险情；加强山洪防治工作，完成新洲倒水李集河段、汪集河段和黄陂滠水前川河段等中小河流治理，整治长度37.8公里。7月19日，长江水位超设防，全市严格执行防汛四级应急预案，落实防汛责任、防守措施，确保了全市安全度汛。全力做好蓄水保水，全市库塘蓄水总量6.04亿方，在今年鄂北、鄂中等多地发生较严重旱情的情况下，全市抗旱形势稳定，新城区生产生活用水充足。

城市排渍 2014年加强排水设施维护，疏浚排水管涵4900余公里，超额完成2200公里的年度计划；维护排水井85万座、更换井盖1万余座，有效发挥现有设施效能。加强排水设施监管，对重大项目从设计阶段介入审查会商，从源头保障排水设施安全。组织全市首次大规模排渍应急演练，通过演、练、看、考等形式，提高排渍应急处置能力。解决及缓解云林、蔡家田等29处社区渍水，实施百灵、七里庙等社区易渍水车库改造，并制定应急预案。2014年雨季

汛期，全市总降雨量1046.9毫米，降雨104次，其中暴雨1次，强降雨期间，全市没有发生较严重、大面积渍水。

城市供水 2014年上半年，受汉江水体自净能力下降、上游来水污染等因素影响，武汉市汉江沿线部分水厂取水水源污染导致停水。事件发生后，市政府主要领导和分管领导全面调度、一线指挥，第一时间启动供水应急预案，积极应对，有效控制了事态扩大，保证了社会稳定、市民供水安全。同时举一反三，积极提高供水安全保障能力，完善《武汉市中心城区供水突发事件应急预案》，提升应急处置能力；全面推进饮用水水源地安全隐患排查整治工作，完成宗关、琴断口等8个水厂饮用水水源地隔离防护工程。指导协调供水企业提高供水安全保障能力，将对现有供水厂进行整合、改造，提升制水工艺。

排水3年攻坚计划续建工程 2013年启动实施排水3年攻坚计划，一批项目建成受益。2014年底累计完成投资49.1亿元，罗家路（二期）泵站扩建、长江大道排水、台北路排水、罗家港整治等25项排水工程建成受益；长江隧道排水工程等14个项目加快推进；改善了韦桑路、东湖及沙湖周边地区、武汉火车站地区等40余处渍水点排水条件；全市累计新增排水干管200公里，排水管网达到4300余公里，新增泵站抽排能力190立方米/秒，总抽排能力达到958立方米/秒；整体排水能力有效提高。

主城区污水处理5年计划续建设工程 2014年，累计完成投资47.3亿元，龙王嘴污水处理厂扩建项目投入运行，黄浦路、三金潭等5座污水处理厂改扩建工程加快实施；全市累计新增污水管网400公里，达到1700公里；新增污水处理能力15万吨/日，达到203.5万吨/日；累计新增入湖污水截流能力25万吨/日，东湖、南湖、汤逊湖等一批市民反映多年的入湖排口实现截污；污泥处理处置填补空白，污泥处理能力达到700吨/日，污泥无害化处置率达到60%以上。

防洪与滨水环境建设 2014年，延伸江滩百里生态画廊。创新江滩建设理念及模式，实施武青堤生态缓坡式堤防建设，滨水景观与城市环境自然相融，并采用BT模式利用社会资金，融资进行江滩建设；青山段一期项目主体工程完工，二期启动实施；汉江硚口江滩三期、汉江汉阳江滩二期、长江客运港段江滩建设全面推进；2014年全市在建“两江四岸”江滩总面积达230万平方米，建设长度达18公里。完成江河文化公园和舵落口公园建设项目主体工程，新增堤防绿地23.3万平方米。启动“7.16”横渡长江文化展示厅建设，汉口江滩获批国家级节约型公共机构示范单位，江滩管理再上新台阶。堤防管理取得新成效，蔡甸区河道堤防管理总段以946.7的高分通过国家级水利工程管理单位复核，蔡甸经验在全市推广，组织开展了全市堤防管理千分制考核。

湖泊综合治理 2014年，多措并举强化湖泊治理，努力恢复湖泊生态功能。南湖清淤143万立方米，岸线整治和环湖步道工程启动实施；菱角湖、晒湖、西湖、道士湖、竹叶海、鲩子湖生态修复全面推进；江夏金口郭家湖修复成效初显，实现经济与生态的双赢；硚口区高标准建设竹叶海生态湿地公园，建成后19个水塘将连成湖面。2014年全市24个湖泊共29个环湖路项目在建，年内新增环湖路12公里。

新城区湖泊“三线一路”保护规划全面编制完成，全方位锁定了全市166个湖泊的水域“蓝线”、环湖绿化“绿线”、规划控制“灰线”。建立“一湖一档”，并有针对性地研究“一湖一策”；完成《武汉湖泊志》并出版。积极探索应用遥感、视频等科技手段，加强湖泊动态监管，对湖泊敏感区域、重点部位进行视频监控。严格湖泊执法，出动湖泊巡查人员近3万人次，车辆9千台次；处理涉湖举报138起，对10余处疑似填湖地段实地勘测，全市未发生恶性违法填湖事件。

农田水利建设 2014年，加大农村排灌港渠整治力度，完成1163公里1个流量以上主干渠清淤整治。中央投资农田水利项目建设成效显著，小农水重点县、大型灌区续建配套与节水改造、规模化节水示范等工程年度建设任务全面完成。市级投资重点农田水利项目加快实施，完成大军山等5条大型排涝泵站主引水港综合整治、30座病险水库除险加固、181处骨干泵站更新改造等工程，涨渡湖蔬菜板块、东山水利现代化、十八家泵站扩建等水利基础设施配套重点项目全面推进。

采砂执法 2014年，武汉市积极创新执法机制，开展采砂执法“清江行动”联合武汉海事局、长航公安局武汉分局、武汉市水上公安分局及沿长江的汉南、江夏、洪山、汉阳、武昌、青山、新洲等7个辖区水务局组成联合执法专班，采取“重点水域集中打击、易发水域靠前打击、日常巡查常态化、执法打击经常化”的模式，持续开展半年的专项执法，保持高压严打态势，共开展市级大型联合执法19次，依法查处各类违法涉砂船只100余艘，非法采砂现象得到有效遏制。

勘察设计

2014年，全市共审查完成建筑工程施工图1018项，其中市管63项，区管955项，涉及单体总栋数5088栋，总建筑面积达5387.82万平方米，估算总投资额达753.82亿元。通过审查，查出并纠正违反强条总数348条。

全市共审查完成市政工程施工图431项，其中市管项目154项，区管277项，总投资约476.5亿元。勘察文件审查合格332项，其中市管项目140项，区管项目192项全市共审查完成市政工程施工图282项，通过审查，查出并纠正违反强条数8条。

2014年，有13家综合类甲级勘察单位、20家甲级勘察单位、9家乙级勘察单位、2家丙级勘察单位共44家勘察企业参与了武汉市881个工程项目的勘察。有6家综合类甲级设计单位、131家甲级设计单位、22家乙级设计单位、2家丙级设计单位共161家设计企业参与了武汉市1018个工程项目的设计。全年未发生因勘察设计质量导致的重大安全质量事故，全市勘察设计质量总体可控。

2014年武汉市建筑工程施工图设计文件审查总体情况统计表

区域＼参数		项目数（项）	栋数（栋）	建筑面积（万平方米）	估算投资额（亿元）	违反强条数（条）	平均每项违反强条数（条/项）	平均每万平方米违反强条数（条/万平方米）
中心城区	江岸	56	332	505.80	73.98	22	0.39	0.04
	江汉	20	73	131.60	19.69	6	0.30	0.05
	硚口	21	116	208.34	31.50	13	0.62	0.06
	汉阳	60	390	449.03	64.35	25	0.42	0.06
	武昌	46	158	264.66	37.90	6	0.13	0.02
	洪山	54	367	484.21	71.44	17	0.31	0.04
	青山	21	107	198.74	29.67	22	1.05	0.11
	合计	278	1543	2242.38	328.53	111	0.40	0.05

续表

区域＼参数		项目数（项）	栋数（栋）	建筑面积（万平方米）	估算投资额（亿元）	违反强条数（条）	平均每项违反强条数（条/项）	平均每万平方米违反强条数（条/万平方米）
开发区	东湖	121	676	841.40	122.85	29	0.24	0.03
	沌口	131	435	311.40	41.70	50	0.38	0.16
	合计	252	1111	1152.80	164.55	79	0.31	0.07
新城区	江夏	104	558	458.63	63.54	6	0.06	0.01
	东西湖	132	630	686.61	89.68	56	0.42	0.08
	黄陂	92	510	476.57	64.06	58	0.63	0.12
	新洲	81	219	168.10	20.76	9	0.11	0.05
	蔡甸	79	517	202.73	22.70	29	0.37	0.14
	合计	488	2434	1992.64	260.74	158	0.32	0.08
总　计		1018	5088	5387.82	753.82	348	0.34	0.06

注:汉南区数据并入武汉经济技术开发区。

勘察设计管理　2014年完成2部技术性规范。完成了《武汉市居住建筑防控质量常见问题设计文件审查要点》、《武汉市房屋建筑工程地基与基础若干问题技术规定》和《基坑工程施工图审查要点》的编制,确保了建筑工程地基基础勘察设计质量,使各项政策法规、强制性标准及与地基基础安全稳定相关的技术标准在勘察设计和施工图审查中得到贯彻落实。

加强施工图审查管理办法制定和研究。认真做好新部令的贯彻实施工作,现已完成《武汉市施工图审查管理办法》(送审稿)。《管理办法》经广泛征求各方意见和建议,多次研究斟酌,修改完善,力求从制度上规范施工图审查行为。

强化工程质量专项治理两年行动方案的落实,结合自身工作实际,制定了《武汉市工程质量治理两年行动(勘察设计)工作方案》,为下一步工作明确了治理工作职责的责任和具体要求。

对2014年第一季度施工图审查查出的质量问题进行了清理,完成了2014年一季度房屋建筑工程施工图审查标准执行情况检查,并将检查清理结果向全市勘察设计单位和审查机构进行了通报。完成了2014年房屋建筑施工图审查行为和审查质量调审工作,共调审项目6项,其中保障性住房项目3项,查出审查机构漏审质量问题13条。与新城区联合进行了新城区所属项目的施工图审查行为和审查质量调审工作,共调审项目12项,其住宅项目9项、公建项目2项、工业项目1项。调审查出审查机构漏审质量问题64条,并督促相关责任单位对调审查出的质量问题逐一进行了整改落实。

加大对设计变更未经审查擅自施工违规行为的查处。全年共受理施工图未经审查或重大设计变更未经审查擅自施工的违法违规项目施工图技术评价8项,其中2项已移交市城建委综合执法部门处理完毕。

完善了违法违规项目技术评价处理程序,编制了相关表格文书,对各审查机构技术评价所用印章进行了统一规定,使技术评价工作得到了进一步规范。

政府投资工程前期审查　2014年,共受理政府投资工程评审85项,其中受理项目建议书9项,受理可行性研究报告30项,受理初步设计

46项。完成审查意见发文82项(包括终止项目4项,外委13项),其中完成项目建议书审查意见发文9项(包括外委2项),完成可行性研究报告审查意见发文30项(包括外委6项,终止1项),完成初步设计审查意见发文43项(包括外委5项,终止3项)。审查报送总投资约92.79亿元,审减约8.89亿元,审减率约9.6%。其中项目建议书报送匡算约5.78亿,审减0.19亿;可行性研究报告审查报送估算约50.56亿,审减3.26亿;初步设计审查报送概算约36.45亿,审减5.44亿。

建 筑 业

2014年,市政府常务会议审议通过《关于推进建筑产业现代化发展的实施意见》。深化工程施工现场综合监管改革,推行监管稽查制度,试行第三方安全管理咨询机制,工程质量和安全文明施工监管得到进一步强化,并按照全市治庸问责十个突出问题承诺整改的要求,全力推进工地施工扬尘污染治理。建筑节能和绿色建筑进一步发展,自7月1日起,新建的政府投资项目、大型公共建筑以及保障性住房均按绿色建筑标准进行规划、设计、建设和运营管理。全市新增可再生能源建筑面积1577.04万平方米,新增绿色建筑面积310.9万平方米,超额完成省级下达的目标任务。全年实现建筑业总产值5500亿元,增长约15%。

全市在建工地1998个(不含拆迁工地,储备地,水务、园林、交通工地),其中房屋建筑工地1696个,建筑面积10314.17万平方米,造价1786.44亿元;市政道路、桥梁、隧道及轨道交通工地302个,造价637.02亿元。覆盖非施工作业区裸露泥土36.6万余平方米,播撒草籽0.85万公斤;增设密目式安全网21.3万平方米;二环线内新开工程(出土工地)安装冲洗设施348台;新增围挡(围墙)9.2万平方米,修复或更换破损、缺失的围挡(围墙)2.35万平方米。中心城区内监管建设工程文明施工合格率达到97%,新城区内监管建设工程文明施工合格率达到90.5%。

完成绿色建筑试点示范创建项目及获得绿色建筑星级评价标识项目20个,建筑面积264.5万平方米,其中13个项目获得绿色建筑星级评价标识,建筑面积157万平方米;全市新增可再生能源建筑应用项目1323个,折算应用面积758.04万平方米。

建筑业企业 2014年,截至11月全市新增有资质的建筑业企业750家,扶持388家(其中晋升施工总承包一级资质39家)建筑业企业的资质获得升级,使全市即有资质的建筑企业总规模达4112家,武汉建工、新八建设集团等17家龙头建筑企业获得湖北省建筑业二十强企业和湖北省建筑装饰十强企业。

新七建设集团、东方建设集团、市政建设集团等龙头企业向国家住建部申请特级总承包资质。对综合实力强、市场信用好、发展潜力大的40家建筑业企业实施重点扶持和培育,指导企业资质提档晋级,扩大经营范围。

文明施工 2014年严格落实责任,强化目标监管。与各区建设局签订责任状,将控制施工扬尘污染承诺整改内容纳入年度安全文明施工目标考核范围。与在建工程参建各方签订文明施工管理责任书5300余份,明确建设单位总负责。督促在建工程项目编制文明施工方案并严格按方案组织实施,实行渣土外运管理人员值班制度和出土工地报告制度,基本形成了监管、建设、施工、监理“四位一体”的管理体系。

严格落实文明施工措施审查和现场踏勘等制度,做到开工一项,落实一项。坚持日常检查、夜间巡查、“飞行检查”、季度检查和检查情况通报制度。组织开展扬尘污染控制月度测评通报，大力整治施工区域非作业区裸土全覆盖。市、区建管部门出动检查人员35200人（次）、车辆21200台（次），巡查在建工地43460个（次），夜间巡查1924次，检查出土工地7421个（次）。对发现的不文明施工行为，实施网上公示曝光449项，下达整改通知书2895份，实施经济处罚352起，对16项次相关负责人实施全市建筑市场不良行为记录与公布。

制定重大不文明施工突发事件应急处置措施，严格落实武汉市雾霾天气应急响应，以及在重大事件中启动应急预案，在武网赛、综治会期间启动了中心城区工地停工的响应，市、区监管员，加强日查夜巡，确保应急预案的落实。

绿色建筑和可再生能源建筑 会同市发改委、市规划局、市环保局和市住房保障与房管局联合下发了《关于政府投资项目、大型公共建筑以及保障性住房全面执行绿色建筑标准的通知》（武城建规〔2014〕6号），明确自2014年7月1日起，全市行政区域内新建政府投资的国家机关、学校、医院、博物馆、科技馆、体育馆等建筑，保障性住房及单体建筑面积超过2万平方米的机场、车站、宾馆、饭店、商场、写字楼等大型公共建筑，应按绿色建筑标准进行规划、设计、建设和运营管理。花山生态新城、武汉四新开发区、王家墩商务区等省级绿色建筑集中示范区提档升级，为绿色建筑的成片规模化推广发挥了引领示范作用。

发布《武汉市绿色建筑设计基本规定》。完成《武汉市可再生能源建筑应用数据的数据监测平台》、《基于能效评价的地源热泵系统共性复杂技术问题及监管体系研究》的结题工作。起草《武汉市绿色生态城区建设导则（征求意见搞）》。完成《武汉城市圈可再生能源建筑应用发展规划及实施方案》初稿，《武汉市浅层地温能建筑应用资源分区与评估》等一批科研项目正在进行研究。

城 市 管 理

2014年，推进十大重点环境整治战役（道路清洗保洁战役、道桥设施整治战役、缺失井盖整治战役、占道及非机动车停放秩序整治战役、工地渣土整治战役、油烟噪声整治战役、广告招牌整治战役、架空管线整治战役、公厕环境整治战役、燃气安全整治战役）和十大文化创意景观建设工程（建设一批景观公厕、建设2条夜光景观街、巩固提升景观花街、管理维护4000条爱心长椅、美化一批道路边缘石、美化绿化一批施工工地围墙、建设10处景观式非机动车停放点、设置一批桥墩警示线、建设一批雕塑景观、提升一批楼顶景观），着力抓好城市顽症治理，提升城市文化景观水平，夯实城市管理工作基础，完善城市长效管理机制。

垃圾处理 2014年，完成锅顶山生活垃圾焚烧厂环保试运行报批工作；启动了长山口焚烧厂二期项目、垃圾填埋场飞灰专区项目、长山口水泥窑协同垃圾预处理项目前期工作；完成了《垃圾填埋场飞灰专区项目特许经营实施方案（送审稿）》的编制工作；完成了长山口水泥窑协同垃圾预处理项目规划选址、环评报告、初步设计等前期工作；全市生活垃圾无害化处理率达100%。

初步确立建筑垃圾资源化处理项目“3+6”的整体规划布局及大致选址；完成《建筑垃圾资源化处理项目特许经营实施方案》编制工作；启动了《武汉市建筑垃圾管理暂行办法》的修订工作。

完成餐厨废弃物收运系统与全过程信息化监管系统建设工程项目的立项批复、可研批复和初设评审，正在进行概算审查；完成了前两批餐厨废弃物收运车辆的采购工作和信息化监管系统的监理招标工作；汉口西部和武昌地区2座餐厨废弃物处置厂项目建设已完成封顶，正在进行设备安装。

公厕建设 2014年，结合国家卫生城市和环保模范城市创建工作，按照《环境卫生设施设置标准》(CJJ27-2012)，与各区城管部门共同投资4000万元，在全市繁华街区的公园、广场、游园及各旅游景点、窗口地带等人流量大的区域以及主次干道两旁新建了一批固定式公厕；在全市急需又不适宜建设固定式公厕的主次干道上、绿化带上、人行天桥下和重要路口设置了一批一体化公厕，共计200座，提升了公厕档次，优化了公厕布局，有效缓解了市民如厕难的问题。

市政道路维护 2014年，市区两级城管部门大力推进城市道路维护工作，共计维修沥青路面58.98万平方米、水泥路面13.87万平方米，修复人行道55.40万平方米，道路状况得到较大改善。主动作为，狠抓道路日常养护。成立巡查专班，每日对城区路段进行巡查，及时掌握设施状况和维修进展情况，加大督办进度，促进维护工作。全年共巡查发现道路破损、设施损坏等问题2275处，督办事项841项，处置841项，整改完成率100%。专项整治，改善道路设施状况。开展了“十件实事”人行道专项整治、市政道路中修改造、城市道路破板翻修等多项专项工作，先后对和平大道、和谐大道等91条道路的车行道、60条道路的人行道进行大面积修复，恢复了上述道路原有技术指标。开展沥青路面早期病害处理，对4.15万米路面裂缝进行灌缝处理，对1.10万平方米的沥青车辙、壅包、沉陷进行病害早期处置，延长道路使用寿命。夯实基础，提升管理养护水平。历时2年，投资373万元，参编人员200余人，编写完成《武汉道路》一书，形成了数据准确、查找方便、资料详尽的道路工具手册。投入129.53万元，购置更新包括位置敏感探测仪、动态数据检测仪、双钢轮振动压路机、液压动力站等道桥维护设备7台(套)。

桥梁安全管理 2014年，桥梁安全管理工实施16项工作制度，用制度保桥梁安全。强化巡查机制，狠抓安全检测，及时维修桥梁病害，处置桥梁安全隐患，保证了桥梁设施安全运行。全年共巡查各类桥梁设施4.9万余座次，上报巡查资料4.9万余份；对48座桥梁进行了动、静载试验，对218座桥梁进行了常规定期检测，对48座通道进行了结构检测；完成桥梁沉降、倾斜观测138座次，裂缝检测141座次。分别完成桥面维修4878平方米、栏杆、声屏障维修1708米、伸缩缝维修5764米、桥梁油漆26639平方米、梁体、墩台维修6393平方米、裂缝维修2666米、支座更换36个，通道墙面维修429平方米、路面维修1180平方米，照明灯具更换1770只。重点完成了南湖大桥刚度不足、航空路立交桥桥面开裂、三环线鹦鹉立交桥支座脱空和武金堤立交梁体被撞等重大病害桥梁的维修加固工作。此外，对9座重点隐患桥梁实施挂牌督办和全程跟踪，目前已完成整改5座，其余均采取相应处置措施，保证桥梁设施安全可控。实现了全年城市桥梁安全无事故率、应急事故处理率和桥梁安全隐患督办率均达100%。

燃气安全管理 2014年，共查处各类燃气违法案件156起，罚款90.44万元，收缴物品4837台(件)。全年监管燃气工程招投标项目27项，完成工程验收633项。督促燃气企业完成燃气管网安全隐患治理1110处，燃气管网灰口铸铁管改造54公里，完成燃气管道警示标识补设96.7%，消除新建地下市政设施危及燃气管道运行的安全隐患42起。完成新发展老旧社区天然气用户7.79万户。取缔瓶装气违法供应点233个，收缴钢瓶3769只；发现并整改瓶装液化气储

配站安全隐患228处；关停无证经营汽车加气站2座。督促瓶装气企业、汽车加气企业建立、完善燃气安全事故应急预案并通过专家评审。完成燃气器具售后服务站点备案56家，受理商用灶安装工程登记497个。实行燃气灶具销售应配置和安装燃具连接管的管理制度，将连接管的配备条件作为燃具备案的审批前置条件。加强燃气报警装置售后服务监管，对报警器的使用寿命和使用状况检测提出明确要求。

国家卫生城市创建 2014年市城管委对照《国家卫生城市标准(2010版)》，调动全市城管系统及街道、社区力量，全力开展15项专项整治工作。实现居民楼垃圾通道整治达标率100%；门面招牌整治达标率100%；早夜市整治达标率100%；城中村环境综合整治达标率88%；97个城乡线路结合部，完成93个城乡结合部环境卫生整治，整治达标率96%；1491条背街小巷，完成1478条环境综合整治，整治达标率99%；976个公厕，完成改造升级973个，达标率99.69%；完成了88875个门点的“门前三包”责任状签订工作，整治达标率99%；548个地下人行通道(涵洞)过街天桥全部纳入日常管理；开展铁路沿线整治，全市共种植树木2万余株，绿化面积近30余万平方米；累计共收缴小广告9.8万张，清除“三乱”44.7万张；累计共拆除广告牌293块；对7.3万处流动摊点进行整治，整治率100%；完成106.36万平方米的维修；完成232个社区架空管线整治，达标率99.6%。制发了《创建国家卫生城市“五个周边”环境综合整治工作方案》，与区城管委、街道签订目标责任书，成立工程突击队和执法突击队，配合、支持各区完成综合整治工作任务。制发《市城管委关于创建国家卫生城市强化包保责任的通知》，进一步全面推进包保制度，成立驻街督查员队伍，负责检查、督办街道创卫工作。武汉市成功通过创卫国家暗访检查。

全国文明城市创建 2014年组建城管系统创建全国文明城市市容环境工作组领导小组，坚持每周调度，研究部署环境整治阶段性任务。组建9个专业督办组，围绕道路破损、违法占道、城中村及城乡结合部环境等难点工作重点督办，共督办问题3486个，整改率100%。全市共修复破损道路36万平方米，应急处置问题井盖1500多个，检查验收200多个集贸市场周边环境。持续开展了5次全市周末清洁家园活动，16.5万人次参加，集中清理窗口地区、老旧社区的各类顽疾问题，消除卫生死角。积极推动各区开展广告招牌治理，全市设置公益广告4.2万余处，顺利拆除武昌江滩立柱式大型户外广告9处，拆除楼宇广告264处，严格控管237条门面招牌示范路，进一步提升了城市临街景观环境。

环境卫生 2014年督促各区落实洗路作业“五定”责任要求(即定时间、定路段、定责任、定人员、定车辆)，主次干道本色率达到91.93%，人行道本色率达到92.39%。建立健全清扫保洁、垃圾清运责任制，严格落实垃圾收集定时定点、密闭运输和环卫设施定期清洗、及时维护制度，全市环卫文明规范作业达标率达85%以上。推进东西湖区生活垃圾分类收集试点，初步建立垃圾分类回收和处理制度。完成54条城市进出口道路的环境综合治理年度工作任务，逐步建立和完善了道路环境卫生工作机制。加强城中村、城乡结合部环境卫生管理，建立“五有”(有机构、有人员、有经费、有责任、有考核)专项检查机制。完成建设100个行政村生活垃圾收运示范工程，打造出一批生活垃圾收运处理系统完善、村湾整洁、环境卫生、生态环境良好的生活垃圾收运工程示范村。

违法建设治理 2014年紧紧围绕“减存量、零增量”的工作目标，以兑现基本生态控制线保护、山体保护公开承诺为动力，突出重点区域、重点工程周边、城乡结合部、“三旧”改造区域、重点景观路段、城市进出口道路、铁路沿线等区域范围，持续组织开展联合执法行动，共拆除存量违法建设3389处、176万平方米。深化“拆违进社区”专项行动，以区为单位，推进 “三个一(一个社区、一条重点道路、一个小区楼顶)”违建综合整治和3个社区(街坊)连片拆违，共拆除17个社区违法建设160处、8518平方米，发放传单16786张，清除垃圾620处、1055.6吨，粉饰墙面8256平方米，维修路面9119米，清洗路面20450平方米，改造油烟灶台36个；拆除17条道路违法建设42处、14496平方米，修复护栏813米，立面整治6390平方米，更换拆除门面招牌421块，清除立面张贴752张，整治出店经营398次，新设置垃圾容器804个；拆除17个小区楼顶违法建设90处、3591.7平方米；拆除51个社区(街坊)各类乱搭乱盖307处、35571平方米。市查违协调办制定出台《关于明确标准进一步落实控制和查处违法建设工作长效机制的意见》，将全市每个街道(乡镇)纳入控违区域化管理，实行“四定(定区域、定人员、定责任、定标准)”控违，新增违法建设得到有效遏制。

占道经营治理 2014年按照市城管委考核督办，“以区为主、街为基础、疏堵结合、标本兼治”的指导思想，组织开展违法占道整治工作。对占道洗修车、当街屠宰活羊、占道炭火烧烤等进行专项整治。在媒体上公示一批大规模的、长期扰民的违法占道夜市，邀请市民对整治情况进行监督。经专班核查验收，35个挂牌夜市整治到位。疏堵结合，满足市民生活需求。继续鼓励各区选择合适地点，引导周边的违法占道摊群有序聚集，设立临时占道便民市场。强化宣传，树立健康消费观念。发挥媒体导向功能，引导市民自觉抵制占道夜市食品，配合城管执法工作。全市共出动执法力量20余万次，开展专项整治行动100余次，取缔各类违法占道15万余处。

建筑垃圾整治 2014年制定实用性和操作性强的《关于加强渣土管理工作意见》，对85家企业的《武汉市渣土运输服务许可证》进行核准，2712台资质车辆统一安装车载GPS、电子信息卡、新式顶灯。开展“全市规范装载建筑垃圾技能大赛”，促进挖机手规范装载。强化源头管理。进一步细化人员配备、四区设置、器材配备标准，规范装载标准；严格落实日常管理考核工作，督促做好“四落实”；在出土工地安装视频监控系统109套，建立渣土视频会议系统，纠正查处出土工地违规现象1121起，下发督办单37件，处置回告率100%。严格执法管理。带班领导每晚坐镇市区监控室指挥调度渣土工作；设置7个建筑垃圾执法卡点，形成监控与卡点联动工作格局；开展执法行动，全年查处违规行为2714起，暂扣违规运输车辆1164辆，责令违规工地停止生产性施工行为355次，处罚金额378万元；每月通报后五名出土工地、后五名运输企业，并记入黑名单榜；配置城管执法监控指挥车，及时处置违规违法行为。注重部门协调。联合市建委对各类工地及物料运输车辆的扬尘问题进行综合治理、推进施工工地围墙景观化工作；联合交管部门每周组织联合执法，每月对资质企业进行检查考核；每月对各区道路扬尘污染情况进行打分排序，报市大气办；联合地铁集团每月对全市地铁工地运输渣土情况进行检查考核、排序通报。

市容治理 制发《2014年门面招牌建设管理工作实施方案》，出台《门面招牌百分制评分标准》，累计整治残、破、花、超高超大、私设经营内容等不符合规定的门面招牌约3535块，高标准完成23条道路门面招牌整治。强力推进户外广告控管，有效净化城市空间环境。组织武昌江滩大型户外广告牌专项整治。制发市城管

委《关于武昌江滩段大型户外广告整治工作实施方案》，采取停办审批、依法劝导、加强协调等手段，平稳拆除武昌江滩大型户外广告牌13处。开展公益广告宣传。“创卫”、“创文”期间累计发布公益广告57580处，实现公益宣传氛围全国最浓。拆除违法户外广告。加强检查和督办力度，全市7个中心城区累计拆除楼顶广告24块，大型墙面广告166块，落地广告设置75块，在建楼宇发光字296处，其他广告设施1227块。

全市铁路沿线共计播撒草籽22万平方米，种植树苗4.3万余株，种植灌木8万平方米；清理、覆盖垃圾18.3万吨；清理杂乱广告8214平方米、清理“牛皮癣”4.4万处；拆除违法建设6.6万平方米；粉饰脏乱立面14.8万平方米；新建维修道路58万平方米，铁路沿线环境得到实质性改善。

全市总计对286个老旧社区、101条城市道路总计153公里的架空管线进行了连片整治，规整架空管线长度总计1.1万公里，清理废线810吨，清除黑线圈12300余个。全市架空管线连片整治费用总计2亿元。

制发《2014年全市道路井盖整治工作要点》。在全市范围内车行道上推广新型“五防”井盖20000多个，整治病害井盖30000多个，为近100万个井盖设置了身份标识。

全市累计受理噪声污染扰民投诉5.95万余件、餐饮油烟污染扰民投诉3千余件。全面推进创建“无油烟污染”达标示范路活动，共评选出“无油烟污染”达标路72条，其中示范路29条。督促餐饮单位安装油烟净化设备213台。累计处理噪声油烟污染事件2.6万余件，对339起噪声油烟污染违法案件实施了行政处罚。

启动创建“楼顶洁净”达标示范社区活动，保持了全市立体空间的干净、整洁，提升了一批楼顶景观。江岸区车站街长安社区等229个社区被评为2014年度“楼顶洁净”达标社区；江汉区小夹社区等34个社区被评为2014年度“楼顶洁净”示范社区；洪山区珞南街丽岛社区等10个社区被评为2014年度“楼顶洁净”10佳社区；东西湖区吴家山街常青幼儿园楼顶等10栋楼顶被评为2014年度10栋最美楼顶。全市清理楼顶暴露垃圾2881处、清理楼顶乱堆乱放2958处，清理雨阳蓬6851个，拆除楼顶违法建筑762处，拆除楼顶违法广告56处，修补楼顶破损广告44处。

全市累计制止、警告、责令整改园林绿化轻微违法行为3000余件；对53起损绿毁绿违法案件实施了行政处罚，共处罚款92万余元。

建立江面环境卫生长效管理机制，做好水面清漂打捞工作，每日出动2艘次小型清捞船做好日常保洁。及时启动水面环境保障应急预案，应对核心水域突发大面积漂浮物污染。全年出动船只550余航次，清理量达万余吨。市级相关部门加大投入，改善清漂保洁设备设施。

环卫作业市场化 2014年市城管委制发《关于进一步推进环卫作业市场化改革工作的实施方案》（武城管〔2014〕18号）、《市城管委关于发布武汉市环卫作业费用综合指导价的通知》（武城管〔2014〕44号）等相关文件，创新构建“企业化经营、社会化服务、公平化竞争、产业化发展、标准化作业”的环卫运行模式。全市清扫保洁作业面积13721.55万平方米，2013年全市环卫作业市场化面积3187.5万平方米，市场化率为23.2%；2014年全市环卫作业市场化面积达到4607.8万平方米，市场化率增长到33.6%，较上年增长了10.4%，圆满完成全市环卫作业市场化较上年增长不少于10%的目标任务。

数字化城管建设 2014年，数字化城管系统共受理12319件城管热线、第三方巡查上报等九大来源案件共计98万余件，结案率达99.8%，群众对接警服务满意率达97%。市长专线案件被市目标办定为市级绩效考核目标之一，全年办理市长专线案件共5866件，结案率100%，圆满完成目标任务。市城管委指挥协调中心全面实现了数字化城管平台指挥调度常态化。市委市政府高度重视数字化城管平台指挥调度功能，将全市创建国家卫生城市和全国文明城市总指挥部均设在市城管委指挥协调中心，通过数字化城管平台现场指挥调度全市创建工作，保证了创建指挥工作顺利完成。推进数字化城管向智慧城管发展，完成智慧城管项目建议书编制和顶层框架设计，启动武汉生活垃圾处理智能监管系统和城市燃气场站泄漏报警联网监测系统两个试点项目建设，与武汉大学合作完成了大数据城管系统研究开发工作。

村镇建设

2014年，建立村镇建设市级补助资金竞争性分配机制，全年计划完成投资12亿元，增加道路40公里，人行道22万平方米，排水13公里，路灯2144基，绿化43万平方米。

“四化”同步示范片城镇建设 2014年全市村镇建设计划资金重点支持13个街镇（3个省定的示范街镇和10个市级特色镇），一方面从城镇主要干道的立面整治、关键节点绿化景观升级改造来大力改善镇容镇貌等增强3个省定的“四化同步”示范街镇的综合实力，另一方面从城镇文化活动广场新建、主干道景观靓丽化、老街道改造来进一步提升和改善城镇形象及居民生活品质来精心打造市级“特色镇”；创新资金分配机制。建立了村镇建设市级补助资金竞争性分配机制。

革命老区城镇建设 2014年，按照《武汉市革命老区发展规划(2012—2020年)》和《武汉市革命老区发展三年行动计划（2013—2015年)》的有关精神，继续加大工作力度，积极推进革命老区市政基础设施建设。制定2014年扶持革命老区建设工作方案，提出了具体的工作目标和工作措施，明确将22个革命老区街(乡镇)全部纳入2014年村镇建设市级补助金支持范围，市级资金支持额度在去年的基础上增长10%；召开革命老区村镇建设工作会议，对革命老区村镇建设工作进行布置，提出有关工作要求；指导帮助革命老区街（乡镇）谋划好建设项目，多次到老区街（乡镇）对拟建设的项目进行调研，并按照基本建设的有关规定，督促指导各乡镇完善项目前期手续，进一步规范项目建设程序；加大对革命老区项目建设的支持力度。2014年，村镇建设计划安排革命老区建设项目34个，计划总投资2.3 亿元，安排市级补助资金6024万元。

省级宜居村庄创建 2014年，本着“因地制宜、彰显特色、记住乡愁”的建设原则，对6个新城区申报的候选村庄逐一进行座谈和实地勘查，确定27个创建名单。在创建过程中，创新工作思路，采取分类分层级推动的模式，将“宜居村庄”示范建设分为重点类和一般类，并分别按照“国家美丽宜居村庄”建设标准和“武汉市宜居村庄”建设标准来提档升级。注重项目设计，在项目建设前期，请设计单位深入创建村庄，尽量结合各村实际情况，利用有限的资金，在综合考虑当地发展水平、管理水平、施工技术、建材资源等多方因素后，帮助创建村确定建设实施方案，完成宜居村庄创建指导书。编制专项计划，针对创建村编制《“宜居村庄”创建指导书》拟定的建设项目，确定创建项目28个，投资2848万元。

危房改造 2014年，形成《关于做好2014年武汉市第一批农村危房改造工作的通知》(武城建〔2014〕116号)，组织召开有关区城建局、房管局、发改委、财政局相关负责人参加的农村危房改造工作会议，对全市农村危房改造工作进行

全面布置。全年湖北省下达武汉市第一批农村危房改造任务共660户，其中：黄陂区300户、新洲区200户、江夏区160户。中央财政补助资金570万元、市财政安排配套补助资金660万元均已下达至三区。目前，三区已基本完成全年危房改造任务。

新型城镇化 2014年，组织召开全市新型城镇化和新农村建设工作大会。组织考察学习成都市城乡统筹发展经验，深入成都市新都区卫星城、安德、淮口镇小城市、天府古镇五凤镇，以及安龙村新农村示范点等现场，观摩城乡统筹发展成就，共同研究武汉市村镇建设工作。组织专班起草《武汉市统筹城乡建设行动计划（暂定）》，提出至2020年主要完成五大任务：城乡规划大优化、城乡交通大变化、城乡风貌景观大变样、城乡市政设施大改善、城乡管理效率大提升。

环境保护

2014年，总量减排超额完成。化学需氧量、氨氮、二氧化硫、氮氧化物排放量分别下降2.2%、3.4%、2.5%、5%，超额完成省下达的减排目标。

城区空气优良天数达到182天，比2013年增加22天，可吸入颗粒物（PM10）、细颗粒物（PM2.5）年均浓度分别同比下降8.9%和12.8%。主要河流水质总体稳定，长江、汉江水质与2013年持平，城镇集中式饮用水源地水质达标率为100%。重点湖泊水质达标率39.3%，同比上升1.2%，9个湖泊水质好转。

全市环保系统监测能力标准化建设全部达标，全年获得环境质量监测有效数据389.89万个，全市17个区（功能区）空气质量自动监测全覆盖。从2014年1月1日开始，每日对外发布空气质量预报信息，对重污染天气及时预警。

环境安全整体可控。开展环境保护“三大行动”（空气质量改善行动、饮用水源地保护行动、打击环境违法行为“零容忍”行动），基本形成空气质量预警预报、应急管理体系和水污染事件的应急联动机制。妥善处理全市突发环境事件12起，未酿成特大环境污染事件。

生态文明制度建设 2014年，城市生态文明制度建设日趋完善，在《武汉2049远景发展战略规划》、《武汉建设国家中心城市规划纲要》以及《武汉市城市总体规划》等全市重大战略、重要规划中明确提出了生态文明建设目标、框架和行动计划，制定《武汉市生态文明建设目标体系及考核办法》，明确了全市基本生态控制线，划定基本生态控制区。强化地方政府环境责任，坚持用生态文明理念统筹谋划解决环境与发展问题。突出绿色发展导向，将总量减排、湖泊保护、基本生态控制线保护等主要指标纳入各区（含开发区、风景区、化工区）绩效考评体系，将考核权重提高到10%，强化各区政府环境保护职责。大力发展环保市场，深入推进节能量、碳排放权、排污权交易试点，积极推进环境污染第三方治理。扩大绿色信贷和绿色保险试点。

创建国家环保模范城市 2014年，精心编制《武汉市创建国家环境保护模范城市规划》，明确了未来3年内武汉市创建国家环保模范城市的5项主要任务和9大系列工程，总投资约485亿元，规划实施77个重点子工程项目。印发了《2014年度武汉市创建湖北省环境保护模范城市实施方案》、《2014年度各区创模工作任务》和《2014年度武汉市创建湖北省环境保护模范城市宣传方案》，将创模各27项指标任务和168项考核内容逐一分解至49家成员单位。积极解决创模重点问题。在整治饮用水源地环境安全隐患、改善环境空气质量、加大湖泊保护力度、推进污泥处理处置设施建设、强化机动车污染防治等方面下功夫，各项工作取得阶段性成果。

建设项目环境管理 2014年，规范环评管理。制发《关于进一步加强和改进建设项目环评工作的意见》，简化环评工作环节，提高审批效能和服务意识。严格环评审批。2014年，全市审批建设项目环评文件2818个，涉及总投资4491.3亿元。坚持“批项目、核总量”，对涉水项目实行等量替代，对涉气项目实行倍量替代；坚守“十不批”审批红线，依法否决或暂缓审批污水管网不配套、占用湿地保护区等20多个建设项目。服务重大项目。协调部省完成华星光电、格林美城市矿产资源利用、上海通用乘用车一期项目等重大工业项目和城建项目，及时办理环评审批手续。支持城市基础设施项目建设，积极服务地铁5号线、机场线、东西湖污水处理厂、长山口垃圾焚烧厂扩建等一批重大项目的环评审批。

主要污染物总量减排 2014年，综合推进结构减排、工程减排、管理减排三大工程。强化结构减排，淘汰青江化工、江南燃气焦化生产线等落后产能，涉及企业20家，新增建设项目可替代量化学需氧量370吨、二氧化硫660吨。实化工程减排，推进火电烟气脱硫脱硝改造等117项重点减排项目，现役394万千瓦燃煤发电机组全部完成烟气脱硫改造，1945平方米钢铁烧结机全面配套了烟气脱硫设施，水泥熟料生产线全面完成脱硝改造。深化管理减排，先后印发了《武汉市2014年主要污染物总量减排年度实施计划》、《武汉市十二五主要污染物总量控制考核办法》，加强对重点排污企业以及污水处理厂、垃圾处理场的监管检查，确保污染治理设施正常运行。加强污染源在线监控建设，全市共安装了1170台(套)重点污染源自动监控系统。

环境监管执法 2014年，全市累计出动环境执法人员14828人次，检查企业5715家次，对全市26家重点违法企业实施挂牌督办(市级挂牌5家、区级挂牌21家)。查处环境违法行为535家次，处罚328家，罚款1099.67万元，其中市级共立案查处环境违法行为64家次，处罚44个，收缴罚款380余万元，处罚企业数量和罚款金额都有较大幅度提升。全市环保系统共收到各类投诉9161件(次)，投诉受理率100%，处理率100%，回复率100%。

环境保护信息建设 2014年，加强环境信息公开。主动通过网站、微博等渠道，累计公开环境政务信息4500余条。定期公布45家国控污染源监管信息，实时公布10个国控点位空气质量，每月公布19个城市饮用水源水质监测信息、改善空气质量工作考核情况，每双月公布89个重点湖泊水质状况，每季度公布4项主要污染物总量减排目标完成情况。

启动“智慧环保服务平台”建设，开辟环境便民服务、与民互动新渠道，该平台被列为武汉市2014年度智慧城市建设示范项目。“武汉环保”官方微博粉丝数36.9万人，组织各类线上线下活动7起，参与人数达6万人次，新开辟“每日一拍”、“武汉环保出品”等栏目，以动漫短片、漫画等方式解读相关政策知识及法律法规等，在全国十大环保微博和武汉市十大市直单位微博中均名列第三。

组织开展“6·5”世界环境日宣传月、武汉环境美不美随手拍、环保世纪行、环保高校行等大型环保宣教活动，环境宣传进社区、进学校、进企业、进人大、进政协取得积极效果。积极开展绿色创建活动，累计建成市级以上绿色社区210个(含省级30个、国家级3个)，市级以上绿色学校303所(含省级123所、国家级6所、“国际生态学校”12所)。

环境科研 2014年，本着“为政府管理决策服务、为社会公益事业服务、为企业防治污染服务”的导向，加强在环保科研、环境政策研究、环境宏观战略研究、环境评价、生态保护、污染控

制等方面的科学研究。深入开展《武汉市危废防治设施规划》、《武汉市生态市建设规划》、《全市重点湖泊水污染防治规划编制》等专项规划研究。编制完成《武汉环境空气质量达标规划》、《武汉市十二五环保规划中期评估》、《武汉集中式饮用水水源环境保护规划》、《蔡甸区生态区建设规划》等环保规划。紧密结合环境管理，以土壤修复为创新领域开展了《武汉市典型重金属和有机物复合污染土壤修复技术研究与示范》技术攻关研究；以水环境质量为要点开展了《府河流域环境现状调查及综合整治》、《武汉市湖库生态环境损失评估研究》等专项课题研究；以大气污染防治为重点开展了《武汉市大气中汞污染源调查研究》、《武汉市VOCs污染情况调查》等专项研究。

大气污染防治 2014年，制定实施《武汉市改善空气质量行动计划(2013—2017年)》及其考核评价办法，形成政府统领、企业施治、市场驱动、公众参与的大气污染防治机制。

加强重点领域污染治理。建立烟粉尘治理长效机制，立案查处及整改“冒黑烟”企业298家，拆除或改燃禁燃区内276台燃煤锅炉，基本完成禁燃区建设。强化机动车排气监管，制定出台《武汉市机动车排气污染防治条例》，实行三环线内黄标车全天禁行，鼓励公众提前更新淘汰黄标车，加大淘汰黄标车及老旧车辆力度，通过补贴提前淘汰黄标车近4000辆。推动油气回收综合治理，完成220余座加油站、8座储油库、360余辆油罐车油气回收改造。督促房屋拆除工地和建设工地的扬尘污染防治，启动工地扬尘污染在线监控试点工作。

创新监管机制。将改善空气质量10大任务、154条具体事项分解落实，每月定期对各区(功能区)大气污染防治工作进行考核排名并向社会公示。建立领导分片督查、视频通报和第三方督促制度，对565个污染问题下发187个督办通知，每月对大气污染突出问题通报。

积极探索环境保护区域联防联控工作机制。组织召开长江中游四省会城市环保工作会议，签订环保合作协议书(2014—2015年)，就加强污染天气预警预报协作和推动机动车排气污染防治一体化达成协议。

修订完善重污染天气应急预案，督促各责任单位适时采取“停工、停业、限产、限行”等措施，武汉网球公开赛、深化平安中国建设会议等重大活动期间空气质量明显改善。

湖泊污染治理 2014年，构建湖泊环境监管执法长效机制，实施涉湖排污口监管执法责任人制度，坚持重点湖泊密集巡查。实现市域166个湖泊水质监测全覆盖，加强对湖泊水质监测结果的综合分析。

严格环湖项目环保审批，严查涉湖违法排污行为，对沿湖新建高污染、高排放项目的一律否决，对污水收集处理系统不配套、不完善的一律不批，对向湖泊直接排放工业废水的一律从严处罚。

推进重点工业企业污染物涉水排放稳定达标工作，对市直管23家及各区95家涉水重点污染源开展抽测，对发现的问题督促整改，118家涉水企业主要污染物排放稳定达标率由年初的72%提升到94.9%。

农村环境综合整治 2014年，开展国家、省、市、区级生态乡镇、生态村“四级联创”，蔡甸、东西湖等区创建国家级生态区；创建省级生态乡镇6个，省级生态村63个；批准蔡甸区洪北管委会金马堰村等111个村为2014年市级生态村。截至目前，全市共创建国家级环境优美乡镇(生态乡镇)3个，国家级生态村6个，省级生态乡镇10个，省级生态村83个，市级生态村397个，走在全省生态创建工作的前列。同时，蔡甸区入选全国生态文明示范区试点，正在深入推进生态产业、生态环境、生态景观、生态人居、生态文化等六大生态工程，为全市创建全国生态文明示范城市积累经验。

以农村生活污水处理、畜禽养殖污染治理、农牧废弃物综合利用等为重点，整治农村环境。投入资金2600万元，建设集镇污水处理厂8个，开展村级生活污水处理86个，完成胜丰生态等39个规模化畜禽养殖小区污染治理，改善农村环境面貌。以“万名干部进万村惠万家”为契机，组织50个村开展创建生态示范村活动，在23个村建设分散式生活污水处理工程，将“三万”效果落到实处，被市委、市政府评为工作突出工作组。

防范环境风险 2014年，开展饮用水源地保护专项行动，整合长江、汉江饮用水源地取水口，整治蔡甸、港东等水厂水源地安全隐患。组织饮用水源地突发环境事件应急综合实战演练，妥善应对4月下旬因上游污染导致的汉江武汉段氨氮超标等突发环境事件。开展涉危、涉重、医药行业等重点领域专项整治。完成危险废物联网智能监管系统二期项目建设，实现危险废物全过程电子化、信息化管理和实时动态可溯源监控。开展涉危企业安全大检查，产废单位和经营单位规范化管理抽查合格率82.8%。开展涉重和医药制造行业回头看，关闭祥龙电业等9家企业重金属排放生产线，推进18家重金属排放企业实施清洁生产审核，实现重金属排放企业环境污染责任保险全覆盖。

房地产管理

保障性住房建设和管理 2014年，围绕省、市政府下达的住房保障目标，落实具体项目，完善配建措施，控制时间节点，确保建设进度，全面超额完成了保障性住房建设目标（新开工7.6万套、基本建成4.8万套、分配入住3.5万套）。首次将保障性住房项目配套道路建设纳入城建攻坚指令性计划，建成了15条配套道路，既保证了保障性住房项目如期交付使用，又促进了城市基础设施建设。

抓住国家加快推进棚户区改造的政策契机，将51个棚户区项目（12.22万户）纳入全省棚户区改造计划，争取国开行贷款授信额度243.4亿元，已发放使用111亿元，占全省发放总量（180亿）的61.7%，极大地缓解了建设资金压力。报请市政府制发了《关于加强和规范限价安置房建设管理工作的通知》，在规范限价安置房建设和管理的同时，与重点工程相衔接，妥善解决被征收家庭的住房困难问题。

从2013年7月1日起正式实行廉租房和公租房并轨运行，报请市政府制发了《关于进一步加强公共租赁住房管理的通知》，提高了房源的有效利用率。积极引导社会投资建设保障性住房，社会类公租房占到了总量的50%，缓解了政府投资的压力。在5个公共租赁住房项目中专项建设了3800套大学毕业生和创业人员公寓，促进了人才红利效应和引才、留才环境的形成。按照政府支持、市场运作，探索建立以区为主、市区联动、机构运营、封闭运行的后期管理模式，5个区确定了运营机构，以实现保障性住房后期管理专业化运营。

物业管理 2014年，物业管理工作中一批沉积已久的问题有了突破，小区管理的各方主体责任得到了厘清，社会认可度和居民满意度得到提升，物业服务质量总体满意度从问政之初的34.2%上升为74.9%。

完善监管制度。针对行业监管制度缺失的实际，相继制发了前期物业招投标、物业服务质量考评、投诉处理和纠纷调解等方面的10多个

规范性文件，初步形成了较为完备的行业监管制度体系。尤其是针对小区管理中的难点问题和薄弱环节，“两办”制发了房屋出租、小区综合治理、业委会建设的武办文42号和武政办104号、154号三个文件，解决了小区管理中长期存在的职责不清、责任不明的问题，为推进小区综合治理奠定了基础。

落实整改承诺。在“市民之家”建立了全市统一的招投标管理平台，95个前期物业服务项目全部纳入了统一招投标管理，实现了由分散无序向统一规范的转变。对1786家本市物业企业和72家外地来汉企业资质进行了全面清理，注销564家不合格的三级及暂定企业资质。实施了项目经理培训和持证上岗，举办了17期培训班，培训项目经理、业委会成员、社区专干近万人次，在1712个物业住宅小区全面实行了“四公开一监督”制度。扎实开展物业服务质量考评，分区公布了年度测评结果和排名，是全国的首创。

整改突出问题。督促各区局向物业企业下达各类整改督办单1600余份，及时受理处置了6645件小区管理投诉问题。锁定175个重点问题小区，组成专班进行整改工作验收，逐一挂账销号处理。采取电话回访和实地核查的方式，促进物业服务问题整改，回访满意度达到了86.1%。加大行政处罚力度，办结27件行政处罚案件，改变了《武汉市物业管理条例》实施以来没有进行行政处罚的状况。

拓展承诺整改内容。从小区矛盾纠纷多元复杂的实际出发，将物业服务问题整改向促进小区人居环境改善延伸，启动了业委会组建和小区综合治理工作，推动了一批物业服务和整改承诺以外问题的解决。特别是市委常委会专题听取了“关于全市物业管理矛盾纠纷和小区综合治理有关情况的汇报”，明确小区管理作为社会转型的重要课题，是重大的社会治理和城市综合管理问题，理清了思路，找准了症结。按照要求，在张光清副市长的带领下，正在拟制《关于规范住宅小区综合管理的指导意见》，以促进小区管理体制建设和长效机制的建立。

实施房屋“全生命周期”管理 2014年，按照市《政府工作报告》中确定的“实施房屋‘全生命周期’管理，建立动态的房屋基础数据库”的任务要求，全面推进房屋“全生命周期”管理的各项工作。

启动基础数据库建设 在不断优化顶层设计的基础上，开展了统一、完整、动态的主数据库设计和建设，把分散在各业务系统的数据库进行了统一和优化，实现一数一源、同步更新。及时将业务办理信息关联入库，全面开展了维修资金数据清理，并以洪山区房管局为备份点，实现了信息数据的同城异地备份。

整合业务信息系统 将房地产市场管理板块的多个系统进行整合统一，实施了涵盖从规划建设、市场管理、权属登记、使用维护直至灭失注销等房屋“全生命”进程的综合管理平台建设，并初步应用于前期物业招投标、物业服务信用信息管理、房屋设计使用年限告知、危险房屋巡查监控等多个领域，为有效实施日常监督和动态管理奠定了基础。“房屋管理综合应用平台”获全国地理信息科技进步三等奖，“二、三维一体化图数房产综合管理平台建设”获省测绘成果科技进步二等奖。

房屋基础信息管理 将新建房屋基础数据直接关联入库，实现全面采集的同时，协调各区共投入资金5000多万元，开展了对全市45万余栋存量房屋的用途、面积、建成年份、设计使用年限、抗震防火等级、物业服务情况、房屋安全状况等27项基础信息调查和建库工作，首次实施了国有土地上所有房屋基础信息的全面采集，并同步实现房屋现状与信息数据、基础图形的关联落地。

安全管理 狠抓《房屋安全管理条例》实施。市政府办公厅制发了《关于贯彻执行〈武汉市房屋安全管理条例〉的通知》，进一步强化了安全监督管理责任，明确了相关部门职责。按照“逐栋不漏，真抓实查，建立档案”的要求，开展在册危房拉网排查和分类处理，加强日常监督和动态管理，监控率达到100%，没有发生责任性塌房伤人事故。

优秀历史建筑保护 组织第九批优秀历史建筑推荐申报工作，开展了20处优秀历史建筑保护图则编制，完成了原俄租界房屋资源及万里茶道相关遗存建筑和遗址调查，审查了怡和洋行等10余处优秀历史建筑的修缮设计方案，配合完成了中俄万里茶道和武汉——俄国建筑研讨会的成功召开。

房屋管理 2014年完善政策法规体系，制发了《房屋权属登记信息查询办法》、《房屋安全鉴定单位名录管理制度》等规范性文件。建立房管决策咨询数据库，聘请经济、法律、建筑、管理、文化等不同领域的专家以及资深律师，对重要思路提出、敏感决策事项、重要文件制定、疑难问题处理等，进行咨询和研判，完善依法决策机制，预防和减少行政风险。

房屋权属登记管理，梳理各类房屋登记业务，制发了登记人员权限清理、登记业务流程梳理、业务标准化操作手册等系列文件，全面开展了以协税征管为重点的房产交易登记业务专项检查，检查案卷数量达到总量的30%。针对少数区局窗口暴露的违规问题，多次召开党政联席会议及专题会议，明确了加强风险防控、实行标准化管理、优化便民服务的措施，建立房地产交易登记管理规范化、精细化、标准化的长效机制。全市共办理房屋权属登记40.69万起、面积5082万平方米，押权登记20.63万起、面积4468.22万平方米，抵押金额2039.19亿元；推进了历史遗留问题办证，已受理项目32个，涉及房屋8586套、面积88.64万平方米，核准办理23个项目、6057套房屋的登记发证工作。

行政审批，按照阳光审批、高效服务的要求，简化业务事项收件环节及数量，删减和调整了18项申请材料，2项业务事项办结时限缩短了50%。9月，组织房屋基础信息（测绘成果）审核、房地产经纪机构备案事项入驻了市民之家，入驻行政审批和服务事项由6项增加到8项，入驻人数达到42人。在入驻的66家单位中，行政审批窗口取得了年度绩效考核第四名。

综合开发 2014年，按照中央关于建立市场调控长效机制的要求，妥善处理落实宏观调控和促进产业发展的关系，通过两轮限购政策的平稳调整，实现了房地产市场稳步增长、供销两旺，在19个副省级以上城市中，各项指标均排名靠前，从投资和消费两端持续拉动和支撑了全市经济发展。

房地产业实现地税收入335.37亿元，同比增长21.38%，高于全市地税收入增幅近7个百分点；占地税收入总额的42.68%，较上年增加2个百分点，为实现全市公共财政预算收入突破1100亿元发挥了重要的作用。

开发投资 2014年，全年完成房地产开发投资2353.42亿元，同比增长23.5%；在19个副省级以上城市中，投资规模居第5，较上年上升1位；增幅居第4。房地产开发投资占全市固定资产投资的34.42%，高于固定资产投资增幅7个百分点，较上年增加2个百分点，为地区生产总值过万亿作出了积极的贡献。

新建商品住房成交均价 8038.07 元/平方米，同比上涨3.17%。在19个副省级以上城市中，销售价格居第14，与上年持平；增幅居第8，较上年上升4位。

新建商品房和住房销售 2014年，新建商品房销售19.93万套、同比增长4.25%，销售面积2023.48万平方米、同比增长5.21%。其中，新建住房销售17.98万套、同比增长12.73%，销售面积1796.89万平方米、同比增长13.37%；在19个副省级以上城市中，住房销售套数和面积均居第2，增幅均居第2，是3个保持销量增长的城市之一。

园 林 绿 化

2014年，全年全市园林绿化计划投资52.3亿元，实际完成55.2亿元，超计划5.55%，同比增长35.3%。计划新增和改扩建公园绿地580万平方米，实际完成784.19万平方米，超计划34.69%，同比增长3.57%。市园林局被市委、市政府授予2014年度全市绩效目标综合考评立功单位、创建全国文明城市突出贡献单位，荣获湖北省“五一劳动奖状”和第九届中国（北京）国际园林博览会系列创新大奖。

筹备第十届园博会 2014年，倒排工期，全面展开园博会筹备工作。一是园区建设强力推进。垃圾场生态修复工程已完工，国际园林艺术中心、西部服务区、园林材料展示馆、北入口商业街结构及砌体工程已完工，长江文明馆结构、砌体及屋面防水工程已完工，汉口小镇地下、地上结构全部完成，1、2号连通桥已贯通，园区主干道已贯通，管网工程基本完成。二是绿化施工全面启动。公共绿化区域场地平整已完成，绿化景观工程全面施工，累计种植苗木约1.8万株，占总任务量的50%以上。三是参展城市陆续进场。邀请到全国所有副省级以上城市、绝大多数省会城市、港澳台地区82个城市和地区参展。目前，已有80个城市提交了展园设计方案，已有36个城市进园施工。四是战略合作得到加强。分别与东汽公司、武汉邮政、湖北揽翠等企业结为战略合作伙伴。加强园博知识产权保护工作和措施。五是社会发动有序展开。确定了园博会吉祥物为“楚楚”，开通了园博会官方网站、微博、微信公众号，积极指导各区启动“我的园博我的家”系列活动。六是周边道路绿化提升稳步推进。列入市城建计划的17条道路景观建设与提升工作，已完成7条，剩余10条稳步推进中。七是成功召开了组委会第二次会议，正在掀起园博园建设新的高潮。

重点工程建设 为了与园博园2015年9月同步开园，同步建设张公堤城市森林公园。按照“阶段推进、先易后难、分项建设”的总体思路，先易后难、重点突破，不断加大协调、推进力度，明确责任、逐步落实，2014年新建111公顷。“一带”已成雏形，“十园”稳步推进中，昔日“灰带”变成“绿带”。

“画圆”拓宽三环线城市绿化带。2014年，紧紧盯住三环线城市绿化带“画圆”中的“硬骨头”不放，综合施策，克难攻坚，各个击破。近几年，累计拆除涉及沿线49个村地面附着物442万平方米，妥善安置拆迁户1.5万户。累计投资8亿多元，栽植乔木96种、32万余株，完成了85公里、1003.6公顷的绿化建设任务，里程和面积完成率分别达到93%和96%。在绿化带基础上内宽50米、外宽200～500米的生态带建设规划已经完成，正在沿线启动实施。市政协将此作为2号建议案，议案办理工作民主测评满意率达100%。

快速推进绿道建设。建立健全工作推进机制。制发《武汉市绿道系统建设总体实施方案》、《武汉市绿道系统建设管理办法》、《武汉绿道系统建设考核及奖惩办法（试行）》等规范性文件，为绿道建设提供体制机制保障。明确建设任务，大力推进绿道建设工作，绿道建设进入发展期，

2014年新建绿道242公里。绿道建设贴近市民需求，着重推进环湖、环山绿道建设。东湖绿道、东沙绿道、青山社区绿道、张公堤城市森林公园堤顶绿道、蔡甸后官湖绿道、江夏青龙山绿道、武汉开发区龙灵山绿道进度快、效果好，凸显出武汉山水园林特色。随着社区绿道建设的推进，绿道为周边市民改善了休憩、漫步环境，使用率在不断提高，市民低碳出行逐渐成为新时尚。

公园建设 2014年，戴家湖公园进展顺利。全园乔、灌木种植基本种植完成，基础设施建设已完成，公园基本建成，待向市民开放。沙湖公园工程建设顺利推进。沙湖公园A区和B区已全面向市民开放，C、D、E区已基本完工。2014年完成绿地建设87万平方米，完成项目投资9亿元。启动新一轮临江环湖沿河公园建设。坚持在保护中利用、在利用中保护的基本原则，制定了全市166个湖泊“三线一路”保护规划，采取工程性措施，加强水面控制、水体保护和水景建设。全面启动了墨水湖公园建设。

园林科研成果 2014年，在研课题13项，有3项已通过会议验收结题。其中《武汉城区常见园林植物和道路绿地群落的主要生态功能》研究成果居国内同类研究领先水平，为武汉城市园林绿地规划与建设提供了科技支撑，对武汉市创建“国家生态园林城市”与“两型”社会建设具有重要指导意义。认真做好武汉市科技进步奖的申报工作，《银木的扩繁技术与推广应用研究》项目科研成果报送武汉市科技局申报2014年武汉市科技进步奖。

制度建设 2014年，一是加快推进法规体系建设。争取重新修订并于今年7月1日颁布实施了《武汉市城市绿化条例》，有效促进了园林绿化法定化、法制化、法治化。二是加强配套制度体系建设。制定《关于加强我市重点工程项目建设树木移栽工作规范管理的意见》、《关于规范区级园林绿化建设工程的通知》、《武汉市区级政府园林绿化项目建设“以奖代补”资金管理办法》、《张公堤城市森林公园管理办法》、《三环线城市生态带建设管理办法》、《武汉市建设工程配套绿地面积审核管理办法》等系列规章制度。同时，加强对法律法规和规章制度执行情况大检查、回头看等工作。三是进一步完善行业标准体系建设。为规范园林行业发展，提高全市园林绿化建设管理水平，先后出台了《武汉市园林绿化建设与管理交接办法》、《武汉市园林绿化建设工程施工招投标资格预审管理办法》和《武汉市建筑市场不良行为记录公布办法》等行业标准。同时，加大了治庸问责力度，加强了行业管理和行风建设。

住房公积金管理

2014年全市新增住房公积金归集额210.24亿元，同比增长15.57%。全年实际缴存人数达到170.45万人，同比增加10.5万人；全年共支持了8.6万户职工家庭解决了刚性基本住房需求，其中：向5.1万户职工家庭发放个人公积金贷款181.47亿元；向3.5万户职工家庭办理了支付购房款、偿还商业住房贷款等住房消费类提取25.2亿元； 全年实现住房公积金增值收益12.84亿元，同比增长28%；计提廉租住房建设补充资金8.74亿元，同比增长45%。

全市累计归集住房公积金总额已突破1200亿元，达1234亿元，归集余额670亿元（同比增长12%）；累计已向38.89万户职工家庭发放公积金个人贷款总额988亿元，贷款余额656亿元（同比增长17%），个贷率高达97.9%；累计发放公积金支持保障房建设试点项目贷款4亿元，项目贷款余额1.6亿元；累计实现住房公积金增值收益54.98亿元，累计计提上缴廉租住房

建设补充资金30.52亿元，与2012年相比增加近3倍，全部用于全市公租房、廉租房等保障房建设以及低收入家庭的租金补贴等，为武汉市经济和房地产健康发展起到了支撑作用。

住房公积金管理 2014年，继续强化归集工作，制度覆盖面稳步扩大。坚持把住房公积金制度向“非公”企业推进作为工作重点，按照“先建制度、择机缴存、以点带面、跟踪服务、全面推进”的工作原则，进行促建促缴。继续分类实施差异化的公积金缴存政策，在严格执行公积金缴存“保低”的基础上，实行公积金缴存“限高不搞一刀切”，允许私民营企业在依法纳税的前提下，按国家规定的缴存比例放开缴存住房公积金。督促单位按时足额完成住房公积金调基调比工作。以住房公积金纳入《湖北省集体合同条例》为契机，借助职工维权投诉，加大缴存执法刚性力度。

规范完善个人贷款政策，充分发挥住房保障功能。顺应全市房地产调控政策，及时调整二套房公积金贷款最低首付款比例，由房屋总价的60%调整为30%，减轻了职工购房首付压力。为适应区域经济一体化和人才要素快速流动的需要，开展了长江中游城市群四省会城市间的务实合作，实行公积金异地互认和转移接续，职工在就业地缴存公积金的，可在户籍地申请公积金贷款，实现了公积金更大范围内的互助互济。目前住房公积金个人贷款已成为武汉市缴存职工购房的首选，去年新增公积金个人贷款占到全市个人住房贷款份额的50%左右，其中：购买首套房贷款占比近九成，购房面积在120平方米以下的贷款占比达八成，20～40岁年龄段职工贷款占比也达八成，月收入7000元以下（以住房公积金缴存额倒推计算）的中低收入家庭贷款超八成，公积金个人贷款在支持全市中低收入缴存职工解决刚性基本住房需求中发挥了重要作用。

2009—2014年武汉市住房公积金缴存情况表

年　度	缴存额(亿元)	提取金额(亿元)	缴存余额(亿元)
2009年	86.48	38.86	266.84
2010年	103.44	47.41	322.86
2011年	125.30	53.31	394.85
2012年	147.31	64.18	477.98
2013年	181.93	92.10	589.81
2014年	210.24	129.68	670.00

注：由于2013年机构调整完成，从2013年开始，表中数据已含新洲、蔡甸、黄陂、江夏4个分中心数据。

2009—2014年武汉市住房公积金个人住房抵押贷款发放情况统计表

年　度	贷款户数(户)	贷款金额	
		金额(亿元)	同比增长(%)
2009年	31657	87.76	209.46
2010年	29509	82.30	-6.22
2011年	25247	77.16	-6.24
2012年	43,163	155.99	102.16%
2013年	59,222	210.10	31.27%
2014年	51,034	181.47	-13.63%

注：由于2013年机构调整完成，从2013年开始，表中数据已含新洲、蔡甸、黄陂、江夏4个分中心数据。

城建档案

档案收集与利用 2014年，截止12月中旬，共接收3930个竣工项目的工程档案106756卷。建设工程竣工项目档案接收进馆率达到100%。及时深入建设工程项目现场进行跟踪指导，跟踪服务率达到100%；提供档案利用1069人次，共计调卷3013卷，服务满意度率达到100%。

档案归集管理 服务 2014年，深入开展"服务企业年"活动，为服务对象排忧解难。市城建档案馆到鹦鹉洲长江大桥、江汉六桥等重点工程建设现场召开座谈会，广泛征求企业意见，对企业提出的问题及建议及时进行研究解决；在走访武汉铁桥房地产开发有限公司、中铁大桥局集团武汉地产有限公司、武汉清能普提金置业有限公司等企业的过程中，及时解决档案归集问题8个；对馆内自身不能解决的问题及时向市城建委工作专班进行了反映，并明确具体责任人继续跟踪，受到对口联系企业的好评。

服务地铁工程，为确保市政府"每年通一条地铁"的目标任务做出了贡献。在地铁4号线二期工程施工过程中，业务指导人员先后多次深入每个标段施工现场，悉心指导参建各方做好档案归集工作，确保了12标段土建资料绝大部分及时接收进馆。

开展进馆档案质量后评估，确保进馆档案完整规范。为切实提高业务能力，统一标准，规范行为，2014年10月，组织开展了一次进馆档案质量大检查活动。采取抽查的方式，对16个工程项目的前期资料、监理资料、桩基资料、主体结构资料共计213卷档案进行了检查评比。针对存在的问题，及时组织全体业务人员专题讲评学习，进一步规范了业务指导和档案整理水平。

强化档案安全管理，为社会提供优质服务。坚持"人防"与"技防"相结合，确保了70多万卷档案安全无事故。为社会提供档案利用1069人（次），共计调卷3013卷，为新七建设集团和中一交通等企业在资质升级和评优评奖工作中提供优质服务，受到企业好评，档案利用工作的社会效益进一步彰显。

文化建设 2014年，完成《武汉湖泊志》的编撰出版工作。在去年工作的基础上，集中精兵强将对《武汉湖泊志》初稿进行了多次修编完善，于2014年4月公开出版发行。完成《武汉高等院校建筑》编撰出版工作，该书已于2014年3月份出版。完成180集大型专题片《武汉百年建筑》的后期制作工作，该片被评为湖北省档案系统优秀编研成果一等奖；响应市政府提出的"打造武汉版'周庄'"的号召，启动《大美武汉——魅力村镇》专题片的拍摄工作，完成25集电视记录片《武汉魅力村镇》的拍摄制作，余下26集将于2015年完成；完成《武汉城建重点工程摄影大赛》，共征集到700多幅摄影作品，评选结果将适时向社会公布；画册《大美武汉，魅力城建——武汉城市建设成就五年回眸》编辑出版工作已完成招标采购任务，预计年底完成；完成《武汉建设年鉴》(2014版)组稿、编辑、出版工作，共印刷发行500册，全书共计50万字、图片200余幅。《城市视点与印迹》杂志办刊质量和水平不断提升，全年共出版发行6期。

数字化城建档案馆建设 2014年，根据《建设智慧城建档案馆五年规划方案(2012—2017)》，顺利完成二期系统建设工作。这个阶段的项目建设包含有集成业务提醒管理系统、企业电子档案服务系统、WebLogic中间件、一期系统功能优化四部分内容。通过一个多月的试运行，基本达到预期效果。

支持新城区和"8+1"城市圈城建档案馆信息化工作。顺利完成了6个新城区新版系统的

优化、数据迁移技术处理工作，并积极开展人员培训工作。目前对黄陂城建档案馆培训工作已结束，该馆已进入新版系统的使用阶段。

辖区建设

江岸区 2014年，改善全区交通微循环，推进片区基础设施建设。加快完善后湖新城路网结构，完成胜华村（正义横路、正义二路、正义三路、后湖一路）、跃进村（石桥二路）、三金潭村（三金潭小路）等城中村改造6条配套道路，新开工跃进村（塔子湖西路、春兰街）、石桥村（青松路、翠柏路）、三金潭村（三金潭公共通道）、新春村（兆瑞大道、华岭路、健康街、健身街）等城中村改造9条配套道路。积极推进二七沿江商务区基础设施修建性规划编制及审批工作，引导社会资金参与城市基础设施建设。积极改善汉口科技新城交通状况，实施堤角前街道路建设，启动物流园路建设，推进解放大道下延线道路改造工程。提升老城区交通通行能力，完成惠济四路等微循环道路，加快推进韦桑路、台北二路等工程前期准备工作，进一步畅通老城区微循环路网。

2014年，全年完成征地50.76亩，完成房屋签约9.03万平方米，房屋拆除11.78万平方米。2014年，全区25个重点项目中红星美凯龙、武汉天地商务裙楼永旺、天悦星辰、新兴街片A、B地块、惠济四路、后湖教育设施项目、八医院后湖院区和公共办公用房、社区养老服务中心等项目有序推进，积极促进了全区重点项目建设进度。

2014年，1项工程获湖北省建筑工程楚天杯奖，4项工程获武汉市建筑工程黄鹤杯奖，其中群体建筑金奖1项，单体银奖3项；建筑工程主体申报省结构优质1项，建筑面积3.02万平方米，创市结构优质36项，建筑面积71.61万平方米，创市优质工程26项，建筑面积46.84万平方米。创无质量常见问题住宅工程75%以上。全年无一起重大质量安全事故。

江汉区 2014年，全年共有万国路、黄陂街东段、武汉民间金融街、新湾一路、新湾二路、新湾四路、新湾五路、新湾路延长线、站南路、三眼桥路、范湖路东段、云杉路、水利北路、商务西路等14条微循环道路已完工或基本完工。为进一步提升城市照明基础设施水平，解决社区路灯建设突出问题，投入资金95万元为44个社区安装社区路灯575盏。

全年完成区级城市道路建设、园林绿化、水务、环卫设施及维护改造等区级投资项目的立项批复共32项，初步设计批复共8项。江汉区建设局承建的市、区基础设施项目台北路延长线、马场角路、精武横路、江北二路、江北三路、八古墩北路、八古墩西路、马场二路、香江西路、江兴路、菱角湖路等11个项目均已委托市规划院编制修建性规划，其中台北路延长线、江兴路、八古墩北路、八古墩西路共4个项目修建性规划的编制及批复已经完成。

2014年，江汉区城建攻坚投资完成19.18亿元，其中5、6、7、8、9、10月连续六个月在全市中心城区保持第一名。全年监管建筑工程124项（单位工程），建筑面积243.5万平方米。工程质量监督工作到位率100%，竣工工程验收合格率100%，竣工验收备案符合率100%，质量投诉处理回复率100%，创无质量通病住宅工程10项，达77%以上，无重大质量责任事故。

硚口区 2014年，全年实施城建项目117项，完成投资额53.2亿元，创历史之最。全年监管各类项目63个，单项工程334项，完成安全生产和文明创建的各项工作。

致力加快骨干路网建设，长嘉路、新路、游

艺路、汉江大道等道路已委托市规划分院进行修建性规划设计，并委托测绘院进行地形及管线勘测。韩家墩路已完成该道路资料交接工作，目前正在开展工程预算评审工作。长云路、联谊路、联友路、丰硕路、古正北路、古音路、田正路、古调路、长顺路等十条社会融资道路已完成了道路拆迁量的估算。

全面推进市级重点项目征地征收，共完成重点项目征地1138.79亩(759193.33平方米)，征收30.69万平方米，完成投资约46.6亿元，完成了市级绩效目标。全面完成轨道交通3号线8520平方米征收，轨道交通6、7号线分别完成84800平方米和68400平方米的征收量；快速启动古田四路北延线、长丰大道高架等重点项目征地征收工作，积极争取建设资金；长丰大道高架完成72600平方米的房屋征收和383.69亩(255793.33平方米)土地征用；古田四路北延线完成37500平方米的房屋征收和130.04亩(86693.33平方米)土地征用。

汉阳区 2014年，汉阳区道路基础设施建设项目共106项，其中前期策划项目35项，新建41项，续建30项。全年完成了阳城西路、汉桥路、琴断口路、鹦鹉小道、金桥路等共计30项道路项目前期工作；建成墨竹路、百威西路等微循环路项目共10项(总长6708米、总面积14.616万平方米)；完成背街小巷道路建设5万平方米；市政道路基础设施建设固定资产投资4.2亿元。支持、配合市级重点工程建设，完成征地172亩、征收(拆迁)23.046万平方米，辖区内鹦鹉洲长江大桥、轨道交通4号线二期建成通车。

2014年，汉阳区辖区建设工程各类招标118项(公开招标59项、邀请招标59项)，建筑面积213.4万平方米，造价58.14亿元，公开招标的招标文件审查率为100%。全年工程质量监督工作到位率100%，竣工验收备案审核工作符合率100%。新型墙体材料推广应用率100%，散装水泥使用率80%。工地文明施工勘验合格率和对不文明行为处置率达到100%。

武昌区 2014年，武昌区为落实“三区融合，两翼展飞”(即武昌古城、滨江商务区、华中金融总部区三大功能区融合发展，带动武昌南北白沙新城、杨园新城建设)的发展战略，全面承载金融、文创、信息、商旅等城市主要功能，不断提升城市空间结构，完善道路交通体系，改善城市生态环境。武昌区市政基础设施建设按照《全市“城建攻坚”五年行动计划》和《武昌区“城建攻坚”五年行动计划》具体安排，为快速推进道路建设，全区融资贷款30亿元，为基础设施建设提供了资金保障。

全面推进微循环道路建设。坚持突出服务、突出重点、突破难点，全力推动重大项目建设水平。加快项目审批进度，抓好项目前期准备工作的每一个环节。狠抓道路拆迁，拆除各类房屋69500平方米。着力破解建设难题，确保重点基础设施和水果湖周边交通疏解工程顺利完成，为“汉秀剧场”和“电影乐园”的正式开业提供了畅通的交通环境，积极服务房地产开发项目。

38条微循环道路，道路总里程20.547公里，计划投资22.58亿元。截至2014年底，兴国路、兴沪路、安邦路、兴武路、学院路、健康路、武车一路、积玉路、前进路、1818连通道、徐东北路13条道路已全部竣工，建成总里程6公里，完成总投资4.2亿元。兴河路、武车小路、杨园路、沙湖南环路续建、金沙路、瑞景路东段、宝通寺路、紫阳东路延长线、宏祥路、宏茂巷、武珞六巷、中南三路、长喻路南段、七星路等道路建设正在推进之中。

青山区 2014年，全年监管在建项目87个，其中建筑项目67个、面积438.21万平方米；市政工程20个，总投资约19亿元。2014年社区环

境综合整治工程被列入区人民政府为民办理十件实事之一，总投资1000万元。2014年6月底正式开工，11月底完工，累计完成28个社区5万余平方米道路维修改造。

2014年，招投标项目全过程监督管理无差错，公开招标项目公开招标率100%，项目报建率100%，共顺利完成161个项目(按标段)的招投标监管，中标总价达35亿元。全年共受理并处理各类质量投诉46起，回复46起，质量投诉处理回复率100%。创市优质工程3项，黄鹤杯1项，报省结构优质3项。对在建项目安全情况进行了全面排查，共下达限期整改32份，停工7份，当场处罚37份，开展了深基坑、建筑起重机械、高大模板支撑等季度、紧急、专项整治及节前后的安全大检查10余次，推荐创黄鹤杯8项，楚天杯2项。2014年，全区建设工程总体安全形势平稳，没有出现重大安全事故。

洪山区 2014年，完成城市道路建设项目投资9.09亿元，完成征地113.25亩，征收房屋面积269130平方米，受监建筑工程945栋，建筑面积1974万平方米，造价308亿元，共完成竣工验收备案工程200项。

城市道路建设项目共36项，目前，已开工建设26项（已基本完工7项，因市级项目规划调整暂停项目1项，其他项目正在建设中），已完成前期和招投标工作，准备转入施工阶段2项，开展前期工作中的8项，截止11月份已完成投资9.09亿元，约占总投资92.4%。

招标113项，建筑面积499.8万平方米，中标价46.2亿元。其中建筑施工类招标39项，市政施工招标19项，监理招标31项，勘察设计招标20项，货物设备招标2项，装饰装修招标1项，监测服务1项。其中，公开招标56项，邀请招标57项。建设工程施工合同备案66项，其中房建52项，市政工程14项。进行施工合同履约检查29次，下发整改通知单5份。全年，竣工结算审查190栋，建筑面积272.1万平方米，合同价39.1亿元。

改造背街小巷及社区道路9万平方米，安装路灯300盏。2014年背街小巷道路改造，总计6个街道39条背街小巷道路，改造面积9万平米，总投资1200万元。2014年老旧无物业管理社区路灯安装项目，总计30个社区装灯506盏。

蔡甸区 2014年，全区城市基础设施建设负责实施重点项目共7个，总投资约9332万元，全面完成了通城路交通智能系统、五贤路东段路灯、莲花湖大道(成功山段)污水管网连通、蔡姚路改造、独山小森林广场绿化等工程，进一步完善了城市基础设施。

积极推进奓山街新型城镇化改革；实施市级村镇建设项目64项，完成建设投资1.75亿元，对全区各街场乡镇规划区范围内的道路、排水、绿化等市政基础设施进行了新建和改造，进一步提升了城镇功能；按照“宜居村庄”建设评价考核标准，共投入建设资金570万元，完善创建村市政基础设施，目前，6个创建村均通过了市城建委组织的市级考核验收。

全年开展质量大检查6次，下达质量整改通知书15份，处理质量投诉19次，处理文明施工投诉及督办28次，投诉回复率100%。全年组织开展质量安全文明施工观摩会1次，组织企业参加市观摩活动2次。全年创市结构优质26项，市优质工程15项，武汉市建筑工程黄鹤杯银奖3项，创办农民工学校25所。

江夏区 2014年，完成固定资产投资4亿元，城市维护建设科征收入库2460万元，城市公用事业附加费征收入库1360万元，完成建筑业产值78亿元，完成房地产投资69亿元。投资3.99亿元，重点实施了纸坊城区环山路东段、西段，森林绿道(八分山、青龙山)，金龙大道绿化，法泗怡山湾，阿里巴巴项目汝南路道路配套、山坡东站站前广场等7项续建、新建工程，不断完善市政基础设施，增强城市功能，提高城市品位。为建设“三个江夏”作出积极贡献。

加大村镇建设工作指导、扶持和管理力度，申报小城镇和村庄建设项目12项，争取市、区级补资金3956万元；创建全省小城镇建设最高奖项“楚天杯”1项、省级“宜居村庄”4个。启动江夏区2014年度农村危房改造工作，争取中央、市、区补助资金440万元，帮助160户住房最危险、经济最困难农户建设最基本的安全住房。年度村镇项目建设累计完成投资4833.6万元。申报宜居村庄4个，分别为五里界街童周岭村田子海湾、群益村舒谢湾，乌龙泉街四一村凤凰湾，梁子湖保福祠村。

推进电子招投标，共监管招标项目385项，中标金额109.95亿元，实现了招投标项目监督管理无差错。全年共受理施工图审查项目246项；监管在建建筑工程1173项，面积986.65万平方米，造价175.84亿元，项目监管覆盖率达100%。办理建筑工程竣工验收备案296项，建筑面积250.51万平方米；完成散装水泥推广92万吨，办理商品混凝土核准154项，商品混凝土使用率达100%，建筑节能推广成效明显；审核竣工结算项目33项，总审价2600余万元。加强全区45个管网项目项跟踪管理，积极推进管网信息平台建设。加强了文明施工管理，新建围挡5200余米，设置各类冲洗设施68个，实现了“工地存放沙土遮盖，工地路面硬化，出工地车辆冲洗，工地洒水压尘”100%。

黄陂区 2014年，全区共完成建设项目46项(含续建工程)，新启动和正在建设项目29项，共完成建设投资2.72亿元。共办理建筑工程施工许可证99项、配套和临时占用绿地审批53项、商品房预售许可证58项；完成施工图纸审查备案90项、各类工程建设招投标监管443项(标段)，建设工程图纸审查率和招标投标率均保持在100%。认真开展“双创”工作，文明施工合格率达98%。

利用小城镇建设区级投入机制，激励全区各街乡加大投入，以游园广场和污水收集管网为重点，大力开展村镇基础设施建设。建成了木兰乡、蔡家榨街、罗汉寺街、祁家湾街、王家河街等街乡小游园，完成了三里桥街卫寺路道排工程、天河街排渍改造工程、大潭办事处甲大路加宽刷黑靓化及文体广场配套工程、木兰乡仙鹤路建设、六指街六什南街改造和甘棠社区新民街改造等工程。蔡家榨街排水管网、姚家集街双龙路改造及绿化景观建设、蔡店街建新路、王家河街长堰社区综合改造、武湖街绿化带节点升级和武湖大道西延长线改造升级等工程正在加紧施工。启动了李家集街中心幼儿园出行道路建设工程、集镇污水管网收集工程(一期)和滠口街滠盛大道、长轩岭街文体广场、蔡家榨街茶乡小游园、罗汉寺街生活污水管网、祁家湾街镇区排水改造、武湖街武湖农场立面整治、横店街和谐路、蔡店街社区小游园、六指街六什北街道路等工程，完成了立项和勘测等相关前期工作。共完成建设投资1.13亿元。

新洲区 2014年，新洲区围绕全面实施“1234”战略和“五个年”建设目标，全年启动和完成城建攻坚计划建设项目119个，年度投资33.74亿元，市级重点项目江北快速路新洲段稳步推进，轨道交通21号线新洲段启动实施；区级重点项目阳逻街阳光大道综合改造工程、阳逻开发区机场路工程(五一南路至金阳大道)等10个项目稳步推进，邾城问津新城项目、阳逻之心项目建设有序筹备。

创建省级“宜居村庄”5个，投入资金355.4万元，相关村庄完成污水处理、太阳能路灯、休

闲广场及绿化、池塘环境整治、公厕及垃圾处理等相关工程，村庄基础设施功能明显提升，生产生活环境显著改善。完成农村危房改造工作200户，发放上级补助资金350万元。

建设绿地7.3万平方米，投入资金2730万元；监管建筑工程321项、建筑面积298万平方米，发放施工许可证49份、办理招投标152项(标段)、中标价31.78亿元，办理施工合同备案63项、建设工程竣工结算审查备案28项，施工图报审项目42项、建筑面积125.2万平方米，发送无证施工停工整改通知书24份、查处违法违规行为13起，全年没有发生一起等级以上安全生产事故；积极协调处理工程款和民工工资拖欠上访问题30余起，协调到位拖欠资金4800万元。指导建筑企业晋升特级资质1家，二级资质16家。推广应用新型墙材62.33万平方米。

东西湖区 2014年，全区地区生产总值预计达到580亿元，增长11%。固定资产投资总额419亿元，增长21%。开发区建设“三年而立”。工业总产值突破千亿大关。实现80平方公里工业园连片开发，率先在全市实现工业发展区基础设施全覆盖。

全区实现工业增加值330亿元，完成工业投资290亿元，分别增长14%和21%，增速高于全市平均水平。重点推进70个工业项目建设，项目建设率达74%。率先在全市实现控制性规划城区全覆盖，全域纳入湖北临空经济区总体规划。新增12平方公里建设预留地。清理闲置和低效用地2674亩。获得用地计划指标1万亩。

政府投资计划市政基础设施建设17大项，48个单位工程，总投资16.28亿元，完成投资11.65亿元。已建设完成新建绿地25.92万平方米，改建绿地25.54万平方米。共受理监督工程312项，建筑面积达1269万平方米。开展安全文明施工巡查2854次。

监督建筑工程项目1529项，面积1708.13万平方米；监督市政工程8项，总投资额6845万元，承监工程均未出现重大质量责任事故。竣工验收和备案工程334项，面积340.36万平方米，竣工工程验收合格率100%，备案报审率100%，其中住宅工程76项，创无质量通病住宅工程62项，住宅工程无质量通病率为81%。积极推进精品工程创建，创武汉市结构优质工程71项，武汉市优质工程20项，武汉市结构样板工程1项，省结构优质工程1项，黄鹤杯奖5项，其中黄鹤杯金奖1项，省楚天杯3项。

经济技术开发区(汉南区) 2014年，“城建攻坚”建设项目累计完成投资110.5亿元。东风大道快速化改造一期工程完成投资12.6亿元，力争2015年6月份完工；二期工程完成投资5.55亿元，预计2015年底主线桥完工。三环线西段综合改造工程完成投资24.8亿元，预计2015年3月底前完成主线桥贯通。通顺大道通顺河大桥主体工程已完工，各施工标段已全面开工，施工有序推进，预计2015年6月底前完成军山第二大道至檀军公路段主体结构工程。碧湖路延长线工程预计2015年1月31日前建成通车。四环线项目、地铁三号线、地铁六号线等重点工程建设也顺利推进。对区内项目建设中的场平工程优化配置，合理调配，节省投资，完成东本三厂场平外调土源、黄陵四期场平、军山片区市政基础建设、生态城凤凰大道东延伸段道排土源、先进制造业园区幸福路与中山湖路弃土、绿化用地场平等土方调配工作。

完成报建工程164项，报建金额254.26亿元。房屋建筑、市政工程招标133项，总中标金额49.64亿元，建筑面积243.94万平方米；监理招标77项，总中标金额1.4亿元；其它服务类招标49个。公开招标项目公开招标率100%，公开招标项目实行工程量清单招标率100%。办理施工许可证171项，建筑面积360.43万平方米，合同价131.82亿元。办理施工合同备案170份，合同金额96.82亿元，建筑面积346.38万平方米。

受监房屋建筑工程共292项，总建筑面积1057.4万平方米；监督市政工程90个，合同金额95.8亿元；竣工验收建筑工程92栋，建筑面积50.14万平方米；竣工验收市政工程 21个。

武汉中央商务区

武汉中央商务区位于武汉市中心城区江汉区，处于城市内环线和二环线之间，原址为空军汉口机场范围。控制性规划面积 7.41 平方公里。1999年，为发挥该地区的土地潜力，解除机场净空对武汉市城市发展的限制，根据国务院批复的《武汉市城市总体规划(1996—2020年)》，市委、市政府明确提出搬迁王家墩机场，建设辐射华中地区的博览、金融中心。

商务区项目规划建筑总规模约1428万平方米，项目开发建设计划吸引投资总额预计将超过1500亿元人民币。区内将新建道路42条，总长约64公里，新建市政管网约500公里，基础设施建设及相关运营费用静态估算约需投资人民币217亿元。此外，商务区还将建设总规模达262万平方米的地下空间，并规划有5条地铁线路经过，内设10个站点。

全年完成固定资产投资97.58亿元，其中市政基础设施投资7.93亿元，是商务区建设史上投资力度最大、建设速度最快、形象进度最好的一年。截至2014年12月底，商务区累计完成土地储备、基础设施建设及开发项目投资约375亿元，完成场内外土地储备3170.67亩，在建和已竣工项目规模约600万平方米，已开工或封顶100米以上高楼约114栋，其中400米以上高楼2栋。

土地整理储备　2014 年储备土地 176.32亩，拆迁房屋2.69万平方米。商务区累计完成土地储备3170.67亩，其中场内1989.18亩、场外1181.50亩。完成江汉市政总公司、通信三局的土地储备工作，进行了省盐业公司的土地置换，解决了一批历史遗留问题。综合商业区0215、0216地块列入政府2015年征收计划。完成贺家墩D地块拆迁的收尾工作，新立项目正在报批并进行前期准备工作；启动并基本完成宗地27地块拆迁；积极谋划复兴村地块的旧城改造工作，着力提升商务北部区域环境。军土置换方面，与广空建立了军土置换联络员沟通机制，通过联系沟通，争取军方能够提供商务区获得市政道路用地的支持，以尽快打通主要骨干道路，形成功能；和空直关于土地置换评估正在沟通推进，初步复核了空直各单位提供的搬迁补偿要求；襄樊航材库土地置换事项取得了市政府对提供阳逻水乡土地用于襄樊航材库置换的批文，襄樊航材库的评估工作进入尾声。

市政基础设施　围绕完善区域功能、优化区域环境，加大建设资金投入力度，加快市政道路及配套设施建设。全年市政基础设施建设完成投资7.93亿元，新建续建道路达到26条。核心区和范湖启动区市政道路基本形成，淮海路全线贯通，云飞路、云彩路、云霞路北段、中段基本完工；东西向的另一条主干道黄海路(隧道)一期桩基工程完工，正在进行土方作业；地下交通环廊三标段主体结构完工，全长1.9公里、连接核心区内11个地块所有楼宇的地下交通环廊主体结构全部完工；202号路西段、306号路完成道路施工；202号路、303号路等5条微循环道路对外开放，大大缓解了常青高架施工形成的交通压力，提升了区域交通通行能力；位于商务区中心轴线北端，占地180亩的王家墩公园提档升级工作已经完工;位于商务区中心轴线南端,占地750亩,集景观、水量调节等多种功能于一身的武汉最大的人工水体公园——梦泽湖公园4000亩内部分桩基工程完工,同时加强了与部队对接,为4000亩以外部分开工建设创造条件。

重点项目建设 2014年,淮海路两侧的项目快速推进,在建或已竣工100米以上高楼110余栋,截至年底已竣工或封顶达46栋。总建筑面积66万方的泛海城市广场项目,一期泛海城市广场购物中心于5月31日盛大启幕,武汉汉口泛海喜来登五星级酒店11月28日正式营业;二期塔楼施工至30层,三期已全面交付;总建筑面积 35.58万平方米,88层,438米高的武汉中心项目塔楼核心筒已施工至地上77层、高度达350米,刷新华中第一高度;另外,作为世界贸易中心协会组织的实体设施,总规模143.02万方、总规模180亿元的武汉世贸中心项目完成塔楼支护桩施工;总规模达63万平方米的泛海国际SOHO城一期交付使用,二期竣工、其中4号楼交付;35层、150米高的泛海财富中心已经封顶,正在进行幕墙施工;总规模24.23万平方米,由三栋塔楼组成的泛海国际中心项目,其中招商银行大厦、酒店主体结构封顶,民生金融中心施工至35层;高档住宅香海园、兰海园已经封顶并开盘销售,悦海园、竹海园已经售完,松海园销售状况良好。

招商引资 随着泛海城市广场一期、泛海国际SOHO城等商业项目相继建成投入使用,商务区积极组织策划,加大宣传力度,招商引资产业集聚效果明显。通过参加省、市、区组织的各类大型招商活动,成功举办第三届武汉第三届国际时装周、法国音乐节、中法街头艺术展、全球创意设计大奖中国首展等活动,大力宣传武汉CBD的区位优势、环境优势、建设态势,多途径、全方位地宣传,推介武汉CBD,凸显武汉CBD的国际时尚地位,进一步扩大了武汉CBD的影响力。全年完成招商引资额40.38亿元,引进外资1018万美元。已入驻各类中小企业300余家,雅培、丹马士、敦豪等多家世界500强企业驻武汉公司落户。“华中互联网金融产业基地”于6月22日落户武汉CBD,7家互联网金融企业在此入驻办公。喜来登酒店开业,君悦、费尔蒙、艾迪逊、瑞吉、洲际五星级酒店签订入驻或意向入驻协议,6家五星级酒店将集聚于此。邮储银行湖北分行、平安银行武汉分行、民生金融中心、湖北铁塔公司、金澳科技相继签订入驻协议,武汉2049文化公园、上海外服、武汉移动公司、长江证券、台湾合作金库银行等多家企业洽谈入驻事宜。以金融、保险等产业为龙头的现代服务业向商务区集聚的态势初步显现。

黄石市建设

半城山色半城湖

城 乡 规 划

规划编制 9月22日，湖北省政府向国务院上报了《黄石市城市总体规划(2001—2020年)(2013年修改)》。加快大冶湖新区核心区控制性详细规划编制，1月，市规委会审议并原则通过了该规划；大冶湖新区核心区内的鄂东医疗中心项目已完成规划选址及方案审批，省园博园项目已完成规划、建筑设计方案编制，奥体中心项目已完成规划选址工作，山南铁路与新区骨干路网交叉口专项规划方案也已编制完成。加强规划编制体系建设，在控规编制与审批方面，完成“两镇一区”城乡统筹总体规划，启动黄石港区A01控规单元规划编制工作，启动西塞山工业园控规调整工作，完成园区控规评估论证和初步方案，完成下陆生态新城城市设计招标工作，完成铁山区E03、E04控规编制初步成果及意见征集，完成新港工业园扩区概念性总体规划；在市政基础设施规划方面，先后组织完成月亮山隧道用地及工程规划、河西大道污水管网调整规划、风波港至石板路变电站电力线路调整规划、棋盘洲长江公路大桥连接线规划等22项重点市政基础设施项目规划；在规划设计前沿研究方面，编制完成黄石长江经济带(升级版)空间发展规划、黄石市“三旧”改造规划研究、黄石沿江地区城市设计研究、黄石铁山区历史城区规划与中心区城市设计等一批重点研究课题。

规划审批管理 严格遵循统一规划、节约集约用地、合理配置资源的原则，加强“选址意见书、建设用地规划许可证、建设工程规划许可证”核发的统一管理。全年共核发选址意见书23份、用地面积1459071平方米，核发建设用地规划许可证66份、用地面积4472317平方米，核发建设工程规划许可证104份、总建筑面积2360439平方米，其中：工业项目核发建设用地规划许可证17份、用地面积972126平方米，核发建设工程规划许可证37份、总建筑面积676179平方米。继续推行规划、城管执法联动工作机制，建立项目违法建设认定档案册，健全规划条件核实验收及批后跟踪管理长效机制，确保依

据控规制定的规划条件在建设过程中得到有效落实。组织开展建设项目规划条件及档案资料专项清理和商住项目物业管理用房专项清理，修订完善了《黄石市城乡规划公示管理暂行办法》、《黄石市城乡规划编制单位诚信管理暂行办法》、《黄石市测绘单位资质管理暂行办法》，先后出台了《市规划局财务管理办法》、《市规划局公务接待管理规定》、《市规划局交心谈心制度》等15项机关管理制度。以流程再造为抓手，进一步压缩规划审批办理时限。工业项目行政审批时限压缩至6个工作日，其他民用建设项目行政审批时限压缩至14个工作日，规划方案审查时限压缩至12个工作日，规划行政审批效能书继续领跑全省第一方阵。

测绘地理信息　积极推进黄石市第一次全国地理国情普查工作，制定出台全市普查实施方案及相关文件，提前衔接落实普查经费，广泛比选确定普查生产单位，突出抓好全程监控、全程把关。12月，全市地理国情普查外业核查工作顺利完成。利用最新的高分辨率卫星影像、航空影像技术，组织编制了新版的黄石市域图、黄石市城区图和黄石市中心城区图，组织完成了大冶湖生态新区"两镇一区"数字化地形图测量工作，全年共向26个单位提供了测绘成果，为领导决策和城乡规划建设工作提供了坚实基础。扎实开展测绘法宣传，认真组织"美丽中国"第二届全国国家版图知识竞赛和少儿手绘地图大赛，成效显著。积极开展数字黄石系统平台配套软件建设，充分发挥该系统平台应有作用。11月，数字黄石系统平台软件配置优化工作已全面完成，按进度进入招投标程序。

城市建设

城市重大项目　全年城建重点工程开工71项，完工28项，累计完成投资103亿元。新建改造河西大道、月亮山路、滨江工业园沿江路等18条城市道路；完成黄金山污水处理厂提升改造、矿山地质环境治理等环境整治工程；完成黄石二中体艺馆、湖北城市职业学校实训楼等社会公用设施；完成武商城市综合体等商业配套设施建设；完成年度供电、移动、电信、有线网络建设任务；完成年度保障房建设任务；推进棋盘洲港区码头、新港铁路支线等交通铁路工程建设；启动八园六带、东方山景区等景观绿化工程建设。

"五边三化"工程　开展长江边、河湖边、城区边、干道边和集镇边区域绿化、洁化、美化工作。完成"五边"区域绿化14万亩，建成区增绿3783亩；关停露天矿山85家；完成矿山生态恢复治理15家；有效治理全市460家工业企业重点污染源，关停367家"五小"企业；整治尾矿库61座；完成村庄整治132个，共投入资金15422.6万元（其中农民自筹234万元）；拆除违法建筑518处、65190.87平方米；打击非法采砂，查处非法采、运砂船只10艘，拆除和没收非法采砂机具2台。

"八园六带"工程　全年累计完成投资1.76亿元，建成团城山公园滨水樱花带、枣子山生态公园、牛头山生态公园、北纬30°生态公园、骆驼山生态公园、河西大道绿化带、大广连接线黄金带、光谷大道合欢带、大泉路月季带、磁湖南岸芙蓉带等五园五带，启动柯尔山——白马山生态公园、卫王生态湿地公园、团城山公园扩建等工程建设。

园林绿化　全年城市规划区新增和改造城市绿地面积125.09公顷，其中新增120.24公顷，改造4.85公顷，共计完成绿化投资1.7亿元。建设区绿化覆盖率、绿地率和人均公园绿地面积分别达到39.10%、36.80%、10.91平方米。通过省住房和城乡建设厅组织的国家园林城市复查。9月26日至10月26日，在大冶市茗山乡成功举办2014首届黄石园博会，入园参观游客突破100万人，实现了近2.8亿元的旅游收入；完成第十届中国（武汉）园林博览会黄石展园的规划设计，配合开发区启动2016湖北省首届园林博览会筹备工作。参与《黄石市绿道系统规划》编制工作，完成《黄石市环磁湖区域绿道系统规划》，出台《黄石市政府投资城市园林绿化工程建设指导意见》。指导创建下陆区人民检察院、宏维星都等19家园林式单位（小区）；培育湖滨中路、生态广场樱花带等市级绿化养护样板路、样板广场10条（个）。加强绿化精细化管理，开展植物修剪抹芽整形、病虫害防治和公园广场绿地“除四害”工作，完成行道树及街头绿地植物补栽任务，绿化缺失率控制在1%以下；落实“数字城管”整改回复消号工作，共受理案件533宗，处置498宗，处置率高达93.4%。加大磁湖水面漂浮物清理打捞工作，共清捞杂草、水葫芦、垃圾等570余吨。

民生工程 加强城市排渍设施维护改造，疏通排水管网76公里，对城区26处渍水点实施了分类改造，完成西塞、老下陆、东钢排洪港改造工程。加大城市污水集中处理设施建设及城区雨污分流改造力度，启动河西污水处理厂建设，列入2014年市政府十件实事的铁山铁金港新下陆东西港3公里污水干管工程完工，新建污水管网68公里，城市污水处理率达92.5%，出厂水质达标率和污泥安全处置率达100%。加大供水、供气、供热设施建设力度，完成30万吨铜杆项目通水、通气工程，新建天然气管网48公里、新增天然气用户16000户，完成黄石分布式能源站项目完成规划、选址，出台《黄石市城市供水专项规划》和《黄石市城市集中供热管理办法》。大力实施中心城区“停车难、行路难”综合治理工程，新增社会停车泊位1300个，取缔武汉路全线临时占道停车位；加强城市道路、桥梁、隧道设施维护改造，完成大泉路、沿湖路等道路车辙病害治理修复工程，维修改造城市道路2.1万平方米，完成凤凰山隧道南洞口边坡治理工程，维修更换隧道灯具及电子元件532个。

市政公用行业管理 加强与规范城市污水处理设施运营监管和污水处理费用征收管理，建立水质监测结果与运营费用拨付挂钩机制，全年征收污水处理费4065万元；加强排水许可管理，大力宣传贯彻《城镇排水与污水处理条例》，打击破坏城市排水设施和违规乱接、乱排的行为，确保城区新建项目雨污分流率100%；深入开展行政审批专项治理活动，推行办事过程“零停留”、咨询沟通“零距离”、服务企业“零障碍”、审批差错“零容忍”的服务举措，督促供水、供气企业在市行政服务中心设立报装业务服务窗口，市政窗口全年受理行政审批办件908件；加强城市供气、供热行业监管，大力开展安全用气用热公益宣传、瓶装液化气市场清理整治、燃气器具市场规范整治和重点隐患排查整治“四大专项行动”，取缔无证经营“黑气点”31家，城市供气供热安全防控体系初步建立；完善城镇供水水质检测体系，加强城镇供水设施和城区二次供水设施监督管理，确保管网综合水质达标率100%，水质监测、公示及时率100%，二次供水设施清洗率、维护率100%，确保市民喝上“放心水”；深化巩固节水创建成果，建立完善节水信息管理系统，推行非居民用水超定额累进加价制度，对全市4085户非居民用水户实现了全覆盖管理，全年创建省级节水型企业（单位）4家、节水型小区8个。

园林设施管理 完善园林绿化设施，广场、公园新添果皮箱220个，在人民广场、桂花湾广场、陈家湾广场等设置维护责任公示牌24块；修复各类灯具350余盏，更换灯带2600余米，修

缮公厕14座，园林亭榭楼阁油漆见新2000余平方米，修复木塑栈道300余平方米，修复破损硬质地面160余平方米，恢复修缮交通事故毁损花坛站面260米及行人穿越踩踏花坛30余处，设置防护栏640余米，园林绿化设施完好率达98%；完成了市区磁湖路、杭州西路、沿湖路等7条道路渠化岛（2处）及花坛隔离带（9处）斑马线人行通道的畅通施工任务，实现了无障碍通道目标；配合创建全国文明城市，在磁湖北岸景观带安装文明公益广告250块。

卫生社区创建 坚持把创建卫生社区作为创建国家卫生城市的基础工作狠抓落实。按照“对照标准找问题、督办整改抓落实”的实施原则，组织对全市102个社区的创卫工作进行了调研检查，并将检查发现的问题梳理分类，交办给相关城区、社区和有关职能部门进行限时整改。全年有52个社区达到了创卫标准要求，通过了卫生社区达标考核验收。积极开展卫生细胞创建活动，新创省级卫生先进单位10家、省级卫生社区16个、省级卫生村16个、市级卫生先进单位12家、市级健康教育先进单位（学校）7家。

城市管理

完善城市管理体制 建立城市管理督办机制。开展每周一次城市管理督检，与市纪委监察部门建立工作联动机制，对城管周检查工作落实不力的单位和个人，纳入全市治庸问责的范畴。建立科学、客观的考评机制，对城市主次干道卫生、城中村和城乡结合部、社区环境卫生管理、主次干道“门前三包”管理、农贸市场周边环境管理、违法建筑管控、队伍队容风纪等十个方面的内容，实行专业考核、专班日检月检；引入第三方考评机制，一月一排名，一月一公布，一月一兑现，改过去突击式、运动式检查考核为常态化检查考核，增加考评的权威性和威慑力。推进行业自治机制，对占道经营制脏制乱问题进行全面梳理，因势利导，实行分类治理，着力解决一批城市弱势群体生存空间问题；通过采取整治占道经营、定期清洗油污路面、配备垃圾容器和定时收集转运等措施，着力解决主次干道小吃巷环境脏乱差问题；通过深入工地协调、加强工地源头管理和改装运输车辆等措施，着力解决渣土抛洒问题。推进部门联动机制，制定出台了《城管与公安执法联动工作机制方案》、《城管与规划联动工作机制方案》等文件，明晰城市管理各相关部门的职责，建立定期联席会议制度和通报制度，形成整体合力。

城市管理工程建设 完善数字城管项目建设，建立城市管理部件、事件数据库，实现了各城区、社区数字城管业务平台全覆盖，形成了数字城管“横向到边、纵向到底”的预设模式。建立“一月一学习一讲评”、定期召开专题协调会、月末疑难案卷分析会等制度，全年受理市民举报、领导交办、新华社·黄石民生通道转办以及监督员日常巡查发现的各类城市管理问题共计65038件，立案53575件，派遣53233件，其中12319热线受理2383件。

夜市市场建设。按照“三个一批”（疏导一批、规范一批、整顿一批）的思路，在全市各城区共建设10个夜市疏导点，对历史形成的夜市摊群进行提档升级，实施规范管理，对疏导规范条件不成熟的流动夜市依法进行取缔。完成5个疏导点，吸纳近100户占道经营夜市摊点入市经营。

公益广告位规划建设。为全面根治“牛皮癣”难题，坚持“疏堵结合，变堵为疏”原则，在主次干道关键节点和社区等地科学规划、合理设置公益广告平台，满足市民信息互通需求。

开展餐厨垃圾试点建设。是年，黄石获国

家发改委、财政部、住房与城乡建设部批准，成为国家第四批餐厨废弃物资源化利用和无害化处理试点城市，逐步开展加强餐厨垃圾、厨余垃圾分类收运处置管理，构建完善餐厨垃圾、厨余垃圾专业收运、分类转运体系，进一步完善垃圾处理和资源化利用体系。

推进建筑垃圾资源化利用。出台了建筑垃圾无害化处理、资源化利用管理办法，加紧推进项目建设。此项目不仅能减少土地资源浪费，还可解决建筑垃圾污染的垃圾围城问题，实现变废为宝，综合利用，造福市民。

推进垃圾收运系统建设。向亚州银行融资1.34亿元，新建和改造38座压缩转运站、21座水平转运站，建设7处环卫基地、6处环卫停车场、48个环卫工人休息点、4处水上环卫站，配套升级改造3个垃圾场等。完成官塘、肖家铺、十六中、河口、月亮山5座公厕的建设工作，对石林广场、瓷器厂对面、秦定山3座公厕进行星级公厕改造升级。利用亚行贷款购置“国4”环卫车30辆，道路洗扫车、垃圾转运车5台套。全市共有洗扫车11台、高压冲洗车10台、扫路车4台，机械化清扫面积为449.4万平方米，城市道路清扫保洁总面积为672.32万平方米，道路机械化清扫率达到66.84%。

城管综合整治 会同市招标局出台了《违法建筑评估机构遴选管理暂行规定》，按照《黄石市控制和查处违法建筑管理办法(试行)》的要求，建立完善“全天候、无缝隙、全覆盖”的防建控违网络，全年拆除新建违法建筑1050处、13.5万平方米，依法查处以开发商为主的批后违法建设案件31起，控违7051处、20.8万平方米。

实施违规行为“记分制”管理。对管理对象实施一户一卡，临街单位、店面、摊点经营户的占道经营行为实行扣分，前三次不罚，以劝导教育为主，每违规一次记一分，累计扣分达到相应分值的，采取行业整顿、吊销执照等行政处罚措施。探索设立临时规范经营点，实行“城管监督、业主自治、规范管理、多方共赢”的管理模式。根据市民和经营户的需求，通过发布夏季“瓜果地图”、“中元节祭祀地图”和便民“公厕地图”等举措，在瓜果销售季节，在全市范围内科学设置55处便民销售点；是年中元节，特制了300多套焚烧容器，引导市民文明祭祀。

加强渣土管理。积极推行建筑渣土公司化专营、密闭化运输工作，加强对装载流体、散体运输车辆的执法管理。严格施工工地源头管理，加大对违规行为的处罚力度。全年清理“无主”建筑垃圾3.1万立方米，出动高压路面清洗车184次，清理道路污染26万平方米，按程序办理《准运证》1740车次，核准施工项目11个。

村镇建设

村镇规划编制 完成沿江城镇经济带（滨江新区）总体规划。完成沿长江经济带城镇规划。对韦源口、黄颡口、富池镇等沿江小城镇统筹规划、科学布局。编制完成陈贵——灵乡、保安——还地桥城镇群规划，完成与武汉城市群对接模式。完成黄石经济技术开发区大王镇、太子镇、金海煤碳开发区“四化同步”总体规划，确定建设为“华中康谷”。完成陈贵镇湖北省“四化同步”示范镇总体规划。组织编制大冶市灵乡镇、茗山乡和阳新县富池镇、黄颡口镇、韦源口镇“四化同步”示范镇规划。阳新县启动编制了荻田、星谭、宏卿、梁公铺等4个集镇(村)的规划。组织编制大王镇、太子镇、金海煤碳开发区29个示范村的“四化同步”村庄和镇区规划。完成大冶金湖街办上冯村和阳新排市镇下容村传统村落保护规划，通过省建设厅审批。阳新浮屠镇玉堍村传统村落保护规划通过住建部审批。完成《关于新型城镇化规划建设管理问题研究》、《黄石市城镇人口分布与城镇化空间布局问题研究》、《关于黄石市“十三五”推进新型城镇化发展研究》、《关于加快黄石新型城镇化建设的对策与思考》等专项课题研究。

基础设施建设 大王镇、太子镇、金海煤碳开发区实施长江饮水工程。实施城镇污水处理厂建设，完善镇区污水专项规划，王英镇、灵乡镇、金牛镇已经建成城镇污水处理厂；富池镇、保安镇、还地桥镇启动城镇污水处理厂建设工作。实施镇区道路建设，大冶市保安镇、金牛镇，阳新县富池镇、黄颡口镇完成镇区主干道刷黑改造，完成道路绿化、排水设施等项目提档升级，安装LED道路照明灯。实施镇区公共绿地建设，先后建设改造了一批城镇小公园绿地广场，大大提升了城镇品质。实施城乡垃圾收运系统建设，编制完成《黄石市城乡垃圾收运一体化总体规划》，大冶市、阳新县和黄石市经济技术开发区已经建成全域覆盖的一体化城乡垃圾收运处理系统。陈贵镇、灵乡镇、富池镇、大王镇、白沙镇、王英镇等一批重点镇、特色镇，通过镇区街道城市设计和景观设计，明确了小城镇建筑风格。积极推进小城镇房地产市场发展，实施住宅小区规划建设，对城镇及周边的农村住宅、土地整治、安置房建设等统一规划、集中建设，城镇住宅开发量超过120余万平方米，直接带动4万余名农民进城务工。完成危房改造2698户，下拨农村危房改造项目资金2771万元。大冶市还地桥镇、金牛镇，阳新县富池镇荣获湖北省第六届小城镇规划建设管理“楚天杯”。

美丽乡村建设 还地桥镇新畈村、燎原村，保安镇沼山村，大箕铺镇后畈村，白沙镇平原村，富池镇港下村，大王镇柯畈村等7个村庄被评为湖北省“宜居村庄”。灵乡镇罗桥村、茗山乡柯畈村、刘仁八镇刘桥村、保安镇牛山村、还地桥镇长岭村、浮屠镇华道村、经济开发区周通村、三溪镇高桥村、排市镇陈山村、黄颡口镇黄颡口村等10个村庄被评为黄石市“宜居村庄”。黄石经济技术开发区中庄村等29个村庄被评为黄石市“四化同步”示范村。保安镇沼山村(刘通湾)、三溪镇枫杨庄、王英镇大田村清潭湾等3个村庄被评为第三批国家传统村落。大箕铺镇柯大兴村，浮屠镇李山下村，王英镇钟泉村、隧洞村，三溪镇立中村，枫林镇坳上村等6个村庄正在申报国家第四批传统村落。

房地产管理

住房保障与棚户区改造 全市新开工建设各类保障性住房13027套(户)，基本建成各类保障房14030套(户)，分配入住11259套(户)，新增租赁补贴581户，全面超额完成省、市住房保障目标任务。住房保障实物配租逐步向新就业和外来务工人员覆盖，筹集1933套(间)公租房，有效地解决了17家企业、5799名新就业人员和外来务工人员的住房问题。3月27日，成功获批国家住建部“共有产权住房试点工作”城市，积极探索棚改型、商品型和保障型共有产权住房，初步形成《黄石市共有产权住房试点工作实施方案(草案)》。编制完成《2015-2017年市本级棚户区改造规划和分年度实施计划》，确定了未来三年7.1万户的棚户区改造任务。

房地产开发与监管 黄石市房地产开发投资增速放缓，住房供求的区域差异化、产品差异化突出，商品房销售面积和销售额同比下滑，房价小幅下降，市场分化趋势越来越明显。是年，全市(含大冶、阳新)完成房地产开发投资115.77亿元，同比增长36.7%，增速同比下滑14.4%；商品房施工面积899.81万平方米，同比增加33.5%；商品房竣工面积86.32万平方米，同比减少41.2%；商品房销售面积205.16万平方米，同比增加9.6%；商品房销售额93.4亿元，同比增加33.3%。其中，市城区新批商品房预售面积202.34万平方米，同比增长14.49%；销售商品房面积115.45万平方米，同比下降8.85%；销售额58.77亿元，同比下降7.21%。城区商品住房销售均价4907元/平方米(不含团购、代建、保障等政策性房源)，同比小幅下降0.3%，住房价格涨幅明显低于城镇居民人均可支配收入预计7%的实际增幅。

房屋征收管理 积极探索棚户区房屋征收实行协商搬迁的工作新模式，研究草拟了《黄石市棚户区改造项目实施工作规程》、《黄石市棚户区改造项目房屋征收调查、处理工作操作指引》、《黄石市棚户区改造项目未登记建筑调查、认定及处理操作指引》、《黄石市棚户区改造项目房屋征收补偿指导标准》、《黄石市棚户区改造安置住房代筹房源操作流程》等棚户区改造配套文件；对全市房屋征收(拆迁)还建情况组织了调查摸底；加强征收资料档案管理，组织将全市房屋征收项目及被征收房屋信息录入征收信息系统；全市实施房屋搬迁(含征收)项目共39个，涉及房屋8078户，建筑面积共90.8万平方米。全年搬迁(含征收)完成签约共6054户，签约房屋建筑面积约52.49万平方米。

房屋物业管理与服务 联合城区深入开展物业小区卫生检查活动，全年共计巡查41家物业公司服务的57个住宅小区。组织开展全市“物业服务质量提升年”活动，进行物业服务转型等5次专题培训，累计受训800人次，为提升全市物业服务水平打下坚实基础。指导65家物业企业开展“学雷锋志愿服务”活动，指导全市物业服务区域成立业主大会和选举业主委员，全年累计备案业委会17个。按照“专户存储、专款专用”的原则，进一步优化专项维修资金管理系统，实现业主录入率100%，实现新建项目交存率100%。全年办理维修资金缴存7343起，归缴维修资金5692万元；43个小区使用维修资金208万元。指导和监督全市前期物业管理招标和物业交接验查工作，全年通过招标选定物业服务单位项目11个，交接查验物业项目24个。黄石市宏维物业公司通过省级物业管理试点验收。

房屋产权交易与登记监理 结合IS09001质量管理体系，进一步规范工作行为，提高整体素质，增强务实作风，塑造良好服务形象，保质保量完成全年房屋登记、房屋评估、测绘市场业务、档案查询业务。其中，办事时限缩减至原规定时限的四分之一。全年共受理房屋登记案件49127起，合计登记建筑面积818.46万平方米，其中初始登记13990起、217.95万平方米，转移登记11969起、123.99万平方米，预告登记13846起、153.28万平方米，抵押登记5589起、262.52万平方米，其他登记1870起、60.72万平方米。

住房公积金管理

全年住房公积金缴存151992.25万元，新增缴存人数23656人，支付职工利息12624.61万元。为4630户职工家庭发放住房公积金贷款120144.5万元，回收贷款本金44637.74万元，利息14562.07万元。实现增值收益12458.03万元，年末增值收益率达2.06%，高于全国年均增值收益率1.5%的平均水平。

公积金缴存 调整工作思路，重点抓好非公企业公积金缴存扩面工作，将行政事业单位以及大型国企编外人员纳入制度范围，全年新增开户228家，新增缴存职工23656人。加大催缴督缴力度，以月保季、以季保年，每季度的最后一个月将缴存单位住房公积金的缴存和欠缴

情况及时发给每个营运网点，逐户上门催缴，单位及时缴存率达到85.9%。强化执法手段，通过送达催缴通知、责令整改通知等法律文书，将华新纤维欠缴的57万元住房公积金、工矿集团胡家湾煤矿等4家下属公司欠缴的1000多万元住房公积金催缴到位。

房贷市场管理　严格项目准入，执行开发企业准入管理办法，按照“五证”齐全、分类管理的原则，定期对合作楼盘的销售情况、资金状况、工程进度情况进行调查，做好预警研判，全年签订合作楼盘74个。严格风险管理，坚持按贷款管理办法审批个人贷款，防止虚假贷款、虚报房价多贷款等情况，对逾期的贷款做到早发现、早提醒，尽量将逾期控制在最短时间内，对逾期不还款的“钉子户”进行及时上门催收，实现了连续86个月贷款回收率100%。严格房贷管理政策，提高贷款额度，购买一手房的最高贷款额度提高到50万元，购房二手房的最高贷款额度提高到40万元；放宽二手房房龄要求，将二手房的房龄分别放宽至15年至20年；制定家庭代际间贷款政策，发挥家庭代际间的互助作用，父母子女的公积金均可用于偿还其家庭的公积金贷款，缓解家庭还贷压力；调整异地贷款政策，规定黄石公积金缴存职工在省内购房时或黄石户籍职工在外地缴存了公积金在黄石购房时，均可到公积金中心申请贷款；简化贷款流程，审核时限控制在10个工作日内，将担保人置换审批权下放至营运网点，同时简化提前还款手续、保证金退还手续；继续发放贷款贴息，1月份组织召开了住房公积金贷款贴息暨开发商表彰大会，为101户贷款职工家庭发放26.6万元利息补贴，对8家合作先进单位和18名住房公积金贷款工作先进个人给予表彰；开展项目贷款试点，对下陆紫新苑公租房项目定期进行跟踪管理，及时了解项目建设、施工、进度、资金等情况。通过住建部项目贷款业务运行平台和项目贷款运行监管系统，接受部省两级相关部门的监管，防范资金风险，12月20日偿还第一期贷款本息348.28万元。

内部监管机制　加强内部稽核审计，规范化小组每周都集中对营运网点的缴存、支取、合户、转移等归集业务，贷款的发放、回收，档案的整理、归档，财务核算的规范，文明服务以及系统的正常运转与维护等各个方面进行检查，发现问题及时通报督促整改。公积金中心获得“2011—2013年度黄石市内部审计先进集体”。加强存量资金管理，定期召开资金调度会，做到资金跨区域、跨银行流动，在保证职工正常提取、贷款发放和资金安全的前提下，努力实现增值收益最大化。

便民服务管理　简化办事程序，继续实行房产部门、合作银行“一站式”办公，优化办事程序，减少审批环节，缩短办理时间。优化信息服务平台，全新改版公积金中心门户网站，更新“中心概况”、“服务指南”、“政策法规”、“业务公开”、“推荐新闻”五大版块，试运行微信、微博平台，安装服务满意度评价系统，实现了客户对服务质量的零距离监督。全年网站浏览人数累计达1723.6万人次，日均访问量1.7万人次，回复网上留言5198条；“12329”住房公积金服务热线全年共受理话务32661次，客户诉求转办业务18起。利用视频监控、明查暗访、群众举报投诉等方式，对干部职工服务行为进行监督检查，每月定期汇总形成服务质量检查报告。经网上测评，各项服务指标的社会满意度明显提升。

建筑业管理

建筑业　全年实现建筑业总产值296.55亿元，建筑业增加值75亿元，增加值连续4年占比全市GDP超过5.9%，建筑业成为名符其实的支柱性产业之一。扶持建筑企业做大做强，新培育资质建筑企业73家，主项资质提升及增项资质企业41家，其中，晋升总承包施工一级企业4家，晋升甲级资质监理单位1家，培育新增检测企业3家。继续加强建筑业人才培训，组织全市建设监理单位人参加全省监理员考试，260余人取得岗位证书；全市一、二注册建造师均参加省级教育培训。

工程造价 全年完成建设施工合同备案136项，合同造价86.63亿元，建筑面积451.26万平方米；招标控制价备案71项，工程造价37.17亿元，建筑面积155.5万平方米；工程竣工结算备案51项，建筑面积111.6万平方米，工程结算总造价20.14亿元。注重工程造价咨询企业监管，鼓励造价咨询企业做大做强，成功申报黄石华阳工程项目管理咨询公司甲级资质。对全市在2013年执业质量检查中合格的造价咨询单位的执业质量进行全面检查。做好工程造价执业人员管理，完成全国注册造价工程师继续教育152人，完成全市造价员474人继续教育培训。加强信息化管理建设，《黄石建设工程造价管理信息》连续三次荣获全国工程造价类优秀期刊称号。

招投标管理 加强招标文件备案管理，实行建设工程项目招标代理专业代理人员、技术负责人二级签字负责制。全年共核准招标项目198项，招标总额63.82亿元，其中房屋建筑工程总造价50.99亿元，建筑面积345.65万平方米。

质量监督 全市新开工工程273项，建筑面积384.79万平方米，工程造价60.82亿元；市政工程6项，工程造价1.9亿元；监督竣工验收工程155项，建筑面积151.32万平方米，工程造价22.89亿元。竣工验收一次性合格率100%；全市建设工程质量监督覆盖率达97%，无重大质量事故发生。指导施工企业申报市结构优质工程103项，申报省结构优质工程32项，获评省结构优质工程10项。全市共创国家级QC成果1项，省级QC成果3项。组织全市见证员、取样员培训2次，组织住宅工程质量常见问题治理培训1次。组织全市在建工性检查1次，市政工程综合性检查1次，联合开展建筑节能专项检查1次、全市检测机构检查1次。在“东楚文苑”项目举行黄石市住宅工程质量常见问题治理培训观摩会，引导本地5家一级施工企业开展工程质量管理标准化试点示范工作。全年共下达整改通知书61份、局部停工通知书7份，受理网络、来信、电话、市政府批件等各类质量投诉31起。组织开展全市建筑行业现状调查，形成调查报告《黄石市建设工程质量与外地的差别》。

质量检测 加强建设工程质量检测机构的市场行为管理，全年完成黄石市区在建工程的见证取样检测、地基基础检测、主体结构检测、建筑设备检测、建筑节能检测及室内环境检测等专项检测业务。重点完成沪士电子、中茵国际大酒店、锦绣磁湖及卧龙山庄等工程质量检测工作。完成检测中心新址选址及规范化建设总体方案。

安全监察 围绕设备管理一体化、隐患排查信息化、安全生产标准化的“三化”工作为重点，加强全市建筑安全监管，严格控制事故指标。全年共办理建设工程安全监督手续121项，开展安全生产大检查8次，检查项目950项次，下达隐患整改通知书88份，下达停工整改通知书24份；查处安全隐患2420处。“六打六治”打非治违专项行动中组织开展检查巡查3次，检查项目71个，组织督办11次，下达隐患整改通知书10份，下达停工整改通知书1份，打击非法违法行为6起，通报批评6家，约谈非法违法工程项目参建主体6家，行动共查处安全隐

患352处，责令整改安全隐患343处。

市场监管 全年共监管黄石市区（含开发区）在建工程项目195个，其中已办证新开96个（市区60个，西塞山区1个，开发区35个）；临时许可23个（西塞山区2个，开发区21个）；上年接转76个（市区20个、西塞山区16个、开发区40个）；已办证建筑面积290.18万平方米，工程造价54.19亿元，施工许可批前踏勘率、分包、监理合同报备案登记率均达到100%。与全市39家新开工项目施工企业签订《建筑施工企业流动人口计划生育管理合同》，对全市施工企业与工地辖区签订的《计生双向管理协议》实行备案管理，对施工企业聘用的718名务工人员实行身份证实名制登记管理，共审查持婚育证明妇女33名，对流动育龄妇女人员的婚育、节育和孕检进行持证验证建档登记，实施统一管理，流动人口计生合同率和已婚育龄妇女“三查”率达100%；完成全市新开工项目建筑工地的计生宣贯工作，建筑业外来流动人口计生知识普及率达96%。全年组织开展建筑市场专项执法检查活动4次，累计检查全市（含大冶市、阳新县）在建项目137个，下达各类执法文书45份，约谈问责市场行为不规范参建各方主体单位28个（含开发区在内11个无证施工项目），停工整改违法施工项目22个；对3个违规行为较轻施工企业实施了资质动态跟踪监管警告，对3个违法情节严重项目依法立案查处，处罚38万元。

装饰装修 全年30万元以上装饰装修工程申报30个，监管19万平方米，装饰工程量1.2亿元，办证率达100%；施工质量、现场安全文明巡查139次，下达整改通知书13份，巡查率100%；全年举行家装工地现场观摩评比会2次、家装赶集会2次；全省首家举办黄石、鄂州、黄冈三市装饰行业管理人员培训班1期，邀请知名专家对全过程的装饰监管和专业知识进行授课；与黄石日报传媒集团、装饰企业、材料商、住户共同发起成立了“黄石日报·好家装联盟”。全年受理消费者装饰投诉4起。全年创湖北省优质建筑装饰“楚天杯”工程3个（大冶地税局纳税大厅、湖北银行团城山支行、海事局搜救中心），完成调研报告《黄石装饰行业现状及发展思路》。

行业监管平台 加强工程建设领域行业诚信体系建设，启动黄石市建设行业综合监管系统建设，构建企业、人员、工程项目、诚信等建设行业基础数据库，实现全市建筑工程行政审批、施工图设计文件审查、造价与合同备案、质量监督、安全监管、建筑市场行为监管、工程竣工验收等环节信息化管理，服务工程参建各方与社会公众的管理目标。该项目采取公开招标、竞争性谈判方式，确定珠海新华通软件股份有限公司为项目承建单位，初步完成软件开发工作，子系统间数据实现互通。

建筑科技

勘察设计 加强施工图审备案管理，实现施工图审备案闭合管理。全年完成合同备案36项，设计费用3872万元，勘察费用65万元。加强后期管理服务，推动勘察设计行业质量精细化发展。严格资质管理标准，提高勘察设计行业监管水平。集中组织设计人员学习40人次；组织协调各勘察设计单位参加注册勘察设计师考试工作；全年组织注册建筑师和注册结构师的继续教育、延续注册50人次。

设计审查 严把施工图设计文件审查备案关，城区内施工图审查备案率达95%以上。全年审查备案建筑施工图122项，建筑面积465.1万平方米，投资额40.5亿元。其中工业建筑49项，建筑面积75.8万平方米，投资额4.7亿元；

公共建筑37项，建筑面积84.3万平方米，投资额12.5亿元；居住建筑36项，建筑面积305万平方米，投资额23.3亿元。城区施工图审查备案率100%。

建筑节能 全年获省级建筑节能示范项目3个、科技创新示范项目1个。所有建筑工程按照国家和省级建筑节能标准执行，建筑节能竣工总面积235.99万平方米，其中居住建筑156.82万平方米，公共建筑77.53万平方米，执行65%低能耗居住建筑标准1.64万平方米；完成绿色建筑11.13万平方米，完成可再生能源建筑应用68.26万平方米；完成既有建筑节能改造7.52万平方米，其中居住建筑3.42万平方米，公共建筑4.1万平方米；完成公共能耗监测平台3栋。全市（含大冶、阳新）新型墙材生产企业达60家，生产能力达25.28亿块标砖，新型墙材生产量为11.15亿块标砖，节约土地796.87亩，节约能源6.91万吨标煤，利用工业废渣81.47万吨，新型墙体材料推广应用率达100%，建筑节能普及率100%。全市新型墙体材料品种达10多种，基本形成了以砂加气自保温体系、混凝土多孔砖、混凝土加气块、页岩砖为主体，高、中、低档产品相结合的产品结构体系，应用层面已经逐步从公共建筑和商品住宅建筑向私人居住建筑推进。

散装水泥 全年实现散装水泥供应量1004.5万吨，同比增加51.22万吨，增长5.37%，散装率达63.64%。按照国家统一口径计算，全年使用散装水泥节约木材、水、电、煤炭共折合标准煤23.08万吨，减少粉尘排放10.1万吨，减少二氧化碳排放60万吨，减少二氧化硫排放0.2万吨，创综合经济价值4.52亿元。全年预拌混凝土使用量404.85万立方米，同比增加84.4万立方米，增长26.34%。全年预拌砂浆使用量12.09万吨，同比增加3.59万吨，增长42.24%。

城建档案 档案整理进展加快，全年完成城建档案整理2500卷。档案利用工作成效显著，全年利用城建档案完成民用住宅110栋、工业项目51个、办公项目28个、商业项目14个、学校1项。是年，黄石市城建档案馆改造工程项目立项获市发改委批复。

大 冶 市

规划编制 按照“城乡一体、全域规划”的要求，完成了《大冶市城乡总体规划》修编，本轮修编城市建设用地规模、城市人口规模分别由2009版32平方公里、30万人提高到56.7平方公里、54万人。加快城区控制性详规编制编制，完成环大冶湖城市新区初步设计方案、金湖生态示范区规划策划和概念总规编制、城西北工业园扩园规划、上冯村旅游通道规划、大冶开发区总规和非金属产业园规划，完成陈贵镇“四化同步”试点规划和黄石市首届“园博园”规划并付诸实施。全面完成了全市9镇1乡1场的总体规划修编及210个行政村规划编制工作，实现城镇控制性详细规划及村庄（整治）规划覆盖率100%；全面启动镇区控规编制工作，完成陈贵、还地桥、保安、金山店镇区控制性详细规划编制，督促金牛镇、刘仁八镇进行规划编制工作；相继完成了城乡环卫、商业网点、城乡成品油网点、绿线、蓝线、铜绿山古矿冶遗址保护等专项规划。

城乡建设 城乡重大基础设施建设进展顺利。黄咸高速大冶段建成通车。锦冶大道、黄鄂一级公路大冶段、铜都大道南延段建设工程顺利推进。完成城西路、106国道大冶段、擞头603处铁路桥和刘金线桥梁改造，以及城市备用水源大堤与城际铁路对接等重点工程。武黄城际铁路联调联试基本完成，城际铁路公交换乘

中心建设完工。金湖大道绿化提升工程和尹家湖西岸景观工程基本完工。完成城区11个交通导流岛、七里界转盘和青铜文化广场等绿化改造升级。完成城西路、世纪林和金湖大道污水提升泵站建设改造工程。拉开新城区开发建设序幕，启动尹家湖东岸拆迁，基本完成了新美片区拆迁。

园区建设进程加快。城北工业新区扩园6129亩，入园项目65个，到位资金97.2亿元。灵成工业园扩园1420亩，入园项目24个，到位资金20.8亿元。乡镇特色园区进一步发展壮大，镇域经济提速发展。全市8个乡镇（街办）财政总收入过亿元。罗桥、陈贵、灵乡、还地桥位居全省百强乡镇“前十强”（分别居第1、3、5、6位），金湖、保安排名分别前移至第14位和29位。

创新投融资机制。与海通证券签订战略合作协议，全省首支16亿元的县级城投债券成功获批发行，一期10亿元债券顺利发售。先后与中铁七局、中信华诚投资有限公司合作，组建市场化融资平台，解决开发资金来源问题。整合注入乡镇国有（集体）资产组建城镇化建设公司，实现融资6.09亿元。

村镇建设 启动17个“宜居村庄”示范项目建设，还地桥镇新畈村、燎原村，保安镇沼山村刘通湾、大箕铺镇后畈村等4个村已被省政府命名为第四批“宜居村庄”，还地桥镇土库村获得省美丽乡村暨荆楚派民居特色建设示范。继上冯村被命名为“中国传统古村落”，保安镇沼山村刘通湾被列入中国第三批传统村落名录。7月21日，还地桥、保安、金牛被列为全国重点镇。还地桥镇、金牛镇成功获得湖北省第六届城镇规划建设管理“楚天杯”。灵乡镇荣获全省新农村建设示范乡镇。9月26日，黄石市在茗山乡成功举办了首届黄石市园林博览会。全年完成农村危房改造261户，向上争取农村危房改造资金197万元。

建筑业 大冶市政府办公室印发《关于对全市建筑业骨干企业实施重点培育的通知》，选定15家重点建筑企业进行重点培育和指导。落实市建筑业发展专项奖励基金34万元，对大冶建工集团等8家企业分别在资质晋升、创优夺杯方面进行奖励。全年指导帮助29家企业申报、晋升45个主项资质（或增项资质），全市建筑企业发展到83家，建筑业总产值突破100亿元。

园林绿化 完成快速路、新冶大道、湖滨路等城区主要道路苗木补栽，共补栽乔木2312株、灌木118820株、草坪2820平方米；打造特色景观，完成青铜文化广场四季园建设，共栽植樱花90株、紫薇362株、梅花240株、红枫200株；对城区大棋路、罗桥大道、城西路、站前大道等道路推广林荫路，因地制宜栽植单排或双排行道树，共计完成新增乔木2882株，补栽乔木105株；建立政府、部门、企业多主体投资机制，推进实施创建国家园林城市社区（村）包保机制，动员35家牵头单位、74家包保单位和109家帮扶单位、企业包保35个社区（村），共投入帮扶资金272万元，完成一批园林小景建设；实施城区义务植树工作，在城西北工业园义务植树1700棵；推进青龙山公园提档升级，整治取缔公园内占道经营行为，修复破损残疾人通道、健身设施，完善园内排水设施和沿湖坡岸建设，完成主园路刷黑4900平方米，对门楼、长廊、亭阁油漆彩绘，完成园内绿化建设，共栽桂花、柳树等乔木236棵、灌木球200余株、小灌木5000平方米。

城市管理 推进路长责任制管理，设立路段岗亭133个，积极营造城市管理共建共管氛围；设立114万元专项奖补资金，加强城区“门前三包”考核；加强数字化城管运行，城管局网格中心全年受理案件2786件，案件处理率

97.36%，按期处理率95.62%；启动旧城改造，消除省级重大消防安全隐患，铜都市场等5个市场整体搬迁至人民广场过渡；开展城管综合整治，规范湖滨路和江浙商贸城夜市，实施“六项治理”工程，交警、交通、城管联合执法，加强市政公用设施维护，投入资金584万元加强亮化设施建设。市政府投入790万元，加强农村环卫基础设施建设；列支财政资金1670万元，保障农村环境卫生管理长效运行。

房地产管理 强化房屋登记管理，全年核发《房屋所有权证》、《房屋他项权证》10095本。其中，初始登记312宗、214.94万平方米；转移登记3361宗、42.8万平方米；变更登记144宗、6.07万平方米；他项权利登记4776宗、201.26万平方米。规范房地产开发市场管理，严格实行商品房预售许可和合同网上登记备案制度，全年核发《商品房预售许可证》33本，批准商品房预售184.88万平方米，商品房预售合同登记备案6918份；贯彻落实商品房明码标价政策规定，依法查处房地产开发企业违法违规行为14起，征缴罚没收入222万元；严格项目资本金收缴制度，依法征收房地产开发项目资本金9975.45万元；严格市场准入和清出制度，依法注销5家房地产开发企业开发资质。加大物业服务监管，征收专项维修资金580.31万元。开展老楼危楼安全排查，排查房屋1893栋、23.99万平方米，下发安全隐患整改通知116份，督促整改加固。拓展白蚁防治业务，签订白蚁预防合同42份，预防施药面积118万平方米，灭治面积1.6万平方米。做好公房维修管理，依法查处私自转租、转让违法住户8户，办理过户手续8起；投入公房安全维修资金107万余元，维修1200余人次。

住房保障 做好保障性住房资格审查、分配和住房租赁补贴发放，共核准经济用房申购家庭329户。12月，通过电脑公开摇号方式，对观山经济适用房项目第二标段144套房屋进行了分配。核准享受廉租住房租赁补贴家庭2000户，核发补贴400万元。加快保障房建设和棚户区改造，新建保障性安居工程项目9个、4430套、28.6万平方米。争取中央、省级住房保障资金3964万元，完成省国开行12亿元棚户区改造贷款扶持资金申报工作。

阳 新 县

规划编制 启动新一轮《阳新县城市总体规划(2013—2030)》修编工作。完成《阳新县滨江新区概念性总体规划》的规划征集方案，选定浙江省城乡规划设计研究院编制《阳新县滨江新区概念性总体规划》。完成了黄颡口铸造工业园5.3平方公里区域的控制性详细规划、黄颡口铸造工业园区6.7公顷规模的居民安置小区修建性详细规划。编制完成了马蹄湖风景区、明月湾公园、园博园等生态区规划；启动了市民服务中心和金融中心及1.2平方公里区域核心区城市设计以及白杨交叉口区域城市设计；完成了杨家湾路、俞家湾路、荻田工业园2号路、8号路等18条道路等市政设施工程规划；完成了城东新区面积约90公顷的土地收储规划；完成了彭山安置小区、竹林塘渔场安置小区、石震安置小区等7个新区安置点项目的修建性详细规划设计。完成了荻田产业园区9平方公里核心区的和810亩鄂东南商贸城项目的修建性详细规划。完成了拓园3000亩区域的控制性详细规划；完成了联富箱包、朗天医药等20个重点工业项目的修建性详细规划。完成了背街小巷、步行街改造等12个建设项目的修建性详细规划，启动并完成了五马坊街片区改造修建性详细规划初步方案。完成了排市镇总体规划编制、龙港老街修缮性建筑规划方案、官塘

村村庄整治规划。

基础设施建设 实施路网建设，完成了城东新区阳新大道、湖东新区大道、环湖西路、湖滨路4条道路的刷黑、配套建设。实施桥梁公园建设。阳新莲花湖大桥总投资1.76亿元，完成投资1.4亿元，预计2015年5月建成；完成了莲花桥桥头公园、明月湾公园等居民娱乐休闲场所建设。实施城市供水工程建设，完成新扩建5万吨/日的自来水三期工程，已投入试营运。实施园林绿化建设，完成城东新区道路绿化栽植任务，完成了桥头公园、明月湾和马蹄湖公园5万平方米的绿化美化。实施安置小区建设，完成了白杨、彭山、熊家垴3个安置小区工程建设并交付使用，大坝堤安置小区正在施工建设。

住房保障建设 基本建成各类保障性住房3442套，其中：廉租住房收购56套、城市棚户区改造1520套、公共租赁住房560套、经济适用住房102套、垦区棚户区危房改造1202套、林业棚改2套，共为3167户发放廉租住房租赁补贴552.3万元。

城镇一体化建设 实施渔民上岸安居工程，完成富池、兴国、龙港3个镇47户渔民房屋建设。实施"富川杯"创建和重点集镇整治工作，富池镇、半壁山管理区等11个镇区启动并完成了一批基础设施建设项目，重点整治的浮屠、白沙、龙港3个集镇以整治规划为蓝图，全面实施"洁绿亮美"工程，集镇环境面貌焕然一新。

建筑行业管理 深入开展"工程质量安全治理两年行动"活动，遏制建筑违法违规行为。完善市场准入及清出制度，严把施工许可关，竣工验收关、造价备案关。全县实现新型墙材应用率100%，城区散装水泥覆盖率达69%；重点产业加速发展，建筑业年均增幅达6%以上，全县共有建筑企业30家、房地产开发企业55家、物业管理企业28家，年从业人员约4000余人；工程质量安全管理不断加强，竣工验收合格率100%。

城市管理 严控违法建筑，依法强制拆除135处、1.52万平方米。加强市容市貌整治，查处违章摊点800余处，拆除户外广告牌65个。加强渣土管理，清理补办渣土准运手续建筑工地35家，整改不文明施工300处，与货运司机签订《责任书》300余份，查处偷运乱运、无证运输、车辆不覆盖和车轮带泥车辆436台次，督促清扫被污染路面1.3万平方米。加大基础设施维护，组织专业人员对社区16处废弃下水道进行改造建设，对7处堵塞下水道清淤疏通，维修大理石路面砖400余平方米，更换破损检查井28座。

黄石港区

基础设施建设 完成了纺织五路、朝阳路道路建设的施工设施方案评审，预计投资2000万元。投入资金43万元，对原轮胎厂居民区下水管网改造、群安巷道路及排水管网改造、黄冈路下水管网进行疏通改造，对红旗桥代司里小区的泥巴路进行硬化，共硬化路面900平方米，改造疏通排水管网700米；对新闸社区、天桥社区3座公厕实施三格无害化改造。实施江北工业园交通设施辅助工程建设，投入508万元，完成了兴北五路1.27万平方米路面建设；投入40万元，完成了五一港的疏通和100米护坡建设；投入180万元，完成了五一港大桥建设；完成了兴港大道中段、兴北六路建设招投标。

交通管理 开展长江码头整治督查，对辖区长江岸线7.6公里8家港口经营企业24个码头泊位的环境卫生、洒水降尘、安全生产进行经常性的执法检查督办，完成8家码头企业征收、拆迁数据的调查摸底和统计汇总。加强湖滨西路、师院路、磁湖大道等路段维修业占道经营的整治，配合市交管行业主管部门打击"黑车"行为和整治车辆超限现象，完成公交车线路及站点布局规划。

卫生社区创建 针对社区存在的环境卫生、群众反映强烈的基础设施建设滞后、绿化美化城市环境等重点问题，对社区的积存垃圾进行集中清除，对小区楼道的乱堆杂物和乱写乱画组织集中清理，对社区屋顶等城市第三平面进行集中美化。累计清除空中垃圾233处，清理卫生死角300处，清理乱堆乱放100处，清运垃圾800多吨，清洗“牛皮癣”7932处，完成了麻纺社区19栋处环境改造、桂花湾上山道路的路灯安装等工程。

农贸市场改造 对采阳园农贸市场黄石港店、青山花苑生活广场、金港农贸超市等3家农贸市场实施了提档升级，对辖区11个农贸市场周边环境卫生问题开展清理整治，共清理市场周边积存垃圾36吨，发动执法宣传车辆23台次，清除出店、占道经营3675人次。

青山湖2号湖治理 青山湖2号湖湖面面积约1.57公顷，沿线有污水排放口21个，每日约有2万多吨污水直接入湖。特别是在谭家桥附近，早餐、夜宵形成的小吃“市场”，垃圾废水更是直接倒向湖中。8月，组织市、区两级人大代表，就青山湖综合治理进行了专项视察，形成议案向市人大报告。投入资金20万元，对湖面垃圾及漂浮物进行清理和打捞，打捞清理各类垃圾30余吨。

西塞山区

市政维护建设 投资184.53万元，实施了黄石大道马家嘴段绿化景观工程，改造面积3100平方米。完成了八泉居民区、飞云街、联合村路口等路段维护工程，硬化道路面积1000平方米、铺设管道300米、安装各种井室16个。实施了中窑湾、新建区等11条排洪港的汛期清掏，完成清掏垃圾和砂石1000立方米。筛选了群众反映强烈的26个民生项目列入建设计划，总投资170多万元，当年完工17个、启动6个，完成投资约100万元。

卫生社区创建 对辖区内市容环境、食品安全、环境保护、传染病防治、经营秩序等进行了多次专项整治，全区20个社区已有13个社区分2批被命名为“黄石市卫生社区”，胡家湾、石料山、花园路、陈家湾、和平街、叶家塘、马家嘴7个社区正在对创卫问题进行整改。

承接市权下放 根据2013年12月31日与黄石市建委签订了《西塞山区部分建设项目审批管理权下放协议》，市建委共下放建设项目审批管理权共5项，包括建设工程施工许可证审批(包括临时施工许可)、向城市下水道排放雨水或污水许可审批、占用城市道路审批、挖掘城市道路审批、园林绿化管理审批。同时下放的质监、安监、建筑市场监管等权力因条件限制，在一年过渡期内反委托市建委。全年共办理建筑工程施工许可审批共计16个(其中临时施工许可7个，正式施工许可9个)，办理挖道审批33个，占道审批15个。办理临时占用绿地和砍伐移植城市树木审批16件。

城市管理 加强了社区环境卫生黑色时间段管理，启动了2个社区环卫市场化改革及社区环卫“五定”试点工作。增加了环卫设施投入，新增不锈钢钩臂桶48个、钩臂车6台、封闭式不锈钢板车110台，确保垃圾及时清运。加大社区居民生活垃圾机械化收集力度，与17个社区签订社区垃圾代运协议，向社区投放钩臂箱65个，钩臂车7台，并与振华化工、河西工业园等签订了代运合同。数字城管交办的365个整改问题，已整改326个，整改率达89%。启动并实施了社区环境综合整治等9大专项整治行

动，城市管理工作取得重大突破，在全市排名摆脱了长期甩尾局面，基本稳定在全市第二，4月份首超铁山，排名全市第一。

下 陆 区

城市规划 完成下陆区旧城改造规划（不含团城山地区）设计工作，按“近期(5年内)、中期(10年内)、远期(15年内)、保留改造”四大类，对全区范围内160余个地块进行了逐一分类，为后期旧城改造工作提供规划指导依据。启动下陆生态新城规划编制，生态新城规划设计初步成果正在进行整合。市、区两级共投入200万元，启动了生态新城核心区域的城市设计和控制性详细规划编制，其范围为北至发展大道、南抵老下陆大道、东达杭州路西延、西接发展大道，总面积为8.14平方公里（其中生态保护区1.9平方公里）。

旧城改造 启动旧城改造项目4个，共计划投资4.4亿元，建设保障性住房21万平方米，其中：江南花园二期和长乐花苑施工进度顺利、瑞祥隆片房屋征收工作全部完成、省拖棚户区片已完成了房屋的评估工作。跟踪储备项目5个，其中十五冶三公司片、黄建三公司地块正在办理前期手续；老下陆粮油片正在做前期成本测算；楚天家电城片规划方案正在报审；江南花园三、四期正在与开发商洽谈。

基础设施建设 实施城市基础设施建设项目6个，其中发展大道路面刷黑工作和人行道铺设工作全部完工；老下陆排洪港改造项目已顺利通过验收；新下陆西港支线污水输送主干管敷设工程已基本完工；东方大道二期贯通工程目前仅一户私房未拆除；长乐工业园区自来水管网工程总投资1千万元，完成60%工作量。

民生工程 加快还建点建设，盛世长乐还建点主体工程已完工，已启动附属工程建设；欧阳湾还建点基本完工；长宇新城还建点项目A地块占地面积115亩，总建筑面积23万平方米，建设房屋1619套，其中住宅面积175386平方米，有8栋楼房封顶。实施市政道路维修工程，投入360万元对辖区内主次干道破损路面进行修复，修复面积8500平方米。

城市管理 加大违章巡查管控力度，积极开展整治乱搭乱建，全年共拆除违法建筑153处、28606.69平方米。开展环境卫生整治，签订《“门前三包”责任书》2585份，发放门店垃圾收集容器1099个，下发《“门前三包”督检通知书》108份，整改自查问题390个；开展集中执法活动193次，查处抛洒及施工车轮带泥车辆939余台次，取缔了违章占道经营、出店经营32825余处，纠正车辆乱停乱放17967起，查处乱倒乱扔、乱牵乱挂等不文明行为19920次，清除和覆盖“牛皮癣”18639处，拆除违规户外广告293处近3000平方米；全年清运生活垃圾5万余吨。加强公厕管理，更换和维修公厕设施设备230处，修复站石3000余米、人行道6800平方米，更换井盖130套(件)，扶正或更换果皮箱271个，添置垃圾勾臂斗120个。完成数字城管派遣案件14023件，整改回复9932件。

铁 山 区

基础设施建设 完成了三岔路社区道路改造、陈来臣道路及排洪渠、社区停车棚、陈来臣还建楼附属工程、创卫社区改造工程、治超站、占家泉行车桥、市政仓库、仿古街便民市场等项目；协调完成了铁贺路综合整治、铁金港陆雁鸿段雨污分流、城区路灯建设等工程；完成了西区水改、熊家境自来水管网建设的规划、设计等前期工作和西区还建楼建设工程年度任务。

民生工程 修复社区人行道4262平方米，更换、调平站石78米，维修更换井盖50余座，修复、更换各类污水井百余座，清理改造化粪池1处，新建圆井66座、新铺沟盖板659块、新建晾衣杆160根；主城区天然气主管道铺设工作除广友路外，其他路段均已完成；东方大道和106国道西段路灯已实现通电照明，并纳入市管范围；铁山301微循环公交线路顺利通车运营。完成了盛洪卿路、亚东市场、文化宫、广友路等4座公厕立面整治和建设路、新土桥、得道园、东贝服务区公等9座公厕标识更换、设施维护，完成道路果皮箱维修120余次（个），新安装道路果皮箱51个。

卫生社区创建 完成第一批6个社区的创卫复查和第二批3个社区的创卫达标工作，全区9个社区在全市范围内率先创卫达标。全年城市管理综合排名中的社区环境卫生管理、城市道路环境卫生管理、门前三包和环卫设施设备及环卫作业管理、市容秩序管理、城中村城乡结合部环境管理、农贸市场周边环境管理、违法建筑管控、施工工地管控、执法队伍队容风纪、文明执法等10个单项在全市排名第一。

市政管理 坚持市政管理日巡查制度，落实专人每天对14条主次干道进行巡查，修复人行道砖5351平方米、修复站石367米、修复雨水井493座、清掏雨水井97座。对大理石厂门口、光彩山道路旁等易渍易涝路段进行改造。完成了西区各企业、原铁山小学居民楼供水和治超站、陈来臣还建楼供水、供电工作；在西区增设安装变压器3台（西区还建楼1台、光谷东2台）。

建筑业管理 对10个房屋建筑工程项目开展了安全监督和质量监管。其中，续建项目9项，新建项目1项（西区还建楼一期），累计监管建筑面积12万平方米，期间7个续建工程完工。在建工程3项：四医院综合楼项目、欣欣家园和西区还建楼一期，辖区建筑市场处于良好受控状态。

园林绿化 连续三年实施“花城计划”，全年完成了辖区约80公顷公园绿地、道路绿地的园林植物补栽及日常养护管理工作，城区绿化做到“四季有花、四季有色、四季有彩”；完成了消防中队（0.5公顷）与计生局（0.3公顷）单位绿化工程；投入资金50万元对辖区所有亮化设施进行维修、管理。自筹资金近4万元，分别为建设路、胜利路、九龙洞、矿山路等社区完成太阳能灯电路改造工作；并出资5万多元，为北纬30°广场及生态公园区新装了电网及供水设施；投入资金14万元，对新老桥洞、彩虹桥、矿建广场、106国道东段东景小游园等处园林设施进行了维修、改造。

城市管理 开展市容整治活动196次，累计查处占道、出店经营18140余处，清理“牛皮癣”16721处，制止“八乱”行为12885余起，整治夜市1262处，拆除破旧广告牌1281平方米，处理油烟、噪音等投诉109起，规划协调夜市疏导点1处，便民疏导点1处；对我区61处控违点加大巡查力度，对发现新增的116处违章建筑全部进行了现场强拆，共拆除新建和历史遗留违法建筑共计9219平方米。开展专项整治行动7次，出动铲车12台次，重点对秀山路及106国道沿线的乱堆乱放、无主建筑垃圾进行了集中清理，共清理建筑垃圾88卡车，共计1800余吨；开展交通秩序管理整治活动72次，发放打击“黑的”宣传单1000余份，劝导乱停乱放行为7256余人次，暂扣摩托车68台，处理违章车辆148辆，没收违规设置的出租车标识牌52个；加强了对铁山新桥洞、三岔路口和106国道木栏段等重点抛洒路段的巡查力度，对城区内施工工地的周边路段进行重点巡查，从源头上降低抛洒现象的发生。

开 发 区

基础设施建设 全年计划实施基础设施重点项目36项，计划总投资约42亿元，其中市政道路建设25项，污水处理厂建设及配套管网建设6项，配套服务设施5项；实际实施道路工程及集中供热项目21项，完成投资约16亿元。全年完成区间道路建设20条、23公里，完成投资12亿元；完成水电配套设施项目23项，铺设供水主干管11公里。

配套工程建设 推进供电工程建设，完成综合投资4200万元，完成了有色绿城、正威、文理学院等项目110千伏高压走廊的迁移工作，完成了沪士电子、美利林项目110千伏电力专线前期设计及报批工作，宝山开闭所建设基本完成作；完成了正威电子、华冠电力、美利林、日丰管业、星河电路、华纳电子、上达电子、天鼎机械等18个工业项目的临时用电变压器安装工程，共安装变压器19台套，全部完成送电；完成了谈山隧道南出口、金山大道东井线、东贝工业园、山南污水处理厂、汪仁污水处理厂五条10千伏线路迁移工程，共迁移和架设线路1.2万米。推进供水排水和污水处理工程建设，新铺设自来水干管11公里，完成了食品工业园、日丰管业、中茵科技、华纳电子、华纳电子、星河电路、上达电子、宏广电子等9个项目的临时用水和正式用水安装工程；完成了汪仁污水处理厂主体工程及配套污水管网、尾水管网建设工程。

住房保障工程 组织实施了柯尔山、白马山公园、团城山公园等10个拆迁项目，共拆迁私房18户，总面积2000平方米。开工实施保障性住房工程4个，总建筑面积20万平方米，完成保障性住房建设2314套，面积约20万平方米。

执法管理 加强渣土整治和车辆抛洒治理，建立保证金制度，各矿山企业和施工工地按产量和工程大小缴纳2000元至10万元不等的保证金；建立全程监控机制，形成稽查过程无缝隙监管；建立城管、交警联合执法机制，对超载超限车辆和司机采取卸载、教育、处罚三结合；建立市场化管理体系，通过招标引进有资质、符合条件的公司开展渣土运输业务；全年上门服务宣传405余次，教育运输车主达895人次；30个重点项目的工地建有冲水台或沟槽，设置了洗车设备。加强违法建筑控管，实行“巡查管控拆”有机结合的管理模式，共拆除违法建筑279处、63547平方米；控制下基未建和拆后转控的房屋基础665处、79800平方米，预计控制建筑面积16.5万平方米。

农村环境整治 加强农民建房审批管理，审批“两镇一区”、章山街办农民建房478户。加强农村环境卫生整治，在“两镇一区”建立了农村环卫运作体系，建设地埋式垃圾中转站3座、垃圾池829个，设置垃圾桶5288个，配置各类保洁专用车辆15台和收集板车312台，招聘农村和中心集镇保洁员302名，成立专职管理机构(环卫所)3个，累计投入资金750万元；通过户包卫生、村包收集、镇包清运、区包处理的运作模式，形成了“统一收集、统一运输、统一处理”的农村生活垃圾收运体系。

襄阳市建设

襄阳南城北市

城乡规划

2014年，襄阳市城乡规划局全年办结各类项目2451项，其中办理建设项目选址意见书180项，规划条件960项，办理建设用地规划许可证145项，用地规模约1024万平方米，办理建设工程规划许可证295项，建设规模约1285万平方米，办理竣工验收合格证165项，建设规模约582万平方米。另外，为推动项目建设，对要件不全的项目，出具规划审查意见项目42件，建筑面积约212万平方米。办理各类文件、答复664件。足额征收城市基础设施配套费1.54亿元。

规划编制 一是2014年襄阳市城乡规划局组织编制完成了樊城片区6个单元的控规(21平方公里)、襄州片区2个单元控规(4.8平方公里)、高新区2个单元控规(15平方公里)，共计40.8平方公里控规。《襄阳科技新城控制性详细规划》已经市政府批准，其他控规成果均已通过各层次审查，正在进行批前公示。二是襄阳市城乡规划局通过招标确定并委托西安建筑科技大学城市规划设计研究院和襄阳市城市规划设计研究院联合修编《襄阳历史文化名城保护规划》。还通过公开征集编制单位的方式协助隆中管委会确定并委托中国城市规划设计研究院修编《隆中风景名胜区总体规划》。组织编制完成了《枣阳市前湾传统村落保护与发展规划》。三是鱼梁洲管委会、襄阳市城乡规划局共同组织编制完成了《襄阳市鱼梁洲总体规划(2015—2030年)》。四是襄阳市城乡规划局组织编制了《襄宜南一体化发展战略规划》，并协助省住建厅组织编制了《老谷丹城市组群协同发展规划》。五是双沟镇、尹集乡为我省21个“四化同步”规划示范乡镇，经过省、市、区、镇四级政府及规划、农业、城建部门的共同努力下，圆满地完成了两镇“四化同步”规划成果的编制工作，规划成果于2014年11月获襄阳市政府批复实施。六是组织编制了《中心城

区引水入城规划》、《“汉江—南渠—护城河”水系连通工程总体规划》、《襄樊大道景观整治规划》、《汉江北岸城市设计》、《南湖宾馆至襄阳机场沿线景观整治规划》、《襄阳市近期交通改善规划》、《襄阳市中心城区绿线控制规划》、《襄阳市城市排水专项规划》、《襄阳市城市电力设施专项规划》、《襄阳市中心城区中小学布局规划》等10余项专项规划。

基础测绘工作和信息化建设 一是市区地下管线和地下设施信息平台建设正有序开展。年底已完成了前期的需求调研，编制了可研报告，并对预算部分进行了修改。二是襄阳市地理国情普查基础工作于 11 月底结束。此次普查的范围是襄阳市市区3670平方公里，南漳县3859平方公里，谷城县2544平方公里，保康县3229平方公里，老河口市1045平方公里，枣阳市3279平方公里，宜城市2116平方公里。普查的对象是辖区内的地表自然和人文地理要素。年底前，市区及各县(市)均完成领导小组成立、设计书制作、首件成果作业，辖区内的地理国情普查工作已全面展开。其中市区、谷城县、枣阳市已基本完成内业解译工作，其他县(市)内业解译工作均超过50%，各地外业普查工作正有序开展。三是规划管理信息系统建设顺利推进，确定了上海数慧系统技术有限公司为该系统的建设单位。完成对襄阳市城乡规划局的全面调研，形成详细的需求调研报告。在12月底规划信息系统主要部分投入试运行。

规划监管 制发《襄阳市城乡规划局重大行政决策程序规定(试行)》和《襄阳市建设工程批后管理工作制度》。按月向市查违办、市纪委(监察局)城建监察室上报违法建设告知统计表及说明，并在规划局网站对发现和函告的违法建设情况进行公示。加强制度建设，推进依法行政。对原《襄樊市城市规划管理技术规定》(土地使用和建筑管理分则)进行了修订，并于2014年5月经襄阳市政府颁布实施。对《襄阳市中心城区村(居)民建房管理暂行办法》进行细化完善，拟定《襄阳市建设工程竣工验收规划条件核实暂行规定》等。

城市建设

全年共安排336个城建项目，年度投资约493亿元，其中政府投资约201亿元，社会融资292亿元。至年底，已实施246个项目，完成投资约370亿元，占年度计划投资的74.8%。全市首批公开的17个关键性城建项目顺利实施，市城建委负责实施的161个城建计划内项目有序推进。全长8公里的襄樊大道基本改造完成，成为襄阳市的一条民生大道、文化大道、景观大道；市区八大公园游园集中开园，市区公园绿地面积新增220万平方米，人均新增绿地1.5平方米，年度增量创历史最高，“500米见绿、1000米见园、2000米见水”的城市绿色生态格局初步显现；2014年，襄阳市鱼梁洲污泥综合处置项目获住建部颁发的“人居环境范例奖”，污泥处理襄阳模式在全国推广；襄阳市第六次荣获全省城市规划建设管理“楚天杯”，市城建委获得“全省住建工作先进集体”荣誉。

城市框架项目 全长8公里襄樊大道综合改造基本完工，对沿线道路、排水、建筑物立面、招牌、人行道、过街设施等进行整治，实施了街景亮化、绿化，襄樊大道成为襄阳的一条景观大道、文化大道；东西轴线中原西路主车道已贯通；唐白河大桥已基本完工；连接襄州区与樊城区的长征东路桥已完工正式通车；邓城大道樊宛路、光彩市场、义乌市场3座天桥已基本完工，襄阳五中天桥有序推进；火车站站前广场过街天桥投入使用，春节前已基本完工。

民生保障项目 全年共开工建设12个排水和污水项目，完工8个，其中樊一排水泵站、牛首排水泵站已基本完成；清河口污水泵站改造工程已基本完工；襄新大道排水工程完成形象进度70%；邓城大道片区截污干管完成形象进度60%；张湾西支截污干管完成形象进度70%；张湾排水渠改造及汉丹铁路顶管工程在建。全年共完成15个道路照明项目，安装路灯6024盏。全年共完成路面维护11.7万平方米。

功能提升项目 主城区范围内12条道路基本完工；襄州区范围内完成7条道路；滨江路东延伸、广电南路西延伸、七里河路西延伸、政法巷、清桐路、闸口二路、内环南线焦柳铁路下穿、云集北路、春园西路西延伸等9条道路均开工在建；全年完成了汉江大桥的检测维护工作和14座中小型桥梁的日常维护；汉江7座桥梁远程监控系统基本完成；完成了市区范围内的16条道路大型维修。

新区发展项目 东津新区横十一路、会展北路、横九路、横一路、横十三路等5条新建道路基本贯通；东津新区南北还建小区内10条道路排水配套工程已基本完工；高新区11条道路已基本完工通车。深圳工业园西经五路、经八路南段、北纬十三路等项目已基本完工，经八路北段、深圳大道北段、西经四路等续建项目快速推进；航天工业园8、9号路已贯通；余家湖工业园11号路、14号路已基本完工；樊西物流园物流大道、产业三路、物流二路、横二路西段等道路已基本完工。

生态景观项目 新增城市绿地220万平方米，创历年绿地增量之最。12月29日，紫贞公园、习家池景区、岘山文化广场、临汉门公园、檀溪湖公园、长门遗址公园、月亮湾公园、环城公园等8个公园正式向市民开放。新建、改建6处游园。

公用事业

城市供水 5月30日，襄阳市城建委和襄阳中环水务公司签订了城市供水特许经营协议。城市集中供水主要由襄阳中环水务公司承担。中环水务共有制水厂4个，设计日供水能力100万立方米，供水管网总长约710公里，服务范围覆盖襄阳市襄城区、樊城区、高新技术开发区、鱼梁洲开发区和深圳工业园、余家湖工业园、航空工业园及部分城郊乡镇，供水服务面积达120平方公里，覆盖人口110余万人。县(市)供水厂共6家，实际日供水能力25.9万立方米，综合合格率在85%左右，供水水质达到国家饮用水标准。

2014年完成樊西工业园、深圳工业园、高新工业园、航空航天工业园、保康工业园等配套供水管网工程共计20.45公里，完成投资1298.77万元。为保证城区供水水质，2014年，以湖北省城市供水水质监测网襄阳监测站为依托，开展城市供水水质监测工作。市城建委组织对全市10个水厂进行水质监测，并定期在媒体和网站上进行公告。

城市燃气 市区共有液化石油气经营企业14家(不含襄州区)，总储气能力达1500余吨，月供液化石油气750多吨，液化石油气用户20多万户。建成天然气门站2座、高中压调压站8座、加气母站1座、LNG加气站1座，汽车加气站6座，已建成城市天然气市政管网700多公里，其中高压、次高压管道140公里，基本覆盖各城区及城区工业园；建成1800多个天然气小区，发展居民天然气用户30万多户、工商业用户1700多家，年供气量超过1.69亿立方米。

2014年全年完成市政高中压、重点工程燃气管道总计9.8公里，完成伙牌高中压调压站1

座，完成CNG加气站2座、LNG加气站1座，完成小区安装40678户、工商业415家。7月23日上午，襄阳华润燃气公司从刘集机场附近刘湖调压站至东津新区横五路约15公里的天然气次高压管线全线贯通正式通气。在加强燃气设施建设同时，市城建委在全市开展了城镇天然气、液化石油气管线安全专项排查整治活动。

城市污水处理 2014年全市共计处理污水21077.43万吨，实现COD消减33182.16吨，其中市区共计处理污水14204万吨，实现COD消减23576吨，污水处理量同比增长15%。2014年襄阳市污水处理率平均为86%，其中市区污水处理率为91%。鱼梁洲污泥综合处置项目全年处理处置污泥约13.3万吨，产生140余万标方天然气和100吨生物炭土，每年节约标煤1万吨，减少二氧化碳排放2.6万吨，做到了循环利用和基本零排放，变废为宝，被住建部授予"中国人居环境范例奖"，襄阳市餐厨垃圾和污泥的合并处理的"襄阳模式"作为典型在全国推广。

城市管理与执法

深化城市管理体制改革 市委、市政府出台《关于进一步完善襄阳市城区城市管理体制的意见》，推进襄阳城市管理检查考评从以市容和环境卫生为主的"小城管"考评，逐步向涵盖城市管理"事件"、"部件"，包含城市长效综合管理相关领域的"大城管"考评转变。进一步调整充实市城管委成员单位，将城市综合管理相关部门，供电、供气、供水和通信等与城市管理密切相关的社会公共服务单位纳入市城管委，使市城管委成员单位从原来的23个调整充实为46个。批准将市公安局公交分局更名为"市公安局城管公交分局"，增加城市管理执法安全保障职责，及时查处城市管理工作中威胁、抗拒、阻挠执法等违法行为；完善环卫保洁体制机制，将市政设施环卫保洁工作全部下放到城区，建立"一个部门管到底，一把扫帚扫到边"的环卫保洁管理模式；在高新区先行先试，组建高新区综合执法局，将环境卫生、城乡建设、园林绿化、市政管理、环境保护、文化旅游、广播电视、新闻出版、劳动保障、安全生产、商贸流通、国土、卫生计生、水利等方面的监督检查、行政处罚、行政强制等执法工作统一归并到综合执法局，解决条块分割、多头、多层以及重复执法等突出问题，形成统一指挥、运转顺畅高效的综合执法体系。加快"数字化城管"建设，编制印发了《襄阳市数字化城市管理监督指挥手册》，数字化城管系统对各责任单位问题处置情况进行检查考评，将考评结果与奖惩挂钩。组织编撰《襄阳市城市建设管理白皮书》，探索建立城市建设管理"襄阳标准"。襄阳城市管理以政府高位督导运行、城区和部门联手发力为特征的大城管运行体制初步形成。

交通秩序综合整治 会同市交通、公安交警等部门在市区范围内全面取缔人力三轮车，市区运行了近二十年的人力三轮车在2014年8月1日前全部平稳退出客运市场。以落实"门前三包"责任制为重点，全面清理市区"三车"停放点，更新施划"三车"停放标识标线700余处、127公里。全年新增停车泊位2585个，新建林荫停车场6个，市区道路停车泊位已增加至1.7万余个。从严管控静态交通秩序，全年查处车辆乱停乱放等违法案件12.8万起。

市容环境管理 持续推进城市立面、门店招牌、户外广告整治，拆除商业街区、主次干道、广场游园周边有碍观瞻的户外广告4000余块，督办相关业主单位修复缺字少画广告、夜间亮化缺失广告600余块。大力整治占道经营、马路市场、乱贴乱画等顽症，取缔转迁长征东路、

胜利街等马路市场12处。按照“一路一景、一街一特色”的要求，对主次干道街景文化、街景特色进行系统规划，对示范路户外广告、门店招牌进行整治，对破损陈旧地面重新铺装，实施管线入地，对沿街绿化实施提档升级改造。共创建市级市容环境美好示范路18条，长虹路、荆州街、东风汽车大道创建为省级环境美好示范路，推荐滨江大道、南街、建华路、长虹北路、交通路5条道路参加2014年全省示范路检查验收。

环境卫生管理 2014年市政府投入1092万元，新增各类环卫机械车辆37台，市区环卫机械车辆达到1295台，中心城区环卫机械化作业率达到70%。对纳入2014年整治任务的325个“三无”小区实施环境综合整治，市区3.9万户、10.2万居民直接受益。推进渣土运输市场化改革，实行市场化运作、公司化管理、密闭化运输、数字化监控，组建12家建筑渣土运输专业化公司，拥有密闭运输车辆240台，市区建设施工工地和渣土运输管理实现了质的跃升。市区生活垃圾无害化处理率达到100%，全市“户分类——村收集——镇转运——区域集中——企业处理”的生活垃圾收运城乡一体化基本框架初步形成。全力推进《湖北省城镇生活垃圾无害化处理设施建设规划》实施，努力消除生活垃圾无害化处理空白市县，目前襄阳市已建成襄阳市生活垃圾焚烧发电厂、宜城、枣阳、老河口生活垃圾卫生填埋场。

违建查控 继续加大市区违建防控查处力度，巩固提升2011年来“大拆违”行动整治成果，建立完善违法建设基础档案，构建违法建设市、区、街、居四级监管网络。全市“大拆违”行动开展以来，累计拆除违建1938起，面积达54.55万平方米，其中2014年累计拆除违建195起，面积2.05万平方米。

餐厨废弃物无害化处理 襄阳市为国家第三批餐厨废弃物无害化处理和资源化利用试点城市，2013年9月，市政府施行了《襄阳市区餐厨废弃物管理办法》，采用BOT模式引进湖北国新天汇公司负责建设襄阳餐厨废弃物处理项目，并提供餐厨废弃物处理服务，特许经营时间为19年，即2014年至2033年终止（含建设期和运营期）。2014年5月16日，受市政府委托，市城管局正式与湖北国新天汇能源有限公司签订襄阳市区餐厨废弃物处理厂BOT项目《特许经营协议》和《餐厨废弃物处理服务协议》。同年9月，该项目处理系统建成并试运行。10月，襄阳市区餐厨废弃物集中收集运输专项整治工作在市区全面启动。已先后对市区5086家餐厨废弃物产生单位进行了调查登记，签订收运协议3680余家，已收运1600余家，主城区收运量达20吨/日。该项目主要利用鱼梁洲污泥处理厂现有设施设备建设，采取餐厨废弃物与污泥合并处理工艺，设计建设规模为日处理餐厨废弃物150吨。项目处理系统试运行以来，已累计处理餐厨废弃物2320吨，每天产生4000立方米生物质燃气，60至90吨有机生物炭土，能为市区300多台次出租车提供优质燃料，并利用炭土实现“以废治废”，打造了国内第一例垃圾填埋场移动森林项目，在中华紫薇园、汉江、清河进行荒滩治理，累计种植紫薇、广玉兰、含笑等树种15万多株。襄阳采用的污泥与餐厨废弃物协同处理工艺，直接将餐厨废弃物转化为燃料和肥料，使餐厨废弃物与污泥处理厂共用一块场地、一套设备，节约投资4000多万元、土地50亩，实现餐厨废弃物的全消纳和资源化、无害化利用，受到住建部和环保部专家充分肯定，被授予“中国人居环境范例奖”。

三无小区环境综合整治 “三无”（无主管单位、无物业管理、无基础设施配套）小区是城市管理的薄弱环节，也是群众反映强烈的问题。2014年，市委、市政府把“三无”小区环境综合整

治纳入改善民生三年行动计划，集中时间、集中力量、细化措施，在市区范围内展开“三无”小区环境综合整治攻坚战。计划通过两年的努力，完成市区510个“三无”小区整治任务。2014年325个“三无”小区完成整治任务，达到“一有两封三通”（有物业管理，小区楼道垃圾通道封闭、垃圾池封闭，小区内道路畅通、路灯通、下水道疏通标准），市区3.9万户、10.2万居民直接受益。2015年还将完成185个小区整治任务，工作全覆盖后，市区54920户、14.3万居民将从中受益。

房地产管理

住房制度改革、住房保障 2014年，全市共开工建设各类保障性住房56816套，完成目标任务的101%；基本建成37114套，完成目标任务的103.1%；分配入住21383套，完成目标任务的101.8%，新增发放租赁补贴3072户，完成目标任务的109.3%。其中市本级开工建设39730套，基本建成25179套，分配入住14700套，新增发放租赁住房补贴914户，圆满完成了省政府既定目标，住房保障工作获得满分。截至2014年底，累计解决了14.1万户城市中等偏下和低收入家庭的住房困难问题。其中，通过公共租赁住房和租赁住房补贴，已基本实现对户籍人口低收入人群应保尽保的目标；通过集中或就近建设棚户区改造安置房，使市区危旧房居民的住房条件得到根本改善。

以市场运作为手段，推进保障性住房建设机制改革。一、创新供地机制：1.对城市更新、工改居整理出的土地，以及收回的闲置土地，优先安排用于保障性住房建设。2.对规划建设的城市新区，安排不低于10%的土地用于保障性住房建设。3.对纳入城市棚户区项目改造范围的国有建设用地，市政府实行“不予不取、自求平衡”的政策，土地出让金市级留存部分全部返还，用于保障性住房及配套设施建设。4.年度用地计划中，保障性住房用地未得到落实的，一律不安排其他住房建设用地。2014年，全市共落实保障性住房用地3046亩；二、创新投融资主体，确保“资金筹得到”。成立房投公司，以该平台为依托，吸纳央企、社会资本参与保障性住房建设。市房投公司先后与各城区政府、市建投公司组建多家经济实体，企业实力和投融资能力不断增强。被省政府批准为保障性住房私募债发债主体，发债规模达30亿元。相继获得湖北银行、交通银行、中国银行、工商银行各5亿元授信，累计融资额近50亿元；三、以顶层设计为核心，推进保障性住房制度体系改革。相继出台了《关于进一步加强住房保障工作的通知》、《关于襄阳市公共租赁住房和廉租住房并轨运行的通知》（襄房字〔2014〕53号）、《襄阳市市区公共租赁住房分配管理实施细则》（襄房保办〔2014〕15号）、《关于襄阳市市区公共租赁住房实行差别化租金的通知》（襄房字〔2014〕151号）、《襄阳市棚户区改造安置房屋购买工作流程》（襄房保办〔2015〕1号）等一系列管发展、谋长远、促规范的政策文件，构建起襄阳市保障性住房从新建、配建到分配，从准入到退出，从租住到出售等一整套成熟的制度框架。

房地产市场监管 2014年全年市区房地产业完成投资218.42亿元，同比增长18.36%；市区商品房施工面积达到1619.83万平方米，同比增长24.03%；商品房新开工面积850.87万平方米，同比增长16.96%；市区商品房竣工面积203.52万平方米，同比增长3.88%；市区商品房共销售20080套、223.37万平方米，同比下降12%、10.2%，销售金额达到118.06亿元，同比下降10.9%；商品住宅销售15545套、168.79万平方米，同比下降16.2%、16.6%；商品房成交均价5285.68元/平米，同比增长0.96%；由于中心城区全年无商品住宅供应，本年度住房均价持续走低，仅为4944.92元/平方米，同比下降5.6%。

物业管理企业327家，物业从业人员12800多人，安置下岗职工近7600多人，行业经营收入已过亿元。市区456个住宅小区均实施了专业化的物业管理，物业管理面积约2200万平方米。

住房公积金管理

公积金缴存 2014年，全市共归集住房公积金22.96亿元，比上年增长18%，完成省厅目标（省厅计划11.6亿元）的198%，新增缴存人数13198人，超额完成省厅目标（省厅计划1300人）；发放个人贷款2652笔6.69亿元，超额完成省厅目标（省厅计划4.4亿元），贷款发放率为40.2%，贷款增长率为2.1%，住房消费支持度为47.7%，市场占有率达25.3%，贷款逾期率控制在0.09‰；实现增值收益1.746亿元，超额完成省厅任务（5100万），增值收益率为2.3%。截至2014年底，全市住房公积金归集总额为120亿元，缴存余额为81.2亿元，累计发放住房公积金个人贷款46亿元，个人贷款余额为32.6亿元，累计提取住房公积金37.7亿元，累计提取贷款风险准备金6627万元，累计提取廉租住房补充资金3.4亿元及时足额上缴财政专户。

扩面建制 2014年，市住房公积金管理中心针对非公企业扩面建制难的问题，与市人力资源和社会保障局、市总工会、市企业家协会、市企业联合会等单位联合发文《关于全面推行住房公积金制度构建和谐劳动关系的通知》（襄公积金〔2014〕36号），采取发告知书、媒体曝光、上门催建催缴、行政执法等措施，促使非公企业扩面建制，2014年新增建缴非公企业达121家。

公积金提取 缴存职工购买首套自住住房或改善型自住住房（即首套房面积在90平方米以下的）可以提取职工及配偶双方住房公积金账户内的全部余额，还可以一次性同时申请提取职工父母、子女的住房公积金；职工公积金贷款还贷提取间隔时间由两年改为一年，增加了公积金按月划扣还贷提取业务，商业贷款每年还贷提取业务，利用公积金余额抵贷提取业务。

公积金贷款 降低了贷款门槛、取消了存贷比限制、降低了“二套房”首付款比例、适当增加了贷款额度，并推出了缴存职工异地购房贷款业务，缴存职工在异地（限本省范围内）购买自住住房的，可在住房公积金缴存地申请住房公积金贷款。

支持保障性住房建设 隆中人才公寓尹集和深圳工业园两个试点项目在不具备贷款发放条件的情况下，中心向上级住建部门和财政部门争取支持，协调市房管局和保障性住房建设管理中心，以市政府名义申请将祥龙·泰然居保障性住房小区调整为新的试点项目。此项目已得到省住建厅和财政厅的批复，计划发放的首笔贷款1.9亿元在2015年春节前发放到位。

住房公积金风险防控 中心通过升级改造业务信息系统，建立了依托现代信息技术平台，以中心统一核算为核心，涵盖归集支取管理子系统、贷款管理子系统、财务核算子系统、电子档案子系统多个功能模块的业务信息系统，保证了分级核算，统一管理，规范运行，为资金安全提供了技术保障。通过信息系统明确各环节业务管理权限，规范了公积金提取、贷款等业务和财务工作的内容、标准、方法和程序，实现了工作的标准化、流程的科学化、操作的规范化，强化了中心对资金的实时追踪和监控能力，保障了资金使用的安全性、规范性和有效性。严控贷款风险，实施逾期贷款预警监控，落实逾期

贷款催收，中心个人贷款逾期率仅为0.09‰，远低于国家规定的1.5‰。强化审计稽核，主动接受外部监督。中心全年对全系统进行了两次例行业务稽核，专项整治利用虚假发票套取公积金现象，纠正了贷款合同填写不完整、不规范问题，促使各项业务达标率稳步上升，消除了风险隐患，增强了抵御风险能力。与此同时积极配合审计部门对中心业务的审计工作，通过向省住建厅、市财政局报送业务报表和向管委会成员报送工作简报主动接受外部监督。

勘察设计与建筑节能

勘察设计行业管理 2014年，市护航建设工程咨询中心被省住建厅列入施工图审查机构名录，具备了对房屋建筑工程一类和市政基础设施二类（道路、给水、排水工程）工程项目进行图审的资质。襄阳地质工程勘察院完成的“襄阳江山馨园小区经济适用房建设项目场地岩土工程勘察”项目，鄂西北工程勘察总公司完成的“襄阳恒达乐居生活广场基坑工程加固设计”项目获得省优秀工程勘察项目“三等奖”；市政公用工程设计研究院完成的“樊宛路道路排水工程”项目获得省工程设计项目“三等奖”。新报审工程项目在施工图设计文件审查中建筑节能、抗震设防、无障碍设计达标率为100%。重新修订并严格执行《襄阳市勘察设计执业单位及从业人员不良行为评价办法》，加强对勘察设计执业单位及从业人员的动态监管。2014年，共登记勘察设计不良行为记录365条，对襄阳市第二建筑设计院等13家勘察设计单位进行了通报批评。

建筑节能 2014年，所有民用建筑严格执行建筑节能设计标准，设计阶段和施工阶段执行率均为100%，新型墙体材料应用率为100%。全市新增节能建筑面积456.63万平方米。引导并督办公益性项目使用可再生能源，指导各县（市）区出台太阳能建筑一体化应用的强制性和激励性政策，推广可再生能源；成立鄂西北太阳能、地源能、空气能检测中心，为可再生能源推广提供条件；2014年，山东力诺太阳能电力集团与湖北茗峰新能源科技有限公司合作，在南漳县投资3.5亿元，建设30兆瓦光伏发电地面电站，填补湖北省无光伏发电地面电站项目的空白。2014年，全市实施可再生能源建筑应用面积122.39万平方米。

引导商业房地产开发项目执行绿色建筑标准，2014年，襄阳市共获得住建部绿建标识项目面积达20.69万平方米，其中，襄阳绿地中央广场B02地块幼儿园项目获得绿色建筑评价二星级标识，建筑面积为0.23万平方米；襄阳绿地中央广场B02地块19～27号楼、襄阳绿地中央广场C02地块G1～G7号楼两个项目获得绿色建筑评价一星级标识，建筑面积分别为10.02万平方米、7.19万平方米；“清河庄园”一期项目共2栋2.05万平方米顺利获得绿色建筑评价二星级标识；温哥华1972项目1.2万平方米获得绿色建筑评价一星级标识。

2014年，全市开展既有建筑节能改造面积25.08万平方米，完成了湖北文理学院理工学院大学生活动中心、襄阳市华凯欣悦时尚酒店、襄阳市华凯富临酒店等9栋建筑能耗监测平台的建设。

墙体材料革新和散装水泥推广 大力培育和扶持新型墙体材料企业。截至2014年底，全市共有55家新型墙材节能企业在省厅认定。目前，全市新型墙体材料应用率达到100%。2014年全市供应散装水泥105万吨，供应预拌混凝土530万立方米，综合利用废弃物50万吨。2014年新增农村散装水泥网点8个，全市农村散装水泥网点达到230个，销售散装水泥50万吨。

村镇建设

2014年襄阳市完成农村危房改造5944户，争取补助资金4458万元；18个村庄被命名为省级“宜居村庄”，13个镇被命名为国家级重点镇；枣阳吴店镇、谷城石花镇、老河口仙人渡镇等3个镇被纳入全省35个试点示范小城镇范围，分别获得170万元的垃圾中转站建设补助；宜城市被纳入全省农村生活垃圾试点，获省财政补助500万元；襄城区尹集乡姚庵村被纳入全省“美丽乡村暨荆楚派民居特色建设示范”，获省财政补助100万元；枣阳新市镇前湾村被纳入我国第一批传统村落名录，获300万元保护资金。

农村危房改造 2014年共争取中央财政危房改造指标5944户，争取补助资金4458万元，其中：第一批危房改造指标4372户，补助资金3279万元；第二批危房改造指标1572户，补助资金1179万元。截止目前，完成危房改造5944户。

重点镇、省试点镇建设 2014年，襄城区卧龙镇，樊城区牛首镇、太平店镇，襄州区伙牌镇、双沟镇，南漳县武安镇，谷城县石花镇，保康县马桥镇，老河口市仙人渡镇，枣阳市太平镇、兴隆镇、吴店镇，宜城市小河镇等经住建部命名为国家级重点镇。枣阳吴店、谷城石花、老河口仙人渡镇等3个镇纳入省35个试点示范小城镇范围，每个试点乡镇分别获得了170万元的垃圾中转站建设补助资金。吴店镇和仙人渡镇垃圾中转站已基本建成。

传统村落保护 枣阳市新市镇前湾村被住建部纳入我国第一批传统村落名录，获得了300万元的传统村落保护发展资金。在第三批传统村落申报中，南漳县巡检镇漫云村被列入第三批传统村落名录。全市开展了传统村落调查，完善了襄阳市传统村落档案，力争更多传统村落纳入国家保护范围。

宜居村庄创建 2014年，枣阳市南城王湾村、七方镇七方村、琚湾镇闫家岗村，老河口市仙人渡镇仙鹤社区、张集镇油坊湾村，宜城市小河镇余云村，南漳县九集镇九仙观村、巡检镇峡口村，保康县黄堡镇岞峪村、城关镇陈家河村，谷城县石花镇五家洲村，襄城区尹集乡青龙村、欧庙镇庞岗村、卧龙镇迴龙村，樊城区牛首镇张湖村、太平店镇王台村，襄州区双沟镇陈湾村、朱集镇寇集村等18个村庄被命名为湖北省“宜居村庄”，同时，启动了老河口市薛集镇马岗村、襄州区石桥镇竹园村、枣阳市刘升镇刘升村等30个“宜居村庄”示范项目建设。

农村生活垃圾治理 2014年襄阳市委、市政府印发了《襄阳市城乡生活垃圾无害化处理三年行动计划(2014—2016)》，对全市城乡生活垃圾无害化处理提出了目标和要求，到2016年底，全市城乡生活垃圾设施覆盖率达100%，收集率达90%，集中处理率达80%以上。市城建委在谷城县开展农村生活垃圾治理试点，以谷城县庙滩镇和盛康镇作为试点乡镇，全域铺开，探索完善垃圾治理流程、责任、资金、设备、机制、考核等六大关键链条。同时，宜城市被纳入全省8个县域生活垃圾治理试点县(市)之一，争取了500万元省级财政补助资金。

建筑施工

建筑行业 2014年，全市共有房屋建筑工程项目1914个，建筑面积2425.04万平方米，其中，市区工程项目共有836个，建筑面积1170.15万平方米，工程造价287.9亿元。各县市区共有在建工程项目1078个，建筑面积1254.89万平方米，工程造价123.05亿元。全年新增建筑业企业189家，建筑业企业总数达到741家，26家企

业实现资质升级，其中，三级升二级21家，二级升一级5家。全年实现建筑业产值672.94亿元。

建筑市场执法 实施建筑市场实名制管理，要求市区各沿街和大型、新建建设工程均在施工现场悬挂“施工及监理项目部主要岗位工作人员公示牌”，开发“襄阳市建筑施工现场管理人员实名制网络平台”，全面收集全市在建项目信息和施工企业、监理企业管理人员信息。截至2014年底，已录入500多名人员信息和90家企业信息。严把日常巡查关、现场踏勘关、整改到位关，对无证施工、出卖出借资质等违法行为严厉打击。2014年共下达停工通知书33份，整改通知书22份，做调查笔录6份，行政处罚结案4起。

建筑企业培育和管理 开展企业培育和企业资质升级帮扶活动，全年新增建筑业企业189家，建筑业企业总数达到741家，26家企业实现资质升级，其中，三级升二级21家，二级升一级5家。全年实现建筑业产值672.94亿元。严格执行外地施工企业登记制度，从源头遏止建筑企业出卖、出借资质行为。2014年为66个外施企业和33个单项工程办理年度登记。

建设工程安全生产 全面推进安全生产隐患排查标准化、数字化体系建设。2014年，在市政总公司、地金公司、海厦公司等单位开展了“两化”体系建设试点。实行专项检查和全面检查相结合，每季度定期检查和随机抽查相结合，全年开展多次开展安全检查。在安全生产月活动中，对市区255个工程项目进行检查，面积达1900余万平方米，出具安全检查文书288份，排查建筑起重机械共2302个，一定规模以上的危险性较大分部分项工程共有7个。同时，积极开展安全生产优秀工地表彰活动，对17个获得“楚天杯”安全文明工地的现场进行表彰。

建设工程质量监管 2014年，国家住建部、省住建厅全面部署全市工程质量治理两年行动，9月4日，市城建委召开襄阳工程质量治理两年行动部署动员会。同时，在日常监管中严格执行工程建设强制性标准，积极推进质量兴市战略计划，狠抓工程实体质量问题治理。市区新建工程质量、安全监督覆盖率100%，受监工程一次验收合格率100%，具备竣工验收备案条件的工程竣工验收备案率100%，质量投诉结案率100%。全年申报省结构优质工程47项，荣获省建筑优质工程（楚天杯）奖2项，获QC质量成果奖18项。

城建档案

档案管理 2014年，襄阳市城建档案馆全年深入施工现场进行档案业务指导588个单项工程，共计1100多人次，业务指导与服务覆盖率达100%。全年788个单项工程签订《建设工程档案报送责任书》，出具工程档案合格证239份。全年接收进馆档案421个单项工程。共外出拍摄200余次，共拍摄照片3012张，面向社会征集各类照片7000余张， 共4000余张照片完成了数字化，转入声像档案管理系统。摄录影像600分钟。全年向社会各界提供档案利用370人次1335卷，为施工单位提供复印13000多份，为档案利用者解决街景规划方案编制、工程质量纠纷、房屋改造维修等提供了重要信息和依据。全年共完成上架案卷17305卷。截至2014年底，我馆馆藏档案已达119105卷，突破十万大关。

城建档案编研成果 编辑《襄阳城建档案》简讯四期、城建档案工作信息13篇，10篇信息被《襄阳晚报》刊登，3篇论文在国家级杂志《城建档案》上发表，在全市档案学会年会征文活动中，3篇论文分获二、三等奖，5篇论文获入围奖。联合拍摄制作了《大道如歌》电视专题片，编辑印制了《襄阳城建掠影》和《重大城建项目简介》画册。

馆库建设 2014年，位于东津新区的新馆，建筑主体结构已完成，室内装修设计工作已逐步开。

枣 阳 市

道路建设 2014年，共实施市政工程建设项目26个，改造新建道路20多公里。实施老城区之沿河东路、前进路、民主路（人民路——光武路段）改造工程，完成建设东路和民主东路道路刷黑。新建和配套建设民族西路、西环一路北段、发展大道向东延伸、复兴大道向东延伸、人民路向南延伸、吴店园区一路、白水源还建房规划路等7条道路。实施中兴泰德盛排水、钒氮厂区等排水配套工程1300多米。完成襄阳东路、东环二路等9条干道绿化，精致改造了浕水广场，完成了枣耿路游园、前进路游园、复兴大道节点、无量台景区入口节点、枣琚路三角绿地等8个节点游园建设和12条城区道路行道树补植，城区新增绿化面积40多万平方米，城市绿化覆盖率达35.89%。

建筑管理 一是建立了建筑施工企业、监理企业、预拌混凝土企业、装饰企业、中介服务机构行业五个方面的评价体系和考评办法，进一步强化对建筑领域各方责任主体的行业管理，促进建筑业持续稳定健康发展。城区在建项目严格按照建筑节能标准，施工图设计阶段执行率达100%，施工阶段达98%。城区新墙材应用率100%，“禁实”达标率100%。新增可再生能源应用建筑面积7.5万平方米，新型墙材应用比例达到100%。汉城四栋建筑被省厅评为“省示范节能建筑工程”。

公用事业 新建复兴大道东延伸线等14条道路DN200以上主供水主管道13292米，启动实施三水厂建设项目，完成对人民路供水加压泵站改造和污水处理厂二期扩建工程。新建天然气管网20公里，完成中兴大道CNG加气站压缩机改造，液化气统一配送机制正逐步推行。启动重点路段管线入地工作，改造更换检查井盖32套，篦子87套，道沿石1200米，疏通排水管道290米，安装交通护栏3500米；修复砼路面1360平方米，沥青路面9475平方米，市政设施综合完好率达98%以上。

村镇建设 枣阳市兴隆镇被确定为全省100个重点中心镇之一；吴店镇、太平镇被确定为全省100个特色镇之一。熊集镇熊集村、吴店镇二郎村、兴隆镇优良村、王城镇王城村、七方镇梁家村被列入全省“宜居村庄”示范项目建设。同时，积极向上争取指标，对996户危房进行改造，从根本上改善农民居住环境。

老 河 口 市

城乡规划 编制了《老河口市中心城区公共服务设施布点专项规划》、《老河口市城区水系综合治理规划》、《城市绿地系统专项规划》、《老河口市电力专项规划》、《中心城区排水专项规划》、《中心城区给水专项规划》等专项规划编制，制定《老河口市镇（乡）村规划管理暂行办法》，完成了《老河口市孟楼镇控制性详细规划》、《“两点一线”立面改造建设方案》规划编制，先后启动了李河村等“美丽乡村”试点规划编制工作、《老河口市中心城区产城整合研究、经济开发区东扩一期控制性详细规划》编制工作。完成了《老河口公共服务中心、博物馆项目施工图设计》、《老河口运发公交客运停车场规划》、《江山——洪山嘴棚户区改造项目》；完成教育局活动中心规划及毕庄小学、老河口第七中学、薛集齐岗幼儿园等十三个校园修建性详细规划的编制。

住房保障房地产市场 杨寨南苑小区公租房建设占地71亩，16栋、10.19万平方米，住宅

单套建筑面积约70平方米，建成后将提供住宅1302套。已开工13个栋号，924套公租房主体封顶；实物配租工作完成，共受理申请453户，参与摇号确定房源的402户。对全市2014年符合租赁补贴发放家庭3700户发放补贴资金704万元；向上争取保障性住房资金占全年工作目标104.25%。全市房地产业完成固定资产投资26.2亿，房地产项目开工项目24个，在建面积80.13万平方米，商品房销售面积29205.30万平方米，新建商品房销售均价每平方米3259元，商品房销售额4.62亿元。

城市管理 完成了新垃圾填埋场雨污分流工程、老垃圾场治理工程。北京高能公司投资建设建筑垃圾资源利用项目进入前期建设。推进城乡一体垃圾收运体系建设，已先后建成仙人渡、张集、薛集三镇垃圾压缩转运站。葛洲坝集团水泥有限公司利用水泥窑协同处置500t/d生活垃圾项目积极推进。

园林绿化 开展“绿满河口 彩绘河口”、万棵绿树进城区活动。完成北京路、环三路、环五路等道路增绿建设。完成科技产业园、农业产业园区绿化建设。实施梨花大道、光华大道绿化带绿化和行道树种植工程。组织实施建成区范围内临路、临街的实体围墙“拆墙透绿增绿”和市区范围内园林式单位（小区）达标创建工作。城区新增绿化面积33.86万平方米。

城市建设 完成了科技产业园的主要道路建设及花园路一期改造，启动了大明河重点工程建设，上马了滨江大道南段（环一路至清澜路）工程建设。完成了科技产业园区、梨花大道、高速入口处、花园路、秋丰路路灯安装，光化大道路灯正加紧做前期工作。完成了科技产业园区等地段供水管网铺设扩覆，共铺设主管道长36.7公里。加快天燃气扩覆进度，累计完成城区居民入户安装总户数4.1万户。

建筑市场管理 2家公司由三级施工企业升级为二级，全市二级施工企业达到7家。对公建项目和规模以上房地产开发项目“禁实”、“禁现”管理实现了全覆盖，严格执行建筑节能验收备案规定，新增2家规模以上新墙材生产企业，新一中在建项目、一医院手术大楼项目获得全省建筑节能示范工程的荣誉。

村镇建设 2014年张集镇神农社区、洪山嘴镇苏家河村、薛集镇马岗村为全省“宜居村庄”示范项目建设之一。

宜城市

市政建设工程 九龙路、马家巷、滨江大道贯通工程全部完成；鲤鱼湖大桥进入桩基承台施工阶段；全年铺设排污管道9257米，铺设人行道13000多平方米；完成老浆沟及城市管网17157米的清淤工作；完成步行街路面维修任务。

园林绿化 2014年在完成省级园林城市创建的基础上，进一步推进城市园林绿化工作。完成占地面积3万平方米的宋玉公园绿化景观建设项目、完成占地面积1900平方米鲤鱼湖垂钓园绿化景观工程。

建筑市场管理 全年共下发整改通知书71份，立案调查8项，实现了襄阳市连续8年建筑工程施工无重特大安全事故的记录。在推进建筑节能上，深入贯彻落实《湖北省建筑节能管理办法》，加大新材料、新工艺、新技术、新产品的推广运用和强制性标准的实施；在设计审查备案、施工许可、施工过程管理、竣工验收备案等各环节层层把关，巩固了市区“禁实”和关闭乡镇实心黏土砖企业成果。

水晶产业招商 引进远晨水晶、嫦娥水晶等八家水晶企业，共投资8000万元。

村镇建设 全力实施农村危房改造。在危改对象的确定上，严格按照村民申请——村民民主评议——镇(办、区)鉴定危房等级——危改对象公开公示的程序。2014年完成农村危房改造1000户。

南漳县

城乡规划　2014年，在"襄宜南"一体化框架指导下，遵循产城融合理念，按照"一城两区"格局进行整体布局。对11.03平方公里的城北新区，按照50年不落后的标准进行规划。围绕全县"231"重点项目推进工程，对城南建材市场等108个重点项目工程，开展规划编制工作。对九集、清河、巡检三镇进行了总规修编，完成了曲阳平、榆树岭等"美丽乡村"规划，启动了"中国有机谷"核心区农村新社区规划编制。完成了绿地系统专业规划编制，启动了排水专项规划。使各种规划不断走向完善，为全县经济社会长远发展奠定了良好基础。

城市绿化　完成了305省道沿线(九集至沙河桥)绿化种植。完成了金凤广场建设，启动了徐庶广场建设和水镜文化广场改造升级工程。完成了水镜公园二期、滨河公园、小西门街心公园等绿地建设规划。拟以水镜庄为中心，围绕玉溪山，打造"三国演义城"，最大限度发挥生态效应，着力形成"一路一景、一山一品、各具特色、富有气势"的城市绿化景观带。

城市建设　2014年，完成了货运市场、汽修市场、农贸市场及建材市场等专业市场建设规划，新建了小西门农贸市场，推进了城北吉美家建材商贸家居市场建设，启动了投资6亿元的城南建材市场建设。大力实施旧城区改造建设。旧城改造规模不断增大。加大了泰合麦面、徐庶砖瓦厂、徐庶广场、风神市场等区域征迁工程力度。城西老城区(机械厂)改造一期已开始售房，华新桥头旧城改造项目地块3、4还建房已兑付。丹阳大道与苗圃路交汇处旧城改造(荣盛家园)已完成主体工程。水镜文化广场旧城改造已进入拆迁阶段。

城市供排水工程　新建供水管网75.1公里，排水管网21公里。实施了二水厂改造工程，主体工程全部完成。投资2201.8万元的绕城路供水主管已于2014年6月8日正式启动，铺设管道10.8公里。围绕城区园区道路建设铺设了全部供水管网，并延伸到了涌泉集镇。城区共完成了1000余户新增报装任务，600余户一户一表改造任务，实现了高压高质供水；完成了投资2591万元的污水处理厂二期项目建设。开展了新建道路污水管道铺设工程。

村镇规划建设　2014年投入4000余万元，推进了九集镇、武安镇两个重点镇和薛坪镇旅游特色镇、东巩镇口子镇等建设。武安镇被命名为国家重点镇，峡口村、九仙观村被省命名为"宜居村庄"，漫云村被收录入国家"传统村落"名录。深入推进农村危房改造工程，积极开展农村垃圾清运处理工作，城镇面貌有了明显改变。

谷城县

城乡规划　2014年，先后编制完成了再生资源产业园和汽车零部件(铸锻件)产业园的产业规划和控制性详规及城北新区控制性详细规划，聘请襄阳市规划设计院编制；子胥新城控制性规划，由上海雅克设计机构编制完成子胥新城总体规划；完成南沟工业园18平方公里总体规划，城北新区公交站点、环卫设施选址规划，新港工业园规划；编制完成武装部庭院改造、薤山石门高庙村委会改造等18个修详规，扩大规划覆盖面积；推进与城市总体规划相配套的专业规划编制，组织编制城内北街街景规划、谷城

县园林绿地规划(全套)等5个专项规划。

城市建设 2014年，城市建设项目总概算9.95亿元。其中由县城建局承办或协办的项目24项，分别是:316国道市政配套续建工程、后湖大道建设工程、城区市政配套工程、西关街东延道路工程、聂家滩污水处理厂续建工程、城区供水管网续建工程、粉水污水处理厂二期、三水厂固定式泵房工程、地下管网普查工作、银城大道雨污分流改造论证工作、城区市政维养工程、康乐路西延接第三支干道道路工程、翰林西路改造工程、火车站广场改造工程、禹山路改造工程、4条泥巴路改造和13条道路亮化工程、汉水文化展示区一期工程等工程。

村镇建设 2014年，完成农村危房改造工作1024户，比年初计划数800户多224户，超额完成了全年任务。向省住建厅上报“宜居村庄”建设示范村名单3个。分别是:五山西湾村、石花翠花铺村、城关茶庵村。重点对村委庭院建设、文化广场绿化、道路、路灯、垃圾处理加强了指导，已顺利通过验收命名。

建筑业管理 2014年，全县有具备资质建筑业企业37家。其中一级工程施工总承包企业2家，二级工程施工总承包企业5家，三级工程施工总承包企业15家，专业总承包企业3家，劳务分包企业7家。建筑从业人员约3万人。其中注册一级建造师34名，注册二级建造师82名;有职称的工程技术和经济管理人员约1500人;完成项目及单体设计98项，设计面积35万平方米;生产计划完成率180%，图纸合格率100%;县域内共有在建工程项目40个，总建筑面积约70万平方米，总造价16亿元。

保 康 县

城乡规划 编制完成了中心城区5.48平方公里控制性详细规划，启动了城市绿地系统规划的编制，包含官山森林公园绿道规划设计和温泉度假村绿道规划的设计，正在进行城市排水防涝规划的编制工作。集镇规划和村庄规划加速推进，集镇总体规划修编已有9个乡镇完成，1个乡镇正在修编;全县261个行政村的村庄规划已全部编制完成，并已按法定程序报县政府批准实施。通过城市、集镇、村庄三级联动，城乡规划体系逐步完善。

住房建设 完成危房改造1008户、补助资金756万元。300套公租房均已全部动工建设，892套棚户区改造已全部启动。廉租房与公租房并轨运行后，首次分配277户顺利入住。累计发放廉租住房租赁补贴205户、121.7万元。引导商品房有序开发，房地产共投资2.6亿元，开发总面积7.99万平方米，竣工面积为8.41万平方米。核准预售3宗，总建筑面积3.5万平方米。

工程质量安全管理 全县新开工建设工程项目43项，报建面积43.76万平方米，工程总造价5.73亿元。按正规程序报建办证的所有建设工程项目安全负伤频率控制在国家要求范围之内。全县受监督检测工程项目58项，总面积66.26万平方米，总造价8.14亿元，其中上年接转工程项目18项，面积为21.11万平方米，造价为2.15亿元，竣工工程项目13项，面积为8.3万平方米，验收合格率为100%。

城市公用事业 完成了供水总公司改制工作，金盘洞水厂开通供水。扩建污水处理厂，加快推进污水处理厂二期工程建设，目前主体工程已经完工。污水处理厂整体运行顺畅，无安全事故发生，出水水质符合国家标准。加快城区天然气建设，办公大楼和二期管网工程已经完工，四个小区已供气。加强液化气运营管理，全年完全运行无事故。

荆州市建设

荆州市文体中心

城 乡 规 划

规划编制　2014年，编制完成《荆州古城环城旅游景区规划》、《荆州市太湖港南堤（得胜桥——东关桥）景观带环境设计》、《荆州市章华台片区城市设计》、《荆州市城北快速路（农高区迎宾大道——机场）规划》和《荆州古城南门历史文化街区东西堤街保护规划》。启动了《荆州市城市空间发展战略规划》编制招标工作，为总规修编做好前期研究工作。《国家级荆州开发区概念性规划》已经市政府批准同意实施。编制完成了《荆州市古城片区控制性详细规划》方案。

配合有关部门开展了城市消防、中心城区电力设施布局、加油站行业十二五发展、市区养老设施布局、湖北环荆州古城湿地公园、城市燃气等专项规划的组织编制工作。完成了《华中农高区农高大道、荆秘路与主城区道路对接规划》方案。组织了中心城区化工队、柳垸、三湾等31个单元控规的修改工作，其中已有7个单元控规修改经市政府批准实施，为城市的各项建设提供了规划引导和法定依据。

推进县、市、区的规划编制。支持荆州区、沙市区完成并经市政府批准了辖区内全部建制镇、农场的总体规划；开发区启动了辖区两场一镇的总规编制。荆州区开展了全区22个单元的控规编制，其中已有9个单元控规经市政府批准；沙市区完成了辖区建制镇的控规编制，其中桅子沟单元、西湖工业园的控规已经市政府批准。另外还加强了对县、市重大基础设施规划选址、重大规划编制的支持指导和督促检查。

规划管理　2014年，颁发《进一步加强中心城区建设工程规划执法监督检查的通知》，建立了以规划核实为抓手的监督机制，以行政指导为手段的管理机制和以法制机构为主体的执法机制；根据市政府相对集中行政处罚权的要求，建立准建项目监督检查管理资料与许可证件同步到位，规划管理和城管执法分别履职到位的源头把关机制。违法建设行为查处信息共享、双向抄告和处置会商的联动查处机制。规划管理支撑城管执法、城管执法延伸规划管理的执法保障机制。规划管理和城管执法分段负责、分权制约、相互监督的执法监督机制。全年共向城管部门移交批后管理项目资料121份；坚持分段分项核实和竣工规划条件核实制度。全年共对342个项目核发了核实合格证；配合做好城乡规划督察工作。贯彻落实住建部《利用遥感监测辅助城乡规划督察工作管理办法（试行）》，制定了工作制度，健全了遥感监测图斑核查、分析和处理的工作机制，并配合驻荆督察员对城市“绿线、蓝线、紫线”规划管制情况进行了核查。

测绘工作　“数字荆州”地理空间框架建设已完成了约716平方公里基础控制与似大地水准面精化、100平方公里1∶500数字线划图生产、480平方公里1∶2000数字线划图生产、1576平方公里1∶2000数字正射影像图生产。“荆州市第一次全国地理国情普查”稳步实施，项目设计书于年内通过省普查办专家评审，地理国情普查首件成果通过省普查办专家检查，内业解译全部完成，外业核调查完成70%；此外，还积极指导督促各县、市普查办加快工作进度，确保按时保质完成规定的普查任务。省测绘地理信息局与市政府签订的“壮腰工程”合作协议内容逐步完成，省局支持完成了我市2个重点乡镇大比例尺基础地理信息数据采集。与此同时，基础测绘工作扎实开展，完成了“十二五”基础测绘项目中1:500数字线划图10平方公里范围的地形图更新；加强了全市测绘行政管理工作，不仅测绘资质管理和成果管理措施得力，严格审批管理涉密测绘成果提供，还组织开展了测绘地理信息行政执法检查、测量标志巡查管理维护等工作，确保测绘产品质量和安全使用。

城市建设

城市新区初具规模　城市新区建设加快，拉开城市框架。沙北新区初步形成环体育中心“两横七纵”路网格局，南国大家装、义乌小商品城等一批高端业态相继营业，形成新的城市商圈。以荆州火车站为中心，荆北新区基础设施不断完善，“绿地之窗”等高档社区建成，成为展示荆州新形象的重要窗口。荆州开发区中心商务区引进金源世纪城项目，致力打造城市副中心。华中农高区掀起建设高潮，14个产业和基础设施项目同步推进，太湖大道、农高大道建成通车；纪南生态文化旅游区建设稳步推进，楚都大道、凤凰大道开工建设。纪南生态文化旅游区建设稳步推进，楚都大道、凤凰大道开工建设。

中心城区形象大幅提升　中心城区完成城市建设投资19.5亿元，新建城市道路63.3公里、排水管网91.8公里、供水管网35.9公里、燃气管网135.8公里，新建城市公园绿地近100公顷，城市面貌焕然一新，城市形象大幅提升。投资5.28亿元新建的体育中心、投资1.3亿元改造的奥体中心、投资800万元扩建的荆州体育中心全面完成，能满足会展、演艺、集会等多功能需求，以及平时全民健身需要，成为城市区域发展的新引擎。完成天谷大道、塔桥北路、园林北路、玉桥路、凤凰路等14条城市道路建设，红门路桥、太岳路桥两座桥梁建成并通车，城市路网更加完善。

园林绿化　全年荆州市投入绿化资金2400万元，以迎省运沿线主次干道绿化改造、迎省运沿线花卉及生态绿化布置、荆沙大道配套绿化等工程项目为重点，共实施29个建设项目，播撒野花野草14万平方米，新增绿地面积3万平方米，为迎接省运会添上了浓墨重彩的一笔。园林绿化建设效果显著，在火车站广场、奥体中心、体育中心等处布置扎景27座、景墙17座，对庄王大道、荆沙大道、江津路等进行绿化补栽，新建林荫停车场近9000平方米，在西干渠两岸、体育中心周边等处播撒野花野草14万多平方米。临江仙公园完成投资近1亿元，提升了城市南大门形象;明月公园投资近5000万元，建有荷花、紫薇等景观区，与古朴城墙交相呼应;荆襄河湿地公园投资1740万元完成一期建设，已启动二期建设;玉桥公园采取BT方式融资1亿元建设，打造荆州版的“欢乐谷”。积极倡导社会绿化，组织全市107家市直机关、企事业单位在开发区深圳大道和滨江公园栽植香樟、栾树、水杉共1.384万棵，有效增绿3万余平方米。自公共绿地认建认养工作启动以来，得到社会上越来越多企业和市民的支持，已认建绿地2.2万余平方米，认栽银杏60余株，认养古树名木10余株，社会绿化工作成效显著。开展城市绿道规划建设，编制完成了《荆州市中心城区绿道规划》、《荆州市城市园林绿化树种规划》。绿线监管程序执行有序。按照《城市绿化条例》、《城市绿化规划建设指标的规定》以及“绿色图章制度”等法律法规，严格管控详规绿地率、严密组织绿线核准、认真抓好绿线验收，维护了绿线相关法规的权威性。全年共审核9个控制性详规绿地率指标，核发绿线核准证42个，核发绿化工程合格证35个，收缴异地绿化补偿费253万余元。

村镇建设

小城镇建设　全市9个重点中心镇、11个特色镇完成投资15525.2万元，新建改造道路98.2公里，铺设供水管网132.9公里、排水管网39.8公里，新增绿地面积67.2公顷。

宜居村庄建设　启动30个宜居村庄建设，完成投资9312.1万元，新建改造道路129.6公里，铺设排水(渠)管道541公里，新增绿地面积987公顷，新建垃圾箱2100个、公厕25座。

农村危房改造　2014年全市共实施农村危房改造户数达到5056户，中央和省财政补助资金达3792万元。为完成确保工作任务，积极加强与地方政府和相关部门的沟通和协调，做好农村危房的鉴定普查、建档立案、规划编制、技术培训、计划分配等工作。在操作上坚持政策公开、对象公开、补助标准公开，建立健全公示制度，补助对象基本信息和各审核环节的结果都进行了公示，增强工作透明度，接受广大人民群众监督。

渔民上岸安居工程　认真贯彻落实《湖北省2014年度以船为家渔民上岸安居工程实施方案》工作相关指示精神，积极推进全市“渔民上岸工程”工作。全市“渔民上岸安居工程”计划2169户，住建部门积极协调有关部门组织渔民上岸工程的实施，并取得了阶段性工作成效。同时将通过下步工作，努力达到全市渔民群众住有所居、学有所教、老有所养、病有所医、劳有所得的工作目标，实现全市社会和谐稳定，人民群众安居乐业。

村镇规划建设　进一步落实荆州市委办公室、市政府办公室印发《关于加强村镇规划建设管理的意见》的通知，荆办发〔2012〕13号文件，就健全和完善全市村镇规划建设管理机构提出如下意见:按照村镇规划建设管理“中心下移、立足基层”的改革思路，将县市城区规划区外的村镇建设项目批后规划监督管理权下放到乡镇，强化县市区规划建设部门的监督指导职能，健全完善村镇规划建设管理机制。各县市区加大了对村镇规划建设管理工作的资金投入，确保职能、人员、经费的落实。

房地产业

2014年全市共有房地产开发企业434家，比上年增加25家，增长6%。其中荆州城区173家，县市261家。全部企业中，二级资质24家，

三级资质43家，四级资质138家，暂定资质229家。荆州城区依法注销企业资质10家。2014年，全市完成房地产开发投资134.17亿元，同比增长74.7%，房屋施工面积1139.86万平方米，同比增长64.3%。

房地产市场监管 根据《湖北省房地产开发企业资质管理实施细则》，严格执行“四项制度”，即准入制度、到期预告知制度、公示制度、会审制度。建立了完善的企业台账，不断收集、整理全市房地产企业的基本信息，包括公司名称、公司所在地、法人总经理和联系人电话、建设项目名称等。通过整理审核，将多年无项目或不具备开发能力的10家房地产企业予以注销，并进行了公告，予以注销清理。

竣工验收 根据荆建设发〔2013〕28号文件要求，进一步加强工程竣工验收备案管理工作，组织市政园林局、图审所、市质监站、公用处等部门对楚天都市佳园等26个项目进行了综合竣工验收备案检查，对于项目中存在的问题，要求限期整改到位，通过现场再次核验后，予以备案，发放“备案证”。

实施“项目建设条件意见书”制度 根据荆政发〔2013〕24号和荆建设发〔2013〕27号文件要求，每宗地块出让前，市住建委要针对该宗地出具“建设条件意见书”。逐步完善制定“项目建设条件意见书”的内容和流程。全年协调相关部门共出具了29份项目建设条件意见书，对每个项目的建筑节能、项目配套设施建设等方面进行了要求和规范。另外针对沙市区、荆州开发区土地收储中心《关于明确中心城区以外土地收储项目是否办理〈意见书〉的函》进行了回复，进一步明确了“项目建设条件意见书”制度的职责划分。

建立中心城区房地产项目手册台账 为切实贯彻荆建设发〔2013〕29号文件精神，制定了项目手册执行的具体方案及步骤。与中心城区二级、三级、四级资质企业逐个联系，核对资质级别及项目概况，补充每个企业的联系方式，便于与企业信息随时传达，对有在建项目的企业要求填报项目手册。根据企业提供的数据核对录入电脑，纸质资料同时归档，将项目名称、项目地址、投资额、开工面积、计划竣工时间、项目规模等重要信息在册管理。截至年底，共有77家企业的在建项目办理了项目手册的备案。

房地产开发用地 2014年荆州城区房地产开发用地共成交28宗，面积192.92万平方米(2894亩)，同比增长79.8%；可建房屋面积506.09万平方米，同比增长47.8%。

房地产开发投资 2014年荆州市完成房地产开发投资134.17亿元，同比增长74.7%。其中住宅投资112.48亿元，同比增长99.4%；写字楼投资0.63亿元，同比增长29.7倍；商业用房投资12.64亿元，同比下降2.3%；其他投资8.42亿元，同比增长21.1%。

荆州城区完成房地产开发投资82.72亿元，同比增长127.3%。其中住宅投资74.15亿元，同比增长179.2%；写字楼投资0.54亿元，同比增长61.3%；商业用房投资4.86亿元，同比下降28.4%；其他投资3.19亿元，同比增长17%。

县市完成房地产开发投资51.45亿元，同比增长27.4%。其中住宅投资38.33亿元，同比增长28.4%；写字楼投资0.09亿元，同比下降41.2%；商业用房投资7.78亿元，同比增长26.5%；其他投资5.26亿元，同比增长23.7%。

房屋施工面积 2014年荆州市商品房施工面积1139.86万平方米，同比增长64.3%。其中住宅施工面积933.55万平方米，同比增长61.1%；写字楼施工面积7.33万平方米，同比增长239.5%；商业用房施工面积138.31万平方米，同比增长74.3%；其他施工面积65.36平方米，同比增长83.6%。

荆州城区商品房施工面积621.56万平方米，同比增长137%。其中住宅施工面积498.92万平方米，同比增长135.1%；写字楼施工面积6.75万平方米，同比增长361.2%；商业用房施工面积69.6万平方米，同比增长110.7%；其他施工面积43.54万平方米，同比增长200.6%。

县市商品房施工面积518.3万平方米，同比增长20.1%。其中住宅施工面积434.63万平方米，同比增长18.3%；写字楼施工面积0.58万平方米，同比下降16.7%；商业用房施工面积68.72万平方米，同比增长48.3%；其他施工面积21.81万平方米，同比增长3.3%。

商品房竣工面积 2014年荆州市商品房竣工面积76.46万平方米，同比下降39.7%。其中住宅竣工面积59.38万平方米，同比下降46.6%；写字楼竣工面积0.03万平方米，同比下降88.7%；商业用房竣工面积16.7万平方米，同比增长43.7%；其他竣工面积0.39万平方米，同比下降89.4%。

荆州城区商品房竣工面积10.04万平方米，同比下降76%。其中住宅竣工面积6.67万平方米，同比下降81.8%；商业用房竣工面积3.29万平方米，同比增长35.9%；其他竣工面积0.09万平方米，同比下降97%。

县市商品房竣工面积66.42万平方米，同比下降21.8%。其中住宅竣工面积52.7万平方米，同比下降29.4%；写字楼竣工面积0.03万平方米，同比下降88.7%；商业用房竣工面积13.41万平方米，同比增长45.8%；其他竣工面积0.31万平方米，同比下降62.3%。

商品房预售 2014年荆州城区批准预售商品住宅面积228万平方米，同比增长6.3%。批准预售商业、办公用房和其他用房面积39.25万平方米，同比下降39%。2014年荆州城区商品住宅供应量，包括本年批准预售面积228万平方米和上年结转112万平方米，合计340万平方米，供求比约为3∶1。

商品房销售 2014年荆州市商品房销售额63.82亿元，同比下降6.1%。其中住宅销售额56.83亿元，同比下降8.2%；商业用房销售额5.66亿元，同比下降4.6%；其他销售额1.35亿元，同比增长1794%。

荆州城区商品房销售额24.63亿元，同比下降26.5%。其中住宅销售额22.6亿元，同比下降27.1%；商业用房销售额1.43亿元，同比下降43.2%；其他销售额0.6亿元。

县市商品房销售额39.19亿元，同比增长13.7%。其中住宅销售额34.24亿元，同比增长10.7%；商业用房销售额4.22亿元，同比增长24.1%。其他销售额0.74亿元，同比增长1047.3%。

企业资金来源 2014年荆州城区房地产企业资金来源合计108.22亿元，同比增长82.2%；其中本年资金来源89.92亿元，同比增长101.2%，与投资增长速度大体同步。本年资金来源中，银行贷款11.13亿元，同比增长107.6%，但贷款额偏低，只占本年资金来源的12.4%，比上年下降2.3个百分点。企业自筹资金57.35亿元，同比增长354.4%；其中企业自有资金5.2亿元，仅增长7.8%。其他资金来源中，定金及预收款9.94亿元，同比下降33.2%；个人按揭贷款6.61亿元，同比下降31.8%。

房地产税收 2014年荆州国税收入56.86亿元，同比增长8.5%；其中房地产税收完成2亿元，增幅高于平均水平。2014年荆州市实现地税收入59.65亿元，增长27.63%，其中房地产税收实现16.7亿元，增长31.42%。房地产税收占地税收入的比重为28%，比上年下降5个百分点。但在商品房销售量未增长、销售额

下降27%的情况下，房地产税收增速仍达到31.42%，高于平均增速3.8个百分点。

商品房待售面积 2014年荆州市商品房待售面积168.2万平方米，同比增长63.9%。其中住宅待售面积129.1万平方米，同比增长48.2%；写字楼待售面积0.24平方米，同比下降50.6%；商业用房待售面积29.08万平方米，同比增长107%；其他待售面积9.69万平方米，同比增长915.3%。

荆州城区商品房待售面积80.6万平方米，同比增长132%。其中住宅待售面积60.85万平方米，同比增长125.9%；商业用房待售面积10.34万平方米，同比增长99.6%；其他待售面积4.68万平方米，同比增长631%。

县市商品房待售面积87.6万平方米，同比增长29%。其中住宅待售面积68.26万平方米，同比增长17.3%；商业用房待售面积18.74万平方米，同比增长111.5%；其他待售面积5.01万平方米，同比增长1495.9%。

住房保障

2014年，荆州市保障房建设任务是开工建设35463套，基本建成17400套，分配入住14000套，新增租赁补贴1170户。截至年底，保障性住房、棚户区改造住房开工建设35963套，开工率101%（其中：公租房3824套、限价商品房300套、城市棚户区改造20054套，国有工矿棚户区改造685套，垦区危房改造11100套）；基本建成19038套，完成率109%（其中：廉租房666套、公租房3276套、经适房300套、城市棚户区改造3991套，垦区危房改造10805套）；分配入住14829套，完成率100%（其中：保障性住房1635套、城市棚户区改造安置839套、垦区危房改造12355套）；新增租赁补贴1241户，完成率106%。全面完成各项任务指标。

2014年中心城区保障性住房目标任务为开工21369套，基本建成5483套，分配入住3040套，新增租赁补贴400户。截至年底，中心城区开工21390套（公租房1600套、城市棚户区改造17229套，垦区危房改造2540套），开工率100%；基本建成5485套（公租房706套、城市棚户区改造2439套，垦区危房改造2340套），完成率97%；分配入住3200套（公租房407套、城市棚户区改造453套，垦区危房改造2340套），完成率105%；新增租赁补贴400户，完成率100%。

2014年全市争取住房保障中央专项资金53098万元。其中：保障性住房专项资金39772万元，基础设施配套专项资金13326万元。市本级筹集住房保障中央专项资金38500万元，保障性住房专项资金26956万元，基础设施配套专项资金11544万元。

住房公积金管理

2014年，全年归集住房公积金16.5亿元，完成省计划的196%，较上年增长19.2%；发放个人贷款3961笔，发放金额8.62亿元，完成省计划的245.7%；新增开户单位348家，新增缴存人数22793人，超额完成了省厅计划；实现增值收益1.14亿元，完成省计划的345%，较上年增长25%。

截至2014年12月底，全市累计有43.1万职工及个人参与了住房公积金缴存，历年累计归集公积金92.29亿元，归集余额58.03亿元；累计办理职工按政策提取公积金34.26亿元；共向3.5万户职工家庭发放公积金个人贷款45.5亿元，贷款余额28.6亿元；累计为个人公积金账户计付利息5.47亿元。2005—2014年间，共从公积金增值收益中提取并上交政府廉租房建设补充资金1.7亿元。

建 筑 业

建筑业产值 全市建筑业完成产值227.89亿元(城区105.65亿元),同比增长22.5%;其中房屋建筑施工面积1655万平方米,同比增长10.7%;利润总额8.07亿元,同比增长3.5%;上缴利税5.89亿元,同比增长2.5%。建筑企业实力不断增强。2014年我市城区共有建筑企业188家,其中房建总承包企业51家,一级房建总承包企业7家,城区建筑企业综合实力不断得到提升。外埠市场占有率不断提高。市城建集团、荆楚公司、湘荆公司和湖北楚元监理公司在新疆、山东、内蒙、广西、湖南、陕西等多个省市承接任务达到32.2个亿,继续保持了外埠市场开拓的良好势头

建筑市场监管 一、加强违法施工查处力度,确保基本建设程序履行到位。继续保持对违法施工行为的高压态势,及时制止、查处违法施工行为。全年共处罚违法建设项目14项,罚款137.5万元。二、落实网格化管理措施,加大市场巡查监管力度。将城区划分为16个网格,每个网格落实一名监督负责重点巡查,及时预警防控违法建设项目。三、进一步规范专业分包和劳务分包行为。加强对分包二级市场行为的监管工作,规范专业分包市场行为,推进分包市场健康发展。、是进一步落实监理合同备案制度。加强对监理合同的备案管理,促进监理服务质量,进一步提升。五、继续深入开展实名制管理工作,加大对关键岗位人员到位履职的监管,严厉打击出借资质和挂靠等行为。

工程质量监督 全面实行了"一户一验"的分户验收制度,推行了质量保证书和分户验收卡制度,督促建设各方切实履行质量保修责任。五是强化检测市场管理,规范检测行为。加强检测市场管理,促进行业自律,引导检测市场有序竞争和健康发展,建立完善了检测信息自动采集系统,全面开展了随机抽样和对比性检测工作,严把材料"入口关"。六是深入开展工程质量治理两年行活动,根据国家住建部统一安排部署,对所有工程项目以全面落实项目负责人质量终身责任、打击违法发包转包挂靠等为重点,进行集中整治,进一步提升工程质量水平。

工程造价监管 一、推进造价咨询行业健康发展。一家造价咨询企业晋升甲级资质,造价咨询企业信用评价等级不断提升,咨询业务增长迅猛。二、主动为政府当好参谋。3次参与省运会场馆苗木价格协调会,协调解决了青少年宫结算久拖不决的问题,积极参加体育中心评审对接,耐心做好清单定额解释说明。三、完善造价信息,服务施工企业。充实了《荆州工程造价管理》期刊内容,满足企业需求,对材料类目进行了认真调整,增补新型建材和缺项材料402项,清除不常用材料85项,发布价格信息期刊2600多份。四、加强从业人员教育和培训。按年度计划完成了造价员考试、造价师继续教育等工作,通过继教和考试提高了造价从业人员的业务水平和工作能力。

安全生产 制定《关于建立我市城区超过一定规模危险性较大的分部分项工程专家库名单的通知》,设立了专家库,强化危险性较大的分部分项工程的安全管理,明确了安全监管的具体要求,加强了对危险性较大的分部分项工程安全专项施工方案编制和审批的监管,保证了安全措施的可行性和规范性;加强专项治理,消除现场隐患。在继续深入开展施工用电和机械设备专项整治的基础上,认真汲取"1.20"事故教训,在城区范围内开展了以混凝土布料机

为主的专项检查活动；以扬尘整治为突破口，对施工现场扬尘、临街脚手架、安全网、出入口硬化、洗车槽、工地围墙、建筑垃圾堆放和主要道路清洗等进行了综合整治；加强安全教育，提高安全意识。以“科学发展，安全发展”、“以人为本，聚焦安全”为主题，在城区开展了多形式、多方位宣传安全生产工作，提高从业人员安全生产意识，组织开展了城区建筑工地安全生产应急演练，参加了市安委会组织了安全生产宣传活动；组织开展全市住建系统安全生产责任目标考核和“两年行动”工作的督查。检查内容包括：工作方案措施、日常检查记录、相关的台账、和自查、整改资料。检查中针对发现的问题下达执法建议书3分，并将对存在违法违规行为的两个工地的项目经理和总监进行不良行为通报。

公用行业

城区供水 2014年实现售水量6627万吨，较往年同期6248万吨，增加379万吨，增幅为6.08%。加强供水水质监管，抽检水质4次。新增水压监测点6个，增强时时监控力度。整治天然气安全隐患，发现的25个隐患已全部消除。

城区供气 2014年实现天然气销售14152万方，较往年同期12637万方，增幅为12%。联合公安、城管多部门协作进行了四次全市燃气行业安全检查，坚持日常巡查与重点部位抽查相结合，发现隐患限期整改。

建筑节能

2014年建筑节能与装饰装修工作深入推进，在新建建筑节能管理中强化闭合式管理机制，严格执行“专项设计、专项审查、专项施工、专项监理、专项验收”等管理制度，严把审查、施工、竣工验收关，通过加强对告知性备案、施工过程关键环节监管和竣工验收备案等环节，推动建筑节能各指标的完成。

中心城区可再生能源建筑应用面积46.86万平方米，申报绿色建筑项目3个，建筑面积37.91万平方米。实施既有建筑节能改造14.25万平方米，2栋公共建筑安装了能耗分项计量装置。完成推广散装水泥152万吨，同比增长14.2%，散装率达50%，同比增长2%。使用预拌混凝土201万方，同比增长30.2%，修订《荆州市预拌混凝土管理规定》，进一步规范预拌混凝土管理。重拳关闭粘土砖瓦生产企业，市政府下发了《关于限期关闭粘土砖瓦生产企业的通知》，要求2015年8月底前关闭所有粘土砖瓦生产企业，已关闭12家。

县、市城区新建民用建筑节能强制性标准执行率稳步提高，设计阶段执行节能标准率达到100%，竣工验收阶段执行节能标准率为100%；可再生能源建筑应用面积15.12平方米（目标任务25万平方米）；申报绿色建筑项目1个，折合面积6万平方米（目标任务7万平方米），实施既有建筑节能改造4.16万平方米（目标任务7.5平方米）；生产新型墙体材料24.07亿标块，新增节能能力3.64556吨标准煤（目标任务1.6万吨）。县、市完成散装水泥推广172万吨（目标任务160万吨），比去年同期增长12万吨，增长率7.5%；散装率52%。推广使用预拌混凝土257万立方米（目标任务220万立方米），县、市城区“禁现”率达100%，比去年同期增长37万立方米，增长率16.8%。

勘察设计与科技

资质培育 荆州市共有36家勘察设计单

位，实现营业收入2.3亿元。全年建筑工程、岩土工程勘察、风景园林专业各有1家企业升级为甲级，甲级资质勘察设计单位达到11家。全年共组织45人参加继续教育，其中，一级注册建筑师7人，二级注册建筑师15人，一级注册结构工程师12人，二级注册结构工程师11人。

勘察设计 编制了“智慧荆州”总体规划，完成了智慧荆州实施方案、投融资方案等申报材料。积极推进全市房屋建筑工程勘察设计质量专项治理工作，重点做好企业自查和图审机构换证工作。组织设计单位参加湖北“荆楚派”建筑风格设计大赛与方案征集活动，湖北建艺风建筑工程设计有限公司设计的“荆州聚珍园广场”项目获入围奖。鼓励科技创新，勘察设计科研成果丰硕。长江大学设计研究院参与完成的《高层建筑多种组合钢管混凝土结构设计理论与施工技术》项目获2013年度教育部科学技术进步一等奖。

施工图审查 全市施工图审查机构共审查建筑工程项目2241项，建筑面积1516.6万平方米，发现并纠正违反强条2173条；审查市政工程项目17项，发现并纠正违反强条0条。全市新建建筑工程施工图审查覆盖率100%。

城建档案

地下管线管理 建设工程施工前，为建设方提供施工区域地下管线资料详图，让其在施工前对施工区域管线埋设情况了然于胸，避免盲目施工造成管线事故。在工程建设过程中，上门对地下管线档案的收集、整理做现场指导。对于竣工工程，在其档案移交前，对管线档案进行预验收，严格按照归档要求，督促、指导建设方完善管线档案，尽量保证管线档案的规范、完整。开放了地下管线信息管理系统的远程查询端口，为项目方无偿提供全市所有给、排水管网数字档案信息及地下各控制阀门、雨、污水接口坐标、高程等关键位置信息，确保了项目的科学、准确，节省了项目资金，保障了项目进度。全年市城建档案馆共为53个工程项目制作输出地下管线资料图72副，出具《地下管线技术数据查阅证明书》53份。

城建档案 全年共接收工程竣工档案60个项目，198个单体，按照国家档案整理著录标准，整理工程竣工档案1829卷，录入档案2779卷，发放“档案合格证”60份。对纳入城建档案业务指导的工程，实行开工、施工、竣工中的全程参与，主动上门服务指导，对建设单位、施工单位、监理单位在城建档案资料的收集、整理过程中存在的问题进行及时纠正，并实行了预验收制度。全年共签订竣工档案服务协议书87份，对全市145个建设工程进行了业务指导。全年共采集在建工程施工现场照片3107张，综合会议活动照片6370张，其中被省市建设信息网采用照片共254张。

洪 湖 市

城市建设 2014年，投入1880万元重建内荆河一桥，于2014年8月1日通车；投入3200万元实施望江渠周边雨污管网建设工程，已完成90%工程量；投入860万元实施工业园区雨污管网工程，已完成80%工程量；投入1250万元实施城区11个社区和城中村的53条小街小巷道路、管网建设，已全部完工；投入1085万元新建和改造城区供水主管9公里；投入2322万元实施三桥重建工程，2015年底通车；首期投入2.5亿元，征地80亩，启动生活垃圾焚烧发电项目，正在进行选址；拟融资8.5亿元，完善供水设备设施，提高运营服务水平，创建智慧水务，

并以此为突破口，创建全国第三批智慧城市；争取世行贷款767万元，实施城市生活垃圾处理场渗滤液处理项目，即将完工；争取管网配套和运营补助资金1426万元，推进9个乡镇污水处理厂恢复运行。

园林绿化 积极开展园林城市创建。编制完成《洪湖市2013年至2015年度创建国家园林城市实施方案》；完成了城市园林绿化管理法规草案的起草工作；完成了国家园林城市的申报工作；洪湖市成为2015年国家园林城市考核验收城市；完成了园林城市遥感测试基础资料收集、整理上报工作；编制完成了《洪湖市中心城区2014年冬至2015年度绿化建设计划》。完成绿化建设任务，高质量、高标准完成了名流大道、洪林东路、万家墩南路、文泉东路、文泉西路、长渠路、工业一巷绿化建设工程及中心城区道路花带补栽等绿化建设工程任务。绿地管养展示新面貌。通过强化城市园林绿化监管和养护，全年未发生一起恶性占绿、毁绿事件，绿地监管“三费”及绿化赔偿费入库收入52万元，养护效果和质量进一步提高。

建筑业 2014年，全市房屋建筑施工面积144.83万平方米，完成建筑业产值21.82亿元，同比增长51.47%；利润总额7243万元，同比增长25.87%；上缴利税9942万元，同比增长52.2%。获“楚天杯”工程1个，荆楚杯工程11个，安全生产保持平稳可控态势。市鄂洪监理公司被省监理协会评为“先进单位”。全年新办建筑业企业资质1家，资质升级1家，资质增项4家，企业综合实力不断得到提升。加强企业资质动态管理，开展建筑业企业资质监督检查，对5家资质审查不合格的施工企业进行了通报和约谈，并现场下发了违规行为处理意见告知书。积极支持企业开拓外埠市场。湖北教建在贵州、广州等省市承接业务达到30个亿，2014年创产值近8亿元，在韶关的项目将在今年5月启动，继续保持了外埠市场开拓的良好势头。

村镇建设 申报国家级重点镇3个(新滩、峰口、府场)已命名，申报全国宜居示范村庄(螺山中原村)，获得省级宜居村庄示范项目2个(新滩上湾村、龙口高陆村)，加大小城镇建设投入6800多万元，完善道路、管网、绿化、环卫等基础设施建设，争取中央补助资金2586万元，改造农村危房724户，渔民上岸工程涉及对象1465户。

石首市

城市建设 完成了石首大道工程建设。完成锦绣大道、笔架山路延伸段、太平坊大道延伸段、楚天大道南延伸段等道路的测量、规划设计、地质勘察、市政设计、工程预算及招标工作。陈家湖公园开工建设，清表工作已全部完成。2080米的环湖道路建设已完成。滨江公园、山底湖公园正在进行规划设计。解放西路旧城改造已签订拆迁协议200多户，拆除房屋50多户，香榭丽都还建小区主体建筑已施工建设两层。农产品批发大市场建设已完成征地拆迁协议签订、土地权属变更，土地已交付使用，正在进行“三通一平”建设。皇叔街市场改造已基本完工。解放西路市场建设正在有序推进。雨污分流工程全面启动。城北污水处理厂增容工程已完成方案设计，正在开展征地工作；中心城区“四处”积水严重区域正在进行整治。城市新区供水管网全面配套，全年完成售水量达1009万吨，中心城区自来水普及率达100%。完成天然气中压管网铺设8公里，实现点火通气8000户。

城市管理 组织76家市直单位对28条主次干道实行包路段管理，对中心城区“六乱”现象进行全面整治并进入常态化管理，全面提升了城市形象。全面禁止燃放烟花爆竹孔明灯。

组织开展集中拆违18次，制止抢建行为13起，强制拆除违建工程15处，有效遏制了我市“小产权房”建设，未新增一处违章建筑。全面提升环卫一体化作业水平。垃圾收运系统改造二期工程全面完工，并顺利运行。中心城区150余条支街小巷和金平工业园区垃圾清扫清运全部纳入环卫一体化运作。

乡镇建设 加大政策争取力度，积极申报宜居村庄(关镇伯牙口村、东升镇毕家塘村)，新厂镇、东升镇被命名为“全国重点镇”，小河口镇合兴村、高陵镇高陵村顺利通过宜居村庄验收。改造农村危房1116户。成立乡镇规划建设管理服务队，主动上门开展中心村庄建设服务。加强乡镇垃圾污水治理指导力度，全速推进新型城镇化进程，全市城镇化率达到44%。

松 滋 市

城乡规划 2014年，编制了城市总体规划修改方案，已完成专家评审，正在根据评审意见组织后期修改工作；编制完成了白云新城4.64平方公里片区控制性规划、荆松一级公路控制性详细规划以及临港新城14平方公里发展规划；编制了《松滋市卸甲坪土家族乡乌溪沟村三年脱贫发展规划》，已组织实施。认真组织开展第一次全国地理国情普查工作，顺利通过了省普办质量检查和成果验收。全年共办理选址意见书88份(个人78份，单位10份)、用地规划许可130份(个人95份，单位35份)、工程规划许可170份(个人129份，单位41份)，出具竣工验收规划条件核实证明29份。加大拆违力度，开展大规模拆违联合执法行动41次，拆违面积15200平方米，共罚款和追缴规费508万元，没收实物折算600万元。

城市建设 2014年，全市9项46件重点项目累计完成投资19776万元，均完成了年度建设任务。其中，白云边产业园“三路”、“三区”工程全面完成；中心城区排水管网改造工程完成了共青路等管网建设共计2317米；中心城区绿化补植工程完成了言程公园补植等4项11件绿化工程；城东污水处理厂工程正在进行主体施工，完成了配套管网铺设6258米(含襄大支管550米)；引沲济城续建工程已完成净水厂土建工程量65%，取水、输水工程已完成工程量10%，计划2015年底完工试运行；引沲济城管网对接工程完成了初步设计等前期准备工作；言程公园续建工程建设完工；高成大道东段新建道路工程全面启动；北污南治工程完成了白云边产业园连接盘山渠污水收集管道303米建设；高成大道延伸段道路工程及管网配套工程完成了方案设计等前期准备工作。

园林绿化 2014年，投资2500多万元，完成了白云边产业园“三区”、言程公园续建等绿化升级改造工程4项11件。松滋市总绿化面积135万平方米，现有树种达61科、255种，其中乔木51科、193种，灌木10科、62种，全市道路绿化基本达到了常绿树与落叶树结合、平面绿化与立体绿化交融的效果，形成了四季有花、常年见绿的城市道路新景观。

建筑业 2014年，全市完成建筑业产值13.99亿元，房屋建筑总建筑面积119.2万平方米，各项指标均超额完成年初制定的目标。一是资质管理科学有序。我市现有总承包企业26家(其中房屋建筑工程施工总承包19家；水利水电工程施工总承包4家；公路工程施工总承包1家，市政公用工程施工总承包2家)，专业承包企业12家(其中混凝土预制构件专业4家；预拌商品混凝土2家；送变电专业1家；装饰装修专业3家；钢结构专业1家，起重设备安装专业1家)，劳务企业10家。全年成功申报了2家企业主项

资质升级工作；4家企业增项资质升级工作；8家总承包企业二十项资质增项申报工作；办理变更事项5家。二是是企业开拓外埠市场能力稳中有升。松滋建总、湖北联盛、湖北滟水水利水电等公司在省内外多个县市承建业务，保持了开拓外埠市场的良好势头。

公用事业 2014年，完成投资2036万元，累计完成民生工程建设98项，修建社区道路32条9800平方米，改造下水道30条4700米，修复城区破损路面26处2500平方米，铺装人行道7000平方米，建设垃圾中转站6座，新建无害化公厕4座，安装果皮箱500个，现已全部投入使用。完成了居民天然气报装5000户，总用户达到2.4万户。完成了城区部分居民供水改造，进一步提高了供水效能。

村镇建设 2014年，初步建立了“户分类、组保洁、村集中、镇收集、市转运、厂（场）处理”的城乡垃圾治理运行体系和“一组一员、一村一房、一镇一站”的环卫保洁模式，成功创建了南海镇三垸村等一批宜居村庄。全力帮助新农村建设村、“三万”工作村和社区联系点，大力支持乡镇建设与发展，拨付专项资金36万元实施乡镇基础设施建设，积极推动危房改造工作，向上争取农村危房改造指标708户，落实资金531万元。

公　安　县

城乡规划 完成总体规划方案评审和纲要评审等工作，预计2015年底可完成总规修编成果。开展乡镇控规编制，指导完成了闸口镇、麻豪口镇、南平镇控制性详细规划编制工作。严格建设项目审批，城区建设项目实行选址意见书和规划设计条件通知书制度，乡镇建设项目实行统一报批，统一管理，在斑竹垱镇召开全县集镇规划管理现场会议，充实18名转业士官到各乡镇从事规划管控工作，集镇规划管控水平进一步加强。全年共核发《建设项目选址意见书》42份，《建设用地规划许可证》95份，《建设工程规划许可证》258份，《规划条件设计通知书》48份。继续保持违法建设露头就打的高压态势，在城区共拆除违法建设42起5010平方米，在乡镇对 9个涉嫌违规的建设项目进行了立案查处。同时启动了全县第一次地理国情普查工作。

城市建设 完成了梅园大道城区段刷黑、友谊西路、原种场6号路等道路建设工程，启动了环城路油江路至文武路段、原种场3号路、原种场207国道南侧排水管网、原种场街区1号路西段、原种场街区2号路以及长江路、马嘶桥路、荣军路3条道路刷黑等建设工程。2014年共新建道路2613米，道路沥青砼黑化长2822米，污水管网3066米，雨水管网7167米，新建和改造人行道30268平方米，沥青路裂缝养护32000平方米。

园林绿化 完成了油江园绿化升级改造、新人民医院大门两侧、马嘶桥路与孱陵大道交叉口街头绿地以及新老城区行道树和色块换植工程。共新植树木300余株，色块草坪6000平方米，新增绿地3000余平方米。

城市管理 以创建省级文明县城为契机，采取专群相结合方式，开展综合整治活动。在部门综合整治上，将市容市貌管理内容分划至系统各个单位，并成立了2个督导组进行拉网式检查。在路段综合整治上，组织城管执法专班对城区主要道路逐一开展路段违章行为综合整治，整治到位后，分片交由城市管理网格继续监管，防止反弹。全年共取缔收缴各类流动摊点825个，占道物品800余起，清除夜市摊点75个。大力规范燃气市场管理。联合多部门开展燃气市场经营秩序整治集中行动1次，共暂扣封存6公斤钢瓶4支，倒灌枪2支。举办了一期全县燃气经营企业安全生产培训班，对全县18家燃气经营企业共39人进行安全管理专题培训，提高燃气从业人员的安全管理技能。

建筑业管理 强化市场准入清出管理，实现建筑市场全程动态管控。共下达建设行政责令整改通知书21份，调查取证形成立案材料12份，查处违法工程2处。加强建筑工程质量安全监督。开展建设工程质量安全巡查，完善工程监督内容，重点加强桩基础、钢结构、幕墙工程专项验收制度和塔吊、升降机以及物料提升机等危险性大机械设备备案制度，全年各工地共有起重设备188台，其中塔吊77台，备案率使用登记90%；施工升降机32台，备案率使用登记100%；物料提升机79台，备案率使用登记80%，共组织质量安全巡查147余次，下达整改通知113份，受理质量投诉10次，建筑工程质量安全态势良好。夺杯创优活动成效显著。加强示范引导，深入开展“楚天杯”、“荆楚杯”及用户满意工程、无质量通病住宅工程、精品工程等“两杯三工程”创建活动，成功创建“楚天杯”工程奖1项（公安县中医院养生住院楼），楚天结构优质工程1项（中医院养生住院楼），荆楚结构优质工程奖9项（即县中医院养生住院楼、县人武部办公综合楼、县和谐家园A、B标、县公广影视综合大楼、县一中行政楼、食堂、风雨操场、县利达花苑小区、县殡仪馆整体搬迁工程、县市政综合楼）。

监　利　县

城市建设 2014年监利县城区发展大道西延、江城路北延全线贯通；城区供水管网改造、老城区10条背街小巷综合整治和2万米下水道疏浚改造全部完成；监利大道西段配套管网建设和江城路转盘改造顺利完成；启动章华大道、江城南路停车场建设；工业园区污水处理厂已完成可研、初设，目前正在开展招商；城北新区污水管网建设工程、工业园区供水主管建设工程已完成施工图设计；城区生活污水处理厂扩容、监利大道中段配套管网建设工程正在做初步设计。完成了城区给排水专项规划、城区防洪排涝规划和工业园区给排水、道路及竖向专项规划。城东工业园中泰电子已建成投产，新世纪石材城完成厂房建设。

乡镇建设 2014年监利县继续通过以奖代补支持17个乡镇（管理区）用于小城镇基础设施建设，投入建设资金近1.2亿元。继周老、程集被评为全国历史文化名镇后，新沟、朱河、白螺被评为全国重点镇。宜居村庄建设进展顺利。监利县柘木乡小垸村、新沟镇秦阳村、孙场村争创“宜居村庄”，先后投入8400万元，以农村新社区建设和旧村整治为重点，不断完善村庄基础设施和公共服务设施功能，引导农房建设向中心村、农村新社区相对集中，改善农村地区居住条件和环境面貌。危房改造和渔民上岸有序开展。2014年省住建厅分二批下达改造任务868户，共计补助资金726万元，在20个乡镇实施，监利县纳入到渔民上岸安居工程的有495户，其中长江沿线的210户和洪湖沿线的285户，补助资金751.875万元。长江沿线完成70余户渔民上岸安居工作，其余渔民户数由有关乡镇正在进行资料核实，各项工作正在有序开展。

建筑业管理 在全县范围内多次组织开展了建筑工程安全生产大检查，下发质量整改、安全隐患整改通知书162份，发送短信800多条。加强从业人员执业水平教育。聘请多位专家授课，开展各类技能培训活动，累计培训人数586人，发放证件586个。监利县2014年新申报建

筑业企业资质4家，办理建筑业企业资质证书变更5家。新申报房地产开发企业资质8家；办理房地产开发企业资质延期、升级、变更20家。2014年监利县建筑业总产值5.07亿元。积极推进禁实禁现工作。城区商品混凝土应用进一步扩大，启动限期关闭全县粘土砖生产企业工作。

市政公用事业 2014年监利县城区新建供水管网10多公里，改造供水管网20多公里，城区供水主管长达168公里，城市用水普及率100%。城区污水日处理量达3万吨，当年治污排放量达1000万吨以上。

江 陵 县

城乡规划 《江陵县燃气专项规划》、《江陵县城市弱电管网专项规划》已获县政府批准实施。《江陵县城乡一体化规划》即将组织专家评审。《江北高速连接线两侧控制性详细规划》已完成初步方案。乡镇新一轮总规、控规编制工作稳步推进，《江陵县白马寺镇总体规划》编制完成；其他乡镇总体规划已完成专家评审工作，正在修改完善成果。《江陵县六合垸管理区控制性详细规划》获批实施，其他乡镇控规方案即将形成初步成果。全年召开规委会4次，讨论审议项目44个。共发放《建设项目选址意见书》4件，《建设用地规划许可证》52件，《建设工程规划许可证》105件。完成9所农村学校周转房、郝穴大市场等项目规划验收工作。全年控建130起，拆违15起。启动测绘与地理信息工作。江陵县第一次全国地理国情普查有序推进，外业核查及内业解译基本完成。县城区“四线”（红线、黄线、紫线、蓝线）放线测量工作全部完成。

城市建设 2014年共启动城市建设项目32个，完成城建固定资产投资10亿元。其中启动或实施市政基础设施项目建设16个，完成了西湖路道路改造工程、鹤鸣路供水管网工程、仙鹤路龙港东路污水管网工程、老城区背街小巷路灯工程和龙渊湖桥、内荆河（月亮湾）景观建设、产城联动轴配套工程主体工程；启动了建桥路（仙鹤路-楚江大道）道路建设工程、北环路（沿江路—一级公路）污水管网工程、楚江大道交通安全护栏工程；仙鹤路路灯工程、楚才路（江陵大道-龙渊路）道路工程、双桥二路道路建设工程、滨江新区污水排江管道工程、鹤庆路（招商大道-工业大道）道路及排水工程、产业园区供水管网工程正在进行前期准备工作。城市公用设施建设提速，全年新建和改建污水管网3公里，检修排水井400座，疏通管网近10公里；集中处理污水430万吨，污水处理率85%以上，启动熊河、普济污水处理厂改造和管网配套建设工作；新建或改造供水管网7.96公里，供水普及率98%以上；新建或改造燃气管网10.31公里，实现城区燃气主管网全覆盖；完成楚江大道、西湖路全长5公里弱电管线入地建设；新建4G信号塔13座。

建筑业管理 建筑业安全生产形式平稳，全年完成建筑业产值15.8亿元，登记备案外地进江企业49家，办理施工许可证65件，竣工验收备案61家，开展各类检查7次，下达整改通知书36份，停工通知书12份。城区新建建筑建筑节能设计标准率达100%，施工阶段执行率达90%。启动全县15家粘土砖瓦生产企业关闭工作，城区“禁现”率达90%以上。

房地产监管 推进保障性住房建设。大市场改造工程配建保障房14000平方米、280套已全面竣工；利民小区建设保障房40000平方米、600套主体工程全部完工，部分已竣工；临港片区城中村改造一期69436平方米、672套还建房已竣工。加强房地产市场监管。2014年，全县在建开发楼盘 18个，开发建筑面积50.942万平方米，竣工建筑面积18.33万平方米，销售面积9.788万平方米。其中，新开工开发楼盘7个，新开工面积46.01万平方米。全年完成房地产开发固定资产投资6.206亿元。

村镇建设 完成农村危房改造500户，发放中央补助资金375万元；开展2013年农村危房改造工作专项检查；完成全县农村住房信息、人居环境的调查与录入工作；完成17户渔民上岸安居任务，发放补助资金34万元。实施资市镇集镇管网改造及道路拓宽工程和沙岗镇集镇给水管网、下水道改造工程。熊河镇被评为全国重点小城镇，普济镇大军湖村、马家寨乡金旗村被省厅命名为第三批宜居村庄，启动普济镇普济新社区、秦市乡东陈岭村、连心村、白马寺镇丰河村宜居村庄建设。

宜昌市建设

运河公园

城市规划

规划编制和城市设计 《宜昌市全域规划》、《宜昌市中心城区道路网专项规划(2011—2030年)》、《宜昌三峡旅游新区总体规划》、《宜昌市中心城区养老设施专项规划(2013—2030年)》经市政府批准实施。《宜昌高新区空间发展规划》《宜昌市白洋新城总体规划》、《宜昌市中心城区绿道系统规划》、《宜昌市中心城区生态景观规划》等4项规划通过专家组评审。组织编制《宜昌市现代服务产业新区总体规划》、《宜昌临空产业园产业及空间布局规划》、《宜昌三峡枢纽港白洋港区一体化规划》和宜昌市艾家片区、临江坪片区控制性详细规划等。协助编制《宜昌市棚户区改造专项规划》、《宜昌生物产业园(二期)控制性详细规划》、《三峡职业技术学院校园修建性详细规划》等规划。开展白洋港区和沙湾片区用地布局、三峡翻坝铁路线型比选、三峡枢纽水运新通道、葛洲坝枢纽船闸扩能、宜昌城区滨江岸线码头整治调整、城市雕塑规划建设等课题研究,为重大市政工程和"港产城一体"建设提供决策支撑。

4月10日经市五届人大常委会第十六次会议审议通过,对宜昌城区8块绿地、面积758.04公顷,8片山体、面积1368.09公顷, 2处水域、面积135.47公顷实施永久性保护。委托湖北省测绘工程院开展宜昌市区2000平方公里的基础控制及似大地水准面精化项目建设,新增34个控制点,累计共有47个水准点,形成覆盖中心城区全域,枝江、宜都、秭归、夷陵区部分区域的2000平方公里控制网。开展宜昌市第一次全国地理国情普查。其中宜昌城区普查范围包括西陵、伍家岗、点军和猇亭等4个行政辖区,面积约818平方公里,首件成果质量在全省78个作业区中位列第二名。组织开展城市基础测绘,完成宜昌现代服务产业新区、小鸦公路沿线等2个测区的1∶500数字化地形图施测,测绘面积约23平方公里。完成全市62家测绘单位的资质复审换证。经湖北省测绘地理信息局批准，4月11日湖北省连续运行卫星定位系统（HB—CORS）宜昌分中心正式成立，将依托宜昌市及周边共25个参考站和其他地理信息提供高精度导航与位置服务，负责宜昌区域用户的注册管理。

规划审批 10月10日，《宜昌高新区空间发展规划》通过市规划局组织的专家评审，《宜昌市白洋新城总体规划（2014—2030年）》通过市规划局组织的专家评审。10月16日，由广州市城市规划勘测设计研究院编制的《宜昌市中心城区绿道系统规划》通过市规划局组织的专家评审，12月2日，《宜昌市中心城区道路网专项规划（2011—2030年）》经市政府批准实施。12月10日，由武汉市园林建筑规划设计院编制的《宜昌市中心城区生态景观规划》通过市规划局组织的专家评审。12月17日，由中国城市规划设计研究院编制的《宜昌三峡旅游新区总体规划》经市政府批准实施。12月30日，《宜昌市中心城区养老设施专项规划（2013—2030年）》经市政府批准实施。

宜昌规划展览馆主体建筑工程 2014年12月15日，宜昌规划展览馆的主体建筑工程完成，混凝土结构和幕墙龙骨施工结束，规划用地面积3万平方米，建筑主体高度23.6米，地上建筑主体2层、局部3层，地下局部1层，总建筑面积20960.2平方米（其中地上面积15000平方米）。建筑方案秉承“嵌山傍水、行走宜昌”的设计理念，在节水、节材、节能等方面，综合采用多项绿色技术，全面运用可持续发展的建筑材料。

城市建设管理

2014年11月18日，市委编委印发《关于市城市管理局更名的批复》（宜编〔2014〕108号），宜昌市城市管理局更名为宜昌市城市管理委员，加挂市城市管理综合执法局，承担全市城管工作的指挥调度、检查督办和考核评价等工作。宜昌市是继武汉市后，全省第二个成立城市管理委员会的市。

宜昌新区建设 围绕道路、公建、安置房和生态项目建设，宜昌新区新建续建项目202个，完成投资310亿元。城区全年开工建设道路41条、总长121.1公里，竣工通车道路45公里。推进快速路建设，总长14公里、投资17.1亿元的点军大道建成通车6公里，总长12.2公里、投资17.3亿元的峡州大道路基成型，总长5.4公里、投资12亿元的花溪路路基及桥梁承台全部完成，总长8公里、投资15.79亿元的江城大道上段加快建设。至喜长江大桥完成工程进度的70%。开工建设大型公建项目18个，总建筑面积53.75平方米。宜昌市规划展览馆项目建设完工并布展，宜昌市博物馆项目完成主体结构施工，宜昌奥体中心一场四馆项目进入主体施工阶段，中波台迁建进展顺利。宜昌市委党校、宜昌市老年大学、宜昌市青少年实践教育基地、宜昌市第一中学和夷陵中学新校区开工建设，三峡职教园基本建成。开工建设社会类项目45个，建筑面积1035万平方米，总投资439.1亿元，全年完成投资59.3亿元。中央商务区滨江项目征迁工作全面启动。加大融资和招商引资力度，与中建三局集团有限公司、中铁一局集团有限公司、湖北省鄂西生态文化旅游圈投资有限公司、绿地集团、碧桂园集团、恒大地产集团有限公司等企业合作，协议投资800亿元。组建宜昌高新区、伍家（宜昌新区）土地储备中心，通过创新城乡建设用地增减挂钩、低丘缓坡综合开发利用试点争取用地空间。新增建设用地供地率71.7%，单位GDP地耗下降8%，闲置低

效用地处置率为82.27%，处置89.29公顷。

旧城改造 启动环城南路、白沙路、四〇三厂等九大片区改造。全省棚户区改造工作现场会在宜昌市召开，宜昌经验在全省推广。实现中心城区村民集中安置全覆盖。加大旧城主、次干路建设，完善慢行交通系统及微循环，启动绿道系统建设。城区增加公共停车位1060个。加快BRT暨东山大道改造，总投资13亿元，全长24公里，横跨夷陵、西陵、伍家岗3区，全线实施道路改造、场站及站台建设、交通工程、环境整治、运营三大系统等五大工程，供水、供气、排水、电信、电力等管线及消防设施全部更新，公交港湾、人行道整治、绿化升级工程同步实施，年内实现城区主车道通车。宜昌BRT项目被亚洲开发银行评为国内唯一可持续交通项目最佳案例。

城乡统筹 推进“四化同步” “外学浙江，内学宜昌”成为全省城镇化建设新口号。全省新农村建设暨城乡一体化试点工作会、城乡垃圾统筹治理现场会在宜昌召开，宜昌危房改造、农村垃圾治理、全域景观化、美丽乡村建设等经验在全省推广。当阳市获“国家园林城市”称号；远安县全面推进全域景区化建设；五峰县城避险迁建完成主体工程建设。全市51个乡镇实现垃圾无害化处理，全市9个试点村、20个宜居村庄、82个特色村、120个整治村建设成效显著。远安县土坯房改造成为全省学习典型。

城市管理 成立城市管理委员会，大城管格局基本形成。城市综合管理考评、城市文明指数测评继续保持全省领先。深化数字城管改革，开展城市管理综合执法试点，宜昌城区拆除积存违建7.66万平方米。市政设施完好率、道路机扫率居全省前列。黄家湾垃圾处理场正式封场，孙家湾垃圾处理场正式启用。提高城区环卫作业人员待遇，人均月增资300元。实施店招整治、人行道修复、出店经营、夜市占道四大专项治理活动，市容市貌改观。加强住房保障创新，开展公共租赁住房和廉租住房并轨运行、公共租赁住房共有产权保障试点，实施住房公积金贷款新政，促进市场平稳健康发展。规范物业管理，开展10个老旧小区改造试点，探索建立“两级政府、三级监管、四级联动”的物业管理新格局。

市政建设

路桥建设 2014年1月16日，松林路工程完工(2010年9月10日开工建设)。2月21日，宜昌市东山大道人行道地下通道工程开工建设，工程总投资3053.05万元，建筑面积3350平方米。当年完成国贸、云集、果园通道主体结构施工。3月10日，宜昌市东山大道快速公交系统(夷陵客运站至火车东站)及道路改造工程开工建设。工程总投资131607万元，全长23.9公里12月建成通车。3月26日，宜昌市峡州大道(发展大道—柏临河路)市政工程开工建设。全长12.2公里，红线宽50～70米，主线双向4～6车道，部分路段设置双向4车道辅道，工程总投资189900万元，年底，完成路基土石方、一号隧道贯通、桥梁下部结构施工量的80%。

自2012年11月18日开工至2014年，至喜长江大桥完成总投资20亿元(含拆迁8亿元)，完成大江桥主缆架设、第一片钢箱梁吊装、三江桥高塔塔柱全部浇筑、低塔塔柱浇筑36.25米、6对斜拉索挂设，引桥及匝道工程全面开展。江伍家岗长大桥项目前期专题研究及省级审批已完成，确定中铁大桥院为设计单位，中交第二公路勘察设计研究院有限公司为设计咨询和图审单位，初设、施工图设计、隧道锚和抗风性能研究等专题同步开展。

市政续建工程 五龙路一期（江南大道至五龙二路）改造工程完工。双城路（城乡路至桔城路）市政工程完工。

2014年1月20日，城东大道景观绿化改造工程完工（2013年3月4日开工建设）。4月10日，西坝污水收集与输送工程完工。4月25日，梅子溪路（雅澧路至临港大道）市政工程完工。马家铺路（雅澧路至港区路）市政工程完工。田家河大道（318国道至马家铺路）市政工程完工。裴太路（白雅路至洋城大道）市政工程完工。新民路（318国道至318国道）市政工程完工。7月25日，白洋路上段、中南路延伸段（城东大道至桔乡路）市政工程、沙河村民安置小区接线道路工程完工。8月30日，猇亭垃圾处理工程完工。11月20日，金岭路（民主路至亚元路）市政工程完工。12月，金鸡路（朝阳路至西陵二路）市政工程完工。西陵二路（东山四路至唐家湾路）市政项目完工。18日，东站路（柏临河路至同强路）市政工程完工。20日，桐岭路（亚元路至迎宾大道）市政工程完工。25日，点军大道（庙嘴大桥至铁路桥）市政工程、四方堰污水管网改造工程完工。四方堰污水管网改造工程完工。30日，江南大道（将军路至庙嘴大桥）市政工程完工。双城路（城乡路至桔城路）市政工程完工。12月31日，点军垃圾填埋场和收运系统工程完工。

市政新建工程 1月，五龙三路（五龙路至江城大道）市政工程开工建设，工程总投资10000万元。5月，江城大道（点军大道至夷桥路）市政工程开工建设，工程总投资170000万元。7月10日，牌坊河改道工程开工建设，工程总投资为4736万元。7月10日，长岭河梁家台段改造工程开工建设，工程总投资9419万元。8月19日，桔乡路（中南路至东站路）市政工程开工建设，项目总投资74488万元。8月19日，江南大道（庙嘴大桥至东岳一路）市政工程开工建设，工程总投资6978万元。11月1日，夷陵客运站工程（快速公交系统首末站）改造工程开工建设，工程总投资2866万元，用地面积16138平方米，总建筑面积11215平方米，其中新建建筑面积9002平方米，保留原有建筑面积2213平方米，改造站前广场2500平方米。12月20日，点军大道（铁路桥至车溪互通）市政工程开工建设，工程总投资137010万元。

宜昌职教园工程 2014年，宜昌职教园一期工程累计完成投资9.12亿元，计划总投资12.47亿元，房屋建筑面积25万平方米，除体育馆正在进行内装修施工外，其他工程已经建成。

城市整理 2014年，宜昌市实施城市整理工程外立面整治项目326个，“七线、两点”（沿江大道（云集路至三江桥）、东山大道（西陵二路至云集路、胜利四路至港窑路）、胜利三路（夷陵路至体育场路）、亚栈路、城东大道（开发区转盘至东运路）、江南大道、夷兴大道等“七线”，夷陵广场周边、五龙桥头周边“两点”）范围内的既定整治目标全面完成。外墙面统一贴换耐用类材料，7200户居民免费更换双层中空隔音隔热门窗，所有整治楼栋屋顶做防水保温处理，1800户商家免费更换全新店招，1万余户受益。市区两级财政新增投入1000多万元，将公共楼道粉刷、公厕改造、排水管道疏通、公共照明等纳入城市整理项目，将外立面整治与背街小巷改造、既有建筑节能改造、杂居小区物业管理提升等工作相结合，实现统筹实施、综合整治。将旅游通道宜莲公路沿线260栋整治项目纳入2014年城市整理实施计划，并于年底前开工建设110个。建设景观式围墙或高标准围挡14段7000米。完成20处破损脏污围墙修补及公益广告增补工作。

夜光灯光工程 2014年，宜昌市按照“平面分区、亮度分级、立面分层、用光分类”的总体规

划方法，完成沿江大道至白沙路、桔城路至城东大道至东山隧道至云集路桃花岭片区、东站片区、磨基山片区，滨江公园大门、夷陵长江大桥桥头、天然塔、宜万铁路桥头、五一广场、张家湾隧道、高新区交通环岛、城东大道、夷陵长江大桥、解放路天桥等200余处夜景灯光工程。

宜昌天气雷达站 宜昌天气雷达站位于西陵区窑湾乡白庙，主塔高97.3米，总建筑面积4689.34平方米，2014年宜昌天气雷达站工程完成投资4796万元。

运河整治 2014年，治理运河污水，实施运河全线截污工程，36个排污口的集中整治和运河沿线污水收集管网工程及投资4000万元三岔河截污箱涵排水工程全部完工，运河上游的常年水质由三类上升为二类，下游的常年水质由劣五类上升为四类。整治运河周边环境，实施河道清淤与堤防加固工程，争取国债资金1500万元，用于运河河道整治、清淤、河堤加固工作，清淤疏浚河道34356立方米，治理散侵、漏洞11处，堤防加固4000米，4月底全部完工。市水利局争取国家防汛资金50多万元，对运河局部险工险段进行治理。开展运河沿线地质灾害治理，重点治理英伦皇都、鲁家湾和黑岩屋3处滑坡和崩塌，英伦皇都和鲁家湾滑坡治理工程分别于6月和8月完工。黑岩屋崩塌项目被纳入市住建委承担的运河综合整治国债项目中实施，总投资约300万元，于4月完工。拆除运河沿线违章建筑，共拆除违章建筑5万余平方米，清除菜地200余处、4万余平方米，迁移坟墓2000多座。投资5000多万元，实施运河沿线景观节点工程建设。运河下游景观工程从东山电站至入江口，全长3000米，项目建设内容包括夷陵中学、万寿桥、深圳路3个游园以及园林建筑、绿道、人行栈桥、公厕、绿化及水电安装等相关附属工程，总投资1398万元，工程于2013年开工建设，2014年12月完工。运河中游景观工程从西陵二路起至东山电站，全长2170米，占地面积22.9万平方米，项目建设内容包括园林建筑、公厕、园路、绿化、人行桥、车行桥及水电安装等相关附属工程，总投资3200万元，工程于2013年11月开工建设，2014年12月完工。

餐厨垃圾处理工程开工建设 2014年4月20日，餐厨垃圾处理工程开工建设。工程位于猇亭区孙家湾，北侧紧邻新建猇亭区垃圾填埋场，占地面积2.81公顷。处理规模为日处理餐厨垃圾200吨（一期工程日处理餐厨垃圾100吨，二期工程日处理餐厨垃圾100吨）。服务范围为西陵区、伍家岗区、点军区、猇亭区和夷陵区。项目总投资12436.1万元。至年底，建筑物及构筑物结构、土石方及场平工作已完成，开始设备安装。

园林绿化

2014年1月，宜昌市政府在《政府工作报告》中正式提出创建国家生态园林城市，宜昌创建国家生态园林城市工作启动。2月14日，市城郊森林公园管理处整体划转交接仪式在市林业局举行。根据《关于调整市城郊森林公园管理处管理体制等有关事项的通知》（宜编〔2013〕77号文）精神，将市城郊森林公园管理处由市林业局、市园林局双重管理，以市林业局管理为主，调整为由市园林局、市林业局双重管理，以市园林局管理为主。其资产、机构、人员整体划转给市园林局管理。8月13日至14日，国家园林城市复查工作组对宜昌市国家园林城市工作进行复查。10月26日，宜昌东山公园项目获得2014年全国人居方案经典建筑规划设计方案环境金奖。

2014年，宜昌市建成区绿化覆盖率达

41.35%，绿地率达36.76%，人均公园绿地面积14.24平方米。宜昌城区园林绿化项目完成投资7.27亿元。全年各类绿地开工面积260万平方米，共实施市级重点生态景观建设项目10个。推进项目前期工作，完成园林景观项目前期13项，投资15亿元。高新区道路绿化工程、重要景观节点、机关企事业单位全年共完成绿化投资7175万元，累计栽植乔木1万余株。开展绿化美化行动，全年完成乔木栽植2.9万株，其中大苗2.7万株。栽植灌木68.2万株，草坪18.6万平方米。

国际园林博览会宜昌园建设 2014年12月18日，第十届中国（武汉）国际园林博览会宜昌园正式开工建设。国际园林博览会宜昌园总用地面积2000平方米，主要建设内容包括土方工程、园建工程、绿化工程、给排水工程及电气工程。总投资773万元，计划工期6个月。

城东公园建设 2014年2月28日，城东公园开工建设。城东公园位于伍家岗区城东生态新区，总用地面积44万平方米，广场面积3.7万平方米，道路面积3.1万平方米，建筑基底面积7000平方米，绿化面积36.5万平方米。主要建设内容包括道路广场工程、建筑工程、绿化工程、照明工程、景观给排水工程及其他标示牌等。总投资20169.4万元，计划工期24个月。

柏临河湿地公园建设 2014年4月12日，柏临河湿地公园开工建设。柏临河湿地公园位于伍家岗区东站片区，范围为柏临河入江口至铁路桥上100米处段，左岸以柏临河路为界，右岸为距河堤30米范围。总占地面积103.4万平方米，其中水域面积为24.9万平方米，设计范围面积为78.5万平方米。总投资25801.32万元，计划工期24个月。

滨江步道工程竣工 2014年7月10日，滨江步道工程竣工。工程位于宜昌市滨江公园内的和平公园至宜昌三峡旅游客运中心段，总长820米，滨江步道设计总面积1496平方米。主要建设内容包括青石板铺装面积1312.66平方米，景观桥改造183.34平方米，夜景照明工程、给排水工程及公共服务设施等。滨江步道将健康运动理念与绿化工程有机结合，以每50米为单位，铺装80块运动主题地面浮雕记录步行距离。工程总投资428.81万元，于3月12日开工建设。

滨江公园提档升级工程 2014年3月30日开工建设，年底滨江公园提档升级工程基本完成，共栽植乔木352株，灌木3206棵，草坪42000平方米，外墙维修4750平方米，新建道路1650平方米。工程位于滨江公园上段，项目总占地面积7.12万平方米，提档升级面积为4.97万平方米。主要建设内容包括青石板铺装、卵石铺装、新增绿篱、新建道路。工程总投资990.57万元。

成功引进大熊猫 2014年4月29日，宜昌市儿童公园管理处成功引进大熊猫，大熊猫“希望”自成都碧峰峡大熊猫保护中心运送至儿童公园动物园，宜昌市成为全省第一座展出大熊猫的地级城市。5月1日，大熊猫“希望”在市儿童公园正式展出。

运河公园正式对外开放 2014年1月，宜昌市运河公园正式对外开放，由宜昌市园林局负责管理。此次对外开放范围为运河公园A、B两区，面积9.5万平方米，园内种植乔木18种8000株，水域面积5.2万平方米。运河公园的园内管养采取市场化运作方式，由专业绿化公司对园内绿化、保洁和安保进行管理。

宜昌市第二十九届菊花展 2014年10月31日—26日，宜昌市第29届菊花展在宜昌市儿童公园内展出，共展出80余个品种、22万盆菊花，180件菊艺作品，大型扎景作品10组，精品菊400余盆。菊花展期间，共接待市民、旅客50

万人次。

城市管理

市容治理 实施道路破损修复工程，投入940万元，维修城区车行道、人行道5.6万平方米，完成50座检查井改造工作。同时，加强桥梁、隧道维护，完成三江桥、黄柏河桥全面检测工作，完成东站路公跨铁立交桥、东站广场高架引桥等7座桥梁定期检测工作，及时维修东山、云集等隧道破损设施，市政设施完好率达到98%。提档升级广告店招设置，拆除广告、布幅1358处1.2万平方米，印发《城区门店招牌标准样式》，开展“最美门店招牌”评选，发起“门店招牌示范街”创建活动。优化违建查处机制，建立乱搭乱建市政府督查室、城管执法部门“一案双查”机制，健全违建线索移送纪委机制，建立积存违建拆除复核制度，城区依法拆除违法建筑15.6万平方米，宜昌纪检监察机关查处征迁拆违领域案件14件、23人，10人受党纪政纪处分，实施问责10人。疏堵结合治理沿街为市，对主次干道出店占道经营实施严管，城区清理乱摆乱放2.2万余起。按照“规划一步到位、操作分步实施、突出示范带动”原则，启动城区夜市规划布点工作，制定现有夜市疏导方案，夷陵区投入350万元建成“交通便利、设施齐全、资格准入、限时经营”的峡江路夜市。

环境卫生管理 出台城区购买道路洗扫设备奖补政策，按照“1∶1”比例，市区财政累计投入1500万元，城区新增道路洗扫设备17台，共有洗扫车、洒水车、冲洗车43台，道路机扫率达到55%。实施生活垃圾分类，新增18家垃圾分类试点单位，完成全国生活垃圾分类示范城市申报工作。加强配套设施建设，建成猇亭垃圾转运站，渭河路垃圾中转站年内投入运营，危险废物集中处置中心项目通过综合验收，黄家湾垃圾处理场封场及转场项目全面启动，全年累计处置城区生活垃圾44.7万吨，无害化处理率达到95.4%。出台《宜昌市城区餐厨废弃物管理办法》，配备3台湿垃圾专用收运车，餐厨垃圾处置场建设完成。狠抓生活垃圾处理，先后在当阳、远安召开工作推进会，在每个县市选择1个村开展试点，全市累计投入城乡生活垃圾处理一体化资金2亿元，各县市建成生活垃圾中转站和无害化处理设施17座，初步形成“户分类、村收集、乡镇转运、县市处置”，涌现出示范乡镇16个、示范村48个，远安作为全省县市唯一代表在省环卫协会大会上交流发言。

2014年宜昌城区供水情况

水厂名称	供水能力（万吨日）	供水管道长度（公里）	供水总量（万吨）	售水量小计	其中		免费水量	损失水量
					居民用水	其他用水		
三峡水务公司	36	942.55	6182.35	4793.66	2346.45	2447.21	351.42	1037.27
葛洲坝一公司供水公司	8	188.37	1067.27	950.14	724.38	225.76	0	117.13
蓝天水务公司	10	146.77	853.2	688.2	124.6	563.6	0	165
江南水务公司	1	52	235.92	210.69	167.36	43.33	0	25.23
峡口风景区水厂	0.2	5.64	28.8	23	23	0	0	5.8
葛洲坝枢纽水厂	20	30	1075.58	1075.58	162	913.58	0	0
夷陵区民生水厂	6	52.58	1289	1149	650	499	0	140
宜昌船舶柴油机水厂	1	15	118.2	118.2	24	94.2	0	0
合计	82.2	1432.91	10850.32	9008.47	4221.79	4786.68	351.42	1490.43

2014年宜昌城区天然气供气情况

燃气公司名称	储气能力（万立方米）	供气管道长度（公里）	外购气量	供气总量（万立方米）	销售量小计	其中：居民家庭	CNG	损失量
中燃公司	6.8	1272.74	10743.52	10743.52	10496.26	3715.58	506.94	247.26
葛洲坝燃气公司（中燃公司下游企业）	0	73.9	1191.5	1226.2	1191.5	505.35	516.45	34.7
科力生公司	2	0	2247.86	2296.49	2247.86	0	2472.21	48.63
科能公司	4	0	1681.09	1681.09	1681.09	0	1681.09	0
科信公司	0.5	26	159.35	159	159	0	0	0
合计	13.3	1372.64	14831.82	14880.1	14584.21	4220.93	4660.24	330.59

城管体制机制改革　2014年10月18日，《中共宜昌市委、宜昌市人民政府关于进一步深化城区城管体制机制改革，全面提升城市综合管理工作水平的意见》（宜发〔2014〕22号）出台。《意见》明确2014—2017年“大城管”工作的目标任务、组织体系、运行方式、容貌治理、发展保障，提出30项重点工作，涉及各区政府、宜昌高新区管委会及33家市直部门、中省在宜单位。省住建厅向全省市州转发该文件，要求全省学习借鉴宜昌城管改革经验。

村镇建设

概况　2014年，宜都、枝江、当阳等8个县市和夷陵区投资17.8亿元，推进县城136项基础设施建设工程。夷陵区实施100多个市政基础设施建设项目建设中心城区。投资建设乡集镇34个项目，完成小鸦路城乡统筹示范带、神宜、宜巴旅游线节点等27个项目。宜都市坚持城乡一体发展，围绕建设生态水城、四季花城、田园绿城，推进国道、省道、高速公路和江河沿岸生态景观林带建设，清江新城等基础设施建设步伐加快。枝江市高标准建设城西新区、仙女新区，逐步推进老城区改造，推进工业新城和田园城镇建设。当阳市巩固提升国家园林城市创建成果，推进生态绿化、城乡骨干路网、城市公用事业等重点项目建设，加快宜居家园建设。远安县围绕打造“中国最美山村”，启动全域景区化建设，着力塑造新型城镇化“山区样本”。加快推进城东新区建设和城区南北拓展。五峰县城避险迁建完成主体工程。五峰土家族自治县围绕新县城建设，开工建设24个重大项目，完成投资1.7亿元，推进污水主管网建设、水厂扩建、垃圾处理场建设。秭归县全面推进金缸新城、防洪避险工程、码头库岸整治等基础设施项目。兴山县以建阳坪、黄粮坪园区为突破，促进集镇与园区经济互动、产业互融、服务互享。长阳土家族自治县以自治县成立30周年为契机，推进土家源广场、城市美化亮化、天然气二期等10大建设项目。

实施美丽乡村建设工程，全年成功创建20个宜居村庄、82个特色村庄和120个整治村庄，涌现出一批美丽乡村建设典范。夷陵区官庄村成为全省城乡统筹示范村。12个镇被列为全国重点镇，6个村入选首届“荆楚最美村镇”。组织编写《美丽乡村建设指南》，在全市乡村免费发放2万余册。五峰土家族自治县对457名村镇建筑工匠进行集中培训，建立工匠档案。组

织完成各县市区排水(防涝)、城乡垃圾治理规划等13项专项规划评审。实施农村生活垃圾治理工程。全市8个县市区及夷陵区共建成无害化垃圾处理场26座,建成乡镇垃圾压缩中转站50座。7个县市区、51个乡镇建立较为完善的垃圾清运处理体系和农村环境卫生长效保洁机制。宜昌市农村无害化处理率为67%,远超过全省平均处理率。在全省农村生活垃圾治理考评中,宜昌市在17个市州中排名第一。

实施农村危房改造,全年共争取农村危房改造项目补助资金8221.5万元。全年共改造危房6.7万余户,受益人口20.2万人。在交通干线、旅游干道、观光景点等区域,实施连线成片特色民居改造工程,将旅游通道宜莲公路沿线260栋整治项目纳入城市整理实施计划,开工建设100个。打造以夷陵、兴山为代表的峡江特色民居风景线,以枝江为代表的荆楚特色民居风景线,以五峰、长阳为代表的土家特色民居风景线,乡村整体面貌改善。指导各地对因村庄整治、异地迁建、生态移民而进行集中建设的农村新社区,按照统一规划、集中投入、分批实施的思路,完善村庄道路、供水排水、供电通信等基础设施建设,基本实现村庄公共服务均等化和资源共享。

全国重点镇 2014年7月21日,国家住房和城乡建设部、发展和改革委员会、财政部、国土资源部、农业部、民政部、科学技术部联合下发《关于公布全国重点镇名单的通知》(建村〔2014〕107号),全国共3675个镇被列为全国重点镇,宜昌市12个镇名列其中,即夷陵区龙泉镇、鸦鹊岭镇,兴山县昭君镇,秭归县归州镇,长阳土家族自治县龙舟坪镇,五峰土家族自治县渔洋关镇,宜都市红花套镇、枝城镇,当阳市河溶镇,枝江市安福寺镇、董市镇、问安镇。

荆楚最美村镇 2014年11月,由省发改委、省住建厅、省旅游局、省档案局、《楚天都市报》主办的首届荆楚最美村镇评选揭晓,宜昌市的五峰土家族自治县采花乡栗子坪村获得“十大荆楚最美乡村”称号,远安县洋坪镇获得“十大荆楚最美乡镇”称号,秭归县屈原镇屈原村获得“最佳人文奖”,夷陵区龙泉镇获得“最佳产业奖”,长阳土家族自治县龙舟坪镇郑家榜村、秭归县九畹溪镇分别获得“十大荆楚最美乡村”、“十大荆楚最美乡镇”提名奖。

房地产业

房地产经营 2014年,宜昌市(城区):房地产开发投资141.7亿元,比上年下降1.1%。商品房开工面积633.5万平方米,比上年增长44.1%。商品房竣工面积203.4万平方米,比上年下降22.9%。商品房销售面积226.8万平方米,比上年下降17.1%。商品房销售额120.7亿元。宜昌城区商品房空置(库存)面积433.6万平方米,比上年增长43.1%。城区新建商品住房销售均价5038元/平方米,比上年销售均价下降1.5%。全年批准商品房预售项目119个,批准预售面积396.5万平方米,比上年增长27.6%。其中,商品住宅338.1万平方米,比上年增长30.4%;商品住宅30336套,比上年增加20.5%。严格商品房预售资金监管,所有新批准预售项目一律纳入资金监管,确保预售资金的全额归集并专款专用。全年新增监管项目46个,新增监管面积261.7万平方米;累计归集资金351.7亿元,批准使用347.2亿元,账户余额4.5亿元。宜昌城区全年完成房屋登记60561件,登记面积1395万平方米。完成房屋交易20651套,交易面积417万平方米。

房地产市场监管 印了《关于进一步促进房地产市场平稳健康发展的通知》,目前,公积金申请使用时限条件已从连续足额缴纳12个月调整到3个月。全年发放个人住房公积金抵押贷款15.8亿元，提取住房公积金17.1亿元，资金使用率达109.6%。对公积金使用申请提速增效，申请使用时限已从连续足额缴纳12个月调整到3个月，并在公积金中心开通房产信息查询专线，实现与市房地产登记交易中心信息共享，提高资金审核效率，审批发放实现1个月办结。对重点监管资金实行分级管理，2014年为企业多释放近15亿元资金，为支持商业银行提供个人住房贷款，促进住房消费，下发了《加强商品房预售资金监管的通知》，春节前从预售监管保底资金中又释放资金3亿用于解决拖欠的工程款及农民工工资问题，维护了社会的和谐稳定。市房管局和市人民银行研究下发了《关于进一步加强房地产经纪管理规范存量房交易秩序的通知》和《关于实行存量房交易资金监管的通知》等文件，制定和建立了存量房交易资金监管制度。

住房保障

2014年，全市实施保障性安居工程66981套(户)，占总任务的101.64%，其中实物建房开工65188套、新增租赁补贴1793户；基本建成23301套，完成年度任务的105.91%；分配入住14383套，完成年度任务的108.14%。

注重工程质量和建设品质。宜昌保障性安居工程质量群体创优率近年来一直处于全省领先地位，全市先后有5个保障性安居工程项目被评定为省建筑结构优质工程。在2014年6月底住建部组织的全国建设工程质量安全监督执法检查中，市城区上合园、平湖馨苑、七里冲安置房的勘察设计、施工质量安全、建筑市场行为全部通过了专项执法检查。

2014年全市争取中央、省财政各类专项补助资金15.35亿元，是2013年的2.2倍，根据国家关于公廉并轨运行工作要求，市政府办公室印发了《关于做好公共租赁住房和廉租住房并轨运行工作的通知》，从2014年起，将廉租房建设计划调整并入公租房建设计划，将廉租房纳入公租房管理体系。配套出台《宜昌市城区公共租赁住房管理实施细则》。

住房公积金管理

2014年，全市净增住房公积金缴存人数13101人，同比增长25.05%；归集住房公积金30亿元，同比增长14.44%；发放个人住房公积金抵押贷款15.83亿元，同比增长1.75%，公积金个贷市场份额占全市14家商业银行总和的29.03%；实现增值收益1.77亿元，同比增长26.15%。其中，公积金归集额、个贷率、增值收益等指标继续稳居全省各地市州首位。全年贷款逾期率为0.02‰，比2013年0.03‰下降0.01个千分点，比全省平均逾期率0.12‰低0.1个千分点。

截至2014年，全市住房公积金缴存人数已达377894人，累计缴存住房公积金175.39亿元，累计提取住房公积金84.24亿元，共发放个人住房公积金抵押贷款82.48亿元，满足了5.53万户家庭的购房需求。

打造“互联网+服务”新平台 打造网上业务大厅。中心与各受托银行紧密配合，自主开发网上业务系统，打造全方位的网上服务大厅，实现单位足不出户即可利用中心网上业务系统办理各项住房公积金业务。网上业务系统共涵盖个人开户、封存启封、基数比例调整、账户转移、联名卡申办、单位职工信息变更、汇补缴业务等79个功能模块，实现了住房公积金单位业

务网上操作功能全覆盖。该系统设计先进、功能齐全、方便实用、界面友好，实现了缴存、提取实时到账，自动对账，业务24小时办理，凭证自主打印等先进功能，在全国各地推出的网上业务系统中处于领先水平。截至2014年底，全市网上业务系统开通户数已达698家，开通率达到37.4%，平均每月共有566家单位通过网上业务系统缴存住房公积金，占柜面缴存的50%。2014年10月，中心在单位网上业务的基础上，进一步拓展网上服务大厅功能，开发上线网上贷款自助服务系统。该系统将于2015年正式上线运行。宜昌住房公积金管理中心的网上提取、网上申请贷款等业务在全国范围内均属于首创。

构建智能服务平台。随着智能手机的普及，手机便民利民功能日渐强大。中心将通过手机客户端平台，开发手机APP及微信智能服务，打造新型“掌上公积金”。届时，职工可通过智能手机了解公积金政策、办事指南、业务流程，办理公积金贷款申请、贷款预约相关业务，查询住房公积金缴存、提取、贷款相关情况，实时与中心互动。这一智能服务平台的开发上线，将全面实现网上营业大厅、12329服务热线及短信、手机APP及微信、营业网点四位一体的全方位服务，为职工提供更加多元化的智能服务渠道。

随到随办随时办结全面提升服务质量。中心以为广大干部职工提供高效便捷服务为出发点，在加强风险防范的基础上，优化缴存、提取、贷款、咨询业务流程，全面推行服务承诺、首问负责、一次性告知、限时办结、上门预约服务等制度。加强与委托银行、房产管理局的业务联系，积极推行“一条龙”服务和“一站式”管理，做到随到随办、实时稽核、实时放款。通过12329公积金服务热线、发放个贷业务便民指南等形式，公布业务流程、服务标准、办理时限和服务承诺的内容，全面接受社会和群众的监督。

全力助推民生工程建设 贷款支持保障房建设。2012年，宜昌住房公积金管理中心积极申报并获批“利用住房公积金贷款支持保障房建设试点城市”。作为全省仅有的三个试点城市之一，宜昌住房公积金管理中心行动迅速、操作规范，在试点城市中率先启动和完成了项目贷款工作。贷款资金1亿元全部按期发放到位。在试点过程中，住建部督察员巡查组多次莅临宜昌检查指导工作，对宜昌市利用住房公积金贷款支持保障性住房建设试点工作给予充分肯定。目前试点项目“民安家园”中由住房公积金贷款支持建设的楼栋已经全部完工，使884户中低收入家庭圆了“住房梦”。

增值收益支持廉租住房建设。为进一步解决我市城镇低收入家庭住房困难问题，宜昌住房公积金管理中心不断探索增值收益使用方式，在提取贷款风险准备金和管理费用的基础上，大力支持廉租住房建设，2014年共上缴廉租住房建设补充资金0.76亿元。截至目前，中心已累计提取廉租住房建设补充资金3.59亿元，为宜昌廉租住房建设作出了应有的贡献。

建立规范科学的运行体系 对困难群众大开方便之门。我们加大对困难及团购房职工的支持力度，只对合作楼盘进行集中审查，不再对贷款职工逐一审查。对团购人数较多的项目，我们利用节假日休息时间，协调产权部门、受托银行集中受理和办理，受到广泛赞誉。对租住廉租房、公租房的困难群体，新开办了公积金支付房租的服务。为鼓励人才来宜创业兴业，我们及时调整了高校毕业生的首套住房贷款条件，从必须缴交满一年改为半年。公积金的使用对广大中低收入家庭住房消费起到了有力的助推作用。

三放一规范。中心围绕住房保障工作大局和群众需求，认真研究住房公积金法规，不断对相关制度进行改革，以适应新的形势和广大群众新的要求。为贯彻落实市委、市政府关于推进以人为核心新型城镇化的要求，在归集扩面工作中，针对民营企业中不愿建立公积金制度的种种顾虑，我们制定了鼓励员工加入住房公积金制度的新措施，实行“三放一规范”，将单位新开户、单位基数、比例调整等业务管理权限下放到业务操作部门，简政放权，优化流程，方便了缴存职工，促进了公积金缴存工作。

汇编制度成册。为规范管理，保障资金安全，中心紧紧围绕“便民、高效、廉洁、规范”的服务宗旨，不断完善归集、支取、贷款、财务、审计等各项管理制度，抽调业务骨干成立工作专班，疏理工作流程，简化办事程序，重新精选有关法律法规和政策，整理完善整套制度、操作和服务规范，共五大门类284项，120多万字，汇编成册，从每个业务环节上抓好制度落实，实现一项业务一个流程，一个岗位一项制度，形成用制度管人，以制度管事的良好工作氛围，在全国范围内尚属首创。

建　筑　业

建筑施工　2014年，全市共有建筑业施工企业235家，其中总承包企业243家，专业承包企业312家，劳务企业87家；监理企业32家；招标代理企业21家；造价咨询企业26家；商砼企业35家，其中宜昌城区17家，县市区18家；共办理企业信用信息登记750家。全年在建建设工程1391项，建筑面积3261.5万平方米。全年新开工建设项目452项，建筑面积1252.7万平方米，。其中，宜昌城区（含夷陵区）新开工建设项目294项，建筑面积830.9万平方米，；县市新开工建设项目158项，建筑面积421.8万平方米，共获得省优质工程10项，省建筑结构优质工程46项，省安全文明工地31项，市优质工程40项，市优质结构工程130项，市安全文明工地78项。城区工程建设项目招标率、质量安全监督覆盖率、工程验收合格率、竣工验收备案率均达100%。

勘察设计　全年共审查施工图设计文件1519项，总建筑面积1454万平方米，总投资258亿元，共查出项目违反工程建设标准强制性条文（简称《强条》）3333条，项均违反《强条》数2.2条。全年组织专家对全市73个基坑、边坡工程的设计进行专项审查。对宜昌市妇幼保健院附属楼工程项目等12个项目进行技术咨询，保障工程顺利实施。5个项目申报2014年度住房和城乡建设部科学技术计划项目，其中《宜昌地区地下水和土壤对建筑材料的腐蚀性研究》等4个项目被列为2014年度湖北省建设科技项目计划，“宜昌规划展览馆”项目被列为2014年度湖北省建筑节能示范工程。土木建筑学会编辑印发《夷陵建筑》杂志第19期，在星级学会创建活动中，学会被市科技协会评为五星级学会。至年末，全市共有57家勘察设计单位，其中甲级资质勘察设计单位6家，乙级资质勘察设计单位17家，丙级资质勘察设计单位34家。岩土勘察资质单位13家，建筑设计资质单位17家，建筑装饰设计专项资质单位12家，交通、水利等其他专业资质单位23家。全市有1家审图机构，具有房屋建筑一类审图资质。

建筑节能　全年新增节能量8.20万吨标准煤；新建节能建筑面积540.79万平方米，其中居住建筑面积403.27万平方米，公建面积137.52万平方米；新增可再生能源建筑应用面积311.11万平方米；新建绿色建筑58.58万平方米；既有建筑节能改造面积76.87万平方米，其中居住建筑64.81万平方米，公共建筑12.06万平方米；宜昌市第五人民医院住院楼和市政府办公大院共8栋建筑能耗监测系统安装完成，并启动夷陵

区政务信息中心楼等7栋建筑能耗监测系统建设;当阳河溶镇、秭归归州镇、五峰渔洋关镇和远安洋坪镇“禁实”工作已迎接省住建厅验收。

绿色建筑示范创建项目 2014年12月12日,省住建厅、省发改委和省财政厅公布首批省级绿色生态城区和绿色建筑示范创建项目,全省共有8个项目被列为绿色生态城区示范创建项目,13个项目被列为绿色建筑集中示范创建项目,6个项目被列为首批省级高星级绿色建筑示范创建项目,宜昌市两个项目入选,其中点军绿色生态城区项目被列为绿色生态城区示范创建项目,宜昌规划展览馆项目被列为高星级绿色建筑示范创建项目。

获全国市政金杯奖工程 2014年1月17日,在中国市政工程协会《关于表彰2013年度“全国市政金杯示范工程”的决定》(中市协〔2014〕第004号文)中,宜昌市汉宜路改线市政工程获2013年全国市政金杯奖。汉宜路改线工程为新建城市主干道,起于白岗路,止于东山四路,全长1950米,规划红线宽44米,双向6车道,道路建成后为周边居民、单位,特别是为宜昌市生物园区的建设提供了便捷交通。工程总造价为6036万元,于2011年10月8日正式开工,2012年10月16日完工。该工程建设单位为湖北安琪生物集团有限公司,监理单位为武汉科达监理公司,设计单位为宜昌市城市规划设计研究院,施工单位为湖北益通建设工程有限责任公司。

宜昌市获2013—2014年度(第二批)湖北省建设优质工程项目名单

序号	工程名称	建筑面积(平方米)	结构/层次	施工单位
1	锦绣华庭R16号楼	7534	框架-剪力墙结构/19	中国核工业第二二建设有限公司
2	湖北匡通电子股份有限公司半导体大楼工程	29094	钢筋混凝土框架结构/11	重庆市欣宏建筑有限责任公司
3	宜昌凯利“城中金谷”一期10号、11号楼	33294	框架-剪力墙结构/29	武汉顺华建筑工程有限公司
4	畔山怡园3号楼	11353	框架-剪力墙结构/19	重庆西江建设(集团)有限公司
5	锦绣星城三期1A号住宅楼	19119	剪力墙结构/29	浙江海天建设集团有限公司
6	长江瑞景5号楼工程	55985	框架-剪力墙结构/26	长信建设有限公司
7	锦绣星城(三期)Ⅱ标段4号楼	13814	剪力墙结构/19	中建二局第三建筑工程有限公司
8	锦绣华俯经济适用房1号楼	12675	剪力墙结构/19	重庆市渝万建设集团有限公司
9	锦绣华俯经济适用房3号楼	6550	剪力墙结构/19	重庆市渝万建设集团有限公司
10	秭归县司法局、卫生监督局业务用房	6007	钢筋混凝土框架结构/7	秭归县沙镇溪建筑有限责任公司

宜昌市获得2014—2015年度第一批湖北省建筑结构优质工程奖的项目

序号	工程名称	建筑面积（平方米）	结构/层次	施工单位
1	兴发广场二期7号楼工程	29580	框剪33+2层	湖北宜翔建设有限公司
2	兴发广场二期8号楼工程	27002	框剪30+3层	湖北宜翔建设有限公司
3	秭归县养老、救灾物资储备中心项目（一标段）	5611	框架5层	宜昌天宏建筑工程有限公司
4	宏信·依山郡一期21号楼	20323	框架6+1层	宜昌恒生建筑安装有限公司
5	宏信·依山郡一期22号楼	20323	框架6+1层	宜昌恒生建筑安装有限公司
6	当阳市盛和广场4号楼	9607	框架11层	宜昌博高建筑工程有限公司
7	中船重工第七一零所海山科技园一期	22939	框架+钢结构4层	湖北广盛建设集团有限责任公司
8	昌润·嘉和苑1号楼及地下车库	15075	框剪17+2层	湖北金信建筑安装有限公司
9	宜昌市窑湾乡石板山水缘安置小区2号楼、地下室及室外附属工程	83502	框剪30+1层	四川亚泰建设有限公司
10	宜昌市窑湾乡石板山水缘安置小区5#楼、地下室及室外附属工程	83174	框剪30+1层	四川亚泰建设有限公司
11	秭归县三星廉租房5号楼和地下室	33299	框剪18+1层	湖北城乡建设有限公司
12	宜昌职教园行政、图书馆、多功能厅综合楼工程	27581	框剪15+1层	宜昌博高建筑工程有限公司
13	宜昌职教园综合实训楼	23417	框架6层	宜昌博高建筑工程有限公司
14	清江山水花园小区-最山水1号楼	15598	框剪22+1层	江苏省华建建设股份有限公司
15	清江山水花园小区-最山水2号楼	7033	框剪22+2层	江苏省华建建设股份有限公司
16	江山多娇四期2号楼及地下室（部分）	16553	框剪28+1层	湖北金信建筑安装有限公司
17	宜昌市猇亭区全民健身活动中心	22874	框剪、钢钢构4+1层	江西中恒建设集团有限公司
18	猇亭区七里冲安置房三期BT项目35号楼	7579	框剪16层	宜昌天泽建设工程有限公司
19	宜昌市中心人民医院门诊急诊、全科医师培训基地综合楼	73239	框架26+2层	武汉建工股份有限公司
20	中南冶金地质研究所科研办公大楼	31895	框剪26+2层	浙江二建建设集团有限公司
21	宜昌三峡云计算中心2标段	32174.25	框筒22层+2	四川亚泰建设有限公司
22	秭归县建筑陶瓷厂职工住宅1号、2号楼	7213	框架6+1层	秭归开明建筑有限责任公司
23	兴发广场6#楼	30541.67	框剪33+1层	湖北宜翔建设有限公司
24	五峰土家族自治县洋虎投资开限有限责任公司办公用房	19610	框剪7层	宜都市五龙建筑工程有限公司

宜昌市获得2013—2014年度第一批湖北省建筑工程安全文明施工现场(楚天杯)的项目

序号	工 程 名 称	建筑面积(平方米)	结构/层次	施 工 单 位
1	夷陵区畔山丽景住宅小区1号、5号楼	35438	框架18	长信建设有限公司
2	宜昌市地方税务局城区纳税服务中心	28157	框剪20	湖北中民建筑工程有限公司
3	宜都市国贸大厦	52092	框架4	湖北金湖建设工程有限公司
4	宜昌锦绣星城三期1A、1B#楼及2#商业楼	42263	框剪28	浙江海天建设集团有限责任公司
5	宜昌B地块居住区3、4栋	47347	框剪29	湖北广盛建设集团有限责任公司
6	宜昌中闽大厦	35461	框剪27	宜昌国闰工程建设有限责任公司
7	湖北匡通电子股份有限公司半导体大楼	29093	框架10	重庆市欣宏建筑有限责任公司
8	宜都市尾笔还建小区1号楼	9838	框架11	宜都市五龙建筑工程有限公司
9	至上·未来城1期1～4号住宅楼	55326	框剪29	重庆市渝万建设集团有限公司
10	凯旋名门1～5号楼	58704	框剪28	中国核工业第二二建设有限公司
11	兴发广场1号、2号、3号、5号、6号楼	70737	框剪33	湖北宜翔建设有限公司
12	宜昌市保障性住房民众家园项目A7号、A9#楼	7709	框架6	湖北全州扬子江建设工程有限公司
13	湖北省电力公司超高压输变电公司直流运行检修中心基地	8795	框架5	保利建设开发总公司
14	宜昌市猇亭区全民健身活动中心	22874	框架5	江西中恒建设集团有限公司
15	锦绣华庭R15、R16号楼	23771	框剪27	中国核工业第二二建设有限公司
16	锦绣华庭R13、R14、R19、S7号楼	67721	框剪30	中国核工业第二二建设有限公司
17	宜昌市职教园广场桥及人行景观桥项目			湖北清江路桥建筑有限公司
18	宜昌市职教园综合实训楼、行政图书馆、多功能厅综合楼	52020	框剪15	宜昌博高建筑工程有限公司
19	宜昌市中心人民医院门诊急诊、全科医师培训基地综合楼	73239	框架26	武汉建工股份有限公司
20	中南冶金地质研究所科研办公大楼	31895	框剪26	浙江二建建设集团有限公司
21	宜昌市窑湾乡石板村山水缘安置小区1～5号楼	83173	框剪30	四川亚泰建设有限公司
22	五峰土家族自治县洋虎投资开发有限责任公司办公用房	29610	框架7	宜都市五龙建筑安装工程有限公司
23	宜昌江山多娇四期2号楼	13392	框剪28	湖北金信建筑安装有限公司
24	宜昌三峡云计算中心	125679	框剪23	四川亚泰建设有限公司
25	五峰渔洋关东门桥廉租住房一标(3号、4号楼)	7625	框架6	湖北鹏程建设工程有限公司

续表

序号	工程名称	建筑面积（平方米）	结构/层次	施工单位
26	五峰渔洋关东门桥廉租住房一标（1号、2号楼）	10167	框架6	湖北枝江宏宇建设有限责任公司
27	当阳市盛和广场4号楼	9607	框架11	宜昌博高建筑工程有限公司
28	火光村村民住宅小区二期20号、21号、22号楼	27595	框架11	湖北楚雄建筑工程有限公司
29	秭归县建筑陶瓷厂职工住宅1号、2号楼	7213	框架6	秭归县开明建筑有限责任公司
30	五峰土家族自治县民族高级中学教师安置房	16507	框剪11	江苏龙珅集团有限公司
31	宜昌市夷陵区夷兴大道改造工程二标段			长信建设有限公司

宜昌市2013—2014年度第二批湖北省优质建筑装饰工程（楚天杯）

序号	工程名称	承建单位	设计单位
1	湖北省电力公司宜昌供电公司半岛公寓修缮工程一标段	宜昌智隆建设有限公司	中天伟业（北京）建筑设计事务所有限公司
2	宜昌市鑫鼎集团办公室室内装修工程	宜昌市新锐智环境艺术策划有限公司	宜昌市新锐智环境艺术策划有限公司
3	宜昌市西陵区人民检察院综合楼装修工程	长信建设有限公司	宜昌市瑞林装饰设计工程有限公司
4	宜昌三峡国际会展中心临水别墅装修工程	宜昌博高建筑工程有限公司	建设综合勘察设计院有限公司
5	史丹利化肥当阳有限公司办公楼室内装饰装修工程	宜昌喜多坊装饰设计工程有限公司	宜昌喜多坊装饰设计工程有限公司
6	夷陵经济开发区企业服务中心大楼维修工程	宜昌长源建筑装饰工程有限责任公司	宜昌长源建筑装饰工程有限责任公司

宜昌市城区扬尘污染防治管理办法 2014年6月24日，宜昌市政府办公室《关于印发〈宜昌市城区扬尘污染防治管理办法〉的通知》（宜府办发〔2014〕48号）下发，《宜昌市城区扬尘污染防治管理办法》于2014年8月1日起正式施行，有效期至2018年12月31日。

夷 陵 区

城乡规划 2014年夷陵区立足特大城市中心城区定位，全面对接宜昌市总体规划，立足完善城市功能，启动并完成了小溪塔主城区路网专项规划、排水防涝综合规划、城市绿道系统规划、旅游新区规划、罗家小河片区综合整治规划、黄柏河下游风貌控制规划及全区城乡生活垃圾统筹治理规划的编制工作。立足城乡一体，完成龙泉镇"四化同步"示范镇规划、鸦鹊岭集镇、乐天溪集镇及乐天溪移民生态工业园控制性规划，栢木坪、南岔湾、交战垭、西北口等贫困村村庄规划、小鸦路城乡统筹示范带综合规划的编制工作。

城市建设与管理 全年完成项目建设投资4亿元，启动并实施建设项目48个，新建改造城区道路35公里，新增城市绿地36万平方米。完成了晨光路华润红旗段、松湖路、龙泉临河路、夷兴大道神仙湾段、气象局道路、六一二片区供水、小鸦路陈淌坪段配套工程，小鸦路、东方大道、东城大道、东湖大道、蔡家河桥头绿化工程，夷兴大道立面改造灯饰亮化及店面招牌整治工程、黄柏河两岸灯饰灯光工程等一大批建设项目。加快推进森林公园仿古街、神仙湾公园、港虹路、城区BRT快速公交、马兰路、鄢家河加油站节点改造等项目。全面加强城市管理，理顺管理机制，进一步明晰了城管委成员单位的职能职责，建立联动联合执法机制。强化精细管理，在全市率先推行了微型冲洗车、高压洒水车、洗扫车“三车配套”清扫作业新模式，实现了城区道路保洁全天候、全过程、全覆盖。加强从严执法，全面取缔了主城区违规夜市摊点，新建了峡江夜市城，规范了罗河路菜市场夜市城，全年处置各类来信来访6000多件，拆除违法建筑20044平方米。松湖路成功申报省级示范路，全市3条示范路我区已占有两条。

村镇建设与管理 2014年，夷陵区全面实施乡镇集镇建设“八个一”工程，“美丽家园、清洁乡村”工程和农村危房改造工程。“八个一”工程安排建设项目42个，总投资超过2亿元，随着一大批市场、广场、水厂、垃圾填埋场、污水处理厂、精品街、环保公厕及进出通道建设的完工，极大地促进了我区乡镇集镇连城带乡功能的发挥；覆盖全区所有乡镇集镇、重点村及交通主干道的垃圾清运体系基本建立；完成农村危房改造848户，建设省级宜居村庄4个，申报国家级宜居村庄1个；组织设计、编写印制并免费发放《美丽村庄建设手册》500本，《新农村房屋建设图集》300套。

建筑业 全年共办理建设工程施工合同备案138项，劳务合同分包合同备案133项，办理工程竣工结算备案27项，办理建设工程项目档案备案97项，发送《宜昌工程造价信息》539册。新开工项目135个，建筑面积248万平方米，受理竣工验收备案项目64个，出具现场主体结构其检验报告2.8万余份，建筑面积72万平方米，创区优质结构工程8个，创“东湖杯”工程8个，创“夷陵杯”工程4个，创“楚天杯”工程1个。全年完成售水量 1102万吨，完成居民区供水改造项目 6个。

伍家岗区

房地产 2014年，全区在建房地产项目39个，年内已竣工或即将竣工项目8个。在建项目中新建16个，续建23个，总投资328亿元，总建筑面积919万平方米，2014年完成投资42亿元，新开工86万平方米，竣工194万平方米。首信财富中心、东辰二号、上善谷等项目完工或已竣工交付；仁恒春立方、福江铭座、长楹观邸、尚玲珑等一批新建房产项目目前已启动建设；新外滩一期、香山·福久源、宏信·依山郡、华鹏梧桐邑等在建续建项目正稳步推进。

市政建设 沈白路（伍临路至八一路段）、天府路市政工程是伍家岗区2014年确定由区级财政投入新建的两条市政道路，道路建设进展顺利。投资140万元，在四个街办32个社区安装路灯200盏，解决了5万余人夜间出行的问题。

棚户区改造 纺织技校、树脂厂、构件厂、白沙路、中南路已着手拆迁工作，完成拆迁3万多平方米，签订拆迁补偿安置协议640户。

城市整理 2014年完成全区建筑物整治115栋，整治范围包括亚栈路（东山大道至沿江大道)、胜利三路(夷陵路至东山大道)、东山大道(胜利四路至至港窑路)沿线沿线临街建筑物,设置高标准围挡25处。完成宜古路、八一路、城东大道3条主次干道沿线在建或拟建工地2000米围挡整治工作。完成临街店招整治,同时港窑路、中南路两侧临街店招实施综合整治。在“表面加里面、地下加地上、白天加晚上、拆违加整治”经验基础上,将绿化美化、杂居小区改造、下水道清疏、背街小巷路灯点亮、拆违控违等群众反映强烈的民生问题同步纳入城市整理范围,“六位一体”综合整治。

住房保障 2014年受理、申报最低收入以及低收入廉租房补贴共70户,超额完成年初签订的25户目标任务。做好廉租房和公租房并轨的政策解释工作,确保政策讲明、程序到位、应保尽保。

园林绿化 2014年重点推进城市重要景观节点及通道的绿化美化。打造桔城路、八一路城市景观大道,对花溪路、柏临路、东站路等新区重要通道配套高规格绿化,升级改造王家河公园、桥头公园等城区公共绿地,对街道路口安全岛实施美化改造,打造生物产业园、伍家工业园等绿色园区,建设伍家岗区苗圃基地。全年绿化美化完成投资6093万元,新增绿化面积362亩,栽植景观乔木3.6万株、定植大苗4854棵。

猇 亭 区

城市基础设施建设 2014年新开工道路项目5项,总投资17938万元。民悦路、张家湾路(先锋路至车站路)相继开工建设,峡州大道猇亭段(柏临河路至先锋路)纳入市级投资。完成迎宾大道城市照明工程,开展了背街小巷和杂居小区路灯整治。组织编制热力管网专项规划。完成石板冲雨水、亚元路污水工程。完成总投资5000万元的六泉湖市民活动中心项目建设。危房改造指标168户、补助资金126万元。

园林绿化 完成投资1.55亿元,新增绿化面积37.2万平方米。总投资1.5亿元,总面积36.5万平方米的先锋路、张家湾路、迎宾大道及宜昌汽车产业园观景台绿化景观工程顺利竣工。民主路(猇亭大道至张家湾路)和先锋一路(先锋路至民主路)绿化工程完工。

管养水平稳步提高。全区公共绿地管养面积372556.9平方米、行道树16652株,全年管养经费投入167.75万元。完成金岭路、猇亭大道、南玻路等绿化老化段面的局部补植换植工作,共补植换植乔木40株、灌木65株、色块1500平方米,以精细补绿维护良好的整体绿化面貌。定期更换公园、公共绿地鲜花4次34800盆,妆扮景致,提靓街景,美化了环境。

建筑业 2014年在建工程118个,建筑面积达62.05万股也有欧元,监督覆盖率达100%。加强建筑市场管理,受理招投标投诉4起,查处企业相互串通投标的行为1起,对1家施工企业处以停止在猇亭区参加招投标活动1年的行政处罚,约谈建设企业法人14次,对9家建筑企业处以不同程度的诚信扣分。督促项目健全和改进安全隐患排查整治工作机制,共下达安全隐患整改通知书73份,停工整改处理15起,查处安全隐患887处。2014年,猇亭区全民健身活动中心、七里冲安置房三期35#楼获“湖北省建筑结构优质工程”、“湖北省安全文明施工现场”。

点 军 区

城市建设 实施市政项目11个,完成投资25.3亿元。至喜长江大桥猫道架设完毕,完成工程进度70%;点军大道一期、江南大道将军路至李家河段刷黑改造、五龙一路、五龙路一期扩宽刷黑改造工程竣工通车。江城大道全线开工,点军大道二期、夷桥横路、五龙三路、五龙路三期、江南二路等城市主次干道有序推进。铺设市政供水管网7.5公里、供气管网20.5公里。实施市级公建项目9个,其中奥体中心、市一中、市委党校、老年大学、市中心医院江南院区二期等5个项目开工建设,建筑面积44.9万平方米,完成投资5.6亿元。市青少年实践教育基地、市人防疏散基地、市妇女儿童活动中心、1302工程等4个项目完成征迁,具备开工条件。区行政服务中心、人武部军事指挥中心、文化馆、图书馆、档案管、职工服务中心和劳动就业服务大厅等7个区级公建项目进展顺利。

村镇建设 加强宜居村庄的申报跟踪工作,联棚村被评为全省第三批宜居村庄示范村。加强乡镇建设指导,启动新一轮危房普查登录工作,完成危房改造180户。

行业管理 规范建筑市场秩序,开展点军建筑市场专项治理,对进入点军区的125家建筑企业进行考核审查,清退不良企业31家;狠抓建筑安全,严格落实建筑施工安全生产各级责任,组织开展辖区建筑工地安全大检查12次,下达整(停)改通知书15份,建筑领域全年无安全事故发生。

房管工作 新增廉租房租赁11户,累计发放补贴8.9万元。完成区直、乡镇等266名离退休干部的住房货币化资料审核,发放货币化补贴近200万元。办理小杨家湾安置房的大产权证,积极争取减免优惠政策,节约办证费用近40万元。配合区发改局,向市发改申报 棚户区改造项目5个,争取无偿资金4832万元。

园林工作 实施园林景观项目4个,总面积154.6万平方米,完成投资1.5亿元。磨基山森林公园一期建成开放,卷桥河湿地公园项目设计方案完成优化,城市整理项目一期全面竣工,在建项目沿线山体生态修复完成52公顷。

宜 都 市

城乡规划 2月25日,宜都市七届人大常务委员会第17次会议审议并通过了《宜都市城乡总体规划(2012—2030)》。3月下旬报宜昌市人民政府审批,4月报湖北省住建厅审查通过,8月7日获湖北省人民政府批准实施。启动《宜都市生态体系专项规划》、《宜都市城乡生活垃圾统筹治理规划》、《宜都市市域道路体系规划》、《陆城城东片区控制性详细规划》的编制。

城市建设 实施城市基础设施建设项目23个,完成投资17005万元。主要为道路新建改建、排水、防洪、园林绿化等工程(不含廉租房建设),其中15个工程已完工。本年新增固定资产17005万元。

建筑业 2014年全市共审批建设项目80个,总建筑面积89.28万平方米,合同总造价11.31亿元。拥有二级施工总承包资质企业3家,各类三级资质企业8家,工程管理及技术人员达到1500余人。办理施工总承包企业年度备案27家,单项备案72家,从业人员1250人。招标代理备案10家,从业人员85人。

房地产业 2014年完成商品房销售面积30.92万平方米,完成房地产开发总投资12亿元。全市人均住房面积达到41.18平方米。完成保障性住房建设任务1414套,超宜昌市政府计划目标1308套的8%,当年共投资10099.22万元。当年新增住房租金补贴241户,全市已有2343户低收入家庭享受租金补贴政策。引进和组建的商品房开发企业达到35家(其中:具有一级资质1家、二级资质2家。2014年新申请开发企业8家），开发房地产项目34个。

园林绿化 建成区绿化覆盖面积1037.7公顷，建成区绿化覆盖42.88%；绿地面积875.3公顷，建成区绿地率36.17；城区公园4个，公园绿地223.7公顷，人均公园绿地13.3平方米。对人民广场的草坪进行更新改造，共改造草坪14000平方米，更换线缆1000米，更换草坪灯156盏，更换自动灌溉喷头211组。完成了市树林改造工程，共铺设鹅卵石游步道336平方米，彩色荷兰砖休息区254平方米，青石板次干道126米，更换线缆600米，更换绿化草坪2000多平方米。投资近60万元完成对长江大道、清江大道、城河大道等城市主干道，西湖二路等次干道进行绿化补植。全城区共补植金叶女贞7000株、红叶石楠5000株、金边黄杨4800株、蚊母4100株，白玉兰99株、樟树50株、紫薇24株。

枝 江 市

城乡规划 投资1300万元，启动和完成了城市总体规划（修编）、《枝江市城乡统筹规划》、《安福寺镇"四化同步"规划》、《城市新区控制性详细规划》等10个规划。

市政建设 2014年计划总投资4.54亿元，实施城市建设维护项目26个，实际完成投资4.2亿元，占总投资的93%。其中已完工项目23个，完成投资3.69亿元；在建项目3个，总投资8500万元，已完成投资5100万元。

建筑业管理 办理施工许可证95个，建筑面积127.56万平方米，完成建筑业总产值27亿元。加强工程建设领域诚信体系建设，在局网站开辟专栏，对建筑企业信用信息予以公开，接受社会监督，全年公开建筑业企业诚信信息53条、良好行为信息34条、不良行为信息16条。

勘察设计 2014年，全市有勘察设计丙级资质单位1家，拥有专业技术人员25人，其中初级以上职称人员23人，拥有一级注册建筑师1人、二级注册建筑师1人；一级注册结构工程师2人。全年完成勘察设计营业收入300万元。一级注册建造工程师5人、二级注册建造工程师150人。设计市场全面开放。华东建筑设计院、中南设计院、哈工大建筑设计院等一大批全国知名公司进入枝江设计市场。

村镇建设 成立了安福寺村镇规划建设环保管理分局，完成《安福寺镇镇域规划》、《安福寺镇镇区规划》、《安福寺产业发展规划》等六项规划及全镇22个村的村庄建设规划编制工作。投资2500万元建设了日供水2万吨的安福寺新水厂；投资3500万元采用BOT模式建设的日处理1.5万吨的污水处理厂正在建设中；埋设之北路、东部新社区及玛瑙河大道等各类排水管线长度约6600米。投入约4794.8万元，实施了镇区道路建设维修及绿化建设。对镇区内主要街道的房屋进行了立面整治，整治达700余户，投入约800万元；对沿街门店招牌进行了统一规范。

城市供水 2014年累计完成供水量1479万吨、抄收水量963万吨、售水量961万吨；分别比去年上升7%、5%、5%；管网水损失率为33%；出厂水综合合格率99%。姚家港园区4—12月购水量168万吨（其中三宁公司152万吨），完成抄收水量13万吨（不含三宁公司），收取三宁公司管输费50万元。完成生产总值2367万元，实现销售收入1321万元，实现利税261万元。三产业清泉纯净水厂完成销售收入58万元。

城市供气 2014年完成天然气销售收入3039万元、安装收入1321万元，销售天然气1213万立方米，上缴税金225万元，气损控制在5%范围内；全年新发展天然气用户4873户，目前用户已达28753户；全年安全生产无事故。

当 阳 市

市政公用事业 2014年，完成环城南路区域排水设施建设、城西高速入口景观建设(陶苑广场)、东群路绿化配套、金色阳光小游园建设、帝旺二路行道树栽植、干溪片区玉泉建材工业园供水、城区交通环境整治路口拓宽改造、晋成路排水等工程。长坂坡公园改扩建工程目前已完成40%工程形象进度，计划2015年6月完工；玉阳路延伸段至航空路工程春节前完成主体工程。玉阳路至香榭水岸道路年底完成主体工程；雄风大道环西路口至雄风小学段道路改造已完成50%；沮河南截污干管延伸工程、百里长渠绿化亮化、城东大道绿化配套、沮河城区段两岸亮化已动工建设。投资300万元，完成城区交通环境整治路口拓宽改造工程。投资280万元，完成南正街水巷子排水改造、关公文化园排水、东群路延伸段沿线环境整治等零星配套工程建设项目15个，解决了一批老百姓反映的排水难等热点难点问题。委托中国城市规划设计研究院完成《当阳市城市排水防涝专项规划》编制，市政设施养护资金累计投入400余万元，为历年之最。城区24条主次干道、16.3万米排水管道、12座桥梁坚持日巡查不少于2次，查处率、修复率均达100%。

城市供水用户总数达5.1万户，全年实现有效售水量1357万吨，实现供水主业收入2113万元、安装收入1621万元、设计收入38万元，实现利润70万元，上缴税金259万元，代征代缴污水处理费916万元、垃圾处理费284万元。完成了新一轮城市居民生活用水价格调整听证会召开和《全国城镇供水设施改造与建设“十二五”规划》中期评估。水厂运行安全平稳，水质综合合格率99.6%。为加快天然气入户安装进度，协调自来水公司支援燃气入户安装，“天然气入户”9300余户，居民用户总数达2.1万余户。

“当阳市玉阳污水处理厂二期扩建工程”2014年中央预算内投资1300万元。污水处理厂全年达标处理污水1031万吨，各项治污设施运行正常，自动在线监控设施存储数据完整，各项运行记录、化验记录、减排档案等记录齐全准确，出水水质稳定达标排放。

园林绿化 2014年，长坂坡公园改扩建工程开工。该工程于2014年11月开工，总投资1666万元(不含拆迁)，改扩建面积2.4万平方米，已完成40%工程形象进度，计划2015年6月完工。

村镇建设 加强村镇规划管理，全年办理乡村规划许可证917个、建设工程规划许可证94个，建设用地规划许可证7个。半月镇罗店、先锋和宇宙村，庙前镇石马槽、桐树椏和烟集村，两河镇群丰村、王店镇泉河村及双莲村、河溶镇前合村的规划居民点正加快建设进度。4套特色民居方案已报送省住建厅“荆楚风”编撰委员会待选。以奖代补1200万元，继续支持各镇加快基础设施建设。完成了全市农村危房现状调查摸底工作，全市存量危房10867户。

建筑业 完成86家建筑工程参建单位的信用信息评分，建立信用信息档案，并在住建局网站予以公布。全年在建工程项目108个，建筑面积191万平方米，工程总造价18.8亿，工程报批的项目工程质量安全监督覆盖率为100%，工程质量验收合格率达100%，盛和广场4号楼工程被评为省建筑结构优质工程。全年办理施工图审查合格备案242项，施工许可证92项，项目提前介入13项，建筑业企业备案106家，施工合同备案100件，招标控制价备案3件，招标文件备案12件，建设工程竣工验收备案62项，新增施工企业资质8项。出具检测报告26732份，发布

12期600册补充造价信息，涉及395种材料价格。

远　安　县

城乡规划　完成《远安县城乡总体规划(2013—2030)》的编制及审批工作，《安鹿组团控制性详细规划》、《远安县城区防洪排涝专项规划》、《远安县城区环卫专项规划》及《远安县城区燃气专项规划》等规划已通过专家评审。地理国情普查首件成果顺利通过省质监站及省普查办验收。荷花镇完成全域规划和总规修编工作，河口乡控制性详细规划已全覆盖，洋坪镇控制性详细规划面积达13.7公顷；荷花镇16个村、旧县镇15个村、茅坪场镇16个村、花林寺镇7个村已完成新社区规划编制工作。

市政公用事业　全年共投资6351.48万元完成了安泰大道延伸段、环城路二期解放路延伸段项目建设，启动了鸣凤大道延伸段、简家河道路、污水管网等项目建设。截至2014年底，鸣凤城区建成区绿地率33.05%、供水普及率93.36%、燃气普及率95.51%、污水处理率90.09%、垃圾无害化处理率100%。

村镇建设　2014年，远安县村镇建设工作在县委、县政府的正确领导下，在市建委的科学指导下，紧紧围绕党委、政府的中心工作，以统筹城乡发展为主线，以美丽乡村、宜居村庄建设为工作重点，以土坯房消危改造和农村新社区建设为中心，圆满地完成了今年的工作任务。

建筑业　全县开工建设项目41个，建筑面积28万平方米，投资总额3亿元。

兴　山　县

城乡规划　完成全县城乡统筹规划和“古昭南”三城空间组合规划、城市排水(防涝)综合规划，启动峡口、水月寺、黄粮、南阳、榛子、高桥6个集镇总体规划及全县28个中心村建设规划的编制和张家坎地块修建性详细规划，调整论证古夫张家坝、桑树拐、昭君镇城南区等五个地块规划。

城市建设　全年投资6680万元开工建设市政项目9个。城区供水普及率90%，污水处理率90%。全年建成城市市政项目9项，完成城南区防洪堤、污水处理厂运行机制优化项目、香溪大道延伸段腰子坪道路扩宽、宜巴高速警察营房场平、县污水处理厂设施设备大修、县城山洪防治、移民小区帮扶工程和市政公用、后河占地移民小区三期工程污水管网埋设、朝阳居民点内部道路、滨河公园喷灌设施、腰子坪香溪大道行道树定植等工程。开工建设后山道路、古夫河生境修复工程。新增道路5公里、排水管15000米、污水管3000米、小车停车位400个、公厕8座、健身器材12套，城市污水处理率达90%。

村镇建设　城镇化率达44.55%。全年村镇基础设施建设投资4193万元，完成昭君镇观澜路改造、耿家河左岸岸线整治、耿家河移民迁建区综合防护、香溪河陈家湾岸线整治、客运站等公建房和陈家湾安置小区建设。开展峡口、黄粮特色镇建设，协助峡口镇实施柑橘公司安置小区房建工程和集镇污水、供水管网完善、大车停车场等市政建设项目。配合黄粮镇加快生态工业园、昭君酒厂包装车间等项目建设。配合水月寺、南阳等乡镇实施集镇棚户区改造。开展响龙村和茅草坪村“宜居村庄”建设。启动昭君镇普安村美丽乡村建设试点，完成双堰村、南对河村等10个村庄环境整治。开展全县农村人居环境调查，建立完善96个村(居委会、社区)人居情况档案。全县建立“组保洁、村收集、乡(镇)转运、县处理”农村生活垃圾治理模式。新建垃圾屋200多个，投放垃圾桶500多个。

建筑业　拥有各类二级、三级资质企业11家。全年招标项目39个，招投标率达100%。完成建筑业产值3.1亿元，新开工建筑项目24个，建筑面积11.5万平方米。办理施工合同备案32件，合同备案率达100%。办理建筑工程施工许可证27项、外地进驻备案企业56家。全县创省结构优质工程和文明施工现场1项、市优“夷陵杯”工程1项。

秭归县

规划管理　《秭归县城市总体规划》(2012—2030)修编7月31日通过市政府批复，郭家坝镇全域规划通过县级评审，已将修改成果提交市委农办，提请市级评审，启动了梅家河乡集镇总体规划修编工作，县城三维模型制作完成，金缸城、陈家冲控制性详细规划方案初步完成，全国地理国情普查相关准备已全部到位，已完成省普查办下达的今年的工作任务。规划管理工作全面加强。

城市建设　县城一级出口路顺利建成通车，九里工业园河东大道及金缸城三星大道路面工程、县城防洪工程、茅坪小区基础设施完善工程、县城供水改造工程竣工，凤凰山至客运码头库岸整治工程进展顺利，金缸城220千伏变电站项目、丹阳路、天问路等道路改造项目全面启动，县城供水自备电源项目投入运行，城市功能更加完善。完成了西楚路改扩建和游园改造项目、茅坪小区基础设施完善项目、韩家老屋基础设施完善项目和滨湖路山水龙城段人行道配套工程；凤凰山至滚装码头库岸整治工程和县城丹阳路、天问路改造工程正在施工中；申报了西楚移民安置区基础设施完善、韩家老屋及范家湾移民小区综合帮扶等2个2014年项目，争取补助资金3373万元，申报滨湖路市政道路改造、陈家冲移民安置基础设施完善等6个2015年实施项目，总投资4.728亿元，申请补助资金3.257亿元。

村镇建设　全年指导九畹溪、杨林桥、梅家河、磨坪、水田坝等乡集镇基础设施改造，指导屈原镇屈原村、杨林桥镇三渡河村、磨坪乡磨坪村的“宜居村庄”创建，指导20个居民点、15个村庄整治、12个特色村创建，对“1119”工程和新建10户以上的居民点给予重点支持和指导，现场指导居民点建设规划8个，扶持发展资金150多万元。12月31日，磨坪村、三渡河村“宜居村庄”创建工作顺利通过市检查验收。

住房保障建设　新建保障房共涉及到5个项目，全年新开工建设保障房1550套、基本建成780套、分配入住1088套，超额完成省、市下达的建设任务。

建筑业　全县建筑企业共28家，其中贰级总承包企业8家、叁级总承包企业14家，专业承包5家，劳务分包企业1家(新申报12家)。涉及房屋建筑、市政公用、公路、水利水电四大总承包资质门类，2014年已晋升贰级总承包资质5家，资质增项达到贰级总承包资质2家。全年共承担房屋建筑、市政基础设施工程和住宅工程质量安全监督项目148个，建筑面积155.1万平方米，投资27.5亿元，2014新开工工程项目51个，建筑面积37.5万平方米，投资7.6亿元。

长阳土家族自治县

城乡规划　《长阳土家族自治县城乡总体规划(2011—2030)》于2014年4月经宜昌市政府批准实施。全面启动地理国情普查工作。《长阳土家族自治县丹水新区控制性详细规划》、《长阳土家族自治县清江新区控制性详细规划》相继编制完成实施，“一江两岸、一城多区”布局初步形成。全县11个乡镇除磨市、鸭子口两个乡镇外，其他乡镇控规全部编制完成。全县154个行政村村庄规划编制完成，“村村有规划、镇镇有蓝图”的目标逐步实现。长阳旅游线路综合整治、高家堰镇向日岭村传统村落保护、城区排水（防涝）、燃气等专项规划全面完成。

城市建设 2014年完成和启动10个重点建设项目，完成固定资产投资3.1亿元。廪君大道排水整治工程、江南旅游通道景观工程、经济开发区东部片区供水管网工程、江南亲水平台铺装工程、城市美化亮化项目（全世界最大两面翻高清LED显示屏落户长阳）相继建成。土家源广场、天然气综合利用二期工程、城区污水管网改造工程、中心城区供水管网延伸工程（丹水片区）、清江大道综合改造工程正在加紧进行。全年改造道路5公里，新增亲水平台2.9公里，新增绿化面积1.5万平方米，新建（改造）供水（污水）管网10公里，新增次高压、中压天然气管道5.5公里。

村镇建设 全年完成农村危房改造1395户，完成了高家堰镇高家堰村、贺家坪镇渔泉溪村、磨市镇磨市村、都镇湾镇嵩水坪村宜居村庄申报创建工作，完成龙舟坪镇何家坪村等10个村村庄整治工作。在全县范围内开展了以“科学规划布局美、村容整洁环境美、创业增收生活美、乡风文明身心美、管理民主和谐美”为目标的“全县首批美丽乡村”评选工作，龙舟坪镇郑家榜村等11个村被评选为“全县首批美丽乡村”。编制完成了《长阳土家族自治县高家堰镇向日岭村传统村落保护规划》，正按规划有序实施。

供水排污 全年完成售水量406万吨；完成营业收入615万元；上缴税金48万元；代征污水处理费218万元，同比增长2.5%。强化水质监测，出厂水消毒实行24小时在线监测，定期检测水源水、出厂水、管网末梢水，水质综合合格率达99.5%。2014年天然气新报装用户共3500户，累计用户19000户，销售气量1000万方，同比增长34%。液化石油气全年完成销售590吨，销售额441万元，同比下降0.68%。全年完成污水处理415万吨，同比增长1.6%，平均污水运行负荷率75%，达到环保考核目标。

五峰土家族自治县

城乡规划 完成牛庄乡、傅家堰乡、采花乡、湾潭镇、仁和坪镇、五峰镇总体规划的组织编制工作；完成《351国道沿线土地利用及景观控制规划》、《县域城乡垃圾统筹规划》、《柴埠溪旅游休闲度假区核心区建设规划》、《渔洋关镇消防体系规划》、《县域商品流通体系规划》的等专业规划组织编制工作。收集整理完成县域1:10000，1:50000卫星遥感地理信息数据；完成县域1:2000航空摄影拍摄工作；启动五峰第一次全国地理国情普查。

城镇建设 全年各项工程建设实际完成投资额3060万元。渔洋关自来水厂改扩建工程项目已全面竣工验收。五峰县城供水工程渔洋关水厂取水改造工程DN400供水管网铺设竣工，完成投资400万元。渔洋关污水处理厂通过政府采购公开招标，并于2014年11月正式移交。庹家坪污水收集主管网及部分支管网工程施工建设完成，共完成投资500万元。渔洋关垃圾处理场土建、防渗、渗滤液处理及附属工程已全部完工，完成投资1600万元。渔洋关垃圾处理场附属工程垃圾中转站建设已完成工程量的90%，设备已进场安装调试，完成投资350万元。全年共向上级部门争取到位各类资金2694万元。其中：污水、供水、垃圾中转站建设资金1260万元、农村危房改造及小城镇建设等资金1434万元。

村镇管理 确定长乐坪镇腰牌村为全县美丽乡村建设示范点，联合其他部门共计投资350余万在该示范点进行房屋改造、路桥、沟渠、道路整治等基础工作。同时结合宜昌市住建委开展的“建设美丽宜昌寻找乡愁记忆”活动，在全县范围内开展了乡愁记忆点普查活动。截至2014年底，已完成全县108个村庄232个记忆点的普查。完成了中央下达危房改造972户农村危房改造指标任务，已完成网上基本信息录入，正在进行危房改造的竣工验收。同时指导各乡镇开展了农村危房现状和人居环境现状采集与录入工作，已完成1000多户信息录入。仁和坪镇船山坪村、湾潭镇红烈村和茶园村、渔洋关镇王家坪村、长乐坪镇白岩坪村和白鹿庄村、采花乡栗子坪村、牛庄乡金山村等8个村已上报全国传统村落，其中湾潭镇茶园村和采花乡栗子坪村已列入首批省级传统村落申报拟推荐名单。渔洋关镇梅二冲、采花乡星岩坪村、傅家堰乡白庙村、长乐坪镇石桥沟村、仁和坪镇枫香坪村5个村纳入宜昌市宜居村庄建设项目。

建筑业管理 完成94家施工总承包企业、专业分包企业的资质资格审查登记。查处围标串标案件1起，处理企业2家；查处投标企业伪造资质案件一起，涉及企业4家。全年在建工程项目共79个，建筑总面积达58.6万平方米，总造价达11亿元。

十堰市建设

十堰汽车城

城乡规划

规划编制 总体规划编制，结合重大行政区划调整、国家重大项目、重大产业需要，扩大规划修编面积799.3平方公里；控制性详细规划，完成片区控详规15项目，104.96平方公里。目前城区已编控规54项，面积246.13平方公里，覆盖率已达100%；编制综合交通、城市风貌特色、给排水、环卫、园林绿地规划、电力设施、教育、加油（气）、应急避难、山体保护专规及基础规划10项。在编地下空间利用、医疗、城市商业网点专规3项；区域性中心城市发展建设战略规划、行动规划、四方山城区森林公园规划、牛头山国家森林公园总体规划、百龙潭旅游区规划正在编制中。拟增编3项，消防、历史文化遗产、生态保护规划。郧阳区茶店镇"四化同步"规划通过省级审查，正在推广；县乡村规划编制1829项完成编制1175项。详见表格。

公共事业规划 太和等城区4个医院项目选址、用地、规划，用地面积10.7万平方米，建筑面积26.6万平方米；对城区19个教育项目实行"绿色通道"，新选址10个，共占地48.3万平方米，建筑面积44.6万平方米；完成扩展空间改造规划9项12.4万平方米；完成火车站北广场等公建项目，面积达81.5万平方米；完成道路改造工程规划28项54572.16米，选址新建配建含道路绿化的公园、绿地、广场、五条河流治理规划。

规划用地 办理38家行政事业单位、安置区选址59项3705亩；办理65家企、事业单位规划条件154项11006亩，建筑面积1384.2万平方米；办理118家企、事业单位规划用地许可132项10395亩。

区域	总规				控规				村庄规划			
	县、乡镇数	应完成	已完成	比率	乡镇数	应完成	已完成	比率	村庄数	应完成	已完成	比率
丹江口市	20	20	20	100%	12	12	9	75%	201	201	201	100%
郧阳区	20	20	20	100%	16	16	15	93.8%	341	341	204	60%
郧西县	18	18	18	100%	18	18	1	6%	348	348	279	80%
房县	20	17	11	64.7%	12	12	2	16.7%	305	254	80	31.5%
竹山县	17	17	14	82.4%	8	8	1	12.5%	254	249	152	61%
竹溪县	15	15	14	93.3%	15	15	6	40%	291	248	128	51.6%
合计	110	107	97	90.7%	81	81	34	42%	1740	1641	1044	63.6%

建筑方案及放线验收核实　审查建筑单体方案101项，建筑面积1109.92万平方米，其中公建类36项，建筑面积58.85万平方米；住宅类46项，建筑面积960.42万平方米；工业类19项，建筑面积90.65万平方米。

审查施工图及工程许可　2办理《建设工程规划许可证》(附图)127项，建筑面积655.21万平方米，其中公建类33项，建筑面积49.52万平方米；住宅类55项，建筑面积498.11万平方米；工业类39项，建筑面积107.57万平方米。办理放线手续65项，建筑面积373.91万平方米；办理建设项目验线61个196.11万平方米；办理建设项目验收98个、419.88万平方米。

“一书三证”　办理发放《建设项目选址意见书》59份，用地面积246.99万平方米；办理《建设用地规划许可证》132份，用地面积693万平方米；办理《建设工程规划许可证》127份，建设面积655.21万平方米；办理《建设工程竣工验收规划条件核实证明》98项，核实建筑面积419.88万平方米。

执法查处　按照“逢违必报、有违必处”要求，对市“三违办”报告项目核查情况12批次、54个项目，建筑面积192.67万平方米，理论罚款3.08亿元；对城市管理综合执法局发函27份，下达停工及整改通知32份。

测绘管理　4月26日，国家、省测绘地理信息局和市政府共同投资建设的数字十堰地理空间框架建设项目通过验收。“数字十堰”项目部分成果开始提供服务。全国第一次地理国情普查全面推进，完成室外工作任务。全年地形图成果检查298项，面积32平方公里。

勘察设计

印发《十堰市房屋建筑工程勘察设计质量专项治理工作实施计划》，通过抓资质、抓图审、抓合同登记审查，规范勘察设计行业管理。完成大型规划设计项目50余项、市政道路规划项目70余项；完成429个项目施工图审查，建筑总面积达505.26万平方米。组织开展十堰市优秀工程勘察设计评选，参与省工程勘察设计行业优秀工程勘察设计项目评选活动，有5个项目荣获省工程勘察设计行业优秀工程二、三等奖，评选出市优秀工程勘察设计项目11项。

市政项目建设

市政道路　完成投入资金35亿元，北环路一期、林荫大道二期、机场东路、湖南路、清潭路开工建设；5月26日，横贯十堰城区东西方向的发展大道通车。京东路、风神大道二期、镜潭路改造、郧阳路扩宽、源园路公园段改建竣工通

车，武当路、22条背街小巷、10条市政道路微循环改造完成。

污水管网 围绕神定河、犟河、泗河、官山河、剑河等五条河流综合治理推进城区污水收集管网建设全覆盖工程，新建完成污水管网380公里，整治入河排污口343个，建污水管网1105公里，整治入河排污口590个，通过污水管网新建、改造，排污口整治，城区污水收集率达到85%以上。

公用事业 投资4792万元，完成第三水厂取水口头部及3.5公里原水管网工程，对武当路、凯旋大道、湖南路供水管网进行改造；年供气5500万方的中石油十堰压缩天然气加气母站建成投运，新建压缩天然气加气站4座、LNG液化天然气加注站4座，508台公交车、300多台出租车用上清洁、环保的天然气。完成天然气对接入户1万户，累计完成15万户，天然气气化率达到55%。

城市管理

综合管理 出台《2014年十堰城区城市管理检查考核奖惩办法》，从市区财政预算中划出700万元作为城管考核专项资金，按月、按年度考核排名兑现奖惩。全面推行城区21条主干道城管局机关干部包保责任制，建立机关干部、环卫工人、城管执法队员、社会监督员、门前三包员、城管环卫志愿者“六位一体”的城市管理专班，由“门前三包”扩展到“门前四包保”，累计巡查4780余人次，累计发现整改各类问题1250余起。并建立市城管部门联系10个街办制度，将城市管理延伸至基层一线，实现城市管理与社会管理有机结合。强化上下联动，推进城市管理社会化。按照城市管理“五进”要求，在机关、企业、学校、社区、家庭中组织开展“除陋习、树新风”、“争创红领巾示范路”、“市直机关千名党员志愿者上街文明劝导”、“万名志愿者保水质集中行动”、“道德讲堂”等一系列精神文明活动。联合团市委面向社会公开征集城管志愿者，首批招募500名。启动环境志愿者、城市文明出行志愿者、环保小卫士等志愿者活动式，动员和组织社会力量参与城市管理宣传、开展文明劝导和城管执法监督。推进城市管理市场化。将神定河污水、泗河和西部污水处理厂委托北京碧水源公司、北京排水集团管理，将发展大道、建设大道63万平米保洁作业和8条河道150万平方米养护作业进行企业化运作。在城市秩序管理中引入第三方公司试点，采取养事不养人、政府出钱买服务的方式，使第三方协管公司成为了城管管理队伍的一支重要辅助力量。投入近9000万元，按照“一个平台、两大系统”的模式，建设十堰市数字化城管项目，借鉴先行城市经验，实现从“数字化”向“智能化”的跨越，促进“大城管”格局的各方基础数据、网络、硬件以及场地资源高度融合与共享。一期海关指挥中心、天地图基本完成；二期地下管网系统实现与社管等平台对接，正在展开的第三期建设，将融入户外广告、车辆物流GPS等符合十堰实际的特色化应用工程。

市容整治 以“保水质、迎调水”百日攻坚行动为主要抓手，以城区主次干道两侧和重点公共区域为重点，深入开展城乡环境综合整治。针对《百姓问政》反映的夜市占道经营问题，疏导并新建人民商场背后、人民广场东侧、上海路夜猫子、红卫、白浪祥安5处夜市。强力推进LED违法广告、出入城通道违法广告、审批到期广告的清理整治工作，严格新增户外广告的审批和管理。整治“三违”，拆除违法违规建设109.3万平方米，没收查封违法建筑价值估算约2.13亿元，收缴罚没款、土地出让金、规费及履约押金等约2.37亿元。开展渣土运输整治。推

行渣土运输公司准入管理机制,形成管理部门、运输公司、运输司机的三级管理模式。在渣土运输上狠抓源头管理,督促城区在建工地全部安装冲洗槽和高标准围挡,达到“密封、慢跑、不漏洒”的要求,切割渣土车大箱500余台,改装密闭化自动化渣土车360余台。

环卫保洁 2014年新接收建设大道、发展大道、郧十一级路、东环路、许白路五条道路,保洁面积在原有191万平方米保洁面积上又增加143万平方米。面对繁重的保洁任务,组织环卫部门发扬攻坚克难的精神,在未新增一人的情况下,定人定岗定时,确保16小时全日清扫保洁,确保道路整洁卫生。全年累计清运垃圾32.16万吨,清运及时率达100%。城区新建生态公厕8座。投资2.71亿的东风(华新)垃圾焚烧项目和投资560万元的刘家沟封场工程正在抓紧推进。投资1200万元的西部垃圾处理场渗滤液处理升级改造工程,已基本完成,通过省、国家级评审达标,城市生活垃圾无害化处理率达到97.9%。集中人力物力对城区110座公厕、36座中转站、8000余个垃圾桶果皮箱进行全面更新维修,及时更换破损设施,落实公厕管理一人一厕制,增加冲洗、保洁频率,确保公厕内外环境整洁、设施齐备。公厕保洁合格率达98%以上,设施完好率达95%以上。四是路灯亮化管理到位。克服战线长、覆盖广、施工环境复杂等困难,为60条背街小巷安装路灯907盏,覆盖道路总长52公里,为偏远地区市民出行提供了便利。

园林绿化 加快城市生态公园建设。四方山生态公园累计完成投资超亿万元。其中南门景区6.6公里游步道已全线贯通,入口广场内道路和停车场正在抓紧施工;北门新建10个县市区乡土树种特色园,占地130亩,已栽植各类特色植物58种11.5万余株。加快构筑道路绿化网络,先后完成发展大道、十堰大道等新建道路同步绿化工程,新增道路绿化面积23.7万平方米,道路绿化覆盖率达到48%。人民公园和四方山植物园等游园、绿地,面向市场强化绿色惠民服务,组织收入保运营。接待游客2034、95万人,完成预算外收入650.7万元。联合市公安局、市环保局印发《十堰市城区公园和广场游园管理暂行办法》,为加强城区广场游园秩序管理提供有力保障。2014年,城市人均公园绿地达到11平方米,城市建成区绿地率达42.37%,绿化覆盖率达43.82%。顺利通过国家住建部第三次国家园林城市复查。

行政审批 行政审批实现四个零。办理行政审批零停留,规费征缴零违规,审批回访零漏访,审批服务零投诉。全年处理网上问政、市长公开电话等市民投诉530余件,受理人大代表建议、政协委员提案31件、走访选民建议33件,及时回复率和满意率均达100%。

供气供热

协调处理武当山十字岭开山爆破等影响天然气管道运行的安全隐患;联合市安监局、市运管局等联合执法,及时查处百二河水库下游、朝阳路等10多个非法经营点。编制《十堰城区热力管网工程项目可行性研究报告》,启动十堰京能热电项目前期工作,十堰市热电厂、东风汽车公司热电厂供热范围进一步扩大,供热能力达到720吨/小时。

城市水务

城镇供水 为所有新建城市道路、5个工业园区、9个安置点提供供水规划及服务。实施从汉江路至东环路的调水工程,重点解决3个安置区的用水难问题;帮助茅箭区解决3家工业园的用水问题;完成2个安置区的供水改造。供水份额由四年前的25%增加到35%,供水人口由原来的17万,增加到25万,同比增加售水量800万吨,年均增加200万吨。二水厂、原水站、清水站水泵机组全部更新;一水厂部分设备设施更新改造,完成一水厂泵房和吴家沟泵站四个新式跌开及停送电传动装置,更换吴家沟2号水泵、1号电机及其他老旧设施配件。更换二水厂原水站3号机组、厂2号水泵、清水1号水泵、3号水泵;新装清水站5号水泵机组;对高压系统进行全面检测。9月29日,组织氯气泄漏及消防应急演练现场会。建立消防栓和窨井盖检查长效机制,由原来每月巡查改为每周巡查;投入40万元,对发现故障的消防栓和窨井盖及时进行更换。

污水处理委托运营 4月10日,与北京碧水源科技股份有限公司签订神定河污水处理厂委托运营协议;6月27日,与北京城市排水集团签订泗河、西部污水处理厂委托运营协议。神定河污水处理厂恢复设计处理能力16.5万吨/日、出水水质达到一级B标准,运营费单价为0.73元/吨;设计处理能力达到18万吨/日、出水水质达到一级A标准,且污泥干化到含水率小于60%并运往垃圾焚烧场焚烧,运营费单价0.88元/吨;泗河污水处理厂运营费单价为0.49元/吨;西部污水处理厂运营费单价为0.54元/吨。

第三水厂项目建设 根据市政府关于三水厂项目建设要求,取水口头部及3.5公里原水管网工程基本完工,完成投资5800多万元。

建筑业管理

建筑市场 建筑市场运行始终保持在可控状态,全覆盖、全时段监管巡查,市场巡查到位率达100%,巡查记录约500份,下发停工通知13份,对5起违法违规工程进行了调查取证,市住建委批准立案3项,转规划部门处理11项。对和昌国际城三期27个项目和市治违办批示的10个项目进行核查上报。对城区50项在建工程开展建筑市场专项检查,查处14个存在无手续擅自开工建设、无劳务分包备案等违法违规行为项目。继续实行应急处置预备金双控管理制度,办理外来建筑业企业资质登记216家(其中年度资质登记125家,项目91家,建筑总承包企业112家,年度85家,单项27家),同金融机构协调处理三家法院冻结扣划“施工企业缴纳的建设工程应急处置预备金”,对三家法院的执行裁定书进行书面执行异议。办理劳务分包备案64家;对新开工的8000平方米以上的工程项目推广设立“农民工业余学校”30家。预防拖欠劳动者工资,进行项目公示公告约90项/次,接待信访、来访、上级批转的投诉共36起,协同相关部门解决拖欠工程款及农民工工资共10起约500余人次,涉及农民工工资1200余万元。对城区155家施工总承包企业进行信用等级评定工作,其中评定为A级企业21家,B级企业111家,C级企业23家。城区15家企业和项目的“平安(文明)工地”创建活动获得市住建委考评表彰。

工程质量 组织观摩太和医院培训楼工程、世纪百强学府花园项目、风神·水齐乐业城项目及万达广场项目。支持、鼓励施工企业申报争创各级各类优质工程,全年创市“武当杯”优质工程41项,获省级结构优质工程奖22项,获省“楚天杯”优质工程奖6项。以保障性住房工程质量为重点,坚持图纸会审制度,从设计环节把关达到治理目的。狠抓商品混凝土质量监督管理工作。出台《关于加强十堰市预拌商品混凝土质量监督管理的通知》,对全市10余家商品混凝土企业进行专项检查,将所有住宅工程纳入无质量通病创建活动中,执行住宅工程分户验收制度，全面实行住宅工程质量回访制度，对竣工投入使用的住宅工程进行定期回访，住户投诉率较之往年明显降低。制定市政工程监督计划，由分管站长和骨干监督员作为第一监管责任人，对9个重点市政项目进行质量监督服务。指定专人负责跟踪管理。累计巡查工程200余项次，巡查结果均在月初站内工作例会上进行集中通报。重点查处未经竣工验收擅自投入使用工程和竣工验收后未在规定时间内备案的工程。对17项未经竣工验收擅自投入使用工程、27项竣工验收后未在规定时间内备案工程下发催办通知，对1项未经竣工验收擅自投入使用工程调查取证上报立案。

工程安全 制定《关于进一步加强危险性较大分部分项工程安全管理的通知》、《关于实施<十堰市城区工程建设安全监理工作流程和表格(试行)的通知>的通知》，强化企业安全生产主体责任落实的管控和制度建设；实施内部安全监管责任追究制，制定《十堰市建设工程管理处安全监督管理工作责任追究实施细则(试行)》，与绩效工资挂钩。集中开展节后复工检查、预防脚手架模板坍塌、建筑起重机械、施工消防、施工用电、工地食堂食品卫生安全、“六打六治”打非治违等专项整治活动以及“回头看”活动；开展各种安全生产综合执法巡查及专项检查37次，涉及工程项目3800项(次)，下发安全隐患整改通知单1352份，封停违规使用的建筑起重机械97台，移装安全距离不足的塔吊6台；对23个项目责令暂缓施工；对4个项目责令停工整改；约谈18家企业法人代表及其安全生产关键岗位工作人员，对97个安全管理松懈，隐患突出且整改不力的企业及项目进行通报。对安全管理松懈，隐患整改不力的9余家企业及项目进行了立案处罚，处罚金额19万元，对97个项目参建单位在全市范围予以通报并列为重点监控项目。对城区18家在建工地临时食堂开展2轮次的食品安全专项检查，关停9个工地食堂。

工程安全创优 8月29日，省住建厅主办的全省建筑工程安全质量施工现场观摩会首次在十堰召开，现场观摩2个建筑工程施工现场。先后在“太和医院医疗培训大楼”项目、十堰市万达广场举办十堰市质量安全文明施工观摩，召开十堰市安全质量现场观摩会；组织湖北天达、湖北三丰建设等有创优计划的施工企业100余人，赴武汉市现场观摩。培育省级安全文明施工现场(楚天杯)24项，市级安全文明施工现场(楚天杯)34项。利用“安全生产月”、建筑施工安全生产标准化活动，宣传新版《安全生产法》及安全生产知识，强化一线作业人员的三级教育和岗前培训；组织各建筑施工企业负责人、各监理企业总监、各工程在建项目项目经理、安全员、各建筑起重机械拆装单位负责人3800人(次)参加培训。

“工程质量治理两年行动” 全国工程质量专项治理两年行动电视电话会议召开后，成立十堰市工程质量专项治理两年行动工作领导小组，召开2次工程质量专项治理两年行动专题会议，组织举办1000余人次参加的“工程质量专项治理两年行动”宣贯培训会2次，采取当场考试，人人过关的方式，加深全市建筑从业人员对“两年行动”的感知。检查工程200余项，下发整改通知50份；对涉嫌违规的18个项目进行调查取证。

建设工程造价 以促进工程造价市场健康有序发展为目标，规范工程计价活动，重点对招标控制价编制合理性、完整性进行核查，开展全市清单计价国家标准贯彻实施情况检查，自查国有资金投资的建设工程152项，其中采用工程量清单计价63项。10个项目接受省住建厅检查组的抽查。受理招标控制价备查130项、施工合同备案105项，网上合同备案98项、竣工结算备案51项。接待造价技术咨询170余人次，协调工程造价纠纷、定额解释31起，共110余个问题，文字复函及会议纪要14份。对15家造价咨询企业执业质量和资质状况动态进行全面检查和复查，发放书面检查情况报告15份，执业质量结论评价为良好5家，合格10家；资质状况动态复查合格14家，不合格1家，检查结论与省厅抽查相符。受理造价咨询企业资质延续初审2家，组织造价师继续教育培训200人，受理造价工程师初始注册10人，组织造价员继续教育培训296人，续期注册296人，完成307人全国建设工程造价员资格报名组织工作。

建筑材料检测监管 围绕检测市场查违治假，重点对检测市场、检测机构违反工程建设强制性标准、假报告进行检查。对6家检测机构申请增加检测参数等进行初审，顺利通过省建设主管部门的资料审查；对10家单位、68人进行换证审查、考核上报；组织12家单位、20个检测人员进行集中培训；对8家混凝土实验室开展机制砂的比对试验。通过信息科技与制度并行手段，实施检测全过程监管。对6家检测机构、10家预拌混凝土企业实验室、5个地基基础承载力现场检测进行3次检查，下发检测整改通知单20份，提出需整改问题100余项。督促新成立的3家企业实验室安装使用自动采集和上传系统，将12份不合格检测报告及时转交处理，开展4期建筑材料抽检，抽检120组试样。

建筑节能

墙材革新 打好“禁实”攻坚战，完成7个镇的“禁实”工作，淘汰粘土砖产能1.71亿标砖，扶持新建新型墙材企业5家。狠抓墙材企业提档升级，全年共有14家企业通过省市两级认定为“新型墙材企业”，全市新型墙材企业累计达64家，生产能力达45亿标砖，在全省市州层面处于领先地位，新型墙材产品占墙材产品总量的95%以上。推进可再生能源建筑规模化应用，可再生能源建筑应用达到123万平方米。

散装水泥推广 持续落实《十堰市预拌混凝土、砂浆管理办法》，依法行政，严格执法，强化监督，散装水泥推广应用取得新发展，全年推广应用散装水泥306.7万吨，散装率达70.42%，比上年净增5.42个百分点；预拌混凝土280.55万立方米，城区开工项目“禁现”率达到95%以上。

绿色产业 争取国家、省对十堰绿色建材产业园区建设扶持，赴京宣传，深度对接、真情招商，北京仁创科技集团、北京蓝天大诚公司、北太集团公司等数家绿色建材生产企业签约落户十堰绿色建材产业园。

建材工业 针对建材工业的特点，组织管理技术人员，帮助化解生产发展中的难题，力促企业轻装上阵；有22家企业进入规上统计范围，全市规上建材企业达57家。全年重点建材项目5个，总投资3亿元，当年完成投资1亿元，十堰玉鑫污泥再利用、十堰恒升30万立方平加气砌块、竹溪广宇20万立方米页岩烧结砌块等当年新增产值1亿元。全市建材工业实现总产值63.52亿元，同比增长16.9%；主要产品水泥产量482.01万吨，预拌混凝土产量280.55万立方米，预拌砂浆产量5.56万吨，新型墙材产量12.5亿块标砖。

装饰装修

企业经营 2014年，全市有装饰企业87家，一级企业1家，二级企业25家，三级37家，家装准入企业24家。装饰行业实现产值近8亿元，同比增长3%，累计完成建筑业增加产值4.8亿元，同比增长2%。

市场监管 加强建设方的监管，重点确保装修现场有良好的施工秩序，完善的防火、防盗措施及统一整洁的施工围挡；严格市场准入制度加强外来施工企业的备案管理。对进入市场的装饰企业从资质审批到施工许可严格把关。

工程安全质量监管 建立完善政府监督、企业自控、社会监督、用户评价四位一体的质量控制体系，工程质量、安全监督的覆盖面达98%以上。安全生产状况平稳，没有发生重大安全事故。

规范家装市场 发挥家装专业委员会的行业自律职能，逐步减少游击队市场；加强对正规装饰公司的推介与宣传，不定期在新楼盘小区举办形式多样的家装推介会；在新闻媒体上宣传优秀装饰企业，引导消费者选择正规的装饰公司，提高正规装饰公司家装市场份额；推行家装准入制度，审查备案的合同和工程质量，打击无证施工行为，与物业企业联合取缔家装游击队市场，保护正规装饰公司和消费者的合法权益。

房地产管理

住房保障 全年新开工保障性住房49748套，开工率100.45%；基本建成保障房23338套，完成率112.74%；分配入住11928套，完成率101.08%；新增租赁补贴2163户，完成率123.6%。超额完成省下达的任务目标，主要指标完成情况位居全省第一方阵。市本级新开工8367套，基本建成3917套，分配入住1857套。签订商品房小区配建廉租房协议77份，配建面积12万平方米，验收86套房屋约6300平方米。将进城务工人员住房困难纳入保障性住房建设管理，政府投资兴建的公租房中配租进城务工人员达600余户。争取国家保障房建设补助资金近10亿元，市本级4.69亿元。

行业管理 大力推进“平安物业小区”创建活动，会同三区建立检查考核制度，规范并推进了物业服务行业发展。启动老旧小区综合整治，提请市政府出台了支持老旧小区综合整治的政策措施。各县市区通过强化监管、宣传引导、培育市场，提高了物业管理覆盖率。完成十堰职院西校区和郧阳区、竹溪县房屋征收补偿调解工作，指导郧阳区“子胥湖”、中岳路延长线、火车站广场、万达广场、郧阳路、中商广场等重点建设项目的房屋征收与补偿工作。十堰产权交易中心被省住建厅推荐为省级“青年文明号”；郧阳区房管局、房县房管局成功创建省级房屋产权交易规范化管理先进单位。

住房公积金管理

住房公积金归集扩面 全年归集住房公积金15.45亿元，较上年同期增加2.7亿元，完成市政府下达年度计划8.4亿元的184%。新增缴存单位195家，完成市政府下达年度计划65家的200%，新增缴存职工人数13578人，完成市政府下达年度计划900人的1508%。住房公积金归集总额和余额分别达到83.63亿元和58.26亿元，住房公积金缴存人数达到22万人，覆盖率87%以上。

住房公积金贷款发放及回收 全年发放贷款6.36亿元，完成市政府下达年度3.3亿元计划的193%，解决2487户职工家庭住房问题；提取住房公积金4.9亿元，占当年归集资金的32%；个贷总额和余额分别达到32.47亿元和19.87亿元，累计支持2.27万户职工家庭解决了住房问题。2013—2014年为4089家单位21.8万名职工计结住房公积金利息，年度结息1.1亿元。全年回收公积金贷款本金2.27万元，贷款逾期率逐年下降，个人购房贷款和资金的风险总体处于受控状态，无任何涉险资金。贷款逾期人数51人，逾期总金额129万元，贷款逾期率为0.67‰。

提供廉租住房建设资金 全市实现业务收入24871万元，业务支出13601万元，实现住房公积金增值收益1.13亿元，完成市政府下达年度计划3000万的376%。年度预计上缴廉租房补充资金5972万元，完成市政府下达年度计划2000万元的298%，其中城区预计上缴廉租房补充资金2520万元，城区累计上缴突破1亿元。

非公企业建缴公积金 与银行合作，排查有能力建而未建公积金制度的非公有制企业，定期对缴交情况进行综合分析，专发催缴通知书并上门催缴。对331家单位下发催缴通知书，催缴金额约5000万元。实现增基、提比178家单位，实现年缴存额增加2.7亿元。

调整贷款、提取政策 开通困难职工提取住房公积金用于租房和缴纳物业费服务。申请个人贷款由需正常缴存住房公积金12个月减少至6个月；房屋套数认定由认房认贷改为认房不认贷；二手房申请贷款取消房屋评估手续；开通父母、子女可互相使用住房公积金申请贷款服务；开通本省内公积金缴存职工异地购房贷款业务；县(市)住房公积金贷款最高额度由25万元提高到35万元。

12329服务热线 5月15日开通，提供自助语音、人工语音和网上咨询投诉三大服务。日接听量达70余次，累计接听总量达5020次，及时回复各类咨询379件，群众满意率100%。

小城镇建设

政策资金 争取建设补助资金4.1亿元，其中污水管网建设补助资金3.11亿元，城市建设“以奖代补”奖金378万元。针对乡镇污水处理厂污水运行费缺口，省政府批复处理每吨污水给予0.1元补贴的政策，为乡镇污水处理厂规范运行提供政策资金保障。争取农村危房改造扶持资金6922万元、传统村落保护项目资金900万元、秦巴山片区小城镇建设以奖代补资金700万元、省脱贫奔小康试点小城镇建设资金143万元、省农村垃圾治理试点镇补助资金340万元、省级“宜居村庄”示范创建补助资金160万元、建筑节能以奖代补资金136万元、省“荆楚派”特色民居建设示范补助资金100万元、旅游名镇创建补助资金50万元。

县市城区建设 郧阳区围绕“十堰生态滨江新区”建设目标，“优于、高于、雅于”十堰中心城区强化规划引领，省级园林城市创建通过资格预审。丹江口市围绕“中国水都·十堰龙头”建设目标，累计投资2.2亿元，推进城市建设八大工程22个项目，环库城镇群初步形成。郧西县围绕“文化旅游强县·鄂西北门户”建设目标，实施道路、绿化、亮化建设项目21个。竹山县围绕“十星高地、秦巴强县”建设目标，累计投入19亿元，完善城乡基础设施。竹溪县围绕省级边贸山水园林城建设目标，投入资金5.5亿元，推进鄂陕大道、长安大道等城市基础设施建设。房县围绕“四化”协调发展示范区建设目标，扎实推进市政基础设施建设，人居环境得到显著改善。

村镇建设 围绕竹房城镇带和汉江生态经济带建设目标，突出项目带动，村镇建设实现“整体出彩，全线飘红”总体目标。成功创建11个国家级重点镇、8个全省重点中心镇、6个全省特色镇和16个宜居村庄；竹溪县中峰镇甘家岭、房县军店镇下店子、丹江口市官山镇吕家河被列为中国传统村落名录；改造完成农村危房8392户。加完成污水处理项目48个，垃圾处理项目20个。

丹江口库区周边整治 丹江口市、郧阳区、郧西县、张湾区和武当山旅游特区对丹江库区周一公里内36个乡镇、291个行政村村庄环境集中治理，组织动员291个村1.5万余人次，治理村庄有暴露垃圾的道路150余公里，清理垃圾12000余吨，疏通排水沟83.1公里，整治圈栏5493个，治理厕所3733个，配备村庄保洁员600余名；建立市县督办协调，乡镇街办村庄抓落实的农村垃圾治理工作机制。

土 地 开 发

农村集体土地确权登记项目 承担张湾片区农村集体土地确权登记外业调查，完成土地确权登记15000多宗，完成总任务的95%。

七里垭弃土场扩征项目 七里垭弃土场扩征区域内的实物调查、住户拆迁安置方案、林地占用手续等前期工作基本完成。

发展大道曾家沟片区土地收储项目 该片土地收储签定土地征用协议，地上附着物调查、补偿到位，填方区弃土协议签定；土方平整后可形成收储用地400多亩。

城区加油（汽）站土地征用、场地平整项目 按照服务外包的形式，承接市城投公司城区加油（汽）站的征地及场地平整，完成具备征用条件的五座加油（汽）站土地征用，其他加油（汽）站相关立项、规划、林地手续正在办理中。

职工专业技能培训 两次组织20名专业技术人员前往武汉参加项目经理及建筑施工企业五大员培训，10名职工取得项目经理资格证书，10名职工取得五大员职业资格证书。

行 政 审 批

市直住建系统6家单位公开并简化办事程序，取消和下放行政审批事项4项，窗口审批项目总体减少52.5%，审批时限总体压缩44.2%，审批环节总体精简130余个。受理各类审批件1242件，办结1242件，办结率100%，受理和办结数分别比2013年上升23%。市住建委被授予政务服务红旗窗口。

城 建 档 案

城市地下管线 5月29日，十堰市政府常务会议正式审议通过《十堰市地下管线管理办法》，6月16日起开始施行。制定《十堰市地下管线信息系统建设》的总体目标，采用招投标形式，选定国内具有一流水平的专业团队研发“以空间数据为结构框架，以专业需求为整合依据”的管线系统。构建具有“管线系统数据库、基础地形数据库、专业数据库”三层结构的十堰市地下管线综合信息管理系统。组建成立“十堰市城建档案和地下管线管理处”。经十堰市编委《关于组建市城建档案和地下管线管理处等机构编制事项的批复》批准，组建成立十堰市城建档案和地下管线管理处。

城建档案基础业务建设 坚持城建档案进馆“质”“量”并重，确保城建档案完整、准确接收进馆，主动与工程建设单位、相关部门保持联系、沟通，对工程建设各个环节开展业务指导，使城建档案形成与工程建设“同步走”，对口指导，跟踪服务，开展城建档案“三级校审”工作，严把城建档案进馆质量。对105个单位工程竣工档案进行验收，对479个单位工程进行现场业务指导跟踪服务515人次，接收145个单位工程竣工档案，核发《建设工程档案合格证》106份。

城建档案应用 按照《十堰市城建档案分类大纲》、《城市建设档案著录规范》要求，对接收的城建档案进行整理、组卷、著录、编目、入库上架，全年系统化整理档案3194卷132个工程，入库排架3194卷。城建档案保管型向信息资源开发利用型转换，开展城建档案查阅利用工作，接待查阅208人次，调档1483卷，使城建档案在城市规划建设管理、房屋确权、解决纠纷、科学研究中发挥了不可代替的作用。

建设工程项目声像拍摄跟进 充分发挥声像设备以及专业人员等资源优势，主动开展声像档案工作，围绕城市建设重点项目、城市建设重要活动进行拍摄，记录城市建设的发展过程，做好城市新旧貌对比的声像档案采集工作。全年出外景458项次，跟踪拍摄发展大道、中岳路、林荫大道、机场路东段等工程项目，拍摄照片10181张，录像861分钟，剪辑视频档案96个工程，制作光盘34张，著录照片6372张。

城建档案纸质全文数字化管理 按照“存储数字化、管理自动化、利用网络化”的目标，以构建城建档案数据库群为重点，加快纸质馆藏档案转换进度。全年扫描、加工城建档案1233个工程项目，其中，房屋工程958个，市政工程261个，管线及规划工程等14个，共计9563卷，馆藏档案扫描完成率达到100%，电子档案质检合格率达到100%。

茅 箭 区

重大项目建设 对落户在茅箭辖区的重点项目实行跟踪服务制，从项目申报立项、启动实施、质量安全监管等方面进行全过程、全方位服务。发展大道、林荫大道一期、和谐大道、黑龙江路2期等重点项目建成通车；火车站北广场，博物馆公厕、五堰步行街公厕，太和医院、人民医院立体停车场，锦绣园游园二期等市政设施项目建设前期按要求快速建成中；林荫大道二号线二期开工建设，隧道两个洞口延伸部分基本形成，东环路420米路基成型。

城改项目建设 开工建设还迁安置区的3个项，占地1299亩，配套建设保障用房3267套。城中村改造的李家岗村发展大道集中安置区占地40亩，规划选址完毕，正在进行招商谈判；火车站北广场集中安置区占地148亩，项目区范围内签订拆迁协议179户；机场路安置区、郧十高速安置区、顾家村集中安置区规划用地工作全面展开。棚户区改造申报18个棚户区（危旧房）的拆迁，得到正式批复项目15个，惠及拆迁群众2200余户，启动15个棚户区改造项目完成拆迁和安置房开建。

市政设施建设 污水管网工程，完成马家河、泗河流域的100公里污水管网建设任务；完成武当路5.8公里、车站沟1.5公里、枧槽沟2.2公里污水管网建设。投资855万元，实施道路设施建设维护工程，改造吴家沟、外贸巷等7条内街小巷，启动黄花巷、大连路微循环改造；安装路灯104盏。五堰步行街清理出店占道经营586家，集中整治9次，暂扣物品269件，清理沿街乱贴乱画341处，取缔各类违章广告牌和落地广告牌238块，下达整改通知书73份。完成茅箭辖区内七条河流河道保洁工作任务分解。

农村危旧房改造 启动农村危房改造207户，年底竣工170户。会同区发改局、区财政局联合对2012年来全区农村危房改造工作落实情况进行全面核查，涉及危房改造检查户数共493户，审核危改资金发放情况。完成南部山区5个小游园建设，游园绿化面积9000平方米。完成《南部山区旅游规划方案》编制前期工作，对22个村庄的“农村人居环境”进行摸底调查统计。营子村被命名为湖北省第三批“宜居村庄”，申报赛武当黄家村、大川镇浪溪村为第四批省“宜居村庄”；开展传统民居类型、代表建筑以及传统工匠进行初步摸底调查；完成“国家级

传统村落”项目的申报工作，推荐茅塔乡东沟村为传统村落保护单位。

住房保障 完成31户新增租赁补贴资料的受理、审核、公示及汇总工作；完成33户新增廉租房实物配租资料的申请、审核、入户、公示、汇总及申报工作；受理公租房申请170余户，通过审核161户，配租161户；完成家和苑经济适用房的摇号工作以及229户廉租住房年审工作。启动武当路71号片区及燕林小区老旧小区改造。共备案8家业主委员会，组织街办、社区、物业协会对辖区物业服务小区进行考核检查，建立企业信用档案，将信用档案与资质年检挂钩。新申报资质企业8家，2家三级资质企业成功升级为二级资质企业。

建筑市场管理 新增建筑施工企业3家，扶持建筑企业三级升二级1家，升一级2家，建筑企业增项3家，服务建筑企业质资变更5家，企业安全生产许可证换证、审查4家。组织六大员继续教育300余人次，报考建造师100多人。辖区建筑生产总值达100亿元。深入重点建设项目和拆迁安置区，对在建项目参建主体执行建筑市场管理情况进行检查；协调处理建设工程领域拖欠纠纷；协助15家企业办理施工图审查手续，提前介入服工程质量安全监督服务15家，下达安全整改通知单30份，发现隐患100处；全区重点项目未发生建筑施工重、特大事故和死亡事故。

张湾区

市政基础设施建设 建成长11公里的发展大道，5月26日通车；完善郧阳路、清潭路2条城市内连线；升级改造湖南路、镜潭路、黄石路3条城市次干道；启动新建风神大道三期、西城大道、北环路3条城市外环线。城市空间向外拓展30平方公里，向北拓展10平方公里。加快乡镇污水处理厂代建工程建设。投资816.16万元的黄龙镇西新建污水处理厂日处理规模500吨，配套管网3.64公里；投资780.9万元的方滩乡新建污水处理厂日处理规模600吨，配套管网5.13公里；投资792.9万元西沟乡新建污水处理厂日处理规模600吨，配套管网5.25公里；镇西、方滩处理厂投产，镇东、西沟处理厂稳步推进。三是内街小巷改造和微循环畅通，完成10条、2.1万平方米的内街小巷改造，配套污水管网、路灯3公里。打通山西路与东岳路的微循环通道。实施内街小巷改造123条、23.8万平方米。四是加快污水治理，新启动污水收集管网建设110公里，排污口整治119处；完善383公里污水管网、255个入河排污口建设，共铺设污水管网352.6公里，污水收集率达85%以上。

住房保障 完成红卫周家沟社区家和苑小区四期28#和29#楼的公租房572套。全年配租公租房100户，廉租房194户，2012-2013年累计发放租赁补贴497户，74万元。推进国有土地房屋征收。印发《张湾区棚户区改造程序》、《张湾区棚户区改造实施方案》，完成13个重点项目的国有土地房屋征收。启动城中村改造3096户、城市棚户区改造1002户；争取棚户区改造补助资金4726万元。

新型城镇化建设 5月，成立张湾区规划委员会。6月3日出台区规委会工作制度。10月27日，《张湾区农村居民个人建房管理办法》通过区政府常务会审议。实施农村危房改造，经规委会评审提供10套危改推荐户型的效果图和施工图设计。全年计划改造500户，分两批完成改造696户。实施改造2468户，发放危改补助资金1496万元。黄龙镇入选全国重点镇；6月，汉江街办桐树沟村被省建设厅授予“宜居村庄”称号；7月，申报2个村为“宜居村庄”。白马山村和黄龙滩村列为"传统村落"备选单位。完成11个村庄规划编制。整合资金2067万元，启动3个"美丽乡村"示范村建设。出台了推进美丽乡村实施意见并迎接市直部门检查3次。开展库周环境整治。配置垃圾桶500个、新建卫生厕所7个，新修硬化村组公路5公里，参与完成黄龙库区1公里范围内网箱养鱼取缔任务。

建筑行业管理 9月，区政府常务会议通过《关于加快建安业发展的若干意见》。3家区属建安企业在五省拓展市场，年产值达20多亿元。引导建筑业资质提升，其中湖北三丰建设集团成功晋升为双一级资质企业(总承包一级资质、钢结构专业承包一级)。12家建筑企业晋升企业资质，新增机电安装工程、城市及道理照明工程、起重设备安装工程等专业承包项目16家。建安企业签订施工项目合同额40亿元。全年完成建筑业产值34亿元，占年计划33.2亿元102%，与去年同期26.7亿元相比增长27%。开展建筑市场专项整治，加大现场监管及整改，强化属地管理责任意识，全年监督工程181项，监督面积110万平方米。开展建设领域安全生产大排查大整治活动、保障性住房工程及住宅质量通病治理工作情况等各类检查，签发局部停工整改通知书147份，限期整改通知书116份，停工整改通知书32份。

郧 阳 区

2014年9月9日，国务院正式决定撤销郧县，设立十堰市郧阳区。12月17日，郧阳区正式挂牌成立。

重点项目建设 全年城建项目投入1.32亿元，完成郧阳汉江公路大桥亮化工程；改造、更换美观耐用、契刻着郧阳文化文字图案的仿汉白玉栏杆375米；推进沿江景观带建设面积7.2万平方米；办理政府10件实事中涉及城建方面的停车场、公厕、三个生态主题公园建设。完成两路一桥路灯建设，安装路灯21盏；建成城关生活垃圾填埋场渗沥液处理系统投入运行；启动天然气规划建设工程。

水污染防治项目 组织对排水管网全面普查，编制《郧阳区防水排涝专项规划》；新建烽火沟路排污管网、沿江路以南片区污水管网、神定河郧县段治理污水管网(20公里)等项目；组织对库区沿江120个村庄环境集中整治，清理垃圾480吨，疏通排水沟18900米，清理杂物921余处，整治圈栏856个，整治厕所1108个，清捡村庄道路垃圾970吨，添置垃圾箱站328处，其中100个村共配备保洁员300名。9月，柳陂污水处理厂主体工程完工，9月20日，完成垃圾污水建设运营一体化谈判并签署合同。10月，茶店、五峰污水处理厂联机试运行。10月8日，长岭1.2万吨/日污水处理厂基建工程动工。8月4日，城关生活垃圾填埋场渗滤液处理系统建成试运行。

市政基础设施管护 对城区道路桥梁、排水管网、公共停车场进行重点管理维护，维修路面21处2160平方米、人行道1400平方米、路侧石420米、安装石材栏杆345米、改造污水管网120米、清疏污水管网274米、树围92套、清运各类渣土等460立方米，查处违章挖掘事件17起，设施完好率在98%以上。大雨天气对管辖范围的易出险情的地方及时清疏；购置排水泵站、发电机、照明灯车等防汛设备用于汛期紧急排险，确保城区市政设施安全渡汛。组织对城区市政设施开展隐患大排查，查出的栏杆缺失、井盖缺失、道路不平、排水不畅等安全隐患28处，更换损坏的市政井盖、雨水篦39套，及时采取维修、加固、重建，消除了市政基础设施的安全隐患。

建筑市场管理 组织质量大检查4次，召

开质量分析会3次，施工现场会2次，发放《关于加强夏季防晒降温施工管理的通知》50余份、工程质量隐患整改通知书106份、停工通知书6份、督办通知15份。组织安全生产大检查4次，召开施工现场安全分析会3次；完成4个乡镇安全督查和“城区老危楼安全排查”工作，发出安全隐患整改通知书166份，督促整改166处、限期整改6处。受监工程监督覆盖率达100%，建筑工程合格率始终保持在100%。办理建设工程报建78项、办理建设工程竣工备案7项，合同备案率达100%。

村镇建设 争取中央农村危房改造补助资金960万元、1280户；扶持叶大乡门楼村新建150亩核桃基地，给柳陂镇卧龙岗社区、亮子湾村捐赠垃圾桶160个，慰问困难户33户，党员干部结对“认亲”帮扶33户，慰问帮扶资金3.7万元，项目帮扶资金17.4万元。扶持南化塘镇、白浪镇、大柳乡、鲍峡镇等集镇建设经费160万元。

丹 江 口 市

重点项目建设 人民广场改造工程，对广场红线范围内地上、地下管网管线及附属物的迁移及拆除，对广场红线范围进行围挡，完成投资8560万元。沧浪洲湿地公园工程，建游路400米、栈道1800米，修建4处亭台和其他功能设施；种植柳树、池杉、水杉、枇杷、大叶女贞、棕榈、湿地松等约23万株，花带15000平方米。“江心岛”绿地栽植1000株水杉；筹建鄂西北第一家县级城市植物园，栽植植物品种约1000多种，4000多株。西城山公园建设工程启动。城市亮化工程，5条主次干道安装路灯732套；20条背街小巷安装路灯300余基；在10道路、片区实施路灯增亮工程，增加路灯117套，高、中杆灯4基，改造、维修城区老旧路灯186套。城市亮化工程累计投资635万元；全年巡查路灯达50余次，处理各类故障100余起。路灯设备完好率保持在98%以上，亮灯率保持在99%以上。

市政道路建设 完成羊山路、徐家沟路改造，新建北京路东段与汉江大道贯通；改造完成渡口路、望江路，大沟路改造启动，对深沟路、龙口路、幸福路破损路面及人行道进行修复；实施红花路、移民新村路铁路道口改造。

雨污管网建设 组织编制城区雨污管网新建、改建规划，完成水都大道污水管网建设招投标工作，建设2处汉江大道雨水出口， 改造渡口路一、二号溢流口，改善沿江大道污水干管淤堵状况，引导左岸市区生活污水顺利流入左岸污水处理厂；全年改造疏通排水管道3564米。

市政设施管护 维修人民路、丹江大道、均州一路等道路人行道砖6000平方米；摊铺水都大道、沙陀营路部分破损路面7000平方米；维修损毁砼路面10400平方米；修补、更换城区主、次道路部分破损路侧石200米，补栽损毁挡车隔离柱150根，清淤疏通排水管道464米，更换雨水篦子200套、窨井盖350套。

园林绿化 审批新建、改建、扩建园林绿化建设项目6个，控制规划新增绿地面积约3万平方米，审批办证率达100%。启动国家园林城市创建，接受省住建厅园林城市专家组实地考察，园林城市四个专项规划已编制完成。全市城区春季全民义务植树活动有3万人次参加，植大叶女贞、栾树2万株、柏树1万株，造林面积达300余亩；补植补栽栾树、大叶女贞、枇杷、樟树500株，植红继木、金叶女贞等小型树木10441棵，栽麦冬130平方米；在主题公园栽植柳树、栾树、重阳木、合欢、法桐等5个品种501株；在左岸江滩空白地带栽植迎春、爬墙虎570株，美人蕉300兜；推进拆墙透绿及拆迁建园工程，修建街头游园3000平方米；苗圃地种植樱花6000株，红叶石楠1万株，杜鹃2.5万株；草花生产栽植10万盆；主要公园、道路等重要景观结点摆放一串红、万寿菊、孔雀草等时令鲜花3万盆。4月中旬举办郁金香展，栽植郁金香6000盆，配草花4000多株；国庆节期间举办盆景·奇石·根雕艺术展，展出550件盆景、奇石、根雕作品；11月举办菊花展，栽植悬崖菊240盆，普通菊花3万盆。完善广场游园、道路绿化带保洁体系及园林设施的管护，清洗广场游园3万平方米，冲洗丹江大道、沿江大道、人民路等道路行道树20次，绿化带60次，游园、景点50次。

住房保障和房地产业 完成棚户区改造3154户，改造5个老旧小区，实施排污管、雨水管、路面压力砖，砌检查井、清理化粪池、地面硬化等维护，受益户数约1816户。对5个棚户区实施改造，改造户数748户；对3个城中村进行改造，改造户数590户。廉住房和公租房建设工程，改建、新建廉租住房221套9507平方米；新增公共租赁住房300套，在六里坪工业园区建设200套，在土关垭镇、凉水河镇各建设50套；已竣工交付廉租房474套，分配460套，安置棚户区居民1116户。对房地产开发在建工程项目进行多次综合性检查，加大对乡镇无资质房地产开发项目的查处力度，约谈14家开发企业。规范商品房预售许可行为，发放《商品房预售许可证》5份，批准预售面积8万平方米，预售套数884套。产权办证业务在市行政服务中心实现了一站式办理。物业管理归集住房维修资金125万元，受理共用部位、公共设施报修32件，申报维修资金32万元；开展物业公司验收5起，下发物业整改通知书4起；开展物业服务企业创优、平安物业小区的创建活动，创十堰市“平安小区”达标单位2个。

建筑市场 开展信用等级评定，对全市21家房屋建筑施工总承包企业开展信用等级评定工作，21家企业均评为B级。对6家企业存在的不良行为及时进行上报、曝光、处罚。对发现问题较多的4家参建责任主体依法进行处理。对在建工程项目的农民工工资进行调查摸排，加大对拖欠行为的打击力度。认真开展备案登记，严格准入与清出制度。全年对10家新进入建筑业企业进行严格审查和登记；打击挂靠施工、围标串标、质量安全事故、拖欠农民工工资等违法违规行为。对不符合资质标准的2家企业分别予以撤销资质和降级处理。继续加强质量通病防治，强化参建单位质量终身责任制；加大在建工程质量、安全巡查力度，开展4次巡查，下发暂停施工通知13份，巡查通知9份，整改通知书42份，进行行政处罚10项，质量安全约谈10次；有12个工程项目获湖北省、十堰市优质工程奖。开展安全生产标准化数字化工作，组织24家建筑施工企业参加培训、注册，纳入系统管理。组织组织“安全生产月”活动，全市30家企业、1000余人次参与安全生产法律法规培训学习。引导部分企业资质升级，扩大生产规模。完成建筑业总产值20亿元，实现了新的突破。

公用事业 供水项目，启动右岸新城区水厂建设，投资4307.26万元，完成项目立项、可研报告批复，环评报告通过专家评审。东环路供水管道安装工程，建3座加压泵房及DN160-500供水管道安装27公里，投资2120万元，已完成管道安装18.6公里，工程投资1650万元。一水厂水源防护区安装工程投资109万元，完成陆地防护带安装1500米，设置路标及警示标志牌10处。供水质量安全，完成日检源水6006项次，检测管网水二次供水2448项次，管网水、出厂水水质合格率100%。供水报装备，承接新建开发小区报装申请18份，完成户改559户，新接主干管道7928米；完成供水量895万吨，代收污水处理费407万元。

村镇建设管理 以重点镇、特色镇为重点，开展全国重点镇申报工作，六里坪镇、浪河镇两个镇获得“全国重点镇”称号；指导凉水河镇创建省级园林城镇、龙山镇创建中国“人居环境范例奖”；完成均县镇集镇迁复建的后期扫尾工程。以宜居村庄、传统村落为重点，完成蒿坪镇卢嘴村、盐池河镇盐池湾村、土关垭镇金山村3个湖北省“宜居村庄”项目的验收申报工作，获得省推进新型城镇化工作领导小组的认定命名。完成石鼓镇贾寨村、官山镇吕家河村、六里坪镇伍家沟村3个中国传统村落的调查申报工作；实施江北丹郧公路沿线、江南丹十公路沿线“特色城镇带”建设，完成“武当花谷”建设工程，启动22个“生态家园”示范村建设。以农村危房改造为重点，争取农村危房改造指标756户，补助资金567万元。加强对村镇建房的技术指导和质量、安全监管工作，村镇建房质量和安全得到保证。

郧 西 县

城乡规划 完成县城南片区10.8平方公里的控制性详细规划的编制、评审；对县城北片区控制性详细规划方案进行论证。开展景阳、夹河、羊尾、观音、香口、三官等乡镇集镇规划修编。加强县城至天河口、县城至五龙河、县城至土门3个片区的规划管理。完成17个美丽乡村踏勘选址、规划修编工作。县政府印发《关于加强县城规划区农民建房管理的若干意见》；召开规划业务评审会19次，无违规办理和擅自调整规划指标行为。开展“三违”治理工作，走访违法建房农户266户，拿出分类处理意见；对40户农民建房户实地踏勘论证；县城规划区内农民建房放线50余户、验线30余户，办理完结验收审批55户；县城规划区内房地产开发项目验线12个，办理建设工程竣工验收规划条件核实证明12个；巡查并函告未经规划审批擅自改扩建、加层、搭建活动板房及越证建设等违法行为20余处；巡查并函告未经规划审批违规建设的房产开发项目21处；乡镇规划分局受理规划审批报件144件，办结97件，清理违规建房25起，下发停建通知25份，立案12件，处理到位3件。

重点项目 推进牵牛大道延伸段、银河大道延伸段、环城东路南段及民主路、民联路、消防巷等5条主次道路建设，完成路面主体工程1457米，完成路基开挖3099米。维修郧安路、环城北路、小河西路北端排水管网1000米，改造红庙村一组和东三街排水管网1216米。完成城关垃圾填埋场建设。实施迎宾路延伸段、民主路、海天路、小河西路等4条道路绿化工程。实施十堰四方山植物园·郧西园建设。启动国家园林县城创建工作，县城新增绿化面积1.3万平方米。实施悬鼓大道、海天路、园林路、东营巷、民联路等5条道路亮化建设，完成人造月亮、十二星座、河提栏杆等亮化设施维修工程，新建路灯165基。

项目服务 完成全县均衡教育工程配套的14所幼儿园、小学、中学的校舍用地红线图、修建设计详细规划编制及规划手续审批工作。服务招商引资企业30余个项目规划用地红线图编制、规划审批及用地(勘界)红线施放技术服务工作。推进婚博园、商贸古城、天河金街等城市建设以及斯堪维亚、金海丰、同济堂、金德福等工业类项目的规划服务。完成15个乡镇污水处理厂及城关污水厂污泥处理用地红线图制作及规划审批、7个乡镇垃圾填埋场用地红线图制作及规划审批工作。对全县10座污水处理厂，6座垃圾处理厂建设运行情况进行全方位督办检查，确保项目按标准施工，按时间节点推进。

市政设施管护 全年开展安全与质量检查

12次，下达隐患整改通知书17份，隐患整改科目63条，整改57条，隐患整改率达94%以上；开展燃气园林、路灯安全检查8次，下达隐患整改通知书6份，隐患整改科目23条，整改23条，隐患整改率达100%；开展市政公用设施检查4次，维修破损河堤栏杆1000余根，修复损毁道路面积达1637平方米，维修人行道侧缘石损坏松动300余处。

建筑施工管理 全年计划完成建筑业总产值8.5亿元，截止第四季度末已完成10.07亿元。指导新增建筑劳务企业2家、限上企业1家。全年先后开展质量安全生产大检查6次，下达质量整改通知书89份，安全整改通知书296份，停工通知书52份，对查处的工程安全问题限期整改，逐条落实回复率100%；安全生产“零事故”。

污水排放监管 投资20余万对污水厂设备全面检修，正常运营；采取招标方式对污水厂实行整体托管运营；启动污水主管网改造、防渗和排污口污水收集工作，改造金街南边污水主管网600多米，完成天河沿线3000米主管网无损修补防渗工程，完成天河坪片1500米污水收集主管网建设任务。

住房保障工程 全年开工新建保障性住房400套，目前车家沟、观音镇264套已竣工。完成棚户区改造1525户，建成了小河东路拆迁安置房105套、1.4万平方米，落实保障房实物配租755户，争取棚户区改造、廉租房建设资金6909万元。

农村危房改造 全年争取危房改造计划1721户，到位资金1290万元，截至2014年底，当年任务全部完成，并通过省、市验收。

竹山县

规划编制 完成《竹山县城市总体规划》修编，7月正式获十堰市政府批复；全县17个乡镇总规修编全部完成，254个行政村已编制完成村庄规划152个，其中346国道沿线所有村庄规划基本编制完成。启动县城和建制镇控制性详细规划编制工作，专项规划编制完成《中华女性文化博览园规划》设计、《“秦巴文化艺术中心”规划》设计和竹山县《排水(雨水)防涝规划》、《城市供水规划》、《潘口片区和宝丰镇循环工业园控制性详细规划》及污水管网三期工程、城区公厕规划、楚庸文化街市政道路管网工程、通济沟市政道路及管网工程、桥东煤矿棚户区改造、小漩集中安置点、湖北裕园食品等47项修建性详细规划和专项规划编制工作。规划审批管理坚决执行城市规划会审和建设方案专家评审等制度，避免规划审批的随意性和盲目性。规划审批时，严格执行国家对容积率、建筑密度、间距、绿地率等相关指标的强制性规定，严格落实对道路、停车场、绿化、环卫、公厕、供排水、供电、监控系统、物业管理服务用房等基础设施的基础设施与主体建筑“规划设计、施工、验收”“三同时”要求；局集体研究讨论规划设计方案10次，涉及项目56个，上报规划项目45个，提请县规委会组织召开规划评审会6次，县政府依法审批通过规划项目30个，共审批规划用地89万平方米，规划建筑面积331万平方米。启动全县第一次全国地理国情普查工作。

项目建设 全年完成固定资产投资19亿元。争取项目资金3.7441亿元。其中农村危房改造补助资金999万元；公租房建设专项资金6286万元；城市棚户区改造专项资金6977万元；国有工矿棚户区改造专项资金2355万元；廉租房、公租房、城市棚户区和国有工矿棚户区改造配套基础设施建设补助资金17029万元；污水处理设施配套管网专项资金3681万元；城乡建设与发展以奖代补资金50万元；建筑节能以奖代补资金61万元；新型城镇化建设奖励资金13万元。全年招商签约项目1个，意向性可以签约项目6个，招商引资实际到位资金1亿元。全县完成建安产值11亿元。

市政基础设施建设 霍河水库（备用水源）首期一万吨供水工程完工；完成城关、宝丰、秦古、上庸、官渡等5个垃圾处理场工程建设，垃圾（污水）处理项目委托运营谈判启动；民族路道路建设完成基础处理，南门人行桥改造竣工；车站路拆迁安置完成。县城12.99公里综合管沟及污水管网已建成6.3公里；新建公共厕所10座，维修改造公共厕所9座。投资350万元，对城区由政府投资建设的所有市政基础设施进行了维修加固。

安居工程建设 通济沟廉租房项进入供水、供电施工，杜家沟保障性住房项目主体已封顶，消防、通风、电梯等采购项目招标工作完成；新建的1306套公租房项目，其中县一中的192套完成主体施工，分布于宝丰、竹坪、麻家渡、洪坪、城关等地1114套全部开工；7100户的城市棚户区改造及1812户的国有工矿棚户区改造项目全部开工。全年共发放廉租住房租赁补贴248.35万元（1446户3631人），实现应保尽保。对入住廉租房对象进行清理核查，清退房屋21套，取消廉租房补贴3084户、7167人。旧城改造步伐加快，国际绿松石城（园）、滨河广场（桥头停车场）、金龙凤凰城等新型城市综合体建设项目，千福上庸城、龙山盛景、吉安花园、朝阳小区等一批小区开发项目进展顺利，水岸花园、四季花城、宏发大厦、宏发7号楼、楚庸文化街等旧城改造项目全面启动。

创建园林城市 按照创建省级园林县城的总体要求，开展省级园林城市创建活动。推进生态旅游工程建设，中华女性文化博览园一期工程登山步道、景观及配套设施建设即将交付使用；完成南门生态景观带建设25000平方米。打造绿色生态城区，完成堵河广场及柳树林改造、城西小游园升级、南门二级路沿线绿化带建设，新增城区绿地2.5万平方米。对纵横大道、莲花路、振武路、北大街等道路沿线花池修复、绿化和苗木补栽。建成区绿地率达到32.44%，绿化覆盖率达到36.79% 。完成城区主干道、高层建筑和堵河青年林、广场花园、临滨山庄及千福上庸城的亮化绿化美化和南山步道亮化的管道预埋。安装路灯75盏，维修路灯1600余盏，城市路灯亮灯率在98%以上。

村镇建设 各乡镇完成乡镇集镇总体规划及沿线范围内村庄规划编制工作，推进集镇基础设施建设。346、242省道沿线乡镇完善驻村干部、村组干部、专职保洁员、公路养护员、管片民警、卫生监督员“六位一体”的管护机制，镇村监管取得实效。推广“庸派”建筑风格，所有新建、改建、扩建房屋把“庸派”建筑风格作为建房、用地前置条件。全年投资15万余元，重新编印《“庸派”建筑风格施工技术导则》500余册，免费发至各乡镇；加强对农房改造或新建房屋的巡回检查，强化农民建房的质量、安全管理。推进重点镇、特色镇建设，宝丰镇城镇有序扩容，镇区主次街道实现给水排水全覆盖，硬化、美化、亮化率达到75%，“三纵四横”的骨干交通网基本形成。上庸镇投入2700万元建成旅游广场、旅游码头，生态文化旅游名镇已显雏形。宝丰镇、溢水镇成功申报为全国重点镇，全县乡镇基础设施建设投入资金1.95亿元。硬化村级道路30公里、通组入院路40公里，打通“断途路”20公里，硬化晒场6.5万余平方米；建设景点40余处，修建花坛550多个，新建绿化带3.6万余米，栽植绿化苗木达50万余株，铺设彩砖带4.5万平方米；完成新建垃圾池145个，购置垃圾清运车8台，配备垃圾箱

(桶)856个;完成河道清淤8392立方,加固河提6230米;完成了总兵安、黑虎、魏沟等5个社区服务中心建设,完成"庸派"农房整修改造580户。实施"宜居村庄"示范项目建设,加快编制"宜居村庄"建设规划,整合县民政、财政、发改、住建、国土资源、农业、水务、扶贫等部门资金,捆绑使用,解决"宜居村庄"建设的资金瓶颈问题,全县在新型社区建设、沼气建设、"庸派"风格民居改造、环卫绿化、太阳能路灯等各项基础设施建设上投入资金近2950万元。宝丰镇喻家塔村、麻家渡总兵安村、擂鼓镇擂鼓村、溢水镇燕子山村、竹坪乡宽坪村5个村申报湖北省"宜居村庄"示范项目建设。推进农村危房改造,两批共1200户危房改造全部完工。启动农村住房信息及农村人居环境信息系统调查录入工作,完成全县C级和D级的农村危房信息调查近4万户及全县254个行政村的基本信息调查的网上系统录入。

建筑市场管理 以规范程序性审查为抓手,狠抓建筑市场主体各方的行为,严肃查处违反基本建设程序擅自开工、违反强条施工、恶意拖欠工程款等不良行为。强化企业资质、从业人员资格管理,杜绝无资质、无资格的企业进入建筑市场,全年共办理监理合同备案56起。强化进入建筑施工企业的备案审查,共办理外来施工企业投标资质备案162起、设计单位6起、监理单位4起。加强建筑市场巡查,下发整改通知书14份,将31个项目违法建设情况函告执法局介入调查。加大"阳光工程"运作,从审查程序入手,严把招标文件审查关,健全评标操作程序,确保了工程招投标工作规范运行,工程招投标率100%。全年完成招标项目67项,中标总金额5.37亿元,建筑面积38.33万平方米。共受监工程建设项目达70余个,总建筑面积近60万平方米,监督竣工验收项目30个,出具监督报告30份,在建工程受监率达100%,受监工程合格率100%。开展建筑工程质量安全检查,组织安全生产大检查4次,发放建设工程质量整改通知180份,建筑工程安全整改通知200份。开展工程质量常见问题专项整治,完善工程竣工验收备案管理制度,工程竣工合格率达到100%。

建筑节能与墙材革新工作 全年共受理建设工程报建25起,受理建筑节能与新型墙材专项审查备案25起,设计阶段建筑节能达标率100%。加强建筑节能施工监督检查,及时下发建筑节能施工整改通知。推进可再生能源建筑应用和绿色建筑示范工作,千福上庸城应用可再生能源(地源热泵)项目充分利用丰富的浅层地能资源,实施水源热泵中央空调系统工程建设、应用空调水循环利用技术、使用自保温墙体材料、进行外墙保温施工等多项节能和建筑新技术。宝丰、擂鼓两个重点中心镇实现"禁实";新发展新型墙材企业3家,宝丰、擂鼓2个重点中心镇建有商品混凝土企业,开创商混企业落户乡镇的先河。装饰装修市场秩序逐步规范,多个角度加强装饰装修工程质量和安全监督,全年未发生一起装饰装修质量安全事故。

竹　溪　县

专项规划编制 竹溪县编制完成县城区9.5平方公里控制性详细规划和城市综合交通、城市风貌和特色、近期建设、防洪排涝、排水和全县综合垃圾治理等9个专项规划编制。城区一河两岸景观设计规划、城区环境卫生专项规划、燃气专项规划和县城区核心区修建性详细规划等专项规划编制工作基本完成。

市政重点项目 全年累计完成县城基础设施投资5.5亿元。西关街棚户区改造进展顺利;

实施鄂陕大道路面刷黑工程，长安大道建成投入使用；4个集贸市场改造全面完成；城关生活垃圾处理场进入试运行；2条泥巴路改造基本完工；城区管道天然气项目门站进入试运行阶段；城中村实现通村、入组、到院路面硬化全覆盖。

生态城镇建设 实施汇湾、丰溪、泉溪、龙坝、水坪、县河等集镇扩容工程建设，提升集镇功能。全面开展村庄环境整治，添置垃圾桶48385个、封闭式垃圾箱520个，配备垃圾收集运输车辆159台套。集镇垃圾污水项目建设加快，列入“十二五”规划的乡镇垃圾、污水处理能力达到85%。争取省“宜居村庄”达标建设2个，龙坝瓦楼沟等3个“美丽乡村”建设顺利推进；完成农村连片环境整治25个，建成新农村村庄环境整治示范村30余个，39个村达到市级生态村标准。全年完成农村危房改造1236户，争取改造资金1029万元。

重点工作稳步推进 全县城镇化率达到35%，城镇以上污水集中处理率幅度不断增加，两项指标均超额完成市下达目标任务。重点项目强力推进，完成重点项目投资7.5亿元。实现招商引资7500万元，上争项目资金3758万元。

行业监管秩序规范 严格执行《竹溪县县城规划区建设管理暂行办法》等相关建筑市场管理规定，进一步规范审批程序、简化审批环节。认真落实质量安全责任制，层层签订安全生产责任状，全面开展以“打非治违”、“百日行动”、“两年专项治理”为主要内容的建设领域质量安全管理工作，不定期开展质量安全生产大检查和集中整治工作，安全生产做到“一级抓一级，层层抓落实”，努力把质量和安全隐患发现和处理在萌芽状态，确保全年全无重大质量安全事故发生。加强建设领域专项治理，严格建筑资质和市场准入管理，严格对建设、勘察、设计、施工、监理企业履行职责进行监督。强化行业技术指导服务工作，培植壮大建筑企业，积极服务建安企业进行资质增项和升级工作，提升企业核心竞争力，有效保障工程款和农民工工资按合同支付到位；墙材革新和建筑节能工作稳步推进，大力推广使用商品混凝土、散装水泥，积极引进推广新技术、新工艺，提高墙体材料质量，加快推进绿色建筑，促进环保节能，城区“禁实”、“禁现”、“推散”整体水平超过全省平均水平。加强污水处理运营管理，污水处理验收各项工作全面就绪。

政务建设整体水平提升 县住建局以党风、行风转变为抓手，以开展党的群众路线教育实践活动、民主评议政风行风、“十星级党员”、“道德讲堂”等专项活动为载体，以开展责任意识、服务意识、廉洁从政教育活动为重点，开展业务技能培训，加强法制教育培训，认真贯彻落实“中央八项规定”、“省委六条意见”、市委、县委相关规定，狠抓党风廉政责任制落实。强化人大代表建议、政协委员提案的办理、落实，16件建议、提案办理的见面率、回复率、满意率均达100%。行风评议工作获县级“优秀单位”，局机关档案顺利达到“省一级”标准。

房　县

市政基础设施建设 全年争取项目到位资金8437万元，招商引资到位资金4350万元。实施全长6.5公里供水管网建设、长2100米雨污分流工程、4条道路1.8万平方米泥巴路、2条道路1.5万平方米综合改造工程。完成诗经东路2公里道路绿化，新增绿地3.5万平方米；启动半岛湾公园建设。完成日处理50吨生活垃圾渗滤液处理项目；对城区22座破、旧、乱公厕实行统一改造；完成公园草皮砖铺设、健身器材安装、破损道路修复、下水道清淤、河道栏杆更换、街头空地绿化、公共休闲座椅安装等市政基础设施配套和维护。

住房保障工程建设 新建公租房200套，采取政府主导建设100套全面开工，企业自建公租房100套建成投入使用；实施棚户区改造2600户；审定发放住房补贴1035户，惠及城区困难群众2830人。农村危房改造，全年两批次危房改造1262户，到位资金1049万元；帮助乡镇城建办筹措解决工作经费30万元，保障危改档案信息及时录入上报。

重点示范区、生态家园片建设 召开窑淮三岔生态家园示范区民居改造建设动员大会；成立驻窑淮镇三岔生态家园示范区建设民居改造指挥部，制定出台《关于窑淮镇生态家园示范区建设民居改造实施方案》，向上争取多方筹措资金200余万元，高标准、高质量推进40户民居改造。

建设行业管理 开展"建设管理年"活动，召开全县"建设管理年"动员大会、全县建筑工程质量安全生产现场观摩会、全县"工程质量治理两年行动"动员大会等专题会议，强化质量安全全过程监管，全年创建市级安全文明施工"武当杯"8个，市级优质工程"武当杯"5个，省级绿色节能示范项目2个，省级结构优质工程"楚天杯"2个，省级文明施工"楚天杯"2个，实现全年无质量安全生产责任事故目标。加强新型墙材推广，完善建筑节能专项审批、检查、验收程序。巩固县城"禁实"成果，全面启动军店、化龙两个建制镇全省"禁实"达标工作；全年共关闭、关停13家粘土砖生产企业；印发《关于加强全县村镇建设管理实施意见》，组织对20个乡镇分管领导、城建办主任进行专题培训。成功将军店镇申报增补全国重点镇，军店下店子村列入第三批全国"传统村落"重点保护，野人谷镇杜川村、窑淮镇淮水村、军店镇上茅坪村荣获全省第三批"宜居村庄"称号。

驻村帮扶工作 为军店镇上茅坪村投资82万元、水泥130吨，安装路灯65盏，硬化村组道路3000平方米；新修下水道500米，栽植行道树150株，铺设人畜饮水管道3500米，实施危房改造10户，硬化灌溉水渠1500米，完成村委会网格化建设，慰问困难党员群众30户，申报的被省住建厅正式命名。帮扶红塔镇兴胜村制定短期、中期、长期三个精准扶贫发展规划；已完成2公里道路硬化、移动基站建设、43户困难群众对接、300亩核桃基地挖窝。

十堰经济技术开发区

市政项目建设 一是加快打通断头路，积极延伸新道路，加速优化老旧路，完善升级辖区市政公用设施，提高辖区路网和市政公用设施服务园区建设。续建机场大道一期、工业园温州路、龙门大道三期、龙门一路北段、龙门二路二期、罗家河路、伏龙口大桥建设项目。二是打通断头路，建立新循环。投资40万元，改造滨河北路破损路面工程、柯家垭与丹江路的连接线。三是改造泥巴路，投资约2500万元，完成7条街巷改造工程，改善居住环境质量。四是做好辖区市政设施管护，加大入河排污口的整治工作，加快"最后一公里"户管网接入工作，完成茅塔河沿线主管网、19个大型排污口的市属工程和77公里污水收集管网、14个排污口的区属工程，总投资4500万元。引入六里坪水源，铺设管网2.6公里，解决神鹰工业园、港澳台工业园生产生活用水问题。重点对5条防洪沟进行清淤，维修更换各类井盖26处，处理道路交通护栏肇事损坏48起，投资200万元，对6条街巷安装太阳能路灯180盏。

建筑市场管理 开工建筑工程项目42个，

总建筑面积约128.13万平方米。其中：续建项目26项，新建项目16项，完工项目17项，竣工备案3项，；新招标项目26个标底额110749万元，发放施工许证12个，完成室内检测5129组、现场检测12392组，开展重点专项治理5次，发放质量隐患整改(停工)通知单26份，安全整改通知书54份，安全生产停工通知单位21份，实现了检测准确率100%，整改回复率100%，处理和落实质量投诉事件2起。开展建筑安全、建筑资料申报、建筑应急演练等专业知识普及活动，参与各类专业培训2批次、8人，开展应急演练1次，发放普及安全资料1000多份。处理民工工资投诉21起，金额842.53万元。

市政设施养护 按照“管护分离，以钱养事、社会效率最大化”的原则，将广场、公共绿化、道路交通护栏的管理工作全部外包。绿化外包面积2.7万平方米，外包种植支干道绿化行道树953棵，花池绿化补植2500平方米，补植法青1500棵，种植杜英树319棵，草坪补植约800平方米。安装新建京式护栏948.4米，拆旧安新护栏514米。

武当山特区

规划编制 编制《世纪武当·鑫达国际影视城修建性详细规划》、《五龙宫控制性详细规划》、《快乐谷运动休闲度假旅游区修建性详细规划》《太极大道商铺改造》等规划。审批《武当山植物园奇石博物馆、凌波观修建性详细规划》等。

重点项目建设 武当武术学校、太极湖小学、幼儿园投入使用；太极湖隧道工程竣工；太和医院场平完工；老子博物馆土建主体工程封顶在即；老子博物馆内部装修、老子公园详细规划工作有序推进。完成五龙宫索道建设工程规划评审和选址并动工建设，协助推动五龙宫景区开发建设、推进五龙宫游客中心新的规划设计；老城区316国道整治及剑河两岸居民区改造正在按设计实施中；太极湖新区3万吨新水厂已正式投入使用。新铺设天燃气管网16公里，用户达3500余户。完成垃圾中转站、污水管线入网。

建筑市场管理 在建工程24项，（续建项目有8个、新开工项目16个)，其中5个项目未介入监管(山水国际农商行办公楼、小西沟移民3#楼、柳树沟党群服务中心、石家庄村党群服务中心、武术学院学生公寓1-5#楼)，总建筑面积20.4万平方米，总造价4.1亿元，涉及21家建设单位，19家施工企业，7家监理企业。完成市场准入手续15个、施工许可手续8个、施工图审查手续25个、竣工备案手续10个。下发质量整改通知书19份。办理安全监督注册项目13个，其中去年续建项目4个，办理建筑塔式起重机械使用登记备案7台，发放建设工程安全隐患整改通知书39份，排查各类隐患近200条，整改195条，整改率为97.5%。

建设工程招投标 招投标项目为24个，建筑面积为23041.61平方米，总投资为12088.99542万元；没有发生一起违规违纪行为。

行政审批工作 7月，成立行政审批科。按照基本建设程序，简化行政审批流程，规范特区行政服务大厅业务集中办理，实行“一站受理、一次告知、一门办结”，方便申请人办理行政审批事项。10月上旬，入住特区行政服务中心，办结各类审批项目13件，实现办结率100%，无一例差错发生；全年接待各种咨询近30余次。

城镇供水 城镇自来水厂售水量302万吨，比去年同期增加5万吨；抄见水费601万元，完成年度计划的100%，水费回收率97%。延伸和改造100毫米以上供水管网1210米，63毫米管道1338米;新增用户645户。

景区污水垃圾处理 武当山景区污水处理厂由琼台、乌鸦岭和五龙宫污水处理厂三个子项目构成,总投资2380万元,其中中央预算内资金2060万元,地方配套资金320万元,琼台、乌鸦岭、五龙宫三处污水处理厂土建工程完工,“STCC碳系载体生物滤池技术”工艺设备安装完成。改造升级的垃圾收集站4座,收运规模37.5吨/天;新建垃圾收集站6座,收运规模32吨/天。配套垃圾转运车2辆、小型垃圾收集车2辆,小型清洗维修车1辆。9月底,景区新建及改造10座垃圾收集站竣工投用。

孝感市建设

孝感市东城新区

城乡规划

规划编制 开展规划专题研究，起草了《孝感市城市规划技术管理规定》、《孝感市美丽乡村规划建设技术导则》、《孝感市镇规划编制指导》，正在征求专家和有关部门意见。深化细化总体规划，积极推进2014年规划编制项目基本计划工作任务落实，完成了孝感文化旅游产业规划的编制和报批，编制了孝南高新区控规（6平方公里）、临空经济区近期发展区控规（4.3平方公里），形成了高新区东部发展区控规（20平方公里）和铁北工业园控规（15平方公里）的初步成果。注重城乡统筹发展，完成汉川市沉湖镇"四化同步"全域系列规划，30个重点镇总体规划全面完成。100个中心村基本完成了城乡新社区建设规划。指导形成安陆市、应城市城市总体规划方案，进入报批程序。

规划监管 完善控违格局，对主城区24个社区、高新区31个村（社区）、孝南区重点控制区、87个村（社区）和临空29个村、双峰山9个村全面管控，形成了"政府主导、部门参与、全民动员、规划主体、联合执法、市区一体、齐抓共管"的控违格局。推行三化管理，严格落实私房管理网格化、公房管理流程化和各项工作规范化，积极参与"四城"同创，组织规模以上拆除行动23次，查处违法违章案件48件。规划区内17个乡镇（街道）、200多个村组基本实现"零违建"的控违目标。认真处理信访，转变信访方式，畅通投诉渠道，受理来电、来信、来访150多起，接待400多人次，受理率和回复率达到100%，办结率和满意率达到90%以上。

测绘管理 完成了全市7县市区50多家测绘单位测绘资质的复审换证、信息变更和资质升级工作，认真履行地图审核、基础测绘成果使用申请等测绘行政审批职能，做好了全市31处测量标志保护，参加了孝南区农村土地经营权确权项目招投标，加强了地理信息安全和涉密测绘成果的监督管理。完成了"数字孝感"内网和政务版在线地图上线及"数字孝感"三维成果部署，服务全市网格化管理、数字城管、天网工程及PGIS等重大项目建设。为25家单位46个项目转供基础测绘数据，启动了全市地理国情普查工作。

旧城改造 牵头组建旧城改造工作专班，到城区5个街道办事处（含高新区丹阳办事处）进行了多次调研，对城中村改造情况开展拉网式调查，掌握第一手资料。通过赴襄阳、黄石等地进行专题学习考察，邀请北京专家对旧城改造进行“问诊”，形成了孝感城区旧城（城中村）改造的调研报告，提出了具体的意见和建议，为市政府决策提供科学参考。着眼落实规划强制性规定，对容积率、建筑密度、绿化率等内容严格把关，探索出了一套适合老城区综合改造项目分类推进的工作框架。

城市建设

国家园林城市创建 孝感城区新增绿地150万平方米，增量全省罕见。槐荫公园二期开放使用，三期完成85%，全省最大的人工湿地公园初步形成；邓家河中央公园建设积极推进，街心公园等小游园完成升级改造。孝感城区主次干道完成绿化带补植1.2万平方米；6处公园绿地、10条道路绿化实施“彩化”，15家小区（庭院）达到“园林式”小区标准；近5万株行道树完成日常养护，确保夏季少雨干旱期绿化成活率。董永公园孝文化建设项目建成；绿地规划、排水规划评审完成；排涝规划编制接近尾声；国家园林城市预申报至住建部，并接受省住建厅预验收。

市政工程 2014年，孝感城区共实施城建项目110个，完成投资50亿元；新改建城市道路107.6公里、供水管网25.7公里、排水及污水管网124.6公里、燃气管道29.4公里；新建水厂1座、污水处理厂2座。八一水厂一期工程、污水处理厂二期工程、体育路改造工程、西郊路片区污水管网、截污管道及设施维修改造工程、西郊路片区污水管网、后湖渠截污、文化中心箱涵等截污工程按期完工，为净化老澴河水质打下坚实基础；体育路按示范路标准完成改造，黄陂东路、天仙北路、航空南路、澴川路市政管网配套、东闸箱涵、东闸泵站等民生工程积极推进。市高新区总投资30亿元实施基础设施项目30个，东部新区“四横九纵”13条道路整体推进；临空区开工建设道路60公里，区域“四纵六横”骨干路网加快形成；双峰山迎宾路复线启动建设。

重点项目 槐荫公园二期工程已建成开放，完成建设投资1.37亿元，建成面积达2300余亩；槐荫公园三期工程完成总工程量的85%，累计完成投资8500万元。邓家河中央生态湿地公园总规划面积4875亩，一期工程已完成土方工程量170万方，完成年度投资9000万元。仙女湖公园、市文化中心、中央商务区城市综合体、孝汉大道配套工程、汉孝城际铁路、316国道孝感段改扩建等一批投资过10亿元的项目加快建设。

公用事业 实施水源保护，城区供水安全有力；实行阶梯式水价，增加特种用水类型，水价调整改革平稳推进；污水处理厂安全稳定运行，污泥固化成效明显，截污干管及排污泵站随启随用；检查燃气企业及站点95处，下达整改通知书38份，处理违法行为3起，排除安全隐患36处，全年无燃气安全事故发生。

城市管理

市容管理 实施环卫作业市场化改革。采取招投标的办法，将城区10余条道路290多万平方米清扫保洁工作推向市场，来自湖南、湖北、深圳三家专业公司中标。实施路段管理标准化改革。结合不同道路的市容市貌、环境卫生、市政设施管理实际，一条路段制定一个标

准、一张考核评分表，具体到每一个事件和每一个部件。投入500多万元，建成数字城管系统，对接城管12319热线，城市管理效率大幅提高；实施市政维护体制机制的改革。

开展市容环境美好示范路创建活动，天仙路、交通大道、乾坤大道共3条道路被省住建厅、省公安厅命名为“省级市容环境美好示范路”；立面破旧治理，先后完成20多条道路临街建筑装修改造任务，督办130多家标志性建筑产权单位完成了亮化设施安装。加强沿街为市治理，对城区早点摊群、占道洗车、占道修车、餐饮门店等出店经营现象及时处理，对游商游贩进行定点、限时、规范化管理。

基础设施建设与维护 新建过渡性垃圾填埋场1座(挖方量17.1万方)，新(改)建中转站14座、公厕12座，维修破损道路27036.42平方米，新建排水管网2181米，清疏主排水管网21000余米，启动两处综合停车场建设，提高城市的承载能力。

村镇建设

农村生活垃圾治理 农村生活垃圾治理5年行动全面启动，督促5个县市区完成专项规划编制；督促大悟宣化、汉川马口等省级农村生活垃圾示范镇完成无害化处理项目建设投资500万元，落实省级试点镇补助资金340万元；初步建立“户收集、村转运、镇处理”的垃圾收集处理系统；争取省级村庄整治以奖代补资金682万元。

小城镇建设 全市城镇化率提高到52%，9个镇列入新一轮全国重点镇；省级重点镇及特色镇投入1.5亿元进行基础设施建设，新建、改造道路720万平方米、供水管网55公里、排水管网60公里、绿地15万平方米，以及新建了一批污水处理设施建设和垃圾处理设施建设；争取省级小城镇建设以奖代补资金175万元。

农村危房改造 全市共实施农村危房改造4126户，其中：孝南区710户，云梦县840户，安陆市308户，大悟县1152户，孝昌县1116户；完成总投资金额2.43亿元，落实中央资金3282万元；开工率、竣工率均达100%。

试点示范 新建省级宜居村庄14个，争取奖励资金140万元；3个村列入国家第三批传统村落保护名录；大别山扩点县支持政策按要求落实，大别山地区共落实扶持资金442万元；一线一点、文明卫生村镇、扶贫开发等工作均在项目申报、试点示范推荐上给予倾斜。

住房保障　房屋管理

住房保障 新开工保障性住房、棚户区改造住房共44044套(户)，占目标任务的106%，排全省第二位。其中：新增公共租赁住房7834套(廉租住房2572套)，占目标任务的103%；城市棚户区改造33494户，占目标任务的107%；国有工矿棚户区改造936户，占目标任务的101%；垦区棚户区改造1780户，占目标任务的100%。基本建成保障性住房、棚户区改造住房共19558套(户)，占目标任务的122%，排全省第三位。分配入住保障性住房、棚户区改造住房11252套(户)，占目标任务的121%，排全省第四位。新增发放廉租住房租赁补贴2485户，占目标任务的108%。

房地产市场 开展评选十强企业、行业名片企业等活动，表彰先进，树立发展标杆，激励创新业绩；开展非法集资风险排查、市场巡查与暗访等活动，查找和预防整治市场上出现的各种违规行为，及时净化市场环境，为行业的持续发展创造良好环境。建议市政府出台促进房地产平稳健康发展的实施办法、通过给予税费减免、调整预售资金监管方式、进一步优化服务流程等优惠政策措施，促进了孝感市房地产市场健康发展，房地产市场呈现出行业主体诚信、经营行为规范的良好局面。2014年，在全国房地产市场整体下行情况下，孝感市房地产开发投资额同比大幅增长，商品房竣工面积、销售面积及销售额等主要指标均保持同比增加，商品住房价格总体保持稳定。

物业管理 加大《物权法》、《物业管理条例》、《孝感市物业管理办法》等法律法规政策的宣传力度，开展了"物业管理进万家"、"文明卫生小区"创建等活动。指导8个住宅小区成立业主委员会，目前，孝感城区小区已成立业主委员会达45个。组织专家评审了一批小区物业服务等级，为物业服务企业诚信服务、优质服务打下了坚实基础。及时有效化解了大批关于物业管理方面的矛盾纠纷，保持了小区的和谐稳定。

信息化建设 加大业务系统建设，完成了行政审批系统、商品房预售资金监管系统、物业专项维修资金管理系统的建设和房产测绘、商品房网上备案、房屋登记系统的"三网联通"工程，使孝感市成为全省唯一一个实现房地产行业行政审批网络化和第三个实现"三网联通"技术标准的市(州)。加强房产基础数据整理，全市(含县市)库存的66.57万卷房屋登记纸质档案全部完成数字化处理，为实现省、市、县三级城镇个人住房信息系统联网运行奠定了基础。做好信息化建设成果运用，与市综治办、市检察院业务系统实现了专线连接，积极开展与市地税局、市民政局等单位的信息共享，充分发挥房管信息系统的公共服务能力。

基础工作 推行网上审批，市本级共计受理各类审批服务事项28715件，其中服务事项28410批件，核发各类资质、预售许可证等行政审批事项305件，累计获得锦旗、表扬信10余面(封)。全年共办理房屋登记28410宗，面积1157.32万平方米；办理房屋租赁登记备案130户，租赁面积7108.40平方米，发放房屋租赁证130本。开具房地产证明9693份，档案查阅、咨询3698人(次)。为"三区"和孝南区"直通车"企业办理抵押登记87宗，直接融资额36.70亿元。白蚁防治、安全鉴定完成白蚁预防面积170万平方米，实施白蚁灭治面积达4万平方米，完成白蚁防治180余万平方米，为"三区"工业企业项目和贫困户减免费用40余万元。对城区老楼危楼、校舍房屋进行了安全大排查，共鉴定房屋740栋、面积614.77万平方米。测绘各类房屋3367栋，建筑面积466.3万平方米，其中服务"三区"拆迁房屋测量面积65.8万平方米、招商引资项目房屋测量面积61.3万平方米；为招商引资项目实施政策内减免测绘费40余万元。

行风治理 严格执行中央八项规定、省委六条意见、市委75条具体要求。加强公务用车管理，严格控制公务接待，局"三公"经费支出比上年同期下降36%左右。对局现有规章制度进行梳理，认真做好废、改、立工作。对1994年以来的42份规范性文件进行了全面清理，废止14份，修订10份，继续适用18份。按照新要求，适应新常态，出台《孝感市住房保障和房屋管理局机关管理制度》，内容涵盖局系统人、财、物、事的科学规范和有序运行，力求把权力关进制度的笼子，更好的用制度管人、管事、管工作。持续深化党风廉政建设，严格落实党风廉政建设的主体责任和监督责任。与市检察院建立共同预防职务犯罪协作机制；组织党员干部学习了领导干部从政道德启示录、警示录、党纪政纪条规和党员领导干部廉洁自律一系列规定。开展重点部门关键岗位中层干部廉政教育活动，副科级以上干部签订了《干部廉政承诺书》并予以公示，接受社会监督。深化党风廉政建设教育宣传，认真策划廉政文化进机关活动，努力在

全局上下树立“以廉为荣、以贪为耻”的良好导向。

住房公积金管理

住房公积金归集 2014年，全市新增归集住房公积金14.09亿元；全市提取公积金4.96亿元；全市新增发放贷款8.61亿元，个贷率41.3%；全市增值收益8679万元，为政府提供廉租住房建设补充资金4775万元。

调整住房公积金政策 印发《关于调整各县(市)区办事处住房公积金贷款最高额度及最长年限的通知》(孝公管中文〔2014〕12号)、《关于印发〈孝感市商业性个人住房按揭贷款转住房公积金贷款管理暂行办法〉的通知》(孝公管中文〔2014〕13号)、《关于调整2014年度孝感市住房公积金缴存计算基数的通知》(孝公管中文〔2014〕15号)和《关于印发〈孝感住房公积金管理中心关于住房公积金贷款中房产土地抵押价值协商认定的暂行规定〉的通知》(孝公管中文〔2014〕24号)等文件，调整完善公积金管理政策，优化各项业务流程，缩短办事时限，发挥住房公积金制度的住房保障作用。

推进信息化建设 实行管办分离，在孝感城区新增了城中营业部服务网点，完善了服务设施；窗口服务变分类服务为综合柜员制，引入叫号系统；开通了12329服务热线，专人解答群众政策咨询，受理群众投诉和举报；更换了新的公积金业务系统，稳步实施公积金信息化建设三年规划。

开展明察暗访整改活动 8月，中心纪检组对各县(市)区办事处开展明察暗访活动，通报了查找出的问题。9月，针对明察暗访通报的问题和各办事处(营业部)整改落实报告，又组织“回头看”活动，用一周的时间，以明察的方式对各办事处(营业部)进行督办，以销号管理方式对通报问题和整改情况逐项核实。通过“回头看”活动，各办事处(营业部)落实“两个责任”意识明显加强，措施更加具体；窗口人员精神面貌良好，作风建设明显好转；业务进一步的规范，服务质量得到提升。通报的16个问题都得到有效落实。

县(市)区住房公积金管理机构调整 11月，孝感7个县(市)区办事处全部完成了公积金机构分设和领导班子配备工作，标志着孝感县(市)区公积金管理机构调整工作已全面完成，全市公积金管理体制进一步理顺。机构调整后，全市住房公积金管理将实行统一制度、统一管理、统一核算方式、统一业务操作，进一步加强管理，改进作风，提高队伍素质，提升管理效能，为广大公积金缴存干部职工提供优质高效服务。

建筑业管理

产业发展 全市建设行业各类注册企业741家，其中，建筑施工企业达73家，新增56家；共有总承包企业139家，专业承包企业138家，劳务分包企业96家；总承包及专业承包企业中：一级企业20家，新增7家；建筑业产值达394亿元，增长25.8%，增加值100亿元；湖北远大建设集团有限公司、湖北全洲扬子江建筑工程有限公司两家建筑业企业获评“湖北省建筑企业综合实力20强”。以市政府名义出台《关于进一步促进建筑业发展的意见》推动孝感市由“建筑大市”向“建筑强市”的跨越。

行业管理 创建农民工业余学校22所，全省第5家三级项目经理培训机构落户孝感市；实施2轮建筑工程综合监管巡查，处理违规行为48起，建筑工程监管实现从单一行政处罚向全方位监管转变；实行资质动态监管，9家问题企业被清出孝感市或吊销资质；清欠力度加大，督办到位工资款782万。工程质量治理两年行动展开，确定试点县市区2个、试点企业2家。全面实行建筑起重机械“一体化”和脚手架搭设企业“名录”管理。深化预拌混凝土企业行为综合评价，处理违规企业5家、违规行为9起。

扶优扶强 全市应招标工程的招标率和应公开招标工程的公开招标率、工程监理率、工程质量监督率、施工许可证办证率达到100%，建设工程质量合格率达100%，未发生大的安全事故；全洲扬子江公司创“鲁班奖”成功，开启了全省民营企业本地项目在本地创鲁班奖的先河；48项工程评为市结构优质工程，8项工程被评为湖北省结构优质工程、9项工程评为湖北省“楚天杯”优质工程，创省工程建设QC成果一等奖3项；12个项目被评为湖北省安全文明施工现场；获评全国装饰企业优秀项目经理2名、省建筑装饰企业优秀项目经理7名。

“鲁班奖”工程——湖北全洲扬子江建设工程有限公司承建的孝感市第一人民医院新区外科大楼工程。

建筑劳务 1月，市建委驻哈尔滨办事处与湖北全洲集团合作组建了全省乃至全国首家建筑劳务集团——湖北全洲楚乡云建筑劳务集团。全市建筑劳务规模位居全省第一，建筑从业人员50余万人，年输出建筑劳务大军40余万人，创建筑劳务收入达220亿元。与全国500多家大中型企业建立了长期稳定的协作关系，湖北省“十大劳务品牌之一”地位进一步巩固。

勘察设计科技

勘察设计行业管理 全市首次实行勘察设计单项工程备案，市直23个项目全部备案；开展全市勘察设计单位及施工图审查机构内部质量管理检查，下达整改通知书12 份；市施工图审查机构完成二类资格重新认定；市建筑勘察设计院晋升甲级资质，并与湖北全洲扬子江建设工程有限公司签订了战略合作协议。

建筑节能 年度建筑节能目标任务超额完成，获省政府表彰。将建筑节能推到政府层面，实行闭合管理；全市新增节能能力3.3万吨标准煤，完成既有建筑节能改造14.6万平方米、可再生能源应用71项163.4万平方米，安装能耗监测设备4栋；县以上城区、9个重点镇镇区全面“禁实”，4个重点镇通过“禁实”达标验收，全市关闭粘土砖窑厂17家；强化建筑节能监督管理工作，全年共开展4次建筑节能巡查。

绿色建筑 市临空区创全国绿色生态示范城区获住建部专家评审通过；全市创住建部二星级绿色建筑设计标识项目4个、省级绿色生态城区示范项目2个、绿色建筑集中示范项目5个；全市中心城区新建居住项目全面实施65%的低能耗设计标准，实现了新建居住建筑100%低能耗节能标准全覆盖。2家住宅产业化生产企业落户孝感市，并开始生产；新型墙材比例、应用率均达100%。

转型升级 太阳能光伏发电正式启动，全市安装屋面太阳能发电设备8家，预计年发电10万度以上；2家住宅产业化生产企业落户孝感市，并开始生产；新型墙材比例、应用率均达100%。

城建档案

馆藏建设 全年接收各类工程档案7656卷，完成档案整理归档6153卷，至2014年12月底，馆藏总量59429卷。按照《档案馆建设标准》完成1500平方米的馆库改造。

档案利用 充分利用馆藏档案信息资源，不断拓宽服务领域，积极做好信息保障和技术服务工作，扩大城建档案信息对社会的开放度，进一步提升城建档案的社会认知程度。在收集

和保管好档案的基础上，积极主动向社会提供各项服务，档案利用321人次，档案2335卷次。

声像编研 组织拍摄制作全省最大的城市人工生态公园——孝感槐荫公园宣传片，为孝感市打造的城市生态绿肺，宜居孝感、魅力孝感的幸福工程留下了珍贵的影像资料。

地下管线 拟定《孝感市城市地下管线工程档案管理办法》征求意见稿，撰写了起草说明，对孝感市25家行业主管部门和管线单位进行了征求意见，形成《办法》草案。

孝 南 区

城镇化建设 全区城镇化率达59.01%。成功推进肖港镇纳入全国重点镇，做好省级重点镇肖港镇、毛陈镇和省级特色镇三汊镇以及市级重点镇祝站镇、杨店镇等5个乡镇的推行工作。协助西河镇新景园申报住房城乡建设部小城镇宜居小区示范工作。完成孝南区古名居村落的调查与上报工作。争取重点项目建设资金1447万元。碧泉污水处理厂和东拓污水处理厂厂区及配套管网建设全部完工，已进入试运营阶段；完成了两个污水处理厂覆盖范围内污水排放量的摸底、核查、测算；制订了对污水处理厂日常管理及污水处理费拨付等管理办法以及康复医院污水收纳方案。推进“南线”八一水厂至东山头、“北线”城区至永安段供水管网等工程开工建设。长湖至金红叶段13公里燃气管道开工建设，预计2015年可投入供气。南城新区高压电网搬迁工作全线启动，截止12月底，完成1.37公里220千伏和5公里110千伏的高压电网搬迁工作，2015年分别完成11公里和5公里。推进澴川公园、仙女湖公园规划及前期建设工作；完成13个乡镇（场）、开发区垃圾填埋厂初步选址；做好卓尔桃花驿小镇商贸街电力迁移规划工作，办理了施工规划许可证，完成了商贸街的土地平整工作，10公里循环路基2014年底完工。

人居环境 朋兴乡朋兴村，杨店镇沪川村被命名为全省第三批“宜居村庄”；启动肖港镇永建二村、毛城镇青石村、三汊镇草店村、东山头办事处东山村等4个村按宜居村庄标准建设，争取并落实农村危房改造710户，争取到中央补助资金533万元。完成湖北省以船为家渔民上岸安居工程的前期摸底工作和孝南农村危房现状调查和录入工作。开工建设朋兴丹阳古镇、三汊华瑞新城·荣园天地、肖港华都·世纪城、祝站长河映月等33个新社区正在施工建设；迎接住建部对孝南人居环境的调研工作，在三汊镇开展孝南人居环境等基本信息调查培训工作，完成2014年人居环境信息调查和录入工作。2014年启动农村生活垃圾治理工作，完成孝南区农村垃圾治理五年规划。

建筑市场 截至2014年底，我区有建筑业企业73家，位居全市第一。其中总承包企业34家（一级资质4家、二级资质12家、三级资质18家）、专业承包企业21家、劳务分包企业13家、中介服务机构3家，企业个数比2010年前增长72%。实现建筑业总产值95.49亿元，超额完成目标值（80亿元）11.49亿元，比去年增加35.46%。建筑劳务收入大幅增加。2014年对外建筑劳务输出人数10万人，劳务创收36亿元，超额完成目标收入（30亿元）6亿元，比去年增加33.33%。

直管公房管理 直管公房改造与管理稳步推进。积极向上争取项目资金397万元；全年发放公房安全检查通知3000份，投入21.52万元对危旧直管房屋进行了维修加固，确保公房和人民的生命财产安全。物业管理水平进一步提升，扩大物业管理面积1万平方米。

建筑节能 全市首家能耗检测系统市一医院行政综合楼能耗监测系统与省能耗监测中心

已并网运行，并获省级节能示范工程。今年新增建筑节能建筑面积35.8万平方米，其中按武汉城市圈高标准65%的要求执行，建筑节能面积达14.9万平方米。可再生能源建筑应用工程10个，建筑面积14.1万平方米，建筑节能可再生应用面积全市第一；完成全区房屋建筑和市政基础设施备案项目94个，总面积130.95万平方米，总投资16.70亿元。为重点项目提供造价咨询服务14起；全年共开展专项检查活动5次，检查在建的项目148个，建筑面积达117.12万平方米，下达责令限期改正通知书62份，停工通知书12份。按照省、市专项执法检查意见，行政处罚5宗，罚款26万元；认真办理装饰质量投诉，整改率达95%。严格装饰工程开竣工核准，办理开工核准32项。积极服务装饰装修企业，办理资质年检6家，升级1家、新办1家。

汉 川 市

道路建设 投资约1000万元，完成了中港花园道路排水工程、荷沙线北侧土方及排水工程和仙女西路道路及排水工程；仙女大市场道路及排水工程已完成过半，文化路路基及过街管工程已完成150米土路基及天然气管道箱涵保护，滨湖大酒店路网工程已完成路基整理及部分排水管铺设，金桂嘉园道路排水工程已完成74米砼管铺设，省一级公路道路及排水工程、新城关中学排水工程、大兴闸提排站升级改造工程已进场施工，汉云路桥工程已完成招标。

绿化建设 投资877.9万元，新增城市绿地面积4.48万平方米。完成了北桥街(霍城大道至北桥)绿化改造、省一级公路南侧(川刘路至拥军街)景观带、川刘路道路绿化和城区零星绿化项目；霍城大道(滨湖大道至徐家渠)配套绿化除部分节点绿化因征地问题不具备开工条件外，其他工程都实施到位；涵闸河景观工程一标段(一区至五区)已于2014年11月21日开工，正在加速推进。

重点建设 城市生活垃圾卫生填埋场全面竣工，并投入使用。污泥处理中心于11月下旬启动试运营。智慧城市试点申报工作完成全部申报资料，通过湖北省专家评审，已于11月20日报送到了国家住建部。市民广场完成了五座小桥、泵房、中心湖、广场南北区铺装及部分绿化工程，占工程总量的67%。

建筑市场管理 推行建筑工程企业信用管理。着手对在本市从事工程建设经营活动的建筑市场各方主体守法、履约等方面的信用信息作出评价，对企业不良行为进行认定，据此实现差别化管理。

燃气市场管理 结合孝感市燃气办关于《燃气经营许可证》年检的通知要求，组织开展了对全市燃气企业经营许可证的年检申报工作，通过采取查资料、看现场等方式严格把关上送材料，力促燃气企业规范经营、安全达标。结合全市反恐防暴“百日行动”，联合市反恐办、市公安局、市消防大队对中燃加气站、恒发液化气站等燃气企业进行了全面检查，对发现的问题及时下达整改通知书，力促整改到位，确保了全市供气安全。

云 梦 县

市政建设 龙岗东路改造、秦皇大道建设、蔡陈涵洞贯通、睡虎路改造贯通内循环、建设东路延伸等市政道路9大重点项目工程建设按期竣工，所有规划内的工程建设圆满完成目标任务。已竣工的工程，经验收检测，质量合格率达98%以上。小街背巷硬化率达98%以上，基本消除了泥土路、断头路，城区形成了布局合理、等次分明、品位较高、功能完善、四通八达的路

网格局。在强力推进新的市政工程建设的同时，切实加大市政设施维管力度，采取定区位、定人员、定责任的包保责任制，常态化进行巡查督查，对路面破损、下水管网淤堵等及时修复到位。全年修复破损路面138处共1380平方米，更换损坏的沉井盖、篦子等设施200余套、疏浚淤堵下水道300余米，其完好率常年保持95%以上。注重抓好对污水处理厂的监督管理工作，污水处理管网覆盖率达90%，城区污水处理率达95%以上，日处理污水5万吨，经处理后的水质合格率符合国家标准。全年完成市政工程建安量2800万元，市政设施维管投入170余万元。

园林建设　“一园二带三湖”生态景观工程建设稳步推进，曲阳河公园中段绿化工程已告竣工，北段绿化建设顺利推进，梦泽湖景观工程基本建设成。致力于打造林荫道，实施“汉十连接线”、新老316国道、龙岗东路等道路绿化建设，形成了出入城市的绿色走廊。《城市绿地系统规划》专项编制基本完毕，园林绿化建设得以高效推进，城市建成区绿化覆盖率达到36.5%、人均公共绿地面积8.15平方米、绿地率31.8%。

城市供水　投入483万元，改造吴禄贞路、曲阳路、新316国道等地段供水主网2830米、新建龙岗东路、睡虎北路等地供水管网共4930米、改造入户水表1900户。城市供水管网覆盖率100%，常年供水保障率98%以上。

村镇建设　下辛店镇泗洲寺村、胡金店镇两合村跨入全省宜居村庄行列、伍洛镇全国文明乡镇榜上有名。胡金店镇被确定为全市垃圾处理城乡统筹试点乡镇。全县城镇化率上升到48.6%。高标准、高质量、零投诉改造农村危房750户。

安　陆　市

城市建设　完成金秋大道、发展二路北延等工程；围绕人民群众反映强烈的出行不便、设施不配套、停车难等问题，先后完成城区住宅小区污水管网对接、海子河上游河道清淤、小街小巷配套等工程。通过扩面、增绿、提质，先后完成太白大道北延绿化工程、太白大道、安花线等地段城区大银杏栽植工程，南城4号路、德安植物园等城区零星空地栽植工程，景观路、小转盘等重要节点花卉栽植等工程，城区新增城市绿化面积8.93万平方米。

城市管理　开展“垃圾围城、广告杂乱、设施破损、沿街为市、绿化缺失、飞扬洒漏”六项城市环境整治行动，拆除临街违法搭建的占道棚亭500余处，清理规范出店、占道经营摊点1200余处、清除破损广告1700余块、配合交警部门查处飞扬洒漏运输车辆60余台次。清理城郊围城垃圾、城区河道和社区卫生死角垃圾1200余车、清除杂草30000余平方米、城市环境明显改观。通过开展一系列整治活动，城市环境脏乱差状况得到明显改观，安陆市成功申报“省级文明城市”。

建筑业管理　严肃查处违法转包分包行为，建立不良信息记录和黑名单清退制度。严格市场准入，施工许可办证率、质量安全监督率、合同备案率、监理率均保持100%。加强服务指导，促进行业发展，新办6家企业资质，完成1家企业资质升级工作。加强供水行业管理。通过在窗口开展青年示范岗争创活动，提高服务质量。加强供水工程建设和安全生产管理，全年供水1920万吨，水质合格率、安全供水率达100%。严格按照《城镇燃气管理条例》等法律法规和行业标准，对全市燃气厂站、管网等设施进行监管。下达安全隐患整改通知书37份，停业整改2份，查处重大安全隐患2起。企业整改达标合格率100%。建筑项目新型墙材应用率和占比率达到100%。孝感市绿色建筑暨建

筑节能现场会在安陆市成功召开。

集镇建设 洑水镇成功申报全国重点镇、王义贞镇钱冲村列入“全国传统村落保护名录”，争取省住建厅农村危房改造指标 308 户。加强村镇建设指导，集镇建设更加规范有序，尤其是巡店镇、烟店镇、陈店乡集镇建设成效明显，受得市委市政府的表彰；扎实开展“三万”活动，充分发挥牵头单位的作用，带领相关单位落实各项帮扶措施，建设系统各单位向驻点 14 个村，捐款捐物47万余元，被市委、市政府评为“先进工作组”。

孝昌县

城市建设 2014年实施城区重点市政工程28个，计划投资 1.7 亿元，完成了两型产业园区华阳大道东拓道路的排水、刷黑，昌盛街改造等工程，新建和改造城市道路面积 12.9 万平方米，新增道路 5.88 公里。初步建成博士湾森林公园，完成了孟宗公园北岸绿化和南岸孝子祠，城市生活垃圾处理场的土建主体工程，城市生活污水处理厂二期扩容并经过了省环保厅验收及扩能可研、环评等工作。

城市管理 开展园林县城创建，栽植行道树 1.23 万株，植灌木 2.7 万平方米，植草皮 7000 平方米，城区新增绿地面积 4.3 万平方米。完成了孝昌县创建省级园林城市的申报等工作，配合县创建指挥部开展了园林式单位（小区）评比，出台了《孝昌县城市绿化管理办法》，编制了《孝昌县绿地系统规划》。加强市容市貌管理。在抓好日常监管的同时，开展了店外经营、流动摊点、户外广告、乱停乱靠等四项专项整治。用市场的办法解决城区牛皮癣问题，在抓好古城大道文明示范路创建监管的同时，开展了汇通大道、孟宗大道文明示范路和文明施工现场创建活动，城区面貌有了较大改观。强化市政设施维护。完成西花园大道等主排水管网 4 公里的疏浚，污水、官塘湖及城北排水闸维修和城区主次干道雨水井、检查井的清淤，修复更换问题检查井 150 座，雨水口 139 座。加强官塘湖、花园广场环境卫生的管理，对损坏的灯、护栏等设施及时进行了维修。抓好环境卫生保洁。建立长效工作机制，建立健全清扫保洁制度，实行奖惩激励机制。

村镇建设 新建成广场 12 处，刷黑集镇道路 5 公里，改造排水管网 4.5 公里，安装路灯 400 余盏。以建设美丽乡村，清洁家园活动为载体，实施乡村清洁工程。投入资金 1200 万元，整治村庄环境 3512 处，整修道路 62.5 公里，新建公厕 52 座，按照村平 20 口的标准修建垃圾池 6257 口，启动了城乡生活垃圾统筹治理规划编制。加大农村危房改造督促检查力度，完成农村危房改造 2100 户。小悟项庙村、向阳村，小河镇小河村被国家命名为传统村落，花园镇常丰、新屋被省推进新型城镇化工作领导小组办公室命名为“湖北省宜居村庄示范项目”。

建筑业 全年我县建筑业企业完成建筑业总产值 9 亿元。城区建设项目 33 个，施工栋号 80 个，建筑面积近 90 万平方米，概算投资约 9 亿元。强化工程项目的质量安全日常巡查，加强对各方主体依法建设、不执行法定建设程序，违法开工等问题的监管，严格执法，立案查处 5 起。督促施工企业建立健全安全生产目标责任管理体系，加大投入，落实施工现场的安全防护措施。在全县进行了三次拉网式的安全生产大检查，先后下达了安全隐患整改通知书 96 份，查出各类安全隐患 384 条，隐患整改率为 100%；下达要求办理安全生产措施备案审查告知书 30 份；下达暂停施工通知书 30 份。全年没有发生一起建筑质量安全事故。

建筑节能 全县新建建筑设计阶段节能标准执行率达100%，施工阶段执行率达100%。全县新增节能建筑面积23.54万平方米，是全年计划的112%，其中4.78万平方米执行节能65%标准。全年新增可再生能源建筑应用面积10.6万平方米，占年计划的157%。3月住建部授予中顺新天地二期项目绿色建筑二星标识（设计阶段）。1.38万平方米的既有建筑进行了节能改造。已在孝昌县司法局办公楼、孝昌县交通局办公楼上安装了能耗监测设备，实现了数据上传。

大悟县

市政项目建设 漫水桥西立交桥和建新街南端改造、永鑫巷改造、高畈步行街改造、长征北路改造、兴悟南路改造、老大界线综合整治、城区主下水道疏通及防洪排涝、城区园林绿化、市政公用设施维护等十大城建项目顺利完成。中燃城市燃气项目铺设市政中压管网7公里，编制完成大悟县燃气专项规划并通过专家评审。

城市管理 落实环卫市场化运作，引进湖北美龙公司，将城区10条主干道保洁以“以钱养事”方式由美龙公司负责。开展市容市貌管理专项整治。重点对占道经营、夜宵摊点、城市景观、户外广告和建筑渣土等方面开展专项整治，取缔占道经营摊点200余处，拆除占道棚亭11处、违章搭建遮阳网和雨蓬300平方米、破损户外广告牌78块、过街横幅和布标50余条，收缴占道物品300余件，责令更换门店招牌92块，在城市主干道设置电子宣传屏7块，设置城区新型LED路标牌80块，对23起乱涂写办证号码、乱张贴小广告等行为进行了教育处罚，罚款4000余元，及时拦停和纠正了80余起“泥头车”上路行为。

建筑市场管理 加大整规工作力度，组建整规工作专班，制定了整规网格化工作方案，明确包保责任，开展拉网式巡查，拆除违章建筑20处，拆除面积5000平方米，下达停工通知60余份，立案查处8件，及时制止了违法建筑20余户。加大建筑安全隐患排查力度，开展了春节后复工大检查、五一节前安全大检查、国庆安全大检查、深基坑支护、高支模和脚手架、消防安全隐患专项整治活动，下发整改通知书25份、告知书5份，对存在较大安全隐患的2个项目责令停工整改。实行行政处罚约谈制，制定《行政约谈制度》，大力推行行政约谈机制，对孝武购物广场、湖北大悟鑫春置业有限公司、湖北丽群巍泰建筑工程公司、大悟县人民医院、武汉第三建筑工程公司进行行政约谈。推进建筑业企业发展壮大，申报劳务建筑业企业资质两家，专业承包资质两家，总承包资质三级升二级一家。

城市供水 2014年1月11日新水厂正式运行后，采取三库一河综合调度模式，合理调度水源，同时，加快供水管网铺设及改造工作，全年改造管网11210米，为武船鸿路、中农批、肽粉深加工、艾特包装等招商企业安装供水管网7000余米，确保了干旱之年城区居民的正常用水和招商企业的项目建设和生产用水。为了进一步提高水质，投入 60多万元，引进了一套活性碳除味净水设备，提高供水质量。

村镇建设 筹资18万元，在玄坛村姚山线及中心湾安装太阳能路灯22盏，维修5盏；开展“美丽玄坛”绿化活动，植树1600余株，新建绿地1000余平方米，新建绿篱500余米；“送文化”下乡，筹资2万元，与玄坛村共同举办“玄坛村第九届农民文化艺术节”。加强对新农村建设服务和指导，编印农村建房施工指导图册400套，送到全县各村，指导农民建房。稳步推进农村危房改造，争取农村危房改造1152户，并成立九个工作专班开展危房改造检查，确保了危改资金使用安全。

荆门市建设

荆门西山林语小区楼盘

城乡规划

规划编制 完成“一主五组团”《荆门市城市总体规划(2013—2030)》编制并获省政府审批实施。完成《荆门市近期建设规划(2013—2015)》编制。编制完成鄂中城市群规划，构建市域“1+3+6+X”城镇发展体系。加强新区、园区规划编制，完成《漳河新区城乡总体规划》、《漳河新区控制性详细规划》等规划编制和报批工作，编制和调整荆门高新区总规和控规，完成化工循环产业园控规报批。推进中心城区重点区域控制详细规划和城市设计编制、报批工作。完成掇刀区象山大道以东、白云大道以西片区控制性详细规划、三三零片区控制性详细规划报批，编制杨家桥片区控规及城市设计。协调编制中心城区综合交通、供水、排水、燃气等专项规划，指导基础设施和公共服务设施建设；编制中心城区“四线”(绿线、紫线、黄线、蓝线)规划，加强城市生态、历史文物和基础设施保护。指导、支持村镇规划编制，编制《毛李镇建设发展规划》；主持召开了东宝区、京山县、漳河新区、沙洋县全域新型农村社区布点规划专家评审会；推进全市第二批100个新型农村社区规划编制工作；配合开展“荆楚派”建筑风格宜居村庄试点，启动全市特色民居、古建摸底建档。

规划服务 配合省级战略（中国农谷和支持柴湖振兴发展战略)实施，编制完成中国农谷核心区空间布局规划等各层次规划和柴湖镇域规划、产城融合建设规划等13项柴湖全域规划，两大省级战略规划体系基本建立。建立健全服务机制，开通“绿色通道”和直通车服务，重点服务园区污水处理厂、固废处理场、供热供水管廊、电力、道路等配套设施和石化千万吨扩能改

造、葛洲坝水泥厂异地技改、华能热电、华工科技、爱飞客镇、万达广场等重大项目建设。服务基础设施建设，开展中心城区殡葬设施选址，完成漳河新区北片区路网规划、综合管沟工程规划、水系工程规划、汉江以西水系连通及城市备用水源工程城区段引水工程规划和浏河上游三三〇水泥厂段综合整治工程规划方案等。服务民生，加快棚户区改造步伐，编制了《中心城区城市棚户区改造布局规划》，推进文化宫、汉正街、胡祠堂等项目规划建设。

规划管理 修改完善《荆门市规划技术管理规定》(试行)，重新修改放验线、竣工验收、日常巡查制度，出台建筑面积计算规划管理暂行规定等。配合相关单位处置违法建设，开展巡查监督、认定建议和配合执法等工作。

基础测绘 完成“数字荆门”地理空间框架建设与应用示范项目，4月通过国家测绘地理信息局竣工验收。有序推进荆门市第一次地理国情普查工作。完成荆门市国家基础控制C级网及GPS D级网建设，整合全市9个GNSS(全球卫星导航系统)C级站，并与周边外围网相联，构成了CORS(连续运行卫星定位服务综合系统)网。编制最新版荆门市城区地图和行政区划图；开展地图市场清理工作，消除互联网地图泄密隐患。

城 市 建 设

2014年中心城区重点实施新区拓展、产城并进、绿色生态、民生民利四大工程，全年安排城市建设项目141个，计划总投资81.9亿元。受规划设计调整、建设资金紧张、征收补偿滞后及招商项目进展缓慢等因素影响，部分城建项目不能按计划实施。10月报请市政府批准，重新调整了2014年城建计划，年度计划项目调整为126个，计划投资调整为31.70亿元，其中缓建项目32个、调减投资项目68个、调增投资项目2个、新增项目17个。年内开工项目99个，完成投资25.5亿元，开工实施率80.4%。

漳河新区项目 共安排城建项目29个，计划投资10.28亿元，年内开工项目19个。健生路、运动公园路西段已完工。漳河大道城区段岩子河桥、西外环立交桥、响岭河、双喜河已完工；5条地下人行通道和仙杨路下穿车行通道，荆西大道、仙杨路、天鹅路、荆山大道综合管沟已完成主体结构施工，跨铁路桥已实施附属设施施工，尉迟恭路、荆山大道、仙杨路下穿车行通道已实施主体结构施工。政务中心配套道路已开工9条，已完成和畅路、龙泉路南段、顺泉路东段车行道沥青摊铺与和顺路、惠泉路南段稳定层施工；龙泉路北段、和美路已实施路基土石方施工，和悦路综合管沟已实施结构施工；上马墩路、蒙泉路已实施排水施工。双喜大道已完成惠泉路、龙泉路地下通道、天山路至天鹅路段排水及路基施工。双喜大道东隧道已启动征收补偿调查及施工图预算编制。香樟路完成雨污水管道施工。天鹅路已完成蒙泉路至漳河大道段稳定层、排水和综合管沟及老年公寓至蒙泉路段路基土石方及排水施工，完成双喜大道至顺泉路车行道两层沥青摊铺；广场花园至老年公寓段已实施路基土方及边坡施工。天山路完成清障除杂以及30%路基土石方施工。新区水利防洪工程龙泉河完成50%渠道土方。漳河大道绿化已完成分车带绿化土方换填、供水管埋设，中央分车带完成1.3公里的乔木栽植，侧分车带已完成乔木栽植。凤凰湖公园D标已完成停车场及道路、公厕、管理房施工，以及部分乔木栽植；C区完成栈道结构施工。

高新区项目 共安排城建项目9个，计划投资12890万元，年内开工项目6个。李宁大道已完工。清水源路(南)杨树港河以北路段已完成雨污管道、顺路盖板沟、路基及部分路面铺油工程；杨树港河以南路段已完成部分路基土方施工；跨杨树港河桥已完成桥梁预制和吊装。清水源桥已完成部分梁板预制和桩基施工。官堰湖桥已完成电力迁移，桥梁预制完成80%。龙井大道(凤翔路至掇刀石大道)已启动清障除杂工作。龙井大道(荆南大道至官堰湖路)完成部分路基土石方施工。

东宝区项目 共安排城建项目19个，计划投资52000万元，年内开工项目11个。泉口路改造已完成荆西桥施工，道路工程已完成荆西桥至桃花岛小区段的沥青铺设，以及部分路段的稳定层施工。长宁大道已完成部分路基土石方及排水管道施工。果园四路已完成2处鱼塘清淤及部分路基土石方施工。长莱巷已实施下穿焦柳铁路函施工。竹皮河综合整治浏河段部分完成沟槽开挖4370米，埋设截污干管3640米，检查井浇筑32座及挡土墙砌筑700立方米。海慧沟段已完成沟槽开挖2590米，埋设截污干管2350米。

掇刀区项目 共安排城建项目28个，计划投资37100万元，年内开工项目19个。兴化三路、军马场一路、丹桂路已完工。白庙路已完成自来水管道迁改，以及部分路基土石方和快车道稳定层铺设。望兵石路已完成白云大道至渠洞路段80%排水管道和路基整形施工。官堰湖路西段已完成部分路基土石方及雨污水管道施工。深圳大道已启动石油管道保护涵施工。荆和大道已完成部分雨污水管施工。

公用设施项目 供热管网及配套设施建设，国电至化工循环产业园蒸汽管道工程已完工，具备通气条件；华能热电厂至金龙泉大道蒸汽管道工程(中线)已完成管道敷设2400米；华能电厂至化工循环产业园蒸汽管道工程(南线)已完成管道敷设2780米；换热站至行政新区供热管网工程(西线)已完成部分路段管道敷设施工图设计；中心城区热力站工程已完成方案设计、地质勘探等工作，启动施工图设计。供水管网及配套建设已完成顺泉路、泉口西路、新台西路、新台一路等道路供水管网安装。

其他项目 交通拥堵整治已完成海慧路—中天街部分路段改造；荆门桥已完成桩基和桥墩施工，及部分梁板钢筋制作。基础设施改造完成年度目标任务。

城市管理

城管体制 2014年，荆门市城市管理工作在全省城市管理综合考评中位列第三。完善考评机制。认真修订城市管理考评办法，将市民投诉、市区城管局领导班子节假日带班巡查、马路局长工作专班巡查等纳入考评范畴。加大数字化考评和重大节假日考评权重，每周开展两次暗访并在城管网上公布，实施社区分类考评，实行月点评制度，建全常态化城市管理检查考评机制。发挥数字城管效能。将70名城管监督员下沉到社区，实行“12319”电话投诉与网格员报案、视频监控并网处置，开发“门前三包”管理子系统，完善监督和指挥“两心(社会管理监督中心和数字化城市管理指挥中心)”功能，充分发挥数字化平台效能。年内共收到城市管理类案件39273件，立案36576件，结案36502件，结案率99.95%；收到社会管理类案卷33779件，立案33179件，结案32931件，结案率99.25%。推行“四全”管理。将城市管理重点由主次干道向背街小巷延伸。结合不同季节、不同阶段、不同路段的特点，制定出台《中心城区道路占用管理标准》、《中心城区道路清扫保洁标准和规范》，并逐区逐路推进，实现城市管理全天候巡查、全方位覆盖、全过程监督、全时段管控。夯实基层基础。完善城市管理工作体系，强化各区城市管理主体地位，建立健全区级“大城管”，各区形成了政府为主、部门联动、街道负责、社区参与的工作格局。督促各区实施城市管理驻街道进社区工作，中心城区6个街道均成立了城管执法中队，每个社区落实2至3名执法人员，城市管理基层基础进一步充实完善。

城管服务 开展“三最”服务。主动为重点项目建设提供“最高效率、最优质量、最佳效果”的全方位服务，由11名县级领导干部包联100家重点项目，进行两轮大走访，解决城管服务问题200多件次，在城市管理主要节点或重点部位设置城管服务岗亭5个。提高审批效能。强力推行服务承诺制、首问责任制、限时办结制，对城市管理行政审批事项实行流程再造，先后为万达广场、百盟一马、人民电器等项目广告申请开辟“绿色通道”，为华铭广场、中央华府、荆楚理工学院学生公寓、市二医内科大楼等棚户区改造和社会公益项目减免垃圾处理服务费近300万元。全年238个审批项目平均办理时限为3.5个工作日，办理时效提高了30%。服务中心工作。为屈家岭管理区、大柴湖经济开发区配送垃圾箱、洒水车等环卫设施，指导建设无害化生活垃圾处理场，编制出台了《大柴湖经济开发区环卫设施专项规划》、《漳河新区环卫基础设施建设规划》，并先后为外地客商考察、重点企业落户、重要外事活动等做好城市环境保障26次。驻村工作。认真履行驻村“第一书记”职责，先后投入7万元，并向上争取项目资金2900余万元，帮助东宝区牌楼镇长兴村实施了通组公路、农田水利、党组织阵地、环卫设施、新农村等建设项目。系统内募集3.4万元，为患有神经母细胞癌的儿童垫付部分医疗费用。

住房保障与房地产管理

住房保障 2014年，省政府下达新开工建设保障性住房、棚户区改造住房目标任务是16082套，基本建成11600套，分配入住7800套，新增发放廉租住房租赁补贴目标任务550户。全年实际新增保障性住房、棚户区改造住房项目开工建设17164套，基本建成12792套，分配入住9687套，新增发放廉租住房租赁补贴1190户，分别占目标任务的106.7%、110.3%、124.2%、216%。其中，中心城区新增保障性住房、棚户区改造住房项目开工建设5446套，基本建成5133套，分配入住4371套，新增发放租赁补贴462户，分别占目标任务的114.8%、114.6%、156.1%、462%。累计分配经济适用住房1773套，配租公共租赁住房4270套，已交付使用的廉租住房、经济适用住房空置率为零。完善住房保障政策，推动出台《荆门市中心城区城市棚户区改造办法》（市政府令第31号）、《关于公共租赁住房和廉租住房并轨运行的实施意见》（荆房保〔2014〕1号）。把进城落户农民纳入城镇住房体系，将直管公房纳入公共租赁住房统一管理，启动中心城区租赁补贴和公租房实物配租申报工作，收入标准由去年的家庭人均年收入7800元以下提高到8400元以下。启动市本级公租房布点工作，在漳河新区选址规划100亩公租房预留地用于公租房建设，建设规模为新建公租房18万平方米。启动长坂坡公租房小区改建工作，该项目建设规模为新建公租房192套1.5万平方米，已完成规划设计、基础施工等前期工作。

房地产开发市场 10月出台《关于促进全市房地产市场持续健康发展的实施意见》（荆政办发〔2014〕50号），对支持合理住房消费、完善住房保障体系、加大金融支持力度、完善土地供应机制、优化市场发展环境、强化房地产行业监管等六个方面提出具体意见。全市完成房地产开发投资123.98亿元,同比增长41.2%。其中中心城区房地产投资达到62.73亿元,增长37.26%;钟祥市完成房地产开发投资19.9亿元,增长10.2%;京山县完成房地产开发投资26.25亿元,增长55.8%;沙洋县完成房地产开发投资8.35亿元,增长135.4%;屈家岭管理区完成房地产开发投资6.75亿元,增长85.9%。全市商品房新开工455.24万平方米,增长0.31%,竣工303.86万平方米,增长78.73%。中心城区新开工214.69万平方米,下降17.75%。竣工84.61万平方米,增长43.86%。全市批准预售商品房437.65万平方米,同比增长21.36%,其中批准商品住房338.05万平方米,同比下降5.74%,批准预售非住宅99.6万平方米,增长66.79%。中心城区批准预售商品房182.45万平方米,同比增长8.16%。其中批准预售商品住房208.5万平方米,同比下降12.49%,批准预售非住宅25.95万平方米,同比下降31.29%。

2012-2014年保障性安居工程建设情况

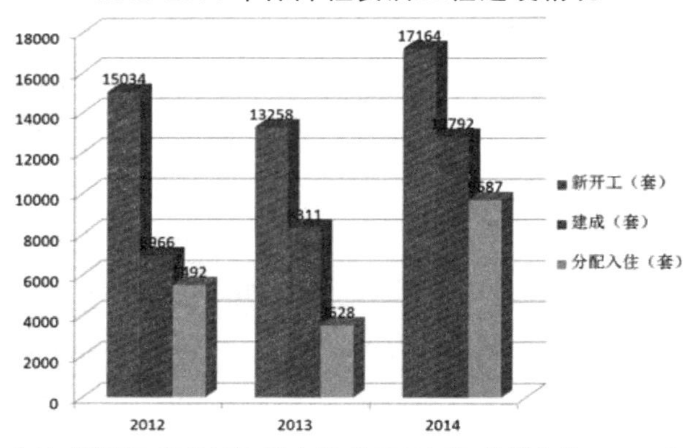

合计:新开工45456套,基本建成28069套,分配入住18707套

房地产交易市场 全市商品房销售市场平稳增长。全市商品房销售面积263.41万平方米,实现销售额100.36亿元,同比增长0.7%、33.92%,其中,中心城区商品房销售面积130.69万平方米,与去年销售面积基本持平,实现销售额58.9亿元,同比增长2.49%。中心城区住宅销售面积110.61万平方米,同比下降7.85%,销售套数10174套,同比下降9.35%,实现销售额42.16亿元,同比下降7.48%。全市商品房综合物业销售均价3809元/平方米,同比上涨7.5%,商品住房销售均价3205/平方米,同比下降5.96%,其中,中心城区商品房综合物业销售均价4332元/平方米,商品住房销售均价3661元/平方米,同比下降3.2%、6.8%。二手房交易市场趋紧。2014年,全市二手房交易面积74.79万平方米,交易额121811万元,同比下降1.82%、12.2%。其中,中心城区(含屈家岭管理区)二手房交易面积34.2万平方米,同比增长20.59%,完成交易额58651.9万元,同比下降8.73%。二手房交易均价1628.7元/平方米,同比下降10.6%。其中,中心城区(含屈家岭管理区)二手房交易均价1714.97元/平方米,同比下降24.18%。举办2014年荆门秋季住房展示交易会,参展涉房企业40余家,接待参观市民3万余人次,累计成交各类房屋203套、面积2.52万平方米、金额1亿余元。

近3年来房地产开发投资情况

房地产市场监管 针对全市中心城区范围2012年至今在建在售的80个房地产开发项目,对开发投资完成情况及资金来源渠道、是否存

在以房地产开发建设的形式非法集资等8个方面进行专项检查，累计检查项目规划面积1000多万平方米。将68家开发企业的73个项目纳入商品房预售资金监管，监管商品房626栋44681套，总建筑面积431.8314万平方米，累计存入预售资金监管专用账户资金33.0373亿元，全年共审批拨付资金729次，累计拨付资金30.4553亿元。7月份出台《关于在中心城区实行存量房买卖合同网上备案管理的通知》（荆房〔2014〕21号）。10月1日中心城区正式启动存量房网上备案系统。出台完善房地产开发、物业、经纪机构信用管理办法，实行资质管理与资信管理并轨，率先在全省组织开展房地产开发企业和经纪机构信用等级评定工作。建立健全房地产企业动态监管机制、开发项目全过程监管机制、开发项目现场公示制度，全面推行《商品房买卖合同》网上签约。

近3年来中心城区商品房销售情况

年份	商品房	商品住房
2012	76.03	62.33
2013	128	120.85
2014	130.69	110.61

（面积单位：万平方米）

物业服务　正式出台《荆门市物业服务企业信用信息管理办法》，积极推动掇刀区物业服务管理全覆盖工作试点。全年归集维修资金2798.5万余元，维修资金累计归集1.61亿元。全年共审批新申报物业服务企业资质14家，审批小区物业管理服务标准考核定级2个，指导10个小区成立业主委员会和改选工作，监督指导7个商品房项目前期物业服务招投标工作。

房屋登记服务　推行积分式窗口人员服务考核，顺利完成屈家岭登记中心建设，公开承诺八项便民服务措施，开通了房产登记信息短信提醒服务，公示在建工程抵押范围，畅通三条服务通道，推行便捷、快速、保姆式的窗口服务；全额付款的商品房转移登记1个工作日办结，抵押权注销登记和房产测绘配图立等可取，合同备案全部电子化，商品房分户测量批量办理。全年完成各类登记业务37105起，登记面积912.51万平方米；测绘业务12200起，测量面积866.59万平方米；出具房屋登记信息查询结果证明5648卷次，开具权属证明11912份。

房屋征收与安全鉴定　全年共启动国有土地上房屋征收项目21个，涉及被征收人4037户，征收面积约41.5873万平方米。办理房屋安全鉴定110宗，鉴定面积6.61万平方米。排查全市老楼危楼4347栋，总建筑面积159.7万平方米。积极承办市政府重点工程，全面推进文化宫片区公产征收。实现荆门市非正常上访案件和因征收拆迁引发的重大群体性事件“两个为零”，维护了一方安定。

房地产信息化建设　建立市本级房地产数据中心、综合业务管理平台及技术支撑平台。以楼盘表管理为中心，将房产测绘、产权登记、商品房预售、房产档案等业务系统整合至综合业务平台，建立起本级房地产数据中心，并建设相应的硬件支撑平台，保障信息的安全；安排部署各县市开展本级信息化建设；推进房地产地理信息系统建设。基本完成GIS系统（房地产地理信息系统）平台建设，启动GIS建库工作。

园林绿化

工程建设　2014年共实施绿化项目19个，完成建设投资3000余万元，新增绿地23.4万平方米。凤凰湿地公园市政工程已完成180亩鱼塘的清淤回填、外湖沿河道路、土方整形等施工;园林绿化工程D、C区建成管理房2座、公厕1座,完成了次入口停车场道路基础、草坪砖、站石、乔灌木栽植及亲水平台木栈道基础,以及阳光沙滩沿湖挡土墙、阳光沙滩池底钢筋混凝土浇筑等施工。漳河大道完成部分分车带乔木栽植。建成大林巷小游园,占地1066平方米。象山景区已完成南入口停车场方案设计,以及老莱子山庄维修及文化内涵充实方案设计。东宝山景区已完成游步道路基整形700米、青石铺路100米,东山西路林相改造已完成部分花灌木和色叶植物栽植。完成城区40余条道路及象山二路游园、廉政文化广场等公园绿地的园林设施改造和绿化补植;市民广场、蒙泉生态园完成财评、招投标等工作。在城区5个公园广场游园、20余条道路、19个节点,栽植开花乔木1300余株、花灌木14000余株、色块植物近3万平方米,播种自衍花卉18万平方米。启动了武汉园博园荆门园建设。加强园林设施维修,办结数字化城管案件103起。

社会绿化 组织84家部门、企事业单位(1.7万人)履行义务植树义务,完成投资170余万元,分别在东宝山、西宝山、城北防护林栽植栾树、枫香等不同规格苗木3300余株,建成绿地5100平方米,成活率达90%以上。推进城区生态复绿工程,协助完成了市中心城区周边29个已关闭采石场的调查摸底,制定《中心城区采石场塘口复绿总体方案》。指导16家单位进行了庭院绿化、花化改造。开展"三送三进"(送花进家庭、送绿进庭院、送服务进社区)活动,为城区22个单位和小区居民送去各类花卉苗木近万株。

行业管理 全市共有园林绿化企业35家,其中一级资质1家,二级资质14家,三级资质20家。年内完成10家园林绿化企业贰级资质、5家园林绿化企业叁级资质延续及4家园林绿化企业叁级资质核准工作。建立园林绿化企业资质评审专家库,成员由市园林部门及各县市区绿化主管部门的15名专家组成。加强风景名胜区管理工作,配合省住建厅完成了国家住建部对荆门市京山大洪山国家级风景名胜区和钟祥大洪山国家级风景名胜区的执法检查,并督促对存在的问题进行了整改落实;配合市发改委落实高尔夫球场清理整治工作。精简审批事项3项,审批时限由20天缩短为5天,全年办理行政许可事项172起。查处各类损绿毁绿行为74起,查案率达98%以上。

成功举办荆门市第二十一届菊花展 10月29日—11月28日在天鹅广场举行。菊花展以"菊韵金秋,魅力荆门"为主题,共有京山县、沙洋县、钟祥市、东宝区、掇刀区、漳河新区、高新区、屈家岭管理区8个县(市、区)及23个企事业单位参展,展出菊花扎景27组、特种展台4组、造型菊1500多个、盆栽菊花及配花近30万盆,共接待游客20余万次。

园林科研 全年科研投资40余万元,引进檫木种子、本地野蔷薇、刺槐、月见草、美女樱、孔雀草、球花藜、狐尾草、画眉草等二十多个品种进行引种筛选繁育,丰富本地植物品种。先后从开封引进菊花新品种,挑选墨菊、唐宇金秋、唐宇傲狮、麦浪、犀玉满头进行培育,丰富菊花品种。

住房公积金管理

2014年,全市归集住房公积金12.54亿元、发放个人贷款5.47亿元,分别比上年同期增长16.64%和减少0.31%。新增职工账户2440个。住房公积金提取额5.87亿元,加上住房公积金个人贷款额,住房公积金使用总额达11.34亿元。实现增值收益1.04亿元,同比增长11.89%。

全市建立住房公积金制度的职工总数达 17.75 万人，累计归集住房公积金 84.71 亿元、归集余额 56.48 亿元；累计为 39486 户中低收入职工家庭发放住房公积金个人贷款 37.33 亿元、个人贷款余额 19.17 亿元；累计提取住房公积金贷款风险准备金 8879.38 万元；累计上缴各级政府城市廉租住房建设补充资金 1.72 亿元。

村镇建设

小城镇建设 全市小城镇完成基础设施建设投资 8.03 亿元，实施了镇区道路、供水、供气、绿化、污水、排水等新改建工程。子陵铺镇、漳河镇、团林铺镇等 10 镇成功创建全国重点镇。钟祥市石牌镇被国家住建部、国家文物局授予中国历史文化名镇称号。推荐京山县、沙洋县后港镇和钟祥市胡集镇申报第六届湖北省城镇规划建设管理“楚天杯”。

农村建设 宜居村庄建设，2014 年全市新（续）建宜居村庄项目 26 个（其中京山县 8 个，沙洋县 2 个，钟祥市 4 个，东宝区 7 个，掇刀区 2 个，屈家岭 1 个，漳河新区 2 个）。推荐钟祥市张集镇沙河村、京山县宋河镇鲍河村、沙洋县沈集镇帅店村等 12 个“宜居村庄”示范项目申报全省第四批“宜居村庄”。农村危房改造，共争取到两批农村危房改造指标 5816 户，补助资金 4362 万元，危房改造任务基本完工。出台《荆门新型农村社区建设技术导则》，对社区选址、安全与防灾，建设用地与规划布局，社区住宅设计与建设，公共服务设施配套，基础设施建设，绿地组织与环境建设，历史文化遗产与乡土特色保护，农村新型社区建设管理等 8 个方面进行了科学详细的规范。加强传统村落保护，7 月，市住建委联合市财政局、市文体新局制定了《荆门市传统村落保护整体实施方案》。12 月，钟祥市客店镇赵泉河村入围第二批中央财政支持范围的中国传统村落名单，获得补助资金 300 万元。

村镇污水处理设施建设 胡集镇、麻城镇已分别争取到 2014 年中央预算内投资城镇污水处理项目资金 700 万元、400 万元，胡集污水处理厂已开工建设。4 月底，市住建委联合市环保局举办为期 1 天的全市新型农村社区生活污水处理培训班，邀请湖北省环境科学研究院、湖北大学资源环境学院两位专家讲解了农村生活污水处理适用技术，市委副书记周松青出席开班仪式并讲话，市人大常委会副主任陈启华主持开班仪式。提请市政府出台了《关于加强新型农村社区生活污水处理工作意见的通知》。会同市环保局共同编制了《荆门市农村生活污水处理适用技术指南》，推荐净化沼气池、埋式处理系统、生物滤池、碳系载体生物滤池技术、土地处理技术、人工湿地、庭院式人工湿地、生物浮岛、稳定塘、多种技术组合等 10 种处理模式。

支持中国农谷核心区建设 年内争取上级补助资金 541 万元，其中农村危房改造补助资金 381 万元，小城镇建设以奖代补资金 100 万元，太子山林场旅游名镇创建资金 50 万元，宜居村庄创建补助 10 万元。太子山林场污水处理厂土建工程基本完成，进入设备安装阶段；屈家岭污水处理厂完成三通一平、围墙建设等临建工作；湖北文化创作交流基地一期主体工程基本完工，屈家岭房产交易中心投入运行。

支持大柴湖振兴发展 柴湖镇给排水、污水管网、市政道路、明渠水系水体等专项规划已编制完成。年内争取到柴湖镇城乡综合环境整治资金 200 万元；棚户区改造指标 300 户；协调钟祥市住建局为柴湖镇安排农村危房改造指标 1000 户，补助资金 750 万元。帮扶郑家集村建设，年内落实帮扶资金63万元和200吨水泥。

建筑业管理

建筑产业 全市建筑企业完成建筑业总产值114亿元，同比增长25%。共有建筑施工企业255家，从业人员近7万人。其中施工总承包企业112家、专业承包企业75家、设计施工一体化企业9家、劳务分包企业61家。中介机构35家，包括招标代理机构12家、监理企业14家、造价咨询企业9家。3月下旬，与市委党校联合在深圳、南通等地举办为期10天的建筑产业化高级研修班，全市共有52名建筑企业家参加学习培训。全年有19家企业进档升级，湖北莫愁建筑公司成功升级为房屋建筑工程施工总承包壹级资质，荆门市施工总承包高等级资质总量达到9家，位居全省前列。申报省级工法2项。

招投标管理 继续实行优势企业投标名录制度，经过预选公告、单位申报、综合考核等程序，69家施工和监理单位预选入围2014年度政府投资城建项目投标单位名录；制定出台《关于进一步加强建设工程招标投标监督管理工作的通知》，重点整治排斥潜在投标人、弄虚作假、围标串标、低价抢标等问题。全年查处了荆门市妇幼保健院3号检测楼工程规避招标、胡祠堂棚户区改造4号楼、5号楼及2号楼地下室工程监理规避招标等项目，依法依规处理了市第二人民医院内科大楼、市公安局业务技术用房空调和电梯招投标投诉案件，有效地规范了建设工程招标投标行为。全年共办理建设工程招投标项目167项，总建筑面积269.74万平方米，工程交易总额50.55亿元。

规范市场行为 修改完善了《外地工程建设企业进荆备案管理规定》，严格资格审查，实行押证管理，全年共办理外地建筑企业进荆备案150余家，对湖北泽源建设、北京纵横监理等2家分公司年度延续备案不予受理。开展造价咨询执业检查，对湖北宏达、湖北名大等2家造价咨询企业予以清除，2年内不得进入荆门市建筑市场。严格基本建设程序，认真实施现场踏勘制度，对廊桥·水岸小区等4个未办理规划及施工许可提前开工项目，联合市城管、规划等部门进行了查处。开展拖欠工程款和农民工工资调查摸底和专项检查，会同市劳动监察部门和各区妥善处置了汉通·楚天城等4个项目恶性讨薪事件，并对3家建设单位和5家施工总承包和劳务分包企业分别予以通报批评和不良行为记录的处罚。先后2次开展全市建筑市场大检查，共检查中心城区在建工程136个（次），下达整改通知书78份，现场处罚23份，不到岗确认书15份。随机抽查县、市、区在建项目11个，下达执法建议书4份。对福建闵清、广东腾跃、江苏建工集团等3家建筑公司进行立案查处，并对项目经理和总监实施了不良行为记录。

工程质量治理 以工程质量治理两年行动为契机，以涉及群众切身利益的保障性安居工程和城市基础设施工程项目为重点，大力推行建设工程质量终身责任承诺、竣工后永久性标牌和质量信息档案制度，严格落实项目经理质量安全责任。对全市7家质量监督站开展了质量监督机构检查。对全市工程质量检测机构和14家企业实验室开展了专项检查。组织近200人参加新监理规范培训。5月上旬对中心城区在建工程进行了全覆盖、拉网式大检查，对县、市、区在建项目进行了抽查。共检查89个单位工程，总建筑面积263.8万平方米，抽查质量行为3026项，抽查执行工程强制性标准3287项。针对存在的问题下达质量整改通知20份、局部停工1份、现场处罚24份、执法建议书2份。立案查处了公路花园违规加层等案件，约谈企业负责人及项目经理10余人次；配合省厅对3家结构优质项目进行了复查，妥善处理质量投诉20余起。锦绣紫荆城35号楼等3个项目获得省优质工程（楚天杯）奖，荆门市政务中心等12个项目获省结构优质工程奖项。

安全生产工作 年初召开系统安全生产座谈会，与各县（市、区）和委直各单位签订安全生产目标责任书。以安全生产月活动为契机，开展了形式多样的宣传教育活动，先后组织观看警示教育片25场，开展应急预案演练8次，制作展板21块，发放宣传资料1600份，解答市民疑问30多个。开展了全市住建系统安全生产隐患排查治理“两化”体系培训，各县、市、区住建部门和建筑施工、燃气经营企业负责人共80余人参加培训；创观摩样板工地2个，召开现场观摩会2次，全市建筑业代表800余人（次）参加观摩学习。先后两次开展了建筑工程安全隐患排查治理行动，共检查工程项目86个（次），下达安全隐患限期整改通知书18份，暂停施工整改通知书9份，当场处罚决定书17份，立案查处2起，对2个责任单位和9名项目经理（总监）分别实施了一般不良行为记录。“11·3”建筑安全事故发生后，立即开展了全市起重机械设备专项检查，停止使用了湖北永立设备安装工程有限公司安装的塔式起重机31台，施工升降机7台。并举一反三，对全市所有起重机械设备开展拉网式大体检，封停3台塔式起重机、3台物料提升机、10台施工升降机。全年发生建筑安全死亡人数2人，未突破省厅和市政府下达的死亡控制指标。全年创省安全文明施工现场11个，全国AAA级安全文明标准化诚信工地1个，全市安全文明施工水平稳步提升。

建筑科技

勘察设计 全市共有勘察设计企业17家，外地设计单位来荆备案54家。全年开展图纸审查项目94个，建筑面积3334725.92平方米。开展勘察设计专项治理。制定出台了《房屋建筑工程勘察设计质量专项治理工作方案》，明确治理范围：住宅工程（重点为保障性安居工程）、大型公共建筑和超限高层建筑工程，重点开展勘察质量、设计质量、施工图审查三个方面专项治理。支持指导图审机构换证升级，图强建设工程施工图咨询有限公司和华盛施工图咨询有限公司的资质分别升级为临时一类和二类。组织企业和机构自查自纠，指导督促企业对内部质量管理制度、质量意识、质量行为、技术成果质量等全方位情况进行自查，对发现的问题及时进行整改。结合工程质量治理两年行动，督促勘察设计单位全面落实主体项目负责人质量终身责任，签署工程质量终身责任承诺书、建立勘察设计单位项目负责人质量终身责任信息档案。市勘察设计协会完成换届选举。

散装水泥 全市完成散装水泥711万吨（市直402万吨，葛洲坝水泥厂309万吨），散装率56%；供应预拌混凝土268.8万立方米，供应预拌砂浆10.2万吨。年初将散装水泥、预拌混凝土供应量目标计划下达到各生产企业，签订目标责任书，逐月检查考核，推进各项指标按计划完成。依法“禁现”，根据中心城区城市总规，及时调整“禁现”范围，确保中心城区预拌砂浆推广应用不留死角。加强市场执法检查，4月、9月，组织市散办和市建管处市场站、质监站联合对预拌砂浆使用情况进行专项检查，责令9个项目单位及时进行整改。市散办全年巡查124次，下发整改通知书15份，发放停工通知书3

份，整改到位100%。支持重点镇“发散”，马良镇新建2条预拌混凝土180生产线，总投资4500万元，设计生产能力40万立方米，2014年实际生产3.6万立方米；胡集镇新建1条预拌混凝土180生产线，总投资1000万元，设计能力20万立方米，2014年实际生产1万立方米。

公用事业

城市供水 提高供水保障能力，年内完成建设投资4855.5万元，新增供水管网12930米，改造管网1650米；完成了二水厂改扩建工程，完成投资5400万元，供水能力提高至25万方，满足漳河新区和南城区的建设发展用水需要；实施三水厂絮凝沉淀池工程、备用电源工程和二水厂应急取水工程。加强水质监管，督促供水企业完善了源水水质生物预警系统、视频监控系统、出厂水和管网末梢水质检测机制。加强对自备水源单位生活用水的制水工艺和出厂水检测监管，保证水质达标供给。加强节假日供水重点部位和关键环节的防范工作，督促全市20多家二次供水单位进行了供水设施清洗消毒及水质检测，确保供水安全。保障持续供水，建立了降压维修、停水报批制度，完善了停水公告方式、供水车辆应急供水等应急措施。城区全年实现安全供水5250多万立方米(其中市供水总公司3926.3多万立方米)，水质合格率达99%以上，服务投诉处理率达100%。

城市污水处理 严格核定每月达标水量和水质监测情况，每月不定期抽取不少于3次水样进行检测，派驻监管人员24小时不定时现场巡查记录合格排放量。夏家湾污水处理厂全年污水达标排放3006.8万立方米、干污泥处置2667吨、COD(化学需氧量)削减5002.6吨、设备完好率达95%。督促做好杨树港污水处理厂达标整改工作，更换杨树港河道东北侧全长约6600米的配套干管，完善了中控系统和在线监控设施，优化污水处理工艺，加强工业企业废水排放监管，10月底整改完工，COD、氨氮等主要污染物浓度指标均已符合《城镇污水处理厂运行监督管理技术规范》。加强自备水源单位污水处理费征收。专人负责对计量设备的安装维护、抄表、用水量核定及污水处理费核定，全年共征收9家单位(中石化、热电厂、天茂、三三〇、凯龙、金龙泉、高店水厂、福耀玻璃、市二医)城市污水处理费，计292万元。

城市燃气 全年完成燃气管网及配套设施建设投资1400万元，新增管网169.47公里，改造管网820米，新增用户18555户。加强安全监管，严格执行安全生产责任制和安全事故责任追究制，每月不定期进行检查和抽查，重点检查企业经营证照、安全生产制度资料、安全生产操作规程、安全培训教育、企业安全巡查记录及应急方案的执行情况和设备设施配备运行等方面情况。查出设备漏检23处，设施缺陷12处，安全隐患79处，整改及时率达99%。燃气燃烧器具备案工作，制定下发《关于开展燃气燃烧器具备案管理工作的通知》，共有96家燃气燃烧器具经营企业，近70个品种实行了贴花管理销售，备案目录涵盖家用热水器、灶具、商用灶具、家用壁挂炉、燃气报警器、金属波纹管六大类，杜绝假冒伪劣产品进入燃气市场。液化石油气场站视频监控系统建设，6月启动建设，主要包括监控中心机房、应用软件、LCD大屏幕、系统集成等；8月上旬，全市81家液化气站的重要部位视频监控图像传输系统全部完工，并投入试运行，年内已有50家气站正式上线，是全省唯一实现液化气站视频监控信息化管理的地级市。10月10日至12日，成功举办全省石油液化气管理工作现场经验交流会，全省各地、市、州分管燃气工作的负责人300多人参会，主要观摩了荆门市通源燃气有限公司储配站进行的反恐演练，参观了牌楼液化气站正规化管理和液化石油气站视频监控联网项目。

城市供热 市政府以签订供热特许经营协议的形式，授权武汉美华科教负责投资、建设、运营北城区华能厂区外至热用户之间的城市供热管网设施，美华科教（占股75%）、荆门国电（占股15%）、荆门金贸资产公司（占股10%）共同出资成立荆门联成热能有限公司。中心城区集中供热项目主要利用国电和华能两个热源，规划建设四纵四横共八条供热管线，铺设供热管道58公里，新建热力站55座，计划投资5.3亿元。其中，国电热源主要服务于化工循环产业园区，华能热源主要服务于城区。城区供热管网及配套项目建设，已完成管道铺设11.39公里，完成投资5400万元。

城建档案

建设工程项目档案归集管理 全年共办理建设工程存档手续377个工程项目；办理市政基础设施工程存档手续45个工程项目；接待建设单位、施工单位咨询办理城建档案业务2954人次，核发《建设工程档案合格证》317个工程项目；深入工地现场业务指导2153人次。全年制作工程视频光盘80个工程项目，拍摄高清视频近364G，照片9950张，使用录像带120盘，著录整理490个工程照片23337张，声像档案388卷。

地下管线档案管理 开展地下管线普查，普查范围包括老城区和新城区以及漳河镇（东至襄荆高速公路、南至团林镇、西至漳河镇、北到子陵镇）。4月，完成全部地下管线普查工作，累计管线探测长度2397.910公里（其中老城区管线探测长度1311.528公里，新城区管线探测长度1086.382公里）。MapGis数据平台建立并试运行。

城建档案编研利用 全年接待城建档案利用来访276人/次，调阅城建档案680卷，编辑内部交流刊物4期，制作1部宣传画册《第九届中国北京园博会-荆门园》，制作《行风劲吹政风清》、《中国农谷生态荆门》、《新型城镇化讲座》、《加强园林绿化工作推进生态文明建设》等11部纪实类专题片和视频短片；完成地下管线工程档案管理相关课题一项。选送5件作品参加湖北省档案学会主办的全省档案优秀论文和编研成果评比，分别揽获不同类别奖项的一等奖和优秀奖。

城建档案数字化 10月成立数字化整理科，完成案卷著录13654卷、509987页，截至年底，全馆数字化扫描共完成878个工程736847页；其中，城建档案数字化新增23万页。将吉林省通化市作为荆门市城建档案异地备份基地，全年共完成191个单位工程电子文件移动硬盘和光盘备份工作。

京山县

城乡规划 完成了温泉新区总体概念规划、京山城区道路交通专项研究、京山河景观带工程设计以及武荆连接线、西环路、惠水文化广场等绿化规划设计和青少年活动中心施工图设计；启动了中心城区控规以及地下空间利用、排水（雨水）防涝、地下管线探测规划工作；配合开展了地理信息普查工作、武天荆城际铁路京山段线路方案和京山县生态保护红线的划定。谋划旧城改造规划，完成了文峰新社区的规划编制，配合开展了东门路、八一南路“城中村”旧城改造工程，启动了县供销社、原钢化玻璃厂生活区等10个棚户区改造项目。完善县域村镇规划。完成了14个镇总规、11个镇的控规、石龙义和村等

5个县级新农村示范村以及孙桥沙岭湾村等9个美丽乡村示范村的规划编制;完成了纳入荆门市重点农村新社区的5个村庄规划。实施服务项目规划。编制了京山物流中心、京山鑫源铜铝业等110多家单位的修建性详规,完成了京山澳洲高新产业园、钱场工业园概念规划以及宋河工业园第二批次入园企业规划,开展了原京山宾馆项目规划建设意见征询风险评估工作。全年审批各类项目52项,城区危房改造30户。

城市建设 全年完成投资1.31亿元。经济开发区新阳大道东延段、滴水寺路等9条新开工道路项目进展顺利,金瑞中科东侧道路、亨得利京峻南侧道路工程基本建成。温泉新区道路骨架全面拉开,南环线、鸭山路、文峰大道完成沥青下封,惠山大道启动路基建设,初步形成“两横六纵”;沿河南路、京源大道西延道路、云杜北路、幸福北路等道路建设工程全面建成;完成了京山河(南河三桥至西环线)和乌龙河综合改造;完成了开发区11条给排水工程;武荆高速连接线、西环线绿化工程全力推进,轻机大道、富水大道等7处3.82万平方米绿化全面完成;开发区、温泉新区道路配套排水工程完成投资1000万元;完成社区基础设施建设“以奖代补”项目400万元;西环路和申公路道路路灯安装445盏完成投资500万元。

新型城镇化建设 全县各镇共投入9671.6万元资金用于集镇基础设施建设;各镇小区开发建设投资额为2.7亿元,建筑面积达25.6万平方米;投入资金1577.3万元启动了永兴镇群光村等9个宜居村庄的建设;探索出美丽乡村建设“三模式”(以蒋家大堰村为代表的户出资、村补贴,集中转运的村级处理模式,以沙岭湾村为代表的湾集中、村转运,“一事一议”运作的湾长理事模式和以余家沙坡村为代表的户收集、湾集中,义务转运的农户轮值模式),“幸福马岭”新型农村社区模式被省委、省政府推广;义和、同升等5个县级新农村示范点建设稳步推进;改造农村危房776户,争取资金582万元。村镇管理,加强住建分局人员和农民建筑工匠的业务素质培训,提升村镇建筑工程建设管理能力。全年各镇住建分局审批建房631户,查处违章建设134起,下达停工整改各类通知书286份,发放农民建房安全告知书728份。

建筑业 全年受理工程报建项目92个,建筑总面积93.4万平方米,完成建筑业产值11.4亿元。建筑工程安全监管,全年安全生产零事故,安全生产“两化”(标准化、数字化)体系监管平台建设考评名列全县第一;创建省级安全文明施工现场1个,市级文明施工现场9个;建筑安全受监率达到100%。建筑工程质量管理。扎实开展工程质量治理两年行动,工程建设责任主体质量行为进一步规范。工程主体结构质量稳中有升,监督竣工验收建筑工程186个,建筑面积61.5万平方米,竣工工程质量验收合格率达100%;全县建筑工程争创省优工程1个,市优工程7个。规范建筑市场秩序。查处26家未办施工许可、擅自施工的项目,处理9起投诉案件和15起违法违规装饰工程;发布建筑市场材料价格信息6期。

建筑节能 全年建筑节能设计审查项目110个,建筑总面积80万平方米,新建项目62个,建筑面积52万平方米,城区新建建筑设计阶段建筑节能标准执行率达100%。制定出台城区建筑节能实施管理办法,新建居住建筑全面执行65%节能标准,建筑面积达7.5万平方米,占年度计划的107%。推广可再生能源建筑应用,应用项目10个,应用面积14万平方米。既有建筑节能改造,落实项目5个,建筑面积2.4万平方米,占年度计划的195%。“禁实”工作,新型墙体材料应用率达89%,城区“禁实”率保持

100%；宋河镇“禁实”已达标验收，实现了重点镇“禁实”新突破。

保障房建设 全年开工建设保障性住房项目11个、2272套，占目标任务104.2%；基本建成保障性住房项目14个，共2595套，占目标任务109%；保障性住房分配入住1288套，占目标任务的107.3%；发放廉租住房补贴1758户，共278.08万元。

房地产业 全年核发商品房预售许可证47本，批准预售面积为72.48万平方米，销售商品房4076套，销售面积44.12万平方米，成交金额15.26亿元，成交均价3398元/平方米。全县商品房库存面积95.05万平方米，8862套。构建开发企业信用体系，评定AAA级企业2家，AA级企业14家，A级及以下级企业27家。规范开发市场管理行为，办理各类房地产开发资质升级、延期、申报23件；查处各类房地产开发违规案件49起。探索房屋权属登记办理“聚、简、提、增”四字模式，县房管局被省住建厅定为“房地产交易与权属登记规范化管理单位”。物业管理工作，起草《京山县商品住宅专项维修资金管理实施细则》，联合县物价局召开了商品房销售明码标价暨物业服务收费政策提醒会，指导金茂银河湾、新阳小区等5个小区成立了业主委员会或进行改选。

沙 洋 县

城乡规划 已完成新一轮县城总体规划(2012—2030年)修编；控制性详细规划、新港区规划、燃气专项规划完成初步成果。集镇规划覆盖率达100%，村镇规划覆盖率达98%。

城市建设 全年共安排城建重点项目15个，年内完工6个，完成总投资3.58亿元，续建和新建城市道路里程22公里。开源大道东段、五星酒店一路二路、工业六路一标段、工业七路等5条道路建成通车，荷花南路桥、工业六路二标段林咀桥、西荆河桥、工业六路三标段均已完工。五洋路三期、荷花北路延伸段、坚实东路北路、平湖路改造等工程加快推进。孔家湾公园完成土建工程招投标。城区绿化建设。完成平湖北湖整治工程第三标段绿化、西荆河(车站至水务局段、富泰桥至南环桥段)绿化，汉津大道、荷花北路、南路、工业七路、长林路东路、五洋路二期、工业十路等道路绿化以及原君悦酒店转角处绿化、百川市场绿化等绿化工程共计20余项，新增、改造绿化面积约17万平方米。

村镇建设 官垱镇总体规划已获市政府审批，启动卷桥、高桥、集镇三个新社区建设；后港镇荆南村、高阳镇垢冢村、纪山镇郭店村、官垱镇王坪村、曾集镇雷都村、五里镇陈池村等6个村被评为省级“宜居村庄”，争取资金60万元；860户农村危房改造任务基本完工。

墙体革新与建筑节能 全年建筑节能备案审查20个项目，面积45.11万平方米，其中居住建筑41.69万平方米，公建建筑1.54万平方米，工业建筑1.88万平方米，全部执行65%设计标准。城区新建建筑设计阶段建筑节能标准执行率达100%，节能建筑所占比例达到65%以上。推广可再生能源建筑应用项目达5.39万平方米。成功申报节能减排太阳能路灯改造项目，争取到中央节能减排专项资金1200万元。完成沙洋县移动公司营业厅、国税局办公大楼节能改造项目，建筑面积7100平方米。

公用事业 城市供水，全年敷设DN100及以上供水主管12000米，新增用户1135户；维修供水主管、闸阀900余处。完成沙洋镇三峡村的给水管网工程，解决该村400余户农户的安全饮水问题。城市供气，全年累计开户14086户，其中居民用户13887户、商业用户195户、工业用户4户。污水处理，全年共处理污水910万吨，COD减排量为1190吨，氨氮减排量为110吨，污水处理负荷率为80%，各项出水指标均达到了设计要求。启动实施污水处理厂污泥无害化处置和资源化利用项目，规划建设规模为日污泥处置60吨，总投资1506万元，占地面积12000平方米，工艺技术采用槽式静态垛好氧高温堆肥，已完成土建工程招投标。争取到北城区污水管网处理项目中央预算内资金300万元。

保障房建设 全年保障性住房项目新开工建设3220套，其中公租房800套、城市棚户区改造1520户、工矿棚户区改造900户；基本建成各类保障房1987套，其中公租房1102套、城市棚户区改造652户、工矿棚户区改造233户；分配入住各类保障房 1562套。发放住房补贴1057户120万元，完成169户配租家庭的摇号配租工作，取消41户廉租房资格。

房地产业 全县完成商品房开发投资41228万元，建设商品房面积52.4万平方米，其中新开工商品房面积 14.7 万平方米。共批准预售商品房面积364152平方米，其中城区 237650平方米、乡镇126502平方米。累计完成商品房销售190524平方米（住宅159674平方米、商业及其他30850平方米）、1861套（住宅1399套、商业及其他462套）。

钟 祥 市

城乡规划 完成了老城区控制性详细规划、中心城区道路竖向及排水专项规划 3 项成果，并通过了专家评审；编制了全市城乡垃圾治理统筹规划、城市消防规划、气象规划等专项规划；督促城管局等单位完成了城市环卫、城镇燃气、城市供水等专项规划，已报市政府审批；修改了钟祥历史文化名城保护规划，县门坡历史街区部分历史建筑修缮工作已经启动；完成了镜月湖北岸五星级酒店综合项目用地规划等50多个修建性详细规划编制；全年出具《规划选址意见书》12项及规划意见44个，核发《建设用地规划许可证》43项、《建设工程规划许可证》92项，许可用地面积154万平方米，建筑面积250万平方米。制止和拆除违法建设1668户次，拆违面积8万多平方米；委托湖北省地图院负责地理信息普查，已完成全域航测及主城区、市郊及城市重点规划范围内500平方公里基础地理信息数据采集与三维建模工作。

城市建设 全年完成投资22亿元，比2013年增长15%。旧城改造，阳春广场地下人防工程及地下商城投入运营，文峰路中段与建设大道皇庄段改造竣工通车，楚贤路东段拉通，护城河沿岸畅通工程分期实施。配套了郊郢路南段、石城大道中段排水管网，建成了八一大沟，启动了西环一路、石城大道、安陆府路下水道清淤。完成了海子河农贸市场改造，建成了莫愁湖农贸市场、皇城门菜场、高庙菜市场、子胥台菜市场5个菜市场。新区建设，莫愁湖新区王府五星级酒店建成投入运营，启动了龙山大道二期、莫愁公园建设，明显陵创5A级景区相关项目扎实推进，莫愁湖新区被列为全省首批省级绿色生态城区示范项目。城东新区朗曼五星级酒店进入实质性建设阶段，承天东路、石城东路等项目抓紧推进。南湖新区建设，纬二路、纬三路、经五路已完工，新人民医院、第二污水处理厂进展顺利，广东楚商国际产业城路网基本形成，配套设施逐步完善。经济开发区建设，建成西环三路西端，启动了沿江大道、第二自来水厂建设。园林城市创建，全年投入城市绿化建设资金1104.9万元，新增园林绿地面积6.58万平方米。完成了跨湖桥游园、镜月湖游园、西环四路、楚商大道隔离带、七里街花坛等8个绿化

工程；对祥瑞大道、交通岛、莫愁湖夏苑等15处进行“花化”。

小城镇建设 各乡镇共投入资金3.5亿元，新修改造道路57公里，配套供排水管网50余公里，新建垃圾中转站6座、公厕39座，新增绿化面积2.3万平方米。大力支持柴湖振兴发展，68项行政审批、服务事项应放尽放；整合棚户区改造、危房改造、污水处理、环境整治等项目，到位资金3250万元，用于移民新城建设。积极推进杨竹流域示范区钟祥“1+5”片区皮集新社区建设试点工作，深入开展镇村环境综合整治工作，高标准实施干道沿线亮化、美化、净化工程建设，小城镇面貌明显改善。胡集镇、柴湖镇、旧口镇跻身全国重点镇，石牌镇被公布为第六批中国历史文化名镇。

城市供气 全市现有燃气企业32家，其中天然气2家，车用天然气加气站1家，LNG加气站2家，石油液化气27家，天然气用户39000余户，铺设高、中、低管线534公里，年供气量1500万立方，拥有加气车辆800余辆，年供气量360万立方，年供液化气4000余吨。全年共开展6次安全隐患排查检查，下达安全隐患整改通知书78份，消除燃气安全隐患150处，整改率达100%，确保了全市用气安全。

建筑业 2014年完成建筑业总产值15亿元，比2013年增长20%。工程受监率达100%，竣工验收合格率达100%，备案率达98%以上，住宅工程无质量通病创建率达100%，新建建筑设计阶段建筑节能标准执行率达到100%，施工阶段达96%。创省结构优质工程2项，创荆门市安全文明施工现场“象山杯”8个，培育12个安全标准化示范工地。莫愁建筑工程有限公司成功晋级一级资质施工总承包企业。全年培训各类人员961人，鉴定合格发证355人，超额完成省厅下达的目标任务。城市印象、梦湖壹品2个商住小区填补了荆门市低能耗居住建筑的空白，装机容量1.167兆瓦的湖北誉虎实业公司太阳能光电建筑应用项目成功并网发电。

住房保障 全年共争取国家政策性补助和地方政府配套资金1.33亿元，开工建设各类保障房2826套(其中：公共租赁房414套；经济适用房265套；城市棚户区改造1059户；国有工矿棚户区改造288户；垦区改造800套)，基本建成2051套，分配入住1779套，新增发放廉租房租赁补贴449万元，对城镇人均住房面积14㎡以下的3377户低收入家庭做到应保尽保，圆满完成上级下达的目标任务。清退租赁补贴对象2109户，廉租房转为公租房20户，清退8户。保障房类型发展到公租房、城市棚户区改造、工矿棚户区改造、林区改造、垦区改造、农村危房改造等8个种类。保障地区从郢中城区发展到胡集、磷矿、官庄湖、长寿、柴湖、石门、双桥等多个乡镇场库。投入400余万元对“惠民小区”进行配套设施建设和环境建设，聘请物业服务企业进行物业管理服务。投资数十万元对楠木山、军转楼、王集中学、大峪口等廉租房进行了维修，金桥花园配建自行车棚等设施，改善住户的居住环境。

房地产业 全市共有房地产开发企业69家，其中：二级企业6家，三级企业7家，四级企业32家，暂定级24家。全市累计网上备案的上市楼盘达44个，其中10万平方米以上规模的住宅小区20多个。全市在建房地产开发项目56个150万平方米，核发商品房预售许可证25个，批准预售各类商品房10370套81.8万平方米，同比上升66.47%；商品房备案成交4393套45.47万平方米，同比上升28.36%；新建商品住房销售均价为3081.3元/平方米，商业用房销售均价为7629元/平方米。全年累计纠正和处罚各类违规行为20起，将全市25个新建商品房项目预售资金使用情况全部纳入监管范围，监管额度稳定在7000万元。加强信用体系建设，评出3A级企业2家，2A级企业38家，B级企业1家，C级企业2家。

屈家岭管理区

城市规划 编制完成《屈家岭城区排水（雨水）防涝综合规划》；完成了北外环路向西延伸段、五三中路东段、农大路、发展路A段、4号路等道路的红线设计规划；完成了荆门百谷丰、太子名城、十万方高密度板项目、稀土节能电机制造项目、废旧轮胎综合利用投资项目等20个项目测量放线工作。全年核发选址意见书1本，规划用地面积8491.57平方米；发放建设用地规划许可证63本，规划用地面积1040682.54平方米，其中项目办证37本；办理建设工程规划许可证副本11本、正本49本，建筑面积532792.8平方米，其中项目办证23本。

城乡建设 公共设施建设，铺设弱电管网25公里，新改建公厕2座。园林绿化建设，完成了16742.9平方米绿化带建设和1170棵行道树的栽植。建筑工程管理，办理施工许可证8本、备案证40本、备案资料111本、竣工资料235本、报建资料12本。城市管理，拆除废旧广告牌和门店招牌292块，拆除违章建筑5起；环卫清扫保洁实行市场化运作，城区道路机械化清扫（冲洗）率达到80%，比去年增长50%。农村危房改造，已基本完成508户农村危房改造任务。

住房保障 年内新开工保障性住房、棚户区改造住房1400套，分别占目标任务的100%，其中公租房新开工400套；国有垦区棚户区改造新开工1000套。基本建成1026套，占目标任务的128.3%，其中公租房新建成810套，国有垦区棚户区新建成216套。分配入住687套，占目标任务的114.5%；新增发放租赁补贴244户，占目标任务的244.0%。

鄂州市建设

宜居城市——鄂州

规划·勘测

规划编制 中心城区实现了控制性详细规划全覆盖，完成组群式大城市电力、给水、排水、燃气、综合交通五大专项规划，完成中心城区地下空间开发利用规划、中心城区蓝线规划、中心城区绿道系统规划、中心城区主要道路公益广告规划、主城区主干道沿线户外广告详细规划、城乡一体化污水专项规划、防洪排涝专项规划、老城区雨污分流改造工程、三国吴都风光带商业改造规划等85项；全省“四化同步”示范乡镇汀祖镇镇村系列规划通过省政府评审，编制完成了32个美丽乡村规划；承接了国家级试点“多规合一”工作，开展了厅市共建省级试点《城市增长边界及“三区四线”规划》，启动了“十三五”近期建设规划编制工作。

规划管理 按照全域规划管理工作需要，结合沿江滨湖开放开发工作要求，合理划分了管理权限，实现了全市域规划编制、审批、监管全覆盖，达到了“有规可依、执规必严、违规必究”的目的，保障城乡规划的全面实施，完成了三区规划分局的组建工作，全域规划管理工作全面展开。开展了实体超建专项整治，依法依规查处主城区实体超建项目73个，处罚追缴8331万元（其中已到位国库资金5702万元，申请人民法院强制执行2629万元），对其它在建项目起到了极大的震慑作用，2014年主城区无新的实体超建项目，建市多年来的实体超建顽疾得到有效遏制。厘清了与城管局的职责，实现规划执法进“大城管”。全市核发建设项目选址意见书52份；核发建设用地规划许可证85份，核发建设工程规划许可证142份，核发竣工验收规划条件核实证明105份。

“数字鄂州”建设 加大“天地图·鄂州”节点建设及推广力度，完成原有数字鄂州公众服务平台、“天地图·鄂州”两套系统的整合工作、更新了鄂州市内4000余个兴趣点（POI）数据、整合鄂州市现有的地理信息资源，在“天地图·鄂州”上公开发布鄂州全市域影像数据以及主城区60平方公里三维数据；建设鄂州市时空信息云平台，完成了时空信息数据扩充、平台接口新增、平台功能服务升级、云平台支撑环境改造，新增虚拟云计算资源的调度、访问、使用、释放等管理功能，为“智慧鄂州”建设奠定基础；完成了国家“智慧城市”试点的申报工作。

勘察测绘 第一次地理国情普查工作完成了1443平方公里地表覆盖和国情要素数据的采集、1072平方公里的外业核查工作，通过了国务院普查办的检查。完成了三维辅助规划决策系统、基础测绘成果转换到2000国家坐标系等厅市共建项目，完成了“鄂州市60平方公里三维模型数据更新”项目的验收工作，完成了《鄂州市地图集》的编制工作。对全市测量标志点进行了普查和维护，提高测量标志的完好率，完善测量标志的数据入库、汇总等管理信息化工作，做到了“经费全保障、标志点全覆盖、管理全到位”。

2014年主要规划项目编制情况表

类　别	编制完成的规划项目	编 制 单 位
区域研究	鄂州市城乡空间增长边界暨三区四线管控规划	鄂州市城市规划勘测设计研究院 新加坡邦城规划顾问有限公司
城市设计	鄂州市火车站周边区域功能定位与地区发展研究以及周边区域城市设计	上海复旦规划建筑设计研究院有限公司
专项规划	鄂州市中心城区地下空间开发利用规划	华东建筑设计研究院有限公司 鄂州市城市规划勘测设计研究院
专项规划	鄂州市中心城区主要道路公益广告规划	鄂州市城市规划勘测设计研究院
专题研究	鄂州市新型城镇化规划纲要专题研究	鄂州市城市规划勘测设计研究院
专项规划	鄂州市中心城区蓝线规划	鄂州市城市规划勘测设计研究院
乡规划	汀祖镇“四化同步”示范乡镇试点镇村系列规划	广东省城乡规划设计院 鄂州市城市规划勘测设计研究院
控制性详细规划	梁子镇控制性详细规划	北京世纪千府国家工程设计有限公司
控制性详细规划	太和镇控制性详细规划	鄂州市城市规划勘测设计研究院

2014年主要测绘项目表

项 目 名 称	项目内容及规模	承 担 单 位
数字鄂州地理信息公共平台维护管理及应用推广	数字鄂州地理信息公共平台的日常软硬件维护、运行管理、数据更新和应用推广	鄂州市地理信息中心
鄂州市时空信息云平台建设一期	为“智慧鄂州”建设奠定基础：时空信息数据补充；平台接口新增；功能服务升级；云平台支持环境改造	鄂州市地理信息中心
编制公开出版发行《鄂州市地图集》	专题图；主城区分幅图；区域地图；成品尺寸210*295mm	湖北省地图院
鄂州市现有基础测绘成果转换到2000国家坐标系	全市域现有200平方公里1:500，1200平方公里1:2000，200平方公里1: 1000矢量数据及全市域0.5米分辨率正射影像	湖北省测绘工程院
“天地图·鄂州”节点建设及推广	数字遢制公众服务系统对接天地图，升级为国家天地图市级节点；发布全市域数字影像、主城区数字三维	鄂州市地理信息中心

城市建设

2014年，全市域完成市政基础设施建设投资110亿元。其中，主城区完成投资150118万元，实施建设项目49个。道路桥梁工程完成投资79962万元。鄂州大道、意邦东路等10个建设项目，以及五丈港路、中医院巷道等4个改造项目完工；园林绿化工程完成投资13992万元，鄂州大道宽幅绿带、寿昌大道南侧分车带等10条道路绿化项目完工，建成了交通局绿地、吴都春天西侧绿地等6个绿化节点；武汉园博会鄂州园完成设计，当年12月5日正式开工建设；洋澜湖综合整治工程完成投资5653万元；市政前期及拆(改)迁完成投资30300万元；城管设施建设完成投资3578万元；其他项目完成投资16633万元。

吴楚大道西段工程 吴楚大道是省综改示范重点项目，道路全线由东、中、西三段组成，西段起点青天湖路，止点创业大道，全长25.3公里，路幅宽110～120米，含五四湖桥、青天湖桥、薛沟桥、螺狮港桥等4座桥梁。工程投资23.5亿元，采取BT方式建设，于2012年7月15日开工，分鄂州开发区(10.8Km)、华容区(9.8Km)、葛店开发区(4.7Km)三段进行建设。当年，吴楚大道西段完成投资57339万元，累计完成投资119055万元。桥梁工程中青天湖大桥、螺蛳港、薛家沟桥桩基已完成，五四湖大桥完成桩基279根；完成承台123个，墩柱142个，盖梁41个，箱梁74片，板梁227片。道路工程中完成水泥搅拌桩54万米，预应力管桩17.6万米，CFG桩61万米，雨、污水管道3.1万米。

武黄鄂州互通、公铁立交及附属工程 起点连接鄂州大道一标段道路，止点武黄高速，全长1300米，采用全互通方案，总投资3.75亿元。采取BT方式建设，工程于2012年6月15日动工建设。当年工程完工并通过交工验收，完成投资12060万元。

葛山大道改造工程 项目起点鄂东大道，止点鄂州大道，全长6200米，路幅宽60～80米。工程直接投资2.5亿元。工程于当年5月开工建设。截至当年12月底，旧有路面改造完毕并通车，共改造路面14.5万平方米，挖填土石方30万立方米，安装雨污1.7万米。当年完成投资6006万元。

西山公园 起点西山汽车客运站，向北至沿江大道到汽渡码头，全长1020米，占地约21万平方米，集休闲、娱乐、商贸、体育、景观、宗教、绿化设施建设为一体。直接投资1亿元。工程于2013年4月18日动工，当年12月底基本完工，累计完成投资7700万元。

桔园公园 位于滨湖南路与滨湖西路交叉口，占地88亩，包括绿化、广场、栈桥、亮化、风雨亭、人行步道、沿湖护岸等。工程直接投资800万元，于当年7月10日动工，当年12月底完工，并向全市人民开放。

老城区雨污分流工程 该工程分为雨污分流改造、调蓄池建设和管理、泵站改造和管理三个子工程项目，工程直接投资58400万元。雨污分流改造：对老城区5.8平方公里范围的雨水、污水管网进行改造；调蓄池建设和管理：在滨湖桥建调蓄池一座，并建设值班室、道路等配套工程；泵站改造和管理：对城东、城南泵站进行维修改造及管理，青天湖泵站二期材料购置等。老城区雨污分流改造工程于当年4月24日全面开工，先后启动实施了镜园调蓄池、澜湖中学片区等项目，完成了三友巷片区排水改造、城东滨湖桥泵站改造、污泥处置等项目。

村镇建设

2014年村镇建设工作认真贯彻省市关于加

快推进新型城镇化和城乡一体化文件精神，继续加快全市小城镇、省级重点中心镇、特色镇、宜居村庄建设，特别在抓好村镇规划编制、加强村镇基础设施建设、积极开展美丽乡村建设和农村危房改造、优化农村人居环境等方面做了大量工作。全市共8个乡镇完成了总规或控规的修编，并完成15家申报创建省级“宜居村庄”的规划编制。当年全市小城镇基础设施建设共投入资金1.54亿元。当年，全市300户危房改造任务已全部完成，其中完成农村住房兜底保障对象8户。

葛店开发区 2014年实施市政基础设施工程27项，续建道路9项，新开工道路12项，改建道路4项，建成道路25公里，完成投资5.7亿元。完成绿化园林26万平方米、投资1.6亿元。建成公交车站48个，完成投资500万元。建成新市民停车场、过车涵洞城门楼，完成投资660万元。建成电厂农贸市场4418平方米，投资720万元 。新装路灯369 盏，投资120万元。铺设天然气管网4100米，投资3000万元。建成污水提升泵站2座、投资788万元；完成污水处理量410万吨，污水处理率达98%。全区在建房屋建筑工程67项，建筑面积274.3万平方米，工程质量竣工验收合格率达100%，全年城建档案入库1051卷。无安全、质量事故发生。

梁子湖区 2014年投入资金100万元，帮助各镇完善了总体规划和详细规划。全区小城镇基础设施建设已共投入2800万元，已完成全区中心集镇基础设施项目34项，主要涉及道路、绿化、美化、路灯、公厕、垃圾处理、广场、排水、污水处理等设施工程。重点选择10个村进行八大示范项目建设，分别为道路、绿化、污水处理设施、排水沟渠、社区服务设施、垃圾箱(池)、公厕、路灯，7个村通过省级“宜居村庄”验收。制订了《梁子湖区加快推进城乡一体化污水全收集、全处理、全覆盖工作方案》，在涂家垴镇进行全市城乡一体化污水处理全收集全处理全覆盖工作试点，日处理能力为2000吨的涂家垴镇集镇污水处理厂已开工建设，并铺设配套管网。覆盖全区的垃圾收集清运系统全部建成并稳定运行，按照“户分类集中、村统一收集、镇清运压缩、区转运处理”的模式，对全区集镇和村组居民的生活垃圾进行全面收集，经集中压缩处理后向外转运作无害化处理，全年外运垃圾20000余吨。该区城乡一体化垃圾收运经验作法获省住建厅肯定推广，在全国城乡一体化垃圾收运处理经验交流会上进行经验材料交流。建立城镇综合管理考评组、督查组、城管专班和督查人员的“四级”督查机制；建立城镇综合管理督查考评制度，考评情况每月进行一次综合考评排名通报，并与奖励基金(每镇拿出20万元，区财政拿出100万元，合计200万元作为奖励基金)挂钩，严格问责；建立目标管理制度，将城镇综合管理纳入区目标管理年度考核体系，奖惩严格按照考评结果进行兑付，进一步扩大考评范围，将清洁乡村工作纳入考评，推进城镇管理工作有效开展，全区城镇管理工作多次在全市非主城区城市管理考核中名列前茅。

鄂城区 2014年鄂城区共完成小城镇基础设施建设投资37189.94万元，2014年完成公租房建设250套，已全部封顶；长港农场垦区危房改造共30套已全部完工并交付使用；农村危房改造100户已全部完成并交付使用；城市棚户区改造100户已经全部开工；全区共发放住房补贴140 户，补贴金额15.2万元。

华容区 2014年华容区共监督建筑工程29项，总建筑面积69.8万平方米，总造价7.2亿元。其中，续建工程16项，建筑面积53万平方米；今年新开工建筑工程13项，建筑面积16.8万平方米，总造价1.8亿元。城东路主路路床

整理完成，雨污水管网铺设已完成；交通路道路改造工程主路面进行刷黑，当年年底完工；华容区城际铁路站前广场土建部分、绿化工程当年已完成招投标工作，次年将动工；南岭街改造工程已完成；林达工贸环境整治工作已圆满完成。华容城区污水管网设计工作、红莲湖新区大廖社区至集镇管网、吴河社区至恒大污水管网建设、红莲湖污水处理厂转运水池主体工程均已完成。

鄂州经济开发区 2014年，鄂州经济开发区共实施市政基础设施工程项目26个，其中续建项目9个，新建项目17个，当年实际完成投资额14313万元，已完工项目17个：自强路、顾地匝道、鄂州经济开发区道路维修改造工程、鄂州经济开发区樊川大道非机动车道刷黑改造工程、鄂州经济开发区樊川大道（涵洞处）道路改造工程、兴杨厂区道路改造工程、内河社区内河巷工程、创业大道北段、吴楚大道-旭光大道交汇处人行道工程、旭光大道改造工程、顾地匝道连接线工程、旭光九组道路改造工程。在建项目共9个：月河桥及引桥工程、旭光大道北段、杨湖路中西段、兴业一路、开发区南外环路、南方路、滨港南路应急工程、长堤污水管网改造工程、杜山社区排水改造工程。完成市政道路建设总里程11853.6米，维修市政道路面积达16673平方米。完成保障性住房项目共计710套。其中公共租赁住房550套，建筑面积17117.9平方米；城市棚户区改造（旧住宅综合整治）160套，建筑面积达8000平方米。

建 筑 管 理

2014年，市政府出台《关于促进建筑业发展的意见》和《鄂州市建筑节能“十二五”规划》，当年完成建筑业总产值126.69亿元，与去年同比增长35.6%，其中装饰业产值20亿元；共吸纳就业人员5万余人。当年累计查处围标串标、违反强条和施工许可案件50起，累计处罚700多万元；建筑行业连续六年未发生较大以上质量、安全事故，连续四年未发生亡人事故；新型墙材产量达15亿标砖，建筑节能完成省政府下达的目标任务；水泥散装率达67%，高于全省平均水平。

建筑行业监管 对全市80多家施工企业落实了数字化、标准化安全生产施工管理，列管率达到90%以上；建立健全隐患排查治理常态化管理机制，加大特殊时段安全生产专项整治力度，确保了建设工程长期保持安全稳定；开展了为期三个月全市综合整治建筑市场秩序专项工作，开展巡查275次，下达违规告知书28份，市场秩序不断好转。依托“创卫”工作，不断强化建筑工地安全文明施工现场管理，安全文明施工水平不断提高；进一步深化工程合同备案、监理和造价咨询机构、招投标代理机构的管理，严厉打击围标、串标等违法活动，强化勘察设计市场、设计质量管理，工程质量稳步提升。

工程质量两年行动 7月开展工程质量治理两年行动，鄂州市各区、开发区（新区）住建部门，按省住建厅和鄂州市住建委的统一部署要求，积极推进两年行动，成立了工作专班，明确了责任部门和责任人，严格落实新开工项目工程授权书和承诺书及永久性标牌“两书一牌”制度，并按照每四个月开展一次项目排查要求，对本区域所有在建工程组织开展全面排查。全市新开工项目工程授权书和承诺书签订率达到100%，永久性标牌设置率达到100%，在建工程项目补签率达到90%以上，并建立信息档案制度。

建筑节能 新建建筑节能标准设计阶段执行率达到100%；集中组织开展2次建筑节能专项检查；新建项目节能设计备案53项，其中，32项执行50%的节能标准，21项执行65%节能标准。可再生能源建筑共5个项目，应用面积达

43万平方米。绿色建筑创建项目1个，规模4万平方米。行业绿色发展加快推进，98%以上居住建筑达到节能65%的标准；既有建筑节能改造项目1个，改造规模1.2万平方米。新墙材应用率达100%，乡镇达94%。为5家新墙材企业申报省级认定换证，当年全市已认定备案新墙材企业28家。

散装水泥 2014年，散装水泥供应量754万吨，同比增加37%，全市水泥散装率67%，高于全国全省平均水平。当年，散装水泥节能降耗成效显著，创综合经济效益3.4亿元。当年，新增农村散装水泥使用销售点1个，投入散装水泥专项资金7万元扶持农村散装水泥使用销售点数量12个。新增干混砂浆罐5个。当年生产预拌混凝土101万立方米，使用散装水泥量22.9万吨，废弃物综合利用量26.9万吨。全市城区禁现率达95%以上。

勘察设计 2014年，全市勘察设计行业审查各类建筑工程备案210项，建筑面积476万平方米，施工图设计文件审查覆盖率达100%，勘察设计资质延期等网上审核10余项；外地高资质勘察设计单位申请入鄂承接项目备案40余家，全市勘察设计企业14家，拥有专业技术人员230余人，注册执业人员40余人；图审机构1家，引进全国注册执业人员18人，成功升级一类资质。

行政审批 2014年，按照全市统一部署，进一步推进市级行政职权下放工作，所有107项市级行政职权全部下放7个新区，并签订了市级行政职权下放备忘录，加强对下放职级的事中、事后监管。进一步优化行政审批流程，落实网上办事公开，围绕“转作风，履职责，抓落实”的总体要求开展服务窗口作风整治，切实做好行政审批服务工作，共接待服务对象咨询服务629人次，办理施工许可63项。

装饰装修 2014年装饰办协助或依法办理装饰施工许可证30个；举办了第三届装饰家居建材博览会；改版推出了新的“鄂州装饰网”，在市级媒体开办了《楼市家居》等栏目，服务百姓；接受并妥善处理鄂州大学门面房、桂花小区家装等投诉21起；协助新办了15家装饰企业资质审查工作，为装饰企业办理装饰设计师职称12名。

园林绿化

2014年，完成银海路、卧虎南路、蟠龙路等9条道路行道树景观绿化；完成了葛山大道海宁皮草城段、莲花山北侧山坡绿化、党校转角等3处街头绿地建设；完成了江碧路(鄂钢跨线桥段)、观音垄南侧山体、市交通局旁游园、吴都春天西侧游园、地理信息中心游园等5个游园绿地建设；完成了鄂州大道泽林段两侧各30米宽幅绿带建设。建成区绿化覆盖率43.10%，绿地率37.486%，人均公园绿面积10.64平方米。

通过国家园林城市省级复查 3月13日，国家住建部发出通知，要求对2011年1月前获批的国家园林城进行复查，鄂州市在此范围内。为此，成立了国家园林城复查工作专班；对照国家园林城市标准展开自查，做好查缺补漏工作，制作了迎检宣传片以及园林画册。8月9日至10日，省住建厅组织了以国家住房和城乡建设部风景园林专家委员会委员、杭州市园林文物局原巡视员朱坚平为组长的6名专家对鄂州市国家园林城市进行了复查考评，顺利通过了国家园林城市省级复检。

西山风景区实施林相改造 按照当年城建基础设施建设计划，西山风景区大力实施景区林相改造工作，共栽植秋色叶银杏、无患子、栾树、臭椿、枫香等树种，开花植物有白玉兰、二乔玉兰、樱花、花石榴、紫薇等10余品种共计1500余棵树木。

洋澜湖管理 当年，清退了原洋澜湖渔场买断安置后私自养殖人员，引进40名保安人员对洋澜湖水面进行管理，每天24小时巡护，严禁投放鱼苗，私自捕捞，对湖中乱倒垃圾、填湖等行为发生，全年未出现大面积死鱼；组织专班及时清理、拆除了湖中铁栅栏、围杆、围网、竹木桩等养鱼设施，保护了湖面水体的整体贯通；保洁人员坚持每天对湖面飘浮垃圾实施不间断打捞，打捞、转运垃圾达1500多吨，保证了湖面清洁；保护湖边游园绿地、栈桥、灯光设施不被人为损坏，及时维修湖边栈桥及园林设施。

火车站广场建成开放 鄂州火车站站前广场面积6.92万平方米，当年1月份竣工，交由市园林绿化管理局进行日常管理。目前，每天安排12名保洁员、8名绿化养护人员，16小时分班进行保洁和绿化养护，14名保安人员实行24小时三班巡逻管理，园林绿化、清扫保洁工作按照园林作业一级养护管理标准组织实施，保持了火车站广场良好的窗口形象。

园林植物废弃物再生利用场投入使用 投资158.6万元(占地面积15亩)的园林植物废弃物再生利用场于当年12月建成完工，鄂州市城区1200多公顷的公共绿地中各类园林植物废弃物将统一集中到该场，经粉粹、生物发酵等工艺处理后，形成有机肥料或泥炭式营养土，再用于城市绿化，实现循环利用。园林植物废弃物的主要成分为木质纤维，是一种有机营养物质，通过回收利用，对改良土壤、促进园林植物生长、降低绿化建设和管理成本、推广节约型绿化具有十分重要的意义，其生态、经济、环保效益也显而易见。

防震减灾

概况 2014年，鄂州市地震局坚持以“预”为基础，以“防”为重点，以“救”为关键，以深入贯彻实施《防震减灾法》为主线，自加压力、主动作为、借力监督、强化宣传，全面推进地震监测预报、震灾预防和紧急救援三大工作体系建设，促进了鄂州防震减灾事业的进步和发展。该局荣获2014年度全省防震减灾工作先进单位、全省地震应急工作先进单位、市住建委系统目标考核先进单位。

地震监测预报 定期组织对鄂州强震台和信息节点的观测仪器进行检查、调试和标定，坚持每天收集、分析、处理、入库监测资料工作，信息节点全年运行率达到了99.97%，在全省名列前茅，被省地震局推荐到国家地震局参与全国地震系统评比；积极参加鄂赣皖湘毗邻地区地震联合会商和全省地震会商，及时跟踪、分析、研判鄂州及邻区地震活动趋势，组织编写了《鄂州市2015年度地震趋势研究报告》被省地震局评为优秀等次；及时更新“三网一员”信息，加强群测群防工作，及时落实2起异常情况，化解群众疑惑，维护社会稳定。

地震灾害防御 将建设工程抗震设防要求审批时限减少到3天，并在《鄂州日报》上予以承诺，引起社会较好反响；积极开展地震安全农居示范点创建工作，按照“试点先行，逐步推开”的原则，指导各区建设符合抗震要求的农村民居工程，当年共创建2个省级地震安全农居示范工程；依法开展抗震设防管理。从加强领导、强化学习、落实制度、履行职责等方面，深入推进防震减灾依法行政工作；加大抗震设防监管力度，对2项重大建设工程提前做好地震安评工作，对119项一般建设工程进行抗震设防要求确认，地震服务窗口被鄂州市行政服务中心评为年度红旗窗口称号；积极创建科普示范学校。深入指导防震减灾科普示范学校创建工作，当年共创建3所市级防震减灾科普示范学校。

房地产业

2014年，受全国经济下行和房地产低迷影响，鄂州市房地产市场形势较为严峻。一年来，鄂州市房产局按照“竞进提质、升级增效”的总要求，主动适应房地产市场新常态，克难奋进，勇于担当，恪尽职守，统筹推进改革、稳定、发展和民生各项工作，取得好于预期的成效。全年共办理房地产交易4.1万件、近400万平方米；登记发证9.1万本、1500万余平方米。开展房屋安全排查和鉴定96万平方米，白蚁防治240万平方米。加强协调，将亮化和立面整治纳入全市城建计划，列入计划资金800余万元，累计组织实施亮化单位324家，督促开展立面整治19处。主动对接各新区，按要求全面下放市房产局行政审批、执法和监管权。选派业务骨干和年轻干部到新区工作，到对口村组担任第一书记。严格依法行政，荣获全省首批依法治理先进单位。

2014年保障性住房项目进展情况表

单位：平方米、万元

型	序号	项目名称	项目地址	建筑面积	套(户)数	开工时间	计划投资	已完成投资	进度
公共租赁住房	1	2014年主城区公共租赁住房	江碧路五里墩村12、14组地块	10000	200	2013.7	2000	1800	基本建成。
	2	燕矶镇湖北雅惠餐饮公司公共租赁住房	燕矶马山村6组地块	3900	78	2013.12	700	150	主体1层施工。
	3	长港镇湖北新港混泥土公司公共租赁住房	长港滨港村6组地块	3000	60	2014.5	450	450	基本建成。
	4	杨叶镇湖北长煜模具公司公共租赁住房	杨叶平石村8组地块	2800	56	2014.5	420	420	基本建成。
	5	杜山镇鄂州市恒基矿山机械制造公司公共租赁住房	杜山镇杜山农科所1组地块	2800	56	2014.12	420	10	基础施工。
	6	汀祖镇儒博建材公司公共租赁住房	汀祖刘显村7组地块	2500	50	2014.12	575	10	招投标。
	7	华容区政府公共租赁住房小区	华容区恒丰花园地块	7200	144	2014.12	1008	10	华容区正与其他区协商，要求该指标调整到其他区，项目目前未动工。
	8	华容区鄂州大同食品工贸公司	华容蒲团省级农业加工园区地块	2503.2	60	2014.5	350.4	280	结构封顶。
	9	华容区湖北恒福节能科技公司	华容区华蒲路地块	3439.8	60	2014.5	481.6	481.6	基本建成。
	10	华容区武汉秉承物流公司	华容创业园9号路东侧地块	7104.64	128	2014.5	994.6	990	基本建成。
	11	华容区湖北奔阳汽车零部件公司	红莲湖高科园高新六路中份村地块	4947.84	108	2014.3	692.7	423	主体四层施工。

续表

型	序号	项目名称	项目地址	建筑面积	套(户)数	开工时间	计划投资	已完成投资	进　度
公共租赁住房	12	梁子镇公共租赁住房	梁子镇长岭水厂地块、长岭居委会地块	5000	50	2014.4	250	250	长岭水厂10套，长岭宝丰公司地块40套均以基本建成。
	13	太和公共租赁住房	太和镇谢培村教育小区地块	6000	160	2014.4	550	329	主体三层施工。
	14	东沟镇公共租赁住房	东沟镇政府院内地块、徐山村建祥商混公司地块	4000	80	2014.4	800	378	东沟镇政府50套招投标，建祥商混公司地块30套基本建成。
	15	梧桐湖公共租赁住房	大垅社区地块	1000	20	2014.12	1000	30	规划设计。
	16	沼山镇公共租赁住房	沼山镇王铺村地块、牛山村张碧湾地块	7000	140	2013.4	1400	1400	沼山40套基本建成，牛山村新奥环保100套基本建成。
	17	葛店开发区站前社区公共租赁住房	葛店开发区大湾村站前社区地块	1200	24	2013.11	213	213	基本建成(收购)。
	18	葛店开发区长兴五金公共租赁住房	葛店开发区北二路姚湖村地块	1500	100	2014.3	1000	810	结构封顶。
	19	湖北润康肉食品公司公共租赁住房	鄂州开发区杨湖路以北、樊口污水处理厂以西地块	3393.9	80	2014.5	1305	100	基础施工。
	20	鄂州开发区湖北积成公司公共租赁住房	四海大道周务村4组、15组地块	9000	180	2014.5	1350	1340	基本建成。
	21	鄂州开发区天元食品公司公共租赁住房	吴楚大道西侧武汉港工业园地块	3400	68	2014.11	680	100	基础施工。
	22	鄂州开发区华阳重工公司公共租赁住房	樊川大道西侧地块	11100	222	2014.12	2220	34	招投标。
	小计			102789.38	2124		18860.3	10009	
城市棚户区改造	23	古楼银座城市棚户区改造(古楼街办城中村)	武昌大道69号庙鹅岭6组地块	19200	216	2013.4	6480	6480	基本建成。
	24	金州星城城市棚户区改造(凤凰街办城中村)	菜园头村六组地块	5280	44	2014.1	1056	1056	基本建成。

续表

型	序号	项目名称	项目地址	建筑面积	套(户)数	开工时间	计划投资	已完成投资	进　度
城市棚户区改造	25	东江花园城市棚户区改造(凤凰街办城中村)	菜园头村三组地块	9000	57	2014.1	1140	1140	基本建成。
	26	东方名居(二期)城市棚户区改造(凤凰街办城中村)	菜园头村三组地块	9000	128	2014.1	1800	1790	基本建成。
	27	鄂城区鄂城新区城市棚户区改造	燕矶鄂城新区马山村、池湖村地块	75000	500	2014.12	15000	30	征地拆迁。
	28	鄂城区杜山东港(二期)城市棚户区改造	杜山东港村2、3组地块	2250	45	2013.1	450	450	基本建成。
	29	鄂城区长港新港城市棚户区改造	长港镇滨港村1组地块	2750	55	2014.3	550	550	基本建成。
	30	华容区三江港地区港口城市棚户区	临江三江港地块	60000	400	2014.12	12000	200	房屋拆迁。
	31	梁子湖区沼山镇城市棚户区	沼山食品公司地块、服装厂地块	5000	100	2014.5	460	460	沼山食品公司地块60套基本建,服装厂40套基本建成。
	32	梁子湖区太和镇城市棚户区	太和居委会地块、区人民政府地块、谢培村、谢埠村地块	16500	300	2014.2	1600	1200	区人民政府地块150套房屋拆迁,谢培村40套基本建成,谢埠村集镇60套(整治)已完成,太和居委会地块(整治)50套正在实施。
	33	梁子湖区涂家垴集镇城市棚户区	公友集镇(公友居委会)、涂家垴集镇地块	10000	200	2014.2	400	340	公友集镇120套正在实施,涂家垴集镇80套正在实施。
	34	葛店开发区彭庄城市棚户区改造	葛店开发区彭庄曹岭村地块	5750	115	2014.3	1254	1254	基本建成。
	35	鄂州开发区周屶社区城市棚户区	周屶村4组、15组地块	2500	50	2014.3	500	400	基本建成。
	36	鄂州开发区纽德社区城市棚户区	纽墩村7组、11组、12组地块	2500	50	2014.3	500	400	基本建成。

续表

型	序号	项目名称	项目地址	建筑面积	套(户)数	开工时间	计划投资	已完成投资	进度
城市棚户区改造	37	鄂州开发区杜沟村城市棚户区(旧住宅区综合整治)	杜沟村1组、2组、5组地块	8000	160	2014.12	320	5	招投标。
	38	鄂城区林业危旧房改造(林业局)	鄂城新区各乡镇(新庙、燕矶)地块	5000	100	2014.12	600	5	规划设计。
	39	梁子湖区林业危旧房改造(林业局)	梁子湖区各乡镇(太和)	2250	51	2014.5	51	30	15户完成,其余正在施工。
	40	白雉山自然保护小区改造(林业局)	碧石渡镇地块(镇政府对面万家垴)	650	13	2014.1	13	13	基本建成。
	41	市林业技术推广中心改造(林业局)	杜山镇地块(东港村)	200	4	2014.1	5	2	完工1户,其余规划设计。
	42	市沼山胡柚研究所改造(林业局)	沼山镇地块(沼山居委会)	1500	30	2014.1	30	25	28户基本建成,2户正在施工。
	43	市国家级疫源疫病监测站改造(林业局)	涂家垴镇万秀村地块	300	6	2014.1	6	4	完工4户,其余规划设计。
	44	市森林公安局改造(林业局)	碧石、沼山镇(集镇)地块	1550	31	2014.4	31	31	基本建成。
	45	市林木种苗管理站改造(林业局)	汀祖镇高峰山林场地块	200	4	2014.4	4	2	完工2户,其余规划设计。
	46	市国有沼山林场改造(林业局)	沼山镇沼山林场地块	3600	77	2014.4	77	77	基本建成(原东港市林业工作总站5户并入建设)。
	小计			247980	2736		44327	15944	
国有垦区危房改造	47	国营长港农场危房改造(长港镇)	长港镇(桐山、下沟、高沟、东沟、滨港)地块	25000	500	2013.12	1250	1250	基本建成。
	小计			25000	500		1250	1250	
	总计			375679.38	5360		64437.3	27203	

2014年全市房产交易情况统计表

业务类别	交易件数	同比±%	交易面积(万平方米)	同比±%	交易金额(亿元)	同比±%
转移登记	10915	-12.03%	143.61	-10.55%	39.89	4.18%
现房抵押登记	9876	-16.16%	230.04	4.16%	92.26	9.55%
预告登记	11479	-8.16%	239.45	-4.55%	56.73	10.18%

全市范围内新建商品房成交情况

商品房类型	备案成交面积(万平方米)	备案成交套数	备案销售金额(元/m²)	备注
商品住房	169.91	16472	3498	
办公楼	0.23	21	2730	
商业营业用房	15.28	1640	9750	
工业用房	6.8	41	2678	
合　计	192.22	18174	3965	

全市新建商品房成交面积及价格结构情况

	项　目		普通商品住房	非普通商品住房
不同面积新建商品住房成交结构(2014年)单位:万平方米、套	≦60平方米	面积	16.35	
		套数	2766	
	60～90平方米	面积	39.87	
		套数	4673	
	90～120平方米	面积	59.29	
		套数	5178	
	120～144平方米	面积	40.31	
		套数	2999	
	≧144平方米	面积		14.09
		套数		856
不同价格新建商品住房成交结构(2014年)单位:万平方米、套	项　目		普通商品住房	非普通商品住房
	1500～2000元/平方米	面积	1.5	
		套数	141	
	2000～3000元/平方米	面积	26.4	
		套数	2518	
	3000～4000元/平方米	面积	100.09	
		套数	9677	
	4000～5000元/平方米	面积	31	
		套数	3030	
	5000～6000元/平方米	面积	8.92	
		套数	906	

房地产市场管理 出台《鄂州市房地产开发企业信用评价管理办法》，建立信用评价管理体系；完善商品房预售资金管理规定，严格管理，全市在建在售商品房项目全部纳入监管范围；加强商品房预售许可和合同备案管理，防范一房多卖、多抵等恶意欺诈行为。开展全市房地产市场专项检查，对违规项目或企业负责人进行约谈，督促整改；逾期未整改的，严格依法查处，并记入企业信用档案；情节严重的列入黑名单，清退出鄂州市场；对群众反映强烈的开发企业或项目，提前介入，制定预案。加强制度建设，联合市国土局等5部门出台《促进鄂州市房地产市场健康稳定发展的意见》。

棚户区改造 加强组织领导，成立棚户区改造工作领导小组办公室，统筹推进全市棚户区（城中村）改造，棚户区（城中村）改造工作步入规范、有序发展轨道。报请市政府出台《鄂州市城中村改造管理办法》；集中清理城中村改造项目，严格项目把关；加大违规项目处置力度，着力解决借城中村改造名义进行房地产开发的问题。加大协调力度，发挥市民生房地产开发公司建设主体作用，加快推进棚户区试点项目，已启动西山广场和鄂城水泥厂棚户区改造。加大融资力度，向国家开发银行申请并获批棚改专项贷款19亿元。

庙鹅岭村城市棚户区改造项目是市政府棚户区改造的重点项目。项目涉及庙鹅岭村七个村民小组，总用地面积286亩，总拆迁面积38.5万平方米，总投资约24亿元，总建筑面积98万平方米。

保障性住房建设 筹措资金11亿元，开工建设保障性住房6300套（户），基本建成4000套，发放廉租住房租赁补贴260万元，圆满完成省政府下达的目标任务和市政府十件实事规定任务；全市城镇低收入住房困难家庭实现“应保尽保”。公租房建设和管理工作经验在全省住房保障工作会上进行了交流和推广，一个公租房项目先后荣获湖北省和全国工人先锋号。国务院、住建部专项督查组和省、市领导先后实地查看鄂州市保障性住房建设，均给予充分肯定。

拆迁安置 按照专项整治的统一部署和要求，坚持以人为本，坚持问题导向，变压力为动力，凝神聚力，攻坚克难。一方面，主动上门，征询被拆迁户意见，疏通情绪，化解矛盾，维护稳定。另一方面，明确目标，落实责任，全力以赴，加快安置房建设进度。经过努力基本完成历史遗留安置房建设任务，同时完成20个市政工程项目的拆迁调查摸底、测算送审和打包协调工作。

物业管理 坚持“两手抓”：一手抓新建住宅小区和已实施物业管理住宅小区的提档升级，一手抓老旧住宅区物业管理全覆盖。新建住宅小区和已实施物业管理的住宅小区，物业服务水平不断提高，老旧住宅区物业管理全覆盖三年工作计划圆满完成。全市累计实行社会化、市场化、专业化物业管理面积1280万平方米。

住房公积金管理

扩面增缴　归集规模 把公积金制度建设作为重点抓，及时跟进催建催缴；将扩面重点向非公企业拓展，不断扩大覆盖面，全年新增非公企业缴存单位16家，新增缴存职工1586人；严格落实住房公积金“控高保低”政策，切实维护低收入职工的合法权益。全年归集住房公积金6.06亿元，比上年增长11.3%，涨幅居全省第2，为职工住房资金的积累提供了可靠保障。

加大资金投放力度 简化贷款办理手续，改进担保、抵押方式，实行零收费；对首次购买普通商品住房的职工，适当提高贷款额度、放宽贷款期限； 增加单笔贷款额度，由35万元提高到40万元。全年发放住房公积金6.632亿元，解决2102户职工住房难问题，支持职工购房面积达39万平方米，公积金使用率名列全省第3，为鄂州市房地产市场健康稳定发展注入新的活力。

惠民利民措施 推行服务承诺制，全面提供预约、上门等便民服务；在全省率先实行"逐月提公还贷"，极大地减轻了公积金贷款职工的还贷压力；及时调整公积金存款利率，2014年为全市住房公积金缴存职工结算公积金存款利息4569万元，有效保障了住房公积金缴存职工的合法权益。

2014年住房公积金贷款分类统计

贷款额度	贷款户数	累计贷款(万元)
1～5万元	0	0
5.5～10万元	161	1749
10.5～15万元	210	2730
15.5～20万元	402	7236
20.5～25万元	275	6369
25.5～30万元	231	7468
30.5～35万元	139	5587
35.5～40万元	88	3744
合　计	1506	34883

鄂州市住房公积金支取情况统计表

月份	一般支取		销户支取		逐月公积金提取还贷	
	人数	金额	人数	金额	人数	金额
201401	42	1,769,810.00	313	11,712,222.23	105	520,469.66
201402	23	734,350.00	146	5,614,797.78	95	507,532.23
201403	51	2,049,000.00	276	10,139,691.77	100	505,891.27
201404	46	1,938,500.00	167	5,308,738.12	99	540,728.64
201405	73	3,038,800.00	217	6,475,697.69	114	552,562.98
201406	60	2,747,060.00	249	7,361,753.03	106	567,158.72
201407	61	2,891,850.00	209	6,150,277.34	111	573,336.76
201408	65	2,976,550.00	262	8,469,961.15	112	581,775.86
201409	69	3,404,400.00	236	7,408,216.85	105	565,177.23
201410	50	2,242,900.00	174	5,810,429.85	114	616,924.25
201411	130	5,493,160.00	262	8,466,353.24	112	596,964.63
201412	81	3,520,090.00	329	8,029,078.35	111	601,025.80
合　计	751	32,806,470.00	2840	90,947,217.40	1284	6,729,548.03

鄂州市住房公积金支取情况统计表

按年公积金提取还贷		合计		本年累计		备注
人数	金额	人数	金额	人数	金额	
401	17,686,360.39	861	31,688,862.28	861	31,688,862.28	
271	12,577,670.16	535	19,434,350.17	1396	51,123,212.45	
415	16,012,741.52	842	28,707,324.56	2238	79,830,537.01	
294	12,666,811.41	606	20,454,778.17	2844	100,285,315.18	
478	19,612,744.49	882	29,679,805.16	3726	129,965,120.34	
257	8,866,725.02	672	19,542,696.77	4398	149,507,817.11	
317	11,140,542.96	698	20,756,007.06	5096	170,263,824.17	
365	15,680,289.90	804	27,708,576.91	5900	197,972,401.08	
390	15,821,604.02	800	27,199,398.10	6700	225,171,799.18	
494	18,391,455.60	832	27,061,709.70	7532	252,233,508.88	
507	18,062,794.80	1011	32,619,272.67	8543	284,852,781.55	
440	14,797,436.61	961	26,947,630.76	9504	311,800,412.31	
4629	181,317,176.88	9504	311,800,412.31		0.00	

城市管理

专项整治 针对历史遗留出店占道问题比较严重的老城区明堂市场、古楼街、吴都古肆周边等老大难区域，进行重点整治。十几年来长期占道经营的体育场塑料摊群、中心医院门前水果摊群、明堂市场前饮食摊群等多处违章马路市场得到取缔，市民反映强烈的古楼街、十字街、建设街等背街小巷出店经营得到彻底治理。通过整治一处，巩固一处，城区基本实现常态化管理。

市容环境美好创建 对滨湖南路道路设施进行了提档升级改造和整体维修，对各类强弱电检查井井盖实行统一规范；对易拥堵路段加强流动巡逻疏导，防止交通拥堵；重新规范设置沿线店招300余处，设置空调外机遮挡830多个。滨湖南路被评为2014年度省级市容环境美好示范路。

环卫作业方式改革 城区主干道全面推行机械化清扫、清洗，大幅度提升机械化作业率。在重点繁华路段实行“三扫三保”，清扫保洁时间由现在的每天14小时延长到每天18小时，提高环境卫生质量。在城区大街大道全面推行“扫运分离”、“桶换桶”模式，门店垃圾上门、定时、定点收集。无偿向沿街单位、门店发放“门前四包”小型垃圾桶2600多个，定点摆放大型垃圾桶1000多个，方便门店业主、市民投放垃圾，实现了“三个满意、二个提高、一个下降”，即：广大市民满意、门店业主满意、环卫工人满意，环境卫生质量提高，环卫作业效率提高，环卫工人劳动强度下降。

开展违法建设专项整治 与各责任主体单位签订了年度控违查违目标责任书；积极开展房地产规划突出问题专项整治，对主城区范围内105家项目进行了全面清理整顿，强制停工4起未批先建的房地产项目，强制拆除1起，督促完善规划许可手续4起，立案调查8起，2014年以来无一新开工的违规房地产项目。主城区全年共计拆除历史违法建设39946.4平方米，超额完成年初目标任务。

市容环境卫生

加大市容管理力度 按照“全域管理，专项整治，疏堵结合，源头治理”原则，拓展市容执法范围，市容执法向背街小巷延伸，向城中村、城乡结合部延伸，向无管理区域延伸，做到市容管理全覆盖；重点加强大型商场、饮食摊群、公交车站等场所的乱扔、乱丢、乱倒现象的集中整治，全年签订“市容环境协议书”9340份，送出违章告知书782份，收缴盯人小广告25万余张，取缔沿街潲水桶380个，制止行人乱丢1万多人次，消除长期乱倒垃圾点61处，累计罚款44000元，有效扼制乱倒乱扔行为；对主城区1728处环境卫生“脏、乱、差”问题进行检查督办消号。

渣土运输实现市场化 成立综合整治专班，定期开展联合执法行动，严肃查处建筑工地违规运输处置渣土、装饰装修垃圾乱排放、商砼车滴漏以及载货车辆抛洒等违规、违法行为，严管重罚，确保渣土整治出成效。全市38家在建工地按要求落实车辆冲洗槽，硬化工地进出口路面等事前管理措施；在城区进出路口设立检查站，查处违章、违规运输车辆3014台次，有效遏制渣了主城区道路渣土抛洒污染行为；着力加强建筑垃圾运输市场化运营，成立专业运输公司，45台统一改装的渣土运输车辆正式上路行驶。

城乡一体化垃圾收集处理系统建设 以规划为先导，制度为保障，编制出台了《鄂州市城乡一体化垃圾收集处理系统规划》和《鄂州市城乡垃圾治理管理办法》，投资300万元为华容区、葛店开发区购置智能压缩垃圾箱8个、钩臂车4辆，解决了垃圾转运难问题；通过厅市共建争取垃圾治理资金1000万元，加强重点村环卫设施设备改造升级和美丽乡村建设；加强“美丽乡村”环境卫生暗访工作，及时将暗访情况呈报市分管领导、市委统筹办和相关责任乡镇，并督促整改落实，每季度在《鄂州日报》进行公布；开展业务指导，促进城乡一体化垃圾收运体系运行的常态化、规范化和长效化。一年来，共发现问题4950条，其中，相对突出问题1300条，暗访覆盖率达91%。

市政设施管养

提高市政设施监管力度 规范管线挖掘道路管理。试行了年度管线、杆线挖掘道路计划制度。当年年底，对各管线单位拟挖掘的22条道路，进行了认真疏理和科学规划，分期分批合理安排城市道路挖掘，减少了“拉链马路”现象的发生；规范行政审批运行机制。按照市政府行政审批“三集中三到位”的要求，将城市道路占用、挖掘许可等审批事项全部移交市行政服务中心集中受理。实行行政许可审批跟踪制度，加大执法力度，严格查处乱挖乱占行为。当年，共发放临时占用、挖掘许可证59个；制止随意占用、挖掘道路行为17起。查处违法占用、挖掘道路行为76起，规范钢性围档施工1218次；规范城市排水管理。充分利用房屋规划许可前置审批和房屋竣工验收前置审批两个关口，严把排水接口关。当年共审批排水接口行为32起。加大排水执法力度，发现市政府综合楼、西山广场、鄂钢集团钢祥公司矿渣微粉项目“雨污分流”不彻底，督促其进行整改。其次，加强同市规划局的衔接，将泽林、新庙、杜山、梧桐湖等新区建设项目纳入规划前置“雨污分流”审查范围，有力推动了“雨污分流”管理从主城区全覆盖向城镇全域覆盖扩展；规范城市桥梁管理。加强桥梁巡查和定期检测。收集、

整理桥梁技术资料，实现一桥一册一档管理。设置滨湖桥、南浦虹桥、鄂钢跨线桥等10座桥梁观测点360个；组织桥梁沉降、位移观测20座次、伸缩缝观测40座次，清理桥梁伸缩缝、泄水孔312座次；对薛家沟二桥违规施工进行变形观测15天；协助完成南浦虹桥、司徒路桥、造纸厂桥、滨湖桥、薛沟桥、莲花桥结构检测。由于措施得力，保障了城市桥梁完好、安全运行，年底，在省住建厅组织的全省城市桥梁养护管理情况检查中得到专家组充分肯定，获得鄂东南片区第一名。

大力开展专项整治 开展主城区建设项目市政管理情况清查。摸清了主城区在建的113个建设项目占道、破道、排水接口、强弱电管线建设等详细资料。发现未审批项目26个，对全市建设项目中存在的问题逐一提出了解决措施，对中厚新苑等13个建设项目进行集中整治。实现建设项目审批率、竣工验收率均达100%，确保了建设项目雨污分流排放率100%；开展主城区下水道“异管穿入”专项整治。围绕主城区下水道进行了拉网式排查，共排查出违法穿入电力、通信、广电等管线43处。督促产权单位进行迁改，依法对拒不执行的滨湖南路、汇贤路等处违法管线进行了清除；当年，城区下水道违法穿入弱电管线已全部迁改或清除；开展了违法占道专项整治。对主城区违法占道广告牌、指示牌和影响设施安全障碍物进行详细排查。根据排查结果，组织拆除长城大酒店、莲花雅苑营销中心等违法占道指示牌、广告牌27块；组织对城区主次干道占压下水道、井箅、角沟障碍物进行了集中拆除，共清理道路31条，清运影响设施安全障碍物1030吨。

保障市政设施正常运行 一、加大巡查维护力度。当年，累计巡查道路里程数达73000多公里，发现并及时处置安全隐患720余处，补缺井盖113套、雨水盖板64块、井箅328块；处理解决群众上报的设施破损、遗失热线电话110余次；督促产权单位修复依附于城市道路上的附属设施217件（套），送达督办《告知书》70份（次）。二、有序推进年度建设计划。当年，累计修补沥青砼路面6000平方米、沥青路面灌缝9000米；维修改造水泥砼路面4000平方米、人行道彩砖12000平方米、水泥路面灌缝4000米；更换花岗岩站石3000余米；清淤下水道45000米，沉沙井9000余座（次），横向管30000余米；更换检查井、进水井铸铁井盖、沟盖板560件（套）；完成滨湖西路、文星大道、古城路、凤凰路积水点改造60处；完成城区主次干道停车泊位施划、增设停车指示牌59块；完成环洋澜湖路名牌更新设置37块。

加大应急抢险力度 清除桥梁积雪。提前着手，1月20日前即做好了应急物质、设备储备，完善桥梁抗冰除雪应急预案。正月11日凌晨，及时启动预案，撒盐5吨，保障了冰雪天气桥梁的正常通行；排除雨季道路渍水。对城区道路积水点进行大普查，重新优化了城区积水点人工助排责任划分，将43处渍水点落实到人。7月4日下午5时许，鄂州市城区降雨量达到106.8毫米，造成了城区凤凰路鄂州大学段、滨湖西路花园小区段、吴楚大道观音垅涵洞等多处路段严重受淹。“雨声就是命令”，经过全处人员4个多小时的攻坚战，到9点40分，城区道路渍水基本排完；完成应急抢修。为保障今年全国文明城市测评、国家园林城复查、湖北省环保模范城市中期评估、省级卫生城检查、“楚天杯”创建、全省城市管理检查工作市政设施专项考核达标。针对备检道路、排水管网等市政设施薄弱环节，组织完成人行道破损、附属设施缺失、下水道堵塞等零星病害抢修，完成滨湖北路、滨湖西路、古城路、文星大道进水井改造及防鼠格栅安装437套，完成滨湖北路、古城路下水道打药除“四害”等应急保障工作；加强应急能力建设。积极争取经费，购置了3辆皮卡车，加强城区道路、桥梁、排水等市政设施日常巡查和应急抢修；引进应急排水移动泵车，解决雨季道路积水快速抽排问题；配备铣刨机、挖掘装载机，专用于沥青、水泥路面修补；增置小型下水道疏通车、淤泥抓斗车，提高了城区背街小巷清掏疏浚工作效率，实现了雨水沉沙井清掏淤泥不落地。

黄冈市建设

黄冈东坡赤壁

城 乡 规 划

规划编制 委托深圳规划研究设计院编制了黄冈城铁站-陶店地区概念规划；委托上海同济规划研究院编制了禹王分区规划。完成黄冈市区控制性详细规划动态维护38.35平方公里，其中蔡家潭、余家潭生态区控详规划专题研究26.1平方公里，城东片区和城北片区控制性详细规划修编12.25平方公里。完成了浠水、武穴、团风、黄梅、龙感湖、蕲春、罗田、麻城和英山等县共17个文化小镇编制工作。指导完成了罗田、英山、龙感湖3个县(区)总规修编工作。

规划管理 加强了审批权力规范、“四线”管理、方案审查、技术标准等方面的制度建设，制定了《黄冈市建筑日照分析管理规定(试行)》、《黄冈市中心城区蓝线管理办法》、《建设项目设计方案规划技术审查办法(试行)》等6个规范性文件。编制《黄冈市城乡规划局行政审批服务指南》、《黄冈市区“双改”项目办理规划审批手续服务指南》和《黄冈市区招商引资项目办理规划审批手续服务指南》。以流程再造推动审批改革，建立了“容缺受理、加快办理、补缺发证”的“虚拟红线制度”，先后为大润发、恒天文化产业城、融园食品和晨鸣纸业等重点招商项目提供了高效服务。

数字城市 完成三维城市建模20平方公里，覆盖黄冈中心城区、遗爱湖公园和赤壁风景区等核心区域。完成数字黄冈基础地形图数据更新维护20平方公里。先后与黄冈市安监局、黄冈市民政局、黄冈市国土局、黄冈市公安局签订了关于加强地理信息资源应用的合作协议，并将数字黄冈地理信息公共服务平台成功应用于黄冈重点危险源网格化管理平台、黄冈12349居家养老信息服务平台、黄冈市国土资源开发利用综合监管平台和黄冈警用地理信息系统。

完成了全国第一次地理国情普查资料收集及任务区内的内业数据采集和外业核查工作。

城市建设

市政道路建设 完成新港北路中段、赤壁一路延伸段、宝塔路中段、中环路东段、西湖五路东段、纽宾凯路、黄州大道延伸段等道路黑化任务。新桥街正在进行破板修复工作；启动了中断17年的中环路西段建设，主路基和道路排水建设基本完成，相继开工建设了世纪大道、新桥街、沿江路南端、黄婆汊路延伸段、中环路东段、环青砖湖路、公园路，8条道路工程挖填土石方210多万立方米，新建雨水箱涵8000米、管涵2.1万米，新建各类检查井548座，完成投资2.7亿元；完成投资1.6亿元，黄冈东站"一场二路一桥"顺利完工，完成了6000平方米的广场铺装任务，二号路、五号路全线刷黑，即将通车。黄冈西站完成"一场二路"建设任务，完成了3600平方米广场铺装，以及亭枫路、四达路930米，道路黑化配套工程建设任务。保证了6月18日武冈城际铁路顺利通车。黄州火车站广场和道路施工协调基本完成，即将投入建设；新港北路在年底前即将刷黑通车，完成了赤壁一路延伸段、宝塔路中段道路黑化任务，黄婆汊路完成水稳层路面建设任务和相关设施配套，西湖五路提升泵站主体工程已经完工，共计完成投资1.6亿元；投资2450万元完成了翠堤路桥梁工程，翠堤路桥连接线工程已经完成了水稳层铺装，西湖五路提升泵站主体工程已基本完成，截污三标已经完成了新港二路、翠堤路和新港大道污水顶管任务。为配合市委、市政府网格管理，治理脏、乱、差，根据市政府的部署，投入287万元，先后完成了市实验小学院内刷黑、市物价局院内刷黑等五项工程。全年新、扩、改建市政工程项目31项，共挖填土石方326万立方米，修复、硬化砼路面8.5万平方米，新建、改造人行道3.8万平方米、排水6.5公里，摊铺沥青9.9万平方米，累计完成市政工程货币投资量6.63亿元。

城市供水供气 2014年，全年供水总量3940万吨，增长3.5%，销售水量2657万吨，增长2.6%；漏损率23.6%；水压合格率98.7%，水质综合合格率99.3%，完成一户一表改造3800户，实现利润5500万元。全年市区销售天然气3300万立方米，销售瓶装液化石油气3000余吨，新增天然气用户5800户，城区管道天然气用户达到64000家，城区燃气普及率达到99%。

园林绿化

园林绿化建设 2014年市区新增公园绿地面积16.38万平方米，道路绿地2.657万平方米，社会绿地9.6万平方米，人均新增公园绿地面积0.546平方米。市区绿化覆盖率达到36.51%，绿地率达到31.82%。遗爱湖公园西湖片区实现全线贯通，累计完成货币工程量7429万元，水韵荷香景区、红梅傲雪景区北部景观工程、竹兰梅荷四大展馆全部建成开放；东湖片区建设全面启动。完成中环路东段道路绿化、黄州大道新北环门前景观带及创业中心小游园的建设任务。

园林绿化管理 实行道路绿化管养日巡查制和目标考核责任制相结合，每月严格按照技术规范要求，对城区所有道路绿化带、景观带、游园、广场绿地进行精细化养护管理，大力创建"环境美好示范路"。遗爱湖公园建立"网格化"管理模式，管理人员实行统一着装、挂牌上岗、分片管理；引进了环湖观光自行车和电瓶车租赁服务，投入100辆自行车和10辆电瓶车进行

市场化运营，方便了游客游园观光，稳步提高公园的综合管理能力、服务水平和景区档次。实施审批流程再造，建立绿线联合管理审批工作机制，坚持依法护绿、依法治绿，全过程服务，规范运作，绿线管控能力不断增强。

城市管理

城管会战 以“城管会战”和“四城联创”为抓手，充分调动社会力量参与城市管理，完成209个示范建设项目，撬动社会资金3560万元，硬化背街小巷和居民通道1.2万平方米，装修美化建筑物147栋、2.6万平方米，更新店招457块，美化空调外机832个，安装路灯337盏。“城管会战”共建共管的创新实践创造了中小城市管理“黄冈模式”。

城市管理 围绕“把市区搞干净”目标，高标准完成市区59条主次干道日常清扫保洁任务，生活垃圾收运处理基本实现日产日清，渣土管理进一步加强，保证了主次干道常态化的清洁干净。对牛皮癣、小广告和各种违规广告牌匾进行清理拆除，大力推进立面粉饰、店招更新、空调外机美化和夜景亮化改造升级。完成体育路等7条道路架空管线入地工程和公益停车泊位、停车标线的施划任务，规范停车管理，实施处罚8673起，窗口结案2045起，市容市貌稳步提升。

城市节点建设 完成黄州大道示范路节点建设任务，完成450米徽派院墙建设、58米仿古休闲长廊建设、夹皮沟山水景观建设、博大青年城500平方米周边环境美化建设，以及桃园街文化名人街24个文化图腾柱建设，城市内涵与品位不断提升。黄州商城综合整治任务基本完成，装修粉饰立面1.6万平方米，升级改造农贸市场固定商铺270家，全面完成2000平方米农贸市场标准化建设、商城西路和商城南路道路刷黑改造升级、涵晖路立面部分改造工程，以及弱电管线入地、垃圾中转站、公厕等配套工程建设。

环卫建设 投资6400万元，建成日处理320吨生活垃圾无害化处理场工程，通过省级验收达到国家二级标准，生活垃圾无害化处理率达到92%以上。完成3座垃圾中转站新建和8座公厕改造任务。投入1070万元，新增高压冲洗车、小型勾臂车、吸污车、电瓶保洁车、环境卫生考核车20台和小勾臂斗176个等环卫设备设施。

数字城管 数字化城管系统平台已建成并通过省专家组验收，跨入全省数字化城管建设应用第一方阵。建设车辆GPS管理系统和视屏监控系统，实现对城市管理执法车、巡查车、市政车、环卫作业车、渣土运输车GPS定位管理。运行后共立案派遣案件20809件，结案率达到97.39%，按时处置率达到92.88%。

城区查违 全年共查处违法建设584起、8.08万平方米，拆除违法建设339起、4.36万平方米。依法立案处罚案件119件，结案101件，结案率达85%。

建筑业

建筑业 全年完成建筑业产值819.97亿元，增长29.34%。全市建筑业企业发展到435家，其中，特级企业1家，总包一级企业25家，专业一级企业9家，二级企业137家，建筑业实力稳居全省第二位。认真开展住建部工程质量治理两年行动，组织建筑市场秩序专项整顿，建立企业信用等级评定机制和企业黑名单制度，出台解决建筑企业拖欠农民工工资管理办法，建立建筑工程质量安全电子监管信息平台。市内工程及企业争创全省优质工程“楚天杯”16项，全市评选“大别山杯”优质工程17项。

建筑工程管理 开展建筑市场秩序专项整治，对全市在建项目市场行为进行检查，共检查在建项目499个，面积1218万平方米。其中政府投资项目135个，开发项目272个，工程总造价158亿元。对存在发现的各类问题下达整改通知书378份，停工通知书123份。全年监督工程项目总数达328项，比去年同期增长86.4%，建筑面积293.85万平方米，竣工验收47项，竣工率100%；备案75项，备案率85%；获省结构优质工程5项，市结构优质工程14项。出具建筑材料检测报告50314份，比去年同期增长1.94%。召开安全生产会议14次，开展“三类人员”和特种作业人员培训15期，对新开工建设工程都实施安全专项方案的备案审查，安全监督率达100%，全年无重大质量安全事故发生。受理图审项目1751项（同比增长7.6%），审查总建筑面积819.75万平方米（同比增长0.7%），其中市区工程253项，面积137.95万平方米（按面积计算，占全市图审量16.8%），县市区工程1498项，面积681.8万平方米（按面积计算，占全市图审量83.2%），市政项目15项，总造价15927万元，市区审查覆盖率达100%，县市区审查覆盖率达85%以上，严格按照国家及省有关施工图设计文件审查要点进行技术性审查，共查出违反建设工程强制性条文数为2047条，及时纠正消除安全隐患，确保建设工程质量。

建筑节能 全市建筑工地扬尘控制扎实有效，市政府下达的总量减排任务圆满完成。既有建筑节能改造面积6.97万平方米；实施大型公共建筑监测项目13个，建筑面积19.89万平方米。散装水泥推广发展迅速，完成散装水泥供应量158万吨，预拌混凝土使用量360万立方米，散装水泥应用率达到60%。全市新增建筑节能量2.69万吨标煤，超额完成省政府确定的建筑节能目标任务。积极协助推广绿色建筑，确保黄州中心城区居住建筑项目设计阶段100%执行湖北省《低能耗居住建筑节能设计标准》。

住房公积金管理

住房公积金归集 全市当年新增住房公积金归集额16.4亿元，完成省厅下达年度计划7.9亿元的207.6%。全市住房公积金缴存新增人数21558人，占省年度计划1300人的1658%.

住房公积金委贷 全市住房公积金个人委托贷款当年发放4.22亿元，完成省年度计划1.9亿元的222%。

住房公积金增值收益 全市实现公积金增值收益7363万元，完成省年度计划3200万元的230%。

廉租房补充基金 全市当年上缴廉租房补充资金1252万元，其中市中心本级上缴廉租房补充基金367万元。

信息化建设 开发建设统一的资金监管财务数据统计平台和网上业务办公系统。对专业网站进行改版升级，增设网上办事大厅服务功能，并全面开通网上五项业务，即网上查询、网上咨询、网上政策法规公告解释、网上贷款预审预约、网上支取预审预约。建设互联网公积金，打造信息资源体系、业务集成体系、风险防控体系以及信息共享平台、网络管理平台和网络监管平台等“三大体系、三大平台”。开发建设综合柜员制系统，加大信息化建设投入，搭建网络监管平台，实现了国家、省、市、县四级专网的稳定连接。

房地产业与住房保障

保障性住房建设 2014年，全市共开工建设保障性住房（含货币补偿）31565套（户），开工率103.87%；城市棚户区改造21230户，开工率

102.93%。基本建成及竣工16678套，竣工率138.98%。分配入住9719套，任务完成率131.32%。新增发放租赁住房租赁补贴3172户，任务完成率190.40%。市区本级已开工建设2731套(户)，开工率102.82%;基本建成886套，完成率146.96%;分配入住1245套，任务完成率100%。住房保障信息管理系统基本完成，运行效果良好。

商品房开发投资 2014年，全市完成商品房开发投资174.3亿元，同比增长31.3%;开发面积1554.2万平方米，同比增长24.8%;竣工面积426.7万平方米，同比下降0.9%。其中市区完成商品房开发投资26.1亿元，同比增长16.4%;开发面积202.5万平方米，同比增长8.7%;竣工面积44.3万平方米，同比下降38.6%。

房地产市场监管 2014年加大对开发企业违规销售、虚假销售、广告误导等不正当竞争行为的查处力度，市区共查处违法违规案件46起，维护了业主合法权益。严格执行商品房预售许可和合同备案制度，2014年全市预售面积679.9万平方米，备案商品房预售合同6616套，备案面积66.7万平方米。加强预售资金监管工作，预售资金纳入监管总额达1.37亿元。

房屋产权产籍管理 不断创新管理、优化服务。推行交易办证业务平行受理模式，精简办事流程、减化与法无据的审批材料，办证时限由原来的20个工作日缩减到10个工作日，工作时效提高一倍。全市共办理各类房屋所有权登记业务68561件，其中市区本级办理21478件:初始登记479件，转移登记6191件，预告登记8679件，他项权利登记2156件，注销登记2872件，变更登记717件，查封登记173件。利用档案查询12800人次。

物业管理 印发《黄冈市物业服务企业资质申报程序》、《黄冈市市外物业服务企业诚信经营信息登记》等文件，市县两级联动规范整顿全市物业企业，严格规范物业服务企业资质申报程序，加强黄冈市市外物业服务企业诚信经营信息登记，对市区22家不合格物业企业给予了处理，撤销企业资质15家;抽查县市物业服务企业173家，撤销不合格企业资质16家。依托黄冈市物业管理协会，开展了物业服务企业从业人员培训2期，累计培训471人次。

房屋安全鉴定与房屋征收 依法制定实施《黄冈市老楼危楼安全排查实施方案》，2014年全市共排查老楼旧楼35499栋，439.6万平方米。共有安全隐患房屋2686栋，C级1937栋，44.9万平方米;D级危房749栋，10.5万平方米。2014年全市启动房屋征收项目19个，拆迁户数4107户，拆迁面积56.82万平方米。其中市区已启动征收项目10个，涉及拆迁户数2500户，拆迁面积20万平方米。

房屋信息化建设 黄冈市城镇个人住房信息系统建设已投资300万元完成了中心机房建设，住房信息7个子系统已基本建成并投入运行。正在进行纸质档案电子化，房屋测绘地理基础信息系统建设工作。各县市住房信息系统建设工作均全面铺开，7个子系统黄梅县已基本建成，武穴、蕲春已建成6个，浠水、团风已建成3个，其余县市完成了1～2个子系统建设。

城镇建设

新型城镇化建设 2014年，全市完成城乡建设投资302亿元，城镇化率达到42.1%，年增长1.25%。推进全市新型城镇化体制机制创新，制定《议事规则》等上报市政府，编印《黄冈通讯——兴城》专刊，凝聚推动城乡统筹发展的强大合力。加快县市主城区提质扩容，强化“双十支撑”，红安、麻城等县市城区建设和工业园区建设快速推进。黄冈获批第二批全国重点镇24个(黄冈市黄州区堵城镇,团风县团风镇、回龙山镇,红安县七里坪镇、高桥镇、八里湾镇,罗田县九资河镇、胜利镇、三里畈镇,英山县温泉镇、石头咀镇、草盘地镇,浠水县巴河镇、散花镇,蕲春县蕲州镇、横车镇、刘河镇,黄梅县小池镇,麻城市中馆驿镇、宋埠镇、白果镇,武穴市田家镇、梅川镇、花桥镇),数量全省第一,全国第三。以"临江四城"、24个全国重点镇、21个文化小镇、109个美丽乡村、29个现代农业示范区为代表的新型城镇建设不断加快,以市区为龙头,县市主城区为支撑,重点中心镇、美丽乡村为重点的四级城乡建设体系不断完善,城乡协调发展的格局基本形成,沿长江、京九线、大别山腹地三条城镇带发展不断加快。

城镇污水、垃圾处理设施建设 全市已建成并运营污水处理厂14座,城市污水处理率达到85%。按照省住建厅和省发改委文件要求,迅速组织各县市区申报国家拉动内需项目,共申报污水处理项目4个,垃圾处理项目5个。组织各县市区编制"城乡生活垃圾统筹治理规划",起草《全市农村生活垃圾治理工作考核办法》及标准细则。

城 建 档 案

全年共服务单位工程项目94个,发放认可书35份,接收整理各类档案2300余卷。利用服务共接待咨询、查档220人次,提供查询案卷916卷次,复印档案原件6236张,为城市建设、房产证办理、司法部门取证提供了大量原始资料。

黄 州 区

城市管理 健全和完善城区小街小巷垃圾清运保洁公司化、市场化运作。通过招投标方式引进广州标准保洁公司,与长青保洁公司分别保洁城南城北小街小巷的卫生。成立查违、控违工作专班,严厉打击违法建设。全区共上报379起违法建设,拆除196起 ,停工183起。下发违建责令拆除督办件45份,配合市执法局组织拆除行动58次,强拆违建户183户,拆除面积达15200平方米。

建筑市场监管 办理和换发建筑工程施工许可证48份,企业备案登记102家。区域在建工程建筑面积46万平方米,工程总造价6.4亿元。对在建项目不定期进行质量安全生产隐患排查,共排查隐患207处,下达整改通知书41份,责令停工整改通知书17份,整改回复率87%;受理市场行为投诉2起,结案2起,结案率100%。深入推进建筑节能和绿色建筑,城区新建建筑节能设计率100%,执行率达到95%以上,竣工验收阶段节能标准执行率95%。城区"禁实"率100%、"禁现"率95%。黄州区人民医院建筑实施低能源热泵空调系统全部竣工验收。

城镇化建设 组织申报王家岗村、小汊湖村等4个村为中央农村环境连片整治示范村和2014年度的节能减排项目计划。全区成立乡镇保洁队伍7个、村保洁队109个,配置保洁员869名。建立乡村保洁员竞争上岗、绩效挂钩、年度考核制度,实现"集镇全天候保洁、村庄每天保洁、城乡一体化保洁"。推进市场化环卫作业机制,实行公司运营,有效提高环卫保洁质量。强化农村环卫考评和督查,将农村环境卫生列入乡镇街道经济社会发展目标考核体系。8个村被授予全省"宜居村庄"和"生态文明村"称号。

住房保障 完成市区原租赁补贴对象户4168户的信息比对工作。通过保障中心、社区、政府网站三级公示后最终确定符合条件的对象户为3199户,发放租赁补贴款560多万元。今年政府新增租赁补贴100户计划目标，通过申报、比对和入户核查，符合条件的对象户有338户，发放补贴款58万元。完成住房保障信息管理系统建设。向涉及到享受住房租赁补贴的53户特困群众家庭实行阳光救助，住房租赁补贴每人每月增加0.5元的标准，共增加补贴金额9603元。

农村危房改造 按照省发改委、财政厅、住建厅下达农村危房改造任务148户，每户国家财政补贴7500元，专项资金110万元已到位。获得省厅第二批危房改造计划任务308户，已下达计划指标。

棚户区、老旧小区改造 根据《2014年住房保障工作目标责任书》规定，黄州区需开工建设保障性住房、棚户区改造住房1306套，基本建成保障性住房、棚户区改造住房470套，分配入住保障性住房、棚户区改造住房800套。已开工建设保障性住房、棚户区改造住房1315户（其中，城市棚户区1165户，垦区棚户区150户）。建成保障性住房、棚户区改造住房696套，分配入住保障性住房、棚户区改造住房826套。11月中旬，对东门小区先行先试，投入资金约100万元。

团 风 县

市政基础设施 阳枫线、利民路、乌林街3条道路改造工程全面完成，进入附属设施扫尾建设。对红旗渠、老街的排水设施进行改造；对城区部分路段的路灯，包括上寨中学出口路段进行新建；对城区主要下水道进行疏通，日益完善城区市政功能。

公用事业 促成华中闽台产业新城早日通水，完成了住建局门前至花园铺村砖厂路边供水管道敷设。管道全长2783米，采用DN500球墨铸铁管铺设，满足园区供水需求。从2013年8月开始实施二水厂1万吨扩改工程，2014年狠抓项目的后期工作，已于10月初正式通水。组织执法人员每月两次对全县各燃气供应站进行安全大检查，对存在安全隐患的，及时下发整改通知书，确保全县无燃气安全事故发生。

建筑业管理 重点抓好资质升级工作，今年已完成湖北恒胜建筑安装工程有限公司晋升一级总承包资质，使一级企业又增加1家，并帮助湖北中畅建设工程有限公司、理达建工集团有限公司等骨干企业，全面调整建筑企业的规模、等级、专业。引导总承包二级企业晋升一级、三级企业晋升二级，鼓励发展专业分包和劳务分包企业。使建筑企业市场竞争力不断提升，完成合同产值近260亿元。全年共组织质量安全大检查8次，加强市场行为、工程质量、施工安全监管，对全县乡镇、团风县工业园区在建工程进行检查，共检查在建工程38个，建筑面积40万平方米，共查出隐患120余处，其中重大隐患2处，分别下达建设违章停工通知书7份。下达安全隐患整改通知书30份，对2台未经检测的塔式起重机和2台超高度安装的物料提升机，下达停止使用的通知。

村镇建设 争取危房改造指标960户，争取资金720万，改善农民住房条件。成功申报百丈岩传统村落保护项目；3个宜居村庄正在申报。各乡镇大力开展“4+X”活动，总投入达到2.3亿元，城镇化率已达到34.95%，为完成全县35.6%的指标奠定基础。村镇建设呈现良好局面。

红 安 县

城区建设 全年完成市政建设投资2.2亿元，一河两岸四桥以上的道路工程全部完成，配套的绿化、亮化工程基本完成；发展大道非机动车道、人行道、绿化带以及亮化等工程，城西上徐家河两岸污水收集管网工程，城南大道东段延长线市政配套工程，红金龙大道、城南大道、将军大道花带改造工程，主干道路灯升级改造工程，背街小巷改造工程等一批亮点工程建成投入使用。全年改造道路长9公里；新增绿化面积20万平方米；新增雨污管网长16公里；新装和改造路灯1600盏；城北水厂建成通水，新增供水管网长 15 公里。全县建成可再生能源建筑13万平方米，65%低能耗居住建筑31万平方米，既有建筑节能改造2700平方米，“禁实禁现”率双达标。

住房保障 全年完成保障房建设投资7359万元，建成保障房754套，其中廉租房396套、公共租赁住房358套。

经营收入 房产局收入目标800万元，实际完成1327万元，完成165%；节能办收入目标200万元，实际完成220万元，完成110%；勘察设收入目标450万元，实际收入825万元完成183%；质监站收入目标600万元，实际完成883万元，完成147%；园林局产值目标1500万元，实际完成4889万元，完成320%；自来水公司产值目标1367万元，实际完成1503万元，完成109%；市政公司产值目标1.1亿元，实际完成2.4亿元，完成218%；立方公司产值目标6个亿，实际完成14个亿，完成233%；广场管理处目标4万，实际完成5.78万，完成144%。各单位养老保险共计缴纳878万元，上缴税金3141万元。

村镇建设 完成全县小城镇开工建设基础设施项目投资3亿余元。各镇区开展“76102926”（7个镇区、6个传统村落、10个小集镇、29个新农村、26个美丽乡村）项目建设，完成投资3.8亿元，其中新建和改造道路41公里，新建和改造管网41公里，绿化面积9万余平方米，路灯570盏，新建垃圾池400多个；全县29个新农村建设点开工建设4451户，竣工3273户（园区1200户），完成配套建设道路15公里，管网12公里，绿化面积6万余平方米；2014年全县规划建设10个小集镇，完成投资3504万元；其中新建和改造道路28公里，新建和改造管网25公里，绿化4.5万平方米；村庄整治工作结合“三万”工作组“洁万家”活动，基本完成了一般性整治工作，对26个自然湾进行整体改造，完成投资1200余万元。完成农村危房改造1200户。成功申报传统保护村落3个，全国重点镇3个。

建筑房地产业管理 全年建筑业产值达22亿元。全年发放施工许可证 35项。完成质量安全大检查4次，工程质量安全稳步提高。创建省优和市优工程奖各1项，全年对进入红安从事建筑业活动的企业进行登记172次，登记备案率达到99%以上。以不定期抽查形式对全县在建工程进行质量安全检查，下达质量安全隐患整改通知书180余份。实行工程主体结构和工程竣工综合验收制，工程合格率达到100%，无重大质量和安全事故发生。

麻 城 市

城市建设 以重点项目建设指挥部为平台，组建移民文化公园、城市综合体、道路、管网、园林景观等12个分指挥部，全面推进城市建设。移民文化公园累计完成投资6.5亿元，移民文化轴和科举文化轴主体基本建成，两轴间300亩景观工程已经完工。五大城市综合体开发建设面积达到400余亩，金桥新天地一期主体全部竣工，龙池商城综合体部分商业设施封顶，将军路旧城和西正街综合体改造启动地面主体建设，西城新区综合体完成招商及协议签订，正式启动建设。道路建设启动了12条道路建设，完成了金广大道中段、金通大道中段、金通大道北

段、建设路、台湾街、杜鹃大道、兴信路、民生路等9条道路建设，道路总长12611米，基本实现了雨污分离、管线地埋、绿化亮化黑化，沪蓉大道、京九大道、松桂路建设进展顺利。园林景观建设方面，共完成投资4500万元，完成了大广北出口广场、将军南路绿化、二桥桥头绿化、6个交叉路口景观改造等工程，亮化了杜鹃大道、建设路、台湾街等5条道路，新增绿地30公顷，国家园林城市创建工作通过了省住建厅预审。管网建设方面，启动东门水厂和金桥水厂对接工程，完成投资2600余万元，铺设供水主管网5745米、污水收集管网8600米，改造低压小区5个。启动了3个停车场和3个集贸市场的建设，河东停车场、园林停车场、建设路集贸市场基本建成。硬化支街小巷38条，新添和更新公汽25台，新开通3条公汽线路，安装站台31座。城市建设总投资突破40亿元。

村镇建设 全市村镇基础设施建设完成投资5.73亿元，同比增长69.3%。小城镇建设方面，宋埠、白果、中驿创建成为国家重点镇，歧亭镇创建为国家历史文化名镇，启动熊家铺旅游小镇、顺河移民小镇特色文化小镇建设。新启动宜居村庄示范点建设21个，完成投资1.15亿元，夫子河镇陶家寨村、福田河镇林家垸村被命名为省级宜居村庄，歧亭镇杏花村被命名为国家历史文化名村，黄土岗镇小漆园村等4个村成功申报为国家传统村落，启动重点公路沿线5个村民集中点建设。

住房保障 加强房地产市场监管，严格执行明码标价和预售备案管理制度。全年共发放《预售许可证》29个、面积62.1万平方米，办理商品房初始登记1471件、78.1万平方米，协助征收契税4109万元。新增租赁补贴300余户，发放租赁补贴952户。建设完成保障性住房1380套，启动900套棚户区改造，建成822套。排查老楼危楼2.77万栋、面积239万平方米，农村危房改造实现投资1.8亿元，完成改造1352户。

建筑业管理 深入开展建筑工程质量治理两年行动，严格落实五方主体责任，强化建筑市场管理，组织开展六次质量安全专项大检查和四次拉网式大检查，杜绝重大建筑质量安全事故发生。受理建筑企业诚信登记178项，审批发证159项，邀请中建协、中建三局到麻城建立建筑劳务基地，帮助建筑企业申报资质增项25项，帮助房产开发企业申报建筑节能以奖代补项目6个，麻一建设公司成功晋升一级资质，全年实现建筑工程总建筑面积138万平方米、工程造价突破35亿元。

罗　田　县

市政建设 完成民建街等5条道路共15公里的基础处理工作，更换雨水箅、井盖280块，修复25处破损人行道，改造8处积水路段路面，安装管道及加砌雨水井8座。完成万密斋大道延伸线亮化、义水南路延伸线、环城西路、江夏大桥、北城岗隧道等工程建设任务。

园林绿化 完成8.7万平方米的武英高速出口片区绿化、政务中心小广场绿化和万密斋大道、罗大路等城区主干道的行道树栽种以及老街、义水北路、义水南路沿线补植，共栽种香樟等乔木2600余棵，改造小游园21个，全县人均公共绿化面积达到10平方米。

供水及污水处理 供水服务面积达30平方公里，新铺设供水管网6公里，新建压力调节泵站一座，完成“引凤入城”对接工作，受理水务报修2000余次，全面启动消防栓更新及配建工作，供水水质综合合格率99%，管网水压合格率98%。完成塔山河疏通作业，开展了义水河金马大道河段与河东街小河污水收集管网铺设工作，并对凤山城区规划范围内的污水排放开展了全面调查，制订了三年建设方案，启动了园区管网建设任务。

建筑业 办理建筑施工许可32份，完成诚信企业单项备案30宗，开展招投标监管135项，质量监督新建工程61个，监督覆盖率100%，发放竣工备案证23份，安全监管在建工程73个，开展打非治违等安全整治行动，实现了建筑施工安全“零事故”。出台《罗田县民用建筑节能专项验收管理办法》、《关于进一步加强建筑节能和墙体材料革新工作的意见》，完成节能审查项目30个，备案24万平方米，节能竣工阶段执行率达到98%。申报二星级示范工程1个，完成可再生能源建筑3万平方米。燃气监管对全县燃烧燃器具经营门店和工商用气户进行了登记和安检工作。图审设计文件备案率、执行率、工程巡查率、整改回复率均达到95%。蚁防面积115万平方米，蚁防合同签订率98%。造价审核22项，合同备案29项，完成了13版清单计价和定额计价规范的宣贯工作。加强装饰装修施工许可、竣工验收和资质管理，加大散装水泥专项资金征收力度。城建档案接收工程档案1000余卷，服务查询260人次。

村镇建设 三里畈、九资河、胜利等镇列为全国重点镇，胜利镇瓦屋基村列为全国第三批传统保护村落，九资河文家畈村和凤山镇登场坳村被命名为全省第三批宜居村庄。九资河官基坪村的传统村落保护实施方案已获批准。当年争取农村危房改造资金879万元，组织实施改造农村危房1235户。

英山县

城市建设 完成三条道路建设。迎宾大道、温泉北路强力推进、梦丝家大道实现了通车。组织了四个项目开工。中央大道完成征地拆迁，机械已经进场施工。沿河西路已经完成了地下综合横穿和雨水接入口建设。新城水厂已经在红山镇邵河村征地18亩，设计了建设方案，完成了沉井建设招标和4500米主管网建设。污水处理厂项目已经完成了20亩征地的测量和场地封闭，正在组织招投标。两岸休闲带已经完成了项目前期准备工作。

建筑业 2014年全县建筑市场做到安全责任事故零发生、死亡事故零发生。建筑工程质量不断提高，竣工工程质量合格率达到100%，公安局业务用房、地税局纳税人服务大厅已经通过省级结构优质工程评选。

村镇建设 石头咀镇、温泉镇、草盘地镇列为三个国家重点镇项目；吴家山大河冲村列入传统村落保护项目。申报百丈河、上马坳、龙珠三个省级宜居村庄项目。报批农村危房改造计划892户。通过招商引资，引进华燃天然气有限公司投资2.2亿元建设农村管道天然气项目。

浠水县

城区建设 老城区基础设施建设投资超过1.5亿元，包括一中路改造工程、二中路改造工程、学堂路改造工程、文化路改造工程、法院路改造工程、人民广场中心旱喷工程、污水管网加固处险工程、城南路、丁麻路及站前路绿化工程、闻一多大道改造提档升级工程等。基础设施建设开工建设5项工程，投资7750万元，包括安时路、南岳路二期、尚家岭路、一号路绿化和亮化工程、柳界路沿线排污排水箱涵等工程建设。加强城区市政基础设施维修维护力度，先后对城区市政基础设施进行维修维护，清污2800立方米，修复人行道板、破损路面1231平方米，更换破损、缺失井盖180套，混泥土盖板240块，

雨水篦子255块,调整路缘石1230块,疏通管涵860米。

住房保障 2014年建设廉租房520套,建筑面积26000平方米;公租房264套,建筑面积15840平方米;项目地点位于滨江新区叶家桥村,近期开工建设。城市棚户区改造4000套。保障性住房、棚户区改造住房完成任务1328套(户)。已完成建设1328套(户),分别为姚岭片区1071套,拨炉山257套,完成率100%。月湖小区分配入住400套(户),保障房任务已完成。新增租赁补贴90户,完成申请、初审、调查等工作。

村镇建设 散花镇和巴河镇等2个乡镇进入全国重点镇行列。基础设施配套建设资金100万元已拨付到各乡镇,助推建设发展小城镇。蔡河镇闵牌楼村、兰溪镇花鼓石村等2个村庄被命名省级"宜居村庄",全县"宜居村庄"达到8个。全县两批744户农村危房改造建设、资料收集、信息上报等工作有序推进。召开红色旅游路沿线整治现场会;督促绿杨乡、洗马镇开展红色旅游路沿线整治。

建筑业 2014年新办理建筑企业资质6家,为6家公司办理资质增项10项专业,鼓励企业大胆开拓外埠市场,不断提高"浠水建造"、"浠水装修"的占有额。

建筑工程管理 共监督建筑工程168项,单位工程171个,建筑面积357.79万平方米,投资额39.3亿元,建筑施工企业38家,监理企业23家,共下发整改通知书136份,停工通知11份,进入立案程序3家,锁扣和查封物料提升机、配电箱17处,约谈企业法人1家;开展燃气、供水、住房、桥梁等专项安全检查,全县安全生产无事故。按照"执法相对集中,立案归口管理"原则,对县城区32个开发和涉嫌开发的违法建设项目进行调查取证,下达听证告知书11份,下达行政处罚催告通知书21份。参加县政府组织的7次规模较大的拆违行动,有效遏制违法建设。2014年共立案处罚30起,已结案6起,移交法院11起。

燃气管理 对无证流动液化石油气小贩进行查处,在元旦、春节、"五一"、"十一"黄金周等重大节假日、重要时间节点精心安排,组织开展联合执法,取缔无证经营户2户,杜绝了燃气安全隐患。城区居民用户25000多户,商业用户230多户,工业用户6户;城区已建成高中低压管道480多公里;从县城区通往滨江新区的高压燃气管道已建成18公里,年底建成通气。250多辆出租车、公交车用上了天然气。新捷公司提供长途大客车、大货车用压缩天然气加气服务。

建筑节能 全县城区建筑工程建筑节能设计标准执行率100%,新型墙材应用率100%。对浠水县商混特许经营权公开拍卖,有3家企业取得特许经营权,参照执行2家,形成了5家企业生产经营的良性竞争格局,促进我县预拌混凝土市场的健康发展。

勘察设计 服务全县园区勘察设计21家,完成还建房勘察设计19万平方米。完成中小学危改项目216项和6个乡镇卫生院改扩建工程的建筑勘察设计工作。

蕲 春 县

城乡规划 启动"多规合一"全域规划编制工作,聘请南京城市科学研究院,联合长春规划设计研究院专家团队,初步完成《蕲春县"多规合一"全域规划》。逐步完善了总体规划、专项规划、控制性详细规划、修建性详细规划等规划体系。东壁大道景观设计通过专家组评审;李时珍大道景观改造设计方案提交相关部门施工;亚太华中泛家居产业城控详规通过专家评审；老城区控详规及市政规划设计方案已修改完善；雷溪河景观改造规划已初步完成；城南新城市政路网（20条道路）测量以及地质勘探，体育路、十里河路、漕河一路等7条道路规划设计已完成；在河西新区，完成40平方公里总规和控详规，梅家塘还建小区方案调整、帝洛菲（双湖小区）规划设计方案已初审。乡镇总规修编新增了大同镇，编制总体规划乡镇达12个，村庄规划完成了130多个；蕲州龙泉花海、八里食真公社文化小镇规划通过市级评审；红色旅游路沿线6个居民点的规划已经编制完成，其中5个居民点通过评审。

市政工程建设 启动老电影院、广场东三角、濒湖商城等旧城改造项目，市民广场10月份已经向市民开放，总投资约1800万元，共建成绿化面积25200平方米。十里河沿河路已竣工验收。体育路（付畈大道—中轴线）已竣工通车，共投资1600多万元，刷黑路面19740平方米，铺装人行道5640平方米。启动漕河一路、南阳三路延伸建设，及时对老城区市政设施升级改造，共修复破损路面、人行道4000多平方米，新建、维修供排水管网8000多米。在城南新城，加速推进城南新城路网、桥梁和场馆工程，东壁大道、梅家塘大桥共完成产值约43000万元，其中今年新增15686万元，东壁大道路基已贯通，梅家塘大桥年底通车。沿河大道完成产值投入约3800万元。河西新区路网和"四馆一中心"等基础设施建设全面铺开。投资8000万元新建河西新水厂，取水工程基本完成。

村镇建设 村镇建设总投入26.5亿元，比2013年增长100%，加强对各乡镇办的目标管理和考核督办。成功申报蕲州、刘河、横车3镇为全国重点镇，3个重点镇按照"十个一"标准，共启动建设项目17个，新增投资7亿多元。分别打造"龙泉花海"养生文化小镇和"食真公社"亲农文化小镇，建设规划通过市级评审。申报向桥乡狮子堰村为全国传统村落保护，向桥乡棠树岭村、大同镇南冲村为省新农村建设示范村，菩提村等10个村庄为市"美丽乡村"示范村；申报小竹冲村、南冲村、游山村、棠树岭村等4个村创建省"宜居村庄"。建立违建房屋档案，加强红色旅游路沿线违法建设的监管。

建筑业管理 2014年度共创建筑业产值40亿元，同比增长33%，其中省外产值5亿元，同比增加100%，新签工程合同额 50亿元，同比增加56%，创利税4亿元，其中税收2.5亿元，利润1.5 亿元。受理外来企业年度诚信登记企业32家。投资60多万元完成"建设行业综合监管系统"，将企业信息、审批信息、施工信息、从业人员信息全部录入数据库，所有平台于9月联网运行，向社会予以公开。

房屋征收 对9个项目（地块）实施房屋征收，共征收房屋1105户，签订征收协议885户，腾空拆迁807户。电影院旧城改造项目已签订协议208户，搬迁腾空、拆除房屋182户。亚太泛家居产业城项目共需征收房屋322户。濒湖商城旧城改造项目已签订协议355户，腾空、拆除房屋353户。吴庄东三角旧城改造项目已签订征收协议90户，拆除房屋90户。雷溪河西段南岸旧城改造已签订协议46户，拆除房屋46户。

武 穴 市

东城区建设 武穴大道主路面已全部硬化，基本实现全线通车。加快广济大道东段建设，完成破损路面修复，各种管线铺设完毕，主路面全部修复硬化完成。加快明珠路北延建设，完成道路设计，施工招标，确定了施工单位。A、B标段已进入施工，C标段桥涵工程正在勘测。刊江大道西段维修改造工程全线完工通车。加快

行政中心和市民广场建设，行政中心大楼已于2014年8月14日封顶，结构验收为优良工程，进行室内外装饰装修；市民广场夜景照明主灯、装饰灯已全部安装完毕，可开放使用。

市政工程建设　对主城区进行深度改造。完成道路改造，对刊江大道西段，对从民主路至凤凰路段的破损路面进行改造修复，该路段全长2169米，总面积3.25万平方米，于10月份全部完工。沿江大道改造主路面已全线完工。续建的龙港路主路面已基本完工。新建道路沿湖大道经过多方协调，11月18日开工，该路段全长4.2公里，造价2亿元。全年道路设施建设投入约3.82亿元。打造滨江公园，已完成公园道路硬化工程，填挖土方13万立方米，完成32万平方米场地平整；四分区绿化乔木栽植已全部完成，共栽植乔木420株；五分区停车场工程已完工，荷塘月色工程已完成；四、五区排水管线安装完毕。

污水管网建设　启动城区水生态整治，投资5000万元，对东西港进行污水清淤和污水雨水分流、引江灌区、港渠绿化建设。已完成招投标程序，于8月8日开工。

城市供水　自来水厂扩建工程已完成清水库、反冲泵房、沉淀池、滤池等建设项目，预计2015年5月底整个工程完工。城乡供水一体化全面铺开，已编制全市供水一体化方案，组建了水务集团，对各镇处以及个体水厂实行整体收编，统一管制、统一调度、统一管理、统一供水。

建筑市场管理　全年在行政服务中心窗口受理办结事项186件，办理建筑工程施工许可证54份，合同额达28.3亿元，建筑面积161.3万平方米。起草《关于进一步加快推进建筑业及房地产业发展的若干意见》，研究制定《武穴市工程质量治理两年行动实施方案》，与各镇处、各施工企业签订了建设工程安全生产责任状。组织质量安全专项检查4次，共检查工程项目159个，下达隐患限期整改通知88份，停工整改通知90份。深入现场开展安全生产巡查，并下达限期整改书168份，停工整改通知177份。投入30多万元，建立施工现场远程电子监控平台，安排人员24小时值班，监控全市在建工程安全生产工作。加强文明施工管理，组建建筑市场整顿专班，对在建工程安全围挡、洗车槽及冲洗设备和渣土运输管理进行规范化整顿。

村镇建设　组织开展申报全国重点镇活动，通过申报，梅川、花桥、田家镇已确定了全国重点镇。积极开展规划建设管理“楚天杯”“大别山杯”争创活动。完成农村危房改造596户，争取资金447万元。开展争创宜居村庄、文化小镇、美丽乡村现代农业示范园和传统村落的创建、申报和建设工作。培育了刊江泉塘、余川阳铺等一批宜居村庄，上报通过刊江泉塘、梅川松阳为省级文化小镇。

黄　梅　县

城镇规划　投入1000余万元编制相关规划。完成濯港、蔡山、下新文化小镇规划编制工作；编制完成《滨河新区夜景亮化照明设计》专项规划，《黄梅县新县河沿线两侧地块建筑景观控制规划》和《黄梅县迎宾大道城市设计》正在修改完善之中；完成“五合一”、中医院等47个详细规划以及50个新农村“一事一议”项目、50个村级广场、100个五合一工程的详细规划；服务城中村改造工作，编制完成《岳湾集中安置房项目详细规划》、《蔡枫社区七、八、九组城中村改造详细规划》等详规，并进行了公示。严格规划审批程序，在网站公示栏及时更新“一书三证一核实”发放情况。强化规划效能监察，及时查处违法违章建设行为，2014年办理规划违法案件28起，确保城乡规划顺利实施。

城镇建设 城镇化率由2013年的38.56%提高到39.67%。突出服务一主两翼建设，南翼滨江新城如花绽放；北翼禅宗景区如火如荼；滨河新区成为城区发展新引擎，其它乡镇城镇功能明显提升，全县“中心辐射、两翼带动、重点发展、梯度推进”的城乡体系形成。2014年滨河新区投入5.79亿元，4.12平方公里实施性区域已初具规模。全年完成老城区投入8145万元，加快了城市基础设施建设。高标准抓好园区建设，全年投入资金1.8亿元，完成征收土地1035.35亩，拆迁安置农户136户，平整土路基六条，总长6310米；硬化道路两条，总长1700米。园区路网实现大循环。

村镇建设 新城区路网及旅游公路路网工程全面启动，西河北路土路基工程和“一河两岸”街道商业区路网基本完工，红色旅游公路江河段土路基工程全面完成；第一安置区进行美化、亮化，第二安置区主体工程全部完成；修订了《第三安置区建设规划》，完成了2万余平方米土地平整等工作；全面开展刘岳、白羊、渡河、向桥四个美丽乡村建设示范点的环境整治工作。5000吨级码头一期全部完工，二期进度完成80%工程量；11万伏输变电站基础工程完工，完成电气一次设备，12月31日前投产送电；太子湖公园一期的土方和道路施工已全部完成；全面推进妙乐、工业园区、河桥、水月等安置区建设，重点建设长列、汪列、腊列、业庄、王世九、王埠六个美丽乡村。打造了柳林乡望江村等一批宜居村庄，推进大河镇肖畈村、苦竹乡塔木村、杉木乡旗杆村、刘佐乡石流岗村“宜居村庄”示范项目建设。

园林绿化 全年完成绿化投入资金1500余万元，城区新增绿地面积6.8万平方米，城区绿化覆盖率达到37.9%，绿地率达到34%，人均公园绿地面积达到8.3平方米。东禅寺公园一期绿化及配套工程进入收尾阶段；完成了西城大道、北外环2条主干道以及D21号路、五小路等7条支路道路绿化；县行政服务中心东山生态修复工程已进入尾声；完成气象局、农业局、湿地保护局等6家单位庭院绿化；小池滨江新区临港北路、工业大道二期、吴楚大道二期等5条道路配套绿化工程全面完工。

建筑市场监管 全年受理受监工程49项，建筑面积72.09万平方米，监督率100%。竣工验收工程67项，未通过验收工程2项，验收合格率97%。全县建设工程共获得“楚天杯”工程结构奖7栋，“大别山”工程质量奖1栋。对全县在建工程进行安全巡查和安全督查，共检查在建工程项目64项，总建筑面积155.7万平方米，下发停工通知书65份，消除重大安全隐患36处，安全隐患整改率达96.94%。黄梅县职教中心宿舍楼和中央华府居住小区太阳能热水应用系统分别荣获2014年湖北省可再生能源示范工程。

住房保障 国家下拨各类保障性住房建设资金1.35亿元，完成魏涼“阳光家园”一期保障性住房1200套建设及分配工作，其中廉租房698套，经济适用住房156套，公共租赁房（含人才公寓）344套。

龙感湖

城乡规划 编制历时三年的《龙感湖管理区城乡总体规划（2014—2030）》，12月3日通过黄冈市政府审批。做好日常规划工作，共核发建设用地规划许可证413份，建设工程规划许可证31份，完成规划测量工作15起，规划验收28起。

住房保障 完成园区、芦柴湖、青泥湖廉租房小区配套和绿化工程。1月、3月和8月完成了园区廉租房三次配租活动，6月份完成青泥湖29户配租，共有289户困难户迁入新居。

城镇建设 城区主干道路刷黑工程，建设地点为管理区城区内长青路、春港路、友谊路及雪龙大道、机关大院、小学、机关大院外非机动车道。工程总投资2400万元。完成了一级公路人行道绿化工程和发电厂绿化、城区补树工程。

城市管理 共签订责任状448张，治理渣土污染路面58起，查处工程车未覆盖86起，处理占道经营52起、占道施工35起，查处违章建筑45起，下达停工整改34起，违建停工通知42起，强拆违章建筑7起。重点整治三角区，现已取缔三角区、黄商所有摊点。城区亮化工程自8月初开始，已亮化23家。

行业监管 完善安全生产管理制度，加强施工质量安全监管。6月起全面规范整顿管理区建筑市场秩序，开展建筑工程质量大比武活动，举办了两期由项目业主、项目经理及安全员、监理员共110人参加的培训班。所有工程竣工验收，必须经进龙感湖质检中心检测，确保建筑质量。共下发《整改通知书》45份，提出整改意见132条，及时消除了6处安全隐患。

咸宁市建设

咸宁市传媒大楼

规划·测绘

规划编制　《咸宁市全域新型城镇化总体规划》文本及宣传片获得咸宁市“四大家”领导高度肯定，部分成果被咸宁市委四届四次全会采纳；推进“四化同步”试点镇规划编制工作；完成市经济开发区三期 48.1 平方公里的概念性总规；完成咸嘉临港新城总体规划调整及报批工作。

测绘信息　开展咸宁市第一次地理国情普查；启用的“咸宁市规划业务管理系统”荣获“中国地理信息产业优秀工程铜奖”；咸宁市基础地理信息公共服务平台及规划移动执法监察系统顺利通过专家评审验收，二三维一体化数据、地名地址数据和公安摄像头数据建设在全国遥遥领先，数据成果应用于规划审批、监察执法、社区网格化管理等在省内首屈一指。

规划管理　适应市区规划管理体制调整，逐步规范贺胜、横沟、官埠、马桥四个镇规划管理工作，理顺咸安区乡镇规划办、咸安分局、区政府和市局之间的初审、审核、审批、备案流程；完成市主城区(含六城三区)规划编制统计、《咸宁市中心城区建设项目规划设计方案报审管理规定》；对批前在建违法建设现状摸底，通过运用移动执法监察系统实现执法管理的信息化、可视化和智能化。

民生规划　按照“一镇一特、一村一品”要求，编制个人住宅建设参考图集发放给城郊四镇；开展新型农村社区(含村民安置点)的选址及规划报批工作；启动“怀德路片区”旧城改造项目；开展羊楼洞镇、新店镇历史文化街区保护

规划，保护历史文化古迹。

住房保障和房地产管理

保障房建设 2014年全市开工建设保障性住房2.36万套，完成目标任务的100.99%；基本建成保障性住房1.03万套，完成目标任务的102.9%；分配入住保障性住房6060套，完成目标任务的101%；新增发放廉租住房补贴1479户，完成目标任务的102%；住房保障管理系统建成运行。

房地产市场 2014年全市城区新建商品房成交套数达1.49万套，同比增幅将达21%；成交面积达149万平方米，同比增幅将达12%；成交金额达60亿元，同比增幅将达25%；住宅均价3400元/平方米，增幅低于地区国民生产总值的增长幅度，住房价格稳中有升。

房地产监管 全年共监管112个新增预售楼盘的预售资金15.78亿元，批准拨付预售资金956批次，拨付金额达12.35亿元，开展售楼部预售楼盘事项公示情况巡查12次，纠正不合规公示行为6起，开展项目施工现场巡查900余次，督促开发企业保质量保进度保安全文明施工。制定了遏制售后包租行为的规定，开发企业凡承诺售后包租的，须自持一部分资产并不得转让和抵押，直至售后包租行为实现后方可转让、抵押房产。

房产中介管理 2014年新增房地产估价机构备案2家，同比增幅达50%，审核备案房地产评估报告1185份；实施新增房地产经纪机构备案6家，同比增幅达56%；经纪机构促成存量房交易达1400余套(占存量房交易总量的85%)，市区房地产中介市场呈现有序健康的发展局面。

物业管理 2014年对物业服务市场重点实施“监管物业维修资金的归集”、“实施物业企业资质年检”、“指导物业小区消防卫生服务”、“指导业主委员会成立与换届”、“指导物业行业协会成立”。共归集物业维修资金2545万元，新审批发放物业服务企业资质18家，指导市区90家物业企业开展消防安全服务和卫生保洁服务，指导5个小区成立了业主委员会，指导1个小区进行了业主委员会换届，指导市区物业服务行业协会依法成立。全市物业服务企业达198家(其中市区90家)，其中二级资质企业3家，三级资质企业195家。

权属登记 2014年完成升级达标工作总量的70%。全年共实施房屋权属登记3.08万宗，同比增长2.79%；接待房屋信息查询1.78万人次，日均接待80余人次；实施房屋面积测绘404.53万平方米。

安全鉴定 全年共实施房屋安全鉴定524宗，出具房屋安全鉴定报告212份，实施老旧楼危险点排查203幢(其中督促停用、拆除危楼137幢)。实施白蚁预防施工28场次，预约施工率达100%，实施白蚁灭治施工32场次，定期回访32次，回访率100%，治理率100%。签订房屋征收补偿协议70余份，调处房屋征收领域信访事项16件次，调处率100%，群众满意率100%。

城市建设

基础设施建设 2014年，市住建委代建城市公共基础设施建设项目20个，总投资10.73亿元，其中香城大道建设工程、十六潭路东段延伸工程、2014年市区主要交通路口交通渠化等9项工程已完成，总投资约1.58亿元，超额完成年度政府投资1.35亿元的建设任务，2014年城区污水管网工程、旗鼓大道东段延伸工程等5个在建工程按时间表全力推进。

供排水管理 向上争取到位国家污泥处置、

管网建设补助资金1477万元，咸宁西、南外环环雨污管网工程已铺设管道7公里，完成投资1000万元，温泉、永安污水处理厂污水处理率达到91%。全面实施《咸宁市城区排水专项规划(2012—2030)》，从2014年4月起，每月在《咸宁日报》、咸宁电视台和市住建委网站公告城区供水水质检测结果。

民生建设 王英水库供水工程总设计规模20万m³/d，计划分两期建设，一期工程10万m³/d，总投资约3.52亿元。净水厂附属工程已基本完成；原水管网工程已安装管道17公里，占总长度60%；水源工程已完成围堰。整体工程累计完成投资约1.1亿元。全市燃气场站“双罐运行”率达100%，燃气企业持证经营率达100%，城镇燃气普及率达到75%以上，市区燃气普及率达到97%。与华润集团签订《特许经营权协议》，咸宁华润城投燃气有限公司投资2亿元，建设成为咸宁第二气源。

建筑节能 全市城区新建建筑设计阶段节能强制性标准执行率达到了100%，竣工验收阶段节能强制性标准执行率达到了98%以上。完成5个县市共5栋建筑的能耗监测平台建设，已有4栋建筑联入省监测网。通城县麦市镇通过省建筑节能与墙革领导小组禁实达标验收。全市新材企业达到100余家，新型墙材年产量达26亿标砖，与2013年相比增长13%，新型墙材应用率达99%以上，自给率达98%以上。完成可再生能源建筑应用示范面积86万平方米，超额完成省下达的82.5万平方米可再生能源建筑应用任务；国家可再生能源建筑应用示范城市任务累计完成量达到145万平方米，在建和竣工项目达到128个。咸宁市传媒大厦获得住建部授予的绿色建筑二星级标识，该项目建筑面积为3.57万平方米，节能标准51.6%，多项节能技术的应用刷新了咸宁市建筑的历史记录。

园林建设 城市建成区绿化覆盖率36.86%，绿地率31.37%，人均公园绿地面积为10.02平方米。完成香城大道景观改造工程；完成体现城市书香文化的城市记忆馆、李邕书画院图纸设计工作；完成体现城市品牌形象的《咸宁城市家具规划设计》、《咸宁市赏花规划》。积极深入现场指导武汉园博园咸宁分会场的的施工工作，确保第十届中国(武汉)国际园林博览会咸宁分会场如期开园。

两桥建设 淦河大桥规划全长144米，宽25米，双向四车道，设计使用年限100年，总概算投资约5400万元。该桥建为斜塔空间扭曲背索斜拉桥。桂花桥连接佳辰国际·中央城和桂花路，设计为车行桥，由市政府和佳辰国际开发商共同出资建设，既方便市民出行，同时又形成了城市道路的“微循环”，有效地分流滨河东路的车辆，改善交通环境。两桥施工前期准备工作已完成并启动桩基施工，两座桥梁的建设不仅打通了城市路网，也给咸宁市城市风貌增添了新意。

村镇建设

项目申报 成功申报咸安区横沟桥镇等11个镇列入全国重点镇名单，成功申报通山县闯王镇宝石村等7个村庄列入第三批中国传统村落名录(全省共46个村庄入选，咸宁市占15%)。赤壁市赵李桥镇羊楼洞村列入第一批中央财政支持范围的中国传统村落名单。推荐通山县列入全省8个农村生活垃圾治理试点县，推荐咸安区桂花镇刘家桥村列入全省十个美丽乡村暨荆楚派民居特色建设示范试点村庄。

建设投资 2014年财政拨款9382万元，比2013年增长46%。其中中央农村危房改造资金4161万元(指标5548户，每户7500元)，省厅村

镇建设资金1423万元，咸安区、嘉鱼县、赤壁市以船为家渔民上岸安居工程共计1394户，中央投资2828万元，省级配套970万元。

村镇建设 完成5548户农村危房改造工程。嘉鱼县潘家湾镇四邑村等12个村庄命名湖北省第三批“宜居村庄”。全面启动部署咸宁市农村生活垃圾治理工作，完成咸安区横沟桥镇、赤壁市赤壁镇2个试点镇的垃圾压缩中转站和收运体系建设，顺利通过省厅的检查验收。以船为家渔民上岸安居工程稳步推进，咸安、嘉鱼、赤壁3地项目资金计划已下达并抓紧实施。

建筑施工

建筑市场管理 全市建筑业实现总产值119.77亿元，同比增长22%，建筑业支柱地位进一步巩固。资质结构趋于完备，全年新增建筑业企业25家，资质升级、增项12家，新增1家装饰一级企业。全市共有建筑业企业250家，其中总承包企业119家、专业承包企业101家、劳务分包企业30家，二级以上总承包企业达42家。对外拓展能力增强。省外产值实现7.71亿，市建筑业企业在内蒙古、青海、山西、广西等地设立分公司承接项目，赤壁三维公司承接武深高速公路大桥工程。全市建筑行业年平均从业人数约3.5万人，工程技术管理人员约1.5万人，其中各类注册及中级以上技术人员近0.6万人，转移农村富余劳动力作用明显，全市建设项目设立农民工业余学校249个，培训农民工17715人。发展环境日益优化，开展全市建筑企业10强、装饰企业5强评选，南楚、远升、桂乡、玉立华隆等6家企业进入全省重点培育企业。

建筑市场整治 全市核发施工许可证项目283个，合同造价78.63亿元，其中房建项目面积657.52万平方米，总承包合同备案率100%。对施工许可证办理程序进行“瘦身”，除《建筑法》明确规定的前置条件外，其他事项全部改为批后执行。加大市场检查频次，对市直和县市区建筑市场进行拉网式检查，下发整改通知书230份、停工通知书36份，立案查处25起。建立联合执法机制，与工商、质检、招投标等部门建立联合执法常态机制，从建筑原材料质量入手，狠查“三无”产品和劣质材料，对招投标行为进行过程监督和标后检查，有效规范建筑市场秩序。诚信体系建设取得突破，出台《咸宁市建筑施工项目经理质量安全违法违规行为记分实施办法》，细化记分内容和标准，对项目经理安全方面41种行为、质量方面32种行为进行扣分管理。将审批许可与日常监管有机结合，建成全市建筑市场监管网上平台，项目数据库平台投入运行。

安全生产管理 目标考核总评分数在87分以上，位列全省第一方阵。全年受表彰国家级3A文明施工现场1个，省级文明施工现场12个(超目标任务2个)，市级文明施工现场28个(超目标任务3个)。开展深基坑、高支模、脚手架、建筑起重机械等安全专项整治，市直范围内取消木支撑。淘汰老式物料提升机，所有起重机械由专业资质的单位安装和保养。对全市建筑工地消防安全进行全面检查，对板房材料燃烧性能、消防器材数量配备进行重点检查。组织开展安全生产宣传和现场咨询解答，发放宣传资料1000余份和视频教材20余份。在威港豪庭、湖北工业大学商贸学院咸宁校区项目组织现场观摩和消防演练，200余人参加观摩，提高了全市建筑安全生产应急救援能力。建立塔机视频监控系统和塔机远程监测系统(黑匣子)中心平台，建立项目档案数据库。落实企业安全生产的主体责任，推进施工现场安全生产标准化建设，积极引导“文明施工现场”创建活动，培植“阳光威娜”项目获得国家“AAA”安全文明施工现场。

工程质量管理　全年未发生重大质量事故，在建工程监督覆盖率100%，工程竣工验收合格率100%，2014年度表彰全市省级优质工程18个（超任务目标3个），市级优质工程54个（超任务目标19个）。培植了“湖北工业大学商贸学院咸宁校区”和“财茂新都会”两个质量样板工程。全年受理工程质量投诉27件（含信访、接转信件），质量投诉的处理率100%，未发生因质量引发的群体事件。全面落实“两书一牌”制度，推进质量标准化工作。

勘察设计与科技

市场管理　加强行业监管，严把证照资料审核关口，有效地规范外来勘察设计企业的市场行为，全年完成外地进咸勘察设计企业备案72起，全年共组织8次、337人参加各类培训。加强市场监管，查处深圳华博建筑设计有限公司施工图虚假签名行为，并发文通报。

企业管理　全市工程勘察设计企业总数为19家，其中乙级8家、丙级10家。全市各企业共取得各类勘察设计咨询资质38项，乙级工程勘察设计资质12项、丙级工程勘察设计资质18项、工程勘察劳务资质7项，乙级施工图审查资格1项。全行业从业人数为600人，其中118人取得各类工程勘察设计咨询注册执业资格，注册人员占从业人员的20%左右。2014全市勘察设计行业完成营业收入1.25亿元，其中建筑工程勘察设计营业收入1亿元。

行业评优　开展咸宁市首届勘察设计企业综合实力五强评选，咸宁市丰源电力勘测设计有限公司、咸宁市勘察建筑设计院、咸宁市林业勘察设计院、咸宁市地质工程勘察院、赤壁市建筑勘察设计院入选首届咸宁市勘察设计行业综合实力五强。

城市管理与执法

市容监管　全年223次组织执法人员9000余人次，对屡劝不改的出店占道经营、违规设置户外广告、店招进行集中整治。共取缔占道经营摊点5400余处，规范出店经营门店1900余处，拆除违规设置的户外广告、店招348块，清理“牛皮癣”5000余处，面积约5万平方米。

违建查处　建立镇（办）控违中队，落实社区（村）组信息联络员，形成市、区、镇（办）、社区（村）、组五级控管体系和区、镇（办）、社区（村）“三道屏障”，建立“一日一巡查，一户一建档、一周一督办、一月一呈报”的巡查机制。强化巡查监管力度，确保违法建设早发现、早制止、早防范。共组织42次大型集中拆违行动，依法强制拆除87户违法建设，拆除面积1.2万平方米；开展535次“小拆促停”行动，督促违法建设户停止抢建；拆除108户存量违法建设，存量年拆除率达到15.27%，刹住了违法建设强建、抢建歪风。

渣土管理　严格督促施工车辆全程覆盖运输，避免车辆“遗、撒、滴、漏”。对获准运输的建筑工地，严格督促施工单位做好运输沿线的道路保洁工作，运输时做好洒水降尘，及时进行道路恢复，保持路面干净整洁。2014年，共巡查发现道路污染383处，清理污染道路7300平方米，纠正违法行为267起，查扣车辆13台，教育批评相关单位及个人53家。

数字城管　完成指挥中心的装修、硬件设备的采购及调试、网络光纤链路及“城管通”的招标，初步完成住建部九大基础子系统和拓展的移动执法、综合评价子系统搭建以及实景三维数据和地理空间数据的普查，累计入库城市

部件11万个，分为7大类115小类，已试运行中。

市政管养 对城区雨水箅、窨井盖、火烧板等设施缺失破损及松动程度进行全面拉网式清理和排查，对人行道路面断裂、塌陷进行及时修补维护，确保市政设施完好率达95%以上，为市民出行提供优质服务和安全保障。接管城区21座桥梁的日常监管工作，联合市公安局对温泉桥实行交通管制，禁止超限车辆通行，确保桥梁设施的安全运行。

停车管理 对城区部分路段人行道实行禁停，重点整治了鱼水路宏大市场周边、温泉集贸市场周边乱停乱靠行为，确保人行道通畅，共规范和纠正违停车辆1.2万余台次，施划新增停车泊位507个。

站前面貌 联合市交通、市公安、市交警等部门加强对咸宁高铁北站、城际铁路东站、南站站前广场周边的环境进行综合管理、秩序维护、卫生保洁等工作，全面提升了各站前广场形象，为旅客出行营造了整洁有序的环境。

窗口服务 依照服务对象需要，制定完善窗口服务标准，建立服务规范，实行首问负责制、一次性告知制、限时办结制等服务机制，推行“一门受理、限时办理、一站式办结”的运行模式，提高办事效率，方便群众和企业。

住房公积金管理

2014年全市住房公积金新增归集9.5亿元，同比增长17.6%；发放个人住房公积金贷款5.58亿元，同比增长24.3%；实现增值收益5055万元，同比增长46%。

规范管理 出台《关于规范2014年度住房公积金缴存基数和缴存比例的通知》(咸公积金〔2014〕13号)，明确职工住房公积金月缴存基数，将行政事业单位各类规范津贴补贴和奖金等纳入缴存收入。明确住房公积金缴存比例，本市行政区域内职工和单位住房公积金的缴存比例分别为10%，允许有条件的单位在此比例上提高1～2个百分点，有困难的单位下调1～5个百分点。财政供养的行政事业单位和职工个人住房公积金缴存比例分别为12%。明确2014年度职工月缴存住房公积金的限高保低标准，最低每月缴存180元(单位个人各半)、最高每月缴存 1880 元。对以前年度未按照政策规定标准足额为其职工缴存的单位，可就差额部分为职工进行补缴，单位补缴部分在单位经费或成本中列支。

提升服务 优化服务大厅环境，开启“一站式”办理公积金归集、贷款、提取业务，大厅配置了大屏幕显示屏、沙发、饮水机、填单台、查询机、开通了12329服务热线，方便职工查询和办理公积金业务。

惠民新政 为认真贯彻落实全省住房公积金新政，市政府办转发市房产局《关于促进房地产市场健康稳定发展的意见》的通知(咸政办函〔2014〕32号)，涉及住房公积金新政有8条，主要内容是放宽贷款和提取条件。

巡查监管 对住房公积金业务关键环节进行全程实时监控，切实防范潜在资金风险。加大内部审计工作力度，以内审促规范防风险。加强住房公积金提取管理，完善提取业务事后监督制度。建立“贷前严审、贷中规范、贷后跟进”贷款风险管理机制，严格落实各项风险防控措施。加强贷后催收工作，通过电话、短信、实地催收等多种方式，对可能发生逾期的贷款及时进行催收。

人事教育

选配干部 市住建委全年研究干部选拔任

用3次，调整干部17人次，其中提拔使用4人（正科级2人、副科级2人），平级重用3人，平级调整7人，免职3人。

规范管理 出台了一个管理意见，建立用人机制，即进人报告制、用工合同制实行劳务派遣制、工资标准制，明确进人的程序和要求，规范了聘用人员的用工形式和工资待遇，严肃了进人纪律。健全激励机制和约束机制，拟订委属企业负责人和员工工资福利待遇的指导意见，调动各方面积极性。

政企分离 按照“机构分设、人员分离、财务分开、财产分清、职能分明”的五脱钩要求，委属部门所办企业进行了清产核资，人员和财务与主管部门进行了脱钩。严格落实在职党政干部不得在企业或市场中介组织兼职（任职）的规定，3名科级干部退出兼任部门所办企业负责人，6名由市住建委任命的法定代表人和经营负责人全部解聘。

理顺体制 针对当前市政府投资项目建设与管理错综复杂，体制不顺的局面，市住建委提出理顺咸宁市政府投资建设项目管理体制的建议，市政府出台会议纪要，将市政建设处撤销，成立咸宁市政府项目建设管理局，组建方案已报市编委审议。市城建档案馆加挂城建档案管理办公室的牌子获市编办批复。

教育培训 开展建设教育职业技能培训，全年累计完成各类建设行业教育培训、考新证及继续教育1919人，完成目标任务的115%。

城建档案

馆库建设 增加馆库面积1334平方米，其中办公室面积138平方米，库房面积607平方米，会议室面积589平方米，馆库总面积已达到1587平方米。

档案管理 全年签订档案报送协议书28份，加强档案的业务指导工作，深入工地现场指导183人次，签发《房屋、市政、园林绿化工程预验收意见书》127份，核发《建设工程档案合格证》40份；档案的分类、整理、著录、入库4604卷，累计馆藏档案23128卷；接待档案查询127人次，档案利用280余卷。

声像档案 投资20.8万元，添置佳能5DIII单反照相机、索尼摄像机、激光彩色打印机、非线性编辑系统等声像设备一套。拍摄重点工程、各类活动、重要会议及城市建设照片1363张，摄像380分钟。

档案编研 6月8日，咸宁市城建档案馆整理出版《咸宁市城建档案利用》一书，该书全面详细介绍咸宁市城建档案的馆藏编目及档案利用成果。

咸安区

建筑市场监管 2014年，全区完成建设工程招标87项，工程造价16.7亿元，投标率达到100%。全区在建项目70个，建筑面积125.81万平方米，工程受监率100%；竣工备案项目37个，建筑面积95.59万平方米，工程合格率100%，工程优良率24.2%，工程备案率95%以上。

全年无一重大安全事故发生。城区全面落实“禁实”、“禁现”，执行率达到100%。横沟桥镇祥天空气能绿色建筑项目0.7万平方米，完成率达116%。可再生能源建筑应用面积34.58万平方米，主要是太阳能光热一体化应用，完成率达115%。对全区在建工程建筑市场主体进行综合执法检查6次，下发停工及催办通知书19份。全面启动工程质量治理两年行动，处理质量投诉33起，对全区70多个在建项目的消防和起重机械进行重点检查，开出整改通知书30

份，暂停施工通知书6份。加大农民工工资保证金征缴力度，设立了农民工工资保障金专户，实行实名制管理，收取农民工保证金200万元。参与调解拖欠农民工工资投诉20余起，帮助农民工追讨拖欠工资700余万元。

保障住房建设 2014年新增公共租赁住房968套和城市棚户区改造1754套，已全部开工，开工率达到100%。下达基本建成保障性住房、棚户区改造住房共880套，基本建成1197套，竣工率136%，超额完成任务。实行"五公开"及"三级审核，两级公示"制度，2014年市政府下达咸安区分配入住保障性住房、棚户区改造住房650套，已分配入住694套，入住率106%。完成新增租赁补贴102户任务目标，完成率达到102%。制定《住房保障小区物业管理办法》，廉租房、公租房小区实行物业公司管理。启动廉租房和公租房的并轨制度，对保障性住房的对象管理、资金使用、分配管理实行统一管理。

城乡统筹 深挖桂花文化、嫦娥文化、中秋文化，成功申报一批国家、省级命名。刘家桥村荣获湖北省示范乡村；刘家桥村、垄口村垄口冯荣获全国第三批传统村落；石溪村和广东畈村荣获湖北省第三批宜居村庄。完成省住建厅下达的危房改造指标804户，补助资金603万元。实行"一套政策管总、一个专班负责、一流服务到底"的协调机制，青龙山公园、金桂西路、笔峰塔文化公园、双龙山公园等项目扎实推进，背街小巷和公厕建设按计划推进。南、西外环污水管网工程按计划稳步推进中，怀德路片区改造已完成评估工作。严格执行区委、区政府优惠政策，对招商引资项目收费协商中介机构实行最低标准，将施工许可前置条件由原来8项优化为6项，将工业项目招投手续委托给工业园自行组织，简化办事程序。

赤 壁 市

城乡规划 按照"多规合一"的战略要求，完成经济社会发展、国土利用、城市建设、商业旅游等层面规划的融合对接，有效解决了规划宏观不强、衔接不够、相互扯皮的问题，在不同层面为推进城市升级、绿色崛起制订了规划保障措施。测绘地形图260幅，编制各类规划362项，审批控规29项，依法许可建设用地规划项目48个104.67万平方米、建设工程规划项目60个196.92万平方米。

住房保障 房地产开发总投资21.56亿元，新开发面积82.6万平方米，同比下降17.3%、4.8%；批准预售面积80.55万平方米，同比增长1.2%；销售商品房4749套，同比减少11.58%；销售金额15.63亿元，同比减少5.8%；开工改造城市棚户区1948户19.5万平方米，已建成232套、主体完工182套、桩基础施工1284套；新增发放廉租住房租赁补贴302户，累计发放补贴2066万元，惠及1987户4752人，完成实物配租2780户。

工程质量 建筑工程质量安全形势总体平稳，167个447万平方米在建建筑工程受监率100%、"禁实、禁现"率100%、竣工验收合格率100%。赤壁印象十五镇1号楼施工项目获湖北省建筑优质工程"楚天杯"，众城国际二期3号楼、新领地10号楼等4个项目获湖北省建筑结构优质工程。

城市环境 开工建设基础设施建设项目29个，完成投资4.86亿元；开工建设产城一体项目11个，完成投资约5.86亿元。完成龙翔路小游园、龙翔山森林公园、东洲带状公园、人民广场改造、杨家湖公园建设。新增绿地45万平方米，城市建成区绿地率30.3%，绿化覆盖率34.5%，人均公共绿地9平方米。处理城市生活污水和工业废水1311万吨，减排化学需氧量

(COD)1386.2吨、生化需氧量(BOD)780吨、氨氮(NH4-N)130.8吨、总磷(TP)12吨，城市污水处理率83%。环卫清扫市场化，普扫、保洁、机械清洗三管齐下，城区主次干道基本无泥沙、路缘石无明显污渍，垃圾转运设施与华新垃圾处理场顺利对接，城市生活垃圾无害化处理率87%，较去年提升2%。

公用设施 新建供水管网32.2公里、改造24公里，新建排水管网7.5公里、改造1.8公里，新建燃气管网16公里，城区供水管网总长度269公里、排水管网总长度83.2公里、燃气管网总长度98公里，分别较去年增长7%、9.3%、19.3%。组织桥梁安全专家对城市桥梁进行了“体检”并定期进行复检，桥梁安全可控。更换落水栅700余处、清掏下水道沉井5200余个，城区基本无内渍。新建公交站台57个，发放老年人免费公交IC卡8994张、残疾人免费公交卡515张。全市9条公交线路200余台公交车全面实现“公交公营”并全部更新为天然气环保车辆，全程GPS监控。

村镇建设 新改造农村危房1004户，补助资金753万元，累计改造4548户，补助资金3244万元。下发停工整改通知书143份，制止违法建筑258处，查处262处，拆除173处，拆除违法建筑3000平方米，取缔独臂吊30个、吊篮7个，乡镇镇区建设基本取消预制构件。改造镇区道路85公里，新增排水管网2000米，新增公共绿地3000平方米，修建排水沟渠120公里，建垃圾中转房1座，赵李桥镇羊楼洞明清古街成功申报国家传统村落，赤壁镇九毫村、柳山湖镇腊里山村成功创建“宜居村庄”，沧湖开发区普安村、茶庵岭镇温泉村成功申报“宜居示范村庄”。

嘉鱼县

道路建设 2014年，老城区改造刷黑建设项目投资1500万元，完成西正街（沙阳大道至环城路）、北门路改造刷黑工程和人行道改造工程；樱花南路建设项目，全长860米，规划红线32米，其中机动车道16米，两侧人行道各8米，基础建设已完成。

会展中心 完成文体会展中心项目二期建设工程文化馆(建筑面积5800平方米)、会议中心(建筑7485平方米)和室内综合性体育馆(6075平方米)等建设，建成生态停车位450个，绿地率达到20%，完成大部分的装饰装修及室外配套工程。

广场建设 项目主要内容为建设旅游观光区（含岳公文化广场、岳公文化长廊、水景文化、鱼文化雕塑园）、特色餐饮区、度假酒店、旅游产品市场及购物中心、综合写字楼、文化影视娱乐中心、沿街商业地产等，已完成项目总体规划编制、地勘及设计工作和大部分的拆迁工作。

棚区改造 该项目位于嘉鱼县水产局青山渔场及嘉鱼县委党校、老城区沙阳大道北侧，小湖南岸，工程内容主要包括小湖路、方庄路、连湖路、小湖游园景观工程和桥梁工程，已完成老鸭场拆迁工作，启动小湖路道路工程建设。

住房保障 2014年开工建设保障性住房和棚户区改造住房3990套，其中公共租赁住房2230套，城市棚户区改造1160套，垦区棚户区改造600套，完成目标任务100%。已基本建成保障性住房和棚户区改造住房1367套(户)，完成目标任务108.6%，其中公共租赁住房已基本建成1025套，垦区棚户区改造已基本建成342套。已竣工分配入住各类保障性住房577套，完成目标任务115.4%；新增发放廉租住房租赁补贴202户，完成目标任务101%。

通城县

城乡规划 完善城东新区、经济开发区、老

城区片区改造等控制性详细规划修编。完成锡山风景区、城南生态区、樊牌新城、陶瓷工业园等控制性详细规划。启动城西片区（包括边贸物流中心）的控制性详细规划的编制。完成城东路网、城西路网、城区管道天燃气、城区排水防涝、城区环卫设施、106国道改线线型规划等专项规划。完成“两河四岸”、城东拆迁安置点、朗桥儿童游乐园、老年活动中心等一大批重点项目的规划设计。完成麦市、五里、石南3个集镇总规修编。完成70多个中心村的规划编制。完善规划评审委员会专业、专项会审制度，对城市规划范围内各项建设用地和建设活动实行严格监管，严格执行“一书两证”制度和加强建设项目的批前公示与批后管理，严格实行选址、测量、放线、验线、验收“五到场制度”，建立了城区规划日常巡查机制，对发现的违法建设，及时立案、及时移送，并全力配合国土、城管部门打击处理，2014年，共移送县城管执法部门的违法建设案件450件。

重点工程建设 2014年全县共投入1个多亿的资金，推进的重点城建项目主要有5个。城西路网建设项目完成解放西路、马港路、黄龙路和隽西区域的大部分青苗补偿、房屋征迁、土方挖运，完成解放西路道路刷黑、强电和弱电管沟建设、供排水管网和燃气管网铺设等，完成解放西路5组段500米道路建设，完成征地471亩，共计完成货币工程量约3000万元。同时，平安滨江苑和小商品市场建设进展顺利，一期工程基本完成，第二期工程建设已启动。“两河四岸”建设项目1标段完成铺装园中小路300平方米，栽植树木33棵、球形灌木70棵，植草约800平方米。北岸新塔桥头至上游200米段绿化基本成型。2标段完成铺装沿河园路200平方米，平整绿化场地1500平方米。3标段完成铺装广场及园路120平方米，敷设自来水管600米。城东新区路网建设项目完成解放东路、塘湖路、学府路、四庄路、沙堆路、昌蒲大道“三纵三横”六条道路的土石方挖运约150万方，完成土地征收、青苗补偿和大部分房屋拆迁、坟墓搬迁等工作；完成塘湖路、四庄路两条道路共1500米长的道路硬化和污水管网、供水管网建设。完成白沙社区和学府路旁共3个拆迁安置点的土地征收等。管道天然气项目已启动天然气门站综合楼工程建设。一期管网工程整体通过验收并通气试运行，二期中压管网工程通城大道中压管道铁柱河河道内钢管保护砼浇完成60%。老城区背街小巷治理项目完成了城北街、民主路中段、丰普路、金泉路二巷、银城路二巷、湘汉路北门金三角段等6条背街小巷的示范改造治理工作。

市政配套建设 2014年共投入市政设施维护改造资金180多万元，累计完成铺设人行道板约2万平方米、路沿砖3000米，维修排水管道1000多米，清理管沟淤泥约300立方米。混凝土路面翻新硬化3000多立方米，清掏检查井80多座。本着先急后缓、先易后难的原则，累计争取政府投资50多万元，对荫山河明渠及涵道进行了清淤和疏通；对宝塔大道电机厂地段、城北街北门小学地段、旭红路旭红桥地段、民主路阀门厂地段、隽水大道隽水小学、联通公司地段、湘汉路保险公司地段、玉立大道赢通电子等10多个地段排水设施进行了改造。

村镇建设 积极推进隽水、五里、大坪和石南城乡一体化试点工作，进一步加强对重点中心镇的指导和扶持，完成集镇约1000米长、40米宽主干道建设。完成马港镇程坳村和麦市镇九房村2个“宜居村庄”的建设。完成农村危房改造876户。

住房保障 全年启动各类保障性住房建设项目14个，共计2590套。公共租赁住房600套，关刀镇政府建设40套，麦市石材工业园配建100

套。另460套配建到全县各房地产开发项目。城市棚户区改造项目主要采取“政府主导，开发企业参与”的形式，结合“两河四岸”及旧城区改造实行原地还建或异地集中安置。全年1990套城市棚户区改造任务中已进行主体建设958套，基础施工198套，前期工作336套，基本建成498套，完成投资1.3亿元。发放廉租住房补贴3431户，发放金额159.18万元，其中2014年新增发放59户，发放金额2.5万元。廉租房续建项目“白沙小区三期”7500平方米（150套），已全面竣工，已于12月28日正式分配入住。

行业管理 全年共办理施工许可证23个，建筑面积约26.6万平方米，工程造价2.28亿元。完成施工现场市场专项巡查5次，巡查项目40多个，清查无证施工并督促办理施工许可证项目5个，建筑面积约8万平方米，工程造价约8千万元。责令因项目管理班子配备不到位整改项目5个，项目管理班子变更备案3个，因项目经理不在岗处罚项目1个，处罚在未办理施工许可擅自组织施工企业1家。指导成立农民工业余学校2个（三合广场、平安花苑）。全年组织进行市场、质量、安全联合检查4次，约谈施工企业、监理公司3次。开展拖欠农民工工资检查2次，处理两个在建工程因拖欠农民工工资案件，督促施工企业偿还拖欠农民工资土款20多万元。房地产市场秩序逐步规范。全年新建商品房46.86万平方米，共核发《商品房预售许可证》15本，批准预售面积50.7万平方米，销售面积30.03万平方米，共2023套。全年查处违规开发项目3个，并通过电视、网络媒体进行公开曝光。加强安全生产管理。全年共下达《安全检查记录》86份、《安全隐患整改通知书》52份和《重大安全隐患停工整改通知书》15份，共消除各类安全隐患187处，强制报废不合格物料提升机3台、锈蚀钢丝绳12根，强制禁用老化安全网80片、塑料开关箱8个，强制拆除不符合三相五线要求用电线路3处。加大燃气安全检查力度。全年组织燃气安全检查15次，下达停业限期安全隐患整改通知23份，对部分气站安全隐患整改不达标的实行挂牌督办。会同安监、消防等部门查处县城非法经营瓶装液化气黑窝点3个，没收非法灌装充气工具和气瓶70余只。

建筑产业 全县建筑企业发展到14家，房地产开发企业发展到18家。坚持大力整顿、规范建筑市场和房地产市场秩序，坚持严把资质年检关、市场准入关、工程质量和安全监管关、建筑节能和新型墙体材料应用关、竣工综合验收关和商品房预售许可关。严厉打击违规建设、违规开发、违规销售、扰乱市场秩序的行为，建筑市场和房地产市场管理步入良性轨道，建筑业和房地产业连续数年每年创税收均在1.5亿元以上。

崇阳县

城乡规划 编制了城市排水防涝综合规划和城西生态工业新城规划，完成8个项目规划方案评审和32个项目工程放线测量。按照“四化同步”要求，17个试点乡镇、村启动村镇发展、土地利用、产业发展、新型农村社区及美丽乡村建设规划编制。强化城区建设规划控管，制定管理办法，规划局成立了36人的规划巡查队伍，对城区建设进行无缝对接巡查，共查出并报告各类“两违”建设147户。

房产市场 服务房地产市场开发建设，加快崇尚华府二期、泰田山水天城、雍景地产等15个项目建设。引导并提升市场需求，举办2014秋季房地产（汽车）展示交易会，全年可完成投资9.38亿元，销售商品房24.4万平方米2000余套。加强小区物业管理，联合社区积极介入，推动小区物业管理从目前“前期物业”向“规范化、市场化”转变。

建筑行业 推进建筑市场监管。全年新注册二级建筑总承包企业3家，三级企业达到20家，全年可完成施工产值6.3亿元，施工面积47.54万平方米，竣工面积39万平方米。加强工程质量监管。全年监督基础工程验收28项，主体工程验收40项，竣工验收10项，竣工验收合格率100%。强化施工安全监管。先后开展大检查12次，查出安全隐患122处，下达整改通知书29份，保持了“零死亡”目标。巩固“禁实”、“禁现”成果，推进可再生能源建筑应用，新增太阳能热水系统应用面积3万平方米。

市政设施 推进老城区道路升级改造和城西片区道路建设，开展背街小巷改造，对8处1050米背街巷道进行路面硬化、下水道疏通、路灯安装等综合改造。加强道路管线施工监管，进行常规性巡查，及时发现并疏通堵塞下水道、修复破损路面。

园林绿化 开展“绿满崇阳、美丽天城”行动，实施“三大公园”、“六小游园”和城区道路绿化工程，新增绿化面积3万平方米。加强园林巡查监察，及时制止处罚毁坏行道树、破坏绿化带、占用公共绿地等行为。突出管养难度与时间节点，及时对城区45万平方米，道路、公园、广场等公共绿地进行补栽、洒水、修剪、除草、扶正等养护。

住房保障 岗水塘小区加快配套设施建设，香山小区600套廉租房、449套林业棚改房分配入住、首批500套公租房面向社会公开分配。公租房向乡镇延伸，全年在4个乡镇新建公租房200套，750户棚户区改造进行主体施工，新增住房补贴200户，发放住房补贴700万元。实施农村危改工程，共进行农村危房改造1132户。

通山县

城乡规划 完成楠林、大畈、富水湖风景区3个乡镇总规，老城区、低碳工业园、水晶工业园、九宫山风景区等6个地区控规，咸通路、核电路等5个重点区域城市设计和板桥新区等55个修建性规划；供水、排水防涝、户外广告、城乡生活垃圾统筹治理等5个专项规划形成成果，村庄规划覆盖率达100%，控制性详规覆盖率达85%。

住房保障 全年批准商品房预售面积62.46万平方米，销售商品房2921套，成交面积28.59万平方米，同比分别增长216%、100%、80%，成交均价达2097.2元/平方米，同比去年下降20%，商品房价格上涨势头得到有效控制；新开工公租房1224套，棚户区改造1096户，建成保障性住房2420套，分配入住1038套，完成新增补贴发放任务354户，发放住房补贴资金308.4万元，超额完成市政府下达目标任务。

城乡建设 全年争取上级帮扶资金8310万元，招商引资4.6亿元，城市建设完成投资26.2亿元，实施了一大批基础设施民生项目。其中隧道连接线一期、老城区停车场、马槽桥改造、供水改造一期等项目已经建成投入使用，城市天燃气完成管网铺设17公里，19个小区实现通气；民生大道、通羊河景观改造水岸花园至政府段和犀港、塘下出城口改造基本建成，二小景观桥、工行桥拆迁工程基本完成；创建省级园林县城通过省厅预检，20余个创园项目的规划设计、招投标等工作全面完成，已陆续启动建设；完成农村危房改造1172户，下达补助资金879万元，宝石、西泉、畈上王、中港4村申报并成功入选中国传统村落名录，沙堤，中港荣获第三批湖北省宜居村庄命名，“城乡生活垃圾统筹治理试点县”通过省住建厅审批，新型城镇化步伐持续加快。

基础设施 大力推行“垃圾清运密闭收集运输”模式，清扫保洁实行网格式管理，全年完成垃圾清运7万吨，垃圾清运率达99%以上；栽植大规格乔木1000余株、补栽色块苗木25万余株，城区新增绿化面积6.8万平方米；新建道路面积20万平方米，改造供水管网9公里，延伸供水管网7公里、污水管网6公里，修复排水管道2100米、破损道路4200平方米，更换破损井盖120个，有效保障了基础设施运行，提升了城市形象。

建筑行业 成立了建筑市场管理监督站，加强对建筑企业市场行为的监管，全年查处各类工程案件14起，约谈企业法人5人，建筑市场行为不断规范。加强对全县30个在建项目的质量管理和安全监督，全年组织大型检查活动4次，配合省市检查6次，下发质量安全、市场行为隐患整改通知书共246份，停工整改通知书30份，排查现场安全隐患163处，工程受监率达95%，质量通病消除率达92.5%，企业报建率、监督工程覆盖率、安全受监率、工程竣工验收合格率均达100%，无一起安全责任事故发生。建筑行业总产值达13.48亿元，实现利税2.7亿元，同比增长8.4%，25.2%。

随州市建设

滨湖体育场夜景

城 乡 规 划

围绕“圣地车都”厘清城市发展策略　一是科学谋划城市空间发展战略。围绕城乡统筹、协调发展，立足“一主两翼、多点支撑”的城镇化发展格局，开展了市域城镇体系、县(市)总体规划、镇(乡)域全域规划、村庄规划的研究，为建立全域规划体系奠定了良好的基础；组织了《随州市城乡总体规划》编制的前期论证工作，随州中心城区瞄准“双百”城市目标，优化主城区空间发展策略，将城市发展方向优化为“东进、西优、南拓、北调”，初步确定了城市中、远期发展控制边界，引领主城区旧城改造提质、新区拓展扩容；围绕随州中心城区功能提升、配套和完善，提出了“六大功能分区”的新构想，指导城中商业居住综合区、城东高新技术产业区、城南行政金融文化会展区、城西文化旅游博览区、城北新型工业区和淅河城乡统筹示范区科学规划建设。

二是着力打造城市特色。立足城市自然禀赋、文化传承和未来发展战略，规划建设“三大新区”，即城东“活力新区”、开发区“高新产业园区”、城南“高铁新区”，彰显城市魅力；在产业发展上，按照“产城融合、产城互动”的思路，提出了以随州高新区为依托，随州高新区、曾都经济开发区、随县经济开发区为一体的产业发展空间布局，推动高新区提档升级；牢固树立生态城市理念，从城市总体规划到各类专项规划、控详规，严格执行“三区四线”管控要求，从规划的不同层面引领城市建设，凸显随州特色。

规划编制　委托上海同济大学、华中科技大学和武汉交通规划院等知名编制单位，编制了城南片区城市设计及控规、随州市城镇化与城镇体系规划、随州市综合交通体系规划；配合相关部门编制了随州市电力设施布局、城市排水防涝、公共交通基础设施建设等专项规划；依托自身技术力量，组织编制了随州高新区生态产业新城暨美丽乡村示范片概念规划和高新区

"两区四园"、北郊东岗工业园、擂鼓墩等片区控制性详细规划，新增控规覆盖面积30.6平方公里，为引领城乡科学发展提供了有力保障。

抓好重点项目规划。主动对接和服务重点项目，及时为重点项目前期策划、规划选址与编制提供咨询服务，先后编制完成了编钟大道、白云大道南段、青年西路改造等20多条市政道路线形规划，完成了齐星光伏电站、红星国际广场等30多个重点项目选址和规划编制任务，为推进项目建设提供了规划技术支撑。

抓好民生项目规划。积极服务"三民"工程和"美丽乡村"建设，组织编制了南郊农副产品物流园、城区饮用水源地治理、白云湖两岸排污口封堵治理、村级卫生室布局、养老设施布局，以及棚户区改造、拆迁还建房建设等规划60多个；组织编制了广水桃源村总体规划和淅河镇39个村的"美丽乡村"规划，为完善城市功能、改善城乡面貌创造了有利条件。

规划监管 推进阳光规划工作。规范规划办事程序，完善规委会议事制度，推行规划项目分级分类审批，抓好城乡规划网和现场公示牌批前公告和批后公示等一系列措施的实施，扩大了公众参与规划、监督规划的渠道，增强了规划工作的科学性、透明度和公信力。全年共召开专家咨询组会议、规委会"三会"和业务办公例会30多次，集体研究审议规划项目和疑难问题160多个；12件议提案主办件办理工作满意率达到100%，市规划局顺利通过了市人大常委会组织的全市城乡规划管理工作视察和审议工作。

加强规划法规制度建设，先后以市政府和规划局名义制定、出台了关于加强新316国道两侧规划管理和城市规划区内移动通信基站规划管理等6个规范性文件，提供了规划管理的政策依据。加强与城管执法局和高新区、曾都区的协调配合，健全完善规划执法联席会议制度和巡查督办机制。加强城南新区、新316国道沿线等重点区域、敏感地带的规划严管，严防突击抢建行为，确保违法建设早发现、早打击。开展了移动通信基站整顿和开发项目检查工作，对15个规划违规项目实行了限期整改，全年违法建设立案47件，拆除违法建筑1.4万平方米，使主城区始终保持严管重处的高压态势。四是严把规划审批关。中心城区核发"一书两证一核实"485件，均做到了资料齐全、运作规范，有力地推进了各类项目建设。五是认真处理规划信访和纠纷案件。妥善化解与规划相关的来信来访和矛盾纠纷40多件次，做到了件件有着落、事事有回音。

测绘地理信息工作 一是测绘管理服务工作取得较好成绩。完成了14家测绘单位五年一次的资质复审换证工作，新增测绘资质单位2家，争取测绘标志点保护资金13万元，为随县争取测绘工作专项扶持资金80万元，2个项目被评为2014年度全国测绘工程铜奖；"数字随州"拓展了新的应用领域，开通了天地图·随州网，深化了与市网格化管理中心的网络共享，加强了与公安警用信息系统的联系；高质量补测地形图16.8平方公里，为项目建设和规划编制提供了数据保证。

二是地理国情普查工作进展顺利。按照省政府的统一部署，积极推进全市地理国情普查工作。曾都区作为全国第一次地理国情普查工作试点，普查工作基本完成，普查成果已通过省普查领导小组初步验收；广水市、随县克服资金紧缺的困难，已初步完成了地理国情普查阶段工作任务，并通过了国家测绘地理信息局组织的质量抽查。

城市建设

重点建设 2014年，市中心城区共实施重

点工程建设项目49项，估算总投资159亿元。市住建委负责组织实施的重点项目共有31项，占市本级项目总数的63.3%；总投资91亿元，占市本级总投资额的57.2%。市建委负责的31个城市重点项目全部启动，实际完成投资25.87亿元。其中滨湖体育运动场、青年路大桥等13个项目提前投入使用，解放东路等10个项目形象进度均超过60%，清河东路等8个项目正加紧推进。市建委承担的市政府“十件实事”全部超额完成任务。其中，公共租赁住房开工818套，占年度任务的102.25%；城市棚户区改造开工2331套，占年度任务的111%；8座压缩式垃圾中转站(点)已全面完工，进入装修阶段；美食文化街一期工程全面启动，正在对青岛啤酒夜市城进行征收拆迁；随州农副产品物流园一期工程已全面开工，现已完成蔬菜交易区的改造工程和黄垅菜市场的搬迁工作；53条背街小巷硬化亮化工程，实际完成60条硬化、23条亮化任务。

城建融资　市建投公司实际拥有总资产51.5亿元，净资产35.11亿元，资产负债率为31.8%，被东方金诚国际信用评估公司认定为良好企业资产。全年实现城建融资16.33亿元，收储土地1036.3亩，拍卖土地412.35亩。凭借建投公司主体长期信用等级AA级和债券信用等级AA级的良好声誉，一次性成功发行10亿元“14随州建投债”；与浦发银行襄阳支行、湖北中企投资担保有限公司等多家金融机构进行深度合作，成功贷款1.9亿元；坚持招商招标(BT)融资1122万元，及时缓解市政重点项目建设资金压力；积极寻求各方面支持，通过市城投、碧桂园等集团公司筹措资金5000万元。同时，稳步经营城市，强化土地收储，注册成立建投实业公司，当年积累经营性资产15亿元。

路网建设　全年共建设城市道路8条，其中，青年西路、青年路中段改造两条城市主干道已于去年底提前投入使用；解放东路、季梁大道延伸两条路的形象进度均超过75%，预计2015年投入使用；文化公园路北段、擂鼓墩大道延伸改造、清河东路、明珠东路等4条道路正加紧推进。

城市经营　2014年共融资17.02亿元，其中招商招标(BT)融资0.24亿元，出让土地3.94亿元，借贷2.64亿元，省拨专项资金0.2亿元，发行公司债券10亿元。收储土地1636.8亩，出让土地418.29亩，完成项目投资10.22亿元，较好地完成了全年工作任务。

城市管理

查处违法建设　按照“逢建必查、逢违必拆，及早监控、及时拆违”的规划执法方针，始终保持从严查处违法建设的高压态势，在规划管控面积从90平方公里增加到226平方公里的情况下，合理调配规划执法力量，不断加大巡查监管力度，拓宽群众举报投诉渠道，使违建发现率达到98%以上。2014年共拆除违法建筑170余起，拆违面积1.4万平方米，城市规划管辖范围内的违建势头得到有效遏制。

市容整治　以城市品牌建设和“五项整治”为平台，加大了市容市貌的综合整治力度。创新管理方法，针对市容环境卫生、城市规划执法管理执法人员责任心有待加强、到岗履责效果不明显的问题。编制了《随州市城市管理执法局市容环卫规划巡察管理人员信息薄》，强化定人定岗定责管理。建立城市管理月观摩考评制度。每月不定期到市容环卫管理和规划执法现场观摩考评，根据考评情况予以打分，兑现奖惩。强化日常管理，按照“全面整治、突出重点、规范管理、标本兼治”的原则，将取缔占道经营，规范早点夜市、整治出门出店作为市容管理重点，定集中优势力量全面攻克。整治城区范围内“五小行业”(餐饮、加工、修理、洗车、收购)1100余处。对不符合标准的“五小行业”下发限期整改通知单，要求其限期关闭或搬离，累计自行搬离20处，对规定期限内未搬离的18家“五小行业”站点进行了取缔。突出管理难点，严格实行定人定岗定责，采取集中整治与专项整治相结合，定点管理与机动巡察相结合，错时管理与延时管理相结合等有效方式，大力整治城区水西门菜场、南郊转盘、白云湖东堤、南郊金三角、迎宾大道中段等多处占道经营行为，方便了市民出行。规范广告设置，对城区临街店堂招牌及户外广告进行专项清理和更换。督促拆除和更换破损广告牌420余处，清除沿街横幅条幅2000余条，拆除破损喷绘布80余块。集中人员对临街的遮阳伞和流动广告牌进行了进行全面清理，统一更新店堂招牌及户外广告840余处。强化督促检查，根据精细化管理城市的要求，定期和不定期对市容秩序、环境卫生和规划执法工作进行百分制督察考评。全年共编发督察通报10期，总扣分值15600分，扣款7.8万元。

提升环境质量 强化清扫保洁质量。对市区内繁华地段清扫保洁继续实行早5点至晚10点不间断巡回作业模式。对城市主要道路及被污染的道路进行及时冲洗，开展道路大整治、大清扫、大冲洗120余次，有效净化了城区环境。扩大城区机械清扫范围，在具备作业条件的迎宾大道、神农大道等10条道路全部实行机械化作业，面积达300万平方米，机械化作业率达到65%。提高垃圾清运效率。灵活调整清运时间，做到城区垃圾日产日清。强化建筑渣土管理。采取源头监控、错时管理、定点值守等措施规范渣土车辆密闭运输。要求施工工地配备冲洗设施、硬化进出口道路，处罚污染路面车辆15起。开展垃圾死角专项整治活动。清理迎宾大道两侧杂草和一湖两岸暴露垃圾作为重点，清理迎宾大道两侧杂草长达20公里，面积10万平方米，排水沟淤泥10余吨。积极开展水资源保护工作，安排15名环卫工人加强“一湖两岸”清扫保洁工作，清除了 4.7公里长，15万平方米的路面积存垃圾2000余吨，清理垃圾及白色漂浮物40余吨，在白云湖沿途建设垃圾中转站3座。完善环卫设施建设。对主城区公厕、垃圾中转站等环卫设施进行全面维护，维修更换果皮箱、垃圾桶450个，添置垃圾集装厢20个，提高了设施完好率。

完善城市服务功能 一是加快数字化城市管理指挥中心建设。3月份，《随州市数字化城市管理指挥中心系统建设实施方案》通过了由国家住建部组织的专家评审。目前，数字化城市管理指挥中心主体工程已经完工，正在进行室内装修和设备采购招标工作。二是建设8座压缩式垃圾中转站。目前，南郊瓜园社区真武一路、八里岔社区五人铜像附近、季梁大道腾宇公司旁等3座垃圾中转站已经建成；南郊青年西路与柳树淌街交界处、碧桂园涢水村等2处垃圾中转站正在建设中；东城蒋家岗社区、北郊孔家坡社区、交通大道武警支队旁等3座垃圾中转站即将动工。三是抓好背街小巷硬化亮化。2014年市政府将背街小巷硬化亮化列入在2014年随州市十件实事，投资1000万元，硬化改造道路60条，改造面积8.6万平方米，亮化改造道路23条，安装路灯508盏。投入资金和改造面积均达到历史之最，受到社会各界和广大市民的好评。

房地产监管

住房保障建设资金筹集 一是积极争取中央财政专项补助资金。2014年，全市共争取到位中央保障性安居工程专项补助资金15543万元、中央保障性安居工程基础设施投资补助资金4214万元。二是积极争取国发行棚户区改造专项贷款。2014年，已争取到位棚户区改造专项贷款8亿元。三是积极利用企业债券融资。充分利用国家支持承担棚户区改造的企业发行债券、放宽发行条件的政策机遇，积极申报发行企业债券用于棚户区改造项目，2014年通过申报发行企业债权筹集资金15亿元。

保障房建设 一是继续扩大住房保障覆盖面。将租赁补贴保障范围从家庭人均月可支配收入490元以下低收入住房困难家庭扩大到家庭人均月可支配收入594元以下低收入住房困难家庭。二是科学拟定城东公租房(一期)分配方案。根据群众的实际需求和住房保障工作实际，科学拟定城东公租房(一期)分配方案。目前，城东公租房(一期)802套房屋分配方案已拟定完毕，待政府同意后实施。三是积极推进廉租住房和公共租赁住房并轨运行。为进一步完善住房保障制度，改进和规范租赁型保障性住房的建设和管理，提高保障性住房资源配置效率，最大程度的让更多中低收入住房困难家庭享受到国家政策，根据中央部委文件精神，我们出台了《关于实行公共租赁住房和廉租住房并轨运行的通知》。从2014年起，随州市公共租赁住房和廉租住房并轨运行，统称为公共租赁住房，并分不同类型予以租金等级区别划分。四是加快重点保障性安居工程建设。2014年，随州市持续推进以公共租赁住房和城市棚户区改造为重点的保障性安居工程建设。在续建城东公租房项目(17.71万平方米)的同时，启动城南公租房二期项目和随州技师学院公租房项目建设。在孔家坡四组新征地48亩作为今后几年公租房建设用地。此外，加快铁树社区和花木公司城市棚户区改造项目进度。目前，铁树社区棚户区改造项目已有703户签约同意征收，占被征收户数的55.57%；花木公司棚户区改造项目已有112户签约同意征收，占被征收户数的87.5%。实际拆除房屋108户，占被征收户数的84.37%。五是积极探索拓宽建设渠道。为进一步拓宽保障性住房建设渠道，报请政府出台了《随州市城区公共租赁住房配建管理暂行办法》。自2015年1月1日起，中心城区范围内通过招标、拍卖、挂牌和转让等方式，取得3万平方米(含)以上商品住房开发建设用地使用权的项目，应根据公共租赁住房年度建设计划，按照项目规划住宅建筑总面积(含配建的公租房面积)5%的比例配建公共租赁住。

全市保障性住房、棚户区改造住房新开工8744套，占年度任务的104.41%，其中：公租房开工1501套，占年度任务的107.21%、城市棚户区开工6040套，占年度任务的104.66%，垦区棚户区开工500套、占年度任务的100%，国有工矿棚户区703套改造全面开工、占年度任务的100%；新增租赁补贴708户，占年度任务的101.14%；基本建成保障性住房、棚户区改造住房5987套，占年度任务的112.96%；分配入住保障性住房、棚户区改造住房3823套，占年度任务的112.44%。

房地产监管 一是加强预售资金监管，防范市场运行风险。2014年1月正式出台了《随州市商品房预售资金监管暂行办法》，4月1日正式实施商品房预售资金监管。已办理监管项目14个、重点监管资金5.5亿元。二是强化日常执法巡查，规范市场主体行为。2014年，共下达行政执法责令改正通知书8份，立案查处市融盛置业公司以售包租销售未竣工商品房等违法违规行为3件，处理群众来信来访投诉40余起。目前，3件案件均已处理到位，案件办结率100%。三是科学引导市场发展，市场运行平稳健康。2014年，随州市房地产市场供销两旺，商品住宅均价继续呈小幅上涨趋势。市中心城区共审核备案新开工房地产开发项目25个，建筑面积152.49万平方米，同比增加18.31万平方米，同比增长13.64%。新增可售面积134.86万平方米，同比增加21.47万平方米、增长18.9%；商品房销售备案面积52.97万平方米，同比增加5.04万平方米、增长10%。市中心城区商品住宅综合平均交易价格为3959元/平方米，比2013年均价3723元/平方米上涨了236元，上涨6.34%。5月31日至6月2日，在为期3天的房交会上，组织举办了“2014湖北随州房地产交易展示会”，26个参展楼盘共成交商品房166套，成交面积19030平方米，成交金额8003.8万元。

物业服务 开展文峰都市花园和左岸星城两个小区的物业管理专项整治工作，强力推进“三民工程”实施和”幸福社区”创建的战略部署，加力度、强措施、抓规范、促发展，不断提升全市物业服务水平。文峰都市花园已建成90个生态停车位；4个大门的门禁系统已安装到位；楼栋夜光漆标识牌全部安装到位；铺设视频监控光纤13000米；拆除6处违章建筑、督促3户自行拆除违章建筑；取缔茶馆6家，核发3家美容店卫生许可证，关闭6家违规餐饮店、2家已停止营业；121户业主补缴物业服务费；小区外围商业门店办理证照29户；小区物业用房已取得土地证明和规划许可，即将开工建设。同时，制定了《文明守法经营责任书》和《养犬管理责任书》，《车位使用权租赁方案》已经业主委员会讨论通过。左岸星城小区增加生态停车位275个；安防监控设施正在施工，计划增加84个监控摄像头；二期、三期房屋漏水已整修完毕，一期房屋漏水正在整修；已完成小区整体交通组织规划，内部排水设施建设、消防设施建设、违建拆除整治、住改商整治、产权证办理等正在进行之中。在开展试点整治工作的同时，进一步加强对新建、在建小区公共配建设施的管控力度，印发了《关于规范物业管理用房配套建设的通知》，要求开发企业在申请预售许可证时，预留房屋作为临时物业用房，直至物业用房配套建设到位，方能对外销售。2014年共受理汉东名居等20个在建、新建项目前期物业管理，预留物业用房8228.48平方米。对千千水岸等22个开发项目进行了物业管理用房确权，确权面积5960.3平方米。三是严格收支，提高住房维修基金归集使用效率。做好住宅专项维修基金的日常归集和使用工作，完善住宅维修资金缴存、管理、使用等制度，开辟绿色通道，提高使用效率，加大宣传力度，切实维护业主合法权益。2014年，共归集149栋、2813户的住宅专项维修基金1.34亿元，勘查国营酒厂、时代广场三区等30起维修现场，办理澳门街等20起维修资金使用业务，使用资金29.25万元。

住房公积金管理

公积金覆盖面 召开全市非公有制企业扩面建制工作会议，制定印发《随州市非公有制企业住房公积金2014—2015年扩面征缴专项行动实施方案》，确定今明两年新增扩面非公企业200家，每年新增扩面100家，将任务分解到各县、市、区政府、市高新区管委会，强化建制督办责任。2014年新建制企业，职工住房公积金缴存基数暂按省政府明确的当地上年度职工最低月工资标准，缴存比例按10%（企业和个人各5%）核算，以后逐年提高缴存基数和比例，原则上按每年提高1个百分点进行调整。建制满三年后，报请市管委会再按新标准核定。对用工不稳定的非公企业，可先在企业管理层

（中层干部以上和技术骨干）范围内建立，以后逐渐扩大参建范围。扩大非公企业职工贷款使用范围，放宽提取条件。对符合住房公积金贷款条件的，做到"应贷尽贷"，贷款额度不与缴存额挂钩，享受普惠制待遇。职工在与单位终止劳动关系时，不办理帐户封存，可提取本人住房公积金账户全部余额。4月，与市中级人民法院联合印发《关于建立住房公积金执行协作联动机制的若干意见》，明确单位违反国务院《条例》规定，不办理住房公积金缴存登记或者不为本单位职工办理住房公积金账户设立手续等行为，涉及住房公积金非诉行政案件的执行程序。针对全市重点督办的100家企业中应建未建企业，按照催建程序出具《催建通知书》、《行政处罚告知书》等行政执法文书。重点督办的100家企业中，除经营困难、停产改制申请缓建缓缴的20家企业外，其他80家企业新增职工2439人。

全年新增各类缴存单位135个，新增缴存职工8749人。到2014年末，全市累计有1482个单位建立了住房公积金制度，住房公积金制度覆盖职工人数达到72458人(不含封存账户职工)。

公积金归集 年初报请市管委会印发《关于2014年度住房公积金缴存有关事项的通知》，规定了各地各行业的缴存基数、比例、达标口径，分别明确了机关、企事业单位月缴存额上限为1880元(个人、单位合计)。月缴存额下限为市区100元(个人、单位合计)，随县、广水市90元(个人、单位合计)。中心印发《关于认真做好2014年度缴存年审工作的通知》、《2014年住房公积金缴存年审工作注意事项》，督促各单位及时年审，促进达标缴存。提高缴存水平，建立补充住房公积金缴存制度，将单位职工上年度奖励工资(国家、省委、省政府、市委、市政府批准发放的各项奖励工资)纳入住房公积金缴存基数，核定办理了缴存入账手续。新增缴存住房公积金484万元。2014年归集住房公积金4.71亿元，完成年度目标任务的157.00%，同比增长23.95%；累计归集住房公积金20.53亿元；当年办理住房公积金提取1.47亿元，其中购建房、还贷提取0.97亿元；实现缴存余额15.32亿元，为职工提供了稳定可靠的住房公积金积累。

公积金贷款 2014年，新签订按揭楼盘13个，其中市城区6个，广水市7个，按揭楼盘已达到 56 个。按揭贷款份额占当年发放贷款总额的78.80%。放宽贷款缴存年限，延长贷款期限。正常缴存住房公积金满6个月以上，可申请住房公积金贷款，异地缴存年限可合并计算，对单位引进的高级专业技术人员、部队转业干部、新分配的大学生，只要单位正常缴存住房公积金，并为其个人开设了住房公积金账户，可不受缴存时间限制。目前，最高限额已调整到35万元，同时，取消了对单身职工贷款额度的限制，增加直系亲属为共同还款人，以满足单身职工贷款需求；贷款最长期限由25年调整到30年，由不超过借款人法定退休年龄延长到不超过法定退休年龄5年。扩大贷款对象。灵活就业人员、个体工商户缴足6000元住房公积金，已缴纳养老保险的，可申请住房公积金贷款，贷款额度上限为 20 万元。随州籍异地缴存人员可享受这一政策。四是放宽异地购房地域限制。在随州本地缴存住房公积金的职工异地购房，可以在随州本地申请住房公积金贷款，异地购房不限于本省。五是对二套房政策作了调整。按市政府关于公租房面积的最高限数 70平方米认定。职工家庭已有一套建筑面积在70平方米以内的住房，再次购房申请住房公积金贷款的，可按首套房住房公积金贷款政策执行。

2014年向1311户职工家庭发放贷款3.17

亿元，完成年度目标任务的211.33%，支持职工购房面积达17万平方米；累计为5699户职工家庭发放公积金贷款9.52亿元，贷款余额7.35亿元，个贷率达到47.98%，存贷率达到90.51%；可为职工节约利息支出2亿元，有效提高了职工购房支付能力。

住房公积金收益 制定《随州市住房公积金管理中心资金调拨管理办法(修订)》，充分发挥市级资金平台的作用，合理安排调配资金，保障了住房公积金增值收益不断增长。2014年实现住房公积金增值收益3278万元，上缴2013年城市廉租住房建设补充资金500万元。累计上缴市财政城市廉租住房建设补充资金1591万元，有力地支持了我市廉租住房建设。

加强管控 加强贷后管理。对有可能发生逾期的借款有针对性地制定催收策略，评估风险等级，采取电话、短信、上门催收等多种方式，按照逾期催收预警机制进行清收，及时消除逾期隐患，确保了3期以上贷款逾期率控制在0.08%以内。每月末分析清收进度，落实清收责任，有效防范和化解贷款风险。目前，全市未出现一笔个贷风险。

规范抵押业务。对住房贷款预抵押转正式抵押、共有产权住房抵押、清户撤押、抵押物置换等业务进行了规范明确，严格按职责、程序办理。坚持双人勘查、双人面签制度，确保抵押物真实准确，核实抵押人、担保人身份的真实性；坚持中心人员直接领取抵押房产的他项权证，有效防范贷款风险。

园林绿化

炎帝大道绿化节点建设、青年东路道路绿化建设、老城区道路绿化补植全面完成，随州文化公园、神农公园、体育公园、滨湖风光带等公园、广场绿化全面提档、设施全面配套，功能进一步完善。成功举办“元宵灯会”、“第二届金秋菊花展”，重大节庆期间在城区主要道路和重要节点设置立体扎景、安装空中花篮、摆放各类鲜花70余万盆，营造了喜庆祥和的节庆氛围，展现了优美的城市形象。一年来，城区栽植各类乔灌木82.5万株、水生植物40万株，新增绿地面积21万平方米，国家园林城市成果得到进一步巩固和发展。

村镇建设

小城镇建设 重点扶持10个市级重点中心镇和10个市级特色镇建设，以及特色小城镇创建工作。随县洪山镇、唐县镇、殷店镇，广水市长岭镇、杨寨镇，曾都区府河镇、高新区淅河镇等7镇成功入选全国重点镇；广水市杨寨镇列入全省21个“四化同步”试点镇；随县安居镇成功创建国家历史文化名镇。通过省“楚天杯”、市“神农杯”创建活动，各地多方筹集资金近1.3亿元用于集镇道路、供排水、绿化、路灯等基础设施建设，全面提升小城镇公共服务和居住功能，使小城镇成为吸纳和转移农村人口的重要节点。洪山镇启动行政管理改革试点工作，成立了规划建设管理局，受县建设局委托行使县级行政管理权限；杨寨镇积极推进全省“四化同步”试点镇建设，已编制完成镇域村镇总体规划和专项发展规划，加快推进小城镇基础设施建设及专业园区建设；唐县镇筹资800余万元加快推进镇区道路刷黑、园林绿化、路灯亮化工程；洪山镇自筹资金1000万元治理镇区东西河；马坪镇多方筹集资金5000万元治理镇区小河，实行雨污分流，对生活污水集中排放，不再直接排入内河。

美丽乡村创建 随州市大洪山风景名胜区

长岗镇、广水市武胜关镇桃源村分别荣登“十大最美乡镇”、“十大最美乡村”榜首，随县三里岗镇吉祥寺村获得“最佳产业奖”；广水市桃源村、随县戴家仓屋、曾都区九口堰村列入第三批中国传统村落名录；洛阳镇永兴村评为全省美丽乡村暨荆楚派民居特色建设示范村；随县新街镇凤凰寨村等 10 个村被命名为省级“宜居村庄”，使随州市省级“宜居村庄”总数达到29个。2014年申报省级“宜居村庄”的10个村已经考核验收，待省命名，届时随州市省级“宜居村庄”将达到39个。

洁美家园大行动 在全市实施三年行动计划，进一步深化洁美家园大行动，开展农村生活垃圾治理，创建“美丽家园、清洁乡村”活动。采取以点带线，以线带促面方式，首先对境内主要交通干线两侧21个镇、244个村，采取指令性创建办法，试点示范推进。市级财政每年安排800万元专项资金加大对农村垃圾收运设施建设投入，对村庄保洁机制进行奖补。建立市级领导、市直驻村单位、市级以上文明单位和以企带村结对帮扶创建机制，实施美丽乡村和农村生活垃圾统筹治理。2014年，市洁美办进一步加大了考核督查力度，每季度对全市45个镇(办)考核排名情况进行一次通报。自年初以来，共组织各类督查、巡查、暗访62次，出动人员260余人次，督查了38个镇(办)、516个村(居)；并根据暗访情况在电视、报纸等媒体上公开曝光；同时，市委、市政府督查室启动了约谈机制，对两个镇主要负责人进行了约谈，对9个行动迟缓、工作不力的镇、办进行了公开点名批评。目前，全市农村生活垃圾治理工作形成了上下一致、共同推进、共同发力、全域行动的良好态势。

曾都区纳入全省8个整县推进农村生活垃圾治理试点县(市、区)；洪山镇、唐县镇、洛阳镇、余店镇、长岗镇、淅河镇先后启动镇区压缩式垃圾中转站建设；全市大部分村镇基本建立了“户集、村收、镇处理”或“户集、组收、村处理”的农村生活垃圾治理模式和长效管理机制；长岗镇、淅河镇、太平乡、洪山镇、唐县镇等部分乡镇已通过市场运作方式，购买社会服务，公开招聘环卫保洁队伍，负责镇区保洁工作，成效十分明显。

建筑业管理

建设程序监管 源头把关净化建筑市场从业环境。严格执法，严把施工许可审批关，坚决杜绝无证施工、超施工许可施工等行为。2014年，共审核办理施工许可证75个，面积114万平方米，造价13.7亿元。办理工程报建71项，面积128万平方米，造价14.5亿元。办理外地来随施工企业备案企业 30 家。实现了工程报建率、施工许可办证率、外地来随企业备案率100%的目标。

建筑市场整顿 一是积极协助市政府出台了首部以政府名义下发的《随州市建筑市场各方主体诚信行为“黑名单”制度》，为建筑市场各方主体行为监管提供了良好的制度保障；二是健全完善了建筑业企业、项目经理、在建项目三大数据库，实现了建筑市场信息化监管；三是建立了执法人员巡查责任制，对建筑市场实行分片包干定人定点管理，实现了建筑市场监管的无缝对接；四是查出范围进一步扩大。从注重对无证施工等实体违法查处，转向对各方主体违法行为的查处。2014年首次立案查处了监理企业超资质2起、脚手架搭设违法分包1起。

联合市工商、质监、公共交易管理等部门开展了2014年度建筑市场综合整治工作，下达整改通知书28份，停工通知书份6，执法建议书10

份，项目经理（注册建造师）违规扣分23人；三是加大处罚力度。2014年共下达督办函167份、停工通知书49份，共立案6起，督办施工许可证到位38项，督办施工企业合同备案手续到位41项，督办装饰工程办理施工许可证6个。共办理施工合同备案110个，面积120万平方米，造价25亿；办理竣工结算备案50个，面积110万平方米，造价11亿元；八是不断提高材料价格信息发布质量。制定下发了《随州建设工程造价信息员管理办法》，材料价格信息品种由2013年的501种增加到600种。

推进农民工实名制管理 一是坚持实行劳务分包进场交易制度，规范分包交易行为。2014年共办理了劳务分包合同备案68份，专业分包备案96份；二是积极培育实力型劳务企业，促进劳务市场健康发展。截至11月底，已经有涉及到6个工种总计约220名班组长被各建筑劳务企业“收编”，7名符合建立劳务公司的“包工头”正在积极申办相关资质；三是逐步推进劳务作业人员实名制，2014年，已为58个工程项目2500名建筑务工人员办理了信息卡；四是强化劳务人员职业技能鉴定和培训工作。2014年已经对各工地下发要求技能鉴定函55份，涉及人员11000名。受理办理技能鉴定申报人数达1200人，已完成金泰国际等12个工程项目近600人的理论考试和现场实操考核工作，给8个工地近500名工人发放了职业资格证书。

打造和谐建筑行业 稳妥有序地推进企业改制进程。三建公司改制基本结束；安装公司改已进入职工安置阶段，安置并解除劳动合同107人，职工养老保险、退休职工医疗保险已缴纳到位，收回公司项目经理欠管理费、职工欠款70万元，目前，正在向市政府申请返还159万元税费；代管的五个公司职工稳定，没有发生大规模上访闹事现象。开展清欠工作，维护建筑行业稳定。坚持把清欠工程款和农民工工资作为建筑市场巡查监管的一项重要内容，对发现拖欠农民工工资的项目迅速进行纠正和查处，想方设法化解矛盾纠纷。2014年，先后督促企业签订《无拖欠工程款责任书》40多份，督促企业与农民工签订劳动合同1000多份，受理各类投诉20多次，成功处置了多处建筑工地农民工大规模上访闹事现象5起，协调处理一般拖欠问题20余起，先后清欠工程款3600多万元，清欠农民工工资420万元。

建筑工程质量与安全管理 2014年，市主城区监督工程105项，面积244万平方米，造价27亿元（其中新开工程62项，建筑面积140万平方米，造价19.4亿元；上年结转工程43项，建筑面积104万平方米，造价12亿元）；办理工程竣工备案55项，建筑面积108.8万平方米，造价10.9亿元；工程验收合格率100%，备案率96%；有76项工程获省、市优质工程；城区内没有发生质量安全事故。

建筑设计

2014年，完成建筑工程设计项目200项，实现产值收入1050万元，占年计划的114%。设计优良品率达到85%，合同履行率为90%，较好地完成了各项技术经济指标。

建筑节能

全面执行低能耗设计标准 联合发改部门开展了固定资产投资项目节能评审工作，规范了设计和图审行为，对不符合节能标准的一票否决，立案查处2起，处罚金额52万元。随州中心城区已全面执行65%低能耗居住建筑节能设计标准，全市新增节能建筑207.98万平方米，新增节能能力2.6万吨标煤。

绿色建筑集中连片发展 创建绿色建筑项目3个，总面积26.43万平方米，绿色建筑已基本实现各县市区全覆盖。另外，世纪·未来城、帝明世家、云海天地、传媒大厦、市中心医院等项目积极申报绿色建筑，总面积达100万平方米。“迎宾花园一期居住建筑工程项目”和“尚城国际居住建筑工程项目”被省住建厅列为省级绿色建筑集中示范项目，并报市政府同意，启动了城南和城东新区绿色生态示范城区申报工作。

可再生能源建筑应用规模化发展 通过宣传培训、示范引路、资金扶持、图审把关等措施，太阳能热水系统、太阳能发电系统和地源热泵空调系统等可再生能源建筑应用技术得到规模化应用，在新农村建设、重点市政工程项目、新建居民小区和公共建筑等建设工程领域中推广应用太阳能光伏发电项目。2014年可再生能源建筑应用项目37个，应用面积55.3万平方米，屋面光伏电站装机容量1075.9千瓦。

既有居住建筑节能改造 利用省级建筑节能以奖代补资金和发展新型墙体材料专项基金，以更换中空玻璃为主要改造手段，以整体改造为示范，动员既有居住建筑业主在装饰装修时同步进行节能改造，全年共有3.02万平方米的既有居住建筑实施了节能改造。

公共建筑能耗监测 依托省级国家机关办公建筑大型公共建筑能耗监测平台，为2栋公共建筑安装了能耗分项计量装置，对其能耗数据实时监测。严格执行《湖北省民用建筑节能条例》的规定，督促14栋公共建筑在装饰装修时同步实施节能改造，节能改造面积3.1万平方米。

预拌混凝土行业管理 进一步完善了预拌混凝土行业自律机制，规范了企业的诚信经营行为，建立了健康有序的市场竞争机制，提高了产品质量和服务质量，同时引导企业向绿色混凝土搅拌站迈进。

市政建设

市政基础设施维护 青年西路建设完成2.3公里改造段道路及市政设施、园林绿化、地下管线建设和高压入地，于12月初全线通车。与武汉桥梁检测专业机构联手先后对大十字街天桥等4座桥梁进行了静载试验，对棉纺桥等2座桥梁进行了检修和加固，完善和维修15座桥梁附属设施，确保了桥梁的安全运行。城区摩托车专用车道建设时配套改造沿河大道、汉东路等2条道路两侧6处停车场，面积3336平方米。全面开展主城区智能信号灯建设，完成63个基座浇筑，建设沿河大道、季梁大道等道路支线3570米全年维修沥青路面4000平方米，沥青路面灌缝51000米，维修各类方砖3000平方米，更换花坛石、路沿石1300米，充分发挥城市功能。

城区排水防涝 城南污水处理厂管网建设已投资1亿元，完成南郊区域㵐水沿岸、擂鼓墩大道、白云大道等21.7公里配套管网铺设和白云污水提升泵站建设，提水规模为3万吨/日，配置4台30千瓦泵机。泵站于8月1日正式通水运行。同时，投资150万元，在府河桥上游铺设ϕ600管网与城区污水干管连接，将南郊区域未处理的污水临时输送至市污水处理厂进行处理，解决南郊区域污水收集问题。

东护城河治理工程是市委市政府2014年城市建设重点项目。已投资300万元，完成河床清淤9226立方米；完成375根灌浆钢桩、活性松木桩1200根和142米的挡墙加固工程；完成堤岸挡墙砌筑、污水管网铺设和护栏177米；完成

8间还建房建设。

白云湖水源地治理 为落实市人大水源地保护质询案，解决群众反映强烈的白云湖污染严重影响市民生活环境的问题，保护城市水源地，保障城区居民的饮水安全。投资760万元，共完成白云湖沿岸49个排污口封堵工作，完成星河酒家至程力段400米主管网工程建设，并同步启动了森源至白云社区963米主管网铺设、南郊1～4号渠、绕城公路645米主管网。在治污过程中，按照"节约建设成本、优化施工方案"的原则，确保规划设计方案最优、施工技术最新、建设成本最低、资金保障到位、责任明确到人。

青年路中段排水管网改造。投资460万元，对青年路管网进行了改造，铺设ϕ500～ϕ800mm管网1873米。为保障交通畅通，节约建设资金，优化施工方案，将舜井道排入交通大道的出水走向改为以最近距离排水入河的办法，铺设ϕ500～ϕ1000mm管道600米，采用先进的红外顶管技术将青年路中段排水顶管140米引入花溪河污水管网，从而解决青年路长期排水不畅难题。

城东生态补水工程。城东生态引水工程估算总投资2900万元，工程主要内容：泵站改造、堤岸方沟清淤、张家板桥渠改造、管网铺设。目前，已完成施工设计，待建设启动资金拨付到位后进行工程建设投资额审计和招投标程序，启动建设。

城南污水处理厂建设。为配合环保产业园区建设，实现省政府节能减排目标，我们为先期推进城南污水处理厂建设做了大量的工作，保证了项目建设的顺利实施。一是消号新建。城南污水处理厂是市政府与省政府签订的重点减排项目，要求2013年必须建成投产。为确保随州市政府免责，多次呈报省住建厅、省发改委批准，将原城南污水处理厂进行消号，新建为现城南污水处理厂。二是规划选址。完成了污水处理厂厂区和新增7.8公里污水管网规划及选址。三是前期立项。完成环评、可研、风险评估和初步设计，并报市发改委批复立项。四是启动厂区土地征用。完成城南污水处理厂厂区土地规划调编、项目用地预审和土地批次报批。同时，按照分期建设、逐步实施的原则，与被征地村组多次联系协商签定一期130亩征地补偿安置协议，完成规划红线图和厂区建设放线，12月底启动厂区清表和围墙建设。五是拟定招投标方案。7月份，拟定工程项目BOT法人招投标方案报市政府。

2014年处理污水2388万吨，消减COD1.03万吨。累计处理污水1.86亿吨，累计消减COD2.6万吨，生活污水集中处理率达到90%，出水水质基本达到一级B标准。

城建档案管理

档案收集 2014年收集工程竣工档案91项，核发建设工程档案合格证69项，服务建设工程项目151项，收集整理工程档案资料3000卷，整理房产户籍档案7600余卷，拍摄工程照片7000余张，影像资料容量约40GB，馆藏量约44900余卷，进馆档案合格率达100%。

档案开发利用 为城市建设服务。积极拓展利用领域，不断提升服务质量和服务效率，采取摄影摄像、刻录光碟、制作画册及专题片、承办图片展等多种形式为社会提供服务，2014年共接待档案服务利用59余人次，调阅案卷300余卷，为随州市城市建设作出了积极贡献。

随　县

规划编制 完成新县城3个项目和星旗、灯塔2个棚户区改造修详细规划设计，配合省

城市规划设计院编制河东新区8.6平方公里控制性详细规划，经济开发区二期控详规和路网竖状图编制、烈山湖桥、烈山东路、幸福大道、洪山大道等多项工程设计；完成吴山镇、万和镇、尚市镇、环潭镇、淮河镇、太白顶风景名胜区旅游集镇总体规划编制及报批工作，实施了新街镇总规修编，编制了小林镇南部片区100公顷控制性详细规划；三是完成了193个项目修建性详细规划编制及1∶500地形图测绘，面积共265.75公顷；四是全县386个村庄和居委会已完成了255个村（居）委会规划编制，编制率为59%。五是组建专班启动了地理国情普查工作。

县城项目建设 行政中心办公用房陆续搬迁入驻。在占地1平方公里行政中心范围内，共有49个县直部门集中连片新建办公用房，已开工单位41个，共建办公楼52栋，已搬迁入驻单位28个。新县城行政中心路网基本完工。炎帝大道于2014年5月20日建成通车。二桥连接线扩改工程即将完工。随州至厉山220千伏输变电工程，已建成一座11万伏变电站，另一座22万伏变电站正在建设之中。日供水规模15万吨的随县净水厂一期工程投入使用；污水处理厂近期建设规模为日处理污水2万吨，总投资4500万元，于2012年9月动工兴建，2014年8月中旬竣工验收后已进入试运营。垃圾处理场一期工程建设规模库容24.3万立方米，使用年限5年，投资3383万元，于2013年3月15日开工，2014年9月9日投入运行，已对城区及周边生活垃圾实行无害化处理。随县二级客运站总建筑面积2万平方米，建有候车大厅1000平方米，站前广场6000余平方米，停车场12000平方米，县城公交已投入试运营。城市天然气工程，已对部分单位供气。县中医院住院楼已竣工投入使用，医技楼工程现已启动。县人民医院门（急）诊综合楼已完工，下一步将兴建住院楼和医技楼。湖东新区开发已收储土地2008亩，正在编制规划，为下一阶段开发建设打下了基础。城市基础设施逐步到位，城市功能不断完善，县城面貌焕然一新。

安居工程 行政中心已建成828套还建房，已有540套交付使用；经济开发区已有650套还建房建成入住；兴随小区分为御景苑、千乘苑、翰林苑三个居住区，将新建居住楼46栋、住房2053套，建筑面积30万余平方米，该项目预计总投资7.6亿元，于2014年6月20正式开工，7个标段已同时施工；新县城建设拉动了房地产开发快速发展，2014年有10多家房地产开发项目相继开工建设，规划建筑面积100多万平方米，已办理发放商品房预售许可证18个，批准预售房屋3092套，批准预售房屋面积35.96万平方米；累计有1617户城镇低收入住房困难家庭享受到住房租赁补贴，年发放补贴300多万元；几年来，累计完成城镇低收入家庭住房租赁补贴发放1758户，累计发放补贴资金1758万元；由政府投资1.13亿元建设的星炬、北岗两个保障房小区共建公租房861套，廉租房75套，已配租744套，使一大批城镇住房困难群众、外来务工人员和新就业大学生实现了住有所居；累计实施6批共5268户农村危房改造，争取中央惠农补助资金共3725.8万元。其中2014年完成304户。

村镇建设 2014年随县洪山镇、唐县镇、殷店镇获得全国重点镇命名，洪山镇、小林镇、殷店镇、唐县镇、环潭镇等5个镇获得市第四届“神农杯”，均川、安居、万福店等3个镇（场）获得县“烈山杯”荣誉称号。洪山镇和唐县镇，分别申报立项投资170万和200万的压缩式垃圾中转站项目正在建设之中，洪山镇、唐县镇分别投入170万元、125万元实行环境卫生市场化，做到实时清扫、常态保洁。选择殷店火炬村、淮河镇龙泉村、洪山镇黄龙寺村、火焰套村、桥河村、柳林镇大堰角村等6个村争创第四批省级“宜居村庄”。6个村共投入400余万元实施了硬化、绿化、美化、亮化工程，为争创“宜居村庄”打基础。2013年随县有5个村获得省住建厅第三批“宜居村庄”命名。

建筑业 2014年共办理质量安全监督手续32项，总建筑面积76.2万平方米，总造价6.67亿，共办理48项图纸审查，总面积54.14万平方米，监督在建工程46项，其中跨年度工程14项，未办理相关手续提前介入监管工程16项，总建筑面积约为95.2万平方米，工程质量监督率100%，共办理22项竣工工程备案手续。共办理了工程报建手续92项，面积109.21万平方米，总造价13.99亿元；已办理79项新开工工程的施工许可手续，建筑面积108.96万平方米，建筑业总产值13.6亿元，工程办证率达100%，办理外地来随施工企业备案6家，项目经理押证施工79人，查处违法违规建筑12起。全年未发生安全死亡事故，工程质量总体受控，安全态势平稳。

广　水　市

城市建设 以“十大工程”为重点，凝心聚力，加快建设，完成投资7.6亿元，新建道路15公里，新铺管线31公里，新增绿地面积20万平方米，城市面貌发生了新变化。应广大道推进综合配套，高标准实现绿化亮化，打造了一条靓丽的城际快速通道。“一河两岸”加快精致建设，车行桥、人行桥如期竣工并实现高品位亮化。河东路全线贯通。河西片区完成沿河景观绿化工程，刷黑4条区间道，规划展示中心正式运营，商居开发梯次推进。大邦路改造不断取得突破，完成征地120亩，建成安置房7万平方米，道路建设完成80%，当地人居环境明显改善。园区建成“方格路网”，7条规划路按期完工，形成四通八达的“方格路网”，配套建设相继跟进，承载能力大幅提升。

规划编制 编制商居小区、企业项目和专项规划83个。马都司生态新城概念性规划、杨寨“四化同步”规划通过省级评审，城市总规修编正式启动。工作流程更加顺畅。出台文件，统一规划指标，强化城区容积率管理，依法公示规划方案15个，召开座谈会、协调会、听证会30余场次，化解矛盾纠纷，促进规划落实。规划管理成效明显。集中执法力量，强拆违规建筑1.2万平方米，打击了违建行为，管住了重点区域。

村镇建设 以城乡统筹为方向，提高标准，加强管理，支持镇村打造了一批特色亮点。集镇建设迈出新步伐。杨寨引进重大投资建设“四化同步”示范镇，长岭加快配套建设，不断完善新区功能，马坪食博园初具规模，余店、关庙、太平、蔡河大力建设“一河两岸”，打造了集镇新景观。村庄建设呈现新气象。桃园村列入全国传统村落，白龙村成为新农村样板村，关店村、胡家岩村被评为省级宜居村庄，丁湾村、兴河村、麻城村脱颖而出，展露新颜。农村危房改造取得新成效。全面完成农村危房调查摸底，改造村级危房728户，严格落实了惠民政策。

曾　都　区

环境综合整治 对316国道化肥厂路口至厉山苷沟子路段进行专项整治。开展了对中小学校周边环境综合治理。对城区内重点小巷开展联合执法。开展了甲午年世界华人炎帝故里寻根节和省级文明城市验收专项整治。配合相关部门做好烟花爆竹经营安全专项整治及再生资源回收专项整治。开展小街小巷“四化”工

作。60条小街小巷的泥巴路硬化、路灯亮化、排水等项目工程即将完工。对迎宾大道、炎帝大道、316国道、随小路、随洪路等重点路段进行集中整治。环境综合整治间期，各整治地段秩序得到有效规范，市容环境明显改善。共收缴店外违规广告牌1000块，清除"牛皮癣"18000余处，铲除杂物堆152堆，规范出门出窗经营1800余户，纠正机动车停靠8500余次。规范开发区广告牌设置70块，取缔户外广告牌500余块。清扫小街小巷390条，清扫面积125万平方米。

新型城镇化建设 全区城镇基础设施建设投资3500万元。全面开展"宜居村庄"建设。新申报三个宜居村庄已累计投入基础设施建设资金900万元。加快农村危房改造步伐。2014年第一批720户、第二批400户危房改造已基本完成，农民住房条件得到较大改善。城乡一体化建设稳步推进。全区二十个城乡一体化试点村共确定建设项目90个项目，累计投资8561.3万元。其中区级试点村22个项目，累计投资1721万元。镇办试点村68个项目，累计投资6840.3万元。

住房保障 城市棚户区改造开工683套，基本建成336套，分配入住246套，超额完成市政府分配的任务。完成了经济适用房分配工作。新建经济适用房17栋、550套，经过申请，审核，最终确定申购对象814名，10月28日通过摇号，解决了550户住房困难家庭的住房问题。积极争取上级保障性安居工程专项资金，全年共争取中央财政城镇保障性安居工程专项资金877万元。办理房屋权属登记415件，确权面积13万余平方米。积极参与的曾都经济开发区征地拆迁工作，共参与城北新区改造、曾都区开发区新春路、316国道、奥马二期改造等四个项目，测量房屋面积3万平方米。严格执行房屋预售许可管理和商品房预售备案登记制，规范房地产交易市场管理。认真办理私有房产交易手续，规范市场交易行为，全年办理商品房预售许可证4件。

规划编制 规划宏观调控功能进一步强化。完成了新春路（汉丹铁路至新三一六国道）、城北新区排水等道路工程规划。编制了曾都区南郊响水桥三组（李家湾）环境整治规划。完成了大随企业总部、方正家园、圆梦星光城、程力水岸国际二期、洛阳镇福利院等平面规划等工作。完成了万店、何店工业园控制性详细规划。全年共编制规划项目162项，总面积302.6公顷。共核发《建设工程规划许可证》166件，许可建筑面积71.86万平方米；核发《建设项目选址意见书》16件；核发《建设用地规划许可证》11件。配合区纪委对房地产开发项目进行了清理，查处了5起违规工程，维护了规划的权威性。

建筑市场 全年完成招投标交易项目共32个，中标总面积15.94万平方米，总价2.84亿元。办理了43项新建项目的施工许可手续，建筑面积32.26万平方米，建筑业总产值4.27亿元。办理39项新开工程的质量安全监督手续，建筑面积53.21万平方米，建安工程总造价3.74亿元，监督办理32项工程竣工验收备案手续，建筑面积26.6万平方米，监督工程合格率达100%，竣工工程合格率达100%。其中2项工程被评为"湖北省文明施工现场"楚天杯奖，1项工程被评为"省建筑结构优质工程"（楚天杯奖）。

随州高新技术产业园区

建设管理 高新区在建工业项目36个，建筑面积约108万平方米，全部纳入监管范围，100%的项目按规定办理了建筑工程质量和安全监督手续，各参建主体均能切实履行相关的责任和义务。没有出现任何建设工程安全责任事故。全年度组织综合及专项检查12次，共下达建筑工程停工通知书7份，建筑工程质量安全整改通知书24份，清除重大质量和安全隐患3起。

道路建设 园区道路工程17条，总长度29公里，投入建设资金3.6亿元。配合高新区管委会出台《随州高新技术产业园区公共基础设施项目建设管理办法》、《随州高新技术产业园区公共基础设施项目建设管理操作规程》、《随州高新技术产业园区市政工程变更土石方结算单价标准》等规范性文件。

公共基础设施 高新区环卫清扫保洁面积110万平方米，绿化养护35万平方米，排水管网维护67公里，通过市场化运作方式，招标选定了专业清扫保洁队伍和绿化养护队伍，市政设施完好率达98%，绿化成活率达95%，清扫保洁达到二级水平。2014年，投资60万元修建了市政环卫维护站，协调市环卫处投资100多万元修建一座公厕和垃圾压缩站，购置移动垃圾箱40个，维修破损路面3000余平方米，道路灌缝60000多米，管网清淤10000多米。新增文帝大道、车城路、五星路绿化9万余平方米。结合高新区实际，制定了《随州高新区市政公用设施管理实施办法》，明确管理职责，管护标准，经费保障，审批程序等事项，有力保证了全区基础设施管理安全运转。

村镇建设 通过市场化运作方式将镇区44条主次道路，21万平方米的清扫保洁公开招标，武汉麦科威新能源公司以三年服务费480万元中标，通过几个月的努力，扭转了镇区以往脏、乱、差的局面。基础设施建设投资90多万元建设一座垃圾压缩站，购置两台垃圾运输车，配备装卸式垃圾桶300个，改造排水管网2000多米。“全国重点镇”、“楚天杯”创建和“宜居村庄”复验通过市级考评。“美丽乡村示范片”建设顺利推进，长岭、挑水、大堰坡等社区(村)容貌焕然一新。长白路、淅大公路改造和淀子河桥建成通车，淅魏大桥桥面已经铺装。农村危房改造启动建设700户，完成改造并竣工验收350多户，还有300多户正在紧张地改造中。

住房保障 全区发放廉租房补贴62户，完成同星农业、犇星、威龙等9个企业500套公租房联租登记工作，给企业减轻了一定经济困难。配合市住房保障办对66户申请公租房进行摇号分配。芦家坡、十里铺、望城岗、青春村、二棉社区棚户区改造项目前期规划和审批手续正在积极推进。

大洪山风景名胜区

景区建设 2014年是大洪山连续第五个项目建设年，继续推进主体建筑及内装饰，主要包括：方丈院、僧房、大雄宝殿地宫、舍利塔等慈恩寺三期工程建设。完成了景区内的内循环路及3条游步道升级改造工程。2014年完成了景区14公里内循环路扩宽，路面刷黑，山体修复，安全防护栏、路边植绿工作。同时对灵官垭——大慈恩寺、灵官垭——洪山寺、灵官垭——白龙池三条游客栈道进行了改造升级。游客服务中心建设已基本完工。占地面积400亩，投资1.5亿元的游客服务中心将停车、购票、换乘、餐饮、购物、娱乐、休闲等功能集于一体。占地3000亩的长岗新区建设全面启动，目前新区的“两路、两桥、一湖”正在紧密锣鼓的推进，长樊路、佛光大道已基本完工，落湖建设正在进行之中。推进麻竹高速公路连接线工程，确保在建的新区“佛光大道”与麻竹高速连接线同步贯通。推进了景区林相改造工程。2014年春季，打造了洪山寺银杏片区、两王洞杜鹃片区、白龙池樱花片区和和落湖樵河枫叶片区。电视发射台搬迁工程已全部完工。

村镇建设 2014年相继启动了《长岗镇区

控制性详细规划》,《新区还建房详细规划》、《新区主干道路灯景观设计》《新区主干道绿化景观设计》、《长岗镇区"一河两岸"治理规划设计》、《长岗镇垃圾中转站规划设计》、《新区二期还建房建设规划》、《集镇亮化规划》、《星级厕所规划》以及《新农贸市场规划设计》等规划设计。精雕细琢建名镇。按照精雕细琢、精益求精的原则,不断完善、配套、优化集镇基础设施建设。投资500万元对长岗镇4条主街道进行刷黑;投资1800万元对长岗镇区一河两岸进行综合整理。即:进行了石栏安装、人行道铺装、绿化、河床清理、河堤浆砌、清水平台、道路硬化、拦水坝等工程;投资180万元打造包装长岗三泉区域;投资400万元新建近4000平方米农贸市场;新区民俗村落正在进行紧张施工;垃圾中转站已经完工,并准备投入运行。同时,我们还抓了如下工作:集镇绿化进一步增容,2014年新增绿化面积2000平方米;集镇亮化工作范围进一步扩大;集镇各项基础设施不断完善。

推进宜居村庄建设 2014年,督导熊氏祠村对前期创建工作进行巩固,加大省级宜居村庄创建力度,于2014年6月获得省级宜居村庄称号,使我区再添一个宜居村庄。

建筑建材市场监管 2014年,我区对辖区内的5家建筑企业和6家建材企业进行了四次质量安全大检查,通过检查对2家建筑企业下发了整改通知书,确保了辖区的建筑建材市场质量安全。

恩施州建设

山水园林州城

2014年，恩施州住房和城乡建设委员会（州人民防空办公室）内设机构：办公室（政策法规科）、住房保障科、房地产管理科、城市建设与管理科、村镇建设科、建筑工程与装饰装修工程管理科（建筑工程招标投标管理科，人防办工程科10月挂牌）、勘察设计与科技科（建筑节能与墙体材料革新办公室）、行政审批科、建材行业管理科、燃气管理办公室、人防办综合科（10月由人防管理科更名）、人防办指挥通信科（10月增设）、计划财务科（人防办计划财务科10月挂牌）、人事科。行政编制29名，工勤编制3名，自费编制2名。年末实有职工33人。

归口管理单位：州城市规划管理局（参公管理副县级事业单位）。

隶属管理事业单位：州直房产交易与权属登记中心（州直住房资金管理中心，实行二块牌子一套班子合署办公），州直保障性住房建设管理中心（6月由州经济适用住房开发中心更名），州建设工程质量监督站，州建筑安全监督站，州建设工程造价管理站，州建设行业教育培训中心，州散装水泥办公室。

归口管理中介机构：州建设工程设计审查事务所，州惠民建设工程质量检测中心。

2014年，全州住建系统紧紧围绕产业化、城镇化“双轮驱动”战略，以“建设美丽恩施”为核心，抢抓国家加快新型城镇化发展机遇，强力推进项目建设和民生工程，加大城乡环境综合整治力度，强化住建领域行业监管，积极践行党的群众路线教育实践活动，各项工作有序推进：一是加快推进新型城镇化，积极推进以人为核心、以产业为支撑、以公共服务为保障的新型城镇化，全州实施城镇重点项目323个，完成投资146亿元，城镇化率达到38.4%，城镇功能逐步完善，承载力进一步提升，城乡面貌明显改善。二是恩施、利川、来凤“一主两副”辐射带动能力增强，建始、巴东、宣恩、咸丰、鹤峰县城公共服务

设施日益完善；积极推进城市创建工作，恩施市成功跻身国家园林城市。三是大力开展以扫干净、摆整齐、保畅通为主要内容的“乡镇集镇建设管理年”活动，乡镇集镇管理水平得到提升。全州建成82个乡镇垃圾处理设施、5个乡镇污水处理厂，乡镇基础设施条件明显改善。四是不断强化城乡规划管理，着力优化城乡空间布局，在城乡规划编制成果、强化规划批后监管、严格规划执法等方面取得新的成效。五是2014年住房公积金归集额首次突破10亿元大关，全年全州共归集住房公积金126381.38万元，全州共发放个人住房贷款62120.38万元，年末住房公积金归集余额为440617.12万元。六是住建行业“三大产业”发展水平不断提升，建筑产业快速发展，房地产业平稳健康发展，建材产业稳步推进。

城乡规划

州城规划编制　一是自2013年委托中国城市规划研究院编制的《恩施州城镇化发展战略与城镇体系规划(2013—2030)》，2014年完成形成初步成果，进入向州城规划委员会全会作专题汇报并上报州人民政府提请州委审议阶段。二是2013年为配合龙凤镇全国综合扶贫改革试点，在不改变城市性质和城市规模的条件下，启动州城总体规划调整修编工作；2014年完成了州城恩施市城市总体规划修编和正式成果的专家评审，并上报省政府审批。三是州城中心城区120平方公里已实现控制性规划全覆盖，形成控规编制成果18项，并建立控规动态维护机制；2014年完成方家坝—旗峰坝片区、七里坪片区、大沙坝片区、洗爵溪片区、五峰山片区的控规修订，并通过专家评审按程序上报审批；近两年，州城已完成10个片区控规修订。四是专项规划编制稳步推进，完成金龙大道北段、龙凤大道片区、虎民路南北片区市政专项规划以及州城路名规划的编制。完成州城桥梁、水资源承载力专题研究，共形成各类专项规划成果20余项，专题研究成果9项。

州城山体水体专项　2014年，推进州城生态文明建设美丽恩施：一是州城山体保护工作取得阶段性成果，5月完成《州城中心城区山体保护与利用专项规划(2014—2030)》编制工作，并进行批前公示公告。二是积极参与山体保护立法工作，完成《恩施州城市规划区山体保护条例》文稿起草，于9月上报州人大常委会审议，州人民政府已上报省人民政府审查。三是迅速下发《关于对州城规划区内建设项目开展山体保护专项审查的通知》，积极推动山体保护与利用工作落到实处。四是积极参与清江流域专项治理前期调研工作，组织专班对清江流经的利川、恩施、建始、巴东进行实地考察；结合《州城“一江九水五库”水体保护规划》，重点开展对清江流域恩施城区段两岸项目布局清理工作，形成专题报告建言献策。

州城规划管理　2014年，深化行政审批改革强化规划实施管理，提高了规划服务水平：一是优化审批流程。按照州行政审批制度改革的要求，开展州规划局8项行政许可及服务事项流程再造，取消施工图规划审查等环节、缩短批前公示时限等措施，出台《州规划局行政许可和服务事项办事指南》，提高审批效率和服务水平。全年共核发《建设项目选址意见书》13项，总用地规模1382.35亩；《建设用地规划许可证》64项，用地面积218.6万平方米；《建设工程规划许可证》(含市政工程)91项(其中房产开发项目26项，市政工程5项)，总建筑面积353.21万平方米(其中房产开发项目206.48万平方米)；共征收城市基础设施配套费9032.98万元。

二是严格实行州城规划决策“三会制”工作机制。明确会前准备、会中议事、会后落实督办等工作要求；全年共召开规划委员会暨咨询委员会全体会议1次，通过规划决策事项3项；召开规划委员会主任办公会5次，通过规划决策事项105项；召开州规划局业务办公会27次，通过规划决策事项共294项。三是多措并举，科学管理。建立与国土、住建、园林、房产等部门规范统一的行政审批联系机制；严格规划审批、调整等法定程序到位，严格实行专家评审、法律顾问咨询制度；建立行政服务窗口，搭建恩施州城乡规划网、恩施州城市规划展览馆等规划信息公示平台，对法规政策、管理制度、审批服务事项、规划编制成果、建设项目审批情况实行批前批后公示公告。

县市乡镇规划体系建设 2014年围绕做好县域城区、做特中心乡镇、做美农村社区的目标，各县市规划管理工作稳步推进取得实效：一是总体规划修编工作全部展开，其中建始、鹤峰、来凤总规已经州政府批准实施，其他四县市已启动论证工作。二是县市城区控规覆盖率不断提升。利川、建始、宣恩已实现全覆盖，其他县市均达到50%以上。三是专项规划编制逐步开展，已形成成果近20余项。四是村镇规划编制有较大突破。全州88个乡镇(街道办事处)，除5个街道办事处和6个县城镇纳入县市城市总体规划范围外，其余77个乡镇绝大部分编制了总体规划，有54个乡镇编制了控制性详细规划，所有行政村均编制村庄建设规划。五是2014年对各县市规划局工作开展情况进行了综合检查，重点对规划编制、管理、实施、执法等执行情况，及时排查纠错总结经验，推进了规划工作规范化。

村镇规划管理 2014年初，州规划局会同州住建委下发了《关于进一步加强全州村镇(乡)规划建设管理工作的通知》，明确了全州村镇规划的工作重点；举办了全州乡镇规划建设管理人员培训班，培训人员300人次；开展对全州规划编制市场及村镇规划管理工作调研，检查走访全州八个县市规划局、1+8新型城镇化试点镇以及20多个候选“美丽乡村”，对全州规划系统机构人员情况、规划编制及审批、规划管理、规划监督情况进行全面了解，对村镇规划管理中的实际问题进行分析研究，形成专题调研报告2篇。

测绘管理 2013年底，全州测绘管理职能经州编委批准由州住建委划转至州城乡规划局，2014年主要开展下列工作：一是开展2014年度测绘单位的资质注册，除2013年6月30日后取得资质的4家及准备注销的2家不需要注册外，符合注册要求的为41家，已完成36家测绘单位注册，对未按要求参加注册的5家测绘单位，按照法定要求对其中3家单位寄发缓期注册书面通知。二是开展新申请测绘单位资质及资质升级初审，共受理业务3项，其中有2项资质申请已获省测绘局批准，1项资质申请已提交省测绘局。三是推进测绘资质复审换证，根据省测绘局要求，组织全州测绘系统参加省地理信息局的测绘资质复审换证培训班完成培训；受理全州44家测绘资质单位提交的复审换证申请，已上报43家。四是加快数字恩施建设，与省测绘院沟通协作，搭建数字恩施地理空间框架，启动恩施市中心城区规划管理“一张图”系统骨架建设，通过信息化平台加强各层级规划衔接；启动州城规划管理系统等应用工程的筹备工作。

地理国情普查 2014年，启动了全州第一次地理国情普查工作并稳步推进：一是4月14日下发恩施州政办发〔2014〕25号通知，成立了以州委副书记、常务副州长董永祥为组长的州第一次全国地理普查领导小组，普查办公室设在州城乡规划局(测绘局)；二是3月17日组织

各县市专班人员参加省测绘局召开的业务培训会，明确普查的目标任务、计划安排方案和工作要求；三是2月26日省政府召开普查工作电视电话会议后，及时向各县市再次传达，要求迅速成立普查工作领导小组与普查专班；并于3月21日召开全州规划（测绘）局长座谈会，分解任务落实责任；四是做好上级督导巡视的迎检工作，4月1日省测绘局陈文海局长带队来州动员和督导，州领导小组成员单位和各县市分管县市长、规划（测绘）局长参加会议；5月27日、8月13日，省测绘工程院、航测遥感院王波院长二次到州开展督导；11月17日至19日国家测绘局质检中心主任程鹏飞带队到州督导巡视，并在恩施召开了湖北省第一次地理国情普查质量抽查工作会议，我州的工作得到好评；五是每月定期对各县市普查办进行督办，及时向省汇报相关情况。截止年底，全州八县市全部完成普查数据生产单位招投标，确定了普查数据的具体生产单位，为2015年完成各项工作打好基础。

规划管理自身建设　一是开展民主评议政风行风活动，2014年作为州直14个参评单位之一，按照“突出五个重点，抓好四个环节，实行整体联动”的要求开展行评。共走访50余家服务企业，召开征求意见座谈会3次，收集意见建议20余条。对存在的问题，制定整改措施50余条，明确责任领导、科室与责任人，逐一整改落实。对电视问政中暴露的问题，组织专班到相关单位调查核实，对有关当事人进行严肃处理。行评工作被评为优秀等级。二是圆满完成人大政协建议提案办理，2014年，负责办理的州人大七届四次会议建议和州政协七届三次会议关于规划的提案共12件（建议3件，提案9件），其中主办2件（建议1件，提案1件），会办10件（建议2件，提案8件），内容涉及山体保护（丹霞地貌）、公共配套设施、村镇规划管理、新农村建设、危旧房改造、广告业发展等方面。12件建议提案均在规定的时间内办理，其中A类（已办结）1件，B类（正在办）9件，C类（长期办）2件。建议和提案办结率、答复率，与人大代表、政协委员的见面率、满意率均达到100%。三是信访维稳工作取得实效，下发了《关于进一步加强和改进信访工作的通知》，创新信访办理工作，实行科室负责，分管领导指导督办负责的机制。全年受理来信来访62件，其中本单位自行办理47件，上级或州信访局交办3件，转县市办理6件，不予受理的3件，其他3件；已办结信访案件54件。受理行政应诉案件2起，均无败诉；受理行政复议案件2起，已办结1起且无应诉，另1起在办理中。四是规划宣传工作上新台阶，结合群教活动和行评工作开展互动活动，利用新闻媒体等多种方式加大规划宣传力度，全年共投入60余万元专项用于规划宣传，提高规划工作知晓面和透明度：开展山体保护规划进社区村委等集中宣传活动，发放宣传资料1000余册，恩施电视台连续报道4期，《恩施日报》刊登15期；联合州老年大学组织退休老干部、摄影爱好者、新闻记者、等热心人士，开展以州城变迁为主题的“看山、看城、看水”活动，参与人员达300余人次，介绍和宣传州城规划工作及成果；开展“8.29”国家测绘日和“12.4”法制宣传日活动，发放宣传资料2000余册；9月下旬在州城市规划展览馆分三期对州城规划成果进行展示；全年在恩施日报刊登规划新闻消息13篇，《恩施晚报》刊登5篇，恩施新闻网刊登9篇，中华建设、党员周刊登载各1篇，恩施州周刊登载4篇；恩施州人民政府网站转载7篇，荆楚网转载2篇，中国经济网转载4篇，新华网转载1篇；制作工作简报27期。

行政审批制度改革　2014年，按照州审改工作的统一部署要求，积极开展行政权力、行政审批、中介服务事项的清理和优化。一是按时完成行政权力清理工作，共清理确定26项行政权力，并进行公示公告。二是完成行政审批和服务事项流程再造，形成《办事指南》，减少了审批环节，缩短办理时限。三是稳步推进“三集中三到位”工作，行政审批和服务事项已全部入驻州政务服务中心，明确了首席代表和工作人员，完善了授权及岗位职责。

党风廉政建设 注重全面推进规划队伍作风建设。严格落实“一岗双责”责任制，严管“车子、票子、筷子”，要求职工坚持六慎（慎言、慎欲、慎权、慎微、慎处、慎交），紧密结合工作实际，进一步推进项目选址、规划放线、规划验收、规划执法、政府采购等重要领域的规范化管理，从制度上加强对权力的监督与制约，堵塞漏洞。一是成立了由局长为组长的党风廉政建设领导小组，实行一把手主抓，常务副组长具体抓落实的责任制，做到年初有方案、全年有活动、年终有总结。二是注重宣传教育，及时传达学习中纪委十八届三次全会、省纪委十届四次会议、省政府廉政工作会议以及州纪委六届四次全会精神，组织干部职工学习《党章》、《党员领导干部廉洁从政若干准则》。全员参加了在恩施州监狱举行的反腐倡廉警示教育活动，通过现场观摩、服刑人员现身说法，筑牢拒腐防变的思想防线。及时传达学习州纪委明察暗访情况的通报共4次，使干部职工时刻保持清醒头脑。三是坚持多措并举：强化“一岗双责”制度的落实，制定了《州规划局领导班子“一岗双责”制度》；认真开展行政权力公开公示和运行环节风险排查，在州规划局官网上对涉及的26项行政权力进行了公开公示，接受全社会监督；制定《州规划局岗位廉政风险防范手册》，找准权力运行风险点；强化监管严格实施强化对局属单位监管，严格实行请销假报告制度，涉及到单位“三重一大”事项必须报告并同意后实施。四是严格执行与监管，局领导班子带头严格执行《中国共产党党员领导干部廉洁从政若干准则》，对照“廉政八条”的规定进行自查自纠；在“三公”经费、职务消费、人情消费、公车配备、个人住房、家属及子女从业等方面认真开展检查，持之以恒严格执行中央八项规定、省委六条意见和州委实施细则，全年未出现违反相关规定的情况。

城乡建管

住房和城乡建设主要指标 2014年，省、州共下达保障性住房目标任务25326套，年内全州83个保障性住房建设项目全部开工，共建设25514套、户（其中实物建房24309套、新增租赁补贴1205户），开工率达100.74%。2014年省、州下达全州农村危房改造计划10552户，全年已开工11407户，竣工11122户，分别占全年任务的108.1%、105.4%。全州特色民居改造计划8000户，全年已开工8187户，完成任务8123户，分别占全年任务的102.3%、101.5%。全州城市建设管理强力推进，城市功能不断增强面貌显著改观：全州实施城市（含开发区等）重点项目323个，完成投资146亿元，比上年同期122.71亿元增加23.29亿元，增长18.98%。年末城市（2市区6县城）建成区面积达到99.96平方公里；道路长度578.39公里，道路面积829.00万平方米（人行道173.75万平方米），人均道路面积7.20平方米（不含暂住人口8.49平方米）；安装路灯道路长度522公里，道路照明灯39959盏；各类桥梁123座，其中大桥及特大桥17座，人行天桥和立交桥8座；建成区绿化覆盖面积2962.77公顷，园林绿地面积2329公顷，公共绿地面积725公顷；建成区绿化覆盖率29.64%，绿地率24.41%，人均公共绿地面积7.17平方

米(不含暂住人口8.46平方米);全州各类公园26个,公园面积495公顷;省级风景名胜区3处:利川腾龙洞、咸丰唐崖河、巴东神农溪(同时是国家级长江三峡的景点),总面积达到999平方公里;城市供水综合生产能力40.3万立方米/日,供水管道长度1194.73公里,用水人口92.00万人,年供水总量7547万吨,用水普及率97%以上;年天然气供气量10917.4万立方米,供气管道长度1549.22公里,汽车加气站5座;液化石油气年供气总量5977吨,储气能力1113吨,燃气普及率76.98%;道路清扫保洁面积881万平方米(其中机械化259万平方米),生活垃圾清运量40.74万吨,生活垃圾无害化处理量39.84万吨;垃圾无害化处理场8座,处理能力880吨/日,生活垃圾无害化处理率97.79%;垃圾转运站31座,各类公共厕所185座(其中三类以上148座),市容环卫专用设备车辆167辆;污水处理厂8座,处理能力16万立方米/日,城市排水管道(污、雨、合流)长度651.25公里,污水排放量6240万吨,污水处理量5190万吨,污水处理率83.17%,污水集中处理率77.50%;干污泥产生量7167吨,无害化处置率99.77%。

新型城镇化建设 2014年以城乡统筹为核心,完善新型城镇化发展的体制机制。一是建立统一的新型城镇化建设领导机构。全州成立了新型城镇化建设领导小组办公室,全面负责全州新型城镇化建设管理工作,各县市、乡镇成立了由县市长、乡镇长为组长的城镇化建设领导小组,所有乡镇都成立了乡镇规划建设管理办公室,落实了3—6名工作人员,共配备保洁人员2604人。二是建立多元可持续资金保障机制。各级政府将新型城镇化建设纳入财政资金预算,各县市财政每年分别安排专项资金100万元左右作为推进新型城镇化的工作经费,全州县市财政安排近2亿元以奖代补资金,专门用于城镇化发展建设奖励并逐年予以相应增长。三是建立完善农村转移人口市民化机制。出台《恩施州公共租赁房管理办法》,加快廉租房、公共租赁住房、经济适用房等各类保障性住房建设,满足不同收入水平群体居住要求,吸引更多的农村人口向城镇转移。年末全州户籍人口406.29万人,常住人口331.77万人,全州城镇人口从去年的119.56万人增加到127.33万人,按常住人口计算城镇化率由36.1%提高到38.38%。采取了四项措施强化新型城镇化发展:一是出台《关于进一步加强全州村镇(乡)规划建设管理工作的通知》、《关于加快推进全州新型城镇化示范乡镇建设的意见》、《恩施州推进新型城镇化工作领导小组各成员单位职责任务分工方案》等规范化指导及相关配套文件;2月25日召开全州城镇化工作电视电话会议,全面部署了2014年全州城镇化工作。二是抓好新型城镇化试点建设工作,以恩施市龙凤镇综合扶贫改革试点为核心,推动8个新型城镇化示范乡镇及2个扩权镇建设,以点促面带动乡镇有序发展。三是加大培训教育力度。与州委组织部、州规划局联合,分别于4月举办了全州乡镇(街道)党委书记专题培训班、7月举办了全州乡镇(街道)规划建设管理办公室工作人员培训班,共182人参训,优化了乡镇干部规划建设管理知识结构,有效提升各级干部能力素质。四是加大工作考核力度。制定了《恩施州新型城镇化工作考核评价办法(试行)》,于2015年1月完成了对各县市新型城镇化建设2014年度考评工作。

城市重点建设项目 全年以改善人居环境为重点,快速推进城镇重点项目建设:1—12月全州实施城市(含开发区等)重点项目323个,完成投资146亿元,比上年同期122.71亿元增加23.29亿元,增长18.98%,完成2014年度目标任务120亿元的121.67%；共开工项目298个，其中新建项目开工136个，续建项目开工162个，项目开工率92.26%。竣工项目75个，竣工率23.22%。

城乡环境综合管理 2014年从四个方面开展：一是强力推进城市环境综合治理，对城区建筑工地和渣土运输车辆严格执行“六不开工”、“五不上路”管理制度，开展了专项活动，全州共停工整改工地17处，查处违章渣土运输车1500余辆次，暂扣车辆305台次，暂扣证件421个次，累计罚款60余万元。以迎接全省县域经济工作会议在恩施州召开为契机，重点对城市市容市貌、环境卫生等进行了整顿，新增150名环卫工人，投入400万元增配更新环卫设备，投入1750余万元改造城市污水管网，拆除违章广告牌274块，全州全年共投入资金5000余万元用于购置城市机械化洗扫设施、垃圾箱及建设垃圾中转站，有效提升清运保洁水平。二是着力开展乡镇集镇建设管理年活动，制定出台《恩施州2014年乡镇集镇建设管理年活动方案》，按照“十个一”建设要求加大对集镇基础设施的投入和建设力度。全州启动79条特色街道建设，完成投资6.73亿元。17个省重点镇和特色镇基础设施建设开展顺利，新建(改造)道路302.15公里，新建(改造)供水管网126.7公里，新建(改造)排水管网58.81公里，新增绿地4.44平方公里，总投资1.1亿元；积极向上争取资金支持，成功申报乡镇污水、垃圾处理项目36个，总投资达6亿元。三是与州委农办、共青团州委等九个部门联手，9月份圆满完成“最美乡村、美丽集镇”评选活动，经过集中巡展和综合评选，在20个候选村庄10个候选集镇中，共评选出鹤峰县中营镇大路坪村等10个“最美乡村”，鹤峰县走马镇集镇、恩施市白杨坪镇集镇、恩施市沐抚办事处集镇3个“美丽集镇”。四是积极推进“宜居村庄”示范项目建设及传统村落申报工作，2014年共启动23个宜居村庄建设，新建(改造)道路25.22万平方米，新增绿地5.7万平方米，新增排水沟渠18320米，新增垃圾箱356个，新建公厕101个，农户改厕710户，共投入资金6707万元。全州共申报三批国家级传统村落，已命名37个传统村落，按要求开展了保护和发展规划编制与档案信息录入工作。

农村危房改造和特色民居建设 2014年，省、州下达全州农村危房改造计划10552户，全年已开工11407户，竣工11122户，分别占全年任务的108.1%、105.4%，完成投资3.27亿元，全面完成上级下达的任务。2014年下达全州特色民居改造计划8000户，全年已开工8187户，完成任务8123户，分别完成全年特色民居建设任务的102.3%、101.5%，投入资金2.28亿元，完成州政府十大民生工程建设的相关任务。

城市天然气 2014年，全州天然气工程建设加快，供给平稳运行。积极推进燃气专项规划修编：1月，建始县规划已完成修编评审，县政府已批复实施；6月，州城燃气专项规划修编已完成专家评审，进入修改完善报市政府批复正式实施阶段；咸丰、来凤、巴东燃气专项规划正在修编之中。全州积极推进恩施城区、巴东、鹤峰及部分乡镇新建(改造)燃气管网120公里；建成1座LNG(液化天然气)利川加气站并于9月正式运行，建成2座CNG(压缩天然气)咸丰、宣恩汽车加气站；恩施市第二座CNG(压缩天然气)汽车加气站建设项目正在建设施工中。恩施市白杨坪，宣恩李家河、高罗、沙道沟，来凤大河等乡镇天然气建设项目正式启动。

建筑业管理

建筑产业 2014年，全州建筑产业健康快

速发展：全年建筑项目新开工291个，建筑业总产值105.05亿元，增长21.0%。全州具有资质等级以上的建筑企业104家，房屋建筑施工面积753.44万平方米，增长11.6%；房屋建筑竣工面积382.28万平方米，减少0.4%。建设工程招标率100%，公开招标率95%以上；施工图设计审查应审率100%；建筑节能设计阶段达到100%，施工阶段达到95%以上；工程质量安全监督覆盖率100%，竣工验收合格率100%。年初组织开展了建筑业企业资质监督核查工作，对州内所有建筑企业和进入恩施州执业的建设工程招标代理机构与监理机构共287家实行资质动态监管。组织实施了2014-2015年度建设工程招标代理机构和监理机构名录制遴选工作，通过开放、公平、规范的遴选程序，择优选择了一批诚信守法的招投标代理机构和监理企业，实施名录制管理。开展了全州建筑市场秩序综合整治，6月下旬制定下发《贯彻落实全省综合整治建筑市场秩序专项工作方案》（恩施州住建函〔2014〕43号），成立了全州建筑市场专项整治活动领导小组；10月上旬，州住建委、州工商局、州质监局、州公共资源交易监督管理局组成联合督查组，分两组对各县市的综合整治情况进行了专项督查。开展了工程质量治理两年行动工作，制定《恩施州工程质量治理两年行动实施方案》，成立了工程质量治理两年行动领导小组，州住建委分三个检查组对各县市的工程质量治理工作进行了专项检查，对落实五方主体终身责任、违法发包、转包、分包及挂靠等违法行为、建筑市场诚信体系建设等方面进行了检查，共抽查各县市18个项目，涉及建筑面积近100万平方米，总投资近120亿元。实施全州工程质量检测机构名录制遴选工作，11月12日至18日，在恩施州公共资源交易中心网站、恩施州住建委网站同时发布遴选公告，面向全国公开遴选工程质量检测机构。12月19日9时，在恩施州公共资源交易中心开标大厅公开进行遴选，来自国内的21家工程质量检测机构申请参加了公开遴选，遴选结果在州住建委和州公共资源交易网站进行了公示。

建材产业　2014年度目标任务全面完成：全年水泥生产量528.30万吨，比上年减少37.21万吨，减少6.6%。县以上城区新型墙材应用率达到85%以上；预拌混凝土供应量250万立方；全年实现建材总产值20亿元。共推广散装水泥210万吨（含华新水泥恩施生产基地产量），完成目标任务180万吨的116%；生产商品砼（混凝土）230万立方米，完成目标任务200万立方米的115%；征收散装水泥专项资金299万元，超额完成全年目标任务250万元的19.6%；进一步巩固了“禁实”成果。4月份召开了全州建管工作暨散装水泥工作会，总结2013年度推散工作，表彰推散先进单位和先进个人，布置2014年度推散工作，下达推广散装水泥、发展商品混凝土、全面淘汰落后产能、征收专项资金等目标任务。6月份开展“2014年散装水泥宣传周”活动，以“推广散装水泥，减少粉尘污染；节能减排，绿色建筑行动”为主题，结合实际通过恩施电视台、恩施周刊等新闻媒体，宣传国家政策法规和推进散装水泥、预拌混凝土、预拌砂浆三位一体发展的意义、作用及推散工作成绩；在州城公共区域、重点工程施工现场发放资料汇编、知识手册等资料，听取意见建议。开展了全州建材行业调研活动，对全州建材产业发展情况、主要问题和症结、发展战略和主要任务等进行全方位调研，完成《关于我州建材行业发展调研报告》、《关于促进我州建材绿色可持续发展的意见》的起草，为编制科学的产业发展规划打下基础。9月8日至10月31日，对恩施州境内的预拌混凝土生产进行了质量和商品砼（混凝土）行业大检查，组成专班全面检查州内18家商砼企业，掌握企业绿色生产和质量管理情况，健全企业信息库，提出整改意见促进管理水平提升。进一步加大淘汰落后产能工作，与州经信、环保部门组成工作专班，对全州立窑水泥生产线进行了彻底关停，拆除生产装备，并配合处理企业关停后的有关事宜。

建筑工程安全生产 2014年，全州落实工程建设安全生产各方主体责任，从九个方面开展工作：一是规范了监督单位的内部程序与制度管理；二是加强对县市业务工作指导；三是强化州直监管项目高频次的安全巡查和对县市的安全生产监督检查；四是组织编写行业安全生产指导手册，完成2500套批量印刷无偿赠送各县市住建局和州直施工企业；五是做好安全生产月教育培训，分企业和项目两批次培训1300余人；六是巩固建筑施工环境，加强对深基坑、高支模、建筑起重机械安装拆卸等重大危险源监管；七是规范安全生产许可证申报，严格按照省厅先评价、再网上申请的工作流程开展；八是重点强化建筑施工新技术产品安全管理，及时履行产品质量检测和监督程序；九是强化安全生产预警机制，建立全州建筑施工领域安全生产预警短信平台，全年共在关键节点、主要时段发布安全生产事故预警短信19次，短信量达6000余条。全年共开展安全生产大检查工作5次，安全生产专项督查和目标考核工作7次，查处各类安全隐患4300余处，整改重大消防隐患3处，下达限期整改通知书163份，停工整改通知书32份，实施罚款30余万元，监控超规模危险性较大的分部分项工程37项，重点监控企业13家，记入不良行为记录企业4家，人员5人。严格执行州直63个监管项目日查制度，周出勤次数平均达到7次，全年共开展项目监督检查400余次。举办全州建筑施工企业、监理企业贯标培训班及建筑施工企业“三类人员”安全生产考核培训班，培训人数达2000余人。开展企业安全生产市场准入评价29次，评审建筑施工企业安全生产许可证延期申请资料30余项，合格率90%。全州建筑行业2014年度发生了6起一般安全生产责任事故，死亡人数7人。

建设工程质量监督 2014年末，全州在建工程为1313个，面积1526万平方米，投资约206亿元。5月15日至6月5日，对州直及各县市在建工程进行全面的质量大检查，共抽查项目39个，其中保障性住房工程18项、商品住房工程15项，市政工程6项，涉及施工单位23家，监理单位6家，下发了整改通知20份。按照《恩施州工程治理两年行动方案》的要求，全面落实工程建设五方主体项目负责人质量终身责任制，完成对2014年的在建19个工程、结转工程以及已经竣工工程的“两书一牌”（工程质量终身责任承诺书、法定代表人授权书，竣工工程标志牌）工作。积极开展质量创优及QC（全面质量管理）活动，全年获得省优质工程楚天杯4项，并已申报州结构优质工程20项、州优质工程清江杯（2013—2014年度）9项、省结构优质工程16项。通过开展QC活动，全州参建省建设工程QC活动成果获奖7项：一等奖1名，二等奖3名，三等奖3名。2014年州直自管工程新开工工程19个，面积17.7万平方米，投资约7.7亿元；接转工程38个，竣工15个；在建工程42个，面积约87万平方米，投资约28亿元。州工程质监站从5方面开展工作：一是通过日常的监督巡查和检查，共查处质量问题共33起，下发局部停工通知3起，限期整改27起，不良记录3起。二是制定了质量监督、技术管理、岗位巡查、档案管理制度、技术责任制、质量投诉处理、停工复工审批等各项基本制度，加强执行规范质量管理工作。三是开展州工程质量监督机构和人员的考核，通过了省质量安全总站的考核。四是积极推进数字信息化管理，开通了“恩施州建设工程质量信息网”，建立了“恩施州质量监督网络平台”，实现监督管理工作信息化，提高了工作效率。五是认真处理质量投诉，全年共受理博文广场、崇文广场、上官府邸、怡嘉苑小区、东风大道579号以及原州化工建材公司宿舍楼6起投诉，其中上官府邸、东风大道579号、原州化工建材公司宿舍楼年内已结案。

机关党建和党风廉政

2014年一是努力提升领导班子自身建设，全年委党组中心组共开展集中学习45次，班子成员带头讲课10次。认真执行民主集中制，全年共召开党组会15次，研究重大事项92项；委机关共选拔干部3人，州规划局科室调整5人。直属机关党委共7个党支部，其中离退休党员3个支部；2014年发展预备党员2名，按期转正1名，加强对8名年轻入党积极分子的培养；在全委开展广泛的交心谈心活动，做到“两个谈到位”，全年共与党员干部开展谈话60余次，与科室和二级单位负责人开展约谈18次；委机关党委7个支部都召开了专题组织生活会，领导班子成员和党委委员以普通党员身份分别到各个党小组参加活动。落实党风廉政建设责任制，明确党组书记为党风廉政工作第一负责人，及时调整纪检组长的职责分工，安排一名副调研员履行监察室主任职责，班子其他成员根据工作分工，认真履行“一岗双责”；委领导班子与各县市和二级单位住建部门签订了《恩施州住建委党风廉政建设责任状》，坚持党风廉政建设“一把手”汇报制度，形成“齐抓共管”的整体工作合力。

党的群众路线教育实践 开展教育实践活动是2014年的重大政治任务和政治责任，委机关通过深入开展学习教育、征求意见，查摆问题、批评帮助、整改落实、建章立制等工作，较好地解决了在“四风”方面存在的突出问题。党组班子成员共收到意见建议337条，其中关于“四风”方面意见建议108条，其他工作建议意见229条。班子成员自查帮查问题152条，各科室、二级单位查找问题77条。通过制定“两方案一计划一措施”，班子整改方案共查摆问题22项，其中“四风”问题13项，整改措施38条，其他问题9项，整改措施22条；班子成员制定了完善细致的个人整改措施；各项立行立改整改工作100%完成，长期的整改项目坚持有效施行。

行政审批和议案提案 2014年行政审批改革创新提高了办事效率，推进住建审批职能“三集中”，贯彻落实“一周办结制”，7个职能科室、二级单位的审批职能全部向州行政服务中心“窗口”集中办理。仅保留行政审批项目12项，承诺时限由过去7日压缩到5日，行政审批办结时间提高30%。2014年共涉及人大政协“两会”提案议案主办件14件（其中省政协提案1件），会办件13件；已与相关代表、委员见面沟通，27项提案全部认真负责保质办理完成；对2013年确定为B类（正在办理）的9件提案实行了跟踪办理，代表委员的满意率达到100%。

政风行风和机关建设 2014年民主评议政风行风工作，按照省住建厅统一安排部署全面完成，委机关获得“先进单位”的称号。共办结各类群众诉求和建议意见424件，满意率和回访率分别达到99.82%和100%。在委机关、各县市设立9个网络回复机构，及时回复恩施新闻网、恩施民声、恩施网络电视等群众反应热切问题，至年底办结网络投诉案件76件，4件正在办理中；认真处理“12329”城管热线各类问题，对群众反映的商品房房产证办理、公租房租赁办法等问题作了详实回复，满意率达到100%。委机关按照党中央改进工作作风“八项规定”、省、州委“六条意见”的要求，加强机关内部管理强化监督，出台了《机关公车使用管理制度》、《机关接待制度》、《机关采购制度》等11项制度，做到有令必行、有禁必止；全年公务接待费用较去年下降38%，文件减少25%，会议减少15%。

住房保障　房地产业

保障性住房建设　2014年，新建保障性住房继续列入州政府十大民生工程建设之一，省、州共下达保障性住房目标任务25326套，其中建设任务24276套、新增租赁补贴1050户，较去年分别增长43.2%、61%和减少59.6%。2014年全州83个保障性住房建设项目全部开工，共建设25514套、户（其中廉租住房、公共租赁住房、棚户区改造、经济适用住房等实物建房24309套、新增租赁补贴1205户），开工率达100.74%。全年基本建成各类保障性住房及改造棚户区等15114套（户），基本建成任务完成率100.74%；竣工分配入住10495户，分配入住任务完成率115.3%。新增租赁补贴发放1205户，目标任务完成率114.76%。

房地产业　2014年　全州房地产业和市场主体平稳发展：截止年底，州内共有房地产企业537家，其中开发企业370家（资质等级：一级1家，二级12家，三级38家，四级和暂定319家）；物业服务企业122家（资质等级：一级备案2家，二级备案1家，本州二级1家，三级95家，暂定23家）；中介机构45家，其中估价机构5家。2014年全州商品房开发建设项目149个，完成房地产开发投资76.80亿元，同比上升40.07%；全年商品房施工面积989.59万平方米，比上年增长41.9%；竣工面积106.92万平方米，增长13.7%；销售面积183.33万平方米，增长2.9%；空置面积125.11万平方米，增长114.8%。全年商品房销售额62.28亿元，下降11.8%，其中：住宅销售额47.69亿元，下降8.8%。

住房公积金管理

住房公积金　2014年，一是控制“三公”经费支出，全年住房公积金管理系统“三公”经费支出61.99万元，较上年249.74万元减少了187.75万元，下降幅度为75.17%；与上年相比，精减下发文件16份。二是推进群众路线教育实践活动，征求68条意见，整改解决了23个具体问题，有9个问题在逐步解决。三是开展“万名干部进万村惠万民”活动，针对巴东县野三关镇水井淌村的实际，从州中心机关经费中拿出25万元，对5公里村级公路按照通达工程的标准进行加宽整修；协调交通部门，落实资金100多万元，对村级公路实施通畅工程；先后组织党员干部捐赠现金8500元，实行一对一结对帮扶困难家庭；为11户困难群众送去慰问物资和慰问金折合人民币6000元；从机关经费中安排1万元，聘请工人为一户孤寡老人的房屋进行了修缮；联合湖北民族学院民大医院抽调了类风湿、心血管、妇科方面的专家，进村开展义诊活动，共接诊群众50余人次，发放药品价值4000余元。四是开展民主评议政风行风活动，公开服务承诺，聘请了48名政风行风监督员，对系统政风行风进行监督，跻身州行评优秀单位行列。五是推进了精准扶贫，州中心机关及县市办事处共负责9个村的扶贫任务，统一部署推进扶贫行动，全年累计投入50万元现金及物资，改善了村容村貌，帮助困难家庭脱贫致富。

住房公积金归集　2014年末，全州共有121518名职工缴存住房公积金，比上年同期

113987名增加7531人，增长6.61%；据州统计部门公布的城镇单位在岗职工人数，全州住房公积金缴交覆盖面达到97.24%。2014年全州新增开户单位292个，新增实缴职工15856人。2014年归集额首次突破10亿元大关，全年全州共归集住房公积金126381.38万元(含当年结息转增7904.20万元)，比上年同期95481.06万元(含当年结息转增6223.20万元)增加30900.32万元，增长32.36%；比年度计划80000.00万元多归集46381.38万元，完成年度计划的157.98%。2014年末，全州累计归集公积金561003.87万元。住房公积金归集余额为440617.12万元，比上年同期351619.75万元增加88997.37万元，增长25.31%。全州人均公积金余额3.63万元，比上年同期3.08万元增加0.55万元，增长17.86%。

住房公积金提取与国债 2014年，全州有10021名职工因购建大修自住住房、离退休等原因提取住房公积金，提取金额共37278.80万元。提取人数比上年同期7539人增加2482人，增长32.92%；提取金额比去年同期20934.34万元增加16344.46万元，增长78.07%。2014年没有购买国债，也没有到期收回或转让国债，年末国债余额180.00万元。

住房公积金贷款 2014年，全州共发放个人住房贷款4164户，比上年同期4983户减少819户，下降16.44%。发放个人住房贷款62120.38万元，比上年同期70747.60万元减少8627.22万元，下降12.19%；比州定年度计划50000.00万元增加12120.38万元，完成年度计划的124.24%。2014年，全州共收回个人住房贷款40353.92万元，比上年同期33627.09万元增加6726.83万元，增长20.00%。2014年末，全州个人住房贷款累计发放总额342076.98万元；累计收回个人住房贷款170535.62万元；个人住房贷款余额171541.36万元，比上年同期149774.90万元增加21766.46万元，增长14.53%；个人住房贷款余额占住房公积金余额的比率为38.93%，比上年同期的42.60%下降3.67%。2014年末，个人住房贷款逾期额29.70万元，个人住房贷款逾期率0.17‰，比上年同期0.22‰下降0.05‰，逾期率低于住建部控制标准和省定标准，贷款风险在可控范围内。

住房公积金资产负债 2014年末，资产总额454629.07万元，比上年同期的363647.97万元增加90981.10万元，增长25.02%；负债总额452308.32万元，比上年同期的361547.77万元增加90760.55万元，增长25.10%；净资产2320.75万元，比上年同期2100.20万元增加220.55万元，增长10.50%。年末，资产负债比率100.51%，比上年同期100.58%下降0.07%。

住房公积金增值收益 2014年实现业务收入14122.25万元，比上年同期12350.25万元增加1772.00万元，增长14.35%；比年度计划13380.00万元增加742.25万元，增长5.55%。

2014年实现业务支出8881.29万元，比上年同期8018.98万元增加862.31万元，增长10.75%；比年度计划8800.00万元增加81.29万元，增长0.92%。2014年实现增值收益5240.96万元，比上年同期4331.27万元增加909.69万元，增长21.00%；完成年度计划4580.00万元的114.43%。

住房公积金增值收益分配 一是2014年提取贷款风险准备金220.55万元，上年同期没有提取贷款风险准备金，2014年末贷款风险准备金占个人住房公积金贷款余额1.35%。二是提取住房公积金管理中心管理费用3820.41万元，比上年同期3631.27万元增加189.14万元，增长5.21%。其中：根据恩施州住房公积金管理委员会决议提取住房公积金管理中心“管理费用——专项资金”300万元，用于全州住房公积金事业发展专项支出。三是提取城市廉租住房建设补充资金1200.00万元，比上年同期700.00万元增加500.00万元，增长71.43%。保障性住房建设贡献率22.90%，比上年同期16.16%上升6.74%。

住房公积金内部管理 一是强化党风廉政建设"一岗双责"，狠抓风险防控预防在先：组织全系统50名干部职工到恩施监狱进行了以廉政为主题的警示教育；推行政务公开，主动接受州财政、审计监督；住房公积金运行情况每年都在《恩施日报》公布，接受社会监督。二是强化制度建设，严明各项纪律：出台了《住房公积金归集、贷款、提取业务操作规程》，研究了《贷款责任追究暂行办法》、《实行住房公积金集团账户管理》等内控制度；优化办事流程，出台了《首问负责制》、《限时办结制》等制度。三是强化干部监督，健全防控措施：在州委党校举办了住房公积金管理专题培训班，来自州中心机关、直属营业部、8个县市办事处包括司机在内的近80名干部职工，进行了为期一个星期的脱产培训，邀请了州检察院副检察长、恩施职业技术学院纪委书记就新时期如何预防腐败工作进行了授课。四是强化作风建设，提升办事效率、服务水平和发展质量：结合"群众满意服务窗口"创建，规范服务行为，在州委党校开展了一次窗口工作人员专题培训班，培训覆盖率达到了百分之百，提升了窗口工作人员业务素质；参加恩施人民广播电台政风行风热线，中心领导及相关科室负责人，就社会关心关注的问题进行答疑解惑沟通交流，回答了20位听众关于住房公积金的贷款、提取、缴交等方面的问题。五是强化内部管理，夯实基础工作：2014年对全州8个县市办事处和中心直属营业部进行了内部审计。开展政策宣传，按照省住建厅的安排，6月14日，全州9个服务窗口干部职工利用周末时间走出机关，在各中心城区设立场地，开展了住房公积金政策宣传日活动；参加了恩施州2014年房交会，共发放宣传资料3000余份，接受咨询2000余人次；加强硬件建设，2014年为鹤峰县办事处购置了600余平米的办公场所，已签订协议；州中心与住建、规划等几家单位合建的办公楼已经封顶，新的营业大厅面积1200平米，住房公积金所有业务将实现一站式办结；将"12329"住房公积金服务热线现有功能进行了拓展，承担了住建系统2014年政风行风评议工作投诉转办、督办落实、办理回访、办结抽查、绩效考核等"五大功能"。

仙桃市建设

沔阳公园

城乡规划

规划编制 2014年，按照“全域仙桃、城乡统筹”的规划理念，共编制各项规划68个。其中：控制性详细规划6个，包括东部新城控制性详细规划、张沟新里仁口控制性详细规划、孝仙嘉沙湖引线周边控制性详细规划、汉江（干流）岸线利用控制规划、城东工业平台优化调整规划、干河全域规划优化调整规划。概念规划6个，包括总部经济概念规划、东部新城概念规划、华中非织造布产业园规划、太子湖区域概念规划、江汉公园概念规划、沙湖原种场钛产业城概念规划。景观设计规划7个，包括通顺河（复州大道至体操大道）两岸城市设计、袁排公路、仙汉公路、仙洪公路绿化景观设计、赵西垸林场水乡森林旅游规划、袁排公路电排河西侧立面改造规划、干河办事处王老村建筑立面及环境整治规划。专项规划18个，包括旅游、商业网点、集贸市场、停车场、小游园、公共交通、学校布局、城市夜景、环卫、公厕、户外广告、燃气、给水、排水、消防、通信、供电、抗震防灾等专项规划。“四化同步”协调发展先行区规划2个，包括彭场镇和三伏潭镇。新农村建设规划29个。包括胡场、干河新农村建设示范带规划，毛嘴五大社区规划、彭场汪洲社区规划、何场社区规划以及20个美丽村庄规划。

规划服务 2014年，积极探索服务新思路、新方法，新开辟工业项目和招商引资项目4条通道，即：开辟政令畅通的高速通道，全力优化政务环境，做到了上级指令畅通，服务链条畅通，通讯连接畅通；开辟工业项目的绿色通道，全力优化审批环境，做到了入园“零门槛”、审批“零障碍”、办证“零收费”；开辟亲企、爱企的方便通道，全力优化服务环境，做到了事项减化到位、程序减化到位、批后服务到位、包挂责任到位;开辟公开透明的阳光通道,全力优化内部环境,做到了政策依据公开、办事程序公开、办事结果公开。努力改善服务环境,全力为工业企业和招商引资企业服好务。共核发建设项目选址意见书20个,建设用地规划许可证39个(其中,工业项目9个,房地产开发项目12个,其它类18个);划定建设用地红线图80宗,核提规划条件及规划控制意见59份(其中,规划条件58份,规划控制意见1份);受理湖北富迪实业有限公司"体验中心"建设项目容积率调整1个,省级建设项目选址3个(即国网通用航空有限公司华中仙桃基地临时起降场工程项目,华润仙桃火电项目,郭河镇500kv变电站项目);审批建设工程规划许可项目96个(公建79个、私建17个,总建筑面积114.1万平方米);组织建设工程放线126次;受理管线综合类项目29个。完成万荷堂食品、他拍档、毅合捷等一大批市重点招商引资项目及重要公共服务设施项目选址前期准备工作;完成10宗产业用地红线图和南城新区市政府周边地块储备用地红线图及设计条件和29宗经营性用地范围图;完成城西、南城新区、城东整村搬迁和城中村改造工作。在镇村行政审批上,共出具《建设用地规划控制意见函》、《规划设计条件》、划定用地红线图各85件,办理"选址意见书"20份、"建设用地规划许可证"77份,"建设工程许可证"25份。

规划管理 2014年依法查处各类违法建设170起,拆除70起,拆除面积20776平方米,查处率100%。按辖区分:一中队干河辖区78起,查处78起,拆除23起,拆除面积8000平方米,查处率100%;二中队龙华山辖区49起,查处49起,拆除29起,拆除面积4050平方米,查处率100%;三中队沙嘴辖区32起,查处32起,拆除14起,拆除面积8226平方米,查处率100%;四中队工业园区11起,查处11起,拆除4起,拆除面积500平方米,查处率100%。31次联合市"两违"办、国土、供电、城投、三办一园等职能部门,对城区147个两违项目实施强停强拆活动。其中:"五停"项目96个,面积116426平方米,51个项目强制拆除,面积达29603平方米。多次配合市"创卫办"、城管局、干河办事处、龙华山办事处拆除大洪等社区80多个乱搭乱建的临时建筑,面积约2000平方米。龙华山办事处拆除大洪等社区80多个乱搭乱建的临时建筑,面积约2000平方米。

城市建设

市政建设 投资1.1亿元,完成南城新区南湖路、永康路、和平路建设,纺织园区纺织路箱涵、真巧路建设,老城区高轻路、青年路、芙蓉沟、桃源大道中段,西流河化工园发展大道等道路改造。实施朝阳大道、仙汉线、前通河西路、前通路续建等15条道路建设,改善市民出行环境。以完善城市配套功能为重点,维修破损路面18626平方米,维修道路22637.84平方米(其中:砼路面维修20198.2平方米,沥青路面维修2439.64平方米)。疏通城区排水管网137382.2米;更换落水筛筛座354套、井盖井座355套,更换各类盖板立筛296块,疏挖收水井、检查井6000座次,进一步完善城市功能。

园林绿化 以扩大城市绿量,提升城市品位为重点,投资1.6亿元(含沔阳公园0.9亿元),完成和平路、南湖路、东堤直渠路、袁排公路二期等4条主次干道的绿化升级改造;实施沔州大道、新城大道东段、仙汉线、永康路等6条道路绿化升级改造及沔阳公园建设,进一步提升城市品位;同时,为提高城市园林绿化管理科学化、规范化水平,启动了"仙桃市城市园林数字化管理与辅助决策系统"建设,软硬件配备完

善，管理员培训到位，完成各类绿地基础数据收集、整理、录入及系统测试，11月份顺利通过了省住建厅专家组的验收。

路灯改造 2014年计划路灯建设、改造升级城区道路18条、广场1个，乡镇路灯建设道路20条。当年，城区路灯建设已完成新城大道(钱沟路至南湖路段)2.3公里的路灯建设、黄金大道东西延伸路段的路灯建设和永康路、钱沟南路、仙苑路、艺波路、昌升路、市政广场等路灯建设、改造升级等路灯工程；乡镇路灯建设已完成三伏潭镇318国道、工业平台等6条道路总长7100米的路灯建设。另外仙桃火车西站路移建太阳能路灯102盏，建设路灯路段总长4000米，全年共安装路灯889盏。

背街小巷改造 2014年，城区"三办一园"计划投资1427万元，改造背街小巷63条，实际改造任务全部超额完成，共投资2110万元，改造背街小巷93条。

公共交通 一是经济效益有新增长。全年共完成经营收入4164.57万元，其中无人售票收入3835.42万元，承包线路承包款收入326.15万元。二是公益性政策有新落实。按照市政府办公会议精神，2014年在全市开展实施我市户籍范围内年满65周岁以上老年人免费乘坐公交车这一惠民政策，于3月份开始为符合政策的老年人办理公交"敬老卡"，全年共受理制证敬老卡17745张，发放17713张，敬老卡刷卡量累计近180万余人次，并在车厢内设立了老弱病残孕专座，极大方便了老年人的乘车。三是运力结构和线网有新优化。新购国内一线品牌"低碳环保"型空调公交车辆36台，对9路、12路公交车，改善市民乘车环境；新开通纺织园区至皇河故园专线公交车，解决市民祭扫难题；为解决南城新区企事业单位和居民出行不便的问题，进一步优化线路，安排9路线在上下班时段由叶河村站绕行至天合光能，缓解企业职工坐车难，16路线由终点站新人民医院延伸至荣怀教育学校，方便师生出行。

城市燃气 2014年，围绕《城镇燃气管理条例》的相关规定，加强行业管理、打造和谐社会、创建平安仙桃、保证供用气安全，全年完成天然气供气总量约4600万方，发展新用户近8000户，液化气供应量5600吨。发放燃气工程建设施工许可证138份，燃气设施改动意见书8份。发放燃气经营许可证年审24家，其中管道天然气企业3家，CNG经营企业1家，其他天然气经营企业1家，液化气经营企业19家。全年组织燃气行业安全检查7次，配合省住建厅开展一次燃气行业检查。下达责令整改通知书18份，安全隐患30余处，均已整改到位。燃气行业全年无重大安全责任事故发生。

村镇建设

2014年，以统筹城乡建设为主线，以城乡一体化试点建设、宜居村庄创建为契机，以农村危房改造和污水处理厂建设为着力点，以试点示范带"美丽乡村"建设为突破口，强化措施、狠抓落实，扎实推进村镇集镇楚天杯创建、"美丽乡村"、村镇清洁工程、乡镇污水处理等项目建设。村镇建设总投入2.7亿元。

基础设施建设 投资2000万元，完成沔城、张沟、杨林尾等镇30公里污水管网建设；投资2200万元，郑场镇大有路、三伏潭镇团结路、彭场镇彭场大道、郭河镇凤林大道等道路改造升级；投资500万元，完成三伏潭镇南环路绿化工程建设，投资500万元，完成张沟镇80亩入口景观建设，昔日垃圾堆，今天已成为一道亮丽的风景线，是居民休闲、游玩的最佳场所。投资1000万元，完成了胡场、干河试范带、三伏潭集镇街道、郑场集镇街道等立面改造1500户。陈场镇投资1500万元建设农贸大市场已破土动工，占地面积1.5万平方米；这些基础设施工程建设为提高城镇品位、提升城镇综合承载能力奠定坚实的基础。

村庄环境整治 胡场、干河、彭场等地试点示范带已完成建设投入8000万元，改造立面1500户，硬化道路9.5万平米，新建下水道6.5公里，安装路灯300盏，绿化植树达4.5万株。全市环境整治成效显著的有：彭场挖沟村、汪洲村、千丰村、干河王脑村、胡场河口村、麻港集镇。

危房改造 按照"谁争取，谁受益"的原则，改造危房1384户，确保农村居民住房安全。

住房保障和房地产市场监管

住房保障 2014年，省政府下达仙桃市保障性住房实物建房任务4175套，其中：廉租住房40套，公共租赁住房429套，城市棚户区3706套；基本建成保障性住房3000套；分配入住保障性住房3500套的目标任务。全年实际落实建设项目18个、4177套住房，其中：廉租住房40套，公共租赁住房429套，城市棚户区3708套。全年开工建设保障房4177套，占任务的100.1%。基本建成各类保障性住房3067套，其中：公共租赁住房429套，廉租住房29套，林业棚户区改造200套，城市棚户区改造2409套，占年度目标任务的102.23%。

共分配入住各类保障性住房3538套，其中：公共租赁住房1069套，林业棚户区12套，城市棚户区2457套，占年度目标任务的101.09%。

历年结转保障性住房建设任务944套，其中：廉租住房197套，经济适用住房项目72套，城市棚户区354套，林业棚户区321套。

按照省政府下达仙桃市2014年新增200户住房补贴家庭的责任目标，已新增补贴发放家庭207户，完成率为103.5%。

保障房管理 一是认真整改审计部门反映违规享受住房保障待遇的问题。对审计部门反映的228户违规享受住房保障待遇的家庭进行了调查核实，并制定处理意见。对经核实骗领住房补贴的86户家庭，取消住房保障资格，并责令退还已领取的补贴资金。对反映18户违规享受实物配置的对象，经调查核实7户属实，已按政策处理到位，责令腾退承租的保障房。二是认真开展公共租赁住房申报审核及廉租住房年度复核工作。按照《仙桃市公共租赁住房管理暂行办法》的规定，结合实际，制定了申请审核工作方案，对公共租赁住房申请条件、申请程序、提交资料等进行了细化，并提请市政府批准。按照规定程序，共受理申报家庭501户，经过为期两个多月的入户调查核实工作，29户有车、21户不符合申报条件的申报家庭被取消申报资格，符合条件的451户住房困难家庭通过三级审核，进入公示阶段。下阶段，将对经公示无异议的家庭实行摇号分配。三是继续做好保障房分配管理工作。开展仙桃春天小区空置经济适用房家庭专项清查工作。针对群众反映较为强烈的"仙桃春天"经济适用房空置问题，加大了政策宣传力度，在报纸、电视台等主要媒体发布了为期1周的清查公告；对未装修入住的436户对象下发书面通知，限时整改，加大处罚力度；同时，区别特殊困难户，确因经济困难无力装修的对象，要求社区登记核实，并将实际困难情况进行公示，接受社会监督。

房地产市场监管 全市完成新建商品房建设总投资32亿元。新建商品房销售面积143.61万平方米，同比增长28.6%，其中商品住房销售面积118.5万平方米（城区104.1万平方米、乡镇14.4万平方米），同比增长17.3%。商品房

销售15466套，同比增长45.67%，其中商品住房销售10896套（城区9619套、乡镇1277套），同比增长17.66%。商品房销售均价为4001元/平方米，同比增长10.3%；其中商品住房销售均价为3092元/平方米，同比增长0.49%（城区商品住房成交均价为3294元/平方米，同比下降0.9%）。全市存量房交易802宗，同比下降58.1%，交易面积9.67万平方米，同比下降70.3%。房地产市场总体保持平稳运行态势。截止12月，查处房地产开发企业违规开发经营行为33宗。其中查处无资质从事房地产开发12宗；查处超资质从事房地产开发5宗；查处未经验收交付使用违规行为11宗；查处违规销售5宗。同时，我们加大了对乡镇违规开发的查处力度。通过“拉网式”排查，共清查出违规开发项目82宗，建筑面积约67万平方米。

物业管理 新建小区物业管理覆盖率达到100%，物业用房登记率达到100%，物业承接查验率达到100%，督促房地产开发企业整改落实物业用房、物业小区配套设施设备11起，查处房地产开发企业不按规定配置物业用房、擅自改变物业用房用途的违法违规行为6起，小区物业管理水平有了实质性提高。截止12月，住宅专项维修资金归集9468万元，其中当年归集2295万元。累计申报使用维修资金18宗，共计153.58万元，其中：当年申报8宗，使用71.2万元。

建筑业

2014年为实现“做大做强仙桃建筑业，打造建筑强市”的总体目标，按照“大力扶持龙头企业，积极培育特色企业，鼓励发展劳务企业”的要求，积极支持企业上档升级。在4月份召开的全市建管工作会议上，按《关于建筑行业争先创优发展壮大奖励实施办法》，对全市先进建筑业企业、优良工程、安全文明施工现场的获奖单位给予了奖励。制定了《资质评审管理办法》、《安全生产许可证（延期）评审管理办法》，成立了资质、安全生产许可证评审专家库。全市共有一级资质3家，二级资质16家，三级资质18家，各类专业承包企业22家，劳务分包企业18家。具备了承建40层以下，各类跨度的房屋建筑工程能力。全年建筑业总产值36.8亿元。

建筑市场管理 2014年，全市建筑工程开工123项，其中：已办理施工许可证102项，施工许可手续办证率100%，工程质量安全受监率100%，所有应办证工程均纳入了正常的监管体系之中，确保了在建工程的质量和安全。先后组织全市建筑市场专项检查2次，综合检查1次，组织自查自纠抽查工作2次，及时纠正人证不符，管理人员未到岗履职工程项目16项，其中：变更管理班子4项，督促管理人员到岗履职12项。下达责令整改通知书25份，其中：责令及时支付工程款2项，责令及时支付农民工工资18项，责令限期办理施工许可手续2份，责令整改其它违规行为3份。查处典型案件3起，罚款11万元。在全市建筑工程中开展预防清理拖欠工程款和民工工资工作的大检查，协助市劳动监察大队下达责令支付民工工资通知书18份，督促解决工程款2600万元，农民工工资1400万元。约谈拖欠民工工资的责任单位法人代表2起，及时化解农民工群体性上访事件6起，及时排查隐情，化解矛盾，解决纠纷，确保各方责任主体和农民工的合法权益。

建设工程质量和安全管理 2014年，监督各类建设工程255项，建筑面积237.6万平方米，其中城区建设工程220项，建筑面积254.4万平方米。一是强化安全监管措施。对全市在建项目的重点起重设备如塔吊、人货电梯等严格进行登记备案，并悬挂登记牌；然后是组织专家对重点设备进行专项检查，共检查各类起重设备94台，其中塔吊30台，物料提升机37台、施工升降机27台，下达整改通知16份，下达停工通知3份。二是加大违规行为查处力度。进行施工现场检查，加大对违法、违规的处罚、处理，如：六和金属公司的墙面节能不达标；御台公馆13#楼降低地下室防水标准；仙桃加多宝射出车间未进行主体结构验收；爱普产业园未将涉及结构安全的材料送检等24个进行了立案查处，极大地打击了建筑施工违法、违规的行为，保障了建筑工程的质量。

建设工程招投标 为保证招标评标工作顺利开展，鼓励更多优秀人士加入评标专家的行列，结合近年来在招投标过程中遇到的实际问题，提出了加强和改进招投标管理工作的意见，细化招投标工作事前、事中、事后三个阶段的每个环节，明确招投标活动的具体程序和步骤，全年新增31位具有高、中级职称的专家对评委库进行了扩充、调整，组织1次评委学习培训，评委库的110位评委全部参加培训。实现对招标、投标、开标、评标、定标全过程监管。2014年完成房屋建筑和市政基础设施工程监管项目有78个，累计造价15.86亿元，建筑面积103.91万平方米。工程的招标率和公开招标率双双达到100%。

建设工程造价管理 2014年为推行住建部《建设工程工程量清单计价规范》顺利落实，在省站的统一布置下举办了一期工程量清单计价规范学习班和新定额培训班，参加学习人员包括建设方、施工方、中介机构、造价员、造价师等，达300人。全年实行招标控制价备案、合同备案和结算备案共计324个工程，发布工程造价信息12期，调解工程纠纷13次，服务政府投资项目、市政基础设施工程和招商引资工程10项。共审核工程项目40个，总造价3亿元，核减造价1500万元。

建筑节能 2014年，建筑节能创新工作有三项。一是绿色建筑得到强力推进。争取市政府出台了《仙桃市绿色建筑行动实施计划》，根据市政府政策精神，2014年新获的二星级设计标准绿建项目满庭春商住小区，获得市住建委奖励24万元，待其获得了运行标识后再奖24万元。二是可再生能源建筑应用全力推广。全国可再生能源建筑应用示范项目第一批四个项目12.75万平方米，已经过了能效测评，已兑现补贴324万元。已竣工待测评项目三个，真巧太阳能系统、西流河卫生院太阳能系统、满庭春二期地源热泵系统，面积5.65万平方米。在建项目2个，面积12.8万平方米。其中仙苑大酒店8万平方米。农村24所中小学太阳能热水系统已完成招投标，总投资约350万元，拟定奖补200万元。三是既有建筑节能改造创新推动。以窗改为既有居住建筑节能改造创新突破口，采取面向社会有奖征集窗改办法，推动既有建筑节能改造，全年已完成1.5万平方米，窗改工程正在全面推广。新型墙材总产量6.14亿标砖，占年计划101%；占全部墙材比例81%，新墙材应用率达到91%，均超额完成计划任务；建筑节能能力折算标煤，全年新增节能能力达1.24万吨，占计划任务133%，累计完成节能能力4.88万吨，占计划任务151%。2014年，仙桃市已申报绿色建筑省级集中示范项目1个，示范面积达20万平方米。

工程质量检测 2014年，市住建委下属企业市沔州检测有限公司完成自主经营检测产值436万元，比同期下降37%。其中：室内零星材料检测完成产值111万元，完成钢材原材试验9967组，钢筋焊接9510组，水泥检测1354组，混凝土立方体抗压试验32312组，混凝土配合比试验424次，砂浆立方体抗压试验3837组，砂浆配合比试验711次，砂石检测412组，墙体材料

检测1631组，节能检测516组批次。现场检测完成检测产值92万元，完成水电检测工程85栋，沉降观测51栋，钻芯检测工程115组，土工实验工程46项，回弹检测16栋，钢筋保护层38组，楼板厚度38组，钢筋间距38组，垂直度35组，砂浆强度5组。桩基检测完成产值233万元，完成桩基工程项目28个，静载桩数318根，配重总吨位51495吨，低应变检测工程项目20个，低应变检测桩数406根，桩身垂直度涉及16个工程项目，检测桩数1000根。为进一步提高员工的业务技能水平，满足日益扩展的检测工作需要，组织员工参加省检测协会和省计量协会举办的上岗培训班，全年共派出26人次参加了设备安装工程、环境检测专业学习。进一步加大设备购置力度，更新了一批陈旧落后的老设备如水泥负压筛析仪，添置了一批技术先进、装备精良的检测设备。加快了室内环境检测计量资质的申报进度，于9月份顺利通过省建工考评组的检查验收，综合检测实力得到进一步提升。

城建档案 2014年，与78个建设单位签订了《建设工程项目档案报送合同书》，接收并审验189个单位工程的竣工档案，发放116个单位工程《建设工程档案合格证》52份。按照《城建档案管理系统》的要求，全年共著录档案工程379个，文字和图纸共3284卷。全年共完成声像档案拍摄45次。

城市建设投资开发

市政配套工程 2014年，完成投资3.1亿元。一是南城东平台“两纵两横”道路工程。完成投资约2亿元。沔州大道长5600米（至武汉城市圈环线高速公路仙桃段接线处），已完成1800米道路硬化施工。新城大道长3600米，已完成路面硬化施工。六支渠路长700米，已完工通车。九支渠路长900米，已完成青苗补偿，正在进行路基片石换填施工；二是前通路高架桥工程。完成投资7000万元，已于11月份竣工通车；三是仙桃大道跨通顺河桥工程。完成投资1400万元；四是干河路跨汉南河桥工程。完成投资600万元。正在进行护栏安装，即将完工通车；五是南城储备地块吹填工程。完成投资2000万元。已完成土方吹填；六是襄河公园续建工程。完成投资450万元，已全线完工；七是东城新区建设工程。完成投资3000万元。

土地经营 充分征求规划和国土等部门意见，提请市人大常委会审议通过了《市人民政府关于将南城新区部分土地实行储备控制的议案》及《仙桃市南城新区土地储备控制实施方案》，实行储备控制土地51宗，总面积12829亩。深入被征地村组，与居民面对面讲政策，细心做好干部群众思想工作，顺利签订收储协议，2014年已报批收储土地2100亩。全年出让土地4宗，出让面积259亩，完成土地出让金收益约22492万元。

水务保障 城东污水处理厂设施设备进行全面升级改造。完成新城大道新增污水管网铺设，将洛江河污水收集入网排入城南湿地处理，有效提高了城市污水处理率。对化工产业园企业排污问题，按照“分级处理，达标排放，明管高架，计量收费，优化工艺，合力监管”的原则，全年处理城市污水3308万吨，同比增加880万吨；污水集中处理率达85%以上；整改自来水监测设备，加大城市供水主管网投资建设力度，全年共投入城市主管网建设超过5000万元，有效提高了供水保障，全力满足落户企业对供水的需求。完善供水应急保障机制。购置应急抢修车辆，及时通报突发事件，有效处置供水紧急事件，努力缩短停水抢修时间。全年完成供水量4665万吨，同比增长12%；实际售水量3260万吨，同比增长6.3%；应收水费6062万元，实收水费4741万元，同比增加403万元，水费回收率为78.22%，同比略有提高。

住房公积金管理

2014年，严格执行国务院《住房公积金管理条例》和省市有关住房公积金文件精神，做到住房公积金政策全面覆盖了全市国家机关、事业单位、人民团体、国有企业。截至年底，累计归集14.42亿元，按照政策提取5.59亿元，发放住房公积金贷款3.15亿元，累计实现增值收益8380万元；2014年1—12月，新增归集住房公积金2.43亿元，占省计划152%，新增发放委托贷4807万元，占省计划的150%；新增开户47家，1116人；今年已实现增值收益1863万元，占省计划的266%。2014年新增湖北健鼎电子有限公司、远大医药、旺旺集团、武商量贩等20多个非公企业缴存住房公积金，新增非公企业缴存职工520人。至2014年12月底，全市722个单位建立了住房公积金制度，累计缴存人数达到61816人，其中非公企业116家，非公企业职工6468人。在公积金的提取方面，采取适当的政策变通，保证住房公积金制度的优惠政策实施到位。主要是对有特殊困难人群和弱势群体实行政策倾斜，进一步体现公积金对职工购房的资助作用，比如将公积金提取条件由原来的购房、退休、调离本市等，扩大到可以用本人缴存的公积金逐年分批偿还住房贷款和住房租金，一定程度上缓解了借款人的还款压力；对确患大病的缴存户有提取要求的也可以满足急需，对家庭困难户有子女上大学、读研、出国留学要求的，也可提取。为了支持职工购房，不断满足人们日益增长的住房消费需求，充分发挥公积金贷款利率低、零收费、审批快等优势，不断调整完善政策规定，降低贷款准入门槛，努力拓展贷款市场，大力发展公积金个人贷款业务。

城市管理与执法

城市管理 为进一步改善城乡人居环境，积极探索、推行环卫保洁市场化运作模式，成立洁达环境卫生工程有限责任公司，专门从事保洁工作，大力推进城乡环卫一体化，城乡居民生活环境显著改善，城区和15个镇区生活垃圾无害化处理率达到100%。在省政府上半年组织第三方对仙桃市城市管理工作暗访中，市民对环境卫生管理工作的满意率达到96%。根据市委市政府有关精神，改革城区环卫管理体制，实行“一把扫帚扫到底”，推进城区环卫一体化管理。2014年，市城管局已接管了城区50个村居社区的环卫管理工作，全市15个镇和西流河化工园共16座垃圾中转站已全部投入使用。各镇区及周边镇郊村的垃圾经中转站压缩后，由市环卫局运至市生活垃圾卫生填埋场处理进行无害化处理。2014年已无害化处理镇区生活垃圾约3万吨。推行城市网格化精细化管理，加强检查督办和奖惩结账，城市管理基本实现了常态化。将城区划分为23个网格，将保洁员、协管员和城管执法人员安排到各个网格；制定了道路清扫、垃圾清运、设施维护、市容管理、队伍管理等各个方面的管理标准；落实“定人、定岗、定时、定责、定管理标准、定奖惩措施”的管理制度，确保了管理空间无缝隙，时间无空档，责任全覆盖。制定了《城市网格化精细化管理考核办法》，将城市管理成效和城管人员绩效工资挂钩，提高了城管人员工作主动性、积极性，提升了城市管理效能。

整治城市环境 整治社区村居乱搭乱建、乱堆乱放、乱贴乱画、乱泼乱倒、乱拉乱挂、乱停乱靠等“六乱”现象，整治达标后再由洁达公司逐个接管。接管后，投入780万元，在各社区安放不同容量的密闭塑料垃圾桶2万多个，配套购置摇铃收灰车、密闭挂桶车、勾臂车等清运车辆360辆，保证垃圾日产日清。重点整治墙面广告和门店招牌一店多牌等问题。拆除了爱民路、共青路、建设街、大新路等4条道路的门店招牌600多块，并按“一街一景、一店一牌”的原则和硬质底板、发光字体的要求重新安装了门店招牌。拆除了城区未经审批和逾期的墙面广告50多处。坚持疏堵结合整治违章占道，一定程度上解决了市民出行难的问题。我们设立了35个临时疏导点，将分散的流动摊贩集中、规范经营，为下岗失业人员、困难群众和农民销售农副产品服务，达到了“城市有形象、摊贩保饭碗、市民得实惠”的多赢效果。开展占道洗车专项整治活动，取缔了24处占道洗车点，规范了22家室内洗车店，解决了占道洗车影响市民出行、污染城市路面、破坏城市基础设施的问题。整治非机动车停靠秩序，在城区人行道上勘划非机动车停靠位3万多平方米，安排专人管理和摆放，规范了非机动车停靠行为。

城管设施建设 2014年，不断加大投入，加快城市管理基础设施建设。生活垃圾卫生填埋场运行正常，元月开始，15个镇区的生活垃圾运至市填埋场进行无害化处理。生活垃圾焚烧发电厂项目已于6月份开工建设，预计2015年建成并网发电。围绕“创卫”目标，拆除了所管的城区旱厕，已新建水冲式公厕53座，并向市民免费开放，3座正在建设之中，有效解决了市民入厕难的问题。5座垃圾中转站正在建设之中，年底建成投入使用。督促临街经营门店将敞口垃圾桶全部更换为密闭垃圾桶，将清运垃圾的敞口板车全部改造为密闭板车，避免了垃圾二次污染。同时，建成城管执法岗亭11个、环卫工人作息房40个，为城管人员、环卫工人休息、工具存放和人员集中提供方便，为一线城管人员提供了管理保障。

潜江市建设

梅苑全貌

城 市 规 划

规划编制 积极引导园区建设，编制完成70平方公里的潜江经济开发区南部片区整合规划和食品产业园、华中家具产业园、湖北128奥特莱斯生态购物城概念性规划设计及控制性详细规划；完成工业园区内主要干道、上下水管网的施工设计，引导工业园区项目建设。强化生态人文保护，编制完成园林城区水系连通工程规划、借粮湖景观概念性规划；打造兴隆河两岸生态景观，编制完成兴隆河两岸“红线、蓝线、绿线”规划。与武汉百步亭集团合作，联合开发曹禺三期文化产业园。突出熊口镇历史文化名镇特色，编制完成熊口镇“四化同步”试点镇建设规划。

编制完成市域交通系统专项规划；完成袁光大道南延、广泽大道东延、东环大道南延、章华南路、紫月路西延、泽口大道、红梅路东延以及杨市立交桥等重要城市道路规划和施工设计，进一步优化了城市交通体系。推进民生工程规划，出台《城中村改造工作领导小组会议议事规则》、《城中村改造项目招商引资操作办法》等相关政策文件；启动荆楚加油站、石油公司住宿区、银海棉业棚区等处棚户区改造；加快推进农民公寓建设，完成了新城区、工业园区7个农民公寓规划，完成了《潜江市商业网点规划(2013—2020)》编制。全年共完成各类规划编制182项(包含潜江市内设计单位承担完成的规划编制和通过招标聘请外地设计单位承担完成的规划编制)，其中修建性详细规划58项、控制性详细规划97项、专项规划27项。组织参加重大项目汇报会1次，集中讨论了《潜江市城市总体规划(2008—2020)》、《潜江生态龙虾城规划》、《兴隆河两岸红线、蓝线、绿线规划》等重大项目的规划。组织了城市一号商业办公楼详规交通

分析专家论证会、潜江市浩口镇柳洲新村修建性详细规划专家评审会、周矶管理区片区控制性详细规划专家评审会、中国供销(潜江)、农商大市场方案设计专家评审会等四次专家评审会。

规划管理 优化和调整了《潜江市规委会章程》,坚持"规委会、规委会专题会、规划与建筑方审查领导小组会"三级会议审议审批制度;围绕行政审批提效,加大改革力度,将原有17项审批事项调整为12项,其他审批事项下放到规委会专题会议和方案审查会审批。全年共核发《建设项目选址意见书》43个、《建设用地规划许可证》158个、《建设工程规划许可证》192个。严格实行"统一受理"、"一次告知"、"全程代办"、"限时办结"、"统一发证"等工作制度,发挥窗口在生产、管理与服务上的总协调、总调度、总指挥作用。在全市分区域成立规划执法监察大队和规划管理分局,由市规划局和地方党委政府双重管理,确保属地管理职责的落实。采取部门联动拆违、内部协作拆违、单位主动拆违的办法,先后对河东八队、火车站西侧等一批影响大、性质恶劣的违法建设进行严厉打击。全年共立案查处114起,下达处罚告知书101份,下达行政处罚决定书35份,发放竣工合格证28个,拆除违法建设面积15118.44平方米。出台《城乡规划公示制度》。加强村镇管理,规范村镇"一书两证"的资料收集及初审工作,全年村镇建设管理方面共办理项目39个,其中发放选址意见书8个,面积21.73万平方米。建设用地规划许可证11个,面积30.71万平方米。建设工程规划许可证20个,面积22.49万平方米。

数字潜江建设 启动第一次全国地理国情普查,完成了2004平方公里地表覆盖和地理国情要素的内业信息采集、外业核查工作;完成了本年度测量标志管护及8座GPS点重点维护工作;完成了本年度持证单位复审换证工作。积极配合完成了市网格化管理、市省级市容环境美好示范路设计、市创建国家园林城市等市政府重要工作任务。精心组织勘测业务。全年完成测绘生产306项,规划放线任务54项,竣工测量29项,新城区高校、医院、中心公园等地形图测绘及四条道路的施工测绘。完成了WHCORS潜江基准站升级,完成了工程勘察项目15项,总进尺12000米。

城市建设

城建融资 全年共对外融资28.27亿元,其中债券融资15亿元,银行融资13.27亿元,创历年融资数额之最:围绕城市建设转型升级,突出生态文明、景观改造和民生工程建设,全年完成货币工程量10亿元,城投支出城市建设资金3.88亿元;全年报批土地939.85亩,收储土地659.58亩,经营土地79.36亩,实现土地经营收入8820万元。全年共储备土地8156.69亩,其中可经营土地2664.8亩,农业土地5491.89亩,夯实了城投可持续发展根基;全年按期足额偿还各银行贷款本息4.43亿元,维护了政府融资平台的良好诚信。

老城区建设 全年共完成投资8.03亿元,完成章华南路景观升级改造、东环大道南延、城北污水处理厂、世博湖北馆复建、红梅路渠化岛、红梅西路市政配套、园林绿化等项目建设;开工建设了园林城区水系连通工程;完成了梅苑(曹禺大剧院等)主体工程,启动了装饰装修工程;完成了紫月路西延、城东河路土路基工程;完成了育才路百里长渠连接桥下部结构施工。投资1060万元,加大了背街小巷改造和城市亮化建设,完成了园林办事处、泰丰办事处21个社区(村居)及县河街、化工巷、东方小区次干道、健康巷、深河小区、棉纺厂小区等30多处道路和排水改造,完成了城南社区三组、四组,喻家台社区、麻纺厂小区、华苑小区、摩托车小区、县河街、章华花园小区等背街小巷路灯安装。

新城区建设 道路、管网、泵站等市政项目全年完成投资1.3亿元。清远路基本完成配套工程建设;范新路完成了(非拆迁段)混凝土路面施工730米、(拆迁段)的灰土、水稳及雨污管网施工;完成了兴隆大道路灯方案设计和中分带绿化施工,辅路底层油、辅路水稳、人行道水稳及铺装至沿堤河段;完成了纵支3、4、5、6路、横支2路和污水提升泵站的测量规划放线和地勘工作;完成了五七路口及四支渠泵站、友谊河开挖招投标工作;完成了四支渠泵站粉喷桩基础施工;完成了兴隆大道北侧自来水主管网工程。完成了西班牙风情园二期工程招投标工作。房建项目:完成了河东南苑、东荆公寓、范新公寓、河东北苑、戴湖公寓主体工程,启动了周边市政配套工程。完成了东荆农民公寓等六个农民公寓的消防设计报批工作。文教卫等公用项目:完成了行政服务中心A区主体施工及结构验收;完成了规划展示馆主体工程、墙体砌筑及粉刷、屋面防水、天沟防水、消防管道安装工程和电梯招标工作;完成了装饰装修图纸深化设计,确定了装饰装修施工图设计方案;与教育局、卫生局对接拟定了高校和医院的招商方案;市委党校搬迁项目完成了附属物的赔偿、场地平整和边沟开挖工作,启动了房屋征收和拆迁工作。

市政园林 投资550万元,完成了园林城区下水道清淤,城区小型市政设施缺损补新,章华南路破损地段黑化路面开槽修补及城区破损水泥路面维修工程。投资800万元,完成了章华南路拆墙透绿和花坛改造、紫月路西段450米段面绿化配置、318复线大乔木栽植及广泽大道、章华北路、西外环路、百里长渠等路段补栽补种。组建专班启动了申报国家园林城市的基础工作和武汉“园博会”布展工作。

供水 供气设施建设与管理 投资325万元完成318复线2.5公里DN300续建工程(三江路至潜阳东路)2.5公里。完成一水厂1.5万吨沉淀池滤沙及斜管的维护、更换和变电站设备的改造升级、东荆河取水2号160KW机组的改造和二水厂取水泵船止回阀更换3号240KW机组更换,取水低压配电柜、高压线路改造和2万吨反应池、沉淀池斜管、水槽、格栅、支架的更新改造。供气能力大幅提升。全年新增居民用户0.6万户,工商业107户,CNG车辆350台,截至2014年底,累计开发居民8万余户,工商业753户,CNG车辆889台,全年供应天然气5000万立方,用气结构比率为居民35.3%、工商业53.7%、CNG11%。供气管线已辐射至潜江经济开发区、华中家具产业园、食品工业园、新城区、周矶、熊口、老新、新沟等乡镇。城区天然气管线723.64公里,燃气普及率为86%,月天然气平均用量429万立方米。

招标投标 全年完成建设工程招标投标项目178个(含房屋、交通、农田水利等项目),交易额11.85亿元,建设工程招投标率100%。对全市重点工程项目,实行异地抽取评委、异地评标、实地考察入围的办法,增强了招投标的透明度。

村镇建设

小城镇建设 按照全域规划理念,科学编制城乡一体化建设规划,形成了“一五十百”(1个大城区,5个中心镇,10个特色镇、100个中心村)的城镇发展体系。张金镇、浩口镇和熊口镇被国家七部委纳入新一轮全国重点镇名单。小城镇建设形成了国家重点镇、省级重点镇、市级重点镇、其他建制镇等梯次发展格局。熊口镇

“四化同步”全省示范镇取得新进展，全年投入资金1.83亿元，城镇基础设施建设、现代农业基地建设、企业集中开发等各项工作全面推进。张金镇投资3280万元完成了219省道张金集镇段、幸福北路延长线及东风路刷黑改造，投资245万元完成了西荆河景观休闲工程建设。采取市场运作模式，建设了张金小区、皓月小区、夜市广场、张金综合大市场等项目。龙湾镇结合章华台旅游开发，完成了章华台Ⅰ号基址展示馆建设、退池还湖1平方公里、湖内5个古台筑台复原及绿化、旅游专用通道建设及绿化、景区南北外环路硬化、景观桥长秋桥建设等基础设施及配套工程。老新镇按照“两区、一带、一城、两中心”（老新新区、老新南部新区，滨河生态水利景观带，瑞斯嘉商贸城，潜南农产品商贸物流中心、老新休闲文化中心）城镇体系规划，着力打造潜南口子镇，总投资2.3亿元的潜南农产品商贸物流中心建成并投入使用，促进了潜南区域农产品商贸的流通，带动了老新相关产业发展，成为潜南地区重要的农副产品交易平台和新型农民创业基地。承办了全市小城镇建设现场会。

农村危房改造 坚持“科学规划、群众自愿、厉行节约、公开公正”的原则，严格“户主申请、村委会调查核实、村民代表民主评议、村委会张榜公示、村镇规划建设管理办公室审核、区镇处人民政府审核”6个程序对房屋最危险、家庭最困难农房的房屋进行了改造建设，全年共投入资金1586.2万元，发放农村危房改造补助资金381万元，完成了508户农村贫困家庭住房改造，改造面积2.8万平方米。

“宜居村庄”示范项目建设 以“管理科学、设施齐备、村容整洁、群众满意”为目标，引导初具条件的中心村和农村新社区加快村庄建设。四年来，全市共有43个村参与了“宜居村庄”示范项目创建，累计投资2.68亿元，硬化道路近236公里，实现了村村通公路，修建排水沟渠82.65公里，新增绿地3.1万平方米，新栽各类树木近2.9万棵，修建花坛700个，疏通河道沟渠400多公里，各创建村环境面貌得到了明显改观。2014年，积玉口镇么口村、高场办事处高场村和运粮湖管理区大湖队3个村被省推进新型城镇化领导小组办公室命名为第二批“宜居村庄”。

城市管理与执法

城市管理改革 深化城管体制改革，组建了城市管理行政执法局，成立了城市管理行政执法支队、火车站站前管理办公室和数字城管监督指挥中心，从城管局系统内选调68名管理骨干，面向社会公开招聘90名城管协管员，充实到城管支队一线执法管理岗位，环卫作业服务覆盖至园林工业园及318复线、东环路南延段等新建道路，增加环卫服务面积74万平方米，实现了城管环卫工作“纵向到底、横向到边”的全覆盖。积极探索城管服务市场化改革，启动了建筑渣土运输服务市场化改革，完成了公开招投标，制定了主城区100万平方米范围的环卫清扫、保洁作业市场化改革方案。

城市景观综合整治 以举办湖北第五届龙虾节和中国（潜江）第三届曹禺文化周为契机，以打造“洁、绿、亮、畅、美”的城市景观为目标，整合城市管理力量，集中开展了渣土运输专项整治，督促城区所有工地建设洗车池，完善冲洗设备，拖运渣土车辆必须冲洗后净车出场。督促渣土运输车辆覆盖运输，覆盖率达到98%以上。集中开展了市容秩序综合整治，整治出店占道经营、临街支锅立灶、商业促销宣传、乱搭乱建等问题，市容秩序得到有效规范。集中开展了夜市集并专项治理，取缔了城区零星占道夜市摊点，引入社会资金建设了潜阳路泰丰夜市城。加大了环卫机械化投入，实现了护栏清洗、道路机扫、洒水降尘、人行道清洗常态化。规范了户外广告设置，按照“减量化”原则，重新编制了城区户外广告设置规划，全面拆除了城区不符合设置技术规范、到期的跨街或电杆广告，停止了跨街广告、电杆广告的审批。

城市管理项目建设 完成了殷台路省级“市容环境美好示范路”创建工作。完成了殷台路路面黑化、绿化补栽、市政配套设施建设。建成了数字化城管系统并试运行。建设和改造升级地埋式中转站5座、公厕3座。启动了垃圾焚烧发电项目建设，完成了项目选址，启动了项目特许经营协议谈判。

房地产业与住房保障

住房保障 全面完成了省政府责任状目标任务。开工建设住房5533套（户），占总任务5500套（户）的100.6%；基本建成5014套（户），占总任务5000套（户）的100.3%。其中公共租赁住房已开工建设216套，占任务的108%，完成投资900万；城市棚户区开工建设2217户（潜江经济开发区华润化肥408户、谢湾村和沙岭村564户、竹根滩镇三江竹苑小区360户、渔洋镇老客运站55户、熊口镇粮食加工厂120户、熊口中心镇“四化同步”示范改造710户），占任务的101%，完成投资22974万元；垦区危房改造开工建设3100户（总口管理区开工1500户，白鹭湖管理区开工500户，运粮湖管理区开工750户，后湖管理区50户，周矶管理区开工300户），占任务的100%，完成投资23072万元。已分配入住3617套（户），其中油田经济房100套，公共租赁住房588套，城市棚户区1180户，垦区危房改造1749户，占总任务3000套的120.6%。新增廉租房租赁补贴对象136户，占总任务100户的136%。

房地产市场监管 针对房地产市场开发企业捂盘惜售、哄抬房价等违法违规行为，严格商品住房预售许可管理，合理确定商品住房预售许可的最低规模和工程形象进度要求；强化商品住房预售方案管理，要求房地产开发企业按照商品住房项目预售方案销售商品住房，对预售方案中主要内容发生变更行为进行备案公示；明确商品住房实行购房实名制，认购后严禁擅自更改购房者姓名；加强商品住房买卖合同管理，统一运用商品住房买卖示范文本，执行商品住房网上备案制度。

建筑业管理

资质管理 全市共有建筑业企业94家，其中总承包企业49家（一级企业5家），专业承包企业24家，劳务分包企业21家。全年完成建筑业总产值109.8亿元，建筑从业人员28876人。对全市67家建筑业企业进行了资质监督检查，下达资质监督检查整改通知27份，整改合格率100%。全年新办建筑业企业资质及增项15家，新办劳务资质8家，办理企业资质升级4家，办理企业资质变更9家。办理外地进潜企业备案18家，监理企业备案4家。组织一级建造师报名150人次，二级建造师报名230人次；办理建造师注册共计131人次，建造师变更注册66人次，组织一级建造师延续注册50人次。

质量监督 进一步加强了对参建五方主体质量行为监督，落实参建五方（建设、勘察、设计、施工、监理）主体责任，明确规定项目开工前必须有五方责任单位项目负责人的承诺书及法人授权委托书；创新监管方式，加强对企业质量

管理体系建立和运用情况的检查，大力推行质量管理科标准化建设；强化工程质量实体质量抽检，从源头上保证工程质量；强化对住宅、大型公共建筑和基础设施工程质量的监管，贯彻落实《湖北省住宅工程质量分户验收管理暂行规定》，加强对住宅工程特别是居民安置工程的巡查，严格落实住宅工程分户验收制和专项施工方案的论证制度；组织召开工程质量治理两年行动暨安全文明施工现场观摩会，把中南世纪城作为样板在全市建筑业企业进行现场观摩和推广。全年受监工程72项，建筑面积98.3万平方米，城区质量监督覆盖率100%，竣工验收工程15项，建筑面积17.8万平方米，工程合格率100%，创省结构优质工程3项。

安全监督　坚持“安全第一、预防为主、综合治理”的方针，认真贯彻住建部和省住建厅关于建设工程安全生产管理的会议及相关文件精神，层层落实安全生产责任制，强化建设工程施工现场各方主体责任。组织开展了“全市综合整治建筑市场秩序专项行动”、“全市房屋建筑和市政基础设施工程施工安全生产大检查”、“全市棚户区改造工程质量安全管理工作检查”、“全市建设领域打非治违专项行动”“全市建筑消防安全专项整治”等5项专项整治活动，查处违规使用特种设备单位6家，消除安全事故隐患134处；制定了开展建筑施工安全生产标准化工作的实施细则，编发《潜江市建筑施工安全生产标准化工作手册》，进一步加强建筑起重机械的安全管理，推广施工现场视频监控系统和塔吊防碰撞系统，确保租赁、安装、拆卸、使用、维修、保养各环节管理到位，有效防止了生产安全事故发生。

建筑节能　出台《潜江市绿色建筑行动实施方案》，强化“六个专项”建筑节能闭合管理制度，确保“禁实”监管常态化。不仅中心城区实现了“禁粘”，各区镇办事处所有公建、开发、工业项目均未使用粘土砖。确定新城区、曹禺文化产业园、奥特莱斯生态购物城等率先建成绿色生态示范区。太阳能光热应用面积35.1万平方米，全市累计建成太阳能光热集中连片应用居住小区面积达到170万平方米。建成了中心医院门诊大楼、世博湖北馆、美天假日酒店等项目。加快能耗监测平台的建设，建成市级能耗监测平台1个，与省级平台联网运行。有4栋公共建筑纳入市级监测平台实时监测运行。全市新建建筑全面执行65%的标准，新增建筑节能1.09万吨标煤；可再生能源建筑应用55.1万平方米；中心镇“禁实”率达到100%，建筑节能标准在设计阶段达到100%，在施工阶段达到98%。

住房公积金管理

住房公积金归集　全年新增归集住房公积金2.3789亿元，完成省厅任务1.4亿元的169.92%，比上年1.85亿元增加归集5289万元，新增缴交人数756人。累计归集住房公积金12.12亿元，余额9.11亿元。

住房公积金提取　全年新增提取住房公积金8096.09万元(其中职工购房提取3997.55万元，职工离退休支取2645.36万元)。比上年6562.95万元增加1533.14万元，累计提取住房公积金3.01亿元。

住房公积金个贷　全年新增发放住房公积金个贷642笔，金额5617.5万元，完成省住建厅任务1900万元的295.65%，累计发放住房公积金个贷4986笔，累计发放金额2.57亿元，个贷余额1.0008亿元。

增值收益　全年实现增值收益1574.44万元，完成省厅任务400万元的393.61%。累计实现增值收益5940.16万元，累计提取风险准备金 517.41 万元，累计提取廉租住房补充资金 833.78 万元。

城建档案

组织召开全市地下管网普查探测工程现场会议，东城区地下管网普查探测及信息平台建设顺利通过省住建厅检查验收。全年共签订建设工程项目档案移交责任书 81 个；收取建设工程档案整理综合服务费 194.5 万元；核发建设工程档案合格证 73 个；整理建设工程竣工档案 2926 卷；建设信息中心提供查询服务 68 次，打印资料或图纸 326 张，提供电子版 pdf/dwg/mdb 图 23 份；拍摄建设工程声像档案 70 个，各类活动会议 43 次，照片约 2200 余张、专题片 1 部；异地备份数字化处理 118 个工程共 2921 卷档案。市城建档案馆被省住建厅授予“全省住建系统先进单位”。

人事教育

人事管理 完成了住建系统市管干部档案缺失材料查补，共补交材料 119 份，完成了“三五”干部的申报和 4 名退伍军人的安置工作，引进专业技术人员两名，解聘机关公务员 1 名，面向社会招聘合同制文秘工作人员两名。按照省市的统一部署，开展了事业单位分类改革和国家公务员在企业任职（兼职）的清理整顿。

精神文明建设 开展了“六型”机关创建活动。开展了“假如我是服务对象”的大讨论和演讲比赛活动。开展了党员进社区、庆“七一”入党宣誓等党建活动。加强反腐倡廉教育，聘请法律顾问常年负责住房城乡建设系统法律咨询，集中开展建设执法案例剖析；邀请市检察院干部为系统党员干部开展了廉政教育法律知识讲座。创新党建特色，开设 “道德讲堂”，不断增强党员党性观念。重视工青妇等群团工作，组织参加了全市“中珠杯”羽毛球比赛。组织参加了全市“青年倡廉”情景剧大赛，获得了全市二等奖。5 月份申报“余培军劳模创新工作室”于 6 月底获市总工会审批授牌。开展了综治特色工作、典型人物的宣传，组织干部职工观看了《云中岗亭》电影、中央电视台《社会与法》王林华英雄事迹。大力开展“全民阅读活动”，重点学习中央和省、市系列会议精神和习近平总书记系列重要讲话精神。全年在各级各类报刊网站等媒体发表稿件近 300 篇，被省住建厅授予“全省住建系统宣传工作先进单位”。

天门市建设

东湖风光

2014年，天门市中心城区建成面积29.79平方公里，城市道路总长近140.13公里，道路铺装率96%，排水管道总长267.81公里，人均拥有道路面积17平方米，中心城区绿地面积980.69公顷，绿化覆盖率37.56%，人均公共绿地面积8.73平方米，城乡建设事业得到长足发展。

城乡规划

规划编制 2014年，完成杨林办事处、石河镇以及岳口镇总体规划编制22.2平方公里；完成天门市中心城区、天门工业园、岳口镇等消防规划编制85.5平方公里；完成中心城区电子报刊布点规划30处；完成主城区及天门经济技术开发区、天门工业园、岳口工业园、龙尾山工业园、干一、九真、黄潭、渔薪等乡镇道路、管线工程规划约40公里；完成天门河东侧地块、钟惺大道交状元路西北地块的控制性详细规划4.2平方公里；编制竟陵华府、阳光雅庭、东城新天地、印象西江等房地产项目的修建性详细规划；编制光谷天门科技城、诺邦科技、益天光伏、绵力能源、卓尔集团等工业企业的修建性详细规划；编制群力、汪岭、友谊、候口等村拆迁安置小区的修建性详细规划；完成卡森特电子、勇芳顺科技、景天水暖建材产业园、中竟科技园等项目征地约22121亩，编制用地红线2578.19亩；完成德荃生物研发楼等相关企业、单位建筑定位图138项。同时，编制岳口、白茅湖、渔薪、九真、皂市等乡镇新型社区规划、新农村规划，完成蒋场、张港等地30处农贸市场规划，完成蒋湖农场等棚户区改造规划3处，面积21.23万平方米，共750户。

规划管理 全年，中心城区共受理公建申请237件，核发各类规划许可证件641份。其中

《选址意见书》16份，面积58.30万平方米；《建设用地规划许可证》266份，面积315.16万平方米；《建设工程规划许可证》359份，面积249.00万平方米，其中公建121份、建设面积242.34万平方米，私建238个、建筑面积6.66平方米。全市乡镇共依法核发《建设用地规划许可证》120件，面积26.42万平方米，其中公建22件、用地面积25.44万平方米，私建98件、用地面积0.98万平方米。核发《建设工程规划许可证》618件，建筑面积54.95万平方米，其中公建34件、建筑面积39.61万平方米，私建584件、建筑面积15.33万平方米；核发乡村规划许可证8份，面积0.23万平方米。全年为企业提供测绘、设计、档案等各类咨询服务143次，签署咨询服务合同41个，组织专家评审会13次，召开规划委员会13次、研究项目323个。

规划执法 界定全市规划管理工作职责，加大日常监管与巡查力度，重视审批前的规划公示工作，实行精细化管理；合理分工，强化责任，对已批在建工程做到“一户一档”，强化规划核实验收工作，随时了解工程情况，切实抓好规划监察工作，杜绝随意变更规划的现象。同时，把处理群众上访问题作为工作重点，化解矛盾，全年处理信访近百起。

勘察测绘 2014年，完成成宇制药、天佳日化、昌远科技等1:500征地图测量156宗；天地星座、景天建材、东湖国际等红线定位239宗；天门城区、天门经济开发区、天门工业园等道路纵横断面测量22千米；德荃生物、群力小区、世纪大厦等竣工测量47宗；白茅湖、石河、干驿等地形图测绘17平方千米；土方、面积、高程等其它测绘28宗；土地整理测绘4万亩。

基础设施建设 2014年，完成“数字天门”外业数据采集，中心城区62平方公里三维数字建模入库，并通过省质检中心质量检查。相关成果被“数字城管”、“公安警用信息平台”等单位使用。年内，进行平台及数据整合、设备安装调试；城市规划馆建设主体工程全部建设完成，规划馆深化设计方案通过，预计2015年9月开馆。这是市民了解规划、参与规划的重要平台。

城市建设

市政基础设施建设 全年完成投资1.3亿元，重点实施西江巷、西环路南延、原地税局办税服务中心南侧、状元路南延、接官路改扩建、北湖大道（学院路至西湖路）等道路排水工程；实施卓尔BT项目纬十一路道路工程，经三路、沙嘴路北段等排水工程；实施广沟路北段东侧污水管道工程和东湖路、状元路北等人行道改造工程；建设市政养护站，养护破损路面，疏通管道。

园林绿化 2014年，投资4089.4万元，完成植物园绿化工程、陆羽大道、状元路乔木增补工程、文化中心绿化、体育中心绿化、国税门前绿化、审计局门前绿化、河山支渠北边绿化、东江大道绿化、天门中学小游园、三乡路绿化工程、陆羽大道东延绿化工程、完成城区绿化补植工程等30余项工程，新增绿化面积约242万平方米。共栽植各类乔木42158株，灌木210万余株，地被植物254789万平方米。

创建国家园林城市 2014年，天门市人民政府向住房和城乡建设部提出创建园家园林城市申请。“天门中心城区东湖和西湖水环境治理暨景观改造工程”申报国家人居环境范例奖项目。陆羽故园和东湖公园以及街头游园节点实施一级标准养护管理，主城区公共绿地实施二级标准养护管理，城区泵站进行机具保养、清淤和设备更新，对城区下水道进行清疏，对破损井盖板进行更换，对人行道部分破损水泥路面

进行维修维护。全年维修沥青路面1500余平方米，维修人行道近1700平方米，清疏下水道近7.3万米，更换检查井1050块；城区绿化带除草12遍，浇水320万平方米，修剪各类绿篱、色块6次，打药6次，清理绿地杂物10次；东西湖公园共配备清扫保洁人员47个，全年共清扫路面垃圾3.2吨，打捞水体垃圾和杂物500多吨，确保园区良好的秩序和绿化环境。

供水　供气工程　2014年，完成钟惺大道、南洋大道共2082米供水管网改扩建工程；铺设天然气管网45.86公里，完成居民用户安装10488户，完成高压管线“川气东送”段28.7公里和“西气东输”段1.85公里管网铺设，主城区西环路加气站正式投入运营。

11月，根据《天门市物价局转发省物价局关于调整天门城区非居民用天然气销售价格的批复》(天价环资规〔2014〕44号)，对天然气销售价格进行联动调整，调整后的各类销售价格为：居民2.8元/立方米不变；工业3.99元/立方米；商业及其他4.65元/立方米；车用天然气学院路加气站4.5元/立方米；西环路加气站4.35元/立方米。

污水处理和垃圾处理　2014年，城市污水处理厂处理污水1505万立方米，城区污水处理率达92.33%。城市垃圾无害化处理场填埋垃圾13.87万吨，无害化处理率达100%。

革命历史纪念园工程　天门革命历史纪念园第一期工程占地面积约150亩，总投资4500万元(含征地拆迁)，工程10月底竣工。

城市管理　按照统筹兼顾，科学安排，保持长效的原则，对医院、车站、农贸市场、商业中心、学校周边等重点区域和人民大道、陆羽大道、钟惺大道、西湖路等重点路段的周边市容秩序进行重点管控，对背街小巷流动摊贩进行规劝。取缔马路流动商贩、摊点3000多人次，纠正各类违章行为2000多人次，教育训诫700余人次，处罚1700人次。11月，开展城乡结合部、城区市容市貌彻底整治，更换或清理城区企事业单位的破旧旗帜、彩带70多处，清除城区所有有碍市容市貌的横幅、条幅50多处；清除乱贴乱画300多处；规范户外广告牌325处，建设文化墙500米。严格执行《天门市城市建筑垃圾管理办法》，发放渣土运输管理宣传册300余份，与渣土运输单位及个人签订道路保洁合同及车辆运输管理协议，每处工地配备2名值守人员，加大源头管控力度，共查处违规渣土运输案件56起，均处以重罚，通过整治，渣土运输得到规范，扬尘污染得到有效治理。6月，城管局、公安、工商成立非法载客“麻木”专项整治小组，开展常年联合执法。全年教育、规劝放行未载客营运三轮车、残疾人代步车560余人(车次)，暂扣非法运营载客三轮车、麻木450辆，进行切割处罚210余辆，净化交通营运市场，遏制麻木营运蔓延势头。规划执法把遏制违建无序增长作为工作重要目标，清理登记存量违法建设，制定逐步拆除方案，对新增的违章建筑做到“第一时间发现、第一时间查处、第一时间拆除”，做到以防为主、防拆并举，全年巡查共发现643处(次)违建行为，组织大型拆违活动228次，拆除违法建设261处，面积17万平方米，严格监控256处，规范城市建设秩序，遏制违法建设的蔓延势头。严格按照湖北省住房和城乡建设厅“美好示范路”的标准开展创建工作。西湖路共拆除电杆广告79个，拆除违规建设的水泥台阶45处，拆除并规范安装牌匾2158平方米，拆除户外广告面积1627平方米，刷新卷帘门59个，美化遮挡空调外机576台。新建改建中心城区16座公厕为市政府十件实事之一，由市城市管理局负责承办。在建设工程中，严格按照国家二类或三类标准，高标准设计，高质量施工，于10月底全面竣工并投入使用；公厕管理实行专人负责，定期消毒杀菌，投放除臭剂，24小时保洁。

环境卫生 采取"六定"（定人、定岗、定时间、定任务、定奖惩）措施，健全清扫、清运、路段等包保责任制，提高环卫保洁质量。将桥体、花带、垃圾容器、城乡结合部等处的保洁纳入环卫作业范畴，从细微处入手，强化精细化管理；坚持在早上8点和下午2点前主次干道全部洒水压尘，确保空气清新；不断加大机械清扫清洗力度，逐步实现街道由"扫干净"到"洗干净"转变；扩大环卫作业范围，陆续接管东江大道，创业大道西延、西湖路北延、天门路北延、杨林东延、竟东路、机关巷、友谊路南延9条道路清扫保洁工作，新接管面积达70万平方米。加强对广场及周边环境的建设管理，将体育健身广场的清扫保洁、绿化管护纳入管理范围，投入10多万元配备垃圾容器100多个，安装灭蝇灯64盏，按国家三级标准完成陆羽广场公厕的升级改造，2014年成功举办广场文化月、人才招聘会、房地产交易展示会、天商大会等活动，先后迎接省市各级来访20多次，接待游客10万余人次。

村镇建设

小城镇建设 2014年，天门市人民政府下发《2014年小城镇建设管理、工业小区建设和标准化菜市场建设管理考核办法》，对各乡镇办场镇区基础设施建设、环卫设施配置、清扫保洁和示范通道及小集镇的清扫保洁四个方面进行考核，对主次干道、小街小巷、小区的道路和下水道、绿化、公厕、路灯、停车场、广场、游园等建设项目实行奖补。年内，各乡镇投入2.6亿元用于基础设施建设，奖补项目完成投入9522万元。实施道路硬化、绿化、给排水及公厕改造工程。建设广场和小游园26个，新建垃圾简易填埋场4个，新建垃圾中转站7个、垃圾池126个，新增清运洒水车4台、垃圾桶724个，新装路灯347盏。

农村危房改造 2014年，湖北省住房和城乡建设厅下达天门市农村危房改造计划指标664户，年内共完成改造664户，投入农村危房改造补助资金498万元，补助标准每户平均7500元，农村危房改造涉及全市26个乡镇。

宜居村庄示范项目建设 坚持新型城镇化与新农村建设双轮驱动，因地制宜，突出特色，建设一批规划科学合理、基础设施配套、环境整洁优美、示范作用明显的宜居村庄。年内，岳口镇保安桥村、马湾镇廖湾村、黄潭镇万场村等3个村庄被命名为省级"宜居村庄"。

房地产业·住房保障

住房保障 2014年，省政府下达天门市保障性安居工程建设目标任务1500套，其中新增公共租赁住房400套，城市棚户区改造500套，垦区棚户区改造600套；基本建成保障性住房、棚户区改造住房1000套；分配入住保障性住房、棚户区改造住房800套；新增租赁补贴50户；住房保障信息管理系统建成并运行。至年末，实际开工保障性住房、棚户区改造住房1554套，其中由天门市房地产管理局和4个乡镇负责建设的公共租赁住房414套全部开工，现进入主体封顶和内外粉刷阶段；由天门高新园负责建设的城市棚户区改造540套进入主体施工阶段；由蒋湖农场负责建设的垦区棚户区改造600套均基本建成，开工率103.6%。基本建成保障性住房、棚户区改造住房1058套，占目标任务的105.8%，其中公共租赁住房478套，城市棚户区改造330套，垦区棚户区改造250套。分配入住保障性住房、棚户区改造住房980套，占目标任务的122.5%，其中公共租赁住房650套，城市

棚户区改造300套。新增租赁补贴79户，完成率158%，全年发放公共租赁住房补贴资金343万元。项目建设、保障房分配等信息全部进入省住房保障管理信息系统。

房地产开发建设 2014年，天门市房地产管理部门从规范各房企的从业行为入手，严把资质审查关、严把预售许可关、严把建设巡查关、严把综合验收关等四个关口，建立和引入信誉评价机制，纳入评价体系，房地产开发建设呈现出良好的发展态势。房地产开发队伍不断壮大，全市共有房地产开发企业95家，二级开发资质企业2家，三级开发资质企业9家，四级开发资质企业17家，暂定开发资质企业67家，其中，当年新登记注册设立房地产开发企业21家。房地产开发规模持续扩大，全市完成房地产开发投资26.84亿元，比上年同期增长76.1%；商品房施工总面积255.2万平方米，同比增长87.2%，其中年内新增开工面积161.26万平方米，同比增长31.1%；全年商品房销售6060套，面积65.36万平方米，同比下降3.64%，其中，住宅销售面积56.64万平方米，同比下降11.08%，非住宅销售面积8.72万平方米，同比增长2.11%，全年核发商品房预售许可证38个，批准预售商品房13247套，面积133.89万平方米；商品房销售价格保持稳定，通过严格执行一房一价和商品房预(销)售许可制度，全市商品房销售价格稳定，住宅均价3245元/平方米，非住宅均价8832元/平方米；房地产税收再创新高，2014年，全市共完成房地产相关税收4.26亿元(不含建安税)，其中，国税收入3373万元，地税3.92亿元，同比增长28.71%；房交盛会实现双赢，在年内举办的天门市第六届住房交易展示会期间，共成交商品房404套，面积4.28万平方米，成交金额1.51亿元，入库契税277.27万元。

房地产市场管理 全年共办理各类房屋产权登记13189户，面积318.52万平方米，其中，城区初始房屋产权登记548户，面积53.34万平方米，变更登记372户，面积27.48万平方米，二手房转移登记845户，面积15.85万平方米，商品房转移登记3489户，面积21.16万平方米，办理商品房合同备案4682套，面积45.21万平方米，其他登记发证79户，面积0.86万平方米；乡镇初始登记661户，面积57.14万平方米，变更登记123户，面积7.7万平方米，二手房转移登记371户，面积7.59万平方米，商品房转移登记408户，面积4.29万平方米，抵押期房531户，面积4.81万平方米，抵押现房456户，面积72.11万平方米，其他登记发证624户，面积0.98万平方米。全年组织房屋安全鉴定150次，出具专业报告书123份；完成测绘1260户，面积32.5万平方米，出具专业测绘报告80份；实施各类评估435户，其中，个人住房评估354户，企业评估81户，出具专业评估报告25份；与此同时，加大对房地产市场的监管力度，形成对房地产市场违法违规行为的高压态势，做到违必究，究必严，全年共立案8起，结案8起，结案率100%，房地产市场秩序得到有效规范。

住房公积金管理

2014年，归集住房公积金19158.72万元，同比增长14.19%，占年计划的127.72%。住房公积金归集余额7.28亿元，同比增长18.66%。新增开户单位35个，新增缴存职工3109人。发放个人住房贷款278户，4121.7万元，占年计划的343.48 %，与上年基本持平。贷款余额7400.50万元，个贷率达10.17%。实现增值收益1361.62万元，占年计划的335.23 %，同比增长9.06%。提取住房公积金2508人次，7790万元，同比增长23.7%。

推进扩面增收 一是将扩面重点放在“四园”（天门高新园、天门工业园、岳口工业园、龙尾山工业园）效益较好的非公企业，以点带面，扩大公积金制度在非公企业中的覆盖面。二是把归集扩面任务指标列入年度个人岗位责任制，实行百分制考核，将考核结果作为个人年终评先评优的依据，充分调动全体干部职工的工作积极性。三是加大政策宣传力度，深入大润发商业有限公司、凯迪水务有限公司、益泰制药、华泰轮毂等企业一线宣传公积金政策，让单位和职工了解建立住房公积金制度是单位的法定义务和职工的合法权益，增强职工的自我维权意识。四是强化行政执法工作，对拒不建制和职工反映强烈的不缴少缴的企业，严格按照执法程序执法，提高行政执法的社会影响力，实现应缴尽缴。

公积金贷款 一方面加大公积金贷款发放力度，满足房地产市场贷款资金的刚性需求，改变贷款受理模式，将材料的受理工作前移至受托银行和房地产开发企业，先后多次组织对房地产开发企业的销售人员进行业务培训，指导贷款意向表的填写，贷款材料的收集等工作，从而提高贷款效率。另一方面规范办贷流程，积极防范贷款风险。建立“贷前严审、贷中规范、贷后跟进”贷款风险管理机制，强化日常监控，通过电话、短信、实地催收等多种方式，对可能发生逾期的贷款及时进行催收。通过各种合法手段加强对借款人情况的掌握，对可能造成贷款风险的情况及时处理，把风险控制在萌芽状态。先后多次上门与借款人进行沟通，利用各种力量督促其按合同约定归还贷款。

公积金资金管理 一是严格执行业务政策，防止骗支骗贷现象的发生。实行购房支取合同查询问责制，对每一笔本市内购房支取进行网上合同备案查询，对外地购房采取网上发票查询、与开发商电话联系等多种形式确定购房真实性，并由初审人签字，复审人定期“回头查”。对自建房、翻建、大修自住住房支取实行“上门看”，即由支取经办人亲自到现场确认其真实性。二是规范实行中心“零余额”账户管理，加快银行账户合并步伐，切实提高资金效率。加强住房公积金存量资金的管理，合理调拨资金，提高资金管理水平。

公积金执法 一是完善归集档案制度，为执法工作打下基础。按照中心归集档案管理办法的规定，健全完善“一户一档”基础资料，摸清应建未建的家底，对拒不建制、逾期不缴或者少缴住房公积金的企业，及时进入执法程序。二是加大行政执法培训力度。通过举办培训班、采取以会代训的方式开展行政执法培训，提高行政执法人员素质。三是严格履行执法程序。严格履行立案、调查取证、催建催缴、审查、责令限期改正、行政处罚告知、听证、行政处罚执行、申请法院强制执行、结案、立卷归档等执法程序，推动更多单位自发为职工建立住房公积金制度。

建筑业管理

建筑市场管理 2014年，全市共有各类建筑企业52家，其中施工总承包企业28家（一级企业2家，二级企业12家，三级企业14家），专业承包企业17家，劳务分包序列企业7家；造价咨询机构8个；另有招标代理机构4个。全年共办理施工许可证80个，完成建安总产值53.4亿元，工程质量合格率100%，安全负伤频率0.95‰，等级以上安全事故率保持零记录。

安全生产管理 6月，在全市范围内开展“安全生产月”活动。期间，分别在市中百仓储广场和侨乡客运站进行定点宣传，散发宣传材料1100多份，发放防暑降温药品62盒，在各建

筑工地张贴标语210条以上，组织农民工开展安全教育600多人次。7月6日，在湖北华茂建设工地组织开展安全生产应急救援演练活动，提高快速反应能力。9月29日，组织全市施工企业负责人、项目负责人、安全员、项目总监等从业人员在仁信国际广场项目施工现场开展标准化工地观摩活动，推广先进经验，提升文明施工水平。

建筑安全监管 全年共组织开展执法大检查6次，其中配合省住房和城乡建设厅开展建筑市场综合大检查1次，共检查工程项目290余个（次），查处违法违规项目4个，下达催办通知189份，停工整改7个项目。全年未发生一起一般或重大人身伤亡、设备、火灾等安全生产事故。

工程质量监管 2014年，新开工建筑工程86项，建筑面积188.42万平方米，造价23.72亿元；新开工市政工程15项，造价1.65亿元。续建建筑工程165项，建筑面积367.06万平方米，造价50.65亿元；续建市政工程42项，造价4.32亿元。年内竣工工程129项，其中，建筑工程111项，市政工程18项。处理质量投诉20起；实施执法处罚18起。工程质量监督覆盖率市区达100%，乡镇达95%以上，工程一次竣工验收合格率达100%，具备备案条件的工程的备案率达100%。全市工程质量处于受控状态，无房屋倒塌和重大工程质量安全事故发生。

工程质量治理两年行动 按照省住建厅对全省工程质量治理两年行动的部署，年内制定《天门市工程质量治理两年行动实施方案》。2014年9月开展全市范围的工程质量大检查，同时，在天门仁信·国际广场施工现场组织召开质量安全观摩会及天门市工程质量治理两年行动动员会。在监督过程中加强工程质量治理两年行动有关要求的检查落实，重点加强质量终身责任承诺书的签署，要求所有新开工工程在办理质量监督手续时提交五方责任主体项目负责人签署的质量终身责任承诺书及相应的法人代表授权书，对已开工工程督促五方责任主体项目负责人补签质量终身责任承诺书及相应的法人代表授权书。12月11日迎接省住建厅的工程质量治理两年行动督查。

建筑节能

2014年，生产供应散装水泥13.6万吨，销售商品混凝土88万立方米，生产使用新型墙体材料5.42亿标砖。全市新型墙体材料应用率97 %，新建建筑节能达标率100%，竣工验收阶段达标率98%，“禁粘”达标率100%，“禁现”达标率80%。

可再生能源建筑应用 严把立项审批、图纸审查、规划许可、质量收监、竣工验收五个环节关，推进建筑节能工作，共建可再生能源建筑应用项目8个，总建筑面积41.52万平方米，折合应用面积26.74万平方米，可再生能源部分投资5353万元。其中：新建建筑可再生能源建筑应用项目7个，既有建筑可再生能源建筑应用项目1个；土壤源热泵项目5个，太阳能与建筑一体化项目3个。

绿色建筑试点示范 2014年8月22日，印发《天门市绿色建筑行动实施方案（试行）》。年内，市科技馆及青少年宫、学府名居两项目申报绿色建筑。其中，市科技馆及青少年宫申报二星级，学府名居申报一星级。学府名居通过省住房和城乡建设厅专家评审，并报住房和城乡建设部备案。

可再生能源建筑应用试点示范 2010年10月，天门市被住建部确定为国家可再生能源建筑应用示范市（县），截至2014年年底，共确定示范项目29个，总建筑面积110.56万平方米，折合应用面积58.36万平方米，占示范任务50万平方米的116.76%。其中：竣工验收项目19个，建筑面积61.09万平方米，折合应用面积31.25万平方米，占示范任务50万平方米的62.5%；完工项目9个，建筑面积44.67万平方米，折合应用面积22.33万平方米，占示范任务50万平方米的44.66%；在建项目1个，建筑面积4.8万平方米，折合应用面积4.8万平方米，占示范任务50万平方米的9.6%。竣工验收与完工项目建筑面积105.76万平方米，折合应用面积53.38万平方米，占示范任务50万平方米的107.16%。市财政共核付专项资金1425万元，占中央财政补贴资金1800万元的79.17%。10月，天宜华府、岳口新城两项目工程被省住建厅确定为2014年度湖北省建筑节能示范工程。

低能耗居住建筑节能 2014年1月1日起，居住建筑全面推行湖北省地方标准《低能耗居住建筑节能设计标准》规定。并从三个方面落实：一是设计单位严格按照《低能耗居住建筑节能设计标准》进行设计，并按要求编制建筑节能专篇。二是施工图审查机构要严格按照标准对施工图设计文件进行审查，未按要求进行设计和没有建筑节能专篇的不能出具施工图审查合格证书；墙革节能部门不予建筑节能设计审查备案；质监部门不予收监；建管部门不得颁发施工许可证。三是施工单位、监理单位严格按照经图审合格、建筑节能设计审查通过的施工图设计文件进行施工、监理，违者将按《湖北省建筑节能条例》等有关法律、法规进行处理。

既有公共建筑节能 一是把既有建筑改造纳入新建建筑节能监督体系，既有建筑改造与节能改造同步进行。二是加强能耗监管平台建设。启动能耗监管平台建设项目2个，建筑面积4.92万平方米，能耗监测平台建设部分投资35万元。其中，市第一人民医院外科2号楼建筑面积3.92万平方米，能耗监测平台建设部分投资20万元，省住房和城乡建设厅拨款7万元，启动设备调试。市财政局行政办公大楼建筑面积1万平方米，能耗监测平台建设部分投资15万元，2月完成设备调试。三是在全市组织公共建筑室内空调温度检查，共检查公共建筑18栋。四是开展全市国家机关办公建筑和大型公共建筑能耗统计。

教育·档案

建设教育 开展建筑预算员（师）、施工员、质检员、安全员、材料员等“五大员”和建筑施工企业主要负责人、项目负责人和专职安全生产管理人员等“三类人员”培训教育工作。5月，组织建筑预算员（师）、施工员、质检员、安全员、材料员等“五大员”培训考试，共220人参加考试；举办各类培训班，对全市建筑施工企业建筑施工企业主要负责人、项目负责人和专职安全生产管理人员等“三类人员”进行安全生产考核考前辅导和继续教育；组织安全生产管理人员和农民工技能培训，共计培训1200人次以上；组织各从业人员学习《建筑法》、《建设工程安全生产管理条例》等法律法规1350人次。对全市注册造价工程师开展继续教育，30人完成学业并取得继续教育合格证；变更注册5人次；造价员续期注册80人、变更注册20人次。

城建档案管理 全年签订城建档案报送责任书38份、发放合格证43个、跟踪在建工程51个、拍摄有价值声像照片3700余张、整理上架各类档案700余卷、上门指导业务37次，提供城建档案查询利用服务80余次，复印文件材料4000余张。

神农架林区建设

松柏幽帘

城乡规划

规划编制 围绕统筹城乡一体化发展，坚持“全域规划”理念，编制了神农架林区松柏镇“四化同步”示范乡镇试点规划精简本、神农架林区松柏镇村庄规划建设技术导则、神农架林区农房建设示范指引。根据乡镇的需要，分别印刷松柏镇“四化同步”示范乡镇试点规划精简本100本，发放46本；印刷林区农房建设示范指引800本，发放110本；印刷美丽乡村建设导则120本，发放46本。配合并指导宋洛、阳日完成了总体规划修编，全区城乡统筹规划、红坪、下谷总体规划修编相继启动。围绕“四镇两区”建设，编制报批了龙降坪、坪阡古镇、临空经济区、红花养生风情小镇4个重点区域详细规划；围绕“美丽乡村”建设，完成了全区67个行政村79个居民点规划和重点区域详细规划编制；围绕城镇功能配套，编制了城市排涝规划、城镇供水规划、城镇排水规划，全区城乡垃圾统筹治理规划正在编制之中。

规划管理 严格执行《神农架林区城乡个人建房暂行管理办法》，下发《进一步加强个人建房管理的补充通知》，严格落实项目规划专家评审制度和个人建房“建控办”集中审查制度，2014年“建控办”召开5次会议通过初审全区个人建房205户；全区办理《建设用地规划许可证》26份，总面积74.61万平方米，《建设项目选址意见书》26份，总面积39.27万平方米，《建议工程规划许可证》177份(个人123、项目54份)，总面积43.88万平方米；召开重大项目方案专家评审会12次，完成《神农架青天袍律度假村规划》、《神农架关门山神农书院规划》、《神农架木鱼桃园精品旅游社区规划》、《神农架坪阡云梦园酒店规划》、《神农架临空服务区四季小镇规划》、《神农架林区社会福利中心改扩建规划》、《神农架茶园坡二期规划》、《神农架木鱼镇车沟公寓规划》、《大九湖丽景酒店规划》等30个重大项目评审及报批工作，全年共规划审批87个重大项目。同时坚持“无规划的房不建，不建无规划的房”，批管结合，对未批先建、少批多建、乱搭乱建等现象，实施动态监测和监察，查处了一批违规建设，在全区形成了一定震慑。全年共查处违章建设行为63起，下达法律文书40份，拆除违章建筑21起，拆除面积976.5平方米。

“数字神农架”建设和地理国情普查工作 完成数字神农架建设工作，包括九湖乡1:500地形图0.68平方公里、宋洛乡盘龙村六组1:500地形图0.56平方公里、红坪镇塔坪村1:500地形图0.89平方公里、木鱼镇1:500地形图1.25平方公里、松柏镇1:500地形图8.0平方公里、松柏镇1:2000地形图2.31平方公里、航测九湖坪阡1:2000地形图4.0平方公里。地理国情普查工作完成了地表覆盖分类数据采集、地理国情要素数据采集、外业调查底图制作、内业编辑与整理、地表覆盖分类调查与核查、地理国情要素调查与核查、遥感影像解译样本数据采集、成员单位专题资料收集、标准时点核准、数据库建设、基本统计分析以及各阶段成果检查验收等工作，神农架林区普查验收计划时间排在全省前列。

城乡建设

市政项目 以“四镇两区”为重点，开展“重点项目建设年”暨“发展环境优化年”活动，大力推进重点项目建设，松柏滨河西路工程建设已完成600万元工程投资量，占总投资的35%，河道覆盖和桥梁建设已全部完成，路基土石方完成80%，征地拆迁工程完成80%；堂房北路三角地带煞尾工程和松柏污水处理厂回购工作已完成，总投资315万元的松柏垃圾处理场渗滤液建设已投入使用。木鱼城镇改造基本完成，红坪城镇改造稳步推进。坪阡古镇一期基础设施按计划完成，二期路网路基基本建成，建成安置房186户（套），大九湖卫生院、大九湖学校教学楼开工建设，古镇格局初步形成。红花养生风情小镇移民搬迁及安置房建设有序推进。柏杉园临空经济服务区“四季小镇”完成一期工程移民搬迁，水坝工程开工建设。君兰酒店、神农书院、下谷精品酒店、惠林国际大酒店完成主体工程，阿尔卡迪亚森林酒店完成主体框架工程，温泉酒店进展顺利，台北花园酒店落户大九湖。

垃圾治理 制定下发了《神农架林区农村垃圾清运污水处理指导意见》，各乡镇根据《神农架林区农村垃圾清运污水处理指导意见》，均成立了环境卫生管理办公室，统一管理各个乡镇的环境卫生工作。新建了宋洛、新华、下谷、红坪等4个乡镇垃圾填埋场，滨河新区垃圾中转站设备购置到位并投入使用，新建堂房新区、盘水产业园区污水管网5公里，松柏污水处理厂运营正常。2014年全省农村垃圾治理专项检查在全省排第13名。

城市燃气 松柏天然气LNG站建成投入使用，新建天然气中压管道15.6公里，目前报装及“三同时”用户达2300户，通气个人用户280户，单位用户12户；现有石油液化气供应站2个，用户7000户；场站管理规范，运行有序。行业管理由住建委内设机构管理，落实了人员编制及经费，编制了《燃气重大事故应急预案》，组织了应急演练。同时调查处理破坏燃气设施事故2起，每月对燃气企业进行1次安全检查，全年共下达整改通知12份，安全隐患全部整改到位，全年没有发生燃气安全事故。

城镇供水 实施了盘水园区桦尖沟水厂建设、取水口迁移工程，新建1.5万吨供水厂一座，鱼泉湾备用水厂正在建设之中，新建供水主管网12公里，划定了松柏镇饮用水源保护区，设立了河道防护网和保护标示，供水企业设立了

服务大厅，建立了社会服务承诺制度、水质检测制度和公告制度，编制了供水应急预案，组织了应急演练。

城镇绿化 堂房新区行道树补植广玉兰49株、银杏68株，神农大道行道树补植广玉兰194株，堂房二路、三路行道树补植广玉兰42株，松柏休闲广场栽植藤本植物爬山虎1200根、凌霄300株、红叶石楠树9株、夹竹桃950株、海桐球25株、红叶石楠球22株、竹子50丛、黑松3株、移植枇杷3株、杜鹃137.76平方米、龙柏10株，铺设园路3.9平方米、平整场地1800平方米、喷播草籽1800平方米，松柏滨河新区沿河景观带栽植黑松4株、山茶花74株、石榴花75株、火棘球52株、花卉月季340棵、红叶石楠球26株、喷播植草970平方、渣石外运62立方、整理绿化用地970平方米，城区死树换植柳树95株、樟树17株、银杏2株，各项绿化项目共投入资金500余万元，栽植行道树400余株，绿化面积6500平方米。

城市管理

市容市貌 对松柏城区各主次干道的占道经营、出店经营等"六乱"行为采取拉网式的集中清理和日常巡查管理。全年共清理占道经营、出店经营36000多起，乱堆乱放300多处，对宵夜摊点规范管理，共拆除宵夜摊点雨棚17家，整治占道经营行为300余次，对城区流动商贩进行集中整治31次，所有流动商贩一律进驻菜市场经营。对沿街牛皮癣集中清理14次，累计清理3000多处。迁移修车摊点3家，对9家花圈经营摊点占用人行道经营进行查处整治；加强施工工地规范化管理，对随意运输、倾倒渣土违规现象进行查处，共查处违规渣土清运车辆63辆次，整治规范建筑工地15个；加大城区随意燃放烟花爆竹巡查力度，对城区燃放烟花炮竹、放孔明灯实施严管重罚，全年累计制止随意燃放烟花爆竹行为300余起，查处率达95%。针对建筑垃圾沿河乱倒的情况，我们及时出台了个人建筑装璜垃圾免费清运措施，对松柏城区个人装饰建筑垃圾实行免费上门服务，共免费运送20处、48车建筑垃圾。

交通整治 联合交警部门开展了机动车乱停乱靠集中整治行动，对居民反映强烈的商场通道乱停乱靠、临时停车位放置物品、长期占用临时停车位、停"霸王车"等行为开展了集中清理，共开展整治行动17次，出动执法人员350人次，执法车辆85车次。查处各类车辆乱停乱靠行为357起，处罚339人次，暂扣临时停车位摆放物品62件，城区停车秩序得到明显改善。

文明创建 结合林区卫生文明城镇创建行动，开展了"鲜花赠居民，文明伴我行"和"美化家园、爱我家乡"活动，制作宣传横幅50余条，播放宣传视屏40小时，向城区350家商铺赠送了鲜花并签订了700份"门前三包责任书"，进一步引导文明习惯进机关、进社区、进学校、进商户的专题活动。同时联合文明办、创建办、社区等多家单位对汽运站院内、老商场院内、物资局院内进行了环境卫生整合整治，狮象坪桥头片区环境综合整治正在开展，迎宾路整修和扩建正在建设之中。

户外广告整治 严格户外广告设置和审批，按照美好"示范路"标准，制定户外广告、牌匾内容，取缔内容不健康、品味低下、不安全、不规范的户外广告。全年累计对不符合要求的户外广告集中清理3次，拆除公路沿线大型违规户外广告33块，取缔户外灯箱广告48个，审批户外广告43份，基本达到"前后一个面，上下一条线"的效果。

信访 诉求 投诉 共处理城市管理信访件7起、林区门户网诉求73起、12319城管热线56

起、区长热线81起，结办率100%，群众满意率95%。

建筑业管理

建筑市场管理 2014年办理工程报建33个，办理施工许可证33项，建筑面积46.6万平方米。工程报建、施工许可办证率均达到了100%。；及时上报建筑行业统计报表，企业报表上报率100%；办理建筑资质2家，市政资质3家，电力工程施工、装饰装潢各1家；资质升级1家。按照省统一部署，开展资质监督检查1次，抽检企业2家；二级建造师初始、增项注册36人次；开展了2次全区建筑市场秩序大检查。下发限期整改通知书15份，停工通知书4份，行政处罚1起，违规项目查处率100%，维护了建筑市场秩序；启用新评标专家库，参与40个项目招投标监督，未发生围标、串标等违规行为；及时处理招标投诉2起，维护了招投标相关单位的合法权益。同时认真执行防止产生新的拖欠的各项工作措施，2014年市政建设工程无拖欠农民工工资现象。认真执行农民工工资保障金制度，督促征收农民工工资保障金205万元，积极配合解决建筑领域拖欠民工工资事件2起，对重点工程项目、拖欠隐患项目上门走访，做到早计划、早预防。

质量安全管理 2014年共受理33个工程项目的质量安全监督，建筑面积约46.6万平方米，总投资约77556万元；共竣工验收工程项目8个；工程竣工合格率100%，人身意外伤害保险投保率100%，安全生产保证金缴纳率达100%，质量安全监督手续办证率100%；开展4次质量安全大检查，重点检查保障性住房、工矿棚户改造房质量安全情况，下发安全隐患整改通知书31份，安全隐患停工整改通知书2份，质量隐患整改通知书4份，督促报建通知书2份，建筑节能整改通知书2份，塔吊未检拉闸断电封条处理的4台套；会同工商局、质量技术监督局、公共资源交易监督管理局开展综合整治建筑市场的检查活动，共检查在建工地18项，检查涉及建筑材料、建筑机械、安全生产、工程质量等5个方面，4个施工工地责令停工整改，有效的维护了建筑市场秩序、工程质量及安全生产。

工程造价管理 共办理施工合同备案36个，累计建筑面积46万平方米；发布造价信息4期140余份，完成造价员继续教育32人次，换证换章16人次，增专业10人次；组织新清单、新定额宣贯2次，110人参加学习培训，编制完成建设工程预结算86项，累计金额3136万元。

建筑材料检测 共承担33个项目的检测任务，建筑面积约46.6万平方米。主要建筑材料的检测批次为：其中钢筋1642份、焊接1638份、混凝土5038份、砂浆750份、水泥354份、砂287份、石244份、墙体材料744份、混凝土试配227组、砂浆试配100组、电气绝缘测试11份、混凝土回弹法测强350组、出具检测报告11385份。

建设工程监理 全年监理项目共68个，新开工监理项目53个，续建项目15个。受监工程竣工验收11个，竣工率约达20.3%，验收合格率达100%，受监理工程覆盖率约达95%。监理项目涵盖市政、房建两个方面，其中市政项目3个，房建工程65个。新签合同53份，合同金额430万元，年度监理费合同额回收率70%，创历史新高，业务收入在上年的基础上增加20%。

建筑节能与勘察设计

建筑节能 在工程项目办理报建、招标投标和颁发施工许可证前，严格查验其建筑节能设计认定书、建筑节能备案登记表和施工图审查合格书，不达标准，坚决不予以办理报建、招

标投标，不予以颁发施工许可证。对于没有按照节能设计图纸施工，不符合建筑节能标准的工程，一律不予以竣工验收。同时，要求各建设单位、施工单位必须严格按照建筑节能设计图纸和施工规范，认真搞好建筑节能建设和施工；要求各监理单位制定切实可行的建筑节能施工监理方案，严格按照建筑节能图纸和建筑节能标准搞好工程监理，切实把好材料准入关，把建筑节能施工的各项工作落到实处。2014年，林区在建工程项目23个，其中居住建筑10个，面积15.77万平方米；公共建筑13个，面积16.04万平方米。设计阶段按节能50%标准的执行率达100%，节能专项施工执行率95%，完成了年度建筑节能工作责任目标任务。

房地产管理

住房保障 全年共开工建设保障性住房3629套，占目标任务的100%；基本建成3245套（户），占目标任务的124.81%；分配入住2139套（户），占目标任务的106.95%；新增租赁补贴209户，占目标任务的104.5%；住房保障信息管理系统已建成运行，超额完成省委省政府目标任务。在国家和全省组织的多次检查稽查中，我区保障性住房建设工作均得到充分肯定和高度评价。

资金争取 截至2014年底已争取保障性住房和棚户区改造国家项目资金12964万元，其中：廉租住房中央预算内及基础设施配套资金650万元；国有工矿棚户区中央基础设施配套资金600万元；林业棚户区（危旧房）改造中央预算内及基础设施配套资金1840万元；林业棚户区（危旧房）改造中央及省级预算内基建支出资金1553万元；中央财政城镇保障性安居工程专项资金4427万元（公租房、城棚房、租赁补贴资金）；2013年城市棚户区基础设施配套资金525万元；2014年公租房基础设施配套资金375万元；2014年城市棚户区基础设施配套资金1589万元；2014年林区棚户区基础设施配套资金1405万元。

房产登记 截至2014年底共办理房产证683宗，其中商品房301宗，面积2.78万平方米。二手房转让68宗，面积0.9万平方米。私人自建房25宗，面积0.83万平方米，赠与11宗，面积0.12万平方米。换证6宗，面积0.1万平方米。办理预告抵押登记82宗，面积0.96万平方米。办理廉租房房产证113宗，面积0.74万平方米。国有工矿棚户区房产证43户，面积0.41万平方米。林业棚户区房产证44户，面积0.33万平方米。办理房产抵押登记手续248宗，抵押面积15.3万平方米，抵押金额7.9亿元。

房产评估、测绘、安全鉴定 完成房产测绘546宗，测绘面积17.35万平方米；完成房地产评估193宗，评估总价值4.85亿元；完成房屋安全鉴定170户，鉴定面积5.2万平方米。

住房公积金管理

住房公积金归集和提取 2014年，新增公积金缴存单位10家，新增缴存职工203人，共归集住房公积金5051万元，归集余额达到18758万元，比上年净增加4340万元，增长29.7%，同时管理中心的各项主要业务指标与上年同期相比也均有较大幅度增长。

住房贷款发放 回收 2014年共为171户缴存职工发放住房公积金贷款3191万元，超过上年同期591万元，个人住房贷款发放余额已达7242.5万元，占归集余额的38.6%；共为437户职工支取住房公积金1063万元，有力的为广大职工改善居住环境和生活质量提供了可靠保障。

资金安全管理 始终紧绷资金风险这根弦，

强化贷前审核、贷中监管、贷后服务环节，在确保全体缴存人整体利益的前提下最大限度满足个人需求，在确保资金安全的前提下最大限度发挥公积金的社会作用。目前住房公积金所有贷款人信用度保持良好记录，资金整体运行安全。

档案管理

完善档案管理制度，加强档案业务管理，对各部门专业档案进行指导，加大档案资源收集范围，全年共收集整理文书档案829件，其中永久类321件、30年245件、10年263件，照片档案29张，实物奖牌、荣誉证书19个，参加区直机关活动2个，整理实物服装2套。整理1个重点项目档案，共9卷。向林区档案馆移交2003年档案，永久类108件，30年385件，纸质、电子原文及目录各一套。移交重大活动照片6张；移交2012—2014年纸质、电子发文汇集各一套；移交编研资料：全宗介绍、组织沿革、大事记、档案利用效果实例及主要业务基础数字汇编。根据城市建设和经济建设需要，开展档案利用服务工作，查阅档案40人次，提供档案资料60余件。

仙桃市住房和城乡建设委员会

基本概况

今年以来，仙桃市住建委围绕建设武汉西翼中心城市、重返全国百强县市为目标，以全国新型城镇化综合试点、全省公交示范城市为契机，进一步统筹城乡建设与管理，优化公交燃气服务，规范建筑行业市场秩序，助推仙桃经济社会跨越发展。

今年以来，我们先后投资1.2亿元，加强城市基础设施建设。实施南城新区前通路、新城大道西延、沔洲大道辅道工程，食品工业园西环路、东堤直渠路、黄金大道西延工程，老城区流潭南路等道路改造工程建设；启动仙汉线、袁市路、芙蓉沟、青年路、钱沟南路等城区主次干道的绿化升级改造及40个背街小巷小游园建设；完成仙汉路、南湖路、前通路、新城大道、和平路、大新路道路及77条背街小巷路灯建设，进一步提升城市承载力。

今年以来，我们指导乡镇完成投资1.4亿元，推进新型城镇化进程。督促完成村庄房屋立面改造2500户、改造农村危房870户、绿化植树6.5万株、安装路灯3500盏，硬化道路37公里，新建排水道1.25万米，推进乡镇基础设施建设；同时，采取PPP模式，启动12个镇级污水处理厂建设，计划11月份动工；深入开展农村生活垃圾治理，督促各地按照“户归点进桶、组分类清扫、村保洁监管、镇集并转运、市集中处理”的工作机制，做好农村生活垃圾收集、转运及无害化处理，改善村镇人居环境。

今年以来，我们进一步优化公交燃气服务，提升市民幸福指数。以全省公交试点城市为契机，大力发展公交行业，编制完成《仙桃市公共交通规划（2014-2030）》，实施黄金大道20处公交港湾改造，严格落实老年人免费乘坐公交车政策，为全市户籍年满65周岁以上老年人办理公交“敬老卡”22000张；开展以“陋习大清除”为主题的不文明行为整治活动，提升服务质量。推进清洁能源普及，编制出台《仙桃市燃气专项规划》，督促燃气公司做好了安全监管工作，确保安全运营；督促天然气公司修建6.3公里高压管道及75米临时高压管线，保证“忠-武”线天然气停供后居民、工商业用气不受影响；推进天然气向城镇延伸，指导完成毛嘴镇、胡场镇、彭场镇、西流河化工园天然气项目建设。

今年以来，我们加强建筑市场稽查，维护建筑行业正常秩序。开展城区建筑市场专项检查，查处典型案件3起，下达责令整改通知书18份，其中：责令及时支付工程款1项，责令及时支付农民工工资3项，督促解决工程款近1000万元，农民工工资600多万元，维护了农民工的合法权益。

沔阳公园桃花仙子雕塑

沔阳公园狄仁杰问政处

钱沟南路

农机市场小游园

——一年起步、两年深化、三年大变化、四年开始精细化——

仙桃市城市管理局

仙桃市城管局紧紧围绕“四城同创”目标，按照“一年起步、两年深化、三年大变化、四年开始精细化”的思路，扎实推进城市管理工作。

积极探索、推行环卫保洁市场化运作、公司化管理模式，大力推进环卫一体化。一是创新环卫作业公司化。改革环卫局内设机构，成立了洁达环境工程有限责任公司和顺洁垃圾清运有限责任公司，实行公司化管理，负责城乡保洁和垃圾清运。二是推进城乡环卫一体化。洁达公司在过去只负责城区主次干道保洁的基础上，接管了原来由街道办事处（园区）负责的社区的保洁工作和部分乡镇镇区的保洁工作，顺洁清运公司除负责城区垃圾清运外，还负责将15个镇区的生活垃圾运至市卫生填埋场处理。三是实现垃圾处理无害化。城区和15个镇区的生活垃圾全部在填埋场进行无害化处理，生活垃圾卫生填埋场被省评为一级填埋场。

美好示范路—沔街大道

加大宣传规范工地管理

着力解决城市管理中存在的突出问题，不断提高城市市容形象。深入开展城市环境综合整治“十大工程”。环卫局与社区村居密切配合，共同整治社区村居“六乱”现象，整治达标后由洁达公司逐个接管。社区与主次干道保洁作业同步，日常管理同步，检查考评同步，奖惩结账同步，实现长效管理。重点整治墙面广告和一店多牌等问题，并按“一街一景、一店一牌”的原则和硬质底板、发光字体的要求重新安装了门店招牌。整治管线杂乱，主次干道跨街管线基本入地。坚持疏堵结合整治违章占道，一方面，主次干道严禁占道经营，禁止审批商业性占道促销活动；另一方面，在背街小巷等部位，设立临时疏导点，将分散的流动摊贩集中、规范经营。开展物流企业占道经营整治活动，物流企业全部进入昌华物流园等专业市场经营。开展占道洗车专项整治活动，取缔了24处占道洗车点，规范了22家室内洗车店。整治非机动车停靠秩序，规范非机动车停靠行为。加强早、中、晚等重点时段的管理，整治早、夜市乱泼乱倒垃圾的行为。规范建设工地施工现场，硬化工地出入口道路，避免工地车辆带泥上路。

不断加大投入，加快城市管理基础设施建设。生活垃圾焚烧发电厂项目已6月份开工建设，预计2015年建成并网发电。围绕“创卫”目标，拆除城区旱厕，新建水冲式达标公厕55座，全部向市民免费开放。新建5座垃圾中转站，并投入使用。督促临街经营门店将敞口垃圾桶全部更换为密闭垃圾桶，将清运垃圾的敞口板车全部改造为密闭板车，避免了垃圾二次污染。数字城管已按国家标准建成九大基本子系统，已经开始试运行。同时，多方筹措资金完善城市基础设施，通过环卫一体化项目向国家发改委争取项目资金1700万元，用于城市管理基础设施建设和设备采购。

美好示范路—沔街大道　　124普法宣传活动

上线政风行风热线栏目

百日会战

仙桃市

房产管理局

学习型、服务型

实力型、廉洁型

2014年，以“学习型、服务型、实力型、廉洁型”四型机关创建为目标，扎实推进各项工作。

强化监管力度，确保房地产市场运行平稳

年初组织专班，在摸清各类房产开发业绩的基础上，明确新年度房地产开发总体发展目标。狠抓房地产开发市场秩序整治，规范企业开发经营行为，同时加大对乡镇违规开发的查处力度，注重对房产中介机构的规范管理，督促、引导了各类房产中介服务机构诚信、守法经营。加强对房地产行业的关注与扶持力度，努力促进行业健康发展。

突出建管并举，着力提升住房保障水平

根据省政府下达的保障房建设任务，积极做好各类建设项目实地与现场督促指导工作，确保工程早开工，如期竣工。对审计部门反映的违规享受住房保障待遇的家庭进行了调查核实，并制定处理意见。认真开展公共租赁住房申报审核及廉租住房年度复核工作，继续做好保障房分配管理工作。一方面开展空置经济适用房家庭专项清查工作，接受全社会监督，另一方面完善保障性住房各类项目手续。

加强基础管理，努力提高物业服务水平

加强对各住宅小区物业管理的检查督办，进一步规范物业企业服务行为。结合“四城同创”，组织全市38个物业服务企业召开创卫工作动员会，并与企业签订目标管理责任书。以新建小区物业承接查验办法为重点，依据规划设计会同相关单位共同严格把关，及时消除火灾隐患。规范物业小区信访工作制度，继续推行“四公开一监督”制度。结合“创卫”工作，推动物业管理上档升级，住宅小区物业管理水平明显提升。

创优窗口服务，积极推进业务规范化进程

加快存量房网上签约备案系统建设，规范房地产交易市场管理。进一步提高窗口服务质量和工作效率，合并简化签批程序，对一些重大、特殊事项，实施预约办理、上门办理等服务。加速评估公司市场化运作，使其逐步转变为自主经营、自担风险、自我约束、自我发展的独立经济组织，建立顺应市场需求的现代企业管理制度。以3A级档案馆创建为目标，3A档案馆建设通过省档案局专家组验收。

围绕专项活动，提高干部职工队伍素质

按照教育实践活动的总体要求，对照“四风”方面存在的突出问题，抓好规定环节的学习教育，锻炼和改进干部职工的工作作风与面貌。以优化经济发展环境“百日整治”活动、民主评议政风行风等活动，推进政风行风建设。按照市委、市政府全年中心工作总体要求，层层签订责任状，明确管理责任，把各项工作落到实处。

市委书记冯云乔调研房地产运行情况

省住建厅领导来我市视察工作

2014年第六届房交会

2015年1月20日公租房摇号

2015年1月22日公租房摇号

仙桃春天

天门市房地产管理局

——增量提质、跨越赶超

2014年5月28日，省、市领导视察天门市西龙小区保障房。

2014年6月30日，市房管局举办建党93周年纪念活动，并邀请市委宣传部领导为全局党员干部作廉政党课专题辅导。

2014年10月23日，市房管局召开全系统党的群众路线教育实践活动总结大会。

2014年，天门市房地产管理局紧紧围绕市委、市政府“增量提质、跨越赶超”的战略目标，秉承强管理保经济增长，抓服务促行业发展的工作理念，以大力推进保障房建设，强化房地产市场管理为工作重点，不断拓展管理模式，完善住房保障机制，加大市场监管力度，狠抓职工队伍建设，各项工作任务实现了预期目标，成效显著。被省委、省政府表彰为全省“三万”活动先进工作组，被省住建厅表彰为全省住房保障工作先进集体、政风行风评议工作在全省房管系统排名第一，被市委、市政府先后表彰为全市社会管理综合治理先进单位、党建工作先进单位、安商工作先进单位、信访工作先进单位。

2014年9月30日，天门市第六届住房交易展示会在市陆羽广场举行。

住房保障强力推进

根据省政府下达的保障性安居工程建设目标任务，立足于早，着眼于快，大力推进保障性安居工程建设。落实专人，跟踪督办，确保保障房建设整体推进，质量与速度并进。强化工程质量管理，严格落实工作专班与监理部门、质监部门三方共机制，大力推行工程质量终身责任制，住房保障工作超计划完成。

开发建设快中求稳

从规范各房企的从业行为入手，严把资质审查关、严把预售许可关、严把建设巡查关、严把综合验收关等四个关口，建立和引入信誉评价机制，纳入评价体系，房地产开发建设呈现出良好的发展态势。房地产开发队伍不断壮大，房地产开发规模持续扩大，商品房销售价格保持稳定，房地产税收再创新高。

市场管理规范有序

把抓服务、增效能作为推动行业发展，打造行业形象的第一要务，狠抓服务质量的提升和工作效率的提高，切实把优质服务贯穿到工作的每个环节，房地产市场进一步规范。与此同时，加大对房地产市场的监管力度，形成对房地产市场违法违规行为的高压态势，做到违必究，究必严，房地产市场秩序得到了有效规范和健康发展。

整洁美观的保障房安居小区

效能建设明显提升

以群众路线教育、政风行风评议、百日整治活动为契机，把握重点，突出特色，坚持以“窗口”为重点，以机关为标杆，进一步完善特事特办机制，把时限压缩到最短，把效率提升到最高。大力推行上门服务、预约服务、延时服务等优质服务举措，服务水平，队伍建设明显提升。

潜江市城市管理局

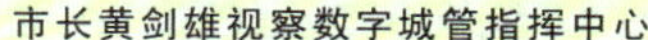
市长黄剑雄视察数字城管指挥中心

城管队伍集训，打造人民满意城管

依法行政文明执法

潜江市紧紧围绕创建全国文明城市总目标，创新城市管理体制机制，深化城管领域市场化改革，切实加大城市管理投入，狠抓城市环境综合整治，城市管理工作成效显著。

一、创新体制机制，强化责任落实。一是实行领导包路段责任制。局党委成员每人包2-3条主次干道，机关干部下路段参与督办考核，建立了日巡查、周督办、月考评和整改销号的长效管理机制。二是细化城市管理标准。制定了覆盖全城区主次干道、背街小巷、公园广场的城市市容秩序和环境卫生管理标准，并在城区主次干道设立公示牌，公示管理标准、路段责任人和举报电话，接受社会监督。三是创新市场化改革。完成建筑渣土运输市场化改革，制定了建筑渣土收集、运输、处理的标准，面向全国公开招标，选择卓帆、乐帮两家专业公司从事我市的建筑渣土运输特许经营。

行政审批一站式服务

二、加强队伍建设，提高履职能力。一是开展思想作风大整训。新年伊始，就组织全局系统干部职工开展思想作风整训活动，系统学习政治理论，培训执法专业技能，全力打造人民满意城管。二是开展作风纪律大督查。把“转变工作作风”作为全面履职尽责的重要抓手，定期不定期的组织点验和暗访，点验人员的到岗率，暗访纪律的执行率，督查任务的落实率。三是提高城市科学化管理水平。整合综治、公安、规划等公共资源，建设潜江市数字城管监督指挥系统，实现城管案件网上受理、无线办公，全面提高城市管理工作的科学化管理水平。

省级市容环境美好示范路——章华南路

三、狠抓综合整治，提升城市景观。一是开展市容秩序专项整治。出重拳开展“还道于民”的专项整治，规范各类出店占道经营门店，取缔流动摊点。二是开展乱泼乱倒专项治理。启动门店垃圾定时摇铃收运试点，设置“请勿车窗抛物” 隔离护栏劝导标语，增设挂壁垃圾桶，清除背街小巷卫生死角。三是开展户外广告设置专项整治。按照“减量化”原则，拆除城区不符合设置技术规范的各类跨街广告牌、电杆广告牌、楼顶广告牌以及大型墙体布广告，套白刷新临街围墙广告11700平方米。四是开展建筑渣土运输市场专项整治。实行建筑渣土准运备案制度，采取“把住两头、管住中间”的工作模式，监督建筑工地安装冲洗设施，建设能容纳10万方建筑垃圾的消纳场。

道路冲洗常态化

四、推进项目建设，完善城市功能。在2014年大幅增加城管项目建设投入的基础上，2015年再出大手笔。一是高标准打造潜阳路“市容环境美好示范路”。对潜阳中路、东路3.3km段面进行改造升级。二是强力推进环卫设施建设。投入920万元，改建垃圾中转站2座、公厕1座，新建垃圾中转站4座、公厕4座。三是实施公园、游园升级建设工程。投入500万元，维修南门河游园一期水喷泉，更新、升级曹禺公园绿化苗木，更换人行道板，完善公园游园亭、廊、桥景观灯。

梅苑

基本概况(JIBENGAIKUANG)

2014年龙泉镇实现“四增”，“指标增长”，实现工农业总产值396.5亿元，增长38.5%，规模工业产值374亿元，增长33.5%；财政收入5.74亿元，增长17%；固定资产投资44.73亿元，增长34.3%。“农民增收”，农民人平纯收入18156元，增长13%。“企业增效”，稻花香集团实现产值346亿元，利税11.7亿元，2014年位于中国500强第470位，全省100强第19位。晓曦红宜昌蜜桔被认定为“中国驰名商标”。“实力增强”，2013年位居全省百强乡镇第11位，2014年首次进入全省十强行列。

全年完成了稻花香科技工业园二期园区公路东城路、园区绿化、创业园横一路主体工程等基础设施建设，启动了园区供电专线建设，提升了园区承载力。投资5.3亿元的有所思饮品项目、投资2亿元的稻花香自动化酿造车间项目建成投产，总投资5.5亿元的丰豪、百诚、正远、新茂等项目完成主体工程。海尔虚实网、恒生建筑总部、明磊商混站等一批优质项目落户稻花香工业园。投资1.3亿元的翔陵纸业灰纸板项目、投资1亿元的龙洋塑胶项目实现当年建设当年投产。工业总产值占工农业总产值的95%以上，食品饮料及配套产业占经济总量的90%以上。初步形成了以龙泉铺特色文化街、稻花香工业游、森禾花卉苗木体验游、雷家畈乡村休闲游、柏家坪生态观光游为主体的旅游新格局。房地产、金融、保险、仓储、物流、餐饮等第三产业蓬勃发展。

全年统筹整合项目资金2亿多元用于现代农业基础设施建设。新型市场主体助推现代农业发展。“晓曦红宜昌蜜桔”被国家工商行政管理总局认定为“中国驰名商标”。启动了宜昌众赢药材专业合作社药材出口加工基地建设，实现出口创汇1000万美元。大力推进林业产业发展，荣获全市林业产业发展推进奖。加大畜牧业工作力度，畜牧业考核位居全区第一。

“四化同步”全域规划及配套专项规划率先通过省级评审，镇域规划和镇区规划由市、区两级政府正式批复。以“五全”为重点推进城乡建设，实现路面沥青刷黑全覆盖，功能设施标准化全配套，沿线各类低压管线全入地。完成小鸦路统筹示范带和龙雷生态景观路沿线房屋立面改造223户，规范标识标牌108块。按照森林城市和绿色示范村庄建设标准，对重点地带进行全面绿化。加强集镇市容市貌、环境卫生管理和各类综合整治，城市管理综合考核位居全区第一。加强“两违”管控和征地拆迁。主动对接服务宜昌新城建设，受委托服务的“四村一场”职能职责较好履行。“龙头带动、产城共进、城乡一体”的“四化同步”发展模式在省、市推介。

以“十二个一”常态长效抓民生，建成集中居民点4个，完成榨坊河水库清淤加固，榨坊河水厂正式投入使用。投资300万元新建龙泉福利院老人日间照料中心等项目，福利院管理得到加强。实施危房改造和因灾倒房恢复重建68户。硬化村级公路30公里。城乡低保、五保供养、救灾救济、双拥优抚等政策全面落实。科学、规范、公开管理使用100万元稻花香民生基金。全区第一、全市第二个劳动品牌“稻花香酿酒工”通过市评审。以“五个一体”为重点实现城乡对接。完成宏淼水厂集镇至土门供水主管网建设；110KVA变电站正抓紧前期准备工作；全镇光纤通村率达100%。启动了3年区镇投入5000万元办好教育的计划，收购并改造集镇中心幼儿园，完成龙泉初中改造、钟家畈小学风雨操场建设。全面完成村级卫生室私改公建设，雷家畈村率先在全区实行卫生室村办院管。建设村级群众文化活动广场，全镇培训文艺骨干队伍，购置了文化活动设施和健身器材，群众文化生活更加丰富。人口和计划生育政策全面落实，生育文明建设得到加强。社会管理水平不断提升。以社会管理创新、“六五”普法等为抓手，积极开展平安创建，构建和谐龙泉。

政务服务中心建设和管理全面加强，部门行政审批全部进驻政务服务中心，开展市容市貌整治、农业、文化体育、经济商务、劳动保障等执法。组建食品药品监管所，食品药品卫生执法管理加强。加强财政账务管理，强化制度执行力，加大预算约束力，全镇“三公”经费同比下降50%。工程建设招投标及政府采购管理进一步规范。对村级财务进行了全面审计，对征地拆迁和部分重点项目进行了专项审计。农村土地确权工作有序推进。完成“五小水利”管护体制改革及地理国情普查。

结合党的群众路线教育实践活动，“三进五访”、“四心工程”、“心坎行动”等群众工作特色活动有效推进，干部作风进一步改进，发展环境全面优化。印发《龙泉镇班子成员、村（社区）、镇直单位、驻村工作、机关干职工目标责任制考核办法》，强化镇村干部绩效考核。出台《党委政府议事规则》、《龙泉镇财务管理办法》、《龙泉镇农村财务管理细则》和《龙泉镇工程建设项目财务管理细则》，规范镇、村两级政府采购和财务管理。印发《关于重申常态化严格执行相关纪律制度的通知》，再次重申“九条禁令”。

龙泉镇发展经验在全省推介

50平方公里新农村
建设综合实验示范区

湖北稻花香集团总部

城市建设日新月异
建设中的龙泉新区

第三产业发展异军突起

龙泉古文化街大门

龙泉村新建的新型社区

沙洋县后港镇人民政府

后港镇委书记、人大主席伍勇

后港镇委副书记、镇长王华芳

沙洋县后港镇位于江汉平原西北部，地处风景秀丽的百里长湖之滨，被誉为“江汉明珠”、“鱼米之乡”，是一个已有1300多年历史的古镇。全镇国土面积301平方公里，耕地面积12.7万亩，辖30个村、4个社区居委会，总人口8万人。其中，集镇建成区面积10.6平方公里，常住人口5.8万人，城镇化水平达到72.5%。系全国文明村镇创建先进单位，第三批全国发展改革试点镇，全国“创先争优”先进基层党组织；省级文明镇，全省乡镇党委“十面红旗”，第二、三、四、五、六届湖北省城镇规划建设管理“楚天杯”，湖北省经济发达镇行政管理体制改革试点镇，湖北省百强乡镇；荆门市镇域城市建设试点镇，荆门市十强工业重镇；沙洋县域副中心城市。

2014年，全镇实现社会生产总值175.52亿元，同比增长20.3%；工业总产值142亿元，同比增长24.6%；工业增加值35.5亿元，同比增长21%；招商引资达到11.52亿元，同比增长27%；实现财政收入5665万元，同比增长20.8%；人均纯收入达12880元，增幅达13.06%。

后港文化底蕴深厚。 根据境内新石器时代古城址——城河遗址考古发掘实物分析，6000年前就有人类在后港这片沃土生息繁衍，并创造了灿烂的农耕文明。

后港名胜古迹甚多。 境内以“三台”、“八景”、“两桥”而闻名遐迩，名播荆楚，美不胜收。“三台”即潘家台、王家台、月台，是人烟稠密最热闹的地方。“八景”指“长湖远舟”，憧憧帆影，历历可数；“柳岗牧笛”，清脆悦耳，引人入胜；“夕阳返照”，金霞辉煌，耀人眼帘；“仙桥夜色”，水色月光，上下相映；“凤山晓钟”，微风荡漾，铿锵溢耳；“鸥绪古柏”，松柏盘恒，云敖鸥群；“莎亭细雨”，迷迷濛濛，别有天地；“藻水鱼唱”，谐谱升平，陶燕尽醉。“两桥”为东升桥和聚仙桥，其中聚仙桥始建于明朝万历年间，迄今已历时四百多年，已于2014年重新修建。境内现有东周战国时期楚国名相春申君黄歇冢、严仓古墓群、明代翰林墓、汉代铁鞭古祠等几十处文物古迹，是考察历史、观光游览的胜地。

后港地理位置优越。 地处荆门、荆州、潜江三市交界处，水、陆、空交通十分便利，西距襄荆高速公路、荆沙铁路、207国道15公里，新开工的蒙华铁路穿镇而过，东25公里直上汉宜高速公路，东北16公里正在新建枣潜高速。当代最大的人工运河引江济汉工程已经建成通航通车，后港境内全长16.7公里，河道距集镇中心仅2公里，预留码头、建有连通长湖的船闸，可直入汉江和长江。目前，后港已成为江汉运河生态文化旅游观光景观带节点城镇。1小时可达三峡机场和即将新建的荆州机场，2小时到达武汉天河机场。

后港城镇功能完善。 按照“东优、西进、南连、北拓”（改造优化东城区、南连引江济汉渠道、西建后港工业集中区、北迁汉宜公路，拓展城市发展空间）的发展思路，依托产业基础和资源禀赋，抢抓江汉运河生态文化旅游观光带基础设施建设的大好机遇，围绕生态宜居、功能分区、设施配套、环境优美的目标，大气魄、高起点科学编制城镇发展规划，大手笔、高标准建设水乡新城，大力度、高水准科学管理城镇，后港城镇规模不断扩大，服务功能日臻完善，城镇品位不断提升，城镇面貌日新月异。电力、交通、邮电、供水等设施齐全，供水供电充足，交通通讯发达；教育、科研、文化、医疗、娱乐等服务设施一应俱全，设备先进。休闲服务、美食娱乐、服装鞋帽、小商品等四大专业市场和南北两个农产品集贸市场已成为本镇及周边乡镇的物流中心和农产品集散地，辐射带动邻近乡镇人口向镇区集聚。一座层次清晰、功能完善、特色鲜明、辐射力强的现代化小城市正在荆楚大地崛起。

后港经济增势强劲。 坚持实施“兴工强镇”战略，以打造“水乡生态经济新城”为目标，以建设“百亿工业园区”为平台，发展壮大“一主三辅”产业群（即新型建材为主导产业，绿色食品、机械制造、精品服装为辅助产业），工业经济呈现出强劲的发展态势。全镇现有各类企业1000多家，其中规模以上企业24家，亿元企业13家，省、市、县级农业产业化龙头企业5家。湖北海龙玻璃建材有限公司、湖北弘旺建材有限公司、湖北丽阁铝业有限公司、湖北天宇玻璃制品有限公司生产的玻璃、瓶罐、铝材等产品销往全国各大中城市，高档器皿已出口到欧洲市场；绿色食品“蛟龙”皮蛋、咸蛋已打入香港、广州、深圳等地的市场，且已出口到东南亚国家，万汇食品生产的鱼糜系列产品即“长湖”鱼糕、鱼丸、风干鱼等深加工水产品誉满荆楚；“红蜻蜓”优质粮油畅销全国。一个以新型建材、绿色食品为主导的“水乡生态经济新城”正在鄂中腹地崛起。

后港农业特色鲜明。 高举“中国农谷”发展大旗，按照“南渔北林中间菜”发展思路，立足“建基地、办龙头、创品牌、兴模式、强科技”等五项措施，大力发展现代农业，巩固农业经济基础，建成了唐台、孙桥、韩场、荆南等村为示范点的十大种养殖基地，形成了独具特色的“水乡生态”种养格局。水产产业优势越来越明显，境内百里长湖、水库水域面积22.6平方公里，盛产龟、鳖、蟹、鳜鱼、银鱼等名贵淡水鱼，红菱、芡实、莲蓬等土特产被视为珍品。珍馐佳肴俯首即是，湖乡美味芳名远播。

后港发展前景喜人。 “十三五”期间，后港面临着极好的发展机遇，将主动融入“宜荆荆”城市群，全力推动“百亿工业园区、现代高效农业、现代港口物流、现代宜居城镇、水乡生态旅游、和谐生态社区”建设，培育大企业、建设大集群、发展大园区、打造大产业，努力建设美丽富裕文明和谐的新后港。

湖北丽阁铝业科技有限公司办公综合大楼

后港镇以帝港商业街为中心的商住小区一角

后港镇荆南移民新村

麻城市湖广移民文化公园建设开发有限公司

公园南大门——移民文化轴入口

祭祀广场"麻邑四乡壇域图"印章

环宇尊亲坊

项目简介

麻城孝感乡文化产业园是麻城市的一个重大文化建设项目，总投资12亿元。整个工程分两期建设，一期建成以"移民文化"为主，"科举文化"为辅的麻城孝感乡文化公园，二期建成以"孝善文化"为主的麻城文化小镇。自2013年动工建设以来，经过两年的时间，园区主要建筑及景观已基本成型，计划于今年10月份基本建成并转入试运营。工程推进速度之快主要依赖于以下几个方面：

一、科学决策

"麻城孝感乡"是中国古代八大移民圣地之一，明清时期的"湖广填四川"运动就发源于此，移民遍布川、渝、陕、豫、云、贵、鄂七省市，素有"湖广填四川，麻城占一半"之说。同时，"山阳礼记，麻城春秋"天下闻名，麻城又是著名的"科举之乡"。据《湖北通史》记载，仅麻城一县就中进士136人，分别占湖北和黄州府的13%和34%，其中，8人官居一品，10人载入《明史》，是明代湖广进士第一县。麻城还是名扬天下的"孝善之乡"，孝善文化薪火相传，孝行善举层出不穷。据《后汉书·赵咨传》及四川江安县《赵氏族谱》记载"孝感乡"之名就是因赵咨为救其母，轻财重孝，以孝感盗的故事而来。为继承和弘扬麻城移民、科举、孝善文化，促进麻城旅游转型、社会经济发展，麻城市委市政府在科学论证的基础上作出了兴建"麻城孝感乡文化产业园"的决策。项目建成已带来诸多好处：首先，改善了民生，给市民、游客提供一个较大的休闲娱乐空间。第二，挖掘了历史文化，已成为吸引移民后裔追根溯源、观光旅游的重要纽带和精神家园。第三，完善了城市功能，它作为一个集食、住、行、游、购、娱、体等功能于一体的大型文化旅游创意产业园区，满足了市民和游客的多方面需求。第四，适应了城市发展，为城市发展注入了新的活力，增强了城市发展的后劲，使之成为鄂东乃至湖北的一个新的经济增长点。

二、高端规划

项目总体定位为"川渝老家、市民乐园、文化窗口、艺术殿堂、城市客厅"。为此，我们邀请了国内多家一流的设计公司对各项规划进行设计，经过多轮专家评审和反复比较筛选，最后确定项目总体规划由武汉市园林建筑规划设计院编制。一期公园古建筑设计由湖北金木石工程设计有限公司中标承担；园林景观设计由无锡市园林设计研究院和深圳维鼎设计公司中标承担；文化布展设计由广州凡拓布展设计公司中标承担，布展施工由北京兴中创国际展示有限公司中标承担；大型雕塑设计及施工由湖北曲阳县丰福雕塑有限公司中标承担。二期文化小镇规划设计由上海思纳建筑设计有限公司中标承担。项目总占地面积1246亩，处于市区中心位置，规划形成"一环、一楼、一街、三轴、五区、十景"的布局结构（"一环"即环绕整个园区的循环路；"一楼"即孝善楼；"一街"即百家姓文化一条街；"三轴"即移民文化轴、科举文化轴、孝善文化轴；"五区"即移民文化区、科举文化区、百家姓文化产业区、文娱活动区、生态游赏区；"十景"即寻根问祖、思乡怀古、清风灵渠、落霞泛舟、进士同瞻、幽谷拾趣、孝行天下、上善若水、辉煌史诗、唯善为宝）。

三、创新体制

项目建管体制采取"政府引导、公司主体、市场运作、分步推进"的创新方式。即政府只负责顶层设计，明确预期目标，定期进行督察，组建公园建设开发有限公司，由公司作为项目主体。政府特许公司经营的权限，作为项目全过程运营商，负责前期规划、融资、建设以及后期的推介与运营。公司完全采用市场手段进行运作，根据项目投资和产业布局的要求分期分步推进项目建设。

四、市场融资

项目融资选择了公私合营（PPP）方式，通过出让项目融资开发权，以项目周边600亩配套用地作为风险抵押，项目一期建设顺利融资7亿元，撬动二期市场投资5亿元。同时，通过先做好环境，再做地产，大幅度提升了项目周边地价，使政府享受到了项目开发带来的增值收益。采用这种融资模式，解决了生地不能拍卖，县市级政府一次拍卖土地不能超过105亩的数量限制等一系列难题。自融资成功后，全国已有25个省市、300多个县市来产业园考察学习这种模式。

五、产业导入

为实现项目可持续发展，满足市民和游客的多种需求，在建设项目时，我们充分注重挖掘其文化内涵，与关联产业进行对接，以市场手段导入相应产业。"麻城孝感乡"是"湖广填四川"移民文化的一个代表符号，为了让市民和游客对"麻城孝感乡"有更直观的感受，通过深度挖掘，我们发现"孝善"就是"麻城孝感乡"的根本。因此，按照"懂移民、懂麻城、懂文化、懂商业、懂旅游、懂地产"的要求选择了四川眉州东坡万景投资公司做投资商，以移民文化为线索，孝善文化为灵魂，百家姓文化为载体，投资5亿元建设占地面积228亩的麻城文化小镇。文化小镇通过引进不同的商业业态，按功能分为餐饮休闲文化区、休闲度假文化区、城市生活文化区、儿童娱教文化区、主题购物文化区、旅游休闲文化区以及百家姓祠堂文化区，融城市生活、旅游观光、吃喝玩乐于一体，形成庞大的文化商业集群。

六、专业施工

工程建设采用项目委托代建的方式，即CM模式推进。在融资权拍卖出让的同时，公开选择委托代建方，代建方按照代建合同的要求选择具有专业（古建、景观、道路、还建房等）一级资质的施工单位。项目实行部分委托，只委托施工代建权，规划、决策、投资不进行委托，保证了项目建设的质量、建设的品味、投资的控制能达到项目预期目标要求。

七、高效推进

2012年4月成立了公园建设指挥部。2012年6月30日成立了公园建设开发公司。2012年9月底委托湖北汉海拍卖公司采用开发权方式推介，11月1日成交。2013年元月至2月征地2036亩。2013年4月启动道路及周边配套建设，6至10月结合全市"千人百日大征迁"完成全部（七家单位、279户私房）征迁工作。2013年10月份启动一期公园两轴建设，于2014年10月完工。2014年2月启动一期300亩景观工程建设，于2014年10月完工，其它景观分批开工，于2015年4月完工。一期文化布展于2015年3月正式启动施工。二期文化小镇，已于2014年8月份正式动工，预计两年全部建成。

景点风貌

"孝行天下"坊

辉煌史诗景点

唯善为宝景点

入口门楼

风雨长廊

进士堂

中国市政工程中南设计研究总院有限公司

株洲二水厂提标改造(30万m3d)

中国市政工程中南设计研究总院有限公司（简称：中南市政院）创建于1954年，原直属建设部，2000年中央所属工程勘察设计单位体制改革后，进入中国中信集团。

经过60年的发展，中南市政院综合实力稳居全国市政设计行业前列，已经成为能够提供策划、咨询、勘察、设计、建造、运营等项目建设全过程一揽子解决方案的提供商和实施者。

资质门类齐全。具有我国工程设计资质等级最高、涵盖业务领域最广、条件要求最严的资质---工程设计综合资质甲级，以及工程勘察综合类甲级、工程咨询甲级、工程监理甲级、生活污水运营甲级等多项资质。

业务范围宽广。可以承担甲级城市给水、排水、燃气、热力、道路、桥梁、建筑、隧道、公共交通、轨道工程、园林景观、环境卫生工程设计及城市规划、市政工程规划、工程勘察、工程监理、工程总承包、项目管理、工程咨询、科学研究等方面的业务。

市场布局完善。总院共设有10个设计院，25个设计分院、工程公司、工程勘察院、咨询公司、园林景观所等生产机构，业务覆盖全国25个省市自治区。

经营成果丰硕。迄今共完成勘察、设计、科研任务8000项余项。累计完成城市污水处理工程设计规模1300万立方米/日，占全国现有污水处理能力的10%。累计完成给水工程设计规模3300万立方米/日，占全国市政给水能力的8.8%；累计完成城市道路设计里程约10000公里，高等级公路近5000公里，大型立交桥、斜拉桥和悬索桥超过500余座，隧道近100条；设计城市生活垃圾、餐厨垃圾、危险废弃物的卫生填埋、堆肥、焚烧和综合处理利用等项目，累计规模超过50000吨/日；承担了“西气东输”和“川气东送”等项目的多项燃气、热力工程；承担近20项市政工程的总承包，累计完成投资近80亿元。工程设计获得国家、省部级各类优秀成果奖320项。

相继承担了国家“七五”至“十二五”科技攻关项目、水专项和国家863项目，以及省、市、企业的科研项目，累计完成各类科研项目100余项，其中以“受污染水体生态修复关键技术研究与应用”为代表的50余项获全国科学大会奖，国家、部、省级科技进步奖；拥有各项发明、实用新型专利30余项。主编或参编给水排水专业国家标准规范近40项。

宁波市通途路--机场路立交桥

全国最大的工业污水处理场--
绍兴污水处理提标改造项目

深圳市老虎坑垃圾卫生填埋场二期工程－西区工程

昆山市长江引水工程(90万m3d)

荆州市城市规划设计研究院

荆州市城市规划设计研究院成立于1978年，为自收自支事业单位，是国家首批甲级规划院。主要承担城乡规划编制，包括城镇体系规划，城市（镇）总体规划、分区规划、详细规划、乡及村庄建设规划，风景园林、市政工程规划；参与社会经济发展战略和城乡建设公共政策研究，为政府及部门提供规划咨询、规划研究、规划编制、工程咨询等技术服务；为城乡建设、规划管理提供技术支持。现拥有城乡规划编制、工程咨询、风景园林工程设计专项、市政行业（道路工程）、建筑行业（建筑工程设计）、工程勘察专业类岩土工程（勘察）甲级；市政行业（给水工程、排水工程、桥梁工程）、岩土工程设计、工程测量乙级；市政行业（城镇燃气工程）专业丙级，三级建筑装修装饰和地基与基础工程专业承包资质。通过ISO9001：2008质量管理体系认证，建立工程设计质量责任保险。已发展成以城乡规划编制为主业，集工程勘察设计、工程咨询服务、工程专业承包为一体的综合科技实体。

全院现有在岗人员198人（包括各类各级专业技术人员162人），其中：正高13人、副高级33人、中级66人、初级50人；国家注册城市规划师，建筑、结构、公用设备、电气（供配电）、岩土、咨询、造价、建造等各类注册工程师74人次，人才配备达到资质管理的要求。已建立起结构合理、专业齐全、业务精湛的人力资源队伍。内设城市规划、城市景观规划、风景园林规划、市政工程规划设计室；下辖建筑工程设计事务所、楚原城市规划技术咨询服务中心、城市建设技术开发公司；在重庆、新疆设有分院。业务范围拓展到湖北及重庆、广东、广西、海南、浙江、江苏、安徽、河南、河北、贵州、西藏、新疆等省市区。两百多项规划编制、工程勘察设计与研究成果获部、省、市级优秀设计和科技进步奖。

院多次荣获省、市行业先进单位，市级文明单位，现为湖北省省级文明单位。同时涌现出一批先进个人：院长秦振芝获“全国建设系统先进工作者”，当选为中共荆州市第三次党代会代表、荆州市第四届人大代表，荆州市第二批、第三批专业技术拔尖人才；副院长司永华被评为“全国优秀城市规划工作者”；副院长秦军获“湖北省青年岗位能手”荣誉称号、荆州市第四批专业技术拔尖人才，多名高级技术人员为长江大学兼职教授和全国、省市行业协会专家库成员。

荆州市规划院在荆州市生态建设、旅游发展、产业布局、综合交通、机场火车站选址、新区建设、省运会配套工程等方面做到高标准、高起点，统筹规划和研究，建言献策，当好参谋，发挥了良好的技术支撑作用，为荆州加快推进“壮腰工程”，奋力打造湖北经济增长“第四极”提供了高效优质的服务。

2014年完成的城乡规划设计重点项目主要有：关沮镇镇域总体规划、华中农高区总体规划纲要、荆州市城南片区控规单元更新规划、荆州市东、西堤街历史街区保护规划、荆州区美丽乡村专项规划、荆当旅游公路沿线产业布局概念规划、各乡镇的控制性详细规划、楚天凤凰城控制性详细规划、城市重点区域的城市设计以及众多的控制性详细规划和修建性详细规划等；荆州市西干渠路沿线控规调整、荆州市塔桥路与江津路交叉口城市设计、荆州开发区高新技术产业园概念规划及可研报告、荆州开发区3个乡镇（岑河农场、沙市农场、滩桥镇）的总体规划和控制性详细规划、江陵县城乡统筹规划及4个乡镇（熊河、资市、沙岗、马家寨）的总体规划和6个乡镇的控规，石首桃花山镇总体规划、石首桃花山镇李花山村美丽乡村规划，荆州纪南生态文化旅游区高岳片区（棚改还迁）修建性详细规划、草市街棚户区住宅改造规划、尚上名筑小区规划等一批修建性详细规划。

2014年重点获奖项目：长阳清江画廊武落钟离山景区景观建筑及环境工程设计（省优秀工程勘察设计三等奖，市级二等奖）、长阳清江画廊游客服务中心建筑工程设计（省优秀工程勘察设计二等奖，市级二等奖）。工程咨询：荆州古城疏散项目——古城内环水系整治环境工程可行性研究报告（省优秀工程咨询三等奖）、荆州市城郊水生态保护及水环境整治工程可行性研究报告（省优秀工程咨询优秀奖）、洪湖市汽车客运站工程可行性研究报告（省优秀工程咨询优秀奖）。

荆州市城市规划设计研究院竭诚为社会各界客户及各级政府部门提供优质高效的规划编制、工程咨询和工程勘察设计等技术服务，让我们携手并进、互利共赢、再创辉煌！

地址：湖北省荆州市沙市区塔桥路20号　邮编：434000　传真：0716-8265364　电话：0716-8254123　8253071　8250131　8517844

荆州古城疏散项目—内环水系整治环境工程可行性研究报告

长阳清江画廊游客服务中心建筑设计

荆州市塔桥路与江津路交叉口城市设计

武汉华联消防网络系统工程有限公司

WUHAN HUALIAN FIRING NETWORK SYSTEMS ENGINEERING CO.,LTD

武汉华联消防网络系统工程有限公司是从事消防、安防、网络及楼宇控制等行业技术研究开发、工程实施、系统集成的高科技企业，具有上述系统工程设计、管理和协调的丰富经验。是湖北省消防协会和安防协会理事单位，拥有消防设施工程专业承包壹级资质安全防范工程设计施工维修A类备案证 （即壹级资质） 以及建筑智能工程专业承包贰级资质、机电安装及装饰装修叁级资质等增项资质。通过了IS09001质量体系认证、IS01400环境体系认证、IS018000职业健康安全管理体系认证。

武汉华联消防网络系统工程有限公司承建了各种类型建筑的消防智能、综合布线、安防工程及机电安装、装饰装修等工程：五星级江城明珠豪生大酒店，超高层建筑，46层；大型住宅小区武铁佳苑（单层地下室46500㎡）、襄阳新市民公寓（50万平方）；城市综合体有南国中心（超高层，13万方），海南大厦（24万平方）；咸宁医院、省食品药品安全检测中心办公楼；农行、建行、农发行及周大福文化产业园（30万方）、LCOS高新技术产业基地（14万方）、华中科技大学、武汉工程大学、武汉大学等。

武汉华联消防网络系统工程有限公司为世界一流的美国爱德华火灾自动报警系统、美国唯特利消防管道系统提供技术支持、产品销售、安装调试及维护保养服务。技术支持电话：02787258198。

南国中心城市综合体

海南大厦

美国唯特利消防管道系统

- ◆唯特利解决方案带给您绝佳的设计弹性， 以及适应地震运动的能力、 噪音和震动衰减， 高延展性非常适用于超高层建筑， 应对建筑风摆， 密封胶独家配方， 高回弹性， 保证良好的密封。
- ◆唯特利阀门为您节省空间、 全新的安装接头可将系统安装时间缩短 60%

美国爱德华火灾自动报警系统

- ◆智能化程度高： 采用当今世界最先进的分布智能技术， 设备均内置 CPU， 零误报、 特大型系统报警反应时间小于 3 秒
- ◆网络生命力强： 先进的多重令牌优先无主网络具有自动电子成图功能， 可在线维护、 清洗无需拆卸回路信号传输距离可达 3 千米

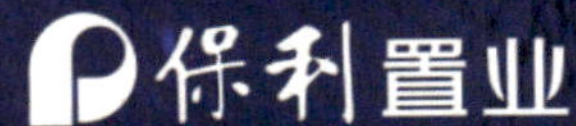

湖北保利 辉煌十一载 誉满江城

国之保利，央企巨擘

中国保利集团公司系国务院国有资产监督管理委员会管理的大型中央企业。成立31年以来，已形成国际贸易、房地产开发、文化艺术经营、资源领域投资开发、民用爆炸物品产销及相关业务为主业的“五业并举、多元发展”格局，业务遍布全球100多个国家及国内100余个城市。综合实力稳居央企第一方阵。保利置业集团有限公司是中国保利集团唯一的海外上市房企，于香港主板上市，香港联交所股份代号：00119。传承中国保利集团的文化经营资源，精筑中国二十年三十城，秉持“专筑文化地产”的企业经营理念，坚持以“文化、和谐、自然、高端”为核心，精耕房地产开发、房地产投资及物业管理三大业务板块。通过不断发展，保利置业集团业务遍及北京、香港、上海、广东、深圳、武汉等重点城市，成为中国高品质文化地产领跑者。

湖北保利，荣耀江城

作为保利置业集团在武汉的开发运营平台，湖北保利投资有限公司自成立以来，秉承保利品牌的经营理念和创业精神，以房地产开发为经营主业，并将经营业务延伸到工程施工和物业管理，形成了完整的房地产开发产业链。公司深入贯彻“优跃品牌战略”、“优居品质战略”、“优+服务战略”和“悠悦置家战略”四大战略践行文化地产承诺，用坚实建筑品质展示军工品质。先后开发了“天源城·保利园”、“保利·浅水湾”、“保利·华都”、“保利·才盛景苑”、“保利·蓝海郡”、“保利·公园家”、“武汉保利城”、“保利上城”等房地产精品项目。2012年5月，公司凭借良好的开发能力和较快的发展速度荣获“2012年湖北省房地产公司30强”称号，并于单项top10研究中获得成长性第一，规模性第七和市场占有率第九名的排名。

大冶城建集团有限公司

大冶城建集团有限公司为国家壹级施工总承包企业，始建于1953年，迄今已有60多年历史。公司注册资金10189万元，职工人数1889人，其中高、中、初级专业技术人员366人，注册一级建造师28人、二级建造师36人、造价工程师10人。公司现已发展成为以建筑施工为龙头，集房地产开发（贰级资质）、混凝土构件生产（叁级资质）、物业管理（叁级资质）、建筑劳务（壹级资质）、建筑装修装饰（贰级资质）、园林古建（叁级资质）、市政公用工程（壹级资质）为一体的综合性集团公司，公司已通过了质量、职业健康安全、环境管理体系认证。公司历史悠久，经验丰富，管理规范，作风严谨，环境和谐，业绩突出，发展迅速，一直以来秉承“做一项工程，铸一个精品，交一批朋友，占一方市场”和“一言一行对社会负责，一举一动为用户着想”的经营理念，追求社会效益、企业利益、个人收益同步发展。特别是公司投资建设的五星级白天鹅大酒店，为公司多元化发展、延伸产业链、拓宽经营领域奠定了坚实的基础。公司一贯坚持在发展中创新，在创新中发展的原则，一路发展，一路创新，因此竞争能力、管理水平、经营效益稳步提升。公司视质量为生命，以安全作保障，紧紧抓住这两大关键环节不放松，取得了令人欣慰的成果。近年来，在公司承建的200多项工程中，有68项获黄石市优质工程，22项获黄石优质样板工程，30多项获省优质样板工程（楚天杯奖），工程优良率达到60%，工程合格率达到100%。凭着良好的信誉和优质的品牌形象，公司前景一片光明。公司连年被评为大冶市和黄石市“先进单位”、“红旗单位”、“十强建筑业企业”、“安全生产先进施工企业”、“质量保证单位”、“双文明单位”、和“省优秀施工企业”、“省质量管理优秀企业”、“省管理样板企业”、“省建筑业综合实力百强企业”、“省农行AAA信用企业”、“省守合同重信用企业”、“国家级守合同重信用企业”等一系列荣誉称号。

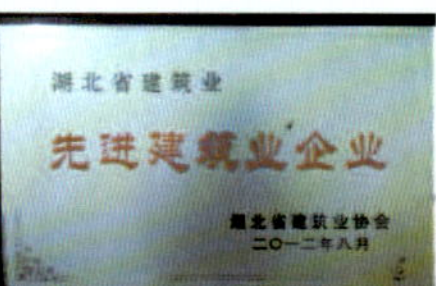

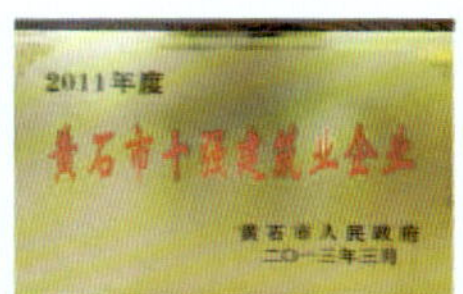

公司投资建设的大冶白天鹅酒店（五星级）

公司投资开发的大冶白天鹅酒店城市综合体

公司投资开发的湖景花园6#楼荣获湖北省建筑优质工程“楚天杯”奖

公司承建的大冶徐风·紫荆国际

恩施华都建设开发有限责任公司

公司简介

公司总经理：龙克凤

恩施华都建设开发有限责任公司，其前身为恩施城市建设开发公司，于一九八四年十一月二十四日经市人民政府批准成立。一九八七年经省城建厅批准为开发四级资质等级，一九九〇年经省城建厅核准升为开发三级资质等级，为全州第一家省级三级开发企业。一九九六年更名为恩施华都建设开发有限责任公司，二〇〇一年改制为民营企业。

公司地址原位于航空路89号，于二〇〇二年五月十九日迁址到小渡船路45号，现变更为市府路8号。注册资金1010.3万元，公司是以房地产综合开发、经营销售商品房为主，以装饰安装、物业管理、造价咨询等多项业务为辅的综合型开发企业。公司现有股东5人，员工10人。其中具有中、高级技术职称8人。公司自组建以来，在政府及各部门的大力支持下，不断改进，稳步发展为一个工程管理能力较强、社会信誉较好的房地产开发企业。

特别是二〇〇二年以来，公司完成了从国有企业向民营企业的过渡，艰难地度过了企业最低谷阶段后，及时转变思想观念，调整经营思路，认真总结公司的优势和劣势，扬长避短，稳步发展。先后被恩施市人民政府、恩施市工商行政管理局、恩施市个体私营经济协会、恩施州消费者协会、湖北省消费者协会以及恩施市非公有经济组织工作委员会多次分别授予“重合同、守信用企业”、“守合同、重信用企业”、“消费者满意单位”、“先进党组织”等荣誉。

三十多年来，我公司主要开发建设了以下大、小项目：

一、城区定向开发项目有：州工艺大楼、金鑫商厦、市农牧技术推广中心、硒都大厦、航空大酒店、天龙商厦、烟草公司卷烟专卖、仓库及大型烟丝车间等项目。

二、商品房开发项目有：薛家巷住宅楼、李家峁住宅楼、大桥路商住楼、恩屯路小区住宅楼、清江路华运商住楼、航空路绿园小区一期住宅楼、工农路兴华小区住宅楼、市医院康宁大厦住宅楼、欧逸佳苑二期与华都联建楼等。

三、乡镇工程项目有：恩施市各乡镇烟草站、卷烟专卖点、烟库、乡办公楼等。城乡累计共建大小项目134项，竣工134项。竣工工程合格率100%，未发生过任何质量事故。在多年的经营管理工作中积累了丰富的实际工作经验，建立了完善的建筑工程质量保证体系，现具备承担二十层以上的高层建筑工程技术管理能力。

总之，我公司本着为社会创造价值，为员工创造机遇，为客户提供满意商品，为企业寻求发展的历史使命，以改善城市生态环境和提高居民生活质量为已任，努力为把恩施州建设成为现代化、生态化的旅游城市而做出应有的贡献。

公司代表项目

华都大厦大酒店

市医院住宅楼—康宁大厦

航空大酒店

绿园小区

欧逸佳苑二期与华都联建楼

POLY
PROPERTY

保利城

保利城作为城市体的开创者，以雄踞内环徐东之势，打造“150万方城市磁场”。项目规划高层、超高层、洋房全系住宅产品，涵盖全龄居住需求。集合20万㎡规模SOHO群，8万㎡商业街区，及保利文化中心、星级酒店等多种业态，旨在为武汉打造一座都会地标大城。

保利上城

保利上城雄踞武昌首义南第一门户，缔造80万方都市集优区。项目规划精品住宅、商业街、写字楼等全系产品，12万㎡美式风情街区，4.8万㎡写字楼，12000㎡全能运动场，以及2座国际双语幼儿园等多种业态，致力于打造一个高品质理想之城。

保利·蓝海郡

保利·蓝海郡位居武昌城心南湖北岸，坐享6000亩浩淼南湖自然景观。地铁2号线、BRT快速公交、跨湖大桥等立体交通路网通达全城，优越的中心区位和珍稀的生态自然，赋予项目得天独厚的居住价值和无可复制的人居传奇。项目由7栋亲水洋房和12栋精品高层沿200米原生湖岸线环式排布，打造英伦风尚住区。

奥山介绍

ABOUT ORSUN

奥山集团创立于1997年，是一家集综合地产开发、商业管理、文化教育、影视传播、休闲旅游、金融投资等六大产业于一体的多元化集团。

奥山以“让生活充满阳光”为品牌理念，秉持“提供不断超越客户期望的产品与超值服务”的使命，让我们的客户与消费者，从奥山提供的多维度的产业产品中，感受到阳光般的美好生活。

奥山地产

以提供差异化的精品项目为理念，位列“中国房地产百强企业”和“湖北省房地产企业10强”阵容。多年来，奥山地产成功开发了诸多品牌楼盘，经过多年积累，形成了商业综合体开发运营、旅游地产和住宅地产三大核心产品线，其中包括集港汇商业、湾区生活、江滩广场、景观公园为一体的150万方滨江枢纽综合体——奥山世纪城。

奥山商业

凭借专业化商业运营管理团队，运营管理大型商业综合体项目，包括奥山世纪广场、奥山中南创意街区、黄石奥山星城、恩施旅游接待中心（亦名恩施奥山世纪城）、奥山光谷创意街区等商业综合体项目。

奥山教育

奥山携手武汉市最负盛名的初中名校之一——武珞路中学，走联合办学之路，着力打造湖北教育新模式。奥山集团和武珞路中学共同发起，奥山集团注资成立湖北省武珞路中学教育发展基金会，旨在“尊师重教，奖教助教，崇德尚学，奖学助学，发展教育”。

奥山影视

以影视剧的策划、制作、发行以及文化活动的合作与推广为主，斥资投拍了电影《琴动我心》、《未来警察》、《国门英雄》、《铁血红安》等十余部影视剧作品。其中，电影《琴动我心》荣获第8届圣地亚哥国际儿童电影节“最佳家庭电影奖”（电影节最高奖），更被评为湖北省“五个一工程奖”；电视连续剧《国门英雄》、《奢香夫人》、《革命人永远是年轻》被评为第十二届（2009-2012）精神文明建设“五个一工程”奖。《铁血红安》2014年在央视一套黄金档播出，登顶收视冠军。

奥山旅游

参与投建的“悦兮·半岛国际温泉度假村”被誉为“华中第一泉”，是国内最高端的温泉度假区之一。“恩施旅游接待中心（恩施奥山世纪城）”项目，位于恩施城市旅游经济发展和“鄂西生态文化旅游圈”建设的重点区域，将民俗特色与现代、时尚融合于建筑之中，力图打造恩施地标级、高品质、现代化旅游休闲中心生活区。奥山旗下的梭布垭石林位于湖北省恩施市北部，景区总面积为21平方公里，是国家5A级石林旅游度假胜地，将打造成世界级土家石林文化旅游度假区，世界奥陶纪地质景观博览馆及鄂西土家民俗文化体验地。

奥山金融

以资产管理、股权并购、基金运作为主导，参股商业银行股权，并与商业银行开展良好战略合作，积极探索并不断创新包括地产私募基金、产业并购基金、影视文化产业基金等在内的多种资本运作模式，打造地产、金融、影视和投资等多元化战略发展模式，为客户提供优质的金融产品和专业化的金融服务，持续为客户创造价值。

多元奥山

奥山集团在多个业务产业进行了拓展延伸。在酒店领域，由奥山集团投资、澳大利亚雅阁酒店集团全权管理的国际四星级酒店奥山雅阁酒店，是恩施首家澳大利亚高端品牌酒店；在主题公园领域，武汉奥山冰雪主题公园是华中最高档次室内冰雪主题公园之一，包含800平米真冰场、400平米冰滑道；同时，奥山集团旗下Orsun Coffee作为复合文化主题咖啡厅，为顾客营造出舒适浪漫的咖啡文化体验氛围。

激情创造事业，责任成就梦想。奥山集团以“产业报国，服务社会”为企业公民建设指引，在捐资助学、灾区援建、扶困济贫等慈善公益领域持续实践企业公民的社会责任。

作为一个多元化集团企业，奥山集团致力于成为中国最优秀的差异化地产创造者、商业地产运营者和文化产业创意缔造者。

奥山项目

ORSUN PROJECTS

梭布垭石林

恩施旅游接待中心（恩施奥山世纪城）

奥山中南创意街区

湖北长峡物业发展公司

HUBEI CHANGXIA WUYEFAZHANGONGSI

惠济路49号限价商品住房项目

湖北长峡物业发展公司原名为湖北长峡房地产开发公司，隶属于长江水利委员会机关服务中心，成立于1993年2月8日，注册资本两千万元，为全民所有制企业，具备房地产三级开发资质。主要经营：房地产开发及技术咨询，物业管理；兼营：装饰装璜工程，高科技产品开发。多年来，湖北长峡物业发展公司承接代建了长江医院及血防监测中心还建工程、长江防汛科技大楼、水生态所实验基地、长江流域水环境监测中心实验楼等长江水利委员会办公及住宅建设项目，累计建筑面积21.446万平方米，累计完成投资77219万元。目前受长江水利委员会委托，湖北长峡物业发展公司正在开发建设惠济路49号限价商品住房项目，该项目总建筑面积为5.5538万平方米、总投资为32700万元。

长江委设计大楼及综合服务楼

长江防汛科技大楼

长江医院及血防监测中心还建工程

项目简介

xiangmujianjie

宝安·中国院子

“宝安•中国院子”是由武汉市房地产开发十强企业之一的武汉宝安房地产开发有限公司所开发的中式别墅，地处武汉盘龙城经济开发区，紧邻三环线，是盘龙城内距汉口最近的山水别墅，区位优越不可替代。项目以2000亩汤仁海和1500亩甲宝山、露甲山为依托，内享江南文化艺术长廊、生态大峡谷、甲宝山森林景区、露甲山森林景区、汤仁海湖岸湿地公园五大景区，为高端置业者创造了集养生居住、度假旅游、商务生活于一体的顶级别墅圈。

“宝安•中国院子”承中国文化，得山水之魂，打造了中式风格的山地联排和叠拼美墅，及一线水岸小独栋和半山海景独栋别墅，自面世至今获誉无数：被建设部等权威机构评为“中国名居”；先后被评为“生态（园林）景观别墅示范项目”、“武汉市优秀住宅小区”和第二届中国地博会年度中国名盘综合大奖”、“CIHAF年度别墅大奖”、湖北房地产10年成功模式之“最佳中式人居”奖。

宝安·汉水琴台

“宝安•山水琴台”位于武汉汉阳区琴台大道与赫山路交汇处，北依汉江，东邻赫山，距王家湾商圈一步之遥，堪称市中心山水兼得的绝版景观楼盘；项目坐享多条公交线路，地铁三号线、城际铁路等轨道交通近在咫尺，瞬间通达武汉三镇。地处如此稀缺的黄金地带，宝安·汉水琴台的绿化率竟高达47.77%，容积率2.8，是真正意义上的城中心低密度豪宅；项目西侧的湖北运动学校、湖美分院，更成就了得天独厚的运动和文化氛围。

作为宝安地产进军汉阳的开山首作，宝安·汉水琴台实现了“江景山趣兼得，文化运动共生，城心繁华尽揽”，加上项目自身的超阔园林，星级配套，豪华大堂——实谓大汉阳真正的国际滨江运动生活！

宝安·高尔夫城

“宝安•高尔夫城”位于国家自主创新示范区“世界光谷”之东，红莲湖旅游新城的红莲湖高尔夫球场内，项目紧邻红莲湖高尔夫球场及万亩红莲湖，尽享1800亩高尔夫和万亩红莲湖两大稀缺资源，

“宝安•高尔夫城”规划占地面积近40亩，建筑面积4万多方，纳天地之大美，红莲湖之独秀，高尔夫之尊贵。凭借着得天独厚的自然资源，宝安·高尔夫城专门为休闲度假打造了高尔夫假日型产品——高尔夫果岭别墅和高尔夫假日公馆，产品全部“一线双景”，欧式建筑，融原生态自然湖泊景观为一体，红莲湖碧波推窗即得，高尔夫运动惬意悠享，依托红莲湖高尔夫会所四星级酒店，尊享高尔夫贵宾般的尊崇礼遇。

公司简介 | Brief Introduction

湖北月圆房地产开发有限责任公司原名为湖北月圆房地产开发股份有限公司，成立于2000年，具有房地产开发二级资质，注册资本2268万元。现有在册职工31人，党员13人，大专以上学历20人。内设办公室、设计室、财务核算股、经营管理股、工程监管股、发展计划股、维修股。主要承担应城市保障性住房项目开发和建设任务。

先后开发建设了应城市月圆小区一至五村、应城市东马坊办事处东景花园、应城市环水花园3个住宅小区，全额投资兴建应城广场，累计开发住宅楼150栋，住房3514套，总面积约50万㎡。应城市月圆小区先后被中华人民共和国建设部评为“全国物业管理优秀住宅小区”，被湖北省建设厅授予“优秀城市住宅小区”，被湖北省文明委授予“创建文明小区活动示范点”，应城市春天名苑保障房项目被孝感市建委评为“结构优良工程”，廉租房项目被孝感市纪委授予“廉洁阳光工程”荣誉称号；2001年至2014年连续七届被评为应城市文明单位。

近年来，公司主要以保障性住房建设为主。2008年在应城市中心城区肖湾社区征用土地88亩，建成应城市春天名苑保障房项目住宅小区，其中经济适用房总建筑面积6.37万平方米，共813套；廉租房总建筑面积2.73万平方米，共513套。目前，已完成应城市四里棚办事处刘杨还建房项目16.33万平方米，住房41栋，共1296套，解决周边近1300户群众搬迁问题；应城市中石家园配建公租房8250平方米，2栋，共180套。根据应城市政府及应城市住房保障和房屋管理局的决策部署，计划投资16500万元开工建设应城市家和小区。家和小区一期公租房2.34万平方米，5栋十一层高层住宅，共400套，已于2014年12月全部竣工并交付使用；家和小区二期公租房4.6万平方米，共636套，于2014年10月开工建设，计划于2015年10月竣工并交付投入使用；广盐华源项目是为解决原孝感市盐碱厂区职工住房搬迁问题而建设的还建房，地址位于应城市家和小区西南角地块，规划设计总建筑面积1.26万平方米，共计136套，于2014年7月开工建设，计划2015年8月全部竣工并交付投入使用；家和小区三期公租房4.9万平方米，共646套，目前已完成前期规划设计、三通一平、地质勘探、图纸审查等前期准备工作，计划2015年10月开工建设，2016年底全面竣工并交付使用；届时应城市家和小区全面建成，为中心城区低收入家庭解决近5500人的住房困难，真正做到了以实干取信于民，以服务凝聚民心，以实际行动惠及民意，保障了社会安定团结，为富强应城做出了应有的贡献。

企业风采 | Corporate style

月圆小区

家和小区

环水花园

春天名苑

积极开拓、努力创新

湖北鑫磊房地产有限公司

HUBEI XINLEI REAL ESTATE CO.

湖北鑫磊房地产有限公司创建于2001年，是一家拥有二级资质的房地产开发企业，拥有年开发住宅面积10万平方米以上的生产能力。

公司的前身是鄂州市世纪房地产开发公司，于二〇〇六年经湖北省工商行政管理局批准更为湖北鑫磊房地产有限公司。

公司主要职能部门有办公室、财务部、计划预算部、工程部、销售部和多个项目部、拥有各类工程技术管理人员30余人，具有高、中级职称管理干部12余人。

公司自成立以来，先后开发了鄂州市工会商住小区、鄂州市小西门小区、鄂州市滨湖南路花园小区、鄂州市建设街拆迁安置小区、武汉市江夏区老农业局鑫磊花园小区等项目、创建了一批优质品牌的住宅小区，树立了良好的荣誉，生产规模不断扩大。

目前，公司正在建设的武汉市江夏区鑫磊.鑫隆天际写字楼项目，位于武汉市江夏区纸坊街大桥村P(2010)136号地块。项目主力户型结构为异形写字楼，总用地面积8918.31平方米，建筑层数为地下2层，地上22层。建筑层高约4米，实际总建筑面积约4万平方米的异形写字楼，如按标准住宅折算，建筑面积在10万平方米以上。

本项目的建设不但可以为江夏区农业局孵化中心提供高质量的办公场所，解决孵化中心对优质办公用房的需求，还给该地区的商业服务、人文、自然环境带来了巨大的改善。除此以外，该项目的建设还将给社会提供大量的就业机会，对社会的发展有着积极的作用。

同时，我公司已着手准备开工建设鑫磊花园二期近四十万平方米的旧城改造工程。

公司正积极开拓、努力创新，为湖北创建和谐社会，打造中部强省，建设宜居城市而勤奋耕耘。

鸟瞰图

透视图

侧立面

立面图

XINLEI

襄阳侨丰投资发展有限公司

公司简介 Company profile

侨丰国际商品博览城凭借创新的产品、科学的规划、务实的态度以及先进的第九代专业市场模式及创新双首层设计理念，获得数千商家一致认可。经湖北省房地产业协会与湖北省房地产行业主流媒体联盟联合评测，荣获“2014年湖北省最佳商业地产项目”荣誉！

项目由襄阳本土实力企业襄阳侨丰投资发展有限公司斥10亿巨资倾力打造，位于湖北省襄阳市物流大道与产业大道交汇处，毗邻二广高速，盘踞鄂西北物流交通枢纽。规划集“国际展贸、商品交易、物流配送、商务办公、产业服务、信息管理、酒店餐饮、配套公寓”等多功能于一体，依靠第九代专业市场模式，创新的双首层产品设计，倾力打造华中地区功能最完善、规划最先进、管理最科学、运营最专业的商贸新城。

侨丰国际商品博览城以五金机电、厨具用品、酒店用品为主力业态，经营产品包括电线电缆、五金化工塑料、建筑五金、日用五金以及其他各类机械；储藏用具、洗涤用具、调理用具、烹调用具、进餐用具以及其他酒店、西餐用品等。同时面向所有老城区搬迁商户提供承接经营平台，打造鄂西北首席国际商品博览交易中心。

大势所趋，传统建筑全面升级

城市发展一日千里，商贸市场与时俱进。然而，襄阳传统商贸市场大部分停留在传统商业形态。“商住合一”导致市场形象差，定位模糊造成辐射范围小，一层二层绑定销售导致商铺总价虚高。传统建筑形态在竞争如此激烈的现代商场之中，已经不能适应时代发展的需求，必将被淘汰。

经营面积倍增，商业氛围飙升

具有长远眼光的商业地产开发商与设计团队，秉承“建筑以商为先，商业以人为本”的开发理念，经过数年沉淀，打造当下最成熟的新一代建筑产品。创新的双首层街区设计，通过空中车道与连廊实现二楼空间充分利用，打破传统市场一二楼捆绑销售模式，使临街经营面积增加一倍，让市场空间得以充分利用，商业氛围成倍飙升！

突破传统格局，将财富导向空中

专业市场是目的性消费极强的市场形态，每一个消费者，每一个采购商都将为商家带来一笔不菲的财富积累。“双首层”以空中车道将车流从地面导向二楼，通过电梯、扶梯、货梯、连廊等独特设计，建立纵横迂回的立体交通网络，打破传统市场单层交通格局！

项目鸟瞰图

大型景观停车广场

南大门广场

沿街商业配套办公楼

中心广场

首二层空中车道

空中车道入口斜坡

空中连廊及平台

美尔雅
房地产公司

美尔雅房地产公司注册成立于1994年，经过20多年的奋力拼搏，公司从小到大，从弱到强，不断发展壮大。近年来，我们公司开发的项目总规划面积累计达到了142万方。在售项目有:新西南国际花园、美鑫·锦绣华庭、美地金城、美尔雅·凤凰城等经典之作。

新西南国际花园是黄石首家100万方大盘，创黄石西南版块中心生活。项目位于团城山磁湖路,毗邻武黄城铁黄石北站，26分钟即可直达武汉。

项目以高层、花园洋房、别墅等多种业态满足不同购房层次的需求。34层广阔视野、城市中轴坡地园林、山体公园、35%超高绿化，完美的自然风情，让生活时

新西南国际花园

刻在氧吧中呼吸！90-136㎡多样户型选择，为生活的心情量身打造！

项目设置3000㎡双语幼儿园，让孩子足不出户就可享受优质的启蒙教育！3000㎡高档会所、篮球场、羽毛球场、休闲娱乐区，让下班后的生活更美好！6万方大型商业街，引入高端品牌百货、美食、娱乐、休闲等商家，造就国际级繁华。附近有团城山幼儿园、团城山实验学校、黄石二中、黄石理工等名校，孩子上学更方便！

美地金城位于黄金山开发区金山大道与百花路的交汇处，占地134亩，总建筑面积20万方，绿化面积30000方，停车位约925个，住户1707户，项目在设计方面承袭成熟大盘运作的经验，结合周边优美的自然环

美地金城

境，13栋高层采用坡地坐北朝南设计，两梯四户独立单元，户型面积79-136平米，小区配有儿童娱乐区、老人健身区、休闲生态区等，打造了黄石绝无仅有的纯住宅低密度生态宜居社区。

距离正在建设中的月亮山隧道仅4公里，作为黄石“山南山北大融合”的重要交通要道，开通后前往黄石市中心仅需15分钟，至大冶15分钟，阳新45分钟。

随着黄金山板块可开发土地的日益减少，配套设施的逐步完善，区域价值日渐提升。作为国家级开发区不可多得的低密度美宅，美地金城保值增值指日可待，值得城市精英收入囊中。

美鑫·锦绣华庭地处团城山开发区杭州西路延线的发展大道上，项目毗邻武黄城际高铁黄石北站点，随着城际铁路与周边公交线路的发展，物业价值会随之不断的飙升。

项目总建筑面积约20万方，整个社区由10栋造型简约

美鑫. 锦绣华庭总体鸟瞰图

大气的高层建筑，围绕中心景观庭院而建。社区建筑整体布置高低起伏、错落有致，使得社区空间开放通透，无论是从外部进入社区还是在户内推窗眺望，映入眼帘的都是丰富而富于变化的建筑景观和绿化空间。

在户型平面功能的打造上，为了满足多重客户需求，配有60—133㎡的多种居住空间。锦绣华庭倡导阳光居家生活理念，保障业主100%的阳光权，户户全明设计，彻底消灭黑房暗房，阳光与美景时时跃入眼帘。

宜昌市房地产投资开发有限公司

2014年11月20日，全省棚户区改造工作现场会在宜昌召开。省住建厅厅长尹维真肯定宜昌棚改经验“可看可学可复制”。

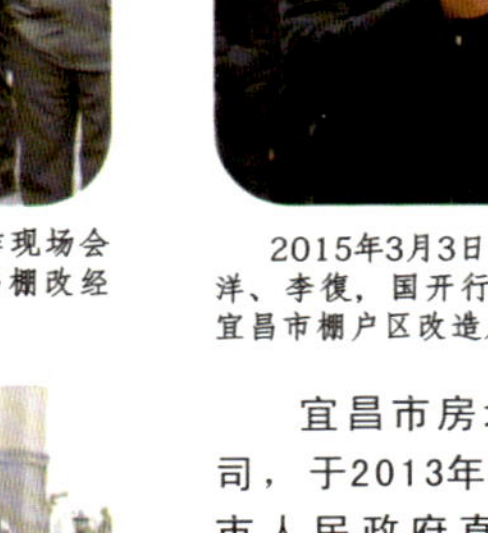

2015年3月3日——4日，国家开发银行监事冷向洋、李俊，国开行湖北分行行长钟钢一行来宜调研宜昌市棚户区改造及房投公司建设项目。

2015年1月19日，宜昌市政协五届四次会议的全体政协委员参观房投公司九安城安置房小区。

2015年1月20日，宜昌市五届人大六次会议的代表们集中视察了房投公司棚户区改造九安城安置房项目。

2015年6月6日上午，省委组织部常务副部长胡志强等一行来到房投公司人才公寓项目现场实地调研。

2015年5月20日，国家开发银行湖北分行行长钟钢等一行来到房投公司进行调研，听取房投公司党委书记、董事长、总经理曹洋的汇报。

宜昌市房地产投资开发有限公司，是经宜昌市人民政府批准成立的国有独资公司，于2013年5月31正式成立。经宜昌市人民政府批准，于2015年1月13日划入宜昌市人民政府直属国有独资公司——宜昌城市建设投资控股集团有限公司。截止2014年12月底，公司总资产70亿元，净资产24亿元。

公司现阶段主营业务为三类，一是棚户区改造及棚改安置房建设；二是保障房建设及保障房、国有直管公房后期运营管理；三是商品房开发、物业管理经营、房屋维修施工经营等市场化经营业务。

房投公司按中长期发展规划，点、线结合，致力于打造房地产产业链，夯实产业基础，提升市场竞争力。目前，基本形成了房地产开发、物业管理、公房和资产管理、建筑工程经营、建筑材料经营的产业链基础。

抢抓机遇，棚改工作实施迅速

2014年，根据宜昌市政府对房投公司政府投融资平台的职能定位，公司以棚改工作为基点，深度融入棚改政策制定、棚改项目策划，参与棚改项目建设，主动实施棚改工作。一是积极参与全市棚改项目摸底排查，确定全市棚改实施范围为9大片区、82个项目。二是参与国开行棚改专项贷款资金使用办法起草和制定。三是直接承担棚改安置房建设项目7个、207万平方米。

2015年，抢抓宜昌市“棚户大改年、城市大建年”的政策机遇，公司主动融入，围绕“三线五篇二十四点”的棚改总布局，谋求从单一的棚改安置房建设向棚改项目土地一级整理、一二级联动开发模式拓展。一是明确“政府思维、市场作为”工作定位，积极履行社会责任，围绕改善民生和公司发展，按照市场化运营思路主动参与棚改工作。二是对宜昌市政府确定的10个地块的棚改项目，加快设计测算，利用棚改专班设在公司的优势，积极推进项目规划手续完善、征收要件准备等工作，加速棚改项目启动。

质效并重，项目建设锻造精品

2014年以来，房投公司共承担续建新建保障房、棚改安置房建设项目14个，共约4万套，总建筑面积约390万平方米，完成项目建设投资31亿元。

2014年新开工保障房4100套、28.4万平方米；新开工棚改安置房5800套、70万平方米。按照“新开工一批、全面完工一批、打基础一批”的总体要求抓进度、抢时间，总体实现项目重要节点，为2015年出形象打下坚实基础。始终把工程质量创优目标作为硬性指标，组织争创市级、省级建筑优质工程（夷陵杯、楚天杯），把安全、质量、速度作为关键指标纳入劳动竞赛综合评比。2014年2月，民众家园项目A1、A2、A7、A9号楼被评为宜昌市建筑优质结构工程。2014年底，九安城项目接受了全省棚改工作现场会和宜昌市两会代表的视察，各级领导和与会人员对项目品质给予了高度评价，进一步在省内业界强化了“保障房品质看宜昌”的共识。

2015年，公司承建的13个保障房、棚改安置房项目按照“5个项目交付使用、3个项目基本建成、5个项目主体完工”的年度目标要求，项目建设提速增效。2015年2月，房投公司被宜昌市房管局授予2014年度房管工作“特别贡献奖”。

广开渠道，资金筹措大步突破

2014年以来，按照“以政策性银行融资为主，商业银行贷款并重，多家金融机构广泛对接，多元化融资先行先试”的思路强化融资工作，进一步加大融资力度，落实各项资金138.17亿元，到帐53亿元。一是抓好国开行政策性贷款主渠道，新增授信101.9亿元，提款19.313亿元。二是拓展商业贷款渠道，将商业贷款作为融资工作的重要补充，新增授信13.6亿元，提款11亿元。三是争取各级财政补助资金，到账8.02亿元。四是加强资产配租配售力度，统筹租售工作，回笼资金4.65亿元。五是创新渠道发行私募债，以棚改安置房项目在国泰君安和中信银行联合发行10亿元私募债，现已全部到账。六是探索项目建设的PPP模式，着力建立健全财政、金融机构、市场主体资金互推互补的开放式投融资体系。

其中，2014年，宜昌市本级共争取国开行棚改专项贷款授信126.95亿元，为湖北省（除武汉市）之最，房投公司申请额度68.9亿元占总额度一半以上。省委常委、宜昌市委书记黄楚平在棚改融资工作简报上批示“工作抓得积极主动，实有成效，值得肯定”。2015年8月，成功发行省内首只保障房私募债10亿元，该笔保障房私募债期限为3+2（年），年利率仅为6.38%，低于平均发行利率。

面向市场，分类运营科学有效

针对在管资产不同特性，公司实施分类管理，稳妥推进，服务民生，逐步实现科学运营管理。

一是明晰权责，公房资产运营管理规范高效。据统计，公司在管直管公房住宅12.4万平方米，商业房2.8万平方米，全面完成直管公房资产清理，摸清家底；推动国有直管公房危房纳入城市棚户区改造范围，优化公房资产；建立国有直管公房信息化网络系统，试行国有直管公房内网租赁资格预警机制，提升公房管理水平；理顺商业资产权责关系，全面推行市场化招拍租制度，着力打造特色商圈，促进商业资产保值增值。

二是规范管理，保障住房运营水平大幅提升。目前，公司在管保障性住房小区8个11268套，代管廉租房1706套、公租房2177套，严格租售管理，完善配租配售流程；保障房小区均由物业进驻规范管理，并在设计阶段提前考虑、谋划保障房后期运营；争取市政府及行政主管部门支持，推动保障房“租补”分离制度出台；借鉴北京等地智能物业小区先进经验，启动“智慧小区”试点，并逐步在运营物业小区推行，全面提升保障房后期运营品质，服务民生同时面向市场打造房投物业服务品牌。

三是优化结构，产业市场链条初步形成。2015年，房投公司与中建商品混凝土有限公司、湖北朗润企业管理有限责任公司签订了“宜昌绿色建材产业园”框架协议，成立股份制企业，积极探索混合所有制经济模式，并以此进军房地产建材产业，延伸房地产产业链条，不断优化公司资产结构，提升抗风险市场能力。

东锦苑鸟瞰图　上合园鸟瞰图　九安城鸟瞰图

新街坊鸟瞰图　听涛苑鸟瞰图　三江园沿街透视

仙桃市城市建设投资开发公司

仙桃市城投公司综合办公楼

南城东外环和平路高架桥

南城新区主干道—沔州大道

2014年，是全面深化改革的起步之年，是实施“十二五”规划的关键之年，是仙桃城投凝神聚气、奋发有为的一年。一年来，在市委、市政府的正确领导下，在相关部门的大力支持下，仙桃城投干部员工团结一心，锐意进取，克难攻坚，圆满完成了全年既定的目标任务，较好地履行了“服务经济发展、保障市民生活”的职能。

1.工程建设精益求精。

2014年，仙桃城投直接负责项目建设投资达10亿元，完成投资约6.7亿元。一是市政重点基础设施工程。完成了前通路高架桥、干河路跨汉南河桥、仙桃大道跨通顺河桥、襄河公园续建，以及汉南河污水综合整治等重点工程项目。南城东平台“两纵两横”道路工程正在有序推进。二是水务保障工程。完成了新城大道新增污水管网、仙排线给水，以及城区供水管网新建改造工程。完成了水务维护中心主体结构，化工园、城西污水处理厂已具备试运行条件。三是安置房建设工程。计划建设棚户区改造安置房1918套，实际具备开工条件1822套25.5万㎡，现已全面进入煞尾竣工阶段。

2.融资筹资再创新高。

仙桃城投积极探索融资筹资新模式，变压力为动力，化挑战为机遇，全年申报融资项目总额42.8亿元，成功融集资金32.33亿元，极大保证了春节前工程款的及时拨付和公司的有序运转。其中包括成功与国开行签订了第一批棚户区改造项目15年期14.47亿元的贷款合同。在《国务院关于加强地方政府性债务管理的意见》（国发〔2014〕43号）出台后，仙桃城投抢抓政策过渡期，积极争取，主动上门，与农发行签订9亿元项目融资合同等重大融资项目。

3.土地经营加紧推进。

仙桃市城投公司下辖自来水公司第三水厂

新老城区中轴线—前通路高架桥

南城新区骑尾社区

仙桃市襄河公园

在充分征求规划和国土等部门意见的基础上，提请市人大常委会审议通过了《市人民政府关于将南城新区部分土地实行储备控制的议案》及《仙桃市南城新区土地储备控制实施方案》，实行储备控制土地51宗12829亩，为聚集城市建设资金，建立银行贷款偿还机制提供有力的资产资源。耐心细致，做好土地收储工作，深入被征地村组，及时签订了土地收储协议，已报批收储土地31宗2600亩。抓紧土地招商引资服务工作，全年供地32宗900亩。

4.水务保障提档升级。

一是完善基础配套设施，有效处理城市污水。完成了城东污水处理厂设施设备升级改造和新城大道新增污水管网铺设。完成了化工产业园公共管廊方案优化和施工图设计，并启动建设。全年处理城市污水3308万吨，同比增加880万吨；污水集中处理率达85%以上。二是配齐检测抢修设备，切实提高供水保障。投入主管网建设超过5000万元，全力满足了落户企业的用水需求。完善了供水应急保障机制，购置抢修车辆，努力缩短停水时间，及时处置了供水紧急事件。全年完成供水量4665万吨，同比增长12%；实际售水量3260万吨，同比增长6.3%；应收水费6062万元，实收水费4741万元，同比增加403万元，水费回收率为78.2%，同比略有提高。三是制定全域供水规划，实现城乡供水一体化。聘请中南规划设计院完成了我市全域供水规划前期设计工作。争取市政府重视，审定下发了《关于进一步加强镇办使用城区自来水工程投资建设管理的通知》，规范投资建设行为，强化管网维护责任，提高供水服务质量，严格实行水费结算。投资2.2亿元，启动第四水厂项目建设，满足仙西片区近50万人的用水需求。

5.公司管理规范严谨。

一年来，我们以党的群众路线教育实践活动为契机，进一步加强作风建设，狠抓公司内部管理，重新修订出台了《企业管理行为规范》和《行业服务实施细则》等规范性文件，公司档案管理工作从A级成功晋升为AA级，文明单位创建工作得到了市政府主管部门的高度评价，荣获重点项目（企业）部门包保工作、市长专线工作、综治、计划生育等多个全市先进单位荣誉称号，塑造了良好的企业形象。

荆州市华鼎房地产开发有限公司

公司简介

荆州市华鼎房地产开发有限公司，公司成立于2007年7月，注册资本5000万元人民币，实到资本5000万元。公司的投资人都是国内知名的企业家，有着雄厚的经济实力和长期从事房地产开发经验。公司的管理层大部分的人员都是房地产行业的优秀人材，有着丰富的房地产开发经验，曾在上海、江苏、山东、安徽、山西等地有着出色的开发业绩。公司办公地址在监利县“书香四季城”住宅小区S-01商业楼内。公司法人代表董事长张明荣，总经理徐正宝，公司下设办公室、工程部、财务部、销售部、客户服务中心，现有员工35人，其中硕士学位1人，本科学历15人，其余人员均有中专以上学历。高级工程师2人，工程师13人，会计师2人，助理会计师1人，统计师2人，经济师2人。

自2007年组建以来，公司的主营业务为房地产开发。公司本着超越无限创一流，建设国家规范化小区，以“求实、诚信、保质、创新”为企业精神，怀着对社会、对历史、对消费者高度的责任感，以人文理念为指导，开展有效的工作，打造品牌小区，延伸公司专业品牌形象，致力把每一个楼盘建设成为城市的亮丽风景，为生活增添美景，以实现较好的经济效益和社会效益。

我公司目前在建项目“书香四季城”住宅小区项目位于监利县天府大道北侧，华容路东侧。总用地面积约为459.7亩；该项目总建筑面积约43万平方米，其中住宅面积约39万平方米，商业面积约2.1万平方米，幼儿园、会所、公建等配套建设约0.7万平方米。容积率1.5，绿化率36%，建筑形态为简约欧式风格，其中六层住宅96栋，十一层小高层6栋，十五层高层1栋，独栋别墅5套，连栋别墅3栋，复式叠加别墅3栋，幼儿园1栋，会所1栋，社区办公室兼社区医务室1栋。该项目分为四期开发，预计总投入约7亿人民币。预计全部工程六年开发完成。

“书香四季城”项目是监利房地产开发历史上至今为止最大的开发项目，建成后可入住居民三千四百余户，总入住人口将逾万人。该项目定位为国家示范小区，就监利本地而言具有建筑密度低，绿化面积大，景观优美。具有建筑外立面线条丰富，为简约欧式风格，户型合理，配套齐全等特点。截止目前已售住宅3700余套，已建商业用房98%已售。

市场的认可，给公司上下极大的信心，公司将一如既往地以诚信为本、以市场为依托、以品质为先导、以服务为基础，内强素质、外树形象，构筑企业新的核心竞争力，同时积极开拓投资领域，为建设监利作出应有的贡献。

公司地址：监利县华容路90号书香四季城营销中心
联系人：龚峰 13997596828;传真：0716-3300269

总平面

高层、小高层、沿街商铺

叠加别墅

联排别墅

荆门宝丽景房地产有限公司成立于2002年6月，具有房产开发二级资质，证书号：鄂房开[2004]H4008号，公司注册资本5268万元。公司座落于荆门市沙洋县平湖路56号，法人代表王杰。公司现有员工66人，其中具有研究生学历的3人，本科学历的17人，专科学历的21人，会计师1人，助理会计师3人，高级工程师2人，工程师32人，造价师3人，是一个充满活力、纪律严明、具有高度的责任感、敬业精神、学习型、创新型、专业专注的高素质团队。从2002年成立以来，公司成功开发了彩虹小区、荷花家园小区、新时代小区、长林花园小区、星辰嘉园小区、宝丽景·万利家具装饰建材城，宝丽景·国际城、宝丽景·朝阳新城，总开发面积为406000平方米，已基本售罄。以上项目得到了社会和终端用户的认可，实现了社会、银行、企业、终端用户多方面共赢的局面，有力的带动了地方经济和房地产开发市场的发展。公司现在除以房地产为主营以外,以该项目为契机向商业领域投资拓展。

万利家居装饰建材城

友邦·世界城

商业街内街效果图

商业街效果图

宝丽景·国际城

企业简介

碧桂园集团是一家以房地产为主营业务，涵盖建筑、装修、物业管理、酒店开发及管理、教育等行业的国内综合性企业集团，是中国房地产十强企业，下辖国家一级资质建筑公司、国家一级资质物业管理公司、甲级资质设计等专业公司。我们秉承我们要做有良心、有社会责任感的阳光企业，坚持过程精品，人居典范的质量方针，贯彻落实对人好，对社会好的企业精神，矢志于给业主一个五星级的家。

2013年碧桂园集团在全球已开发逾200个高品质项目，服务全球超1000000业主，并在2013年房地产销售额突破千亿元大关，位居房地产上市公司第六强。随州碧桂园作为碧桂园集团布局随州的第一个高品质大型住宅项目，凭借其过硬的产品质量、出色的园林环境、国家一级资质的物业服务以及超高性价比的产品，连续5年蝉联随州地区楼市销售冠军，已然成为随州人民的居住典范以及人们安居置业的首选楼盘。

随州唯一五星级标准酒店

典雅欧陆风情，演绎奢华精髓。大堂西斯廷拱廊呈现意大利经典壁画的瑰丽和辉煌。酒店集客房、餐饮、会务、娱乐休闲等项目于一体，是业主家门口的会客厅。

随州唯一 国家一级资质物业公司

不仅努力为业主建造最好的房子，最好的社区，更重要的是为广大业主提供细致、周到的人性化物业服务。碧桂园一级物业、24小时巡逻安保、重点电子监控、360度家政服务，只为业主安心。

随州唯一 苑区内12年制品牌教育

延续碧桂园集团IB国际教育理念，随州碧桂园引进雄厚的师资力量、齐全的教学设施。打造随州高品质教育，让孩子赢在起跑线。

随州唯一超级生态宜居大城

随州碧桂园坐拥稀缺山湖资源和逾30万㎡园林景观，六重立体园林花木扶梳，精致互动景观小品写意生活，处处层峦叠翠，鸟语花香，大美自然天成。

随州唯一英伦风情商业街 提升随州印象

超4万方英伦风情商业街，规划大型超市、品牌餐饮、体验式购物街区等经营业态。家门口的商业大城，尽享繁华购物便利！

企业风采

随州碧桂园--全景图

随州碧桂园--小区一角

随州碧桂园

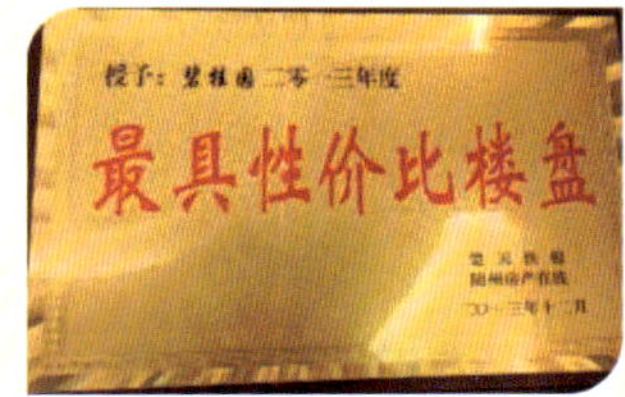

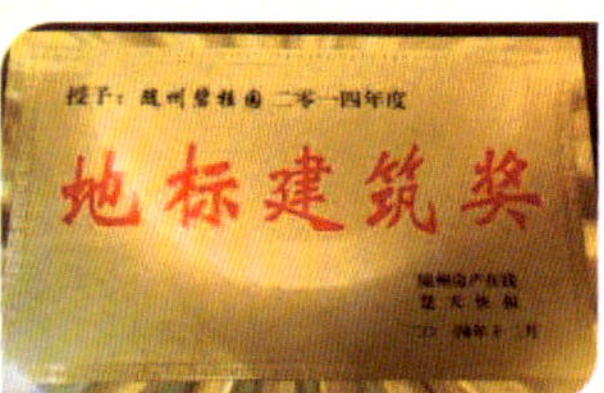

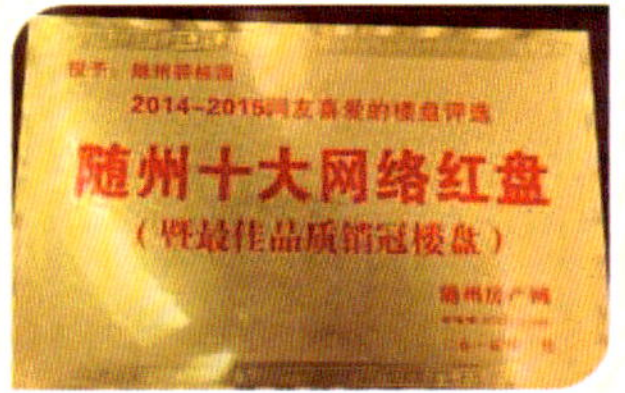

大冶市晟达房地产开发有限公司
公司简介
gongsijianjie
大冶市晟达房地产开发有限公司，于2007年11月22日成立。注册资本金为2000万元，公司共有员工18人，其中中高级职称10人。从2008年开始开发黄石盛平花园、大冶金贸大厦、大冶瑞鑫花园等项目。目前已竣工验收面积 98109平方米，在建项目74000平方米，大冶金贸大厦荣获省级《楚天杯》大奖。我公司将以全新的理念，向更高的标准不断努力，再创新绩。
SHOP

湖北中正信置业有限公司

Hubei zhongzhengxin real eastate Co.,Ltd

实力雄厚，致力于成为区域知名房地产开发商

湖北中正信置业有限公司成立于2006年，注册资金为6000万元人民币，主营房地产开发、商品房销售，具有国家二级房地产开发资质。公司具有清晰完善的组织架构，建立健全了一整套房地产开发内部管控制度，拥有一批多年从事规划、建筑设计、施工管理和市场营销的房地产经营管理人员，逐步 树立起了“以人为本、诚信至上、追求卓越、持续发展”的经营理念。公司连续三年被武汉市评为“守合同重信用企业”、“AAA级信用企业”、湖北省“诚信房地产开发企业”。

责任企业，努力为城市建设发展做贡献

公司注重企业品牌的发展，坚持“打造白金产品”的理念，不断提升产品品质和完善后期服务，为客户创造居住价值，借助项目建设以提升区域居住环境，先后成功开发了钢都花园C1小区、美地家园、武湖胜海家园、武湖下畈家园、中楷大厦等多个项目。

东湖睿园　光谷现代服务外包产业园

武湖胜海家园　钢都花园C1小区

作为展现公司综合实力的复合体项目“东湖睿园”已于2015年正式面市。项目位于武汉市内环岳家嘴商务核心区，扼守东湖门户，集商务办公、特色商业、精品住宅等多业态为一体，将成为武汉中心区新的城市地标。

同时，位于武汉光谷花山生态新城的“光谷现代服务外包产业园”项目已启动，将成为公司探索以产品空间设计为中心、运用定制合作模式进行高端产业园区复合开发的试点项目。

宜昌市宏基置业有限公司

名都华府

公司简介

宜昌市宏基置业有限公司成立于二00二年九月，是一家具备二级资质的房地产开发企业，公司注册资本5500万元，法定代表人：张崇超，公司注册地位于湖北省宜都市陆城园林大道1号。公司目前主要业务范围为房地产开发、物业管理、商铺商住楼的出售、出租等业务。公司在册员工32人，其中有建筑、结构、财务、统计、房地产及经济类专业管理人员20人。

代表工程项目

名都华庭

名都花园.山水苑

陆逊嘉苑

宜昌市宏基置业有限公司在宜都市开发建设的房地产项目分别是名都花园、名都华庭、名都陆逊嘉苑。2015年宜昌市宏基置业有限公司计划投资5584万元，拟建设名都花园·名都华府项目，项目建筑面积约为2.45万平方米。

取得的各项荣誉

2014年获得由宜昌市工商行政管理局、宜昌市人力资源和社会保障局、宜昌市精神文明建设委员会办公室、宜昌市个体劳动者私营企业协会授予的文明诚信私营企业荣誉称号。

2010年获得由宜昌市人民政府、宜昌市住建委组织评选的宜昌市十强房地产企业荣誉称号；

由宜昌市宏基置业有限公司开发建设的名都花园山水苑二期项目11#楼，荣获2009年度宜昌市优质结构工程奖；

2009年获得宜昌市地税纳税百强称号；

公司在2007至2009年连续3个年度被宜都市人民政府评为年度纳税大户；

2009年“名都花园”小区被评为宜昌地区最佳生态园林小区；

2008年被评为宜都市十佳诚信单位；

2007年被评为中国住交会湖北名企，同年“名都花园”社区取得国家环保总局颁发的全国绿色社区创建活动先进社区的称号；

2007年在宜昌地区房地产行业率先通过ISO9001质量管理体系认证；

2004-2006年被评为宜昌市第五届守合同重信用企业、消费者满意单位；

2006年12月“名都花园”社区获得湖北省建设厅颁发的湖北“十五”（2001-2005）优秀城市住宅小区的称号；

2003-2005年“名都花园”社区分别获得湖北省绿色社区创建活动先进社区、宜昌市安静居住小区、宜昌地区文明小区及宜都市委、市政府颁发的文明小区等荣誉和称号；

2005年公司被评为宜昌市十强房地产开发企业；

2004名都花园项目楼盘被评选为宜昌地区五大优秀楼盘。

安陆市恒坤置业有限公司

ANLUSHI HENGKUNZHIYE YOUXIANGONGSI

公司简介

gongsijianjie

安陆市恒坤置业有限公司是2008年5月19日成立，注册资本金1000万元人民币，是从事房地产开发，餐饮住宿服务、文化娱乐服务、百货、副食、建筑材料批零兼营的民营股份制企业。企业房地产开发资质三级。

公司注册地址在安陆市汉丹路与解放大道交汇处（农行对面）的恒坤大酒店，酒店总经营面积7000余平方米，公司下设企划营销部、开发工程部、财务部、人力资源部、客房餐饮部，后勤保障部。现有员工118人，其中：高级专业技术职称3人，中级专业技术职称22人，初级专业技术职称36人。

公司一贯本着以质量求生存，以信誉求发展的宗旨，先后在安陆市承建了国税局1.2号住宅楼，国税局办公大楼，国税局2号住宅楼，安陆市人民法院综合审判大楼，云梦县曲阳高中教学楼，孝感西湖明珠7号楼，安陆市中等职业技术学校宿舍楼等项工程，都被评为孝感市优良样板工程。开发的安陆市凤凰佳园小区，总建筑面积为37350平方米，在一年的时间内全部销售完毕。从规划、设计、施工，都按现代城市居住环境的理念要求进行，深受业主的好评，同时为安陆市的房地产开发起了示范作用，取得了明显的社会效益。也为今后的发展奠定了基础。

公司为了谋求发展，逐步摆脱投靠别人去发展的思想理念，公司决定，不等不靠，自立行走，艰苦创业，谋求发展的“十六字”方针，2008年，建起了恒坤大酒店和恒坤二区商品房小区，从此迈出了公司发展的第一步。

恒坤人有恒心，有信心、恒坤公司将持之以恒地本着以人为本，求真务实，质量第一，信誉至上，遵章守纪，优质服务，敢为人先，和谐发展的理念去创新、去发展。以卓越的设计、精湛的品质、全优的服务回报社会。

2013年元月开发的云梦县“中鑫花园”项目，规划占地面积13432㎡，总建筑面积46450㎡，总投资15087万元；2013年6月开发了应城市东马坊“东方佳苑” 项目，总投资25432万元，总占地面积67.8亩，总建筑面积105000㎡，其中：商铺23000㎡，项目分三期建成；2014年3月开发开工的“云梦城东教育城”项目，总占地面积约368亩，总投资34425万元，项目分三年建成，集小学、初中、高中一体化，教学设备、体育运动场所、科研、教职住宅、学生食宿一应具全的封闭管理模式设计。该项目是云梦县委、县政府2104年十大工程项目之一，是云梦县城市东扩和教育改革的形象亮点工程，2015年城中的部分高中、初中生将迁入此校上课。

云梦县中鑫花园项目

应城市东马坊东方佳苑项目

行业学会协会

- 湖北省勘察设计协会
- 湖北省建筑业协会
- 湖北省建设监理协会
- 湖北省城市规划协会
- 湖北省建筑装饰协会
- 湖北省市政工程协会
- 湖北省土木建筑学会
- 湖北省档案学会城建档案分会

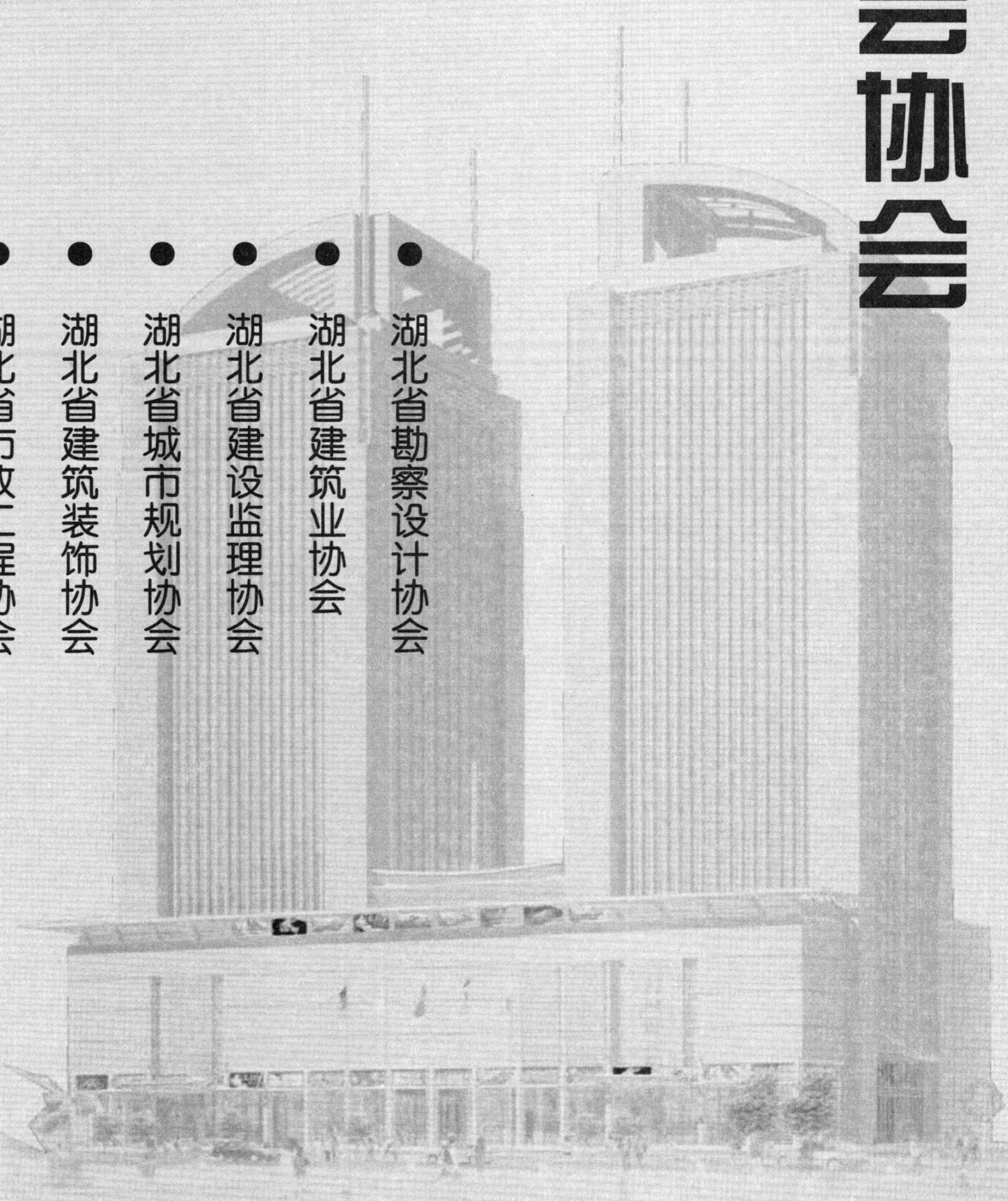

湖北省勘察设计协会

围绕服务行业发展　开展各项活动

十件大事　2014年度湖北省勘察设计行业十件大事公示名单（排名不分先后）　1.长江勘测规划设计研究院有限公司设计的南水北调中线一期工程于2014年12月12日正式通水；2.中冶南方工程技术有限公司项明武、中南建筑设计院股份有限公司桂学文荣获全国五一劳动奖章；3.中铁第四勘察设计院集团有限公司参与设计的南京南站站房工程、京沪高速铁路工程和中铁大桥勘测设计院集团有限公司设计的南京大胜关长江大桥工程、参建的京沪高速铁路工程以及中交第二公路勘察设计研究院有限公司设计的湖北沪蓉西支井河特大桥获第十二届中国土木工程詹天佑奖；4.中铁第四勘察设计院集团有限公司为主完成研究的《高水压浅覆土复杂地形地质超大直径长江盾构隧道成套工程技术》项目和中交第二公路勘察设计研究院有限公司参与的科研项目《复杂气候与地质条件下隧道工程灾害及其稳定性控制关键技术及应用》获2014年度国家科技进步二等奖；5.湖北省住建厅组织并主持的"荆楚派"建筑风格研究；6.钮新强院士荣获第五届"全国杰出专业技术人才"称号；7.中铁第四勘察设计院集团有限公司王玉泽、中南建筑设计院有限公司李霆、中国市政工程中南设计研究总院有限公司的李树苑、中冶南方工程技术有限公司的潘国友以及长江勘测规划设计研究院有限公司的杨启贵等五位科技专家获"全国勘察设计行业科技创新带头人"称号；8.长江勘测规划设计研究院有限公司设计的水布垭水电站工程获"国际咨询工程师联合会（FIDIC）2014年工程项目优秀奖"；9.中铁第四勘察设计院集团有限公司设计的杭州至长沙铁路客运专线2014年12月10日开通、南广高铁与贵广高铁于2014年12月26日开通；　10.中铁大桥勘测设计院集团有限公司承担勘察、设计、监理的世界跨度最大三塔四跨悬索桥——武汉鹦鹉洲长江大桥于2014年12月28日正式通车。

质量管理小组成果评选　在全国2014年度工程建设（勘察设计）优秀质量管理小组成果评选中，湖北省相关勘察设计企业上报的优秀QC小组共有13个获奖，其中一等奖二个：中铁第四勘察设计院集团有限公司武汉动车段工程QC小组和中铁二院武汉勘察设计研究院有限责任公司地源热泵系统设计QC小组。二等奖七个，分别为：中冶南方工程技术有限公司铁水摆动流槽结构优化QC小组、中冶南方工程技术有限公司热风管系改进完善QC小组、中铁大桥勘测设计院集团有限公司平潭海峡大桥施工图设计QC小组、中工武大设计研究有限公司计算制图软件开发QC小组、武汉凯迪电力工程有限公司生物质发电项目群QC小组、湖北省神龙地质工程勘察院励志QC小组、中国电力工程顾问集团中南电力设计院海底电缆QC小组；三等奖四个，他们是：长江勘测规划设计研究有限责任公司枢纽一室QC小组、中国电力工程顾问集团中南电力设计院工代管理QC小组、湖北省电力勘测设计院数字化中心电控QC小组、湖北中南勘察基础工程有限公司东环大厦基坑支护QC小组。

中铁第四勘察设计院集团有限公司武汉动车段工程QC小组发布的"提高动车组车轮检修作业效率"等9个成果被湖北省勘察设计协会推荐到中国勘察设计协会参加全国2014年度工程建设（勘察设计）优秀质量管理小组成果评选。

行业科技创新带头人评选　配合中国勘察设计协会关于开展全国勘察设计行业科技创新带头人评选活动，经中国勘察设计协会组织评选，湖北省（包括由相关行业协会推荐人员在内）中铁第四勘察设计院集团有限公司的王玉泽、中冶南方工程技术有限公司的潘国友以及长江勘测规划设计研究院的杨启贵、中南建筑设计院股份有限公司的李霆、中国市政工程中南设计研究总院有限公司的李树苑等五位科技专家获全国勘察设计行业科技创新带头人称号。

第二届建筑信息模型（BIM）设计大赛 11月20日湖北省勘察设计协会举行了第二届建筑信息模型(BIM)设计大赛，大赛分民用建筑、基础设施、工业工程三个专业进行。中南建筑设计院股份有限公司的”湖北省科技馆新馆“项目、中国电力工程顾问集团中南电力设计院的“委内瑞拉中央电厂工程数字化集成设计”项目以及中铁第四勘察设计院集团公司的“BIM技术在新鼓山隧道设计中的应用”项目分别获得民用建筑类、工业建筑类以及基础设施类综合奖一等奖。中南建筑设计院股份有限公司的湖北省科技馆新馆获最佳BIM应用奖，中信建筑设计研究总院的光谷网球中心基于BIM技术的数字化及绿色设计获最佳绿建奖，中交第二航务勘察设计院有限公司的漳州港古雷二号液体化工码头BIM协同设计获最佳协同奖。

开展调查研究　反映企业诉求

省勘察设计协会组织开展对省内中小勘察设计企业发展情况的调研。调研工作分两阶段进行:6月下旬湖北省勘察设计协会调研组赴十堰、黄冈、潜江三市与当地行业协会(未设立协会的则为地方行业主管部门）共同携手开展调研活动。7至8月又以问卷方式对全省17个市州、直管市、神农架林区的中小勘察设计企业进行了书面调研,共收回59份调查问卷。这些调研素材经过系统分析、归纳整理,现已形成调研报告，供行业主管部门或上级协会作为在制定指导中、小勘察设计企业快速发展意见时的依据。9月份赴荆州、宜昌、襄阳三市，对市州勘察设计单位的计算机应用情况开展了调研，对湖北省基层勘察设计企业在信息化大背景下新技术应用及水平进行了初步摸底，对这项工作在基层和中、小勘察设计企业如何推广并提高提出了有针对性的建议,在此基础上,也已形成调研报告将上报有关上级部门作为对全省推进信息化工作的决策参考。11月,省勘察设计协会工程勘察分会根据中勘协工程勘察分会的要求，开展了湖北省工程勘察企业转型和湖北省工程勘察市场和行业自律情况等两项调研。

协助政府主管部门　做好委托工作

受省行业主管部门委托，协助组织完成了2014年度湖北省优秀工程勘察设计项目的评选工作,164个项目分获一、二、三等奖;完成政府主管部门委托交办的勘察设计企业资质、施工图审查资格、注册执业等管理等方面工作。受理并办理注册材料共计590人次，2014年度全国一、二级注册建筑师资格考试新考生现场资格审查,2014年度全国勘察设计注册工程师执业资格考试新考生现场资格审查,选派了13名一级注册建筑师作为 2014 年一级注册建筑师作图题评分专家;选送了30名一级注册建筑师作为2014年二级注册建筑师考试评分员,完成批次资格延续的28家施工图审查机构、869名审查师的证章打印、刻制、发放和系统录入工作，完成全省2013年度“施工图审查机构情况调查表”的统计并上报至建设部,完成全省施工图审查机构重新认定。

协助开展勘察设计企业资质管理工作，主要承担了出图章的刻制、发放等具体工作,全年发放出图章740枚；协助行业主管部门完成了2014年一、二、三季度的季报报表并提出了2013年度湖北省勘察设计行业发展情况分析报告。

受政府主管部门委托，代为起草了开展湖北省勘察设计行业综合实力十强企业评选工作的通知，承担了对今年申报湖北省勘察设计综合实力十强企业进行评选的前期资料审查及测评等准备工作。中南建筑设计院股份有限公司、湖北省交通规划设计院、武汉都市环保工程技术有限公司、中冶南方武汉钢铁设计研究院有限公司、武汉市政工程设计研究院有限责任公司、武汉地质工程勘察院、武汉市测绘研究院、中南勘察设计院(湖北)有限责任公司、武汉和创建筑工程设计有限公司、武汉正华建筑设计有限公司等十家企业荣获2013年度湖北省勘察设计综合实力十强企业称号。

协会自身建设及促进分支机构活动开展

信息化工作委员会 召开2014年信息化工作会议暨行业信息技术交流会,总结工作、商讨计划安排、开展技术交流、推广软件产品正版化和BIM技术;坚持定期组织并督促成员单位制定软件正版化推进计划等。

建设项目管理与工程总承包分会 组织开展2014年度湖北省勘察设计企业前20名排名活动。9月19日召开了由省勘察设计协会主办、工程总承包分会承办的《湖北省勘察设计行业建设项目管理和工程总承包工作(建筑、市政行业)交流座谈会》,30余家大中型建筑和市政设计单位参加了会议,中国五环工程有限公司、中冶南方工程技术有限公司、东风设计研究院有限公司等就总承包领域的发展情况及项目管理工作作了主题发言;与会人员结合本企业的项目管理和总承包项目在质量、安全、进度、成本管理等方面的工作进行了交流。

湖北省勘察设计协会质量技术委员会 3月20号至21号主持并承办了湖北省勘察设计行业QC小组活动研讨交流会,各市、州和有关勘察设计企业长期组织或参与QC小组活动的积极分子及QC小组诊断师等50多人参加了研讨交流。

工程勘察分会 根据中勘协工程勘察分会的要求开展了湖北省工程勘察企业转型和湖北省工程勘察市场和行业自律情况调查;为配合工程勘察新资质标准就位,工程勘察分会开展了第二批工程勘察操作人员培训班的筹备工作,并已于下半年开办,665名工程勘察操作人员参加了培训。

湖北省勘察设计协会企业文化建设工作委员会 6月17日在中冶南方工程技术有限公司召开成立大会,与会各成员单位代表审议并通过了有关会议文件,对委员会成立后的半年工作作了安排。9月23日,组织了19个成员单位的三十多位代表赴中南建筑设计院股份有限公司学习调研,参观了该院年初建成启用的新办公大楼,听取了中南建筑设计院的企业概况及文化建设工作情况介绍,与会人员还就企业文化建设方面的工作进行了交流。

施工图审查机构工作委员会 3月和6月召开了两次主任、副主任委员单位工作会议;组织委员单位参加了有关委员会组织举办的勘察、市政、建筑工程施工图"审查要点"培训并于3季度对省内现有施工图审查机构工作情况进行了调研。

会刊 继续做好会刊的编印、发行工作。全年编辑、出版会刊六期,及时反映国内外、省内外建设动态和行业信息,交流业内情况与咨讯,搭建主管部门与企业间的沟通纽带和桥梁。

勘察设计信息网 继续办好并改进湖北勘察设计信息网,及时报道、反馈行业重大事件及行业主管部门、上级协会、本级协会的重要决策、会员单位的呼声与诉求及与行业发展相关的各类信息,栏目内容及时调整、更新。

湖北省建筑业协会

主要工作会议

召开六届三次会员代表大会暨六届三次理事会 湖北省建筑业协会于2014年3月26日在武汉召开六届三次会员代表大会暨六届三次理事会。协会理事会会长、副会长以及协会会员单位代表共计300余人参加了会议。湖北省建筑工程管理局党组书记、局长张弘出席会议并讲话。会议由协会会长吴建军主持。与会代表表决一致通过《省建筑业协会2013年度工作总结及2014年度工作安排的报告》以及《省建筑业协会2013年度财务收支情况的报告》。还表决同意设立湖北省建筑业协会建筑劳务分会、同意修改会费标准、同意增补部分理事、常务理事。

召开协会第六届五次、六次、七次会长办公会 2014年1月20日，省建筑业协会第六届理事会第五次会长办公会在中铁十一局25楼会议室召开。会议讨论通过协会2013年工作总结和2014年工作要点；听取关于修改《章程》的说明、《湖北省先进建筑业企业、优秀企业经理、优秀项目经理评选表彰办法》、筹建湖北省建筑业协会建筑劳务分会的情况说明；2014年6月27日，省建筑业协会在汉南神州建材召开第六届六次会长办公会。研究确定与楚天都市报联办“十五助贫困大学生”活动，并讨论通过动员全省建筑企业捐资助学的倡议书。与会代表围绕企业的转型升级、湖北省建筑劳务发展及如何充分发挥湖北建筑产业战略联盟平台优势作用、做大做强湖北建筑业等方面纷纷建言献策；2014年11月5日，省建筑业协会第六届理事会第七次会长办公会召开。会议对省“三优”评比审核情况进行审议；确定了省建协建筑劳务分会会长、副会长候选人名单；听取了省建协部分副会长单位人员变更说明。

省建管局、省建协、省装饰协会联合召开全省建筑业新闻通联工作会议 全省建筑业新闻通联工作会议于2014年10月31日在武汉召开。会议的主要任务是：总结工作，交流经验，展示成果，激励先进，认真学习新闻写作基础知识，部署当前和今后一个时期全省建筑业新闻通联工作，动员210万建筑鄂军为今年实现万亿元产业目标鼓劲造势，为打造建筑强省提供强大的精神动力。建管局有关处室负责人，省建筑业协会、装饰协会负责人，各地市州住建委新闻通联工作分管领导，各地市州建筑业协会、装饰协会负责人以及全省建筑业企业通联员代表180余人参加会议。

建筑劳务企业管理

建筑劳务企业情况调研 年初，对省内各地市州200余家建筑劳务企业的基本情况（企业名称、地址、资质等级、企业性质、职工人数）等、企业经营管理概况（主要有企业成立发展概况及经营管理、业绩、获奖等情况）和近三年经济效益情况（含劳务产值、利润总额、产值利润率）做了调查了解。在调查研究的基础上，提出设立湖北省建筑业协会建筑劳务分会的建议，经会长办公会研究，提交六届三次会员代表大会暨六届三次理事会表决同意，省建筑业协会建筑劳务分会经近一年的筹备正式成立。

举办建筑劳务管理培训班 2014年4月25日在武汉与中建协联合举办一期建筑劳务管理培训班。参加培训的有大别山片区和省内各地建筑劳务企业的员工近200人。

协会相关工作

“三优”评选活动 开展评选2012—2013年度“湖北省先进建筑业企业”、“湖北省优秀建筑业企业经理”、“湖北省建筑业企业优秀项目经理”活动。中核工业二二建设有限公司等197家企业为2012—2013年度湖北省优秀建筑业企业；屠志华等164名同志为2012—2013年度湖北省优秀建筑业企业经理；刘铁道等365名同志为2012—2013年度湖北省建筑业企业优秀项目经理。

提高建筑业企业专业技术水平 5月7日—5月9日对湖北省申报的6项第三批全国建筑业绿色施工示范工程进行过程检查。按照《建筑工程绿色施工评价标准》，受检项目评价得分全部达到优良等级，通过专家评审；12月湖北省有武汉市东湖通道等7项工程通过专家评审，成为第四批全国建筑业绿色施工示范工程；配合省建管局进行了“2014年度湖北省工程建设工法”的申报、评审工作(216项)；配合省建管局进行了“2014年度湖北省建筑业10项新技术应用示范工程”的立项工作以及示范工程的评审验收工作；协助省建管局推荐申报国家级工程建设工法，经审核评审，湖北省60项工程建设工法被评为2011—2012年度国家级工法。其中，一级国家级工法13项，二级国家级工法47项。

“国优”推荐申报

在中国建筑业协会召开的全国建筑业AAA级信用企业发布会上，湖北省建筑业协会推荐的山河建设集团、新八集团、新七集团、湖北省工业建筑集团、宝业湖北建工集团等5家企业获2013年度全国建筑业AAA级信用企业；在中国施工企业管理协会第29次年会上，湖北省建筑业协会会员单位有13家获全国优秀施工企业、20名项目经理获全国工程建设优秀项目经理称号；根据中建协〔2014〕14号文件精神，组织开展了“全国建筑业先进企业、优秀企业家、优秀总工程师”的推荐工作，武汉建工股份有限公司等4家企业、陈卫国等4位企业家、王爱勋等9位总工程师获此殊荣；湖北省建筑业协会推荐的中建三局集团有限公司、中建三局第二建设工程有限责任公司分别位列2013年度中国建筑业企业竞争力百强、中国建筑业最具成长性企业百强之首(其中，中建三局集团有限公司已经连续两年卫冕)，山河建设集团有限公司和新八建设集团有限公司获竞争力百强企业；推荐宜昌市四海建筑劳务公司、宜昌市福安建安劳务公司等企业参评并获全国建筑业诚信劳务企业称号；组织有关会员企业参加全国14个行业协会联合开展的“改革开放35年百项经典工程”评选活动，武汉建工股份有限公司承建的武汉琴台文化艺术中心一期琴台大剧院工程获经典工程的殊荣；组织有关会员企业申报中国施工企业管理协会科学技术奖。推荐的中建三局二公司和中建钢构有限公司的3个项目获科技创新成果奖，中建三局一公司获科技创新先进企业，杜峰等6人获科技创新先进个人称号。此外，还推荐了何穆等7人入选中国施工企业管理协会科学技术奖评审专家；参与“全国施工企业科技精英”选拔、表彰活动。推荐的王爱勋等3人获“全国施工企业科技精英”称号；推荐出席“2014年全国施工企业领军人物峰会”人选。推荐的刘先成、郭庆春、周俊、罗克佐、孙芳洲等5名同志获评全国优秀施工企业家并出席2014年全国施工企业领军人物峰会；根据中建协建协项〔2014〕07号和建协建〔2014〕01号文件要求，组织了“全国优秀项目经理”和“第六届全国优秀建造师”的推荐工作。推荐的13人获评全国优秀项目经理、7人获评全国优秀建造师。

办好会刊　搭建信息服务平台

《湖北建筑业》为行业双月刊，省部级内部刊物。该会刊从创刊到现在编辑质量有了较大幅度提升，2014年在中建协举办的“鸿翔杯”第四届全国建筑行业信息传媒工作竞赛中，被评为“全国建筑行业精品期刊”。在中施企协举办的2014年通联员工作会议上，经对参选报刊及主编采用初评、复评和专家评选，再经中施企协领导审定，授予《湖北建筑业》为全国工程建设行业最高荣誉“金页”奖报刊，授予佟海鸥为2014年度全国工程建设行业首届“十佳”期刊主编。

协助省住建厅撰写中国建设年鉴湖北篇的工作，加强日常资料搜集，在规定交稿之前完成年鉴撰写上报工作，连续三年被中建协评为《中国建筑业年鉴》优秀撰稿单位。

省建协钢结构分会

协助2014年在湖北省召开的全国钢结构行业大会。全国建筑钢结构行业大会作为与我们钢结构企业息息相关全国性综合会议，全国建筑钢结构行业大会(以下简称大会)系建筑钢结

构领域影响最大、规模最大的行业盛会。大会由中国建筑金属结构协会主办，钢结构企业承办。协会支持弘毅钢构公司各项筹备工作，发布通知征集论文，向各会员企业做相关宣传等。作为2014年中国建筑钢结构大会的协办单位，综合各方力量，通过组织企业参展、人员参会等方式助力2014年度钢结构行业大会在武汉成功召开，为这次钢结构盛会办成历来最成功、意义最深远的大会做出应有的贡献。

组织分会钢结构企业参加中国建筑金属结构协会钢结构分会举办的"钢结构金奖"评选管理办法培训，进一步提升了湖北省钢结构企业"钢结构金奖"申报水平。

协助中国建筑金属结构协会开展年度"钢结构金奖"的评审工作，向评审组推选本省优秀钢结构工程，目前项目现场评审阶段工作已经基本结束。

在省建协的领导下，钢结构分会首次开展了"三优"评选工作，评选出宋雄文等24名优秀钢结构企业项目经理，张海波等10名优秀钢结构企业经理，中建钢构武汉有限公司等8家优秀钢结构企业。

根据省建协通联工作管理规定评选2014年钢结构分会优秀通联员，并组织协会相关人员参加了全省建筑业通联工作会议。

湖北省建设监理协会

健全完善工程监理管理法规及相关制度

根据《中华人民共和国建筑法》、《建设工程质量管理条例》、《建设工程安全生产管理条例》等法律、法规，结合湖北省实际，参与了《湖北省建设工程监理招标示范文本》修订工作，对规范工程监理行业管理，维护监理市场正常秩序，加强监理工作对建筑市场中的监督、监管起到了重要保证作用。

协会主要工作

监理统计报表 按照省住建厅的工作布署，顺利承办完成每年一度的建设监理统计报表工作。在建设部报表系统截止前，对243家所属辖区内监理企业上报的报表进行数据审核、校对、查误和汇总。同时深入做好指导服务工作，督促和引导相关企业按照住建部要求的报表系统、报表格式、规格，完整、精确无误地填写每一栏项，上报率达到100%。经过共同努力，全面完成了交办的任务，取得了满意的效果。

证件审核考试服务 配合省住建厅和人保厅，在规定的时间内，完成了全省报考全国注册监理工程师考试报名的身份、证件审核工作。经审核合格，有2548人成功参加了全国注册监理工程师的考试8847个科目。除此之外，秘书处还提供了考前政策咨询，心理和专业辅导等助考服务；按照年度工作安排，湖北省监理工程师考核认定工作已顺利完成，共有1887人经专家核定符合省监理师条件；组织开展了一年一度的全省监理员考试。10月18—19日，全省共有4032人参加了此次考试，合格人数为2539人。考试期间组织有序、纪律严明，保证了全省监理员考试工作的顺利进行。

继续教育培训 为全面提高湖北省工程监理从业人员专业理论知识和管理水平，学习掌握新技术、新法规、新方法，经住建厅、物价部门批准，组织开展2014年度湖北省建设监理从业人员专业技术知识继续教育培训工作。在原培训大纲的基础上增加了国家、湖北省近期颁布的与工程监理相关的法律、法规、新标准、新规范，工程项目管理的新理论、新方法、信息化BIM技术在监理项目中的应用技术等，与工程监理质量、安全相结合的案件分析，调整新增了绿色建筑和节能减排等培训内容，使培训工作及时跟进监理行业所需补充的前沿知识。据统计，共有892人参加了今年全国注册师延续继续教育培训。

评优活动 协会坚持开展两年一次的“先进监理企业”和“优秀监理工程师的评选活动。评优活动按照企业申报、专家评审、综合评定、网上公示的流程方法，重点突出监理企业市场行为、监理工作质量、所监理工程质量和安全生产情况等内容。共评选表彰了75家先进监理企业，优秀总监理工程师270名，优秀监理工程师392名。

协会组织建设 加强协会组织建设，成功筹备召开第五届二次会员代表大会。会议审议通过了《湖北省建设监理协会第五届二次理事会工作报告》、《湖北省建设监理协会第五届二次理事会财务报告》选举产生了省建设监理协会新任秘书长。

会刊 《湖北建设监理》(内部刊物)，全年发刊四期共1200余册，较好地发挥了宣传政策、交流经验、探索理论和了解行业状况、传播信息的作用。

配合行政主管部门完成各项工作

配合完成《工程监理企业资质标准》、《监理单位项目负责人工程质量终身责任承诺书》的意见征集工作；报送企业减负工作的有关情况的摸底统计工作；全面清理非行政许可审批事项的工作意见收集汇总上报工作；配合省厅关于开展部门职责交叉和分散事项清理工作；开展工程建设企业标准化现状调查工作；参与湖北省社会信用体系建设中个人信用建设相关(5280个全国注册监理工作师信息登陆准备)工作；协助住建厅政务服务中心，认真抓好监理工程师的审核注册工作。全年共受理、审核全国注册监理工程师1392人次，其中：初始注册人854次；延续注册人298次；变更注册人213次；注销注册8人次；遗失补办19人；协助建设部代发各类合格人员的执业证书和执业印章，在工作中做到主动服务，细致严谨，发放工作无一差漏，得到各会员单位及相关注册单位的好评和主管部门的肯定；协助中国建设监理协会成功举办了全国监理行业秘书长会议，反响很好。

湖北省城市规划协会

优秀规划设计成果评选

评选范围 按照中国城市规划协会《关于开展2013年度全国优秀城乡规划设计奖评选活动的通知》(中规协秘〔2013〕40号)的要求，组织开展了湖北省2013年度优秀城乡规划设计奖评选活动，对城市规划类、城市勘测类、规划信息类三个专业类别规划成果的评审工作进行了具体的协调、安排、部署。

评审颁奖 协会共收到省、地、市所属39个编制单位选送的城乡规划类项目158个，对申报项目进行了登记、分类和初审等工作，并召开专家评审会，评选出全省城市规划类：一等奖10项，二等奖30项，三等奖48项，优秀奖13项。颁发城市规划、城市勘测、规划信息三个类别单位证书187个，获奖人员证书1746个。

申报推荐 协会将全省3个类别61项获得一、二等奖的项目〔其中城市规划类39个(一等奖10项，二等奖29项)、城市勘测类12个(一等奖5项，二等奖7项)、规划信息类10个(一等奖4项，二等奖6项)〕，通过“全国优秀城乡规划设计奖申报评审系统”进行网上申报及后续的纸质材料报送，推荐参加中国城市规划协会组织的全国优秀城乡规划设计奖评选活动。经中国城市规划协会评选，我省获奖28项。其中：城市规划类：一等奖1项，二等奖2项，三等奖10项，表扬奖5项；城市勘测类：二等奖3项，三等奖1项，表扬奖1项；规划信息类：一等奖1项，二等奖1项，三等奖2项，表扬奖1项。

编辑出版了《湖北省2013年度优秀城乡规

划设计奖项目作品集》。

宣传规划行业政策法规

2014年4月组织召开了部分规划院长参加的“探讨新形势下我省城市规划编制单位发展”研讨会。围绕适应国家、省对新型城镇化建设的要求，在国家对事业单位进行改革背景下，规划单位如何探索改革思路，稳定规划设计队伍，提高规划质量水平，促进规划事业健康发展等热点问题进行深入的探讨。会上，湖北省规划院、武汉市规划院、荆州市规划院分别从不同角度作了专题发言；参加会议的各位院长就规划设计单位的改革进行了交流探讨并达到共识。规划设计单位的改革要有利于承担社会责任，稳定设计队伍，要把握改革机遇，积极探索创新机制，加强协调配合，为行业发展作出新的更大的贡献。5月在武汉举办了全省低碳生态规划建设培训班，邀请住建部城乡规划司、省住建厅规划处、武汉市规划院、华科大建筑与城市规划学院、荷隆美湖北工程咨询有限公司的领导和专家授课，分别就《对我国城市低碳生态发展的几点认识》、《强化城乡规划引导推进湖北人居建设》、《保护生态框架 建设美丽武汉》、《生态城镇规划建设》、《基于欧美经验启发下的中国新型城镇化途径探索》等五个专题有针对性的授课和研讨。培训期间还组织学员参观考察了武汉花山生态新城，实地了解了城市建设与生态环境相互协调的建设情况。9月份，配合厅规划处组织召开了“问作风、问环境、促阳光规划”工作座谈会，部分地、市规划部门的负责同志参加了会议。

协会在与市(州)38个单位联系、沟通、整理会议材料的同时，协助规划处，先后到荆州、十堰、襄阳、黄冈、鄂州、荆门、天门、石首、江陵等市县，重点对城乡规划公开公示工作现状、亮点经验、存在的突出问题、下一步工作打算等情况进行了调研。各地市州县也对省厅关于开展城乡规划“问作风、问环境、促阳光规划”活动非常重视，进行了认真的自查自纠，对提高规划的透明度，改进工作作风起到了有力的推动作用。此次调研，协会已形成了初步的调研报告。9月下旬，根据住建部注册办〔2014〕5号文件的精神，举办了第三期注册规划师继续教育培训班。12月，按照《关于在全省住建系统开展法律法规学习培训的通知》(鄂建办〔2014〕250)要求，配合规划处举办全省城乡规划法律法规知识培训班。

发挥协会专业指导效能

强化理事会作用 协会换届以后，结合全省城市规划工作重点，先后组织召开了两次常务理事会议。讨论研究了省城市规划协会2014年工作要点；审议通过了湖北省城市规划协会历史文化名城名镇名村保护专业委员工作职责及委员会人员名单；湖北省城市规划协会规划设计专业委员会工作职责及委员会人员名单。认真听取会员单位的意见与建议，并梳理归纳，加以落实。新一届协会在上传下达、信息共享方面正在积极发挥着纽带作用。

文化名城名镇名村保护 5月组织召开省历史文化名城名镇名村保护专业委员会座谈会。会议深入学习领会习总书记提出的“看得见山，望得见水，记得住乡愁”的指示精神，一致认为要把握新型城镇化未来发展趋势，把生态文明、文化传承贯彻到我们的城镇化规划建设中来，走以人为本，可持续发展的道路。会议要求规划部门要突出“两个抓住”：抓住薄弱环节，时刻清醒认识到这项工作目前仍然存在“体系薄弱、特色薄弱、技术薄弱”这三个环节；抓住工作重点，加快启动湖北省历史文化名城名镇名村保护立法工作，围绕历史文化名城名镇名村保护开展一系列的拓展活动，强化文化传承与城乡规划建设中的基础性工作；要形成“三大合力”：发挥省直两厅合作发展的“潜力”，打造省级工作指导委员会的“延伸力”，强化省级历史文化名城名镇名村保护工作专业委员会“技术支撑力”。把湖北文化传承和城乡规划建设工作提升到更高的水平，登上更高的台阶。

参与和支持二级专业委员会和会员单位组织的活动 4—5月武汉市规划院开展科技周活动，协会主动地给予支持。期间，协会和武汉市国土资源和规划局联合举办了武汉杯大学生规划竞赛。10月27日，由武汉市测绘研究院主办、荆州市测绘院承办的2014年湖北省城市规划协会城市勘测管理与技术交流会在荆州召开。这次交流会对提升我省城市勘测管理和技术、为规划行业进一步发展提供了一个更便捷的沟通渠道和信息交流平台。

加强秘书处自身建设

健全完善各项管理制度 协会换届以后，秘书处完善内设机构，设立了办公室、培训部，进一步明确工作职责；规范了内部的管理制度，先后制定了《秘书处工作制度》、《秘书处财务管理制度》、《绩效考核表及实施细则》，建立健全了内部岗位责任制。对现有人员进行了分工、明确工作职责，加强协调配合。对聘用工作人员按照有关规定统一办理了社会保险和公积金。工作环境及办公条件也做了适当的改善。目前，在秘书处内部形成了一个团结、和谐、高效的工作氛围，提高了工作效能。

贯彻中央和省的有关财经纪律 2014年是协会与省住建厅脱钩、财务独立运作的第一年，协会坚持财务透明，勤俭办事的原则，涉及有关服务收费项目，均事先报省物价部门审核批准后执行。经过一年来的运作，做到了收支平衡，略有结余。初步为协会正常开展工作奠定了经济基础。通过了省民政厅2014年对协会年检审核和武汉市地税局“非盈利组织免税资格认定”。重新整理登记协会会员基础性资料，已整理好190家协会单位会员的基本资料。完成注册规划师办件57件，并于5月份顺利与厅注册办进行了交接。全年编辑发行《城市规划简讯》6期。

湖北省建筑装饰协会

2014年，全省建筑装饰GDP突破500亿元，比2013年的380亿元增长30%以上。公共建筑装饰、住宅装饰装修产值均保持了较高的增长率。企业承接大型复杂工程的设计施工能力有了新的提高，工程质量有了新的进步，全省获全国建筑工程装饰奖25项，鲁班奖参建奖2项。协会工作以科学发展观为指导，以推动企业健康发展为主线，解放思想，与时俱进，在促进行业科学发展，服务企业做大做强、更好反映企业诉求、规范企业市场行为等方面做出了新的努力。

为行业发展提供服务 一、开展企业家沙龙联谊活动。12月26日下午，在武汉再次召开湖北省建筑装饰行业企业家联谊会。省建管局副局长张晓曦亲自到会作了重要讲话。共有56位企业家参会。会议就促进全省建筑装饰业促进工厂化生产的有关问题、如何更好地发挥协会专家咨询服务作用、如何提高全国建筑工程装饰奖的申报质量等问题充分进行了充分的协商和探讨。参会的企业家深受鼓舞。二、继续开展为中小企业融资的工作。全年有15家企业从银行拿到了贷款。总计贷款金额达5000多万元。这一工作从开始到现在，累计贷款额已超过了2亿元。三、支持企业向外拓展市场，为武汉嘉禾装饰集团、武汉澳华装饰工程有限公司开拓外地市场提供帮助。四、反映会员单位的诉求，帮助和协助企业解决工程拖欠款问题。2014年春节前向省建管局反映，有的企业在黄石施工工程款被拖欠，影响到农民工工资的支付，并与黄石市装饰办协商，在黄石市政府的支持下，欠款单位向企业支付工程款70万元用于

支付农民工资，保持了社会的稳定，也得到了企业的欢迎。五、开展评选装饰楚天杯活动。全省共申报工程107项，经过专家资料审查、现场检查、评委会评审、网上公示等环节，2013—2014年第二批湖北省优质建筑装饰工程（装饰楚天杯）评选结果已经揭晓，全省共有96项工程荣获装饰楚天杯，其中公共建筑装饰工程76项，建筑幕墙20项，推荐观摩工程15项。六、组织、协助企业申报全国建筑工程装饰奖。有13项公共建筑装饰工程、8项建筑幕墙、2项设计荣获全国建筑工程装饰奖。

协助政府加强行业管理 参与省住建厅建立湖北省建筑业产业联盟工作。全省有五家较大的10强建筑装饰企业参与了产业联盟，产业联盟由政府牵头、大专院校、科研单位、施工企业、设计企业、材料供应企业、银行等单位自愿参加的群团组织，在产业联盟内推进银行与装饰企业的合作，促进行业健康发展。

努力为会员企业提供服务 针对部分企业在资质升级中遇到建造师人数不足的问题，与有关培训机构联系，为企业建造师考试提供报名、咨询、培训服务，收到了一定的效果。为会员企业提供包括资质申报、升级、增项的咨询服务。

加强协会自身建设 提高协会的凝聚力 12月4日，协会按照章程的规定，召开了三届二次会员大会。到会的会员代表共有180多人。会上，欧阳德志会长作了《大力推进现代科学技术，促进行业健康发展》的工作报告，讨论通过了《落实工程质量治理两年行动倡议书》。并表彰了2012—2013年度湖北省先进建筑装饰企业76家、优秀建筑装饰企业经理57名、优秀建筑装饰项目经理181名。同时，还表彰了2013—2014年度第一批和第二批湖北省优质建筑装饰工程（装饰楚天杯）共191项。这次大会，对提高企业会员的质量意识，提高质量兴业的认识，将起到重要的作用，特别是住建部工程质量治理两年行动，建立起质量终身责任制，将起到重要的推动作用。参会代表一致同意欧阳德志会长的报告，大家表示，将认真贯彻这次会议精神，插上科学腾飞的翅膀，使湖北建筑装饰业的发展迈上一个新的台阶。

做好会员登记工作，积极发展新会员。会员是协会工作的基础，目前，企业入会还不够积极，会员数量与企业数量不相适应，有的一级企业还没有入会，我们应从自己的工作着手，认真研究和解决这一问题。今年，我们结合换发新的会员证书，对会员重新进行登记，并积极发展新会员，收到了较好的效果。会员的数量比召开三届会员大会前，有了一定程度地上升。

做好社团评估工作。2013年12月、2014年4月、2014年7月，连续派出俩位副秘书长和两位工作人员参加民政厅、局、社会组织总会组织的相关培训，对协会工作起到了很大的推动作用。

加强协会通联队伍建设。2014年9月份，省建管局与省建筑业协会、省建筑装饰协会联合召开了全省通联工作会议，交流了企业精神文明建设和通联工作的经验，表彰了优秀通讯员和联络员。省住建厅党组成员、局长张弘同志亲自参会，并作了重要讲话，会议对加强建筑装饰业的宣传，在企业做大做强方面进行了有益的探讨和交流，将对企业产生有益的促进作用。另外，我们还根据我会的实际情况，重新登记了通讯员队伍。

做好政府部门委托和交办的工作 完成省建管局交办的日常工作。协助完成全省建筑装饰企业10强的评选、参与政府接待装饰装修方面的投诉以及进出省施工企业的有关管理工作等。

湖北省市政工程协会

第五届二次会员大会

2014年4月25日，协会在武汉召开了五届二次会员大会，会议审议通过了《湖北省市政工程协会2013年度工作总结和2014年工作纲要》、《湖北省市政工程协会2013年度财务工作报告》和《湖北市政示范工程评选办法(修订版)》等事项。对协会的工作重点进行了讨论和研究，对示范工程的评选进行了规范，为拓展协会服务项目，创新协会活动方式，以及为今后工作有序推进奠定了基础。

发挥桥梁和纽带作用　为会员单位做好服务

专业培训　2014年4月23—26日协会举办了"湖北省城市桥梁维修养护专业知识"培训班，40余名会员单位的骨干代表参加学习。2014年12月4—5日，举办了"湖北省市政金杯奖申报及城镇道路沥青路面施工技术及验收规范"宣贯培训班，共计120余人参加了培训。2014年，按照建设部相关规定，协会与安徽建筑大学联合举办了五期湖北省一级建造师继续教育培训班，全省共有554名一级建造师(主项、增项)参加了继教，并经考试和平时考核，全部取得了继续教育合格证书。

专题宣讲　针对市政金杯示范工程申报工作，利用短片回放、互动交流两个环节，使更多的会员单位从中了解到了金杯奖的申报流程，材料编写规范等，增强了会员单位的参与和申报意识，收到了培训的预期成效。

评优选优活动

2014年，全省市政企业QC小组活动形式多样、成果丰富，对提高市政工程质量和企业管理水平起到了良好的促进作用。4月21—23日协会组织了湖北省市政工程建设优秀QC小组成果发布会，会上共发布了47项QC成果。各小组发布的成果选题务实、针对性强、原因分析透彻、措施实施效果明显、发布人表述流畅。经过激烈角逐，按照公平、公正的原则，经专家评审组进行现场评判，22个小组获得一等奖、11个小组获得二等奖，14个小组获得三等奖。推荐了15个小组参加了全国市政行业优秀质量管理小组成果发布会，其中4个小组获得"2014年度全国市政工程建设优秀QC小组"一等奖、5个小组获得二等奖、5个小组获得三等奖。同时，武汉市市政建设集团公司隧道公司的QC项目推荐到"国家级优秀质量管理小组"，武汉市市政建设集团有限公司获全国市政工程建设QC小组优秀企业的称号，武汉天创市政建设工程有限公司赵文振获全国市政工程建设QC小组优秀推荐者称号。

为贯彻湖北省人民政府《关于促进建筑业发展的意见》等系列方针政策，协会将开展市政示范工程评选工作纳入了重要议事日程，并对《湖北省市政示范工程评办法》进行了修订和完善。在市政金杯奖评选活动中，秘书处主动加强与工程质量监督部门和市政工程建设、施工单位的沟通与联系，坚持上下配合，广汇信息，深入工程现场实地考察，严把评审质量关，收到了较好的效果。全省各地市州申报2014年度市政示范工程奖的项目达到了28个，协会于当年7月份组织专家对各申报项目进行了复查，所推荐、评选的项目都具其代表性和各自的特性，多个参建单位和工程项目在施工过程中进行了科技创新，并获得了多项国家发明专利和科技成果，且在施工过程中得到了实际运用。如:《地铁施工安全风险控制成套技术及应用》获2014年国家科技二等奖。通过科技创新，对工程施工质量，提高工程建设效益发挥了良好的作用。经五届二次理事长会议暨示范工程评审会会议无记名投票评审，"光谷三路(森林大道至沪蓉高速公路)工程——光谷三路跨线桥工程"等19项工程被评为"湖北省市政示范工程"金奖，"东西湖区2013年工业倍增示范区路网建设工程食品三路工程(一标)(月牙路至新径线)"等6项工程被评为"湖北省市政示范工

程”银奖，并推荐”光谷三路(森林大道至沪蓉高速公路)工程——光谷三路跨线桥工程”等6项工程申报“全国市政金杯示范工程”。开展市政示范工程评选不仅促进了施工质量，提高了员工素质，提升了管理水平，更重要的是企业已将加强质量管理意识转变成为了企业的自觉行为，在很大程度上有效推动了全省市政工程质量再上台阶。

为了在市政行业树立新的学习榜样，根据企业申请，经各市州推荐申报，征求有关管理部门的意见，协会五届一次常务理事会审议和无记名投票表决，评选出“2012—2013年度”优秀市政施工企业72家、优秀企业经理86名、优秀项目经理236名。

会刊　网站

2014年，共出版了四期《湖北市政》杂志，共计29.3万字，登载了国家住建部、省住建厅、协会相关文件、领导讲话、交流材料等20余篇、工程技术、市政道桥、工程质量、工程管理、地铁工程、档案管理、财务管理等论文35篇、要闻、行业信息、图片新闻等150余篇，市政文苑和人物剪影等文章13篇。

协会秘书处把加强通联队伍建设作为搞好会刊的工作基础，作为加强与会员单位联系的纽带，3月27日在武汉召开了2014年度通联工作总结表彰会，表彰了11个通联工作先进单位、47名优秀通讯员、联络员。其中4名优秀通讯、联络员在会上进行了典型发言，交流了他们从事协会通讯、联络工作的经验、体会及建议，协会通过定期举办写作和文字能力的讲座等，进一步提高了通联员的文字写作能力。

充分利用省住建厅网页中的湖北市政工程协会专栏，及时发布协会开展的重要工作、重点活动等方面的信息，并且不但拓展湖北省市政企业群(QQ群)的功能，及时在群中发布协会文件、活动信息，及时与各会员单位讨论工作、交流意见、征集建议、咨询解答技术问题。提高了协会的办事效率，降低了协会办事成本，扩大了协会影响力。

树立企业文化建设典型　促进企业文化发展

为拓展企业质量文化建设的思路，为促进企业文化建设输入正能量。2014年12月12日，协会在鄂州举行了2014年湖北省市政企业高峰论坛会议，本次论坛以“学习贯彻党的十八届四中全会精神，加强市政企业质量安全文化建设”为主题，来自全省的130余名会员单位主要负责人参加了论坛。论坛共收到稿件近50余篇，其中26篇入选《论坛文集》。

协助政府主管部门委托的工作任务

受政府主管部门的委托，协会承担了市政专业三级项目经理的备案注册日常管理工作。一来年，受理三级项目经理初始、变更等注册达1900余人次。为了提高工作效率和服务质量，秘书处建立和完善了相关工作制度，工作人员热情接待，耐心解释，认真审查资料，及时反馈受理工作中的问题，既坚持按章办事，又积极帮助企业排忧解难，受到了企业一致好评。

加强专业委员会工作

协会下属的城市照明专业委员会一年来发挥其专业特长，主动研究问题，沟通信息，交流经验，积极开展了各项活动。在过去的一年里专委全一班人行程数千公里，主动与各地市州的会员单位取得联系。为推动我省路灯单位加强与全国同行间的交流，新推荐黄石、荆门两市先后成为了中国市政工程协会城市照明专业委员会的会员单位并和武汉、襄阳等市参加了在南京召开的中国市政工程协会城市照明专业委员会第十三届年会，使之能有机会与总站领导和其它省份的同行一起进行交流，扩大了视野，接受了更多的新技术、新信息。一年来出版专委会会刊《湖北照明》杂志四期，共约30余万字。

湖北省土木建筑学会

主要会议

湖北省土木建筑学会第十届八次常务理事会议 会议总结了2013年的工作并审议了2014年的工作要点；同意并设立“湖北省土木建筑科学技术奖”；同意学会延缓换届一年。参与“荆楚派”风格的研究与推进；进一步加强学术研讨，重点开展绿色建筑、节能减排和智慧城市三个方面的研讨和交流；要不断加强学会组织建设，积极发展单位会员和个人会员，扩大学会影响，增强学会凝聚力；要总结和推广先进经验，把学会工作提升到一个新的水平。

湖北省土木建筑学会各分支机构秘书长工作会议 对上半年工作进行回顾与小结，进一步落实下半年工作；大力宣传和积极申报“湖北省土木建筑科学技术奖”，组织参加“第四届中国中西部土木建筑学术年会”；办好“2014年武汉国际城市建设博览会”；承办“第四届夏热冬冷地区绿色联盟大会”。

第四届中国中西部地区土木建筑学术年会 9月14日与山西、陕西、河南、新疆、甘肃、江西等七省区土木建筑学会在山西太原共同主办了“第四届中国中西部地区土木建筑学术年会”。会议主题为“建筑节能与建筑质量创新”、“现代建筑发展与产业化”。各省区代表交流了近年来在建筑节能、绿色建筑以及工程建设技术创新等方面所取得的新成果和在工程建设中出现的疑点、热点、难点进行探讨，中南建筑设计院副总建筑师李春舫代表湖北省以太原南站房工程实践为例，论述了《铁路交通枢纽设计的绿色生态策略》，本届年会共评出优秀论文81篇。我省推荐学术论文13篇，其中一等奖1篇，二等奖3篇，三等奖9篇。

第四届夏热冬冷地区绿色建筑联盟大会 绿色建筑与节能专委会承办了“第四届夏热冬冷地区绿色建筑联盟大会”。来自北京、上海、浙江、江苏、湖南、安徽、湖北、新疆等省市及意大利、澳大利亚、日本等国家的代表200余人参加了会议。会议主题为“以人为本、建筑低碳城镇、全面发展绿色建筑”。大会分为四个专场交流，共有41位专家学者在会上演讲，内容丰富，严谨生动，学术气氛浓厚。为全省推广应用绿色节能建筑，专委会协助省住建厅编制了《湖北省绿色生态城市示范技术指标体系》。开展了《湖北省民用建筑绿色设计及技术研究》的编制工作。

第十届国际绿色建筑与建筑节能大会暨新技术与产品博览会 地源热泵专委会多次组织专委会成员参加和协办全国性专业会议。组织会员单位参加“第十届国际绿色建筑与建筑节能大会暨新技术与产品博览会”。在武汉协办了“地源热泵系统应用技术疑难问题解析及应对策略研讨会”，200余人参加会议。作为支持单位，参加了在杭州举行的“2014第六届中国地源热泵行业高层论坛”。会上，专委会主任委员陈焰华、副主任委员胡平放分别作了题为《湖北省地源热泵的工程应用和技术发展》、《地源热泵测试》、《系统优化及项目效果评估分析研究》主题报告。组织专业人员参加“第十九届全国暖通空调制冷学术年会”，会议针对目前国内外绿色低碳、建筑能效提升等发展形势，探讨暖通空调行业突破资源和环境约束，实现可持续发展的应对之道。组织专业人员参加“第四届夏热冬冷地区绿色建筑联盟大会”，并向大会提交了8篇论文。

学术交流活动

围绕工程建设开展学术交流 结合湖北省城乡建设工作总目标，针对城镇建设、市政基础设施建设、节能减排、绿色建筑及可再生能源应用等方面深入进行探讨研究和交流。据不完全统计，全年共举办各类学术年会、学术报告会、

现场交流会和新技术、新产品推介会等共63次，征集交流学术论文430篇，共有11300人次参加了交流活动。

暖通空调专委会结合专业特点，开展产、学、研学术交流活动。举办组织参加了“2014年中国建筑学会建筑师理论与创作学组学术年会”，桂学文总建筑师和唐文胜副总建筑师结合工程实例，分别对城镇化的建设及今后将面临的问题作了具有深入思考的专题发言。

江汉石油土木建筑分会以长江大学为学术交流平台，多次邀请国际和国内学者为广大会员和师生开展学术讲座。邀请美国学者和北京专家作题目为《城市品牌塑造的大设计实践》的报告，共400余人参加了会议。邀请长江大学王艳安博士作题为《城市风貌与城市特色》学术报告、郑辑宏高级建筑师对台湾建筑考察成果《沉潜的现代——台湾当代建筑》的报告，共200余人参加。4月-5月，分别邀请中广核高级工程师李忠诚为会员作题为《我的核电梦》的报告、杜国锋博士作题为《美国高校校园建筑印记》的报告，共210名师生参加报告会。

市政工程专委会以挂靠单位武汉市政工程设计研究院院庆60周年为契机，举办了一系列学术交流活动。先后邀请了工程勘察设计大师顾国荣、华中科技大学环境学院博导陶涛教授、同济大学博导兼国家公安部及住建部城市交通“畅通工程”专家组副组长杨晓光教授等15位知名专家，为工程技术人员讲授《基坑和建筑桩基的风险控制》、《污水处理厂提标改造和污泥处理》、《城市道路交通设计相关技术》、《城市立体化视角下的地上地下一体化》等前沿理论和研究成果。这次系列交流活动共举办了15场专题讲座，来自全省规划、交管、监理、施工及政府相关部门的专业技术人员共1000余人次参加，使参会人员深受启发。

电算应用专委会邀请长江学者特聘教授李术才作了题为《隧道突水突泥灾害源超前预报和治理研究新进展》学术报告。通过江西水莲隧道案例，阐述了突涌水灾害控制的理念以及联合反演法、水泥浆堵水等勘察治理方法。使更多的技术人员对灾害源超前预报及治理的研究有了更新的了解。专委会主任委员瞿伟廉教授研发的“大跨度漂浮型铁路斜拉桥列车制动响应智能控制新技术”荣获国家科技发明二等奖，为专委会赢得了荣誉。

围绕工程勘察和地基工程开展学术交流

武汉土木建筑学会与中国建筑学会建筑施工分会基坑工程专业委员会联合主办“第八届全国基坑工程研讨会”。学会副理事长、武汉土木建筑学会理事长金志宏主持会议，省住建厅总工程师、省土木建筑学会副理事长徐武建到会致辞。各省共600多名工程技术人员参加了会议。会上，工程院院士龚晓南、大师范士凯及刘祖德、唐雨耕、顾金才等专家分别作了题为《深厚软粘土地基中基坑环境效应的几点思考》、《深基坑地下水控制—封堵为主还是疏降为主的对比反思》、《深基坑工程的若干误区及解决办法》等专题报告。

工程勘察专委会组织专家研发的《湖北省基坑双排桩支护结构设计计算软件》进行了鉴定。10月在恩施市召开了“中南勘察设计情报网站2014年会暨学术交流会”。中南地区60多位代表参加，实例探讨和研究土工基础和工程勘察中的理论和学术问题。

结构加固专委会还邀请河北建设勘察研究院有限公司总经理、全国工程勘察设计大师梁金国作了题为《岩土工程勘察》、《地基处理》及《大直径钻机的发展与需求》等一系列学术报告和讲座。

电算应用专委会邀请江苏省首席科学家、解放军理工大学王明洋教授作了题为《动力冲击问题中的相似规律》的报告。介绍了《两球低速撞击局部效应与冲击因子》引起的撞击问题，对深地下冲击力相似、深部岩体分区破裂、摆形波作用的超低摩擦、岩爆机理等前沿热点问题作了生动而透彻的分析。王明洋教授作了题为《岩土中爆炸波与结构相互作用研究》的专题报告。从三个方面详细讲述了岩土中爆炸与深地下地冲击效应。通过严谨的论述得到最终结论。

围绕新“标准”和新技术开展学术交流 建筑给排水专委会为了准确运用好《消防给水及消火栓系统技术规范》(GB50974-2014)，多次组织专业人员赴北京、西安等地参加学习宣贯新的规范。邀请武汉市审图办及各大设计院的总工程师交流对新规范的理解，并探讨便于操作的具体做法，有利于工程技术人员对新规范的使用，为设计起到指导作用。6月10日，在中南建筑设计院举办“威派格科技发展有限公司新产品推介会”，介绍 “无负压供水设备的运行机理”。组织给排水专业人员到武汉鑫汉通管公司生产一线参观学习，了解各种管道的生产工艺流程及性能，对设计方案的选择起到重要作用。

建筑电气专委会结合《火灾自动报警系统设计规范》(GB50116-2013)的颁布执行在中南建筑设计院组织了宣贯活动，我省及湖南、河南省相关设计院的电气专业技术人员及图审人员300多人参加。邀请了规范主编、国家消防电子产品质检中心副主任丁宏军研究员介绍了规范修编资料，并对如何执行新规范作了详细的讲解。8月，飞利浦公司在中南建筑设计院联合举办《建筑照明设计标准》(GB50034-2013)宣贯活动和《建筑照明设计标准详解暨智能绿色办公照明》交流会。邀请中国工程建设标准化协会采光照明委员会主任委员赵建平对该《标准》作详细的讲解，飞利浦公司技术专家介绍了先进的绿色照明技术与相关产品。

城市燃气专委会组织专家对《建筑燃气安全技术规程》(D1342/T408-2006)、《瓶装液化石油气供应站（点）安全检核平价标准》(DB42/T560-2009)、《湖北省燃气行业服务规范》(DB42/T505-2008）等相关地方标准进行复审工作，并对这些规范的执行情况作出复审报告，提供给业务主管部门。

工程结构专委会邀请勘察设计大师、中国建筑标准设计研究院郁银泉总工程师介绍了《高层民用建筑钢结构技术规范》的修订内容和过程，对规程修订的条文作了相应的说明和详细的解释。各设计单位和施工单位的会员160人参加了会议，并就结构工程中遇到的问题与大师进行了交流，加深了对规范的理解，有利于推动钢结构在高层建筑中的应用。

热能动力专委会组织50多名会员在中南建筑设计院举办“复合风管新产品推介和学术交流会”。由生产企业介绍了新产品并进行了现场答疑，使到会人员对该产品有了全面了解，为在设计中多了一种选择。专委会选派15名代表参加在天津举办的“第十九届全国暖通空调制冷学术年会”。

围绕建筑文化与建筑风格设计开展学术研讨活动 4月份，建筑师分会与中国勘察设计协会建筑设计分会、《建筑设计管理》杂志社在武汉联合举办“第三届全国优秀建筑设计学术交流会”。全国各地300多名建筑师参加学术活动。分会理事长桂学文总建筑师、李春舫、唐文胜及刘均副总建筑师分别在学术交流会上作主题发言。桂学文总建筑师以“武汉保利文化广场”为例，演讲了《超高层建筑创作及节能设计》，并与参会代表现场进行对话与交流。10月30日，分会邀请了法国AS建筑工作室创始人马丁·罗班先生在中南建筑设计院举办了主题为“另一种角度——可持续城市”的讲座。来自各设计单位和大专院校师生200多人参加了交流活动。法国AS建筑工作室董事长勒内—亨利·阿诺和工作室合伙人北京事务所总经理李书雯先生也参加了讲座。通过27个项目全面展示了AS的设计理念和工作方法，体现了建筑与自然环境和社会环境关系的理解，以及对人文的关怀。

“荆楚派”风格研究 1月10日在洪山宾馆举办“荆楚派”建筑风格高层研讨会。配合省住建厅到外地邀请国内著名专家并负责安排协调整个会务工作。6月9日在中南花园饭店承办“荆楚派”建筑风格研究成果专家咨询会。邀请省内专家听取“荆楚派”风格研究工作团队的汇报，并对研究成果提出了建议和进一步修改完善的意见。7月19日，专家对《荆楚派建筑风格导则》、《荆楚派村镇风貌规划与民居建筑风格设计导则》进行了评审和通过了对“荆楚派”建筑风格研究与应用科技成果鉴定。在整理专家发言的基础上，编印了《荆楚派建筑风格高层研讨会专集》。

征集和评选优秀学术论文

组织“第十四届自然科学优秀学术论文评选”。专家对参评的143篇论文按专业分类，认真审阅，评出特等奖1篇，一等奖20篇，二等奖87篇，三等奖35篇。并在此基础上推荐了113篇论文参加“省科协第十五届湖北省自然科学优秀学术论文评选”。获一等奖2篇，二等奖5篇，三等奖11篇。

组织推荐“第四届中国中西部地区土木建筑学术年会”论文。共征集13篇论文，其中工程结构专委会2篇，施工技术专委会9篇，绿色建筑与节能专委会2篇。经专家评审，获一等奖1篇，二等奖3篇，三等奖9篇。

联合举办2014年国际城市建设博览会

学会与湖北省建设科技发展中心、武汉市中建国博会展有限公司在洪山体育馆共同举办“2014年武汉国际城市建设博览会”。博览会以“推进城建跨越发展，创建国家中心城市”为主题展出了建筑节能，绿色建筑、建筑电气与绿色照明及太阳能与建筑一体化应用等方面的最新科技成果。展示了节能、低碳细节演绎点滴的绿色生活。

组织开展2014年度湖北省土木建筑科学技术奖评审

在省科技厅和省住建厅的支持和指导下，开展了“湖北省土木建筑科学技术奖”。奖项的申报从6月开始至8月底结束，共收到申报项项目48个，经过预审，37个项目符合条件。分为施工技术、市政道桥、建筑材料、城市燃气、建筑设计五个专业。11月24日，经各专业组专家评审、全体评委投票，评出获奖项目31个。其中一等奖8个，二等奖11个，三等奖12个。

学会与省工程建设专家委员会共同完成的工作

鉴定及咨询论证 配合省住建厅组织专家对《大跨度空间异型钢结构创新施工技术》及《发泡陶瓷保温板保温系统》等63项科技成果及产品进行审查鉴定。对《发泡陶瓷保温板保温系统应用技术规程》及《暗挖通道超厚拱墙二次衬砌跳格法施工工法》等18项关键技术进行了论证评审。完成了“汉川市涵闸河城市棚户区改造(北岸片区)项目”基础选型等48项深基坑工程设计方案审查。

施工图调审 受省业务主管部门委托，组织开展2014年度全省施工图调审工作。对全省33个施工图审查机构已通过审查的房屋建筑和市政工程项目共45个进行了施工图调审。

组织有关奖项的申报、初审 受上级学会和有关主管部门的委托，组织专家对“华中科技大学附属协和医院门诊医科大楼”等3项申报“鲁班奖”项目进行了设计评审。我会推荐的“武汉百瑞景中央生活区”(一、二期工程)获得第十二届中国土木工程詹天佑奖。我会会员单位中建三局集团有限公司、中铁第四勘察设计院、中铁大桥局股份有限公司参与的“广州珠江新城西塔”、“天津文化中心”、“深圳湾体育中心”、“南京大胜关长江大桥”，“成都双流国际机场T2航站楼”、“京沪高速铁路”等六个项目，也获得了第十二届中国土木工程詹天佑奖。推荐武汉郎肯节能技术革新有限公司“空气源三联供机组”项目申报了华夏科学建设科学技术奖。

组织专家到地市技术讲座 组织省内专家赴咸宁、孝感市，针对当地岩土工程专业技术人员在基坑工程中存在的疑难问题，结合工程实例为学员授课，提高基层工程技术人员的专业水平。组织深基坑工程咨询审查专家赴麻城市，对已通过前期基坑工程设计审查并正在施工中的杜鹃世纪广场项目地下室深基坑工程项目进行回访考察，并召开施工现场会。

省住建厅交办的相关工作 配合省住建厅组织专家对申报2014年度湖北省建设科技计划和建筑节能示范工程共130个项目进行审查。确定了“基于能源回收的城市污水有机物富集耦合单级自养脱氮工艺研究”等68个项目列为2014年度湖北省建设科技计划；“天宜华府一期”等48个项目列为2014年度湖北省建筑节能示范工程。

组织专家对32项申报2014年度湖北省地方标准项目计划进行了评审。

学会刊物 网站

《湖北土建》 全年出版正刊4期，发行4000册。配合《第五届湖北省土木工程专业大学生科技创新论坛》的举办，出版了题为《土木工程创新与实践》论文专刊，刊登学术论文60篇。《简讯》发行4期，共2800册，主要反映学会开展的各项活动及转载上级学会和主管部门有关信息等。

《华中建筑》 加大了与高等院校、设计院所的合作力度，合理挖掘期刊发展潜力，努力开拓营销渠道。11月，国家新闻出版广电局正式发文《华中建筑》为第一批认定的学术期刊。

《中华建设》 杂志社不断加强对编辑和记者的培养，组织参加各种业务培训。在杂志版面创新上狠下功夫，推出的《封面人物》栏目别具特色。

《土工基础》 全年共发行6期10000余册。2014年被评为湖北省科协“科技创新源泉工程”的《优秀科技》期刊的第一名。

湖北省档案学会城建档案分会

参加全省档案编研优秀成果评选活动，共报送参评编研成果30项，有16项分别获得一、二、三等奖和优秀奖，城建分会获得组织奖。

参加全省数字化建设论文征集评选活动，共报送参评论文17篇，有7篇分别获得一、二、三等奖。

参加全省优秀城市建设照片档案评选活动，共报送参评摄影作品530幅(包括组照)。获得一等奖3名，二等奖5名， 三等奖7名，优秀奖16名。

组织交流学习活动。指导各专业学组开展活动3次，参加活动的城建档案馆有81家。

附录

文　征

省政府文件

省人民政府关于进一步加强城镇生活污水处理工作的意见

鄂政发〔2014〕46号

各市、州、县人民政府，省政府各部门：

为加强生态文明建设，统筹治理城镇生活污水，保护和改善水环境，现就做好城镇生活污水处理工作，提出如下意见。

一、总体工作要求

（一）指导思想。以党的十八大和十八届三中全会精神为指导，抢抓新型城镇化、生态文明建设快速推进的有利时机，坚持改革创新和市场化导向，加快政府职能转变，完善特许经营制度，全面开放设施建设及运营市场，拓宽投融资渠道，加快设施配套建设，强化运营监管，确保设施稳定高效运行并充分发挥效益。

（二）基本原则。

规划引领，城乡统筹。坚持先地下、后地上，先规划、后建设。各市县应依据总体规划修改完善排水及污水处理专项规划，优化生活污水处理设施布局，科学确定污水处理技术路线，促进区域内城镇生活污水处理能力提升；坚持“以城带乡、以城促乡、以城帮乡”，统筹推进城乡污水处理一体化发展。

政府主导，市场运作。城镇污水处理是公益性事业，地方各级政府必须强化责任意识，紧紧抓在手中，纳入议事日程，统筹协调，及时研究解决污水处理设施建设及运行过程中出现的问题。按照市场化运作、企业化经营、产业化发展、社会化服务的改革方向，积极推进城镇污水处理厂的建设和运营。

突出重点，分类指导。既立足当前，又着眼长远。以盘活存量、取得实效作为近期的工作重点，集中解决已建成污水处理设施正常运营问题，切实消除“晒太阳”现象。坚持因地制宜，集中与分散处理相结合，不搞一刀切。支持各地积极探索实践，做好示范推广，建立长效机制。

（三）目标任务。

确保完成“十二五”任务。2014年底前，已经建成的县级以上城市生活污水处理厂全部实现稳定运营，进水COD浓度达到150毫克/升以上，负荷率达到75%以上。到2015年底，凡未达到国家排放标准的城市生活污水处理厂全部完成升级改造；乡镇生活污水处理厂全部正常运营，负荷率

达到60%以上;全面完成“十二五”污水管网新建(改造)任务,全省城镇生活污水处理率达到85%,其中武汉市达到95%,地级市达到85%以上,县级市和县城达到80%以上;加快污泥处理处置设施建设步伐,污泥无害化处理处置率武汉市达到80%,地级城市达到70%,县级市和县城达到50%。全省城镇基本形成设施完善、运营平稳、监管严密的污水处理工作体系。

科学谋划“十三五”发展。力争到2017年,全省城镇生活污水处理率达到90%,再生水利用率达到10%以上。到2020年,实现地级以上城市生活污水全收集、全处理;做到“三个全覆盖”:即城市(县城)污水主次管网全覆盖、污泥处理处置全覆盖、污水处理监管体系全覆盖;实现“四个转变”:即从重城市轻农村向城乡统筹转变,从一城一镇单建向区域共建共享转变,从单纯建厂向厂网并重转变,从数量增加向提质提效转变,全省城镇生活污水处理率达到93%左右,污泥处理处置率达到100%。

二、进一步加强设施建设及运营监管

(一)优化建设时序,完善设施布局。城镇新建(改造)道路时,必须同步实施排水管道建设;新区建设严格执行雨污分流,并配建初期雨水的收集与处理系统。建设污水处理设施,要从实际出发,宜集中则集中,宜分散则分散。对人口集中度高且形成一定规模的片区,采取规模化集中收集处理模式;对人口密度低、居住较分散的区域,采取分散式、无动力的人工湿地等生态处理模式。

(二)严格建设标准,合理确定工艺。城镇生活污水处理厂工艺选择遵循“满足要求、因地制宜、技术可行、经济合理”的原则,做到运行管理简便,占地和能耗小。城市(县城)生活污水处理厂应选择具有除磷脱氮能力的工艺技术。鼓励消化尾水(中水回用),减少排放。乡镇生活污水处理应合理确定处理标准,因地制宜选择工艺路线。

(三)加强管网配套,推进设施升级改造和污泥处置。坚持“厂网并举、管网先行”原则,重点推进雨污分流改造和老旧污水管网改造。暂不具备条件实施分流制改造的,要采取截流、调蓄等处理措施。因工艺原因导致尾水不能达标排放的既有生活污水处理厂,要采取切实措施进行升级改造。集约建设污泥处理处置设施,在保障环境安全前提下,优先选择资源化利用的技术。

(四)注重建管并重,强化设施运营监管。贯彻国务院《城镇排水与污水处理条例》,落实市县城镇排水主管部门职责,强化城镇污水处理监督管理,健全考核评价体系。各市县要加强城镇排水主管部门能力建设,配备相应的排水监管人员和设备,严格实施排水许可制度。加强污泥处理处置的全过程监管。加强污水管网维护,逐步完善系统管理。

三、鼓励社会资本参与投资建设运营

(一)建立多元化投融资机制。各级政府应按照“政府主导、多元投入”的原则,广泛吸纳市场主体和社会力量参与城镇生活污水处理设施建设运营,建立多元化多渠道投入机制。强化“排污者付费、治污者受益”的利益机制,通过特许经营、投资补助、政府购买服务等多种形式,吸引包括民间资本在内的社会资本参与投资建设(改造)和运营管理生活污水处理设施。支持符合条件的污水处理企业发行企业债券,逐步扩大非金融企业债务的发行规模,有序开展多层次的直接融资。鼓励民间资本通过购买地方政府债券、投资基金、股票等间接参与生活污水设施的建设和运营,鼓励民间资本参与国有污水处理企业的改制重组、股权认购。完善特许经营制度,约定的财政补偿金由地方政府统筹解决。

(二)积极培育市场主体。加快推进城镇生活污水处理行业市场化改革,逐步向独立核算、自主经营的企业化管理模式转变。鼓励城建投融资企业通过收购、兼并或其他方式组建跨区域性的集团公司,鼓励城建投融资企业业务向小城镇延伸。重点引导和支持污水处理行业内骨干企业参与全省城镇生活污水处理设施建设运营。对已建和在建生活污水处理设施(含污泥处置项目),由政府部门主导建设运营的,可采取TOT或委托运营模式;已实现BOT、TOT等市场化方式建设经营的,要进一步完善特许经营协议,强化政府监管职能,加强运营商的服务质量管理。对新建和升级改造设施(含污泥处置项目),市县政府要科学测算投资成本,细化特许经营合同,采取公开招标、竞争性谈判等方式,公开公平择优选择投资运营主体。

(三)探索污水管网建设运营市场化新模式。政府集中财力建设老旧城区污水收集管网和雨污分流改造等设施,坚持老城区优先的原则,统筹旧城管网改造和道路建设同步施工,注重二、三级支管和小区出户管的驳接工作。积极探索城市综合管廊资源化改革路径,2014年在鄂州等城市开展政府和社会资本合作机制(PPP)试点,取得经验后在全省逐步推广。鼓励通过“特许经营+融资租赁”方式引入社会资本投资,将管网建设通过特许经营方式交由企业建设运营,政府与企业签订政府购买服务合同,购买服务的资金由地方政府统筹解决。以合作方式参与城市综合管廊建设的企业,可通过发行企业债券、中期票据、项目收益债券等市场化方式融资。城市(县城)新建生活污水处理厂,可按规划将部分或全部配套管网纳入特许经营合同。

(四)打捆建设运营乡镇污水处理设施。原则上以县市为单元,将乡镇生活污水处理项目集中打捆招商,统一测算确定乡镇污水运营价格,谁建设谁运营,激励企业开发或引进先进工艺。对新建项目,既可统筹谋划若干个捆绑项目进行招商,也可将新建城市生活污水处理项目与乡镇生活污水处理项目捆绑招商;对已建项目,市县政府采取“大带小”、区域打捆招标等方式,择优选择专业化污水处理企业负责运营管理。

四、完善和加大政策扶持力度

(一)加大地方政府公共财政投入。各市县人民政府应按年度统筹安排城镇生活污水处理设施建设资金,优先投向污水管网配套和老城区雨污分流改造等工程。污水处理费中应明确一定比例用于污泥处置。乡镇生活污水处理厂对减排作出贡献的,县市政府安排专项奖励资金,按年新增COD减排量给予奖励。

(二)实行省级财政“以奖代补”。对纳入全省城镇生活污水处理专项规划的项目,各地应加紧前期工作,做好项目储备。省直有关部门应加强指导,积极争取中央资金支持。对已建成生活污水厂的乡镇和国家级贫困县市的老城区,新建和改造污水主干管网(管径300毫米及以上),按每公里20万元补助。对乡镇和国家贫困县市生活污水处理厂,污水处理费征收率达到80%以上、运营水平达到省考核标准的,按照考核认定的污水处理量,每吨奖励0.1元。具体实施办法由省住建部门会同财政、环保等部门制订。

(三)完善污水处理费征收使用制度。完善城镇生活污水处理收费标准形成机制,综合考虑生活污水处理(含污泥处置)成本、社会承受能力和合理投资收益,根据价格管理权限,对生活污水

处理收费标准进行动态调整。加大污水处理费征收力度，制定完善适用于自备水源排水单位和居民的污水处理费征收办法。强化对污水处理费使用范围、核拨程序的监管。征收污水处理费用于生活污水处理设施运营不足部分，由市县财政统筹解决。

（四）实行用地、用电、税收优惠政策。优先保障城镇生活污水处理设施用地需求，符合《划拨用地目录》的项目，以划拨方式供应用地，分散式小型生活污水处理设施用地可采用租赁方式。城镇生活污水处理用电电价按照大工业用电价格执行。由县市政府及主管部门委托随自来水费收取的污水处理费免征增值税，单位和个人提供的污水处理劳务取得的收益，不征收营业税。对符合国家税法规定的，从事污水处理项目的企业所得，自项目取得第一笔生产经营收入所属纳税年度起，第一年至第三年免征企业所得税，第四至第六年减半征收企业所得税。

（五）加大金融信贷支持力度。鼓励各银行业金融机构加大对城镇生活污水处理投资企业的信贷支持力度，探索开展生活污水处理收费权、特许经营权质押贷款等。鼓励开展生活污水处理相关设施内的固定资产抵押担保创新，抵押担保不足的，各地政府应采取相应增信措施或给予贷款贴息补助。

五、加强统筹协调和组织领导

（一）落实工作责任。各市（州）人民政府对本地区生活污水处理工作负总责，在切实做好城区污水处理设施建设运营工作的同时，要加强对县（市、区）生活污水处理工作的领导、支持和考核，落实县（市、区）人民政府对所辖乡镇生活污水处理工作的责任。要抓紧研究制定具体的实施意见，把建设任务和监管责任分解到各有关部门和单位，坚持一级抓一级，层层抓落实，扎扎实实加以推进。

（二）加强部门协调。建立省级联席会议机制，由省政府分管领导担任召集人，发改、财政、国土、环保、住建、水利等部门主要负责人为成员，指导帮助各地解决污水处理工作中的实际问题。住建部门负责城镇生活污水处理设施建设的组织协调、技术指导及日常运行监管。其他相关部门按职责分工，各负其责，密切配合，形成进一步加强城镇生活污水处理工作的强大合力。在项目投资建设方面，加快审批可研报告或核准申请报告，优先保障建设用地，依法简化排污口论证审批手续，提高环评审批效率，统筹安排专项资金，在投融资时给予金融支持；在项目运营和监管方面，加强对设施进出水质监管并建立联合通报机制，修改和完善污水处理费征收办法并强化征收措施，积极营造推进污水治理的社会舆论环境。

（三）强化检查考核。省政府将城镇生活污水处理工作纳入对地方政府考核体系，实施跟踪督查和目标管理考核制度，将考核结果作为对地方减排考核和城镇综合评价的重要依据。对工作成绩突出的予以表彰奖励，对工作推进不力、目标任务不落实的地方政府主要负责人进行约谈，并限期整改；对造成重大环境责任事故和恶劣影响的，依法严肃追究相关领导和责任人的责任。

2014年10月11日

省人民政府办公厅
关于进一步加强住房公积金管理工作的通知

鄂政办发〔2014〕57号

各市、州、县人民政府，省政府各部门：

为切实维护住房公积金所有者的合法权益，进一步提高公积金管理水平，提高城镇居民的居住水平，经省政府同意，现通知如下：

一、规范住房公积金缴存

（一）明确缴存范围。国家机关、国有企业、城镇集体企业、外商投资企业、城镇私营企业及其他城镇企业、事业单位、民办非企业单位、社会团体（以下统称单位）及其在职职工都应缴存住房公积金。落实《湖北省集体合同条例》，加强非公企业的住房公积金缴存扩面，将劳务派遣人员、在城市中有稳定工作的进城务工人员及时纳入住房公积金缴存范围。暂因特殊原因不能纳入的，应先行建立住房公积金账户。

（二）规范缴存基数和缴存比例。住房公积金缴存基数按照国家统计局规定的工资总额统计项目核定，不得高于设区城市上年度职工平均工资的3倍，不得低于设区城市上年度最低工资标准。最高缴存比例为12%，最低缴存比例为5%。缴存比例低的设区城市，要逐步提高缴存比例。同一设区城市应执行同一缴存比例。各单位不得超缴存基数和比例缴存住房公积金，违反规定的，要限期纠正。缴存困难单位应按照《住房公积金管理条例》的有关规定办理。

（三）加强和规范行政执法。各地住房公积金管理中心要充实执法队伍，完善执法手段，提高执法水平。对本行政区域内单位不办理住房公积金缴存登记或不为职工办理住房公积金账户设立手续、少缴或欠缴公积金等行为，依法进行行政处罚或申请人民法院强制执行。要探索建立不缴、欠缴住房公积金负面清单制度，将未按规定建立住房公积金制度或拖欠住房公积金的企业曝光。

二、规范住房公积金使用

（一）改进住房公积金提取。对符合住房公积金提取条件的，住房公积金管理部门必须提高审批效率，方便职工办理。放宽租房提取条件，缴存职工及配偶在设区城市无自有住房，可凭租赁合同提取住房公积金支付廉租住房、公共租赁住房租金，也可支付规定额度内的商品住房租金。低收入困难家庭，可提取住房公积金缴纳物业管理费。房屋装饰装修，可凭装饰装修正规合同，在确保真实性的前提下，提取规定额度内的住房公积金。各类住房公积金提取的具体额度标准由设区城市住房公积金管理委员会按照保障基本住房需求的原则确定。

（二）合理确定贷款条件。职工连续足额缴存住房公积金6个月（含）以上，可申请住房公积金个人住房贷款。对曾经在异地缴存住房公积金、在现缴存地不满6个月的，缴存时间可根据原缴存地住房公积金管理中心出具的缴存证明合并计算。对使用住房公积金贷款首次购买普通商品

住房的职工，适当提高贷款额度、放宽贷款期限。在本省范围内异地购房的家庭，可使用缴存地住房公积金办理贷款。允许缴存职工购房时同时申请使用父母、子女的住房公积金，有效发挥住房公积金在家庭代际间的互助作用。使用住房公积金贷款购买商品住房的职工，每月可直接划转住房公积金偿还贷款。各市县要实现住房公积金缴存异地互认和转移接续。

（三）优化贷款流程。各地住房公积金管理中心与房屋产权登记机构应尽快联网，实现信息共享，简化贷款办理程序，缩短贷款办理周期。房屋产权登记机构应在受理抵押登记申请之日起10个工作日内完成抵押权登记手续；住房公积金管理中心应在抵押登记后5个工作日内完成贷款发放。房地产开发企业不得拒绝缴存职工使用住房公积金贷款购房。降低贷款中间费用，住房公积金个人住房贷款担保以所购住房抵押为主，取消住房公积金个人住房贷款保险、公正、新房评估和强制性机构担保等收费项目，减轻贷款职工负担。

三、提高管理水平

（一）完善住房公积金决策制度。各城市住房公积金管理委员会要加强制度建设，依法决策，认真监督履职。在管理委员会组成人员中增加专业人员或专家的比重，优化决策结构，提高科学决策能力；严格管理委员会工作制度，健全议事规则，管理委员会主任要对公积金决策负总责。实行决策与管理分离，住房公积金管理中心落实管理委员会的决策，住房公积金管理中心主任对决策的执行负责，接受管理委员会的监督。各住房公积金管理中心要定期向管理委员会报告工作，公积金管理重大事项必须经住房公积金管理委员会研究决定，并报省住房和城乡建设厅等监管部门备案。

（二）加强机构队伍建设。要规范和理顺住房公积金管理机构设置，加强住房公积金服务人员的配备，适应住房公积金业务量不断增长的需要。坚持着眼长远，引进和培养优秀管理人才，配备好金融、财会、计算机、经济、法律等专业的技术人才，提高队伍的整体素质。加强与高校合作，充分利用现有资源，对全省住房公积金从业人员进行系统培训，建立健全全省统一规范的住房公积金管理岗位和从业人员管理制度。住房公积金管理中心主任等高管人员，必须通过全省统一组织的业务法规等知识的考核。

（三）强化内部管控。各住房公积金管理中心要加强内控管理，防范资金运作风险，建立廉政风险考核与责任追究制度、关键岗位制衡制度、定期内部稽核制度和重大事项报备制度。要根据业务需求设置管理部门，明确岗位职责，建立岗位制约机制。强化财务核算管理职责，配齐配强财务管理人员，财务负责人须具备中级以上会计专业技术职称，财务工作人员须持证上岗。设置内部审计部门，强化业务稽核。大额资金调拨和使用等重大事项，必须经领导班子集体研究决定。要加强贷款风险控制，严格贷前审批和贷后管理，降低贷款逾期率，足额提取贷款风险准备金。加强人员、印鉴、档案管理，落实风险防控责任。

（四）加强办事处（营业部）管理。各住房公积金管理中心要认真履行职责，切实加强对所辖县市办事处（营业部）管理，落实“四统一”要求，实行“统一制度、统一决策、统一管理、统一核算”，统筹使用分支机构的住房公积金。对县市办事处的业务系统要联网、并网运行。要加强县市办事处（营业部）的资金风险和资金效率管理，加强对县市办事处的绩效考核，建立考核奖惩机制。

四、提升服务质量

（一）提升窗口服务质量。加强住房公积金经办网点建设，优化布局，方便群众。加强住房公积金综合性服务大厅和服务网点建设，配备相应的便民设施，改善服务环境，完善服务功能。健全服务制度，建立首问负责、一次性告知、限时办结、服务承诺等服务规范。优化业务流程，在确保资金安全、有效防控风险的前提下，简化业务办理手续。取消不合理收费，有条件的地区免费提供辅助性服务，提高办事效率。

（二）加快信息化建设。各住房公积金管理中心要全面执行住房和城乡建设部住房公积金基础数据标准和技术规范，住房公积金管理中心的综合业务管理系统要实现对所辖县市区域的全覆盖和管理业务全覆盖。要充分利用信息技术，提升公众服务的能力和水平，建立全省统一的12329服务热线和短信平台，实现网上营业大厅、12329服务热线及短信、手机APP（应用程序）及微信、营业网点四位一体的全方位服务。加快省级数据容灾备份中心建设。按照信息系统二级保护或三级保护标准，加强信息系统安全的建设与管理，实现省市两级数据的容灾备份。加快建立和完善省级监管信息系统，完善省住房公积金网及住房公积金手机APP，实现住房公积金业务、数据和服务的全面监管。

（三）提高资金运行效率。探索建立省级层面住房公积金调剂融资机制，在更大范围内实现资金调剂，平衡资金头寸，化解资金流动性风险。盘活存量贷款资产，住房公积金个人住房贷款发放率在85%以上的城市，要主动采取措施，积极协调商业银行发放住房公积金和商业银行的组合贷款，也可将住房公积金个人住房贷款批量转让给商业银行。有条件的城市，要积极探索发展住房公积金个人住房贷款资产证券化业务。继续做好利用住房公积金贷款支持保障性住房建设试点工作。按照公开、竞争、精简、效益的原则，择优确定受托代理住房公积金金融业务的商业银行和存储银行。各地要将支持服务住房公积金缴存人贷款购房情况，与选择住房公积金存储银行相挂钩。

五、加强考核管理

（一）加强检查考核。省住房和城乡建设厅要加强对各地住房公积金个人住房贷款业务的考核，每月通报全省住房公积金个人住房贷款发放情况。加大对贷款发放率低的地方督促检查力度，提高资金使用效率。省住房和城乡建设厅、省财政厅等部门要加强对各地住房公积金管理工作的年度考核，健全激励机制，考评结果要公开通报。

（二）加强部门协作。各有关部门和单位要加强协调，分工负责，密切配合，形成合力。住建部门要发挥好组织协调作用，落实具体监管责任。财政部门要完善住房公积金管理和使用的财务监督机制，会同住建部门加强监管。人力资源社会保障部门和各行业组织要将缴纳住房公积金列入劳动合同示范文本，加强指导和引导。审计部门要加强对单位缴存住房公积金情况的审计监督，加强对住房公积金管理和使用情况的审计。人民银行省内各分支机构要把企业是否依法为职工缴存住房公积金纳入企业征信系统。人力资源社会保障、税务、工商、质监、房管等有关部门要积极支持住房公积金管理部门信息查询工作，加强沟通协调，实现信息共享。其他有关部门和单位要结合自身职能，积极支持配合做好相关工作。

（三）注重舆论宣传。强化信息披露，增强住房公积金缴存、贷款、提取工作的透明度，满足缴存职工的知情权。各住房公积金管理中心要及时公开财务收支和运作情况，通过住房公积金官方网站、公益广告、宣传册、海报等发布住房公积金相关信息。要利用新闻媒体主动加强住房公积金政策宣传，运用短信、微信等方式及时发布住房公积金缴存、提取、结息及余额信息。要积极引导舆论对住房公积金工作的支持和监督，营造促进住房公积金良性发展的舆论环境。

2014年10月30日

省人民政府关于进一步加快推进棚户区改造工作的通知

鄂政发〔2014〕50号

各市、州、县人民政府，省政府各部门：

棚户区改造是重大的民生工程和发展工程。近年来，我省认真贯彻落实国务院的决策部署，将棚户区改造纳入保障性安居工程，大规模推进实施，有效改善了部分困难群众的住房条件，提升了城镇综合承载能力，促进了经济增长与社会和谐。但也要看到，目前全省棚户区改造工作与仍居住在棚户区的群众对改善居住条件的迫切需要相比，还有较大差距；棚户区改造中存在着规划布局不合理、配套建设跟不上、项目前期工作慢等问题，一些地方在棚户区改造上过多地算经济账、政绩账，存在着淡化或模糊改善困难群众住房条件这个出发点和落脚点的倾向。为认真贯彻国务院有关文件精神，进一步加快推进棚户区改造工作，现就有关要求通知如下：

一、合理界定范围

棚户区改造包括城市棚户区、国有工矿棚户区、林业棚户区和国有垦区危旧房改造等。各地要结合实际，合理界定各类棚户区特别是城市棚户区的具体改造范围，分轻重缓急，优先改造城市建成区内集中连片、规模较大、住房条件困难、安全隐患严重、群众要求迫切的棚户区。在此基础上，逐步向城市建成区外的规划区延伸。要坚持整治与改造相结合，维护城市传统风貌特色，保护好历史优秀建筑和历史文化街区，禁止将因城市道路拓展、历史街区保护、文物修缮等实施的房屋拆迁改造项目纳入城市棚户区改造范围，禁止将城市规划区外因工程建设征收搬迁项目纳入棚户区改造范围。

二、科学编制规划

（一）编制改造规划。各地要按照《国务院办公厅关于进一步加强棚户区改造工作的通知》（国办发〔2014〕36号）要求，进一步核实待改造棚户区的底数，包括户数、面积、类型等情况，特别是厘清中央企业在内的国有企业棚户区，资源枯竭型城市、独立工矿区和三线企业集中地区棚户区的底数，抓紧编制完善2015—2017年棚户区改造规划和年度实施计划。

（二）落实改造项目。要对棚户区改造项目实行统一规划，连片改造。单栋、小规模的地块，可并入相邻项目一并改造，减少插建，保障城市规划的整体性和可控性。项目规划在考虑居民安置、经济效益平衡的情况下，可以通过适当提高容积率、配建商业网点等，提高项目平衡能力。不能就地平衡的项目要纳入当地整体规划，由政府主导，实现整体平衡。

（三）完善综合配套。各地要在城市总体规划和土地利用总体规划确定的建设用地范围内，科学合理确定安置住房选点布局，要做好与城市基础设施建设规划的衔接。安置住房小区的公共服务设施具体配建项目和建设标准，应遵循《城市居住区规划设计规范》要求，并符合当地棚户区改造公共服务设施配套标准的具体规定。

三、落实支持政策

（一）确保用地供应。各地要将棚户区改造安置住房用地纳入当地土地利用计划优先安排，棚户区改造安置住房中符合条件的公共租赁住房建设项目可通过划拨方式供地。要发挥市场配置资源的作用，以更灵活的方式加强城中村改造，简化城中村土地报批征用程序，缩短审批时限，提高工作效率。

（二）加大资金投入。各地要加大棚户区改造的资金投入，从城市维护建设税、城镇公用事业附加费、城市基础设施配套费、土地出让收入等渠道中，安排资金用于棚户区改造支出，国有资本经营预算中可以安排部分资金用于国有企业棚户区改造，有条件的市（州）、县（市、区）可以对棚户区改造项目给予财政贷款贴息。要充分发挥融资平台的作用，积极争取国家开发银行的专项贷款，加大对棚户区改造项目的融资力度。各地承担棚户区改造项目的企业可发行企业债券和中期票据专项用于改造项目，对发行企业债券用于棚户区改造的优先办理核准手续，加快审批速度。要利用市场化机制，吸引社保资金、保险资金等社会资本参与棚户区改造。

（三）落实税费政策。对棚户区改造项目，免征城市基础设施配套费等各种行政事业性收费和政府性基金。严格执行国家有关棚户区改造住房税收优惠政策。电力、通讯、市政公用事业等单位要对棚户区改造给予支持，新建安置小区有线电视和供水、供电、供气、供热、排水、通讯、道路等市政公用设施，由各相关单位出资配套建设，适当减免征收入网、管网增容等经营性收费。

四、做好征收补偿

（一）以人为本，依法征收。严格执行房屋征收相关法律法规，尊重棚户区居民意愿，坚持“先安置、后改造”的原则，不同意征收户达到半数以上，必须召开听证会，并根据情况修改征收方案。对征收房屋面积过小的，要明确最低面积补偿标准。对经济困难，无力购买安置住房的棚户区居民，可以通过提供公共租赁住房、共有产权住房等方式满足其基本居住需求。

（二）实行实物与货币安置相结合，鼓励货币化安置。棚户区改造实行实物安置和货币补偿相结合，由棚户区居民自愿选择。各地可搭建棚户区改造居民选购商品房服务平台，通过集体议价、竞价收储商品房等方式，对棚户区改造居民实行货币化安置。鼓励选择货币化安置补偿，对选择货币补偿安置的被征迁户，可以按货币补偿标准给予一定比例的奖励。居民因个人房屋被征收而选择货币补偿重新购置房屋，并且购房成交价格不超过货币补偿的，对新购房屋免征契税；购房成交价格超过货币补偿的，对差价部分按规定征收契税。选择房屋产权调换，并且不缴纳房屋产权调换差价的，对新换房屋免征契税；缴纳房屋产权调换差价的，对差价部分按规定征收契税。

五、强化建设管理

（一）建立快速通道。各地发展改革、国土资源、住房城乡建设等部门要建立棚户区改造项目行政审批快速通道，进一步简化审批程序，改善服务方式，提高工作效率。对符合相关规定的项目，限期完成项目立项、规划许可、土地使用、施工许可等审批手续。

（二）加强质量管理。棚户区改造项目要严格执行基本建设程序和标准规范，全面落实项目负责人质量责任终身制。明确勘察、设计、施工、监理、建设五方项目负责人为建设工程质量终身责任人，建立质量安全书面承诺制度、永久责任标牌制度和房屋建设信息档案制度。要切实加强对棚户区改造在建工程质量安全的监督管理，重点对参建单位执行工程建设强制性标准情况进行监督检查，对违法违规行为坚决予以查处。

（三）提升建设品质。各地要精心做好棚户区改造项目的投资决策、计划立项、勘察设计、施工安装和竣工验收等环节工作，以先进设计理念优化小区规划和户型设计，加强施工组织和管理，严格按图施工、按规范标准验收，确保实现施工管理控制目标和建设意图。各地对10万平方米及以上的棚户区改造项目在土地出让、规划许可中要明确绿色建筑指标要求，推进绿色建筑标准实施。要优化小区综合配套，按规范标准建设小区绿化、文体娱乐、社区管理等服务设施，确保小区内道路、交通、水电、通讯管网等同步建设到位，切实提高棚户区改造项目的综合质量和品质，实现宜居安居目标。

（四）加快竣工入住。各地要严格落实年度责任目标，加强竣工分配入住管理。一般情况下，当年开工的18层以下单体住宅，建设周期满2年应竣工交付使用，其中，当年开工的多层单体住宅，建设周期满1年应竣工交付使用；当年开工的19层以上单体住宅，建设周期满3年应竣工交付使用。在加快单体工程建设进度的同时，要加快完善配套设施建设，做到与主体工程同步规划、同步报批、同步建设、同步交付使用。

六、加强组织领导

（一）明确职责分工。各市（州）、县（市、区）人民政府是棚户区改造工作的责任主体。要做到主要领导负总责，分管领导亲自抓，相关部门协调配合，形成合力。住房保障行政主管部门负责组织编制棚户区改造规划和实施年度计划；发展改革部门负责做好项目基本建设程序审批，组织指导国有工矿棚户区改造实施工作；财政部门负责资金筹措，监督资金使用；国土资源部门负责建设用地供应；林业、农垦部门负责做好本系统棚户区改造组织实施工作；国资部门负责组织指导编制国有企业棚户区改造规划和年度计划，并组织实施；其他部门按照部门职责做好支持棚户区改造的有关工作。

（二）加强监督检查。各地、各有关部门要加强对棚户区改造项目的监督检查和审计监督，全面落实工作任务和各项政策措施。省审计厅要对棚户区改造计划执行情况实施跟踪审计。省住房和城乡建设厅、省发展改革委、省财政厅等有关部门要建立健全督查督办制度，定期对各地棚户区改造工作进行督促检查，对资金土地不落实、政策措施不到位、建设进度缓慢、质量安全问题突出的地区和有关单位负责人，要按照有关规定进行问责，并限期整改，确保全面完成任务。

2014年11月13日

省人民政府办公厅关于实施湖北省城乡规划督察制度的通知

鄂政办发〔2014〕62号

各市、州、县人民政府，省政府各部门：

为保障城乡规划的有效实施，促进我省新型城镇化和城乡建设健康持续发展，根据有关法律法规和文件精神，省人民政府决定建立城乡规划督察制度。现将有关事项通知如下：

一、统一认识，增强实施城乡规划督察制度的自觉性

城乡规划督察制度是上级政府对下级政府城乡规划的编制、审批、修改和实施进行事前、事中和事后督察的一项监督管理制度。实施城乡规划督察制度，有利于强化层级监督，形成快速反馈和及时处置的督察机制，减少违反规划建设带来的消极影响和经济损失；有利于推动地方规划管理部门依法行政，增强党政领导干部的规划意识，实现民主科学决策。对于深化城乡规划管理改革、切实提高规划执行力，对于增强规划严肃性和权威性、促进新型城镇化健康发展具有重要意义。各地各部门务必高度重视，切实增强实施城乡规划督察制度的自觉性和主动性。

二、明确要求，加快推进城乡规划督察制度的实施

（一）督察原则。坚持“依法督察、突出重点、上下联动、全面覆盖”的原则，建立“谁审批、谁监管、谁督察”的责任体系，以有关法律法规和政策、城乡规划强制性内容、经依法批准的各类城乡规划为依据，对督察范围覆盖区域的城乡规划编制、审批、修改和实施情况进行督察，及时发现违法违规行为，提出督察意见。

（二）督察范围。实行分级督察、全域覆盖。省级督察范围为：国务院和省政府审批城市总体规划的城市、国家和省历史文化名城名镇名村、国家和省级风景名胜区，其中，武汉市、襄阳市、荆州市、黄石市等4个部派督察员的城市实行部省联动，以部为主，联合督察；市（州）督察范围为：所辖县城和重点中心镇、特色镇；县（市）督查范围为：所辖区域其他建制乡镇。

（三）督察重点。重点督察以下六个方面的事项：

1. 城市总体规划、风景名胜区总体规划和历史文化名城名镇名村、历史文化街区保护规划的编制、修改和实施，是否符合法定权限和程序，是否符合省域城镇体系规划和有关区域性规划；

2. 近期建设规划、控制性和修建性详细规划、各类专业专项规划的编制、审批和实施，是否符合城乡规划的强制性内容；

3. 重大基础设施、重点建设项目和公共财政投资项目的行政许可，是否符合城乡规划的强制性内容；

4. 建设项目的规划许可和实施，是否符合法定规划，是否符合“绿线”、“蓝线”、“紫线”、“黄线”规划和相关管制制度；

5. 编制城乡规划是否采取“政府组织、部门合作、专家领衔、公众参与、科学决策”的方式，是否通过本地主流媒体等形式，及时向社会公布经依法批准的城乡规划和有关城乡规划行政许可；

6. 群众投诉、举报的城乡规划重大问题，以及规划建设方面影响社会公共利益和城乡长远发展的其他重要事项。

（四）督察方式。省级城乡规划督察主要采取“巡查与重点督察相结合、遥感监测与挂牌督办相结合”的方式进行。督查组通过调阅相关文件技术资料、受理群众投诉、实地查看等方式，检查被督察区域有关规划编制、审批、修改和实施情况。注重科学利用卫星遥感技术，通过提取卫星遥感监测疑似图斑，分析、对比、判断和查处违法违规行为，提高城乡规划督察工作质量。市、州、县可结合实际，选择合适的督察方式。

（五）督察人员。省督察组由省住房和城乡建设厅等省直相关部门人员及省级城乡规划督察专家库中随机抽调的督察专家组成。省级城乡规划督察专家库由省住房和城乡建设厅牵头组建，主要从城乡规划、建设、管理单位副处级以上在职人员或退休人员（年龄65周岁以下），城乡规划编制单位和勘察设计单位具有高级专业技术职称的有关专家，在鄂大专院校从事规划专业的副教授以上专家学者等具有较高政治素质和较强业务能力的人员中选聘。督察专家由省政府聘任，每届任期3年。各市、州、县聘请本级城乡规划督察专家。

（六）督察程序。省督查组对督察中发现的一般性问题，应及时告知当地政府或有关部门；对违反城乡规划及有关法规政策的重大问题，报经省政府同意后，由省住房和城乡建设厅进行挂牌督办，并向当地政府或有关部门发送《督察意见书》。所在地政府及有关部门对《督察意见书》指出的问题，在15个工作日内向省督察组书面说明情况、提出整改措施，并逐项整改落实。造成重大损失的案件，依法追究相关责任人员责任。

（七）实施步骤。分级、分类、分步加快推进城乡规划督察工作。每年年初由省住房和城乡建设厅向省政府上报上一年度的城乡规划督察工作情况和当年实施方案。2015年省、市（州）两级建立并实施城乡规划督察制度，2016年县（市）建立并实施乡镇城乡规划督察制度，力争两年内实现全省城乡规划督察全覆盖。

三、加强领导，确保实施城乡规划督察制度取得实效

建立由省住房和城乡建设厅牵头的湖北省城乡规划督察联席会议制度。各市、州、县人民政府要高度重视、积极配合支持省级城乡规划督察工作，并尽快建立实施本级城乡规划督察制度。省住房和城乡建设厅要抓紧制定城乡规划督察工作的相关管理办法，做好省级城乡规划督察专家的选聘、管理和培训等工作。省监察厅、省国土资源厅、省人力资源和社会保障厅、省文化厅、省旅游局等相关部门要积极支持配合，并按照《城乡规划违法违纪行为处分办法》（2012年监察部、人力资源和社会保障部、住房和城乡建设部令第29号），协同做好城乡规划督察制度的实施和有关违法违规行为查处、责任追究等工作。

要建立规划公示、信息公开和社会参与机制，畅通群众投诉举报渠道，增强人民群众对城乡规划督察工作的认同感和参与度。要加强经费保障，省级城乡规划督察工作经费列入省财政年度预算予以保障，实行专款专用，市、州、县城乡规划督察经费由本级财政予以保障。

2014年11月15日

省住建厅文件

关于印发《省住建厅行政审批工作规程(暂行)》的通知

鄂建〔2014〕2号

厅机关各处室,厅直有关单位:

《省住建厅行政审批工作规程(暂行)》已经厅党组审议通过,现印发给你们,请遵照执行。

附件:《省住建厅行政审批工作规程(暂行)》

湖北省住房和城乡建设厅

2014年1月3日

附件

省住建厅行政审批工作规程(暂行)

第一章 总 则

第一条 为进一步转变政府职能,优化发展环境,依法规范行政审批工作,完善政务服务的制度化建设、规范化运行、标准化管理,根据省政府办公厅印发的《湖北省深化行政审批制度改革方案》,结合我厅实际,制定本规程。

第二条 本规程所称行政审批,是指省住建厅按法律、法规、规章规定,根据公民、法人或其它组织的申请,经审查,决定是否准许其从事特定的建设活动,确认其资质、资格或者进省备案出省服务的行政许可和非行政许可行为。

行政审批坚持依法办理、公平公开、优质高效、廉洁奉公、方便群众、服务发展的原则。

第三条 厅行政审批办公室(以下简称审批办)负责行政审批事项的咨询服务、受理申请、组织审查、发布审批结果和制作、送达审批文件;根据有关企业(单位)资质、个人资格、进出省企业(单位)市场行为的处罚(处理)文件,办理相关撤销、降级、吊销、注销等手续;负责个人执业资格的注册、变更、延续,继续教育的组织管理工作。

各有关处室(单位)负责拟订并贯彻行业发展政策、规划;拟订各类行政审批事项的管理规定、办法、标准;实施市场监管、政策指导和业务培训;负责对行政审批相对人的资质、资格实施动态监管,对存在违法违规的市场行为依法实施行政处罚(处理)。

第四条 行政许可类行政审批事项按照相关法规规定分级实施。由住建部和省住建厅实施的行政审批事项,经注册所在地市(州、直管市、林区)住房和城乡建设(规划、房产、园林等)主管部门依法提出初审意见,报省住建厅。省住建厅依法审查通过后,符合条件的部批事项上报住建部审批;符合条件的厅批事项报住建部备案。由注册所在地市(州、直管市、林区)住房和城乡建设(规划、房产、园林等)主管部门实施的行政审批事项,依法审批后在15日内将审批决定报省住建厅备案。法律、法规、规章另有规定的,从其规定。

非行政许可类行政审批事项由省住建厅实施。

第五条 各市(州、直管市、林区)住房和城乡建设(规划、房产、园林等)主管部门应当对行政审批相对人申请资料的原件进行核实,并负核实责任。厅审批办对中央在鄂企业、在省工商局注册企业申请资料的原件进行核实,并负核实责任。各级住房和城乡建设(规划、房产、园林等)主管部门应明确行政审批各工作人员的权限和责任,建立健全相关制度,切实做到受理、初审、审查、审批等环节可追溯管理。

第六条 行政审批工作人员应当遵守工作纪律,恪守职业道德,严格按工作规程办理行政审批事项。

第七条 行政审批工作必须不断提高审批信息化应用水平,优化和完善企业资质网上审批,

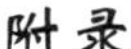

加快推进执业资格注册网上审批，充分利用现代信息技术审查、审批，强化审批管理和社会监督。

第二章　受理与告知

第八条　政务服务大厅工作人员按职责受理行政审批相对人的申报材料（含要求提供的相应电子文档、企业资质网上申报材料）；核对原件（初审部门核对原件的除外），加盖原件审核专用章；按要求核对纸质材料、网上材料的一致性；登记行政审批相对人的单位地址、联系方式。

第九条　行政审批相对人提交的纸质或网上申请材料齐全、符合相关规定形式的，收件人应当即出具《行政许可受理通知书》。

第十条　行政审批相对人提交的申请材料不齐全或者不符合相关规定形式的，收件人应当一次性告知，并当即出具《行政许可补正材料通知书》；行政审批相对人在5日之内再次提交申报材料，符合要求的出具《行政许可受理通知书》，不符合要求的出具《行政许可不予受理通知书》。

行政审批相对人提交的申请材料复印件齐全，但待核原件不全或者网上申报材料未提交的，收件人应当一次性告知，并接受申请材料复印件，当即出具《建设行政许可申请材料接收凭证》和《行政许可补正材料通知书》；行政审批相对人在5日之内再次提交申报材料，符合要求的出具《行政许可受理通知书》，不符合要求的出具《行政许可不予受理通知书》。

第十一条　正式受理的企业资质类期办事项或资质证书变更等快办事项，受理人应在半个工作日内将网上申报材料通过省住建厅行政审批信息平台报送至审批办相关工作人员；正式受理的执业资格类期办事项或注册证书变更等快办事项，受理人应在半个工作日内将纸质申报材料报送至相关审批工作人员，并及时完成申请事项的受理登录工作。

第三章　审查与公告

第十二条　快办事项由厅审批办工作人员审查，厅审批办分管主任审签。

第十三条　期办事项由厅审批办工作人员审查；对数量较多或专业技术性较强的资质、资格审批事项，组织专家评审。同时征求相关业务处室（单位）的市场监管意见，必要时组织现场勘验。再由厅审批办集中初审，初审结果在省住建厅网站上公示10天；公示期间，由厅政务服务大厅按规定受理陈述、申辩材料。公示期满，由厅审批办召集会议集中复审后，经厅分管行政审批的领导审定、签发审批文件，在省住建厅网站上公告审批结果。

需报送住建部审批的，由厅审批办将通过初审的意见连同所有申请材料报送住建部。

第十四条　在厅行政许可集中审批工作中设有专家评审环节的，认真执行行政审批专家（审查人员）评审管理办法，规范评审专家和审批办工作人员的具体审查行为。

审批办负责评审专家的确定、专家评审的组织以及对专家的监督管理。

第十五条　行政审批实行会审会签制度。行政审批事项的审查决定应当由行政审批办主任集中会审会议提出，报分管行政审批的厅领导审定。

对有重大疑议或有特殊情况的行政审批事项，须由审批办提出处理意见或与相关处室（单位）共同研究提出处理意见，送厅监察室会签后，报分管行政审批的厅领导审定，必要时报厅长审定。

第十六条 行政审批过程的各个环节应当留有书面记录。所有行政审批事项报厅领导签批前应形成一张汇总表,载明上述有关环节的书面记录。

第四章 证书发放

第十七条 行政审批事项经审查批准后,制证档案室工作人员应及时完成打证工作。审批文件发出后,一般在2个工作日内完成证书打印;需要审批办工作人员编制工作表的,在收到工作表后2个工作日内完成证书打印;需要企业提交原资质证书的,在收到原资质证书后2个工作日内完成证书打印。因证书信息不全或打证系统故障无法打印的,打证时限顺延。证书打印后制证档案室工作人员应立即分专业将证书移交政务服务大厅。

第十八条 转至政务服务大厅的证书,由当事受理人签字接收,并负责通知行政审批相对人在10日内领取证书。当事受理人应在核验行政审批相对人的初审单位(市州主管部门)介绍信或申报单位(中央在鄂企业、在省工商局注册的企业)介绍信、身份证,请领证人签字后发放证书,并完成审批事项的办结登录工作。

第十九条 文件、资料、证书等交接均须办理交接手续,交接双方确认交接事项无误后,双方在交接清单上签名,交接清单一式三份,交接双方各执一份,一份存档。

第五章 资料归档

第二十条 行政审批办公室的档案管理实行专人负责制,行政审批办公室及政务服务大厅的全体工作人员都有收集、维护、使用档案的义务和权利。

第二十一条 各类资质申报材料在受理后由政务服务大厅受理人员负责分类保管,进行资质审查时交审批办工作人员进入审查程序。每批资质审批公告后资质审查人在5个工作日内会同政务服务大厅受理人员,将申报材料整理后分类汇总,并附目录清单,移交给审批办档案室管理人员统一整理、编号、归档。经签章受理后的申报材料一律不得更换、修改、借出、退还。

第二十二条 各类快办件和进出省备案申报材料受理后由政务服务大厅工作人员集中保管。经行政审批办公室审核办结后,由政务服务大厅受理人员汇总整理,并对材料目录清单,定期(半个月或一个月)交审批办档案室归档。

第二十三条 审批办工作人员负责各类资质审批过程中的审查意见表、审核意见汇总审批表、公示签批稿、公示、公告文件的保管。在每批资质审批公告后5个工作日内,交审批办综合管理工作人员统一存档保管,两年后转审批办档案室统一保管。各类统计报表由审批办综合管理工作人员负责保管。

第二十四条 归档材料编号应按快办件材料和期办件材料两种形式逐一编号,采用装盒整理方法,在每个资料盒左侧面填写有关内容,资料编号按行政审批事项受理编号规则进行编排。

第二十五条 归档材料根据保存年限的要求分类保管。申请表、审核表以及会审、领导签批的审签表等应长期保存。

第二十六条 超过保存年限的存档材料、回收的废旧证书以及受理后未通过审批的申报材料

经审批办领导同意后交厅机要室集中销毁。

第二十七条 各类空白证书由档案管理人员统一保管，根据工作需要领取或使用，领取或使用证书时应上交打印证书名单。

第二十八条 档案管理人员应及时将各类资质审批材料整理、编号、归档并妥善保管，经常性地检查，采取有效措施防止档案的霉变、失窃，发现异常情况应及时报告并妥善处理。

第六章 监督与问责

第二十九条 行政审批实行轮岗交流制度。行政审批工作人员定期或不定期进行轮岗。政务服务大厅受理人员之间不定期进行交流，并逐步打破行业界限，将按行业设置的专业受理窗口转变为不分行业的综合受理窗口。审批办审查人员之间不定期进行交流，并逐步打破行业界限，由按行业分工进行审查转变为不分行业、随机分配进行审查；审批办副主任的分管业务不定期进行交换。

第三十条 行政审批建立督查制度。厅监察室或请厅领导或组织相关处室（单位）对行政审批全过程进行不定期监督检查。

监督检查的重点包括：行政审批环节工作人员履行工作职责情况；行政审批各环节执行法规规定的标准、要求、时限等方面情况；与行政审批工作相关的廉政建设各项规章制度执行情况。

厅监察室或请厅领导或组织相关业务处室（单位）可随时参加专家评审和审批办主任会审会议，进行督查。审批办应当将每次专家评审和审批办主任会审会议时间、地点提前告知厅监察室。

实行行政审批抽检制度。厅监察室不定期地组织相关业务处室（单位），按一定比例抽取已办结的行政审批资料，依照相关资质、资格管理规定、标准和流程等，对受理、审查、审批情况进行核验。

第三十一条 行政审批建立信息公开、群众评议监督制度和社会监督员制度。审批办应当公开行政审批的事项、依据、范围、条件、程序、期限和审查意见等，以及需要提交的全部材料目录和申请示范文本。厅监察室应当公开投诉、举报电话，并设立行政审批举报信箱，在政务服务大厅设立群众满意度电子评价器，健全行政审批监督制度，接受社会各界群众和当事人的动态评议和监督。建立行政审批社会监督员制度，按照《省住建厅行政审批社会监督工作规则（试行）》的要求，聘请社会监督员对行政审批全过程进行监督。

第三十二条 行政审批实行责任追究制。行政审批责任追究，坚持实事求是、权责一致、有错必纠、惩处与责任相对应、教育与惩处相结合的原则。

第三十三条 工作人员在实施行政审批过程中，有下列情形之一的，应当责令纠正并追究责任：

（一）不按规定公示依法应当公示的行政审批法律、法规、规章等法定依据的；

（二）对符合法定条件的行政审批事项申请不予受理的；

（三）受理申请时不按规定向申请人开具相应的示范文本的；

（四）申请人提交的申请材料不齐全或者不符合法定形式，未在规定时间内一次性告知申请人需要补正的全部内容的；

（五）未依法说明不受理行政审批事项申请或者不予行政审批理由的；

（六）在行政审批过程中，未向申请人、利害关系人履行法定告知义务的；

（七）不按法定程序、规定流程办理行政审批的；

（八）无正当理由未在法定时间内办理完毕申请事项的；

（九）行政审批的实施和结果应当公示而不在规定时间内公示的；

（十）对不符合法定条件的申请人准予行政审批或者超越法定职权准予行政审批决定的；

（十一）对符合法定条件的申请人不予行政审批或者不在法定期限内作出准予行政审批决定的；

（十二）对涉及不同部门的行政审批，不及时主动协调，相互推诿或拖延不办，或者在本部门行政审批事项完成后不移交或拖延移交其他部门的；

（十三）丢失、损毁申请材料，对已受理的申请材料或对已经集体研究、会审的审批材料擅自更改的；

（十四）行政审批档案管理不严格，造成档案出现丢失或损坏的；

（十五）制作的证书内容与审批决定不符的；

（十六）不按规定程序按时发放审批文件或证书的；

（十七）对不符合行政审批用章规定而加盖行政审批专用章（单位公章）的；

（十八）未按时上报行政审批数据统计报表及统计数据出现失误的；

（十九）擅自收费或者不按法定项目和标准收费的；

（二十）接受行政审批相对人的礼品、礼金、各种有价证券、支付凭证、宴请以及旅游、健身、娱乐等活动安排；借工作之便向行政审批相对人索要好处或者谋取其他利益的；

（二十一）其他违反行政审批规定、贻误行政审批工作或者损害行政审批相对人合法权益的情形。

第三十四条 行政审批责任追究程序按照省住建厅干部问责追责的有关规定执行。

第七章 附 则

第三十五条 本规程相关文书的式样、印章，按省住建厅有关规定执行。

第三十六条 本规程自公布之日起执行。

关于印发《湖北省建设工程质量创优奖励实施办法》的通知

鄂建设规〔2014〕2号

各市、州、直管市、神农架林区住房和城乡建设委员会、公共资源交易监督管理局(招投标监督管理局)、实施质量兴市(州)战略工作领导小组办公室:

为贯彻落实《湖北省人民政府关于实施质量兴省战略的决定》(鄂政发〔2008〕30号)和《湖北省人民政府关于促进建筑业发展的意见》(鄂政发〔2013〕52号)精神,不断提高我省建设工程质量水平,依据《建设工程质量管理条例》和《湖北省建筑市场管理条例》,我们制定了《湖北省建设工程质量创优奖励实施办法》,现印发给你们,请遵照执行。

附件:《湖北省建设工程质量创优奖励实施办法》

湖北省住房和城乡建设厅

湖北省公共资源交易监督管理局

湖北省实施质量兴省战略工作领导小组办公室

2014年7月1日

附件

湖北省建设工程质量创优奖励实施办法

第一条 为贯彻落实《湖北省人民政府关于实施质量兴省战略的决定》(鄂政发〔2008〕30号)和《湖北省人民政府关于促进建筑业发展的意见》(鄂政发〔2013〕52号)精神,不断提高我省建设工程质量水平,依据《建设工程质量管理条例》和《湖北省建筑市场管理条例》等有关法规,制定本办法。

第二条 本省行政区域内房屋建筑和市政工程质量创优的奖励,适用本办法。

第三条 省住房和城乡建设主管部门负责优质工程创建与奖励监督管理工作;省公共资源交易监督管理部门负责招标项目进场交易过程中,对优质工程实施奖励的监督管理工作;省实施质量兴省战略工作领导小组办公室负责工程质量创优奖励的推进和协调工作。

各市、州直管市和神农架林区住房和城乡建设主管部门负责本地区优质工程创建与奖励监督管理工作;招标投标监督管理部门负责本地区招标项目进场交易过程中,对优质工程实施奖励的监督管理工作;实施质量兴市(州)战略工作领导小组办公室负责本地区工程质量创优奖励的推进和协调工作。

第四条 实施"优质优先"奖励。对获得省级及以上质量优质工程奖的承建单位及项目经理、监理单位参加投标,在资格预审中采用有限数量制、评标采用综合评估法时,给予加分;具体加分办法在资格预审文件、招标文件中明确。中标候选单位获奖情况在评标结果公示时一并公示,接受监督。

(一)对获得中国建设工程"鲁班奖"(以下简称"鲁班奖")的承建单位和监理单位,在参与同类别工程(即与房屋建筑和市政工程分别相对应的工程,下同)投标时给予加分。资格预审阶段,承建单位每项获奖工程按总分的0.9%加分,获奖工程的项目经理按总分的1.8%加分;监理单位每项获奖工程按总分的1.2%加分。投标阶段,承建单位每项获奖工程按商务、技术(不含报价分)计分权重的2.4%加分,获奖工程的项目经理按商务、技术(不含报价分)计分权重的4.2%加分;监理单位每项获奖工程按监理大纲计分权重的1.8%加分。

(二)对获得国家优质工程奖(以下简称"国优奖")的承建单位和监理单位,在参与同类别的工程投标时给予加分。资格预审阶段,承建单位每项获奖工程按总分的0.6%加分,获奖工程的项目经理按总分的1.2%加分;监理单位每项获奖工程按总分的0.8%加分。投标阶段,承建单位每项获奖工程按商务、技术(不含报价分)计分权重的1.6%加分,获奖工程的项目经理按商务、技术(不含报价分)计分权重的2.8%加分;监理单位每项获奖工程按监理大纲计分权重的1.2%加分。

(三)对获得省级优质工程奖的承建单位和监理单位,在参与同类别的工程投标时给予加分。资格预审阶段,承建单位每项获奖工程按总分的0.4%加分,获奖工程的项目经理按总分的0.8%加分;监理单位每项获奖工程按总分的0.5%加分。投标阶段,承建单位每项获奖工程按商务、技术(不含报价分)计分权重的1%加分,获奖工程的项目经理按商务、技术(不含报价分)计分权重

的2%加分;监理单位每项获奖工程按监理大纲计分权重的0.8%加分。

第五条 获得省级及以上优质工程奖的承建单位及项目经理、监理单位,投标加分自表彰通报之日起3年内有效。

第六条 获得省级及以上优质工程奖的承建单位及项目经理、监理单位,在投标时应在其资格预审申请文件、投标文件中提供获奖的有效证明文件,包括省级及以上住房和城乡建设行政主管部门的表彰文件、颁奖机构颁发的获奖证书及其他证明材料等。

第七条 同一工程获得不同级别奖项的,按级别高的奖项奖励加分且不重复计分。资格预审阶段,对承建单位和获奖工程的项目经理加分累计不超过总分的3%;监理单位奖励加分累计不超过总分的1.5%。投标阶段,对承建单位和获奖工程的项目经理加分累计不超过商务、技术(不含报价分)计分权重的7%;监理单位奖励加分累计不超过监理大纲计分权重的2%。

第八条 实施"优质优价"奖励。招标单位要求招标项目创建省级及以上优质工程奖的,应将相应创优奖金作为不可竞争费用列入招标文件,并在招标控制价(最高投标限价)中列明,投标单位在投标文件中相应将创优奖金作为不可竞争费用在投标总价中列明。招标控制价(最高投标限价)和投标总价中的创优奖金以含税工程造价(监理服务费)为计费基础。承建单位(监理单位)的工程质量目标达到合同约定的创优质量目标的,发包单位应自表彰、通报之日起,6个月之内,按照合同的约定支付相应的创优奖金。具体标准如下:

(一)获得"鲁班奖"的,对承建单位,按含税工程造价的3%且不超过1500万元,给予奖励;对监理单位,按监理服务费的5%给予奖励。

(二)获得"国优奖"的,对承建单位,按含税工程造价的2%且不超过1000万元,给予奖励;对监理单位,按监理服务费的4%给予奖励。

(三)获得省优质工程奖的,对承建单位,按含税工程造价的1.5%且不超过500万元,给予奖励;对监理单位,按监理服务费的3%给予奖励。

第九条 招标单位在招标文件中,应当明确工程质量创优目标、投标加分办法和工程创优奖励条款;与中标单位签订的施工合同必须与招标文件一致。

招标单位要求工程质量目标创优的,在与中标单位签订的合同签约价中应当包括工程创优奖金,并在建设主管部门或其委托的机构办理合同备案。

第十条 项目经理必须是在同原获奖项目的承建单位一起参加投标时,才能加分。除因发包单位与承包单位解除承包合同、或因不可抗力等特殊情况必须更换项目经理的外,被更换的项目经理在该中标项目竣工前参加其他项目的投标时,不得给予资格审查加分或投标加分。

第十一条 以弄虚作假方式骗取加分的单位和项目经理,经查实,按《招标投标法》第五十四条、《招标投标法实施条例》第六十八条、第六十九条的规定予以处罚,并记录不良行为予以公告。

第十二条 承建单位及项目经理、监理单位获得优质工程奖项的,在各类评先评优时,予以优先考虑。2年内未获得市(州)级及以上优质工程的建筑业企业,不得列入全省建筑业重点培育企业名录。

第十三条 本办法自颁布之日起施行。

关于促进全省房地产市场平稳健康发展的若干意见

鄂建〔2014〕16号

各市、州、县人民政府，省政府有关部门：

为了构建符合湖北省情的住房保障和供应体系，充分发挥市场在资源配置中的决定性作用和更好发挥政府作用，实现“高端放开、中端支持、低端保障”，促进全省房地产市场平稳健康发展，经省人民政府研究同意，现提出如下意见：

一、加强市场分类调控

（一）各地政府要认真履行房地产市场调控的主体责任，根据市场供需情况，按照一市一策、一县一策的要求，采取相应措施，实现商品住房供求基本平衡。

（二）武汉市要根据市场变化适时调整放开住房限购等政策，稳定市场预期，确保房地产市场平稳健康发展。全省其他市、县要控制商品住房新开发总量，避免新建商品住房集中过度投放，保持市场平稳。商品住房库存较大，库存消化超过24个月的市、县，要及时修订住房用地供应计划，调减商品住房用地供应规模，引导住房合理消费，调结构，去库存。

（三）各地要加强市场需求研判，合理把握住房用地供应节奏和总量平衡，按照节约集约用地的要求，优化建设用地结构、布局，管控好土地供应闸门。

二、支持合理住房消费

（四）认真落实国家对居民首次购买普通自住房和改善型普通自住房的各类优惠政策，在贷款利率和首付比例上给予优惠支持。居民家庭贷款首次购买自住普通商品住房，首付款比例按30%执行，贷款利率的下限可扩大为基准利率的0.7倍。个人购买属于家庭唯一普通商品住房的，减半征收契税；个人购买90平方米及以下家庭唯一普通商品住房的，契税按1%税率征收。居民因个人房屋被征收而选择货币补偿用以重新购置房屋，并且购房成交价格不超过货币补偿的，对新购房屋免征契税；购房成交价格超过货币补偿的，对差价部分按规定征收契税。选择房屋产权调换，并且不缴纳房屋产权调换差价的，对新换房屋免征契税；缴纳房屋产权调换差价的，对差价部分按规定征收契税。

（五）认真贯彻《国家新型城镇化规划》（2014—2020年）、《国务院关于进一步推进户籍制度改革的意见》，对符合条件的异地购房人依申请办理落户手续。对引进的各类专业技术管理人才、在鄂投资机构派驻人员、进城经商务工的农村转移人口、大学毕业生等，在我省城镇首次购买普通商品住房的给予政策优惠。

三、改进住房供应方式

（六）认真组织编制住房发展规划，满足不同层次的住房需求，全面放开商品住房市场，确保普通商品住房供应，对高端需求，实行优质优价。

(七)支持房地产开发企业通过共有产权住房、先租后售等方式运营商品住房;鼓励房地产经纪机构开展住房租赁托管业务;引入基金或民间投资收储存量商品住房,作为租赁房源向市场租赁或向保障对象配租。对企业、机构纳入公租房管理的住房租赁收入,免征营业税、房产税。

(八)完善公共租赁住房制度。鼓励各地根据住房保障实际,通过政府收储等方式,购买商品住房作为公共租赁住房房源;探索将社会存量房源纳入当地公共租赁住房体系,实行市场租金、分类补贴。对城镇低收入、中等偏下收入住房困难家庭以及有稳定就业并在城市居住一定年限的外来务工人员、新就业大学生,通过公共租赁住房实物配租、发放租赁补贴等方式,满足基本住房需求。

(九)各地要多方筹措资金,加快棚户区改造,积极争取国开行贷款规模,充分发挥国开行贷款引导示范作用。地方政府统筹使用保障性安居工程资金,可作为项目资本金注入到市县政府融资平台,放大资金效应。棚户区改造实行实物安置和货币补偿相结合,以货币化安置为主。各地可采取政府收储、集体议价、公开竞价收储商品房及搭建商品房选购服务平台等方式,实现货币化安置。实行货币补偿的,可以按货币补偿标准给予一定比例的奖励。

(十)大力发展共有产权住房。各地要积极探索,通过在公共租赁住房中实行共有产权,在棚户区改造安置房中实施共有产权,在新建商品房中配建共有产权住房,改经济适用住房为共有产权住房,切实解决城镇中等以下收入家庭、新就业职工和进城务工人员等群体的住房困难。对纳入公共住房管理的共有产权住房,参照公共租赁住房政策给予税收减免和租金补贴。

四、发挥金融和住房公积金支持作用

(十一)各商业银行要积极争取开发贷款额度,留足贷款规模;对已达到预售许可条件的项目,要保证项目贷款需求,确保项目顺利竣工;对在建普通商品住房开发项目,要满足合理资金需求,提高开发贷款授信、放款审批效率;对达到授信、放款条件的开发贷款,要提升服务质量,及时发放贷款。

(十二)各商业银行要配足个人住房贷款额度,加快受理、审批和发放,对已签订贷款协议的个人住房贷款,原则上要在协议签订之日起一个月内予以放款。支持异地购房者在购房所在地商业银行办理个人住房贷款。各地要改进商品房预售合同备案服务,提高工作效率。

(十三)住房公积金存储银行通过招标确定,各地要将支持服务住房公积金缴存人贷款购房情况,与选择住房公积金存储银行相挂钩。公积金存储银行对同时使用公积金和商业贷款购买自住普通商品住房的公积金缴存人,要对商业贷款部分予以基准利率下浮优惠。

(十四)加大住房公积金制度对职工购房的支持力度。在确保资金安全和正常提取的前提下,简化公积金业务手续,改进担保、抵押方式,提升服务质量;对使用公积金贷款首次购买普通商品住房的职工,适当提高贷款额度、放宽贷款期限。各地要认真贯彻《湖北省集体合同条例》,确保非公企业职工、新就业职工和进城务工人员的住房公积金应缴尽缴。

(十五)在本省范围内异地购房的家庭,可使用缴存地住房公积金办理贷款。探索缴存职工购房时同时申请使用父母、子女的住房公积金,有效发挥住房公积金在家庭代际间的互助作用。使用住房公积金贷款购买商品住房的职工,每月可直接划转公积金偿还贷款。

五、促进房地产业转型发展

（十六）鼓励和引导房地产企业根据新型城镇化规划优化投资地域分布，调整开发类型结构，因地制宜发展商业、工业、旅游、养老等产业地产；推行A级住宅性能认定，支持企业建设“四节一环保”绿色建筑，对开发建设一星、二星、三星级绿色建筑，分别按绿色建筑总面积的0.5%、1%、1.5%，给予容积率奖励。

（十七）鼓励发展现代住宅产业，出台装配式建筑技术标准，建立住宅产业化基地，对采用装配式建筑技术开发建设的项目，由各市、县政府根据本地实际出台政策，给予容积率奖励。鼓励开发建设、购买全装修普通商品房，免征全装修部分对应产生的契税。

六、营造良好市场环境

（十八）优化政务服务环境，对土地供应、规划审批、预售许可、登记办证等环节，按照深化行政审批制度改革的要求，公开透明、简化程序、提质提效、搞好服务。坚决禁止乱收费、乱摊派等行为，为企业发展创造良好环境。

（十九）加快城镇个人住房信息系统建设，切实做好房地产市场监测分析和预警预报。加强对涉房民间融资监管，司法部门与金融部门、住建部门联动，严厉打击涉房非法集资、非法证券、高利贷等非法金融活动。加强和改进商品房预售资金监管，提高资金使用效率，确保专款专用。加强对批后土地开发利用情况的监管，建立项目用地竣工核验制度，约束土地利用违规违约行为。严厉依法打击违法用地、违法建设，坚决遏制“小产权房”，对监管不力、失职渎职的严格责任追究。

（二十）各地要及时、准确地发布房地产市场信息，各类媒体要准确宣传报道，做好舆论引导，稳定市场预期。加强舆情监测，对于造谣、传谣、炒作不实信息的，要进行严肃处理，形成有利于房地产市场平稳健康发展的舆论氛围。

本意见自印发之日起施行，各市、县政府要制定具体实施办法，并报省住房和城乡建设厅备案。

湖北省住房和城乡建设厅

2014年9月15日

关于开展工程质量管理标准化工作的实施意见

鄂建文〔2014〕57号

各市、州、直管市、神农架林区住建委：

为贯彻落实工程质量治理两年行动，加强房屋建筑和市政基础设施工程质量管理，强化施工过程控制，根据住建部有关文件精神，现就开展工程质量管理标准化（下称质量管理标准化）工作提出如下实施意见：

一、指导思想

以科学发展观为统领，坚持“百年大计，质量第一”方针，大力推进工程质量有关法律、法规和标准、规范的贯彻实施。以施工企业为重点，以施工现场为中心，以对质量行为和实体质量控制评价为基本手段，落实企业主体责任，健全质量管理体系，提高现场管控能力，统筹规划、强化管理、分步实施、分类指导、树立典型、以点带面，稳步推进质量管理标准化工作。

二、工作目标

我省质量管理标准化工作的总体目标是在施工企业及施工现场分步推行质量管理标准化，促使施工企业自觉贯彻工程质量有关法律、法规和标准、规范，建立健全包括企业日常质量管理、施工现场质量过程控制等在内的每个环节、每个流程、每道工序的责任制度、工作标准和操作规程，实现施工企业的质量行为规范化、质量管理程序化和质量控制标准化，促进企业质量管理体系运转有效，全省工程质量均衡发展，建立完善自我约束、持续改进的工程质量管理长效机制。

三、主要内容

质量管理标准化工作覆盖工程从开工到竣工验收的全过程，其核心内容是质量行为标准化和工程实体质量控制标准化。

（一）推进质量行为标准化。依据《建筑法》、《建设工程质量管理条例》（国务院令第279号）、《湖北省建筑市场管理条例》等现行法律、法规和有关文件，按照“体系健全、制度完备、责任明确”的要求，对施工企业和现场项目经理部应该承担的质量责任和义务等方面做出相应规定，主要包括企业、项目部管理机构设置和人员配备、质量管理制度建立、落实和施工方案策划、实施及现场布置、技术交底、教育培训、作业挂牌、质量标识、成品保护等，参考内容详见附件1。

（二）推进工程实体质量控制标准化。依据《建筑工程施工质量验收统一标准》（GB 50300）和各专业工程质量验收规范、《建设工程施工项目管理规范》（GB 50216）、《建筑工程施工质量评价标准》（GB/T 50375）等现行工程建设技术标准、规范，按照“质量标准样板化、方案交底可视化、操作过程精细化”的要求，从建筑材料、构配件和设备进场质量控制到施工工序控制及质量验收控制的全过程，对地基基础、主体结构、装饰装修、安装等分部工程中主要分项工程或关键工序的具体做法以及管理要求等方面做出相应规定，参考内容详见附件2。

四、实施步骤

我省质量管理标准化工作拟分三个阶段推进。

(一)2014年至2015年6月,为试点示范阶段。制定相关管理文件,指导各地开展质量管理标准化工作,同时确定武汉、宜昌、襄阳、黄石4个地区为质量管理标准化工作试点示范地区,各试点示范地区负责培育3个试点企业,每个试点企业各承担1个试点示范工程项目。试点地区建设主管部门要大力开展宣传动员,全面组织实施本地质量管理标准化工作,充分调动试点施工企业和工程项目的参与度和积极性。要督促试点施工企业成立工作专班、制定实施方案、确定好试点项目,同时根据附件1、2的内容,结合地区和企业实际,对质量管理标准化的内容进行完善、充实和细化,并加强内部检查、考核,促进试点示范工作有序推进。鼓励其他地区、施工企业积极开展质量管理标准化试点工作。

(二)2015年7月至2016年12月,为总结推广阶段。各试点地区应从建设主管部门、试点施工企业和工程项目等各层次对工作进行认真梳理、分析、总结、提炼,形成具有推广、借鉴价值的管理制度、工作方案、工作流程和评价标准等成果。在此基础上,试点地区应扩大推广范围,在建筑施工总承包一级及以上建筑施工企业中全面推广实施质量管理标准化。要加强交流学习,进一步对质量管理标准化工作方案、制度、流程、评价标准等进行调整、优化。省住建厅对各地质量管理标准化工作进行检查、考评、总结,组织制定质量管理标准化实施细则和考评办法。

(三) 2017年1月起为全面实施阶段。在全省范围内的施工企业和工程项目中全面实施质量管理标准化。各施工企业、工程项目要对照有关文件、标准、方案要求,大力推进质量管理标准化。各建设主管部门应加强服务,加大指导、督促力度,认真组织过程考核评价,确保质量管理标准化的推进广度、深度和效果。

五、有关要求

(一)提高认识,加强领导。质量管理标准化是一项基础性、长期性工作,对夯实企业质量工作基础,落实企业质量主体责任,促进工程项目和地区质量管理水平提高起着重要作用。省住建厅成立由厅分管领导担任组长、省建管局、省质安总站有关负责同志为成员的质量管理标准化工作领导小组,办公室设在省质安总站,主要负责监督、指导和推进全省质量管理标准化工作。各级建设主管部门要加强领导,广泛动员,组织培训,扎实推进。

(二)细化措施,有序推进。各级建设主管部门尤其是确定为试点示范的地区,要尽快建立包括建设主管部门、施工企业和有关专家参加的工作小组,明确职责,细化措施,抓紧制定工作方案和实施办法,明确目标任务、工作内容、进度安排、具体措施及检查督办要求等内容,确保工作有效有序开展。发现和树立质量管理标准化示范企业和施工现场典型,使广大施工企业学有榜样、赶有目标,以点带面、层层推进。

(三)综合管理,确保实效。各级建设主管部门要将质量管理标准化工作作为贯彻落实工程质量治理两年行动的具体举措,从工程常见质量问题治理入手,狠抓工程实体质量突出问题治理,促进企业和施工现场尽快形成质量行为管理和实体质量控制的标准化,并逐步向其它方面延伸。要将质量管理标准化工作贯穿到日常质量监督管理中,创新监管方式,加强对企业质量管理体系建

立和运行情况的检查，促进企业形成制度不断完善、工作不断细化、程序不断优化的持续改进机制，实现质量管理科学化、标准化、规范化。

（四）加强指导，营造氛围。各级建设主管部门坚持监管与指导并举，针对发现的共性问题，指导企业查找管理缺陷，不断总结、改进和提高。要定期、不定期开展质量管理标准化工作督查、评价，对督查中发现好的企业和项目给予通报表扬、表彰，同时通报、曝光管理差的企业和项目。要充分利用新闻报道、现场观摩、专题培训等形式，推介做法、交流经验、共享成果，营造良好工作氛围。

附件：1、质量行为标准化的主要内容

2、工程实体质量控制标准化的主要内容

湖北省住房和城乡建设厅

2014年10月22日

附件1

质量行为标准化的主要内容

序号	内容
(一)施工企业部分	
1	企业质量管理体系
2	质量管理机构设置和人员配备
3	建筑材料、构件和设备管理
4	分包管理(含物资、设备、劳务分包等)
5	工程项目施工质量管理
6	施工质量检查与验收
7	质量管理检查与评价
8	质量管理培训
9	其他
(二)工程项目部分	
1	项目质量管理体系
2	质量管理部门设置和人员配备
3	持证上岗
4	《工程质量终身责任承诺书》
5	施工组织设计、施工方案、作业指导书编制
6	技术、质量交底
7	材料、构配件、设备堆放、标识
8	材料、构配件、设备验收与检测
9	实物样板展示、图片样板展示
10	质量标准宣贯及培训
11	质量观摩会及其他专项质量活动
12	质量控制三检制(自检、互检、专检)
13	测量放线、施工检测
14	工程质量常见问题治理
15	质量检验(包括样板评审、实测实量、实体检验试验、达标验评等)

续表

序 号	内　　容
16	分项、分部、单位工程质量验收(住宅工程质量分户验收)
17	持续改进与创新
18	质量问题、质量投诉的处置
19	成品保护
20	已完工序质量责任挂牌及登记
21	永久性质量责任标牌设置
22	工程资料管理
23	质量评优评奖
24	质量回访、保修与服务
25	其他

注:质量行为标准化不限于以上内容,各企业及工程项目根据自身实际补充完善。

附件2

工程实体质量控制标准化的主要内容

一、地基基础、结构部分

钢筋工程(钢筋保护层控制、柱钢筋定位、钢筋防污染保护等);模板安装,木模板拼缝处理、梁柱接头模板处理、后浇带模版架设;混凝土浇捣,楼板厚度控制、混凝土楼板防裂控制、混凝土养护、卫生间翻梁、混凝土过梁及窗台、对拉螺栓端部混凝土修补;填充墙体砌筑、构造柱马牙槎、填充墙与梁连接等。

二、装饰装修部分

内外墙抹灰、建筑节能保温层施工、墙面(地面)砖铺贴、防水施工、门窗安装、变形缝处理、楼梯踏步及滴水、工程细部(排气孔、出气管、管道支架底座、散水、屋面卷材收口压条、配电箱(盒)边口处理、水簸箕、地漏等)、沉降观测点设置等。

三、安装部分

电线保护管敷设、配电箱内排线、开关插座安装、套管预留预埋、消火栓安装、管道标识、避雷带安装、烟道安装、细部处理等。

注:工程实体质量控制标准化不限于以上内容,各企业及工程项目根据实际补充完善。

关于印发《关于加强全省住建系统政务服务体系及其窗口建设的指导意见》的通知

鄂建文〔2014〕61号

各市、州、直管市、神农架林区住建委、规划局、房产局、园林局、城管局、公积金管理中心：

现将《关于加强全省住建系统政务服务体系及其窗口建设的指导意见》印发你们，请结合实际，认真贯彻执行。

附件：《关于加强全省住建系统政务服务体系及其窗口建设的指导意见》

湖北省住房和城乡建设厅

2014年11月11日

附件：

关于加强全省住建系统政务服务体系及其窗口建设的指导意见

当前，全省住建系统正在积极推进民主评议政风行风建设。为了把行评作为对全省住建系统政务服务体系建设管理水平、政务服务窗口职工综合素质的一次大检阅、大考核，作为改进作风、提升形象的一次大促进、大鞭策，不断提高服务水平，打造公开、公平、公正、优质服务的发展环境，根据省委办公厅、省政府办公厅《关于印发<湖北省政务服务体系建设管理办法（试行）>的通知》（鄂办发〔2012〕26号）、湖北省地方标准《政务服务中心服务规范》（DB42/T912-2013）等文件规定，结合住建系统实际，提出以下指导意见。

一、适用范围

全省住建系统各级具有政务服务职能的部门及其驻各级政府政务服务中心的窗口，和自建的各类行政审批政务服务中心（大厅、窗口）。

二、目标任务

深化住建系统行政审批制度改革，加强政务服务体系建设，推进政务职能转变，建设职能科学、结构优化、高效廉洁、群众满意的政务服务体系和服务性窗口。围绕优化湖北经济发展环境和全省住房城乡建设中心工作，坚持从实际出发，以“建设一流队伍、展现一流作风、提供一流服务”为目标，不断提升服务质量和水平，努力打造成为全国同行业“审批事项最少、办事效率最高、服务环境最优”的一流政务服务窗口。

（一）推进信息公开。紧紧围绕全省住房和城乡建设工作职能，强力推进本系统政务服务信息公开，切实提高政务服务工作透明度，充分发挥政务服务信息对人民群众生产、生活和经济社会活动的服务作用。

1. 全面清理政务服务信息公开目录。各级住建系统窗口单位要认真全面地清理本单位各类行政审批类和行政服务类事项，按照省厅和市州政府的统一部署，做好各类行政审批和政务服务事项的下放和承接工作，确保本单位除涉密以外的所有政务服务事项无一例外地纳入政务服务信息公开目录。

2. 拓宽公开渠道，及时更新信息。要通过部门网站、社会媒体以及在政务服务中心（大厅、窗口）现场设置公告栏、指南手册等多种渠道和方式，依法公开所有政务服务事项的名称、设定依据、申请条件、审批流程、办理期限、办件实时状况、办理结果、收费依据及标准，以及申请需要提交的全部材料的目录清单和申请示范文本、投诉举报方式，告知行政复议和行政诉讼渠道等信息。信息内容发生变化的，应及时动态更新，确保现场办理政务服务事项所依据信息与政务公开信息完全一致。

3. 推进重点领域办事公开。按照《国务院办公厅关于进一步加强政府信息公开回应社会关切提升政府公信力的意见》（国办发〔2013〕100号）和《湖北省人民政府办公厅关于切实做好当前政府

信息公开重点工作的通知》(鄂政办发〔2013〕55号)要求，着重加大保障性住房、征地拆迁、城乡规划、房地产市场调控等热点问题和涉及人民群众切身利益、需要社会公众广泛知晓或参与的行政审批事项审批过程、审批结果公开，让群众全方位参与、保证群众的知情权、参与权和监督权，充分接受社会和群众的监督。

(二)精简优化审批。探索建立“负面清单”管理方式。凡是没有法规依据、自行设定的行政审批项目，一律取消；凡是市场能够调节的，坚决放给市场；凡是社会能够承担的，坚决放给社会。对经审核保留的行政审批事项，依法编制市、县两级行政许可目录；对非行政审批事项，根据全省统一规定进行清理；对上级下放的审批事项，积极做好承接工作并严格规范运行。

1. 优化服务流程，简化审批手续。按照规范、高效、便民的要求，再造程序流程，确定办事步骤、环节及时限，确保对首席代表的充分授权，进一步减少中间层级、交叉环节和申请资料，简化审批手续，压缩办理时限，提升审批效能。

2. 加强审批联动，避免重复申请。各部门要认真清理本部门同一个审批事项中要求服务对象重复提供资料的问题。要通过内部的协调整合，能够合并办理的事项合并办理；前一个流程已提供资料的后一个流程不再要求，做到一个审批事项办理只要求提供一套资料，保证“一套资料走到底”。

3. 创新审批方式，提高审批效率。各地要根据当地实际和当地政府的要求，逐步依法实行将行政审批职能、审批事项、审批人员向一个机构集中的“三集中”审批方式。已经实行“三集中”的地方，要建立行政审批决策权、执行权和监督权既相互制约又相互协调的权力运行机制，确保规范运行，提速提效，服务行业。没有实行“三集中”的地方，要建立政务服务窗口与后台各审批(核)环节协调运行、“无缝对接”的工作机制，坚持依法行政，确保审批时效，不断提高审批效率。

(三)规范运行机制。各单位在对本部门实施的行政审批类和行政服务类事项进行清理和精简的同时，把重点转向简化审批手续和优化服务流程，从实体和程序方面进一步改进规范行政审批环节。

1. 建立健全规章制度。各地应按照“一楼式办公、一窗式受理、一站式服务、一次性收费”的原则建立健全各项规章制度。各窗口单位应建立健全首席代表制、首问负责制、岗位责任制、AB角工作制、一次性告知制、限时办结制、责任追究制等规章制度。

2. 清理规范前置条件。对所有审批事项尤其是涉及到工程项目审批事项的前置条件，凡是没有法律、法规、国务院决定、地方性法规或住建部、省政府规章依据的，均应进行清理调整。对“搭车”到工程项目审批事项的前置条件，要坚决取消，对其中有法规依据且经当地政府审核通过的前置条件，可先办后审，但不能“捆绑”审批、“搭车”收费。

3. 推行政务服务标准化建设。各窗口单位可根据自身工作实际，制定政务服务标准化手册，从硬件建设标准化、审批事项标准化、审批流程标准化、窗口服务标准化、内部管理标准化等方面进一步规范政务服务行为。

4. 规范窗口人员管理。制定窗口考核办法，加强窗口工作人员的日常考核与年度考核，促进服务水平进一步提高。加大窗口工作人员教育培训力度，增强教育培训的针对性、实效性。积极开展岗位练兵、知识竞赛等活动，不断提升队伍素质。

（四）改进服务作风。坚持全心全意为人民服务的宗旨，树立群众观点，思想上尊重群众，感情上贴近群众，竭诚为群众服务。改进政风行风，寓管理于服务之中，坚决纠正“庸、懒、散”现象，多办顺民心、解民忧、惠民生的实事好事。

1. 端正服务态度。坚持“宁可政府麻烦，不让企业费事”的理念，严格执行省委办公厅、省政府办公厅关于印发《湖北省解决党政机关“门难进、脸难看、事难办”问题的若干规定》的通知（鄂办发〔2013〕33号）要求，规范服务行为，端正服务态度，坚持按照“文明礼貌、热情大方”的要求接待办事群众。

2. 优化服务环境。按照湖北省地方标准《政务服务中心基础设施规范》(DB42/T913-2013)要求，完善硬件设施建设，对功能布局、服务设施、办公设施、信息发布设施、标志标牌等进行规范合理的设置，营造良好的服务环境。大力推行微笑服务、延时服务、预约服务、上门服务等服务措施，探索建立跨区域、跨部门、跨行业服务机制。

3. 规范服务行为。按照湖北省地方标准《政务服务中心服务规范》(DB42/T912-2013)要求，不断提高服务水平。窗口工作人员应熟练掌握本部门各类政务服务事项办理规范和要求，做到一专多能、有问必答。在接受申请人申请和咨询时，应一次性告知所办事项的办理程序及所需材料，主动提供示范文本、表格和相关资料，对于符合法定形式的申请材料应当场受理并出具受理通知书，对于不符合法定形式的申请材料应出具一次性告知通知书或书面回复。

4. 创新服务方式。一是推行网上审批。逐步实现网上申报、网上受理、网上审批的服务模式，行政许可等证书核发情况逐步分行业实行网上公示管理。企业资质和执业资格注册力争在2015年底前全部纳入网上审批系统办理。二是推行并联审批。对于涉及需两个以上部门审查或审批的事项，由牵头部门负责受理，并将申请材料同时分送相关部门并联审查和办理，限时办结。三是建立“绿色通道”。各地可根据实际情况，探索依法制定“绿色通道”政策，建立重大项目“全程代办”、重点企业“贴身服务”、特殊事项“先审后补”等服务模式。

（五）解决突出问题。坚持把解决突出问题、努力满足群众合理诉求作为政务服务窗口工作和落实党的群众路线教育实践活动的出发点和立足点。

1. 全面查找突出问题。各地要广泛征求服务对象意见，认真梳理近年来的所有未办结事项，特别是对于个别久拖不办、悬而未决的事项要逐条清理，切实发现问题、找准问题，剖析问题背后的深层次原因。对所有突出问题均要建立台账，实行承办跟踪备案和销号管理制度。

2. 切实解决突出问题。坚持从实际出发，研究制定解决问题的办法，用制度的形式固定下来并严格落实。从具体事项入手，一个问题一个问题解决，以问题解决了多少、群众是否满意、风气是否好转作为衡量政务服务实效的标准。

3. 耐心做好群众工作。对于确实不满足申请条件的事项，工作人员要为申请人主动提供政策咨询服务并必须出具一次性告知通知书或书面回复，耐心做好解释和引导工作。对于涉及其它政府部门等原因而不能办理的事项，必须要有书面报告及时呈送相关部门或政府，遇到矛盾纠纷要敢于直接面对，不“躲”、不“拖”、不“推”，在最大程度上争取群众的满意或理解。

（六）完善监督考评。结合政风行风、效能建设和目标管理考核等措施，构建民主、科学、规范的政务服务窗口监督考评机制，促进窗口部门转变作风、提高效率。

1. 完善监督机制。各单位的监察机构牵头负责对本部门政务服务窗口的履职情况进行监督检查，畅通投诉渠道，公开投诉方式，设立监督投诉电话、网上投诉窗口、公众评价器、意见箱（薄）等，建立投诉台账。群众对政务服务窗口作风方面有投诉的，应当按照管理权限及时进行受理，经调查属实的，应当依法依纪处理，投诉人署实名的，应当将调查处理结果反馈给投诉人。

2. 制定考评指标。从业务素质、服务态度、业绩成果、群众评议等方面，细化、量化考评指标，推行以“亮标准、亮身份、亮承诺；比技能、比作风、比业绩；群众评议、工作人员互评、领导点评”为主题的“三亮、三比、三评”活动。

3. 创新考评方法。推行在社会各界人士中广泛聘任行政审批、政务服务社会监督员，通过明察暗访、抽查办件资料、调查问卷等多种方式开展服务情况调查，加强对政务服务窗口的日常监督。提倡引入第三方评价机制，广泛听取公众意见，对窗口的工作情况进行准确评判，建立科学的、量化的测评体系，为不断优化服务质量提供参考依据。

4. 运用考评结果。除积极开展自我考评外，驻各级政府政务服务中心的住建设系统窗口应积极参加政务服务中心组织的各类绩效考评活动，各窗口的主管部门要及时掌握考评情况，将考评结果作为干部任用、评先评优的重要参考，对考评成绩优异的工作人员可给予适当奖励。

三、组织领导

加强政务服务体系建设及其窗口建设是深入开展党的群众路线教育实践活动和积极推进民主评议政风行风建设的重要内容。各地住房城乡建设主管部门要高度重视，精心组织，务求实效。

（一）落实领导责任。政务服务窗口是各部门的“名片”，各地住房城乡建设主管部门要高度重视窗口建设，积极与各级政府政务服务中心联合，加强对窗口的领导。优化窗口人员结构，选派政治强、作风硬、工作实、纪律严且熟悉法律、法规和本单位审批事项以及审批流程，熟练掌握计算机操作技能的年轻干部进驻窗口。建立学习培训制度，保障教育投入，不断提高窗口工作人员素质。关心窗口工作人员成长，切实做到政治上关心，精神上鼓励，工作上关注，生活上关爱。对于不合格的窗口工作人员要及时进行轮换或依规处理。

（二）确保统筹兼顾。各地住房城乡建设主管部门要协调处理好窗口部门与业务处（科）室之间的关系，协调处理好住建系统内部各行业部门之间的关系，协调处理好住建系统与其它政府部门之间的关系，为政务服务窗口顺利开展工作扫清障碍。

（三）加强分类督导。省厅有关业务处室和厅直单位要按照各自的工作职责，结合本行业窗口单位的特点，提出规划许可、施工许可、竣工验收备案、房屋登记、企业资质审批、执业资格注册等各行业、各领域加强窗口作风建设的具体指导意见，并加强对相关行政审批政务服务的指导，加强对群众意见较大、工作力量薄弱的窗口单位的督促检查，采取有效措施，确保取得实效。

（四）注重典型示范。及时发现、培育、总结和推广窗口单位作风建设的典型做法和经验，大力宣传窗口单位涌现出的先进典型，充分发挥典型的示范引导作用，激发基层党组织、广大党员和干部群众创先争优的内在动力。

统计资料

城市（县城）市政公用设施水平表

序号	地区名称	人口密度（人/平方千米）	人均日生活用水量（升）	用水普及率（%）	燃气普及率（%）	建成区供水管道密度（千米/平方千米）	人均城市道路面积（平方米）	建成区排水管道密度（千米/平方千米）	污水处理率（%）	污水处理厂集中处理率	人均公园绿地面积（平方米）	建成区绿化覆盖率（%）	建成区绿地率（%）	生活垃圾处理率（%）	生活垃圾无害化处理率
	甲	101	102	103	104	105	106	107	108	109	110	111	112	113	114
1	湖　北	2448	210.60	98.75	94.71	14.27	16.57	10.34	92.08	88.55	11.10	37.87	33.24	98.07	90.16
2	武汉市	4369	315.41	100.00	98.95	22.34	13.99	16.47	95.26	93.00	11.06	39.21	33.80	100.00	100.00
3	黄石市	3721	132.19	100.00	85.00	11.62	18.13	14.18	92.51	90.60	10.91	39.10	36.80	100.00	100.00
4	大冶市	1060	93.93	95.47	94.44	8.87	16.47	5.81	93.03	93.03	8.35	28.53	25.34	0.00	0.00
5	十堰市	1821	238.34	97.59	95.52	6.67	15.91	10.27	92.50	89.20	11.64	40.41	38.76	100.00	100.00
6	丹江口市	686	160.70	93.71	78.05	12.43	11.67	7.18	100.00	100.00	10.40	39.25	35.64	100.00	0.00
7	宜昌市	1626	152.53	100.00	92.87	8.58	21.34	6.32	91.00	91.00	14.24	41.35	36.76	95.14	95.14
8	宜都市	759	109.84	100.00	99.29	14.26	24.94	5.94	95.83	85.20	13.30	42.88	36.17	91.22	91.22
9	当阳市	787	130.27	97.98	94.86	20.69	18.56	8.17	85.29	85.29	9.32	36.12	31.04	100.00	100.00
10	枝江市	2000	108.99	95.40	90.00	7.72	14.67	8.34	90.50	90.50	9.40	34.46	30.03	100.00	100.00
11	襄阳市	2809	155.77	100.00	99.86	6.40	17.56	7.34	91.52	88.85	13.28	40.12	35.11	99.54	99.54
12	老河口市	1178	115.74	100.00	97.92	7.96	18.98	9.17	92.24	92.24	9.47	44.04	38.37	95.69	95.69
13	枣阳市	1154	132.60	100.00	98.00	6.41	20.29	9.72	90.03	90.03	14.26	35.57	27.83	100.00	100.00
14	宜城市	7162	135.16	96.46	97.74	5.60	19.94	7.29	78.17	78.17	12.01	35.71	31.45	100.00	100.00
15	鄂州市	1732	211.27	100.00	95.39	16.19	27.56	9.70	89.00	81.97	14.95	32.44	27.68	100.00	100.00
16	荆门市	2027	146.40	100.00	100.00	9.99	17.38	14.12	86.19	86.19	10.45	39.94	33.76	100.00	100.00
17	钟祥市	1349	193.87	100.00	100.00	9.79	22.14	7.43	85.01	85.01	11.42	31.59	28.59	100.00	0.00
18	孝感市	4535	171.76	100.00	94.63	10.76	22.66	8.81	85.43	85.43	9.05	36.83	31.36	98.63	98.63

续表

序号	地区名称	人口密度(人/平方千米)	人均日生活用水量(升)	用水普及率(%)	燃气普及率(%)	建成区供水管道密度(千米/平方千米)	人均城市道路面积(平方米)	建成区排水管道密度(千米/平方千米)	污水处理率(%)	污水处理厂集中处理率	人均公园绿地面积(平方米)	建成区绿化覆盖率(%)	建成区绿地率(%)	生活垃圾处理率(%)	生活垃圾无害化处理率
19	应城市	936	245.43	99.88	84.53	9.74	24.70	6.60	80.04	80.04	9.07	36.20	31.30	100.00	100.00
20	安陆市	2216	156.47	98.64	68.44	8.59	23.03	6.97	76.88	76.88	8.84	32.92	29.04	99.77	99.77
21	汉川市	4429	116.57	94.48	92.61	9.62	9.08	8.74	85.95	85.95	6.56	37.15	38.12	94.42	0.00
22	荆州市	9221	206.13	99.71	99.84	23.16	14.61	7.58	90.60	90.60	11.44	39.26	34.98	100.00	100.00
23	石首市	6500	127.07	99.93	95.97	6.17	16.36	7.26	93.35	93.35	9.15	36.38	31.63	100.00	0.00
24	洪湖市	7345	90.06	93.37	96.42	19.07	15.25	7.53	86.00	86.00	12.47	42.00	38.72	100.00	0.00
25	松滋市	1292	142.56	99.03	100.00	18.33	21.18	14.52	80.07	80.07	11.99	39.43	34.28	100.00	0.00
26	黄冈市	5994	202.35	99.36	99.04	7.50	31.16	6.87	100.00	86.87	14.09	33.55	31.44	100.00	100.00
27	麻城市	1578	200.48	98.71	94.67	15.21	30.46	9.69	83.03	46.06	10.56	41.47	36.57	96.22	96.22
28	武穴市	9500	186.50	96.49	76.28	11.07	19.61	3.40	95.73	50.30	11.16	21.40	19.20	100.00	100.00
29	咸宁市	2487	115.69	96.27	93.64	4.25	12.96	3.39	87.59	87.59	13.03	37.68	32.72	99.09	99.09
30	赤壁市	4867	159.41	98.19	90.57	11.63	16.44	12.04	94.01	94.01	9.63	37.96	33.85	100.00	100.00
31	随州市	1842	110.90	94.08	91.02	14.71	9.84	6.04	93.87	61.52	9.18	43.62	33.82	99.77	99.77
32	广水市	4406	110.89	95.66	47.51	10.09	11.18	4.36	83.99	83.99	10.74	17.12	15.06	94.35	94.35
33	恩施市	4902	221.63	96.51	82.39	10.23	7.67	5.70	93.48	87.08	9.93	36.80	32.40	100.00	100.00
34	利川市	1647	82.65	81.28	91.78	18.63	8.42	4.58	55.89	40.93	7.48	23.84	21.31	100.00	100.00
35	仙桃市	1671	199.77	100.00	100.00	14.44	20.20	11.40	88.15	88.15	9.18	37.09	32.09	100.00	100.00
36	潜江市	1159	174.72	100.00	99.92	16.64	18.09	8.46	88.09	88.09	10.01	37.10	32.51	100.00	100.00
37	天门市	925	101.89	100.00	93.00	28.98	17.00	8.99	92.33	92.33	8.73	37.56	32.92	100.00	100.00

城市（县城）市政公用设施水平表（不含暂住人口）

金额单位：万元

序号	地区名称	用水普及率（%）	燃气普及率（%）	人均城市道路面积（平方米）	人均公园绿地面积（平方米）	序号	地区名称	用水普及率（%）	燃气普及率（%）	人均城市道路面积（平方米）	人均公园绿地面积（平方米）
1	湖　北	113.42	108.78	19.03	12.75	20	安陆市	102.24	70.94	23.87	9.17
2	武汉市	133.83	132.43	18.72	14.80	21	汉川市	96.67	94.76	9.29	6.71
3	黄石市	101.87	86.59	18.47	11.12	22	荆州市	109.15	109.29	15.99	12.52
4	大冶市	99.54	98.47	17.18	8.70	23	石首市	100.62	96.63	16.47	9.21
5	十堰市	113.86	111.45	18.56	13.58	24	洪湖市	93.94	97.00	15.34	12.55
6	丹江口市	98.51	82.05	12.27	10.93	25	松滋市	101.49	102.48	21.70	12.29
7	宜昌市	109.87	102.04	23.45	15.64	26	黄冈市	106.87	106.53	33.51	15.15
8	宜都市	105.13	104.38	26.22	13.98	27	麻城市	102.82	98.61	31.73	11.00
9	当阳市	100.65	97.45	19.06	9.58	28	武穴市	112.24	88.73	22.82	12.98
10	枝江市	120.76	113.92	18.57	11.90	29	咸宁市	108.79	105.81	14.65	14.73
11	襄阳市	108.16	108.01	18.99	14.36	30	赤壁市	100.49	92.70	16.82	9.86
12	老河口市	102.94	100.80	19.54	9.75	31	随州市	99.78	96.54	10.43	9.74
13	枣阳市	107.14	105.00	21.74	15.28	32	广水市	98.53	48.94	11.52	11.06
14	宜城市	99.78	101.11	20.63	12.42	33	恩施市	106.54	90.95	8.46	10.96
15	鄂州市	102.59	97.87	28.28	15.34	34	利川市	96.22	108.65	9.96	8.85
16	荆门市	119.01	119.01	20.69	12.43	35	仙桃市	106.65	106.65	21.54	9.79
17	钟祥市	103.55	103.55	22.93	11.83	36	潜江市	101.43	101.35	18.35	10.15
18	孝感市	102.50	97.00	23.23	9.28	37	天门市	111.11	103.33	18.89	9.70
19	应城市	99.88	84.53	24.70	9.07						

城市(县城)人口和建设用地综合表

面积计量单位:平方千米

序号	地区名称	市区(县)面积	市区(县)人口	市区(县)暂住人口	城区(县城)面积	城区(县城)人口	城区(县城)暂住人口	建成区面积	城市建设用地面积									本年征用土地面积	耕地
									合计	居住用地	公共管理与公共服务用地	商业服务业设施用地	工业用地	物流仓储用地	道路与交通设施用地	公用设施用地	绿地与广场用地		
	甲	201	202	203	204	205	206	207	208	209	210	211	212	213	214	215	216	217	218
1	湖　　北	80730.12	3930.63	326.13	7680.61	1636.75	243.21	2077.64	2422.71	693.07	246.01	138.43	549.88	70.43	243.90	101.58	379.41	115.26	54.34
2	武汉市	8569.15	822.52	199.96	1452.66	474.22	160.43	552.61	989.23	248.21	95.01	40.23	199.90	21.12	117.32	27.21	240.23	33.17	15.06
3	黄石市	267.00	84.02	1.57	230.00	84.02	1.57	72.50	71.61	15.00	8.24	0.72	23.00	2.09	11.12	3.46	7.98	9.74	5.97
4	大冶市	1566.00	97.00	2.79	276.68	28.13	1.20	27.00	26.57	6.07	2.39	1.34	3.73	0.72	3.73	0.69	7.90	0.00	0.00
5	十堰市	1193.21	54.82	8.30	319.00	49.80	8.30	79.16	79.16	22.61	9.43	2.07	29.95	2.92	4.23	2.71	5.24	0.00	0.00
6	丹江口市	3129.17	46.00	1.00	299.00	19.50	1.00	28.43	27.29	7.56	1.91	2.56	6.98	1.52	1.87	2.63	2.26	0.68	0.30
7	宜昌市	4234.26	151.74	7.90	541.00	80.08	7.90	162.00	148.42	38.91	24.30	7.43	39.49	5.39	15.45	6.85	10.60	0.00	0.00
8	宜都市	1352.52	39.68	0.83	221.50	16.00	0.82	24.20	23.68	5.48	3.00	2.90	3.95	0.70	2.10	4.80	0.75	0.00	0.00
9	当阳市	2149.69	48.35	0.55	220.30	16.87	0.46	21.59	19.17	4.17	0.17	0.47	6.91	0.47	2.60	1.24	3.14	2.60	1.24
10	枝江市	1374.42	50.50	12.50	100.00	15.80	4.20	20.98	20.98	6.05	1.03	1.90	7.66	0.51	1.31	0.60	1.92	4.50	0.00
11	襄阳市	1186.65	124.99	8.19	337.80	87.72	7.16	133.62	125.40	34.57	12.01	5.32	47.29	1.27	17.11	3.51	4.32	28.89	16.73
12	老河口市	1032.00	53.31	0.70	208.00	23.80	0.70	27.00	26.54	9.00	1.20	2.67	5.80	0.99	1.75	3.47	1.66	0.00	0.00
13	枣阳市	3277.00	114.00	3.80	260.00	28.00	2.00	37.55	34.40	8.20	5.00	0.20	9.00	1.70	1.20	5.10	4.00	0.00	0.00
14	宜城市	2115.00	56.74	0.94	26.00	18.00	0.62	25.90	25.80	8.50	1.80	1.30	5.00	0.50	4.50	0.50	3.70	2.71	1.70
15	鄂州市	1596.46	110.17	1.57	244.43	41.27	1.07	63.99	63.99	17.84	5.04	3.07	15.35	2.27	5.18	3.17	12.07	2.05	1.32
16	荆门市	2251.94	70.45	8.14	248.70	42.35	8.05	55.03	55.03	16.65	5.10	3.84	12.24	1.43	2.60	4.02	9.15	0.00	0.00
17	钟祥市	4403.37	106.96	1.00	175.00	22.79	0.81	26.00	25.20	7.56	2.57	0.78	4.95	2.37	1.85	0.35	4.77	0.00	0.00
18	孝感市	1018.32	89.00	2.96	90.40	40.00	1.00	42.00	41.93	8.20	4.53	4.10	9.20	2.00	5.00	5.50	3.40	0.00	0.00

续表

序号	地区名称	市区（县）面积	市区（县）人口	市区（县）暂住人口	城区（县城）面积	城区（县城）人口	城区（县城）暂住人口	建成区面积	城市建设用地面积									本年征用土地面积	耕地
									合计	居住用地	公共管理与公共服务用地	商业服务业设施用地	工业用地	物流仓储用地	道路与交通设施用地	公用设施用地	绿地与广场用地		
19	应城市	1095.61	68.00	0.80	183.78	17.20	0.00	17.04	16.89	5.50	3.00	1.20	4.00	0.76	1.00	0.40	1.03	0.00	0.00
20	安陆市	1352.79	65.25	0.80	89.80	19.20	0.70	23.00	14.22	7.80	0.55	0.31	2.58	0.70	0.35	0.36	1.57	0.66	0.00
21	汉川市	1658.55	113.58	1.24	84.60	36.62	0.85	26.50	25.45	8.35	3.90	6.70	2.55	1.40	1.70	0.40	0.45	0.60	0.00
22	荆州市	1576.00	111.28	6.53	73.70	62.08	5.88	73.70	73.70	19.62	8.70	2.30	20.34	1.75	12.56	1.54	6.89	1.93	0.00
23	石首市	1427.00	61.95	5.00	22.54	14.55	0.10	22.54	19.25	6.00	1.01	5.00	1.50	0.80	2.92	0.50	1.52	0.00	0.00
24	洪湖市	2519.00	94.13	0.25	45.20	33.00	0.20	39.57	34.06	10.92	0.64	4.25	7.30	3.30	1.11	4.71	1.83	0.00	0.00
25	松滋市	2176.93	84.58	0.76	96.00	12.10	0.30	15.67	14.45	5.80	1.55	1.10	3.24	0.10	1.81	0.17	0.68	4.98	2.37
26	黄冈市	362.36	38.57	3.81	52.22	29.10	2.20	52.22	52.22	15.73	5.38	4.87	12.28	1.08	6.51	0.56	5.81	19.20	9.20
27	麻城市	3604.02	116.41	2.03	138.00	20.90	0.87	25.51	25.22	7.84	2.39	1.80	4.72	1.38	1.07	5.03	0.99	0.88	0.16
28	武穴市	1241.69	80.77	4.00	30.00	24.50	4.00	30.00	28.57	9.00	5.00	1.00	3.90	1.47	1.70	2.00	4.50	0.00	0.00
29	咸宁市	1503.08	62.36	4.93	165.00	36.31	4.72	72.50	44.08	23.75	2.28	1.59	10.77	0.23	0.32	0.15	4.99	0.00	0.00
30	赤壁市	1717.71	48.48	0.98	51.00	24.25	0.57	26.50	26.14	10.15	1.02	1.45	5.60	1.15	3.30	1.49	1.98	0.00	0.00
31	随州市	1425.41	172.10	13.10	266.00	46.20	2.80	45.00	38.97	13.87	4.50	4.33	9.20	1.63	1.09	1.23	3.12	1.77	0.00
32	广水市	2645.51	95.00	1.20	71.65	30.65	0.92	30.08	29.20	19.20	3.59	1.95	1.70	0.91	0.89	0.43	0.53	0.60	0.20
33	恩施市	3967.30	82.09	3.00	52.00	23.09	2.40	35.00	33.50	10.30	5.70	3.50	4.90	1.50	2.60	1.40	3.60	0.00	0.00
34	利川市	4605.52	90.86	6.80	133.00	18.50	3.40	18.16	18.10	5.20	1.20	1.40	2.10	1.20	1.10	1.80	4.10	0.30	0.09
35	仙桃市	2519.06	154.00	3.50	240.00	37.60	2.50	45.00	45.00	21.02	5.25	4.33	8.89	1.03	0.80	1.71	1.97	0.00	0.00
36	潜江市	2004.00	103.97	1.70	311.25	35.55	0.51	50.30	49.50	15.94	4.82	8.12	8.71	1.88	3.85	1.32	4.86	0.00	0.00
37	天门市	2612.42	167.00	3.00	324.40	27.00	3.00	29.79	29.79	12.50	2.80	2.33	5.20	0.19	0.30	0.57	5.90	0.00	0.00

城市（县城）维护建设资金（财政性资金）收支综合表

计量单位：万元

序号	地区名称	城市（县城）市政公用设施建设维护管理财政性资金收入												城市（县城）市政公用设施建设维护管理财政性资金支出					
		合计	中央预算资金	省级预算资金	市（县）级预算资金								其他资金	合计	城乡社区规划与管理	市政公用行业市场监管	市政公用设施建设维护与管理	风景名胜区规划与保护	其他
					合计	城市维护建设税	城市公用事业附加	城市基础设施配套费	国有土地使用权出让收入	市政公用设施有偿使用费	污水处理费	垃圾处理费							
	甲	301	302	303	304	305	306	307	308	309	310	311	312	313	314	315	316	317	318
1	湖　北	6356547	28204	18539	5075837	569259	51360	140073	3616629	275588	98984	67894	1233967	4726117	135258	65583	4147123	140702	237451
2	武汉市	2135082	0	0	2073513	259829	30200	23650	1482504	180870	42000	47670	61569	2135082	0	0	2135082	0	0
3	黄石市	71691	0	0	60989	36034	941	410	0	6599	4358	2241	10702	71146	0	1798	62032	6875	441
4	大冶市	82309	0	0	82309	13993	150	5700	0	2466	1233	1233	0	52347	2408	308	47593	0	2038
5	十堰市	477700	0	0	477700	28221	1260	7274	433673	7200	6183	984	0	133016	794	4558	19968	98216	9480
6	丹江口市	16043	0	0	16043	500	0	0	0	0	0	0	0	16043	500	1078	1572	60	12833
7	宜昌市	1101672	1614	180	35395	26273	150	4692	0	4280	3600	680	1064483	1101672	2000	20	1099652	0	0
8	宜都市	16785	0	0	16785	4850	1098	781	6000	779	689	90	0	16785	8964	0	4186	0	3635
9	当阳市	36982	1300	10	35672	7669	70	1200	25536	1197	913	284	0	36982	600	0	11141	360	24881
10	枝江市	20813	20	83	20710	5590	102	2168	11370	740	562	178	0	20793	1589	291	0	0	18913
11	襄阳市	1032565	0	0	1032565	76905	2116	20645	907132	13565	12202	1363	0	38994	11121	25	27788	60	0
12	老河口市	39295	0	0	39295	3120	507	2185	32425	1058	758	300	0	39295	2629	1523	34089	443	611
13	枣阳市	39572	0	0	38522	3645	725	3080	25150	2872	1896	976	1050	38522	1200	520	36422	0	380
14	宜城市	81718	0	1250	80468	3028	800	3430	71900	1310	1310	0	0	81718	1852	123	2650	0	77093
15	鄂州市	150118	0	5871	144247	24632	4695	3602	43226	3232	0	0	0	150118	16032	10882	100481	9500	13223
16	荆门市	30006	0	0	30006	17306	1800	6838	0	4062	2753	1309	0	30439	4379	5600	19560	900	0
17	钟祥市	27850	2750	1200	23900	2870	0	1500	19530	0	0	0	0	27850	15000	1300	8900	2650	0
18	孝感市	243123	0	0	243123	7133	111	3172	230107	2600	1400	1200	0	9414	0	0	9414	0	0

续表

序号	地区名称	城市（县城）市政公用设施建设维护管理财政性资金收入												城市（县城）市政公用设施建设维护管理财政性资金支出					
		合计	中央预算资金	省级预算资金	市（县）级预算资金								其他资金	合计	城乡社区规划与管理	市政公用行业市场监管	市政公用设施建设维护与管理	风景名胜区规划与保护	其他
					合计	城市维护建设税	城市公用事业附加	城市基础设施配套费	国有土地使用权出让收入	市政公用设施有偿使用费	污水处理费	垃圾处理费							
19	应城市	19781	500	0	19281	500	0	0	0	1070	770	300	0	0	0	0	0	0	0
20	安陆市	14195	0	0	14195	796	175	1640	1324	2260	845	234	0	13715	0	295	13420	0	0
21	汉川市	15639	0	0	13379	1400	345	1200	8000	1434	713	721	2260	13379	0	0	13379	0	0
22	荆州市	70823	0	0	43085	5452	450	8945	0	3718	3112	606	27738	70823	1638	450	67490	0	1245
23	石首市	3860	0	0	3860	600	80	780	0	991	853	138	0	3860	60	136	3618	36	10
24	洪湖市	31619	0	0	26619	2292	0	1034	22000	1293	871	422	5000	31619	1987	442	27000	690	1500
25	松滋市	7297	1160	935	5202	450	0	1636	0	1129	559	570	0	10512	398	0	10114	0	0
26	黄冈市	73910	0	0	73910	5400	0	4200	63000	1310	810	0	0	73910	2760	1330	69010	0	810
27	麻城市	83642	1500	0	82142	2124	394	1648	76221	1755	934	821	0	83642	1490	1755	80397	0	0
28	武穴市	42100	3000	0	31950	3700	500	1300	26100	0	0	0	7150	42100	3370	2330	34300	0	2100
29	咸宁市	14558	0	0	12869	2547	0	5138	0	4023	2271	1752	1689	13980	13980	0	0	0	0
30	赤壁市	31147	0	0	18620	5870	0	3450	0	7850	1050	400	12527	31147	1560	0	21530	160	7897
31	随州市	44330	0	0	44330	1730	0	0	37500	5100	925	941	0	44330	9870	5840	13670	13220	1730
32	广水市	55419	0	2010	53409	2529	7	1780	42873	3900	1110	1210	0	55419	22360	10147	7931	5529	9452
33	恩施市	49233	0	0	49233	200	500	500	0	2800	1800	900	0	49233	600	400	48233	0	0
34	利川市	37295	2461	0	34834	4579	184	3837	25048	1186	986	200	0	36653	1117	9432	22666	2003	1435
35	仙桃市	61000	12000	7000	42000	5000	4000	4200	1500	1200	0	0	0	61000	5000	5000	47000	0	4000
36	潜江市	55344	1899	0	13646	2492	0	2018	8280	856	856	0	39799	55344	0	0	11600	0	43744
37	天门市	42031	0	0	42031	0	0	6440	16230	883	662	171	0	35235	0	0	35235	0	0

城市（县城）市政公用设施建设固定资产投资综合表

计量单位：万元

序号	地区名称	本年完成投资合计	供水	燃气	集中供热	轨道交通	道路桥梁	排水	污水处理	污泥处置	再生水利用	园林绿化	市容环境卫生	垃圾处理	其他	本年新增固定资产
	甲	501	502	503	504	505	506	507	508	509	510	511	512	513	514	515
1	湖北	10706897	146815	101474	11430	2032737	6590951	681288	149827	1800	0	977930	93904	23149	70368	10083538
2	武汉市	8221026	71950	17938	0	2032737	4978022	396634	107862	0	0	642459	52347	0	28939	8221026
3	黄石市	124730	0	1756	0	0	80430	35000	0	0	0	3720	3824	3824	0	75766
4	大冶市	22000	0	0	0	0	13000	0	0	0	0	8500	500	0	0	22000
5	十堰市	127341	3543	18829	3730	0	57516	25949	3649	0	0	14814	2960	2960	0	119131
6	丹江口市	2145	0	0	0	0	1875	270	0	0	0	0	0	0	0	1501
7	宜昌市	692632	2450	6508	0	0	582078	17848	13793	1800	0	54318	10659	9400	18771	270219
8	宜都市	18725	5400	730	0	0	8750	2082	195	0	0	1763	0	0	0	22675
9	当阳市	8737	571	1800	0	0	1400	3511	3023	0	0	1005	450	0	0	6271
10	枝江市	36129	880	0	0	0	35249	0	0	0	0	0	0	0	0	41829
11	襄阳市	228343	1200	6260	0	0	74251	81979	0	0	0	63613	1040	0	0	228343
12	老河口市	33710	2520	5210	0	0	15700	5960	0	0	0	3670	650	0	0	7610
13	枣阳市	36422	1743	500	0	0	28291	3520	0	0	0	2300	68	0	0	36422
14	宜城市	8401	675	150	0	0	4052	2331	0	0	0	1148	45	0	0	8401
15	鄂州市	109954	4000	3400	0	0	79962	4600	0	0	0	13992	4000	0	0	109954
16	荆门市	161179	2710	2370	7700	0	137977	0	0	0	0	8157	2265	665	0	76871
17	钟祥市	24950	1569	1603	0	0	13086	7342	0	0	0	1350	0	0	0	7899
18	孝感市	7715	0	0	0	0	2200	4515	1757	0	0	1000	0	0	0	7715

续表

序号	地区名称	本年完成投资合计	供水	燃气	集中供热	轨道交通	道路桥梁	排水				园林绿化	市容环境卫生		其他	本年新增固定资产
									污水处理	污泥处置	再生水利用			垃圾处理		
19	应城市	7492	2692	0	0	0	0	800	0	0	0	0	4000	4000	0	7492
20	安陆市	10593	450	1100	0	0	443	6800	6800	0	0	1800	0	0	0	13898
21	汉川市	1960	0	0	0	0	1096	523	0	0	0	341	0	0	0	1960
22	荆州市	75519	2820	4685	0	0	61456	0	0	0	0	6468	90	0	0	82791
23	石首市	8394	700	3000	0	0	3316	860	0	0	0	358	160	0	0	8394
24	洪湖市	16144	0	0	0	0	9490	4860	0	0	0	1760	34	0	0	16144
25	松滋市	19981	2329	1650	0	0	9392	4807	3500	0	0	1003	800	0	0	14543
26	黄冈市	110262	0	1100	0	0	64532	12330	0	0	0	30000	2300	2300	0	99992
27	麻城市	90742	4400	6000	0	0	53719	4500	0	0	0	19723	2400	0	0	89442
28	武穴市	35600	9800	1300	0	0	8500	6000	0	0	0	10000	0	0	0	35600
29	咸宁市	29372	6319	3588	0	0	14775	3230	0	0	0	1408	52	0	0	16467
30	赤壁市	31147	1900	1000	0	0	20382	4215	0	0	0	3150	500	0	0	31147
31	随州市	34297	0	977	0	0	8500	16100	0	0	0	8000	0	0	720	76322
32	广水市	43588	0	0	0	0	14950	3700	2000	0	0	3000	0	0	21938	16628
33	恩施市	69473	1711	0	0	0	58880	7248	7248	0	0	434	1200	0	0	63678
34	利川市	64811	2800	0	0	0	44606	894	0	0	0	16511	0	0	0	64811
35	仙桃市	109210	6800	4000	0	0	51910	7500	0	0	0	36000	3000	0	0	109210
36	潜江市	48938	3900	3770	0	0	35090	5380	0	0	0	798	0	0	0	39648
37	天门市	35235	983	2250	0	0	16075	0	0	0	0	15367	560	0	0	31738

城市（县城）市政公用设施建设固定资产投资资金来源综合表

计量单位：万元

序号	地区名称	本年实际到位资金合计	上年末结余资金	本年实际到位资金小计										各项应付款
				小计	国家预算资金	中央预算资金	国内贷款	债券	利用外资	外商直接投资	自筹资金	单位自有资金	其他资金	
	甲	601	602	603	604	605	606	607	608	609	610	611	612	613
1	湖北	6724374	6567	6717807	475816	21773	1310553	5000	59993	0	1183755	25209	3682690	204076
2	武汉市	4310679	0	4310679	0	0	809998	0	0	0	0	0	3500681	52347
3	黄石市	125221	3567	121654	84408	800	22700	0	0	0	6334	3834	8212	14091
4	大冶市	22000	0	22000	22000	0	0	0	0	0	0	0	0	9000
5	十堰市	128038	3000	125038	80181	0	13100	0	0	0	28841	90	2916	4497
6	丹江口市	2514	0	2514	0	0	0	0	0	0	743	0	1771	0
7	宜昌市	629073	0	629073	5000	0	294950	0	27693	0	301430	4626	0	66131
8	宜都市	18725	0	18725	1000	0	9925	0	0	0	4400	0	3400	0
9	当阳市	9206	0	9206	0	0	0	0	0	0	9206	1800	0	0
10	枝江市	36069	0	36069	36069	0	0	0	0	0	0	0	0	0
11	襄阳市	228343	0	228343	0	0	0	0	0	0	228343	0	0	0
12	老河口市	33710	0	33710	0	0	0	0	0	0	31760	0	1950	0
13	枣阳市	36079	0	36079	0	0	0	0	0	0	2800	500	33279	343
14	宜城市	8401	0	8401	0	0	0	0	0	0	8401	0	0	0
15	鄂州市	93485	0	93485	0	0	0	0	0	0	93485	0	0	16469
16	荆门市	160643	0	160643	9820	0	63570	0	13300	0	41983	0	31970	0
17	钟祥市	24950	0	24950	0	0	0	0	0	0	24950	0	0	0
18	孝感市	7715	0	7715	0	0	0	0	0	0	7019	0	696	0

续表

序号	地区名称	本年实际到位资金合计	上年末结余资金	本年实际到位资金小计										各项应付款
				小计	国家预算资金	中央预算资金	国内贷款	债　券	利用外资	外商直接投资	自筹资金	单位自有资金	其他资金	
19	应城市	6700	0	6700	2700	0	0	0	0	0	0	0	4000	0
20	安陆市	13898	0	13898	1805	0	0	0	0	0	10150	1550	1943	0
21	汉川市	0	0	0	0	0	0	0	0	0	0	0	0	1880
22	荆州市	80368	0	80368	21703	0	0	0	0	0	58665	300	0	0
23	石首市	8394	0	8394	3620	0	0	0	0	0	4774	0	0	0
24	洪湖市	16144	0	16144	14074	0	0	0	0	0	2070	310	0	0
25	松滋市	18381	0	18381	0	0	0	0	0	0	18381	0	0	0
26	黄冈市	110262	0	110262	0	0	49000	0	0	0	61262	4400	0	0
27	麻城市	90542	0	90542	2500	0	6000	0	0	0	82042	0	0	0
28	武穴市	35600	0	35600	3000	3000	500	5000	16000	0	7600	800	3500	0
29	咸宁市	29772	0	29772	1590	400	0	0	0	0	0	0	28182	0
30	赤壁市	31147	0	31147	0	0	0	0	0	0	0	0	31147	0
31	随州市	76299	0	76299	4020	3300	0	0	0	0	72279	979	0	0
32	广水市	43667	0	43667	29128	0	2400	0	0	0	12139	0	0	0
33	恩施市	69073	0	69073	533	533	0	0	0	0	46297	0	22243	400
34	利川市	25893	0	25893	13512	3740	0	0	0	0	12381	0	0	38918
35	仙桃市	109210	0	109210	61000	10000	38410	0	3000	0	0	0	6800	0
36	潜江市	48938	0	48938	45168	0	0	0	0	0	3770	3770	0	0
37	天门市	35235	0	35235	32985	0	0	0	0	0	2250	2250	0	0

城市（县城）市政公用设施建设项目综合表

计量单位：万元

序号	建设项目名称	建设地址	建设性质	期末项目建设状态	开工年月	项目计划总投资	自开始建设至本年底累计完成投资	本年完成投资	本年新增固定资产
	甲	乙	丙	丁	戊	701	702	703	704
1	湖北				2014-1-1	46831017	19031727	9896079	9334004
2	武汉市				2014-1-1	42758100	16775654	8221026	8221026
3	轨道交通建设工程	武汉市	扩建	在建	2014-1-1	16742822	5522781	2032737	2032737
4	过江通道与快速路网建设工程	武汉市	扩建	在建	2014-1-1	7390484	3939282	1761846	1761846
5	主干路与微循环道路建设工程	武汉市	扩建	在建	2014-1-1	5109199	2415850	1917727	1917727
6	区域基础设施配套道路建设工程	武汉市	扩建	在建	2014-1-1	7673915	1912895	1298449	1298449
7	碧水亲水工程	武汉市	扩建	在建	2014-1-1	2073204	1246880	156468	156468
8	污水全处理全处理工程	武汉市	扩建	在建	2014-1-1	999767	292564	107862	107862
9	城市排水能力提升工程	武汉市	扩建	在建	2014-1-1	531975	270788	132304	132304
10	环卫基础设施建设项目	武汉市	新建	在建	2014-1-1	780129	52347	52347	52347
11	城市园林绿化建设项目	武汉市	扩建	在建	2014-1-1	682766	658159	642459	642459
12	停车场项目建设支铁项目路灯建设等	武汉市	扩建	在建	2014-1-1	296678	179416	28939	28939
13	武汉市天然气高压外环线工程	武汉市	扩建	在建	2014-1-1	165520	126000	17938	17938
14	水厂管网建设等	武汉市	扩建	在建	2014-1-1	311641	158692	71950	71950
15	黄石市				2012-11-20	233548	102124	102124	60370
16	新港大道	黄石市	新建	在建	2012-11-20	24500	1200	1200	0
17	海洲大道	黄石市	新建	在建	2012-11-20	15900	7900	7900	0
18	光谷工业园园区路工程	黄石市	新建	在建	2014-4-20	25000	2000	2000	0
19	三岔路大道工程	黄石市	新建	在建	2014-5-1	10000	1500	1500	0
20	铁山至武汉光谷一级公路黄石段	黄石市	新建	在建	2013-4-20	45000	25000	25000	0
21	金山大道东延(庆洪路—章畈路)	黄石市	新建	全部投产	2013-12-20	14750	14750	14750	14750
22	张志和大道	黄石市	新建	在建	2014-5-20	14000	4000	4000	0
23	河西大道改造工程(含捆绑土地整理开发)	黄石市	改建和技术改造	全部投产	2013-9-20	39000	6950	6950	6950
24	亚行贷款黄石市水污染综合治理项目固废收集管理工程	黄石市	新建	在建	2014-1-1	13398	3824	3824	3670
25	排水管网项目	黄石	新建	全部投产	2014-4-23	32000	35000	35000	35000

续表

序号	建设项目名称	建设地址	建设性质	期末项目建设状态	开工年月	项目计划总投资	自开始建设至本年底累计完成投资	本年完成投资	本年新增固定资产
26	大冶市				2013-10-18	38600	13600	13000	13000
27	高铁大道北段建设工程	大冶市	新建	在建	2013-10-18	12600	8600	8000	8000
28	纬十路	大冶市	新建	在建	2014-4-16	26000	5000	5000	5000
29	十堰市				2012-10-28	145230	57530	38800	36700
30	京东路新建工程	茅箭区	新建	全部投产	2012-10-28	15200	15000	10000	10000
31	机场东路一期	十堰市	新建	在建	2012-6-1	12000	8700	3700	3700
32	机场东路二期	十堰市	新建	在建	2014-12-1	13300	100	100	0
33	林荫大道二号线(二期)	茅箭区	新建	在建	2014-7-1	30730	7730	5000	0
34	郧阳路扩建	张湾区	扩建	在建	2013-4-1	24000	8000	5000	8000
35	西城大道	张湾区	新建	在建	2013-7-1	50000	18000	15000	15000
36	宜昌市				2012-11-18	1840591	879189	583436	153447
37	宜昌庙嘴长江大桥	宜昌市	新建	在建	2012-11-18	275000	220309	102309	0
38	森林公园建设工程	夷陵区	新建	全部投产	2011-10-1	15000	15000	5000	15000
39	宜昌市茶场路(柏临河路—两河路)市政工程	伍家岗区	新建	在建	2013-9-16	19687	4325	3055	0
40	宜昌市花溪路市政工程(伍临路—东山四路)	伍家岗区	新建	在建	2012-9-16	70000	9112	8000	0
41	城市整理工程	宜昌市	改建和技术改造	在建	2014-3-8	15000	15000	15000	15000
42	宜昌市城东公园建设项目	宜昌市	新建	在建	2014-2-28	20169	3000	3000	0
43	柏临河湿地公园建设项目	宜昌市	新建	在建	2013-4-2	25801	1500	1500	0
44	磨基山公园建设项目	宜昌市	改建和技术改造	在建	2013-10-15	29695	5196	4996	0
45	危险废物集中处置中心	伍家岗区	新建	全部投产	2007-8-1	10628	10573	440	10573
46	高投建白岗路(双河路—柏临河路)	宜昌市	新建	在建	2013-8-28	14341	12000	6300	0
47	沙湾污水处理厂	宜昌市	新建	在建	2014-9-1	23941	6000	6000	0
48	高投建东山三路(东站路—东山四路)	宜昌市	新建	全部投产	2011-12-1	22000	22000	200	22000
49	高投建将军路(电子产业园路网)市政工程	点军区	新建	在建	2014-3-28	96018	33192	33192	0
50	城东大道延伸段(黄河路—峡洲大道)	宜昌市	扩建	全部投产	2013-8-19	10000	6217	2400	6217
51	金鸡路(朝阳路—西陵二路)	宜昌市	扩建	全部投产	2013-12-10	10040	5995	3000	5995
52	点军大道(庙嘴大桥—铁路桥)	宜昌市	新建	全部投产	2013-9-18	156000	78662	54855	78662
53	猇亭生活垃圾垃圾填埋场(含中转站)	宜昌市	新建	在建	2012-10-18	15176	10136	5000	0

续表

序号	建设项目名称	建设地址	建设性质	期末项目建设状态	开工年月	项目计划总投资	自开始建设至本年底累计完成投资	本年完成投资	本年新增固定资产
54	点军垃圾填埋场渗滤液处理站(含中转站)	宜昌市	新建	在建	2014-6-23	12436	9200	4500	0
55	东站片区水景观工程	宜昌市	新建	在建	2014-8-30	18200	6552	6552	0
56	共谊一路(八一路—柏临河路)	宜昌市	扩建	在建	2011-8-22	15000	7477	6500	0
57	城乡路三期(东站路—共同南路)	宜昌市	扩建	在建	2012-3-26	15700	9316	5100	0
58	柏临河路(共谊一路—东山四路)	宜昌市	扩建	在建	2012-5-18	21514	11179	7000	0
59	东站二路(柏临河路—汉宜路)	宜昌市	新建	在建	2013-8-19	10000	5832	4900	0
60	共联路(东站路—花溪路)	宜昌市	新建	在建	2012-8-18	15178	7131	3550	0
61	汉宜路(东站路—白岗路)	宜昌市	新建	全部停缓建	2013-8-19	24885	2805	1000	0
62	桔乡路(港窑路—中南路)	宜昌市	新建	在建	2014-7-10	10771	2092	1200	0
63	点军大道(铁路桥—双十路)	宜昌市	新建	在建	2013-3-31	60080	10000	7000	0
64	点军大道(双十路—车溪路互通)	宜昌市	新建	在建	2014-3-31	73080	15000	10000	0
65	餐厨废弃物资源化利用和无害化处理项目	宜昌市	新建	在建	2014-7-5	11457	9400	9400	0
66	东山大道 BRT(夷陵客运站—火车东站)及道路改造	宜昌市	新建	在建	2014-3-10	15000	83274	70000	0
67	峡州大道(发展大道—柏临河路)	宜昌市	新建	在建	2014-3-31	189900	77382	55000	0
68	五龙三路(五龙路—江城大道)	宜昌市	新建	在建	2014-10-6	10000	3000	3000	0
69	中南一路(松林路—汉宜高速)	宜昌市	新建	在建	2011-10-18	11837	2393	500	0
70	中南路延伸段(桔乡路—峡州大道)	宜昌市	新建	在建	2010-2-2	16976	2249	1200	0
71	桔乡路(中南路—东站路)	宜昌市	新建	在建	2013-11-5	25000	3000	3000	0
72	猇亭一水厂及供水管网	宜昌市	新建	在建	2013-12-6	18000	3436	1915	0
73	峡州大道(柏临河路—先锋路)	宜昌市	新建	在建	2014-3-26	189900	77764	55382	0
74	绿道工程	宜昌市	新建	在建	2014-11-26	38000	2500	2500	0
75	点军供水工程	宜昌市	新建	在建	2014-10-26	13145	1900	1900	0
76	江南大道(将军路—东岳一路)市政工程	点军区	新建	在建	2014-5-28	26776	28250	28250	0
77	江城大道市政工程	点军区	新建	在建	2014-3-14	157919	30000	30000	0
78	将军路(桥边医院—长江铝业)市政工程	点军区	新建	在建	2014-3-14	11341	9840	9840	0
79	宜都市				2009-1-1	12000	10000	800	800
80	清江出口段护岸工程	宜都市	新建	在建	2009-1-1	12000	10000	800	800

续表

序号	建设项目名称	建设地址	建设性质	期末项目建设状态	开工年月	项目计划总投资	自开始建设至本年底累计完成投资	本年完成投资	本年新增固定资产
81	枝江市				2013-11-1	12800	12800	12600	12800
82	迎宾大道、沿江大道及金山大道改造工程	枝江市	改建和技术改造	全部投产	2013-11-1	12800	12800	12600	12800
83	襄阳市				2014-4-3	141586	141586	141586	141586
84	襄樊大道	樊城区	改建和技术改造	全部投产	2014-4-3	15840	15840	15840	15840
85	紫贞公园	樊城区	新建	全部投产	2014-3-9	12749	12749	12749	12749
86	岘山景区项目	襄城区	新建	全部投产	2014-4-18	34627	34627	34627	34627
87	雨水管道项目	樊城区	新建	全部投产	2014-3-10	42680	42680	42680	42680
88	污水管道项目	襄城区	新建	全部投产	2014-3-10	35690	35690	35690	35690
89	老河口市				2014-1-1	23000	19850	15700	7610
90	城市道路建设	老河口市	新建	在建	2014-1-1	23000	19850	15700	7610
91	枣阳市				2014-1-16	28291	28291	28291	28291
92	城市道路重点工程	枣阳市	新建	全部投产	2014-1-16	28291	28291	28291	28291
93	鄂州市				2014-2-25	104679	104679	93954	93954
94	鄂州市城市道路建设	鄂州市	新建	全部投产	2014-2-25	89930	89930	79962	79962
95	鄂州市园林绿化工程	鄂州市	新建	全部投产	2014-2-20	14749	14749	13992	13992
96	荆门市				2013-3-1	609911	200469	106684	52536
97	漳河大道(城区段)	掇刀区	扩建	在建	2013-3-1	85300	68355	27801	22450
98	双喜大道	掇刀区	新建	在建	2013-3-1	69700	4000	4000	4000
99	天鹅路	掇刀区	扩建	在建	2013-3-1	12880	6050	5466	5400
100	杨柳路	掇刀区	扩建	在建	2014-1-4	18950	190	190	190
101	香樟路	掇刀区	新建	在建	2014-1-4	15161	700	700	700
102	政务中心配套道路	掇刀区	新建	在建	2014-1-4	11000	12446	12446	5200
103	天山路	掇刀区	新建	在建	2014-1-4	12880	80	80	80
104	兴化三路	掇刀区	扩建	全部投产	2013-11-12	11000	8100	3600	3600
105	龙井大道	掇刀区	扩建	在建	2014-10-6	19650	100	100	100
106	西外环漳河新区段(含城区段)	掇刀区	扩建	在建	2011-1-5	48500	28663	10166	10166
107	凤凰湖湿地公园	东宝区	扩建	在建	2012-1-5	38700	9547	6197	650
108	西外环东宝段	掇刀区	新建	在建	2014-2-8	51000	9997	9997	0

续表

序号	建设项目名称	建设地址	建设性质	期末项目建设状态	开工年月	项目计划总投资	自开始建设至本年底累计完成投资	本年完成投资	本年新增固定资产
109	G347 荆门城区段(含华晟一路)	掇刀区	新建	在建	2014-2-5	24810	4163	2863	0
110	泉水大道	掇刀区	扩建	在建	2013-2-12	15000	10517	5517	0
111	新台路	掇刀区	新建	在建	2014-8-21	16420	1200	1200	0
112	东兴路	掇刀区	新建	在建	2014-11-5	21000	1400	1400	0
113	西外环掇刀段	掇刀区	新建	在建	2014-2-15	18700	2341	2341	0
114	供热管网及配套建设	荆门市	新建	在建	2014-2-1	55000	8800	7700	0
115	供水管网及配套建设	荆门市	新建	在建	2014-2-1	14100	1200	1200	0
116	供气管网及配套建设	荆门市	扩建	在建	2011-9-8	14160	270	270	0
117	新城大道	掇刀区	新建	在建	2014-10-23	11000	1350	1350	0
118	燃气管网建设	东宝区	新建	全部投产	2014-1-8	25000	21000	2100	0'
119	孝感市				2012-3-7	35000	35000	1000	1000
120	槐荫公园二期工程	孝感市	新建	全部投产	2012-3-7	35000	35000	1000	1000
121	荆州市				2012-1-1	23000	23000	19550	23000
122	上海大道道路及排水工程	沙市区	新建	全部投产	2012-1-1	23000	23000	19550	23000
123	松滋市				2013-2-20	30754	14763	6763	5325
124	江南高速公路松滋南互通连接线续建工程	松滋市	新建	全部投产	2013-2-20	13325	13325	5325	5325
125	引洈济城续建工程	松滋市	新建	在建	2013-1-1	17429	1438	1438	0
126	黄冈市				2014-1-1	132862	106862	106862	96592
127	城区道路工程项目	黄冈市	新建	全部投产	2014-1-1	64532	64532	64532	54262
128	城区排水工程	黄冈市	新建	全部投产	2014-1-1	12330	12330	12330	12330
129	城区园林绿化工程	黄冈市	新建	在建	2014-1-1	56000	30000	30000	30000
130	麻城市				2013-2-16	71842	71842	71842	71842
131	湖广移民公园	麻城市	扩建	全部投产	2013-2-16	18123	18123	18123	18123
132	城区道路桥梁工程	麻城市	新建	全部投产	2014-2-16	53719	53719	53719	53719
133	武穴市				2014-2-10	10000	10000	10000	10000
134	滨江公园建设	武穴市	新建	全部投产	2014-2-10	10000	10000	10000	10000
135	咸宁市				2013-6-2	35200	6000	5500	0
136	王英水库供水	咸安区	新建	在建	2013-6-2	35200	6000	5500	0

续表

序号	建设项目名称	建设地址	建设性质	期末项目建设状态	开工年月	项目计划总投资	自开始建设至本年底累计完成投资	本年完成投资	本年新增固定资产
137	赤壁市				2014-1-10	42143	31444	21382	21382
138	城市道路设施建设	赤壁市	新建	全部投产	2014-1-10	20382	20382	20382	20382
139	管道天然气	赤壁市	新建	全部投产	2010-5-20	21761	11062	1000	1000
140	随州市				2012-5-1	52800	52800	20800	52800
141	望城岗污水处理厂二期	曾都区	新建	全部投产	2012-5-1	12800	12800	12800	12800
142	文化公园	曾都区	扩建	全部投产	2011-4-20	40000	40000	8000	40000
143	广水市				2014-2-1	88600	32030	32030	0
144	一河两岸基础设施配套建设	广水市	新建	在建	2014-2-1	18800	14780	14780	0
145	一河两岸片区道路建设工程	广水市	新建	全部投产	2014-2-1	19800	14950	14950	0
146	广水市马都司生态新城建设工程	广水市	新建	在建	2014-12-1	50000	2300	2300	0
147	恩施市				2014-3-5	68456	64035	62275	57680
148	城区道路工程	恩施市	新建	全部投产	2014-3-5	57680	57680	57680	57680
149	红庙污水处理工程	恩施市	新建	在建	2013-2-14	10776	6355	4595	0
150	利川市				2012-9-10	123922	91000	48822	48822
151	南环大道西段道路工程	利川市	新建	在建	2012-9-10	19483	19000	8000	8000
152	利川市滨江北路东段道路及景观工程	利川市	新建	在建	2012-10-21	19487	19178	9650	9650
153	利川市南环大道东段道路工程		新建	在建	2013-11-10	33000	31431	12381	12381
154	江源街	利川市	新建	在建	2014-1-1	16952	5830	5830	5830
155	利万高速连接线建设(高速路口至羊子岭)	利川市	新建	在建	2014-1-1	10000	3000	3000	3000
156	龙船调主题公园	利川市	新建	在建	2013-8-1	25000	12561	9961	9961
157	仙桃市				2014-1-1	81000	81000	81000	81000
158	城区绿化建设项目	仙桃市	改建和技术改造	全部投产	2014-1-1	36000	36000	36000	36000
159	城区道路建设项目	仙桃市	改建和技术改造	全部投产	2014-1-1	45000	45000	45000	45000
160	潜江市				2011-1-12	61102	34737	18810	14000
161	潜江市城矿乡一体化建设供水工程	潜江市	新建	在建	2011-1-12	12602	6201	820	0
162	新城区道路建设工程	潜江市	新建	在建	2012-6-6	18000	14536	3990	0
163	袁光大道南延工程	潜江市	新建	在建	2013-11-14	30500	14000	14000	14000
164	天门市				2014-1-1	26000	31442	31442	28441
165	园林绿化建设	天门市	改建和技术改造	全部投产	2014-1-1	10000	15367	15367	12366
166	市政基础设施建设	天门市	新建	全部投产	2014-1-1	16000	16075	16075	16075

城市（县城）市政公用设施建设施工规模和新增生产能力（或效益）

指标名称	计量单位	代码	建设规模	本年施工规模		累计新增生产能力（或效益）	
					本年新开工		本年新增
甲	丙	丙	1	2	3	4	5
供水综合生产能力	万立方米/日	801	20.50	5.50	0.50	0.50	0.50
供水管道长度	公里	802	841.85	689.54	641.68	671.73	654.73
人工煤气生产能力	万立方米/日	803	0.00	0.00	0.00	0.00	0.00
人工煤气储气能力	万立方米	804	0.00	0.00	0.00	0.00	0.00
人工煤气供气管道长度	公里	805	0.00	0.00	0.00	0.00	0.00
天然气储气能力	万立方米	806	43.79	42.98	42.98	43.79	43.79
天然气供气管道长度	公里	807	1563.26	1472.85	1437.31	1517.48	1516.07
液化石油气储气能力	吨	808	540.00	540.00	540.00	540.00	540.00
液化石油气供气管道长度	公里	809	0.00	0.00	0.00	0.00	0.00
集中供热能力：蒸汽	吨/小时	810	0	0	0	0	0
集中供热能力：热水	兆瓦	811	0	0	0	0	0
集中供热管道长度：蒸汽	公里	812	23	6	6	22	20
集中供热管道长度：热水	公里	813	0	0	0	0	0
轨道交通线路长度	公里	814	24.00	12.00	0.00	0.00	0.00
桥梁座数	座	815	30	26	24	27	25
道路新建、扩建长度	公里	816	828.59	507.97	369.51	405.38	395.64
道路新建、扩建面积	万平方米	817	1836.05	1515.01	1144.99	1287.31	1279.58
排水管道长度	公里	818	2629.26	1135.79	922.47	1237.71	1223.68
污水处理厂处理能力	万立方米/日	819	18.5	15.3	13.3	10.0	9.8
再生水管道长度	公里	820	0.20	0.20	0.20	0.20	0.20
再生水生产能力	万立方米/日	821	0.0	0.0	0.0	0.0	0.0
雨水泵站排水能力	立方米/秒	822	0	0	0	0	0
污水泵站排水能力	立方米/秒	823	0	0	0	0	0
雨污合流制泵站排水能力	立方米/秒	824	0	0	0	0	0
干污泥无害化处置能力	吨/年	825	0	0	0	0	0
绿地面积	公顷	826	1904.12	1497.52	1272.66	1477.91	1385.91
生活垃圾无害化处理能力	吨/日	827	742	612	77	112	112

城市(县城)供水综合表(全社会供水)

序号	地区名称	综合生产能力(万立方米/日)	地下水	供水管道长度(千米)	供水总量(万立方米) 合计	售水量 小计	生产运营用水	公共服务用水	居民家庭用水	其他用水	免费供水量	生活用水	漏损水量	用水户数(户)	家庭用户	用水人口(万人)
	甲	901	902	903	904	905	906	907	908	909	910	911	912	913	914	915
1	湖　　北	1354.30	34.09	29644.18	269557.94	217981.55	66115.33	33778.92	108506.95	9580.35	12285.27	415.06	39291.12	5572300	5037396	1856.40
2	武 汉 市	481.17	5.60	12343.72	130735.20	104703.10	29653.43	22835.16	50073.49	2141.02	9741.98	155.00	16290.12	2077745	1976963	634.65
3	黄 石 市	72.73	0.00	842.15	10343.42	9360.78	4154.92	781.40	3348.12	1076.34	131.74	0.00	850.90	223993	207071	85.59
4	大 冶 市	13.00	0.00	239.58	2194.00	1974.00	945.00	164.00	796.00	69.00	0.00	0.00	220.00	99170	94185	28.00
5	十 堰 市	49.22	0.00	528.38	10000.51	9247.51	3667.85	693.00	4239.49	647.17	0.00	0.00	753.00	170073	156129	56.70
6	丹江口市	13.05	0.05	353.26	2101.19	1652.17	202.29	127.98	998.81	323.09	0.00	0.00	449.02	78002	71567	19.21
7	宜 昌 市	76.20	0.00	1389.25	10850.32	9008.47	2805.73	663.57	4221.79	1317.38	351.42	12.86	1490.43	223050	197500	87.98
8	宜 都 市	11.00	0.00	345.20	1882.85	1637.16	962.00	110.00	563.46	1.70	3.00	0.90	242.69	26571	25125	16.82
9	当 阳 市	12.90	0.00	446.62	1627.79	1431.46	658.78	157.00	615.68	0.00	34.69	34.69	161.64	52513	47708	16.98
10	枝 江 市	9.00	0.00	162.00	1628.50	1353.00	594.00	178.00	581.00	0.00	2.50	0.00	273.00	29554	26799	19.08
11	襄 阳 市	107.58	12.58	855.08	16616.73	11248.66	4377.12	0.00	5394.40	1477.14	0.00	0.00	5368.07	218960	195770	94.88
12	老河口市	17.80	0.80	215.00	1822.00	1625.00	534.00	86.00	949.00	56.00	43.00	0.00	154.00	127012	64035	24.50
13	枣 阳 市	12.00	0.00	240.67	2264.00	1633.00	222.00	353.00	1044.00	14.00	55.00	55.00	576.00	70686	69339	30.00
14	宜 城 市	10.00	2.81	145.11	1308.48	1203.48	292.00	90.00	793.48	28.00	5.00	2.54	100.00	59649	47790	17.96
15	鄂 州 市	23.00	0.00	1036.00	4633.00	4101.00	703.00	478.00	2787.00	133.00	0.00	0.00	532.00	121675	120750	42.34
16	荆 门 市	46.00	0.00	550.00	7183.46	6132.51	3471.22	200.19	2436.69	24.41	56.32	56.32	994.63	224444	203712	50.40
17	钟 祥 市	10.00	0.00	254.66	2171.00	1953.90	223.90	170.00	1500.00	60.00	10.00	0.00	207.10	67456	65903	23.60
18	孝 感 市	38.30	5.30	451.73	4611.18	3591.18	1001.16	401.00	2119.00	70.02	50.40	50.40	969.60	52030	39148	41.00

续表

序号	地区名称	综合生产能力(万立方米/日)		供水管道长度(千米)	供水总量(万立方米)									用水户数(户)		用水人口(万人)
			地下水		合计	售水量					免费供水量		漏损水量		家庭用户	
						小计	生产运营用水	公共服务用水	居民家庭用水	其他用水		生活用水				
19	应城市	11.60	1.60	166.02	2068.53	1871.33	332.10	92.35	1440.08	6.80	9.00	6.60	188.20	40917	39490	17.18
20	安陆市	11.60	0.80	197.50	1924.50	1727.50	597.00	322.00	790.50	18.00	12.00	8.60	185.00	53077	52016	19.63
21	汉川市	13.00	0.00	255.01	3455.61	2122.61	584.96	550.00	956.23	31.42	0.00	0.00	1333.00	60907	42405	35.40
22	荆州市	56.60	0.00	1706.63	8705.69	7203.39	1609.35	1335.30	3762.74	496.00	130.41	0.00	1371.89	212976	201451	67.76
23	石首市	10.00	0.00	139.18	1688.80	1078.00	300.00	165.00	513.00	100.00	10.80	1.00	600.00	51039	49706	14.64
24	洪湖市	16.00	0.00	754.50	1742.00	1447.00	410.00	139.00	880.00	18.00	33.00	0.00	262.00	116845	89610	31.00
25	松滋市	5.51	0.00	287.20	1220.00	720.00	55.00	29.00	610.00	26.00	100.00	0.00	400.00	33420	32960	12.28
26	黄冈市	23.00	0.00	391.90	3152.00	2815.00	410.00	667.00	1603.00	135.00	27.00	27.00	310.00	87669	84314	31.10
27	麻城市	9.50	0.00	387.98	3061.77	2721.43	1094.02	244.37	1324.01	59.03	34.01	4.15	306.33	62270	57206	21.49
28	武穴市	13.00	0.00	332.00	3355.00	3014.00	1121.00	802.00	1070.00	21.00	20.00	0.00	321.00	80647	79120	27.50
29	咸宁市	16.00	0.00	308.00	3220.00	2576.00	290.00	138.00	1530.00	618.00	0.00	0.00	644.00	102800	92790	39.50
30	赤壁市	20.00	0.00	308.29	2552.00	1640.00	211.00	104.00	1314.00	11.00	402.00	0.00	510.00	70230	67143	24.37
31	随州市	26.00	0.00	662.00	3878.00	2737.00	810.00	219.00	1647.00	61.00	161.00	0.00	980.00	85242	74011	46.10
32	广水市	28.81	0.00	303.58	1784.73	1382.73	119.20	124.30	1098.00	41.23	0.00	0.00	402.00	173207	73210	30.20
33	恩施市	11.00	0.00	358.00	3202.00	2386.00	381.00	390.00	1600.00	15.00	261.00	0.00	555.00	86070	74600	24.60
34	利川市	6.70	0.00	338.40	1527.00	772.00	235.00	48.00	489.00	0.00	600.00	0.00	155.00	28000	25000	17.80
35	仙桃市	30.20	0.00	649.60	5366.00	4786.00	1657.00	435.00	2489.00	205.00	0.00	0.00	580.00	125570	118000	40.10
36	潜江市	27.48	4.20	836.78	3642.50	3412.00	832.80	444.80	1854.80	279.60	0.00	0.00	230.50	131265	128635	36.06
37	天门市	15.35	0.35	863.20	2038.18	1713.18	597.50	41.50	1074.18	0.00	0.00	0.00	325.00	47566	46235	30.00

城市（县城）供水综合表（公共供水）

序号	地区名称	综合生产能力（万立方米/日）	地下水	水厂个数	其中：地下水	供水管道长度（千米）	供水总量（万立方米）合计	售水量 小计	生产运营用水	公共服务用水	居民家庭用水	其他用水	免费供水量	生活用水	漏损水量	用水户数（户）	家庭用户	用水人口（万人）	市政消火栓数量（具）
	甲	901	902	903	904	905	906	907	908	909	910	911	912	913	914	915	916	917	918
1	湖　北	1166.20	1.30	114	4	28060.16	236740.59	185164.20	45267.77	33111.77	100748.17	6036.49	12285.27	415.06	39291.12	5209359	4740649	1762.13	6011
2	武汉市	453.00	0.50	21	1	12057.72	120454.50	94422.40	20425.33	22835.16	50073.49	1088.42	9741.98	155.00	16290.12	2077635	1976963	634.65	0
3	黄石市	48.00	0.00	3	0	760.15	6482.71	5500.07	1731.55	781.40	2643.46	343.66	131.74	0.00	850.90	209560	194481	79.56	0
4	大冶市	13.00	0.00	2	0	239.58	2194.00	1974.00	945.00	164.00	796.00	69.00	0.00	0.00	220.00	99170	94185	28.00	0
5	十堰市	21.00	0.00	3	0	341.00	3915.00	3162.00	508.00	693.00	1904.00	57.00	0.00	0.00	753.00	59873	54129	28.70	347
6	丹江口市	13.00	0.00	3	0	352.16	2088.19	1639.17	190.29	127.98	997.81	323.09	0.00	0.00	449.02	68002	66567	18.21	0
7	宜昌市	64.20	0.00	9	0	1330.25	9656.54	7814.69	2075.73	663.57	4035.79	1039.60	351.42	12.86	1490.43	215250	190000	85.28	0
8	宜都市	11.00	0.00	4	0	345.20	1882.85	1637.16	962.00	110.00	563.46	1.70	3.00	0.90	242.69	26571	25125	16.82	0
9	当阳市	10.00	0.00	1	0	389.72	1554.18	1357.85	605.17	157.00	595.68	0.00	34.69	34.69	161.64	51800	47000	15.53	158
10	枝江市	6.00	0.00	1	0	152.00	1101.50	826.00	282.00	118.00	426.00	0.00	2.50	0.00	273.00	28476	25869	16.50	0
11	襄阳市	95.00	0.00	4	0	772.28	14211.73	8843.66	3256.12	0.00	4125.40	1462.14	0.00	0.00	5368.07	192921	169770	87.88	350
12	老河口市	17.00	0.00	2	0	213.00	1530.00	1333.00	403.00	86.00	788.00	56.00	43.00	0.00	154.00	125434	62463	24.06	0
13	枣阳市	12.00	0.00	2	0	240.67	2264.00	1633.00	222.00	353.00	1044.00	14.00	55.00	55.00	576.00	70686	69339	30.00	0
14	宜城市	5.00	0.00	1	0	142.17	1098.48	993.48	82.00	90.00	793.48	28.00	5.00	2.54	100.00	59642	47790	17.96	0
15	鄂州市	19.00	0.00	4	0	930.00	3805.00	3273.00	593.00	386.00	2244.00	50.00	0.00	0.00	532.00	101339	100767	35.45	0
16	荆门市	20.00	0.00	3	0	460.00	4738.46	3687.51	1441.22	145.19	2076.69	24.41	56.32	56.32	994.63	209364	188662	44.49	0
17	钟祥市	10.00	0.00	1	0	254.66	2171.00	1953.90	223.90	170.00	1500.00	60.00	10.00	0.00	207.10	67456	65903	23.60	0
18	孝感市	33.00	0.00	3	0	423.73	3626.38	2606.38	524.16	356.00	1659.00	67.22	50.40	50.40	969.60	43420	30828	38.20	0

续表

序号	地区名称	综合生产能力(万立方米/日)	地下水	水厂个数	其中:地下水	供水管道长度(千米)	供水总量(万立方米) 合计	售水量 小计	生产运营用水	公共服务用水	居民家庭用水	其他用水	免费供水量	生活用水	漏损水量	用水户数(户)	家庭用户	用水人口(万人)	市政消火栓数量(具)
19	应城市	10.80	0.80	2	1	151.02	1895.82	1698.62	248.67	88.30	1356.65	5.00	9.00	6.60	188.20	37575	36169	15.90	0
20	安陆市	10.80	0.00	1	0	183.50	1744.50	1547.50	575.00	320.00	635.50	17.00	12.00	8.60	185.00	51027	50015	19.00	0
21	汉川市	13.00	0.00	2	0	255.01	3455.61	2122.61	584.96	550.00	956.23	31.42	0.00	0.00	1333.00	60907	42405	35.40	0
22	荆州市	55.00	0.00	3	0	1706.63	8129.69	6627.39	1609.35	1335.30	3682.74	0.00	130.41	0.00	1371.89	207839	196714	66.26	709
23	石首市	10.00	0.00	1	0	139.18	1688.80	1078.00	300.00	165.00	513.00	100.00	10.80	1.00	600.00	51039	49706	14.64	0
24	洪湖市	16.00	0.00	2	0	754.50	1742.00	1447.00	410.00	139.00	880.00	18.00	33.00	0.00	262.00	116845	89610	31.00	0
25	松滋市	5.00	0.00	1	0	275.20	1200.00	700.00	55.00	29.00	590.00	26.00	100.00	0.00	400.00	32920	32460	11.98	42
26	黄冈市	23.00	0.00	2	0	391.90	3152.00	2815.00	410.00	667.00	1603.00	135.00	27.00	27.00	310.00	87669	84314	31.10	746
27	麻城市	9.50	0.00	3	2	387.98	3061.77	2721.43	1094.02	244.37	1324.01	59.03	34.01	4.15	306.33	62270	57206	21.49	110
28	武穴市	13.00	0.00	6	0	332.00	3355.00	3014.00	1121.00	802.00	1070.00	21.00	20.00	0.00	321.00	80647	79120	27.50	0
29	咸宁市	16.00	0.00	4	0	308.00	3220.00	2576.00	290.00	138.00	1530.00	618.00	0.00	0.00	644.00	102800	92790	39.50	260
30	赤壁市	20.00	0.00	3	0	308.29	2552.00	1640.00	211.00	104.00	1314.00	11.00	402.00	0.00	510.00	70230	67143	24.37	151
31	随州市	26.00	0.00	3	0	662.00	3878.00	2737.00	810.00	219.00	1647.00	61.00	161.00	0.00	980.00	85242	74011	46.10	0
32	广水市	18.00	0.00	3	0	156.68	1019.00	617.00	68.00	0.00	549.00	0.00	0.00	0.00	402.00	91157	38540	16.60	3000
33	恩施市	11.00	0.00	3	0	358.00	3202.00	2386.00	381.00	390.00	1600.00	15.00	261.00	0.00	555.00	86070	74600	24.60	0
34	利川市	6.70	0.00	2	0	338.40	1527.00	772.00	235.00	48.00	489.00	0.00	600.00	0.00	155.00	28000	25000	17.80	0
35	仙桃市	25.20	0.00	3	0	479.60	4886.00	4306.00	1517.00	415.00	2189.00	185.00	0.00	0.00	580.00	112070	105000	36.10	138
36	潜江市	12.00	0.00	1	0	616.78	2339.70	2109.20	400.80	180.00	1478.60	49.80	0.00	0.00	230.50	90890	89770	27.90	0
37	天门市	15.00	0.00	2	0	851.20	1917.18	1592.18	476.50	41.50	1074.18	0.00	0.00	0.00	325.00	47563	46235	30.00	0

城市（县城）供水——自建设施供水综合表

序号	地区名称	综合生产能力(万立方米/日)		供水管道长度(千米)	供水总量(万立方米)					用水户数(户)		用水人口(万人)
			地下水		合计	生产运营用水	公共服务用水	居民家庭用水	其他用水		家庭用户	
	甲	1001	1002	1003	1004	1005	1006	1007	1008	1010	1011	1012
1	湖　北	188.10	32.79	1584.02	32817.35	20847.56	667.15	7758.78	3543.86	362941	296747	94.27
2	武汉市	28.17	5.10	286.00	10280.70	9228.10	0.00	0.00	1052.60	110	0	0.00
3	黄石市	24.73	0.00	82.00	3860.71	2423.37	0.00	704.66	732.68	14433	12590	6.03
4	十堰市	28.22	0.00	187.38	6085.51	3159.85	0.00	2335.49	590.17	110200	102000	28.00
5	丹江口市	0.05	0.05	1.10	13.00	12.00	0.00	1.00	0.00	10000	5000	1.00
6	宜昌市	12.00	0.00	59.00	1193.78	730.00	0.00	186.00	277.78	7800	7500	2.70
7	当阳市	2.90	0.00	56.90	73.61	53.61	0.00	20.00	0.00	713	708	1.45
8	枝江市	3.00	0.00	10.00	527.00	312.00	60.00	155.00	0.00	1078	930	2.58
9	襄阳市	12.58	12.58	82.80	2405.00	1121.00	0.00	1269.00	15.00	26039	26000	7.00
10	老河口市	0.80	0.80	2.00	292.00	131.00	0.00	161.00	0.00	1578	1572	0.44
11	宜城市	5.00	2.81	2.94	210.00	210.00	0.00	0.00	0.00	7	0	0.00
12	鄂州市	4.00	0.00	106.00	828.00	110.00	92.00	543.00	83.00	20336	19983	6.89
13	荆门市	26.00	0.00	90.00	2445.00	2030.00	55.00	360.00	0.00	15080	15050	5.91
14	孝感市	5.30	5.30	28.00	984.80	477.00	45.00	460.00	2.80	8610	8320	2.80
15	应城市	0.80	0.80	15.00	172.71	83.43	4.05	83.43	1.80	3342	3321	1.28
16	安陆市	0.80	0.80	14.00	180.00	22.00	2.00	155.00	1.00	2050	2001	0.63
17	荆州市	1.60	0.00	0.00	576.00	0.00	0.00	80.00	496.00	5137	4737	1.50
18	松滋市	0.51	0.00	12.00	20.00	0.00	0.00	20.00	0.00	500	500	0.30
19	广水市	10.81	0.00	146.90	765.73	51.20	124.30	549.00	41.23	82050	34670	13.60
20	仙桃市	5.00	0.00	170.00	480.00	140.00	20.00	300.00	20.00	13500	13000	4.00
21	潜江市	15.48	4.20	220.00	1302.80	432.00	264.80	376.20	229.80	40375	38865	8.16
22	天门市	0.35	0.35	12.00	121.00	121.00	0.00	0.00	0.00	3	0	0.00

城市(县城)节约用水综合表

序号	地区名称	计划用水户实际用水											节约用水量		节水措施投资总额(万元)
		计划用水户数	自备水计划用水户数	合计	工业	新水取用量	工业	重复利用量	工业	超计划定额用水量	重复利用率(%)	工业用水重复利用率		工业	
	甲	1101	1102	1103	1104	1105	1106	1107	1108	1109	1110	1111	1112	1113	1114
1	湖　　北	348603	15118	364601	312619	82487	39748	282114	272871	0	77.38	87.29	11226	6792	3768
2	武 汉 市	13183	110	289030	260117	54580	29653	234450	230464	0	81.12	88.60	7512	4282	2970
3	黄 石 市	4228	2	40820	36113	5543	4378	35277	31735	0	86.42	87.88	450	324	0
4	宜 昌 市	1264	8	2956	2863	86	86	2870	2777	0	97.09	97.00	309	309	0
5	襄 阳 市	390	0	8480	1290	7190	0	1290	1290	0	15.21	100.00	340	340	0
6	老河口市	844	0	954	338	837	226	117	112	0	12.26	33.14	89	67	15
7	宜 城 市	46173	7	1121	312	991	276	130	36	0	11.60	11.54	130	32	283
8	荆 门 市	187520	14940	12388	7094	7433	3591	4955	3503	0	40.00	49.38	990	870	0
9	安 陆 市	2100	50	7	5	5	4	2	1	0	28.57	20.00	1	1	500
10	荆 州 市	800	0	5232	3973	2467	1208	2765	2765	0	52.85	69.59	1214	522	0
11	随 州 市	1000	0	1625	60	1590	52	35	8	0	2.15	13.33	0	0	0
12	广 水 市	91100	0	835	61	799	53	36	8	0	4.31	13.11	0	0	0
13	潜 江 市	1	1	1153	393	966	221	187	172	0	16.22	43.77	191	45	0

城市(县城)天然气综合表

序号	地区名称	储气能力（万立方米）	供气管道长度（千米）	供气总量合计（万立方米）	销售气量				燃气损失量	用气户数（户）		用气人口（万人）	天然气汽车加气站（座）
						居民家庭	集中供热	燃气汽车			家庭用户		
	甲	1301	1302	1303	1304	1305	1306	1307	1308	1309	1310	1311	1312
1	湖　　北	359.40	20892.70	309438.31	307951.40	68654.37	92.00	52365.81	1486.91	3676128	3602062	1174.89	143
2	武汉市	80.00	7594.00	147000.00	147000.00	26460.00	0.00	25000.00	0.00	1637574	1619032	514.00	63
3	黄石市	16.50	792.78	20905.50	20762.50	1171.00	0.00	2604.00	143.00	112084	110161	33.75	7
4	大冶市	5.35	397.00	14908.00	14799.00	437.00	0.00	591.00	109.00	29109	28926	8.70	2
5	十堰市	9.97	487.80	3275.22	3245.89	2458.89	90.00	697.00	29.33	143443	143085	45.50	2
6	丹江口市	6.00	42.95	833.00	830.00	103.11	2.00	90.00	3.00	15931	14321	4.00	1
7	宜昌市	9.50	1372.64	14584.21	14584.21	4220.93	0.00	4660.24	0.00	197058	187205	72.71	11
8	宜都市	2.70	514.23	2881.00	2775.00	1325.00	0.00	25.00	106.00	31425	27605	13.70	1
9	当阳市	7.00	198.87	4963.00	4963.00	315.00	0.00	196.00	0.00	24101	23906	8.44	1
10	枝江市	1.54	126.90	1224.00	1204.00	314.00	0.00	0.00	20.00	24100	22900	9.00	0
11	襄阳市	35.00	588.00	16713.00	16713.00	5850.00	0.00	3677.00	0.00	239884	238662	77.75	7
12	老河口市	4.00	148.10	918.00	918.00	645.00	0.00	120.00	0.00	56120	55913	19.99	1
13	枣阳市	3.00	231.20	897.00	890.00	182.00	0.00	329.00	7.00	18200	15400	5.40	1
14	宜城市	0.66	249.36	2047.10	2047.10	966.00	0.00	147.10	0.00	21363	21000	8.20	1
15	鄂州市	0.00	547.00	3820.00	3820.00	1650.00	0.00	870.00	0.00	39446	38223	13.39	2
16	荆门市	0.91	845.47	10366.67	10177.77	1786.45	0.00	1608.04	188.90	126363	125548	34.40	5
17	钟祥市	60.00	230.00	1710.00	1700.00	913.00	0.00	360.00	10.00	25596	22372	6.60	1

续表

序号	地区名称	储气能力（万立方米）	供气管道长度（千米）	供气总量合计（万立方米）	销售气量				燃气损失量	用气户数（户）		用气人口（万人）	天然气汽车加气站（座）
						居民家庭	集中供热	燃气汽车			家庭用户		
18	孝感市	0.00	541.10	4656.00	4621.00	1090.00	0.00	800.00	35.00	27650	22760	6.80	2
19	应城市	3.75	84.70	899.40	890.50	593.70	0.00	164.80	8.90	12575	12375	3.54	2
20	安陆市	3.00	94.00	1680.00	1640.00	240.00	0.00	270.00	40.00	22275	21325	4.62	1
21	汉川市	5.50	173.50	3105.75	3059.16	281.57	0.00	60.12	46.59	27056	26579	14.70	1
22	荆州市	0.00	1084.00	13964.00	13761.00	3208.50	0.00	5495.50	203.00	154370	153296	45.85	6
23	石首市	0.97	46.00	300.01	300.00	58.00	0.00	140.60	0.01	4615	4600	2.06	1
24	洪湖市	10.00	132.50	291.00	266.00	244.00	0.00	5.00	25.00	44500	40505	14.01	1
25	松滋市	0.65	260.00	870.00	810.00	810.00	0.00	0.00	60.00	24000	24000	8.40	0
26	黄冈市	6.30	415.00	2860.00	2810.00	1400.00	0.00	1100.00	50.00	68755	68021	19.00	4
27	麻城市	3.70	137.30	963.07	961.00	561.00	0.00	380.00	2.07	12517	12033	3.61	1
28	武穴市	2.00	608.00	748.10	744.00	744.00	0.00	0.00	4.10	28130	28130	11.74	0
29	咸宁市	31.00	430.00	9511.00	9490.00	1890.00	0.00	273.25	21.00	62032	61670	15.42	4
30	赤壁市	4.50	40.03	336.30	333.00	27.00	0.00	1.09	3.30	4253	3800	0.48	1
31	随州市	2.20	71.80	2319.70	2277.00	787.13	0.00	630.34	42.70	45000	44712	44.60	2
32	恩施市	10.00	639.07	5903.00	5782.00	1828.00	0.00	21.00	121.00	78196	76774	19.00	1
33	利川市	2.00	460.00	3170.00	3070.00	2464.00	0.00	300.00	100.00	53000	51500	17.50	1
34	仙桃市	6.00	200.75	4590.00	4551.00	1106.00	0.00	750.00	39.00	130848	122500	27.10	5
35	潜江市	20.40	785.65	5172.56	5133.55	2139.93	0.00	633.73	39.01	101012	99987	31.03	2
36	天门市	5.30	323.00	1052.72	1022.72	384.16	0.00	366.00	30.00	33547	33236	9.90	2

城市（县城）液化石油气综合表

序号	地区名称	储气能力（吨）	供气管道长度（千米）	供气总量合计（吨）	销售气量	居民家庭	燃气汽车	燃气损失量	用气户数（户）	家庭用户	用气人口（万人）	液化石油气汽车加气站（座）
	甲	1401	1402	1403	1404	1405	1406	1407	1408	1409	1410	1411
1	湖　北	35405.60	264.78	350091.92	349494.26	175407.34	27000.00	597.66	1765196	1382616	605.60	9
2	武汉市	14000.00	119.00	180000.00	180000.00	29700.00	27000.00	0.00	363371	96000	114.00	9
3	黄石市	2445.00	3.00	22203.00	22203.00	7835.00	0.00	0.00	130765	130545	39.00	0
4	大冶市	1319.00	0.00	7370.00	7370.00	7370.00	0.00	0.00	64000	64000	19.00	0
5	十堰市	730.00	113.00	8668.00	8438.00	8438.00	0.00	230.00	30252	30252	10.00	0
6	丹江口市	612.00	0.00	2109.00	2092.00	1930.00	0.00	17.00	38280	19080	12.00	0
7	宜昌市	700.00	0.00	5658.42	5658.42	5658.42	0.00	0.00	27142	27142	9.00	0
8	宜都市	190.00	0.00	1380.00	1380.00	1377.00	0.00	0.00	10980	9100	3.00	0
9	当阳市	183.00	0.00	2823.34	2823.34	1815.92	0.00	0.00	24355	16795	8.00	0
10	枝江市	220.00	0.00	2100.00	2100.00	2100.00	0.00	0.00	17000	17000	9.00	0
11	襄阳市	2555.00	0.00	12755.00	12755.00	11339.00	0.00	0.00	79321	77321	17.00	0
12	老河口市	268.00	0.00	1940.00	1940.00	1860.00	0.00	0.00	13038	12970	4.00	0
13	枣阳市	250.00	0.00	3201.50	3200.00	3200.00	0.00	1.50	31680	31680	24.00	0
14	宜城市	650.00	0.00	2127.00	2100.00	1800.00	0.00	27.00	24900	23500	10.00	0
15	鄂州市	580.00	0.00	6800.00	6800.00	5600.00	0.00	0.00	86882	85454	27.00	0
16	荆门市	1600.00	5.18	6413.00	6373.00	6373.00	0.00	40.00	39359	39359	16.00	0
17	钟祥市	300.00	0.00	6879.00	6819.00	6819.00	0.00	60.00	45802	45802	17.00	0

续表

序号	地区名称	储气能力（吨）	供气管道长度（千米）	供气总量合计（吨）	销售气量	居民家庭	燃气汽车	燃气损失量	用气户数（户）	家庭用户	用气人口（万人）	液化石油气汽车加气站（座）
18	孝感市	350.00	15.00	12045.50	12030.50	9500.00	0.00	15.00	107400	101000	32.00	0
19	应城市	450.00	0.00	5381.00	5341.00	5275.00	0.00	40.00	29324	29100	11.00	0
20	安陆市	210.00	0.00	2968.00	2946.00	2860.00	0.00	22.00	27450	27320	9.00	0
21	汉川市	400.00	6.00	9000.00	9000.00	9000.00	0.00	0.00	65800	65800	20.00	0
22	荆州市	1817.00	0.00	5959.00	5959.00	5959.00	0.00	0.00	70404	70404	22.00	0
23	石首市	480.00	0.00	3626.00	3621.00	3361.00	0.00	5.00	31568	30830	12.00	0
24	洪湖市	300.00	0.00	2918.00	2918.00	2918.00	0.00	0.00	35646	35646	18.00	0
25	松滋市	500.00	0.00	867.10	865.00	865.00	0.00	2.10	12000	12000	4.00	0
26	黄冈市	520.00	0.00	3506.00	3500.00	3100.00	0.00	6.00	30500	23900	12.00	0
27	麻城市	660.00	3.60	5111.26	5105.00	4102.00	0.00	6.26	51921	45510	17.00	0
28	武穴市	400.00	0.00	4000.00	4000.00	4000.00	0.00	0.00	32891	32891	10.00	0
29	咸宁市	425.00	0.00	5300.00	5300.00	5000.00	0.00	0.00	50400	49080	23.00	0
30	赤壁市	520.00	0.00	3625.00	3625.00	3552.00	0.00	0.00	51890	37950	22.00	0
31	广水市	120.00	0.00	2452.00	2452.00	2001.00	0.00	0.00	59850	20060	15.00	0
32	恩施市	549.60	0.00	1000.00	980.00	900.00	0.00	20.00	7700	6800	2.00	0
33	利川市	70.00	0.00	243.00	242.00	241.00	0.00	1.00	8500	3500	2.60	0
34	仙桃市	617.00	0.00	5900.00	5840.00	5840.00	0.00	60.00	35000	35000	13.00	0
35	潜江市	225.00	0.00	1738.80	1715.00	1715.00	0.00	23.80	13952	13952	5.00	0
36	天门市	190.00	0.00	2024.00	2003.00	2003.00	0.00	21.00	15873	15873	18.00	0

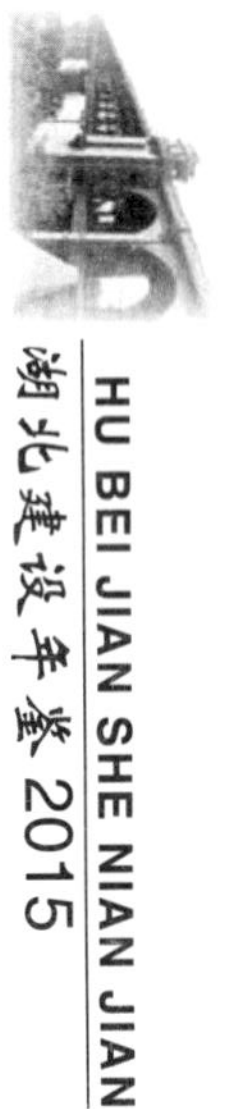

城市（县城）集中供热综合表

序号	地区名称	蒸汽							热水								
		供热能力（吨/小时）	热电厂供热	锅炉房供热	供热总量（万吉焦）	热电厂供热	锅炉房供热	管道长度（千米）	供热能力（兆瓦）	热电厂供热	锅炉房供热	供热总量（万吉焦）	热电厂供热	锅炉房供热	管道长度（公里）	供热面积（万平方米）	住宅
	甲	1501	1502	1503	1504	1505	1506	1507	1508	1509	1510	1511	1512	1513	1514	1515	1516
1	湖　北	2080.00	1252.00	828.00	1278.57	863.92	414.65	237.12	278.00	200.00	78.00	44.19	10.09	34.10	20.00	1765.18	1182.70
2	黄石市	436.00	392.00	44.00	436.00	392.00	44.00	27.00	0.00	0.00	0.00	0.00	0.00	0.00	0.00	29.00	2.00
3	十堰市	860.00	860.00	0.00	471.92	471.92	0.00	178.52	200.00	200.00	0.00	10.09	10.09	0.00	10.00	869.00	700.00
4	襄阳市	390.00	0.00	390.00	202.00	0.00	202.00	24.60	0.00	0.00	0.00	0.00	0.00	0.00	0.00	368.00	68.00
5	潜江市	394.00	0.00	394.00	168.65	0.00	168.65	7.00	78.00	0.00	78.00	34.10	0.00	34.10	10.00	499.18	412.70

城市轨道交通(建成)综合表

序号	地区名称	线路条数(条)						线路长度(公里)								
		合计	地铁	轻轨	单轨	有轨	磁浮	合计	地铁	轻轨	单轨	有轨	磁浮	按敷设方式		
														地面线	地下线	高架线
	甲	1701	1702	1703	1704	1705	1706	1707	1708	1709	1710	1711	1712	1713	1714	1715
1	湖　北	6	3	3				95.64	61.26	34.38				0.3	58.06	37.28
2	武汉市	6	3	3				95.64	61.26	34.38				0.3	58.06	37.28

序号	地区名称	车站数(个)				换乘站数(个)	配置车辆数(辆)					
		合计	地面站	地下站	高架站		合计	地铁	轻轨	单轨	有轨	磁浮
	甲	1716	1717	1718	1719	1720	1721	1722	1723	1724	1725	1726
1	湖　北	77		47	30	22	559	414	145			
2	武汉市	77		47	30	22	559	414	145			

城市轨道交通(在建)综合表

序号	地区名称	线路条数(条)						线路长度(公里)								
		合计	地铁	轻轨	单轨	有轨	磁浮	合计	地铁	轻轨	单轨	有轨	磁浮	按敷设方式		
														地面线	地下线	高架线
	甲	1801	1802	1803	1804	1805	1806	1807	1808	1809	1810	1811	1812	1813	1814	1815
1	湖　北	4	4					111.60	111.60						111.60	
2	武汉市	4	4					111.60	111.60						111.60	

序号	地区名称	车站数(个)				换乘站数(个)	配置车辆数(辆)					
		合计	地面站	地下站	高架站		合计	地铁	轻轨	单轨	有轨	磁浮
	甲	1816	1817	1818	1819	1820	1821	1822	1823	1824	1825	1826
1	湖　北	82		82		39	774	774				
2	武汉市	82		82		39	774	774				

城市（县城）道路和桥梁综合表

序号	地区名称	道路长度（千米）	道路面积（万平方米）		桥梁数（座）			道路照明灯盏数（盏）	安装路灯的道路长度（千米）	城市照明总用电量（万千瓦时）	城市照明装灯总功率（万千瓦）
				人行道		大桥及特大桥	立交桥				
	甲	1801	1802	1803	1804	1805	1806	1807	1808	1811	1814
1	湖　北	18209.01	31145.00	7658.91	1917	180	122	641678	14627.91	38609	103456.00
2	武汉市	5143.40	8879.63	2487.45	601	136	90	165712	5143.40	12700	29535.00
3	黄石市	760.52	1551.70	261.84	29	0	3	32100	234.00	1210	3144.00
4	大冶市	174.13	483.16	122.77	12	3	0	10470	20.00	780	1800.00
5	十堰市	824.72	924.33	139.45	288	7	13	19786	244.14	1727	7892.00
6	丹江口市	231.13	239.20	56.20	32	3	1	10468	153.19	719	1969.00
7	宜昌市	1163.77	1877.87	419.71	95	1	2	28211	1163.00	1770	5640.00
8	宜都市	209.02	419.54	59.36	23	0	0	4368	186.68	217	852.00
9	当阳市	232.68	321.60	106.27	9	2	0	1918	98.63	62	186.00
10	枝江市	186.55	293.39	50.10	0	0	0	4249	185.00	300	848.00
11	襄阳市	794.32	1665.97	333.54	73	22	1	90257	773.00	5380	13309.00
12	老河口市	374.00	465.00	63.00	0	0	0	4337	117.00	93	346.00
13	枣阳市	183.70	608.60	168.00	5	0	0	9460	183.00	752	1698.00
14	宜城市	217.41	371.31	73.71	14	0	0	8052	193.50	670	1542.00
15	鄂州市	834.00	1167.00	366.00	33	0	4	8144	678.00	132	539.00
16	荆门市	467.13	876.05	272.25	91	0	0	19566	426.50	1276	3682.00
17	钟祥市	225.38	522.58	80.71	24	0	0	12640	135.00	258	1011.00
18	孝感市	470.00	929.00	160.00	30	0	0	11807	320.00	431	1225.00

续表

序号	地区名称	道路长度（千米）	道路面积（万平方米）		桥梁数（座）			道路照明灯盏数（盏）	安装路灯的道路长度（千米）	城市照明总用电量（万千瓦时）	城市照明装灯总功率（万千瓦）
				人行道		大桥及特大桥	立交桥				
19	应城市	229.52	424.89	84.60	0	0	0	2390	183.30	113	312.00
20	安陆市	185.96	458.38	44.29	0	0	0	4821	167.00	210	501.00
21	汉川市	251.21	340.23	53.47	0	0	0	3310	210.00	170	380.00
22	荆州市	850.27	992.58	188.06	98	0	0	54497	831.57	2792	7650.00
23	石首市	119.90	239.70	53.32	3	0	0	3600	118.00	183	536.00
24	洪湖市	452.20	506.35	161.50	5	0	0	4285	445.00	298	686.00
25	松滋市	144.88	262.57	93.44	0	0	0	4991	117.00	111	467.00
26	黄冈市	447.80	975.20	214.00	8	0	0	11404	301.00	696	2248.00
27	麻城市	432.15	663.10	192.76	55	1	1	3319	59.00	213	658.00
28	武穴市	284.00	559.00	134.00	14	0	0	5360	231.00	305	1018.00
29	咸宁市	253.31	531.81	161.49	21	0	0	14781	248.30	1069	2750.00
30	赤壁市	289.00	408.00	65.00	7	0	0	4500	100.00	185	520.00
31	随州市	223.60	482.00	151.00	73	0	1	13741	85.30	1097	2497.00
32	广水市	168.00	353.00	159.00	112	0	0	9710	168.00	250	779.00
33	恩施市	172.68	195.39	52.45	30	5	4	15849	160.00	420	1632.00
34	利川市	131.28	184.35	39.20	28	0	1	10334	125.50	485	1139.00
35	仙桃市	645.00	810.00	230.00	44	0	0	15500	527.00	525	1820.00
36	潜江市	296.26	652.47	228.04	41	0	1	8192	164.30	387	1272.00
37	天门市	140.13	510.05	132.93	19	0	0	9549	132.60	623	1373.00

城市(县城)排水综合表

序号	城市名称	污水排放量(万立方米)	排水管道长度(千米)				排水泵站排水能力(立方米/秒)			再生水							
				污水管道	雨水管道	雨污合流管道	雨水泵站排水能力	污水泵站排水能力	合流制泵站排水能力	生产能力(万立方米/日)	再生利用量(万立方米)	工业用水	市政用水(杂用水)	景观用水	其他	管道长度(千米)
	甲	1901	1902	1903	1904	1905	1906	1907	1908	1909	1910	1911	1912	1913	1914	1915
1	湖　北	192893	21484.46	6401.68	6214.50	8868.28	3.20	26.96	18.00	45.7	15176	10254	4790	0	132	10.5
2	武汉市	79245	9102.00	1979.00	2596.00	4527.00	0.00	0.00	0.00	42.0	15044	10254	4790	0	0	10.0
3	黄石市	8894	1028.00	456.00	528.00	44.00	0.00	0.00	0.00	0.0	0	0	0	0	0	0.0
4	大冶市	1536	157.00	38.50	53.50	65.00	0.00	0.00	0.00	0.0	0	0	0	0	0	0.0
5	十堰市	9550	812.69	704.79	22.42	85.48	0.00	0.00	0.00	0.0	0	0	0	0	0	0.0
6	丹江口市	1765	204.00	204.00	0.00	0.00	0.00	0.00	0.00	0.0	0	0	0	0	0	0.0
7	宜昌市	8189	1024.20	353.07	343.07	328.06	0.00	0.00	0.00	0.0	0	0	0	0	0	0.0
8	宜都市	1318	143.80	20.80	0.00	123.00	0.00	0.00	0.00	0.0	0	0	0	0	0	0.0
9	当阳市	1210	176.45	61.67	25.42	89.36	0.00	0.00	0.00	0.0	0	0	0	0	0	0.0
10	枝江市	1348	174.97	0.00	0.00	174.97	0.00	0.00	0.00	0.0	0	0	0	0	0	0.0
11	襄阳市	15989	981.25	230.04	124.69	626.52	0.00	0.00	0.00	0.0	0	0	0	0	0	0.0
12	老河口市	1301	247.50	51.00	6.50	190.00	0.00	0.00	0.00	0.0	0	0	0	0	0	0.0
13	枣阳市	1855	365.10	112.00	70.00	183.10	0.00	0.00	0.00	0.0	0	0	0	0	0	0.0
14	宜城市	916	188.70	60.20	29.80	98.70	0.00	0.00	0.00	0.0	0	0	0	0	0	0.0
15	鄂州市	3528	621.00	85.00	372.00	164.00	0.00	0.00	0.00	0.0	0	0	0	0	0	0.0
16	荆门市	5164	777.00	382.00	80.00	315.00	0.00	0.00	0.00	0.0	0	0	0	0	0	0.0
17	钟祥市	2182	193.16	35.26	10.74	147.16	0.00	0.00	0.00	0.0	0	0	0	0	0	0.0
18	孝感市	4600	370.00	43.00	327.00	0.00	0.00	0.00	0.00	0.0	0	0	0	0	0	0.0

续表

序号	城市名称	污水排放量（万立方米）	排水管道长度（千米）			排水泵站排水能力（立方米/秒）			再生水						
				污水管道	雨水管道	雨污合流管道	雨水泵站排水能力	污水泵站排水能力	合流制泵站排水能力	生产能力（万立方米/日）	再生利用量（万立方米）	工业用水	市政用水（杂用水）	景观用水	其他	管道长度（千米）
19	应城市	1458	112.40	7.20	8.40	96.80	0.00	0.00	0.00	0.1	0	0	0	0	0	0.1
20	安陆市	1462	160.36	48.00	104.30	8.06	0.00	0.00	0.00	2.6	24	0	0	0	24	0.2
21	汉川市	2420	231.74	94.53	137.21	0.00	0.00	5.96	0.00	0.0	0	0	0	0	0	0.0
22	荆州市	6965	558.86	155.80	213.81	189.25	0.00	0.00	0.00	0.0	0	0	0	0	0	0.0
23	石首市	1339	163.60	1.00	0.00	162.60	0.00	0.00	0.00	0.0	0	0	0	0	0	0.0
24	洪湖市	1393	298.10	160.10	138.00	0.00	0.00	0.00	0.00	0.0	0	0	0	0	0	0.0
25	松滋市	858	227.60	120.00	0.00	107.60	2.20	0.00	0.00	0.0	0	0	0	0	0	0.0
26	黄冈市	2521	359.00	66.00	0.00	293.00	0.00	0.00	0.00	0.0	0	0	0	0	0	0.0
27	麻城市	2269	247.20	79.00	6.33	161.87	0.00	0.00	0.00	0.0	0	0	0	0	0	0.0
28	武穴市	2505	102.00	26.00	0.00	76.00	0.00	0.00	0.00	0.0	0	0	0	0	0	0.0
29	咸宁市	2417	246.00	166.00	36.00	44.00	0.00	0.00	0.00	0.0	0	0	0	0	0	0.0
30	赤壁市	1787	319.00	112.00	38.00	169.00	0.00	0.00	0.00	0.0	0	0	0	0	0	0.0
31	随州市	3425	271.70	132.40	103.30	36.00	1.00	21.00	0.00	0.0	0	0	0	0	0	0.0
32	广水市	1287	131.00	67.00	35.00	29.00	0.00	0.00	0.00	0.0	0	0	0	0	0	0.0
33	恩施市	2500	199.60	45.60	62.00	92.00	0.00	0.00	0.00	0.0	0	0	0	0	0	0.0
34	利川市	1070	83.10	35.10	5.00	43.00	0.00	0.00	0.00	0.0	0	0	0	0	0	0.0
35	仙桃市	4000	513.17	94.17	389.00	30.00	0.00	0.00	0.00	0.0	0	0	0	0	0	0.0
36	潜江市	2997	425.40	49.60	296.50	79.30	0.00	0.00	0.00	0.0	0	0	0	0	0	0.0
37	天门市	1630	267.81	125.85	52.51	89.45	0.00	0.00	18.00	1.0	108	0	0	0	108	0.2

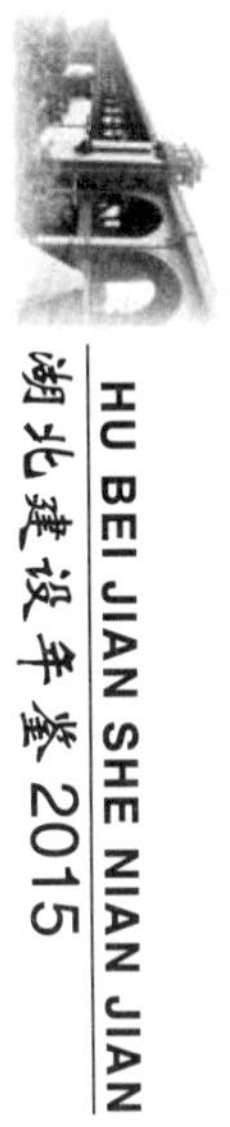

城市（县城）污水处理综合表

序号	城市名称	污水处理厂															其他污水处理装置		污水处理总量（万立方米）
		座数（座）	二、三级	处理能力（万立方米/日）	二、三级	处理量（万立方米）	二、三级	干污泥无害化处置能力（吨/年）	干污泥产生量（吨）	干污泥无害化处置量（吨）	填埋	焚烧	土地利用	建材	其他	本年运行费用（万元）	处理能力（万立方米/日）	处理量（万立方米）	
	甲	1901	1902	1903	1904	1905	1906	1907	1908	1909	1910	1911	1912	1913	1914	1915	1916	1917	1918
1	湖　北	74	60	540.6	420.9	170798	133530	673702	215111	209139	71432	26051	39922	63379	8355	115015	69.8	6824	177622
2	武汉市	19	15	230.8	168.8	73698	55241	86886	84750	84749	19862	6882	4031	53920	54	51600	4.9	1788	75486
3	黄石市	5	0	23.5	0.0	8058	0	34310	18950	18950	0	0	18950	0	0	4786	35.4	170	8228
4	大冶市	1	0	5.5	0.0	1429	0	1543	1543	1543	0	1230	0	0	313	769	0.0	0	1429
5	十堰市	3	3	26.5	26.5	8519	8519	72998	8399	8399	0	0	0	8399	0	4439	1.0	315	8834
6	丹江口市	1	1	4.5	4.5	1765	1765	3065	2000	2000	2000	0	0	0	0	1324	0.0	0	1765
7	宜昌市	5	5	27.2	27.2	7452	7452	36379	15979	15979	4792	0	11187	0	0	4257	0.0	0	7452
8	宜都市	2	2	3.5	3.5	1123	1123	1654	1654	1654	0	0	1654	0	0	702	0.5	140	1263
9	当阳市	1	1	3.0	3.0	1032	1032	1345	1165	1165	1165	0	0	0	0	606	0.0	0	1032
10	枝江市	1	1	3.5	3.5	1220	1220	4950	2460	2440	2440	0	0	0	0	735	0.0	0	1220
11	襄阳市	2	2	40.0	40.0	14206	14206	219000	14209	14209	0	10331	0	0	3878	7879	2.0	427	14633
12	老河口市	1	1	6.0	6.0	1200	1200	0	1569	0	0	0	0	0	0	695	0.0	0	1200
13	枣阳市	1	1	6.0	6.0	1670	1670	10000	3169	3169	3169	0	0	0	0	1189	0.0	0	1670
14	宜城市	1	1	2.0	2.0	716	716	62780	1057	1057	1057	0	0	0	0	400	0.0	0	716
15	鄂州市	1	1	9.0	9.0	2892	2892	20000	6679	6679	6679	0	0	0	0	2078	1.0	248	3140
16	荆门市	2	2	15.0	15.0	4451	4451	23933	4083	4083	0	0	0	0	4083	3034	0.0	0	4451
17	钟祥市	1	1	5.0	5.0	1855	1855	5000	1856	1856	1856	0	0	0	0	935	0.0	0	1855
18	孝感市	1	0	14.0	0.0	3930	0	3981	3981	3981	3981	0	0	0	0	3070	0.0	0	3930

续表

序号	城市名称	污水处理厂															其他污水处理装置		污水处理总量（万立方米）
		座数（座）	二、三级	处理能力（万立方米/日）	二、三级	处理量（万立方米）	二、三级	干污泥无害化处置能力（吨/年）	干污泥产生量（吨）	干污泥无害化处置量（吨）	填埋	焚烧	土地利用	建材	其他	本年运行费用（万元）	处理能力（万立方米/日）	处理量（万立方米）	
19	应城市	1	1	3.3	3.3	1167	1167	1500	1202	1202	1202	0	0	0	0	797	0.0	0	1167
20	安陆市	1	0	3.0	0.0	1124	0	1500	1200	1200	1200	0	0	0	0	742	0.0	0	1124
21	汉川市	1	0	5.7	0.0	2080	0	3880	2800	2800	0	0	2800	0	0	1250	0.0	0	2080
22	荆州市	4	4	18.0	18.0	6310	6310	5840	6310	3127	0	3100	0	0	27	5085	0.0	0	6310
23	石首市	2	2	3.1	3.1	1250	1250	5000	1321	1321	1321	0	0	0	0	1136	0.0	0	1250
24	洪湖市	1	1	7.0	7.0	1198	1198	0	1198	0	0	0	0	0	0	1040	0.0	0	1198
25	松滋市	1	1	2.0	2.0	687	687	700	256	256	0	256	0	0	0	350	0.0	0	687
26	黄冈市	1	0	6.0	0.0	2190	0	5320	3377	3377	3377	0	0	0	0	1520	7.5	331	2521
27	麻城市	1	1	3.0	3.0	1045	1045	5000	1060	1060	0	0	0	1060	0	610	2.3	839	1884
28	武穴市	1	1	3.5	3.5	1260	1260	4000	1300	1300	0	0	1300	0	0	770	4.2	1138	2398
29	咸宁市	2	2	9.0	9.0	2117	2117	12000	3296	3296	3296	0	0	0	0	2050	0.0	0	2117
30	赤壁市	1	1	4.0	4.0	1680	1680	9453	2098	2098	2098	0	0	0	0	1000	0.0	0	1680
31	随州市	1	1	10.0	10.0	2107	2107	2207	2207	2207	2207	0	0	0	0	1415	10.0	1108	3215
32	广水市	2	2	5.0	5.0	1081	1081	1500	1172	1172	1172	0	0	0	0	1359	0.0	0	1081
33	恩施市	1	1	6.0	6.0	2177	2177	6500	3850	3850	3850	0	0	0	0	1580	0.5	160	2337
34	利川市	1	1	2.0	2.0	438	438	3680	842	842	715	127	0	0	0	776	0.5	160	598
35	仙桃市	1	1	12.0	12.0	3526	3526	5500	4125	4125	0	4125	0	0	0	2700	0.0	0	3526
36	潜江市	2	2	8.0	8.0	2640	2640	3173	2741	2740	2740	0	0	0	0	1840	0.0	0	2640
37	天门市	1	1	5.0	5.0	1505	1505	9125	1253	1253	1253	0	0	0	0	497	0.0	0	1505

城市（县城）园林绿化综合表

面积单位：公顷

序号	地区名称	绿化覆盖面积	建成区	园林绿地面积	建成区	公园绿地面积	公园个数（个）	公园面积
	甲	2001	2002	2003	2004	2005	2006	2007
1	湖　北	96602.79	78674.73	75546.17	69067.60	20865.75	329	11205.65
2	武汉市	21667.55	21667.55	18678.92	18678.92	7016.89	74	3109.59
3	黄石市	2835.00	2835.00	2668.00	2668.00	934.00	16	567.00
4	大冶市	770.20	770.20	684.20	684.20	244.80	3	234.80
5	十堰市	12591.00	3198.80	3168.20	3068.20	676.40	11	415.00
6	丹江口市	1116.00	1116.00	1013.25	1013.25	213.18	5	213.18
7	宜昌市	6698.70	6698.70	5955.12	5955.12	1252.82	36	709.40
8	宜都市	1284.00	1037.70	927.20	875.30	223.70	4	121.00
9	当阳市	851.83	779.83	781.15	670.15	161.55	5	144.00
10	枝江市	723.00	723.00	630.00	630.00	188.00	2	158.00
11	襄阳市	6525.00	5360.90	4691.21	4691.21	1259.75	10	422.12
12	老河口市	1327.00	1189.00	1084.00	1036.00	232.00	6	152.00
13	枣阳市	1453.73	1335.73	1090.09	1045.09	427.84	3	47.00
14	宜城市	945.00	925.00	850.35	814.68	223.60	2	59.40
15	鄂州市	2076.00	2076.00	1771.00	1771.00	633.00	5	232.00
16	荆门市	2197.74	2197.74	1858.08	1858.08	526.52	6	265.10
17	钟祥市	836.35	821.35	760.44	743.44	269.60	4	232.00
18	孝感市	1723.00	1547.00	1846.00	1317.00	371.00	6	284.00

续表

序号	地区名称	绿化覆盖面积	建成区	园林绿地面积	建成区	公园绿地面积	公园个数（个）	公园面积
19	应城市	774.00	616.85	676.40	533.40	156.05	3	46.00
20	安陆市	855.14	757.23	752.00	668.00	176.00	7	94.00
21	汉川市	1128.38	984.48	1010.22	1010.22	245.64	4	248.00
22	荆州市	2893.78	2893.78	2577.77	2577.77	777.31	24	759.94
23	石首市	830.60	820.10	719.00	713.00	134.00	2	116.80
24	洪湖市	1894.00	1662.00	1789.00	1532.00	414.00	6	30.00
25	松滋市	617.79	617.79	537.20	537.20	148.70	2	50.00
26	黄冈市	1897.00	1752.00	1666.00	1642.00	441.00	3	168.00
27	麻城市	1091.00	1058.00	945.00	933.00	230.00	4	192.00
28	武穴市	671.00	642.00	578.00	576.00	318.00	4	54.00
29	咸宁市	3963.00	2732.00	3681.50	2372.50	534.70	9	481.70
30	赤壁市	1080.00	1006.00	989.00	897.00	239.00	10	245.00
31	随州市	4788.00	1963.00	4597.00	1522.00	450.00	6	216.00
32	广水市	635.00	515.00	464.00	453.00	339.00	4	212.72
33	恩施市	1772.00	1288.00	1633.00	1134.00	253.00	5	192.00
34	利川市	433.00	433.00	388.00	387.00	163.80	4	34.00
35	仙桃市	2673.00	1669.00	1470.05	1444.05	368.00	5	182.00
36	潜江市	1866.09	1866.09	1635.13	1635.13	361.00	5	185.00
37	天门市	1118.91	1118.91	980.69	980.69	261.90	24	332.90

国家级风景名胜区综合表

金额单位：万元

序号	风景区名称	风景名胜区面积（平方千米）	可游览面积	游人量（万人次）	境外游人	当年施工建筑面积（平方米）	景区资金收入（万元）合计	国家拨款	经营收入	门票	景区资金支出合计	固定资产投资支出	经营支出	维护支出
	甲	2101	2102	2103	2104	2105	2106	2107	2108	2109	2110	2111	2112	2113
1	湖北	1155	498	1539.00	39.50	594684	378571	95072	104655	53712	197413	109274	70476	33744
2	武汉市	62	62	494.90	5.50	2925	25711	19354	6357	5781	19354	820	13695	4839
3	武汉东湖风景名胜区	62	62	494.90	5.50	2925	25711	19354	6357	5781	19354	820	13695	4839
4	十堰市	312	170	569.30	18.90	2000	310000	70000	64000	36100	98216	56361	35022	19500
5	武当山风景名胜区	312	170	569.30	18.90	2000	310000	70000	64000	36100	98216	56361	35022	19500
6	宜昌市	30	15	85.00	1.90	8900	7800	0	7800	3200	6800	1800	3818	1182
7	长江三峡风景名胜区	30	15	85.00	1.90	8900	7800	0	7800	3200	6800	1800	3818	1182
8	襄阳市	209	14	66.00	0.50	533336	4904	1889	3015	2491	17531	14583	2948	1629
9	隆中风景名胜区	209	14	66.00	0.50	533336	4904	1889	3015	2491	17531	14583	2948	1629
10	钟祥市	114	97	145.00	6.00	0	1700	0	1700	1700	1700	400	1300	400
11	大洪山风景名胜区	114	97	145.00	6.00	0	1700	0	1700	1700	1700	400	1300	400
12	赤壁市	118	80	53.80	2.00	0	1575	612	963	963	1360	0	1012	320
13	陆水风景名胜区	118	80	53.80	2.00	0	1575	612	963	963	1360	0	1012	320
14	随州市	310	60	125.00	4.70	47523	26881	3217	20820	3477	52452	35310	12681	5874
15	玉龙温泉欢乐谷	305	55	41.50	0.60	9215	18650	1217	17070	570	41000	28730	7909	3150
16	炎帝神农帮里风景区	3	3	23.50	0.10	3308	4661	0	2750	2107	7952	4280	3672	1874
17	炎帝神农帮里风景区	2	2	60.00	4.00	35000	3570	2000	1000	800	3500	2300	1100	850

省级风景名胜区综合表

金额单位：万元

序号	风景区名称	风景名胜区面积（平方千米）		游人量（万人次）		当年施工建筑面积（平方米）	景区资金收入				景区资金支出			
			可游览面积		境外游人		合计	国家拨款	经营收入	门票	合计	固定资产投资支出	经营支出	维护支出
	甲	2101	2102	2103	2104	2105	2106	2107	2108	2109	2110	2111	2112	2113
1	湖北	608	282	85.80	1.70	0	5700	0	5700	4574	8016	4366	3650	1678
2	丹江口市	116	116	3.00	0.00	0	40	0	40	40	100	0	100	100
3	净乐宫	116	116	3.00	0.00	0	40	0	40	40	100	0	100	100
4	老河口市	42	15	15.50	0.00	0	25	0	25	0	0	0	0	0
5	老河口市梨花湖风景区	42	15	15.50	0.00	0	25	0	25	0	0	0	0	0
6	荆门市	400	101	32.30	0.00	0	1275	0	1275	234	2416	1066	1350	28
7	湖北省漳河风景区	400	101	32.30	0.00	0	1275	0	1275	234	2416	1066	1350	28
8	利川市	50	50	35.00	1.70	0	4360	0	4360	4300	5500	3300	2200	1550
9	利川市腾龙洞风景区	50	50	35.00	1.70	0	4360	0	4360	4300	5500	3300	2200	1550

城市（县城）市容环境卫生综合表

序号	地区名称	道路清扫保洁面积（万平方米）	机械化	生活垃圾														
				清运量（万吨）	密闭车（箱）清运量	生活垃圾处理量（万吨）	无害化处理厂（场）数（座）	卫生填埋	焚烧	其他	无害化处理能力（吨/日）	卫生填埋	焚烧	其他	无害化处理量（万吨）	卫生填埋	焚烧	其他
	甲	2201	2202	2203	2204	2205	2206	2207	2208	2209	2210	2211	2212	2213	2214	2215	2216	2217
1	湖　北	30527	12634	739.34	672.42	725.08	39	28	11	0	24016	13066	10950	0	666.60	322.37	344.23	0.00
2	武汉市	15837	4804	257.36	257.36	257.36	8	2	6	0	11250	4000	7250	0	257.36	21.95	235.41	0.00
3	黄石市	757	449	29.00	29.00	29.00	2	1	1	0	1479	679	800	0	29.00	0.00	29.00	0.00
4	大冶市	260	100	9.65	9.65	0.00	0	0	0	0	0	0	0	0	0.00	0.00	0.00	0.00
5	十堰市	745	387	32.16	32.16	32.16	1	1	0	0	650	650	0	0	32.16	32.16	0.00	0.00
6	丹江口市	174	81	7.30	7.30	7.30	0	0	0	0	0	0	0	0	0.00	0.00	0.00	0.00
7	宜昌市	1098	653	32.69	29.37	31.10	2	2	0	0	732	732	0	0	31.10	31.10	0.00	0.00
8	宜都市	395	44	5.83	5.35	5.32	1	1	0	0	166	166	0	0	5.32	5.32	0.00	0.00
9	当阳市	186	114	5.23	5.23	5.23	1	1	0	0	220	220	0	0	5.23	5.23	0.00	0.00
10	枝江市	158	38	4.53	4.53	4.53	1	1	0	0	250	250	0	0	4.53	4.53	0.00	0.00
11	襄阳市	1925	1371	30.57	30.57	30.43	1	0	1	0	1000	0	1000	0	30.43	0.00	30.43	0.00
12	老河口市	170	88	7.72	5.52	7.39	1	1	0	0	288	288	0	0	7.39	7.39	0.00	0.00
13	枣阳市	520	436	9.40	9.40	9.40	1	1	0	0	272	272	0	0	9.40	9.40	0.00	0.00
14	宜城市	251	58	6.21	3.10	6.21	1	1	0	0	170	170	0	0	6.21	6.21	0.00	0.00
15	鄂州市	452	379	17.80	15.00	17.80	1	1	0	0	488	488	0	0	17.80	17.80	0.00	0.00
16	荆门市	378	265	14.79	14.79	14.79	1	1	0	0	500	500	0	0	14.79	14.79	0.00	0.00
17	钟祥市	344	241	10.33	8.80	10.33	0	0	0	0	0	0	0	0	0.00	0.00	0.00	0.00
18	孝感市	536	431	14.60	14.60	14.40	1	1	0	0	400	400	0	0	14.40	14.40	0.00	0.00

续表

序号	地区名称	道路清扫保洁面积（万平方米）	机械化	生活垃圾														
				清运量（万吨）	密闭车（箱）清运量	生活垃圾处理量（万吨）	无害化处理厂（场）数（座）	卫生填埋	焚烧	其他	无害化处理能力（吨/日）	卫生填埋	焚烧	其他	无害化处理量（万吨）	卫生填埋	焚烧	其他
19	应城市	130	80	7.30	7.30	7.30	1	1	0	0	250	250	0	0	7.30	7.30	0.00	0.00
20	安陆市	171	79	8.68	6.75	8.66	1	1	0	0	300	300	0	0	8.66	8.66	0.00	0.00
21	汉川市	219	60	11.65	9.86	11.00	0	0	0	0	0	0	0	0	0.00	0.00	0.00	0.00
22	荆州市	992	413	23.06	23.06	23.06	1	0	1	0	1000	0	1000	0	23.06	0.00	23.06	0.00
23	石首市	138	30	6.38	0.00	6.38	0	0	0	0	0	0	0	0	0.00	0.00	0.00	0.00
24	洪湖市	380	31	18.00	16.50	18.00	0	0	0	0	0	0	0	0	0.00	0.00	0.00	0.00
25	松滋市	182	164	5.48	3.83	5.48	0	0	0	0	0	0	0	0	0.00	0.00	0.00	0.00
26	黄冈市	353	264	18.70	18.70	18.70	1	1	0	0	500	500	0	0	18.70	18.70	0.00	0.00
27	麻城市	237	121	9.13	5.92	8.78	1	1	0	0	250	250	0	0	8.78	8.78	0.00	0.00
28	武穴市	212	76	11.29	9.29	11.29	1	0	1	0	300	0	300	0	11.29	0.00	11.29	0.00
29	咸宁市	485	273	15.18	15.18	15.04	1	0	1	0	600	0	600	0	15.04	0.00	15.04	0.00
30	赤壁市	320	50	14.20	6.20	14.20	1	1	0	0	371	371	0	0	14.20	14.20	0.00	0.00
31	随州市	456	141	22.35	1.10	22.30	2	2	0	0	530	530	0	0	22.30	22.30	0.00	0.00
32	广水市	200	0	11.00	11.00	10.38	1	1	0	0	200	200	0	0	10.38	10.38	0.00	0.00
33	恩施市	320	192	10.22	10.22	10.22	1	1	0	0	200	200	0	0	10.22	10.22	0.00	0.00
34	利川市	167	40	7.40	5.48	7.40	1	1	0	0	150	150	0	0	7.40	7.40	0.00	0.00
35	仙桃市	450	170	19.00	19.00	19.00	1	1	0	0	600	600	0	0	19.00	19.00	0.00	0.00
36	潜江市	531	331	11.30	11.30	11.30	1	1	0	0	300	300	0	0	11.30	11.30	0.00	0.00
37	天门市	398	180	13.87	10.00	13.87	1	1	0	0	600	600	0	0	13.87	13.87	0.00	0.00

续表

序号	地区名称	生活垃圾处理场（厂）本年运行费用（万元）	餐厨垃圾			粪便		生活垃圾转运站座数（座）	公共厕所（座）		市容环卫专用车辆设备总数（辆）
			清运量（万吨）	处理能力（吨/日）	处理量（万吨）	清运量（万吨）	处理量（万吨）			三类以上	
	甲	2218	2219	2220	2221	2222	2223	2224	2225	2226	2227
1	湖　北	65816	0.00	0.00	0.00	19.48	4.59	893	5130	4171	8851
2	武汉市	37214	0.00	0.00	0.00	0.00	0.00	153	1203	1203	5112
3	黄石市	1504	0.00	0.00	0.00	0.00	0.00	22	286	286	182
4	大冶市	0	0.00	0.00	0.00	0.00	0.00	14	30	30	27
5	十堰市	1100	0.00	0.00	0.00	0.22	0.00	36	110	110	239
6	丹江口市	138	0.00	0.00	0.00	0.80	0.80	3	50	50	17
7	宜昌市	610	0.00	0.00	0.00	0.00	0.00	31	278	238	211
8	宜都市	180	0.00	0.00	0.00	0.00	0.00	16	54	54	37
9	当阳市	513	0.00	0.00	0.00	0.00	0.00	18	16	16	44
10	枝江市	450	0.00	0.00	0.00	2.42	0.00	4	38	38	25
11	襄阳市	6107	0.00	0.00	0.00	1.69	0.00	72	382	382	1295
12	老河口市	271	0.00	0.00	0.00	0.75	0.70	11	98	25	18
13	枣阳市	628	0.00	0.00	0.00	0.00	0.00	49	37	37	37
14	宜城市	185	0.00	0.00	0.00	0.00	0.00	21	20	0	19
15	鄂州市	1520	0.00	0.00	0.00	2.00	2.00	52	318	0	100
16	荆门市	327	0.00	0.00	0.00	0.00	0.00	9	136	136	74
17	钟祥市	284	0.00	0.00	0.00	0.00	0.00	29	84	84	53
18	孝感市	145	0.00	0.00	0.00	0.00	0.00	34	67	67	76

续表

序号	地区名称	生活垃圾处理场（厂）本年运行费用（万元）	餐厨垃圾			粪便		生活垃圾转运站座数（座）	公共厕所（座）		市容环卫专用车辆设备总数（辆）
			清运量（万吨）	处理能力（吨/日）	处理量（万吨）	清运量（万吨）	处理量（万吨）			三类以上	
19	应城市	74	0.00	0.00	0.00	0.00	0.00	9	47	47	15
20	安陆市	234	0.00	0.00	0.00	0.02	0.00	7	38	0	46
21	汉川市	500	0.00	0.00	0.00	0.00	0.00	5	70	65	28
22	荆州市	5447	0.00	0.00	0.00	0.00	0.00	31	238	238	151
23	石首市	118	0.00	0.00	0.00	0.09	0.00	1	51	33	16
24	洪湖市	284	0.00	0.00	0.00	0.00	0.00	8	182	182	63
25	松滋市	110	0.00	0.00	0.00	0.00	0.00	12	34	17	24
26	黄冈市	690	0.00	0.00	0.00	0.00	0.00	12	85	82	141
27	麻城市	139	0.00	0.00	0.00	2.31	1.09	16	83	82	49
28	武穴市	1302	0.00	0.00	0.00	2.20	0.00	15	70	0	161
29	咸宁市	2550	0.00	0.00	0.00	0.00	0.00	6	112	112	97
30	赤壁市	130	0.00	0.00	0.00	0.00	0.00	25	32	32	53
31	随州市	248	0.00	0.00	0.00	0.00	0.00	106	179	49	48
32	广水市	107	0.00	0.00	0.00	3.40	0.00	3	129	23	27
33	恩施市	280	0.00	0.00	0.00	3.56	0.00	5	126	121	82
34	利川市	150	0.00	0.00	0.00	0.00	0.00	3	14	14	25
35	仙桃市	810	0.00	0.00	0.00	0.02	0.00	26	190	190	135
36	潜江市	217	0.00	0.00	0.00	0.00	0.00	11	139	108	83
37	天门市	1250	0.00	0.00	0.00	0.00	0.00	18	104	20	41

新增生产能力（按城市排列）

序号	地区名称	供水综合生产能力（万立方米/日）					供水管道长度（千米）				
		建设规模	本年施工规模		累计新增生产能力（或效益）		建设规模	本年施工规模		累计新增生产能力（或效益）	
				本年新开工		本年新增			本年新开工		本年新增
	甲	1	2	3	4	5	6	7	8	9	10
1	湖　　北	20.50	5.50	0.50	0.50	0.50	841.85	689.54	641.68	671.73	654.73
2	黄 石 市	0.00	0.00	0.00	0.00	0.00	0.00	0.00	0.00	0.00	0.00
3	大 冶 市	0.00	0.00	0.00	0.00	0.00	4.00	4.00	4.00	4.00	4.00
4	十 堰 市	0.00	0.00	0.00	0.00	0.00	52.00	52.00	52.00	52.00	52.00
5	丹江口市	0.00	0.00	0.00	0.00	0.00	0.00	0.00	0.00	0.00	0.00
6	宜 昌 市	15.00	5.00	0.00	0.00	0.00	86.07	38.76	38.76	33.56	33.56
7	宜 都 市	0.00	0.00	0.00	0.00	0.00	17.77	17.77	17.77	17.77	17.77
8	当 阳 市	0.00	0.00	0.00	0.00	0.00	52.72	52.72	33.72	52.72	52.72
9	枝 江 市	0.00	0.00	0.00	0.00	0.00	15.00	7.50	0.00	5.00	5.00
10	襄 阳 市	0.00	0.00	0.00	0.00	0.00	27.36	27.36	27.36	27.36	27.36
11	老河口市	0.00	0.00	0.00	0.00	0.00	6.80	6.80	6.80	0.00	0.00
12	枣 阳 市	0.00	0.00	0.00	0.00	0.00	27.36	27.36	27.36	27.36	27.36
13	宜 城 市	0.00	0.00	0.00	0.00	0.00	14.67	14.67	14.67	14.67	14.67
14	鄂 州 市	0.00	0.00	0.00	0.00	0.00	114.00	114.00	114.00	114.00	114.00
15	荆 门 市	0.00	0.00	0.00	0.00	0.00	25.00	24.00	24.00	24.00	24.00
16	钟 祥 市	0.00	0.00	0.00	0.00	0.00	0.00	0.00	0.00	0.00	0.00
17	孝 感 市	0.00	0.00	0.00	0.00	0.00	0.00	0.00	0.00	0.00	0.00

续表

序号	地区名称	供水综合生产能力(万立方米/日)					供水管道长度(千米)				
		建设规模	本年施工规模		累计新增生产能力(或效益)		建设规模	本年施工规模		累计新增生产能力(或效益)	
				本年新开工		本年新增			本年新开工		本年新增
18	应城市	0.00	0.00	0.00	0.00	0.00	19.70	19.70	19.70	19.70	19.70
19	安陆市	0.00	0.00	0.00	0.00	0.00	18.00	16.50	16.50	16.50	16.50
20	荆州市	0.00	0.00	0.00	0.00	0.00	74.72	74.72	74.72	56.09	56.09
21	石首市	0.00	0.00	0.00	0.00	0.00	12.63	12.63	12.63	12.63	12.63
22	洪湖市	0.00	0.00	0.00	0.00	0.00	0.00	0.00	0.00	0.00	0.00
23	松滋市	5.00	0.00	0.00	0.00	0.00	37.40	7.30	7.30	7.30	7.30
24	黄冈市	0.00	0.00	0.00	0.00	0.00	0.00	0.00	0.00	0.00	0.00
25	麻城市	0.00	0.00	0.00	0.00	0.00	31.46	31.46	31.46	31.46	31.46
26	武穴市	0.50	0.50	0.50	0.50	0.50	23.00	23.00	23.00	23.00	23.00
27	咸宁市	0.00	0.00	0.00	0.00	0.00	20.96	20.96	0.00	20.96	20.96
28	赤壁市	0.00	0.00	0.00	0.00	0.00	23.83	23.83	23.83	23.83	23.83
29	随州市	0.00	0.00	0.00	0.00	0.00	0.00	0.00	0.00	0.00	0.00
30	广水市	0.00	0.00	0.00	0.00	0.00	0.00	0.00	0.00	0.00	0.00
31	恩施市	0.00	0.00	0.00	0.00	0.00	19.00	19.00	19.00	19.00	19.00
32	利川市	0.00	0.00	0.00	0.00	0.00	65.30	0.40	0.00	17.40	0.40
33	仙桃市	0.00	0.00	0.00	0.00	0.00	32.00	32.00	32.00	30.32	30.32
34	潜江市	0.00	0.00	0.00	0.00	0.00	0.00	0.00	0.00	0.00	0.00
35	天门市	0.00	0.00	0.00	0.00	0.00	21.10	21.10	21.10	21.10	21.10

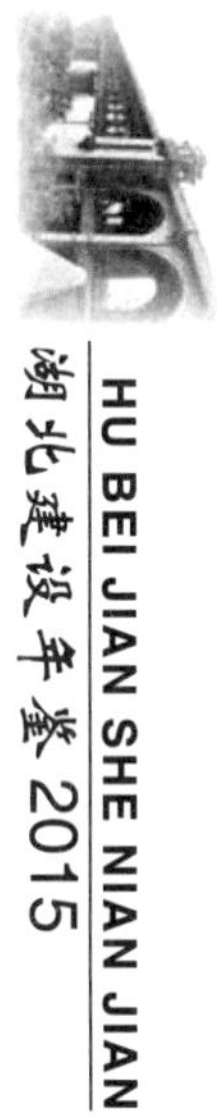

续表

序号	地区名称	人工煤气生产能力(万立方米/日)					人工煤气储气能力(万立方米)				
		建设规模	本年施工规模	本年新开工	累计新增生产能力(或效益)	本年新增	建设规模	本年施工规模	本年新开工	累计新增生产能力(或效益)	本年新增
	甲	11	12	13	14	15	16	17	18	19	20
1	湖　北	0.00	0.00	0.00	0.00	0.00	0.00	0.00	0.00	0	0
2	黄石市	0.00	0.00	0.00	0.00	0.00	0.00	0.00	0.00	0	0
3	大冶市	0.00	0.00	0.00	0.00	0.00	0.00	0.00	0.00	0	0
4	十堰市	0.00	0.00	0.00	0.00	0.00	0.00	0.00	0.00	0	0
5	丹江口市	0.00	0.00	0.00	0.00	0.00	0.00	0.00	0.00	0	0
6	宜昌市	0.00	0.00	0.00	0.00	0.00	0.00	0.00	0.00	0	0
7	宜都市	0.00	0.00	0.00	0.00	0.00	0.00	0.00	0.00	0	0
8	当阳市	0.00	0.00	0.00	0.00	0.00	0.00	0.00	0.00	0	0
9	枝江市	0.00	0.00	0.00	0.00	0.00	0.00	0.00	0.00	0	0
10	襄阳市	0.00	0.00	0.00	0.00	0.00	0.00	0.00	0.00	0	0
11	老河口市	0.00	0.00	0.00	0.00	0.00	0.00	0.00	0.00	0	0
12	枣阳市	0.00	0.00	0.00	0.00	0.00	0.00	0.00	0.00	0	0
13	宜城市	0.00	0.00	0.00	0.00	0.00	0.00	0.00	0.00	0	0
14	鄂州市	0.00	0.00	0.00	0.00	0.00	0.00	0.00	0.00	0	0
15	荆门市	0.00	0.00	0.00	0.00	0.00	0.00	0.00	0.00	0	0
16	钟祥市	0.00	0.00	0.00	0.00	0.00	0.00	0.00	0.00	0	0
17	孝感市	0.00	0.00	0.00	0.00	0.00	0.00	0.00	0.00	0	0

续表

序号	地区名称	人工煤气生产能力(万立方米/日)					人工煤气储气能力(万立方米)				
		建设规模	本年施工规模	本年新开工	累计新增生产能力（或效益）	本年新增	建设规模	本年施工规模	本年新开工	累计新增生产能力（或效益）	本年新增
18	应城市	0.00	0.00	0.00	0.00	0.00	0.00	0.00	0.00	0	0
19	安陆市	0.00	0.00	0.00	0.00	0.00	0.00	0.00	0.00	0	0
20	荆州市	0.00	0.00	0.00	0.00	0.00	0.00	0.00	0.00	0	0
21	石首市	0.00	0.00	0.00	0.00	0.00	0.00	0.00	0.00	0	0
22	洪湖市	0.00	0.00	0.00	0.00	0.00	0.00	0.00	0.00	0	0
23	松滋市	0.00	0.00	0.00	0.00	0.00	0.00	0.00	0.00	0	0
24	黄冈市	0.00	0.00	0.00	0.00	0.00	0.00	0.00	0.00	0	0
25	麻城市	0.00	0.00	0.00	0.00	0.00	0.00	0.00	0.00	0	0
26	武穴市	0.00	0.00	0.00	0.00	0.00	0.00	0.00	0.00	0	0
27	咸宁市	0.00	0.00	0.00	0.00	0.00	0.00	0.00	0.00	0	0
28	赤壁市	0.00	0.00	0.00	0.00	0.00	0.00	0.00	0.00	0	0
29	随州市	0.00	0.00	0.00	0.00	0.00	0.00	0.00	0.00	0	0
30	广水市	0.00	0.00	0.00	0.00	0.00	0.00	0.00	0.00	0	0
31	恩施市	0.00	0.00	0.00	0.00	0.00	0.00	0.00	0.00	0	0
32	利川市	0.00	0.00	0.00	0.00	0.00	0.00	0.00	0.00	0	0
33	仙桃市	0.00	0.00	0.00	0.00	0.00	0.00	0.00	0.00	0	0
34	潜江市	0.00	0.00	0.00	0.00	0.00	0.00	0.00	0.00	0	0
35	天门市	0.00	0.00	0.00	0.00	0.00	0.00	0.00	0.00	0	0

续表

序号	地区名称	人工煤气供气管道长度(公里)					天然气储气能力(万立方米)				
		建设规模	本年施工规模		累计新增生产能力(或效益)		建设规模	本年施工规模		累计新增生产能力(或效益)	
				本年新开工		本年新增			本年新开工		本年新增
	甲	21	22	23	24	25	26	27	28	29	30
1	湖　北	0.00	0.00	0.00	0.00	0.00	43.79	42.98	42.98	43.79	43.79
2	黄石市	0.00	0.00	0.00	0.00	0.00	0.00	0.00	0.00	0.00	0.00
3	大冶市	0.00	0.00	0.00	0.00	0.00	0.00	0.00	0.00	0.00	0.00
4	十堰市	0.00	0.00	0.00	0.00	0.00	9.97	9.16	9.16	9.97	9.97
5	丹江口市	0.00	0.00	0.00	0.00	0.00	0.00	0.00	0.00	0.00	0.00
6	宜昌市	0.00	0.00	0.00	0.00	0.00	0.00	0.00	0.00	0.00	0.00
7	宜都市	0.00	0.00	0.00	0.00	0.00	0.00	0.00	0.00	0.00	0.00
8	当阳市	0.00	0.00	0.00	0.00	0.00	0.00	0.00	0.00	0.00	0.00
9	枝江市	0.00	0.00	0.00	0.00	0.00	0.00	0.00	0.00	0.00	0.00
10	襄阳市	0.00	0.00	0.00	0.00	0.00	15.00	15.00	15.00	15.00	15.00
11	老河口市	0.00	0.00	0.00	0.00	0.00	0.20	0.20	0.20	0.20	0.20
12	枣阳市	0.00	0.00	0.00	0.00	0.00	0.30	0.30	0.30	0.30	0.30
13	宜城市	0.00	0.00	0.00	0.00	0.00	0.06	0.06	0.06	0.06	0.06
14	鄂州市	0.00	0.00	0.00	0.00	0.00	0.00	0.00	0.00	0.00	0.00
15	荆门市	0.00	0.00	0.00	0.00	0.00	0.00	0.00	0.00	0.00	0.00
16	钟祥市	0.00	0.00	0.00	0.00	0.00	0.00	0.00	0.00	0.00	0.00
17	孝感市	0.00	0.00	0.00	0.00	0.00	0.00	0.00	0.00	0.00	0.00

续表

序号	地区名称	人工煤气供气管道长度(千米)					天然气储气能力(万立方米)				
		建设规模	本年施工规模		累计新增生产能力(或效益)		建设规模	本年施工规模		累计新增生产能力(或效益)	
				本年新开工		本年新增			本年新开工		本年新增
18	应城市	0.00	0.00	0.00	0.00	0.00	0.00	0.00	0.00	0.00	0.00
19	安陆市	0.00	0.00	0.00	0.00	0.00	0.00	0.00	0.00	0.00	0.00
20	荆州市	0.00	0.00	0.00	0.00	0.00	0.00	0.00	0.00	0.00	0.00
21	石首市	0.00	0.00	0.00	0.00	0.00	0.27	0.27	0.27	0.27	0.27
22	洪湖市	0.00	0.00	0.00	0.00	0.00	0.00	0.00	0.00	0.00	0.00
23	松滋市	0.00	0.00	0.00	0.00	0.00	0.00	0.00	0.00	0.00	0.00
24	黄冈市	0.00	0.00	0.00	0.00	0.00	3.00	3.00	3.00	3.00	3.00
25	麻城市	0.00	0.00	0.00	0.00	0.00	0.60	0.60	0.60	0.60	0.60
26	武穴市	0.00	0.00	0.00	0.00	0.00	0.92	0.92	0.92	0.92	0.92
27	咸宁市	0.00	0.00	0.00	0.00	0.00	1.00	1.00	1.00	1.00	1.00
28	赤壁市	0.00	0.00	0.00	0.00	0.00	0.00	0.00	0.00	0.00	0.00
29	随州市	0.00	0.00	0.00	0.00	0.00	0.00	0.00	0.00	0.00	0.00
30	广水市	0.00	0.00	0.00	0.00	0.00	0.00	0.00	0.00	0.00	0.00
31	恩施市	0.00	0.00	0.00	0.00	0.00	0.00	0.00	0.00	0.00	0.00
32	利川市	0.00	0.00	0.00	0.00	0.00	0.00	0.00	0.00	0.00	0.00
33	仙桃市	0.00	0.00	0.00	0.00	0.00	1.77	1.77	1.77	1.77	1.77
34	潜江市	0.00	0.00	0.00	0.00	0.00	5.40	5.40	5.40	5.40	5.40
35	天门市	0.00	0.00	0.00	0.00	0.00	5.30	5.30	5.30	5.30	5.30

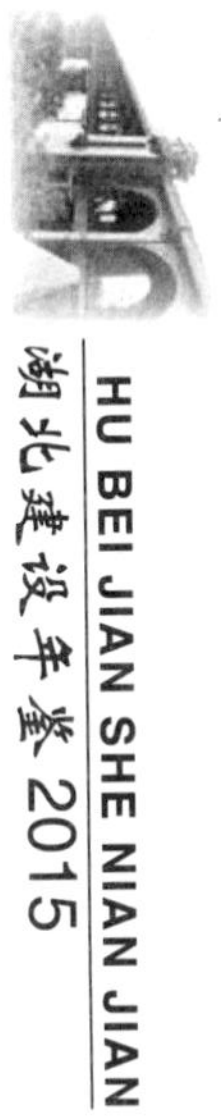

续表

序号	地区名称	天然气供气管道长度(千米)					液化石油气储气能力(吨)				
		建设规模	本年施工规模		累计新增生产能力(或效益)		建设规模	本年施工规模		累计新增生产能力(或效益)	
				本年新开工		本年新增			本年新开工		本年新增
	甲	31	32	33	34	35	36	37	38	39	40
1	湖　　北	1563.26	1472.85	1437.31	1517.48	1516.07	540.00	540.00	540.00	540.00	540.00
2	黄 石 市	155.78	155.78	155.78	155.78	155.78	0.00	0.00	0.00	0.00	0.00
3	大 冶 市	0.00	0.00	0.00	0.00	0.00	0.00	0.00	0.00	0.00	0.00
4	十 堰 市	85.05	0.00	0.00	85.05	85.05	0.00	0.00	0.00	0.00	0.00
5	丹江口市	0.00	0.00	0.00	0.00	0.00	0.00	0.00	0.00	0.00	0.00
6	宜 昌 市	32.67	32.67	32.67	32.67	32.67	0.00	0.00	0.00	0.00	0.00
7	宜 都 市	35.22	35.22	35.22	35.22	35.22	0.00	0.00	0.00	0.00	0.00
8	当 阳 市	76.78	76.78	76.78	76.78	76.78	0.00	0.00	0.00	0.00	0.00
9	枝 江 市	0.00	0.00	0.00	0.00	0.00	0.00	0.00	0.00	0.00	0.00
10	襄 阳 市	78.00	78.00	78.00	78.00	78.00	0.00	0.00	0.00	0.00	0.00
11	老河口市	6.40	6.40	6.40	6.40	6.40	0.00	0.00	0.00	0.00	0.00
12	枣 阳 市	37.20	37.20	37.20	37.20	37.20	0.00	0.00	0.00	0.00	0.00
13	宜 城 市	17.71	17.71	17.71	17.71	17.71	250.00	250.00	250.00	250.00	250.00
14	鄂 州 市	45.00	45.00	45.00	45.00	45.00	0.00	0.00	0.00	0.00	0.00
15	荆 门 市	202.00	201.00	169.47	169.47	169.47	0.00	0.00	0.00	0.00	0.00
16	钟 祥 市	5.00	5.00	5.00	5.00	5.00	0.00	0.00	0.00	0.00	0.00
17	孝 感 市	0.00	0.00	0.00	0.00	0.00	0.00	0.00	0.00	0.00	0.00

续表

序号	地区名称	天然气供气管道长度(千米)					液化石油气储气能力(吨)				
		建设规模	本年施工规模		累计新增生产能力(或效益)		建设规模	本年施工规模		累计新增生产能力(或效益)	
				本年新开工		本年新增			本年新开工		本年新增
18	应城市	0.00	0.00	0.00	0.00	0.00	0.00	0.00	0.00	0.00	0.00
19	安陆市	25.00	25.00	22.00	22.00	22.00	0.00	0.00	0.00	0.00	0.00
20	荆州市	261.00	261.00	261.00	261.00	261.00	0.00	0.00	0.00	0.00	0.00
21	石首市	10.00	10.00	10.00	10.00	10.00	0.00	0.00	0.00	0.00	0.00
22	洪湖市	0.00	0.00	0.00	0.00	0.00	0.00	0.00	0.00	0.00	0.00
23	松滋市	30.00	30.00	30.00	30.00	30.00	290.00	290.00	290.00	290.00	290.00
24	黄冈市	122.00	122.00	122.00	122.00	122.00	0.00	0.00	0.00	0.00	0.00
25	麻城市	33.70	33.70	33.70	33.70	33.70	0.00	0.00	0.00	0.00	0.00
26	武穴市	52.44	52.44	52.44	52.44	52.44	0.00	0.00	0.00	0.00	0.00
27	咸宁市	75.50	75.50	75.50	75.50	75.50	0.00	0.00	0.00	0.00	0.00
28	赤壁市	0.36	0.36	0.36	0.36	0.36	0.00	0.00	0.00	0.00	0.00
29	随州市	37.85	33.49	32.48	34.85	33.44	0.00	0.00	0.00	0.00	0.00
30	广水市	0.00	0.00	0.00	0.00	0.00	0.00	0.00	0.00	0.00	0.00
31	恩施市	0.00	0.00	0.00	0.00	0.00	0.00	0.00	0.00	0.00	0.00
32	利川市	0.00	0.00	0.00	0.00	0.00	0.00	0.00	0.00	0.00	0.00
33	仙桃市	20.00	20.00	20.00	12.75	12.75	0.00	0.00	0.00	0.00	0.00
34	潜江市	82.34	82.34	82.34	82.34	82.34	0.00	0.00	0.00	0.00	0.00
35	天门市	36.26	36.26	36.26	36.26	36.26	0.00	0.00	0.00	0.00	0.00

续表

序号	地区名称	液化石油气供气管道长度(千米)					集中供热能力:蒸汽(吨/小时)				
		建设规模	本年施工规模		累计新增生产能力(或效益)		建设规模	本年施工规模		累计新增生产能力(或效益)	
				本年新开工		本年新增			本年新开工		本年新增
	甲	41	42	43	44	45	46	47	48	49	50
1	湖　北	0.00	0.00	0.00	0.00	0.00	0.00	0	0	0	0
2	黄石市	0.00	0.00	0.00	0.00	0.00	0.00	0	0	0	0
3	大冶市	0.00	0.00	0.00	0.00	0.00	0.00	0	0	0	0
4	十堰市	0.00	0.00	0.00	0.00	0.00	0.00	0	0	0	0
5	丹江口市	0.00	0.00	0.00	0.00	0.00	0.00	0	0	0	0
6	宜昌市	0.00	0.00	0.00	0.00	0.00	0.00	0	0	0	0
7	宜都市	0.00	0.00	0.00	0.00	0.00	0.00	0	0	0	0
8	当阳市	0.00	0.00	0.00	0.00	0.00	0.00	0	0	0	0
9	枝江市	0.00	0.00	0.00	0.00	0.00	0.00	0	0	0	0
10	襄阳市	0.00	0.00	0.00	0.00	0.00	0.00	0	0	0	0
11	老河口市	0.00	0.00	0.00	0.00	0.00	0.00	0	0	0	0
12	枣阳市	0.00	0.00	0.00	0.00	0.00	0.00	0	0	0	0
13	宜城市	0.00	0.00	0.00	0.00	0.00	0.00	0	0	0	0
14	鄂州市	0.00	0.00	0.00	0.00	0.00	0.00	0	0	0	0
15	荆门市	0.00	0.00	0.00	0.00	0.00	0.00	0	0	0	0
16	钟祥市	0.00	0.00	0.00	0.00	0.00	0.00	0	0	0	0
17	孝感市	0.00	0.00	0.00	0.00	0.00	0.00	0	0	0	0

续表

序号	地区名称	液化石油气供气管道长度(千米)					集中供热能力:蒸汽(吨/小时)				
		建设规模	本年施工规模		累计新增生产能力（或效益）		建设规模	本年施工规模		累计新增生产能力（或效益）	
				本年新开工		本年新增			本年新开工		本年新增
18	应 城 市	0.00	0.00	0.00	0.00	0.00	0.00	0	0	0	0
19	安 陆 市	0.00	0.00	0.00	0.00	0.00	0.00	0	0	0	0
20	荆 州 市	0.00	0.00	0.00	0.00	0.00	0.00	0	0	0	0
21	石 首 市	0.00	0.00	0.00	0.00	0.00	0.00	0	0	0	0
22	洪 湖 市	0.00	0.00	0.00	0.00	0.00	0.00	0	0	0	0
23	松 滋 市	0.00	0.00	0.00	0.00	0.00	0.00	0	0	0	0
24	黄 冈 市	0.00	0.00	0.00	0.00	0.00	0.00	0	0	0	0
25	麻 城 市	0.00	0.00	0.00	0.00	0.00	0.00	0	0	0	0
26	武 穴 市	0.00	0.00	0.00	0.00	0.00	0.00	0	0	0	0
27	咸 宁 市	0.00	0.00	0.00	0.00	0.00	0.00	0	0	0	0
28	赤 壁 市	0.00	0.00	0.00	0.00	0.00	0.00	0	0	0	0
29	随 州 市	0.00	0.00	0.00	0.00	0.00	0.00	0	0	0	0
30	广 水 市	0.00	0.00	0.00	0.00	0.00	0.00	0	0	0	0
31	恩 施 市	0.00	0.00	0.00	0.00	0.00	0.00	0	0	0	0
32	利 川 市	0.00	0.00	0.00	0.00	0.00	0.00	0	0	0	0
33	仙 桃 市	0.00	0.00	0.00	0.00	0.00	0.00	0	0	0	0
34	潜 江 市	0.00	0.00	0.00	0.00	0.00	0.00	0	0	0	0
35	天 门 市	0.00	0.00	0.00	0.00	0.00	0.00	0	0	0	0

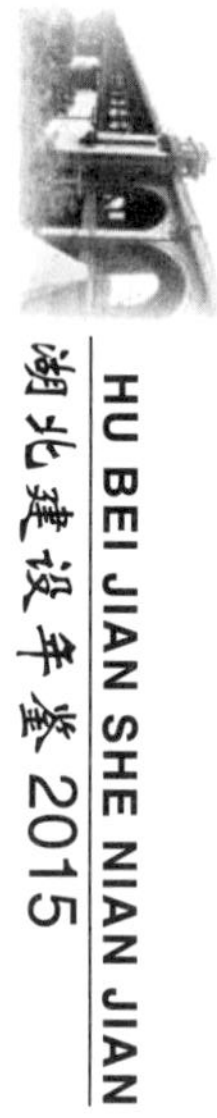

续表

序号	地区名称	集中供热能力：热水（兆瓦）					集中供热管道长度：蒸汽（公里）				
		建设规模	本年施工规模	本年新开工	累计新增生产能力（或效益）	本年新增	建设规模	本年施工规模	本年新开工	累计新增生产能力（或效益）	本年新增
	甲	51	52	53	54	55	56	57	58	59	60
1	湖　北	0	0	0	0	0	23	6	6	22	20
2	黄石市	0	0	0	0	0	0	0	0	0	0
3	大冶市	0	0	0	0	0	0	0	0	0	0
4	十堰市	0	0	0	0	0	16	0	0	16	14
5	丹江口市	0	0	0	0	0	0	0	0	0	0
6	宜昌市	0	0	0	0	0	0	0	0	0	0
7	宜都市	0	0	0	0	0	0	0	0	0	0
8	当阳市	0	0	0	0	0	0	0	0	0	0
9	枝江市	0	0	0	0	0	0	0	0	0	0
10	襄阳市	0	0	0	0	0	0	0	0	0	0
11	老河口市	0	0	0	0	0	0	0	0	0	0
12	枣阳市	0	0	0	0	0	0	0	0	0	0
13	宜城市	0	0	0	0	0	0	0	0	0	0
14	鄂州市	0	0	0	0	0	0	0	0	0	0
15	荆门市	0	0	0	0	0	7	6	6	6	6
16	钟祥市	0	0	0	0	0	0	0	0	0	0
17	孝感市	0	0	0	0	0	0	0	0	0	0

续表

序号	地区名称	集中供热能力:热水(兆瓦)					集中供热管道长度:蒸汽(千米)				
		建设规模	本年施工规模		累计新增生产能力(或效益)		建设规模	本年施工规模		累计新增生产能力(或效益)	
				本年新开工		本年新增			本年新开工		本年新增
18	应城市	0	0	0	0	0	0	0	0	0	0
19	安陆市	0	0	0	0	0	0	0	0	0	0
20	荆州市	0	0	0	0	0	0	0	0	0	0
21	石首市	0	0	0	0	0	0	0	0	0	0
22	洪湖市	0	0	0	0	0	0	0	0	0	0
23	松滋市	0	0	0	0	0	0	0	0	0	0
24	黄冈市	0	0	0	0	0	0	0	0	0	0
25	麻城市	0	0	0	0	0	0	0	0	0	0
26	武穴市	0	0	0	0	0	0	0	0	0	0
27	咸宁市	0	0	0	0	0	0	0	0	0	0
28	赤壁市	0	0	0	0	0	0	0	0	0	0
29	随州市	0	0	0	0	0	0	0	0	0	0
30	广水市	0	0	0	0	0	0	0	0	0	0
31	恩施市	0	0	0	0	0	0	0	0	0	0
32	利川市	0	0	0	0	0	0	0	0	0	0
33	仙桃市	0	0	0	0	0	0	0	0	0	0
34	潜江市	0	0	0	0	0	0	0	0	0	0
35	天门市	0	0	0	0	0	0	0	0	0	0

续表

序号	地区名称	集中供热管道长度:热水(千米)					轨道交通线路长度(千米)				
		建设规模	本年施工规模	本年新开工	累计新增生产能力(或效益)	本年新增	建设规模	本年施工规模	本年新开工	累计新增生产能力(或效益)	本年新增
	甲	61	62	63	64	65	66	67	68	69	70
1	湖　北	0	0	0	0	0	24.00	12.00	0.00	0.00	0.00
2	黄 石 市	0	0	0	0	0	0.00	0.00	0.00	0.00	0.00
3	大 冶 市	0	0	0	0	0	0.00	0.00	0.00	0.00	0.00
4	十 堰 市	0	0	0	0	0	0.00	0.00	0.00	0.00	0.00
5	丹江口市	0	0	0	0	0	0.00	0.00	0.00	0.00	0.00
6	宜 昌 市	0	0	0	0	0	24.00	12.00	0.00	0.00	0.00
7	宜 都 市	0	0	0	0	0	0.00	0.00	0.00	0.00	0.00
8	当 阳 市	0	0	0	0	0	0.00	0.00	0.00	0.00	0.00
9	枝 江 市	0	0	0	0	0	0.00	0.00	0.00	0.00	0.00
10	襄 阳 市	0	0	0	0	0	0.00	0.00	0.00	0.00	0.00
11	老河口市	0	0	0	0	0	0.00	0.00	0.00	0.00	0.00
12	枣 阳 市	0	0	0	0	0	0.00	0.00	0.00	0.00	0.00
13	宜 城 市	0	0	0	0	0	0.00	0.00	0.00	0.00	0.00
14	鄂 州 市	0	0	0	0	0	0.00	0.00	0.00	0.00	0.00
15	荆 门 市	0	0	0	0	0	0.00	0.00	0.00	0.00	0.00
16	钟 祥 市	0	0	0	0	0	0.00	0.00	0.00	0.00	0.00
17	孝 感 市	0	0	0	0	0	0.00	0.00	0.00	0.00	0.00

续表

序号	地区名称	集中供热管道长度：热水（千米）					轨道交通线路长度（千米）				
		建设规模	本年施工规模		累计新增生产能力（或效益）		建设规模	本年施工规模		累计新增生产能力（或效益）	
				本年新开工		本年新增			本年新开工		本年新增
18	应城市	0	0	0	0	0	0.00	0.00	0.00	0.00	0.00
19	安陆市	0	0	0	0	0	0.00	0.00	0.00	0.00	0.00
20	荆州市	0	0	0	0	0	0.00	0.00	0.00	0.00	0.00
21	石首市	0	0	0	0	0	0.00	0.00	0.00	0.00	0.00
22	洪湖市	0	0	0	0	0	0.00	0.00	0.00	0.00	0.00
23	松滋市	0	0	0	0	0	0.00	0.00	0.00	0.00	0.00
24	黄冈市	0	0	0	0	0	0.00	0.00	0.00	0.00	0.00
25	麻城市	0	0	0	0	0	0.00	0.00	0.00	0.00	0.00
26	武穴市	0	0	0	0	0	0.00	0.00	0.00	0.00	0.00
27	咸宁市	0	0	0	0	0	0.00	0.00	0.00	0.00	0.00
28	赤壁市	0	0	0	0	0	0.00	0.00	0.00	0.00	0.00
29	随州市	0	0	0	0	0	0.00	0.00	0.00	0.00	0.00
30	广水市	0	0	0	0	0	0.00	0.00	0.00	0.00	0.00
31	恩施市	0	0	0	0	0	0.00	0.00	0.00	0.00	0.00
32	利川市	0	0	0	0	0	0.00	0.00	0.00	0.00	0.00
33	仙桃市	0	0	0	0	0	0.00	0.00	0.00	0.00	0.00
34	潜江市	0	0	0	0	0	0.00	0.00	0.00	0.00	0.00
35	天门市	0	0	0	0	0	0.00	0.00	0.00	0.00	0.00

续表

序号	地区名称	桥梁座数(座)					道路新建、扩建长度(千米)				
		建设规模	本年施工规模		累计新增生产能力(或效益)		建设规模	本年施工规模		累计新增生产能力(或效益)	
				本年新开工		本年新增			本年新开工		本年新增
	甲	71	72	73	74	75	76	77	78	79	80
1	湖　北	29.50	26	24	27	25	828.59	507.97	369.51	405.38	395.64
2	黄石市	0.00	0	0	0	0	45.92	45.92	45.92	39.92	39.92
3	大冶市	1.00	1	1	1	1	2.00	2.00	2.00	2.00	2.00
4	十堰市	3.00	0	0	2	0	7.96	2.35	2.35	4.86	4.86
5	丹江口市	0.00	0	0	0	0	4.71	3.94	3.94	3.94	1.40
6	宜昌市	2.00	2	0	1	1	176.93	125.98	2.63	34.75	34.75
7	宜都市	0.00	0	0	0	0	4.02	4.02	4.02	4.02	4.02
8	当阳市	1.00	0	0	0	0	6.01	6.01	6.01	6.01	6.01
9	枝江市	0.00	0	0	0	0	35.81	0.00	0.00	1.55	1.55
10	襄阳市	4.00	4	4	4	4	18.13	18.13	18.13	18.13	18.13
11	老河口市	0.00	0	0	0	0	8.30	8.30	8.30	6.00	6.00
12	枣阳市	0.00	0	0	0	0	22.00	22.00	22.00	22.00	22.00
13	宜城市	0.00	0	0	0	0	3.71	3.71	3.71	3.71	3.71
14	鄂州市	0.00	0	0	0	0	11.00	11.00	11.00	11.00	11.00
15	荆门市	1.50	2	2	2	2	238.08	37.81	37.48	44.68	37.48
16	钟祥市	0.00	0	0	0	0	0.00	0.00	0.00	0.00	0.00
17	孝感市	0.00	0	0	0	0	5.12	5.12	5.12	5.12	5.12

续表

序号	地区名称	桥梁座数(座)					道路新建、扩建长度(千米)				
		建设规模	本年施工规模		累计新增生产能力(或效益)		建设规模	本年施工规模		累计新增生产能力(或效益)	
				本年新开工		本年新增			本年新开工		本年新增
18	应城市	0.00	0	0	0	0	0.00	0.00	0.00	0.00	0.00
19	安陆市	0.00	0	0	0	0	0.00	0.00	0.00	0.00	0.00
20	荆州市	2.00	2	2	2	2	41.87	36.28	35.38	36.47	36.47
21	石首市	0.00	0	0	0	0	1.10	1.10	1.10	0.30	0.30
22	洪湖市	1.00	1	1	1	1	8.20	8.20	8.20	0.00	0.00
23	松滋市	0.00	0	0	0	0	7.41	7.41	3.59	7.41	7.41
24	黄冈市	0.00	0	0	0	0	58.00	58.00	58.00	58.00	58.00
25	麻城市	2.00	2	2	2	2	37.80	37.80	37.80	37.80	37.80
26	武穴市	1.00	1	1	1	1	5.00	5.00	5.00	5.00	5.00
27	咸宁市	2.00	2	2	2	2	9.70	0.00	0.00	3.70	3.70
28	赤壁市	0.00	0	0	0	0	8.50	8.50	8.50	8.50	8.50
29	随州市	1.00	1	1	1	1	3.60	3.60	3.60	3.60	3.60
30	广水市	0.00	0	0	0	0	6.00	6.00	6.00	6.00	6.00
31	恩施市	4.00	4	4	4	4	4.02	4.02	4.02	4.02	4.02
32	利川市	0.00	0	0	0	0	14.81	11.06	1.00	9.18	9.18
33	仙桃市	2.00	2	2	2	2	10.00	10.00	10.00	3.00	3.00
34	潜江市	0.00	0	0	0	0	13.33	5.16	5.16	5.16	5.16
35	天门市	2.00	2	2	2	2	9.55	9.55	9.55	9.55	9.55

续表

序号	地区名称	道路新建、扩建面积（万平方米）					排水管道长度（千米）				
		建设规模	本年施工规模	本年新开工	累计新增生产能力（或效益）	本年新增	建设规模	本年施工规模	本年新开工	累计新增生产能力（或效益）	本年新增
	甲	81	82	83	84	85	86	87	88	89	90
1	湖　北	1836.05	1515.01	1144.99	1287.31	1279.58	2629.26	1135.79	922.47	1237.71	1223.68
2	黄石市	163.85	163.85	163.85	163.85	163.85	175.00	175.00	175.00	175.00	175.00
3	大冶市	10.00	10.00	10.00	10.00	10.00	8.00	8.00	8.00	8.00	8.00
4	十堰市	13.75	7.05	7.05	13.72	13.72	227.00	4.00	4.00	227.00	223.00
5	丹江口市	7.20	7.20	7.20	7.20	7.20	4.00	4.00	4.00	4.00	4.00
6	宜昌市	466.34	333.17	13.72	110.73	110.73	1383.28	218.99	31.70	131.00	131.00
7	宜都市	9.65	9.65	8.33	9.65	9.65	6.10	6.10	6.10	6.10	6.10
8	当阳市	4.27	4.27	4.27	4.27	4.27	26.29	26.29	26.29	26.29	26.29
9	枝江市	105.19	0.00	0.00	5.80	5.80	15.00	4.55	0.00	15.00	15.00
10	襄阳市	78.29	78.29	78.29	78.29	78.29	162.00	162.00	162.00	162.00	162.00
11	老河口市	5.50	5.50	5.50	5.50	5.50	9.50	9.50	9.50	9.50	9.50
12	枣阳市	51.90	51.90	51.90	51.90	51.90	80.00	80.00	80.00	80.00	80.00
13	宜城市	6.10	6.10	6.10	6.10	6.10	3.40	3.40	3.40	3.40	3.40
14	鄂州市	93.00	93.00	93.00	93.00	93.00	45.00	45.00	45.00	38.00	38.00
15	荆门市	86.00	86.00	86.00	86.00	86.00	93.93	47.43	47.40	47.43	47.40
16	钟祥市	0.00	0.00	0.00	0.00	0.00	8.49	8.49	8.49	8.49	8.49
17	孝感市	0.00	0.00	0.00	0.00	0.00	2.68	2.68	2.68	2.68	2.68

续表

序号	地区名称	道路新建、扩建面积(万平方米)					排水管道长度(千米)				
		建设规模	本年施工规模		累计新增生产能力(或效益)		建设规模	本年施工规模		累计新增生产能力(或效益)	
				本年新开工		本年新增			本年新开工		本年新增
18	应城市	0.00	0.00	0.00	0.00	0.00	5.00	5.00	5.00	5.00	5.00
19	安陆市	8.85	0.00	0.00	8.85	8.85	16.78	0.00	0.00	16.78	16.78
20	荆州市	123.74	110.67	110.67	102.10	102.10	100.35	92.90	90.05	93.51	93.51
21	石首市	5.10	5.10	5.10	0.90	0.90	1.60	1.60	1.60	0.30	0.30
22	洪湖市	17.81	17.81	17.81	3.50	3.50	21.40	21.40	21.40	0.00	0.00
23	松滋市	27.09	27.09	27.09	27.09	23.12	8.32	8.32	2.62	2.62	2.62
24	黄冈市	175.00	175.00	175.00	175.00	175.00	42.00	42.00	42.00	42.00	42.00
25	麻城市	153.40	153.40	153.40	153.40	153.40	29.13	29.13	29.13	29.13	29.13
26	武穴市	20.00	20.00	20.00	20.00	20.00	0.00	0.00	0.00	0.00	0.00
27	咸宁市	16.80	14.30	0.00	16.80	16.80	20.00	0.00	0.00	20.00	10.00
28	赤壁市	6.00	6.00	6.00	6.00	6.00	17.00	17.00	17.00	17.00	17.00
29	随州市	14.00	14.00	14.00	14.00	14.00	15.70	15.70	15.70	15.70	15.70
30	广水市	15.00	15.00	15.00	15.00	15.00	4.41	4.41	4.41	4.41	4.41
31	恩施市	10.27	10.27	10.27	10.27	10.27	3.60	3.60	3.60	3.60	3.60
32	利川市	52.05	36.67	2.30	35.25	33.25	8.20	7.80	0.30	7.50	7.50
33	仙桃市	0.00	0.00	0.00	0.00	0.00	47.00	47.00	47.00	7.17	7.17
34	潜江市	65.62	29.44	28.86	28.86	27.10	23.10	18.50	13.10	13.10	13.10
35	天门市	24.28	24.28	24.28	24.28	24.28	16.00	16.00	16.00	16.00	16.00

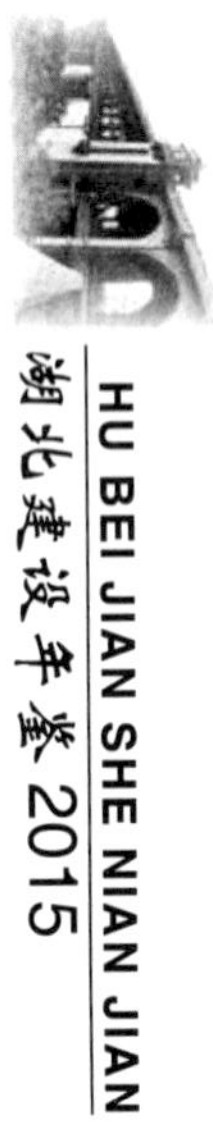

续表

序号	地区名称	污水处理厂处理能力(万立方米/日)					再生水管道长度(千米)				
		建设规模	本年施工规模		累计新增生产能力(或效益)		建设规模	本年施工规模		累计新增生产能力(或效益)	
				本年新开工		本年新增			本年新开工		本年新增
	甲	91	92	93	94	95	96	97	98	99	100
1	湖　北	18.5	15.3	13.3	10.0	9.8	0.20	0.20	0.20	0.20	0.20
2	黄石市	0.0	0.0	0.0	0.0	0.0	0.00	0.00	0.00	0.00	0.00
3	大冶市	0.0	0.0	0.0	0.0	0.0	0.00	0.00	0.00	0.00	0.00
4	十堰市	0.2	0.0	0.0	0.2	0.0	0.00	0.00	0.00	0.00	0.00
5	丹江口市	0.0	0.0	0.0	0.0	0.0	0.00	0.00	0.00	0.00	0.00
6	宜昌市	2.5	2.5	2.5	0.0	0.0	0.00	0.00	0.00	0.00	0.00
7	宜都市	0.0	0.0	0.0	0.0	0.0	0.00	0.00	0.00	0.00	0.00
8	当阳市	3.0	3.0	3.0	0.0	0.0	0.00	0.00	0.00	0.00	0.00
9	枝江市	0.0	0.0	0.0	0.0	0.0	0.00	0.00	0.00	0.00	0.00
10	襄阳市	0.0	0.0	0.0	0.0	0.0	0.00	0.00	0.00	0.00	0.00
11	老河口市	0.0	0.0	0.0	0.0	0.0	0.00	0.00	0.00	0.00	0.00
12	枣阳市	0.0	0.0	0.0	0.0	0.0	0.00	0.00	0.00	0.00	0.00
13	宜城市	0.0	0.0	0.0	0.0	0.0	0.00	0.00	0.00	0.00	0.00
14	鄂州市	0.0	0.0	0.0	0.0	0.0	0.00	0.00	0.00	0.00	0.00
15	荆门市	0.0	0.0	0.0	0.0	0.0	0.00	0.00	0.00	0.00	0.00
16	钟祥市	0.0	0.0	0.0	0.0	0.0	0.00	0.00	0.00	0.00	0.00
17	孝感市	0.0	0.0	0.0	0.0	0.0	0.00	0.00	0.00	0.00	0.00

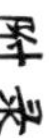

续表

序号	地区名称	污水处理厂处理能力(万立方米/日)					再生水管道长度(千米)				
		建设规模	本年施工规模		累计新增生产能力(或效益)		建设规模	本年施工规模		累计新增生产能力(或效益)	
				本年新开工		本年新增			本年新开工		本年新增
18	应城市	0.0	0.0	0.0	0.0	0.0	0.00	0.00	0.00	0.00	0.00
19	安陆市	3.0	3.0	3.0	3.0	3.0	0.00	0.00	0.00	0.00	0.00
20	荆州市	0.0	0.0	0.0	0.0	0.0	0.00	0.00	0.00	0.00	0.00
21	石首市	0.0	0.0	0.0	0.0	0.0	0.00	0.00	0.00	0.00	0.00
22	洪湖市	0.0	0.0	0.0	0.0	0.0	0.00	0.00	0.00	0.00	0.00
23	松滋市	0.0	0.0	0.0	0.0	0.0	0.00	0.00	0.00	0.00	0.00
24	黄冈市	0.0	0.0	0.0	0.0	0.0	0.00	0.00	0.00	0.00	0.00
25	麻城市	0.0	0.0	0.0	0.0	0.0	0.00	0.00	0.00	0.00	0.00
26	武穴市	0.0	0.0	0.0	0.0	0.0	0.00	0.00	0.00	0.00	0.00
27	咸宁市	0.0	0.0	0.0	0.0	0.0	0.00	0.00	0.00	0.00	0.00
28	赤壁市	0.0	0.0	0.0	0.0	0.0	0.00	0.00	0.00	0.00	0.00
29	随州市	4.8	4.8	4.8	4.8	4.8	0.00	0.00	0.00	0.00	0.00
30	广水市	2.0	2.0	0.0	2.0	2.0	0.00	0.00	0.00	0.00	0.00
31	恩施市	3.0	0.0	0.0	0.0	0.0	0.00	0.00	0.00	0.00	0.00
32	利川市	0.0	0.0	0.0	0.0	0.0	0.00	0.00	0.00	0.00	0.00
33	仙桃市	0.0	0.0	0.0	0.0	0.0	0.00	0.00	0.00	0.00	0.00
34	潜江市	0.0	0.0	0.0	0.0	0.0	0.00	0.00	0.00	0.00	0.00
35	天门市	0.0	0.0	0.0	0.0	0.0	0.20	0.20	0.20	0.20	0.20

续表

序号	地区名称	再生水生产能力(万立方米/日)					雨水泵站排水能力(立方米/秒)				
		建设规模	本年施工规模		累计新增生产能力(或效益)		建设规模	本年施工规模		累计新增生产能力(或效益)	
				本年新开工		本年新增			本年新开工		本年新增
	甲	101	102	103	104	105	106	107	108	109	110
1	湖　北	0.0	0.0	0.0	0.0	0.0	0.00	0.00	0.00	0.00	0.00
2	黄石市	0.0	0.0	0.0	0.0	0.0	0.00	0.00	0.00	0.00	0.00
3	大冶市	0.0	0.0	0.0	0.0	0.0	0.00	0.00	0.00	0.00	0.00
4	十堰市	0.0	0.0	0.0	0.0	0.0	0.00	0.00	0.00	0.00	0.00
5	丹江口市	0.0	0.0	0.0	0.0	0.0	0.00	0.00	0.00	0.00	0.00
6	宜昌市	0.0	0.0	0.0	0.0	0.0	0.00	0.00	0.00	0.00	0.00
7	宜都市	0.0	0.0	0.0	0.0	0.0	0.00	0.00	0.00	0.00	0.00
8	当阳市	0.0	0.0	0.0	0.0	0.0	0.00	0.00	0.00	0.00	0.00
9	枝江市	0.0	0.0	0.0	0.0	0.0	0.00	0.00	0.00	0.00	0.00
10	襄阳市	0.0	0.0	0.0	0.0	0.0	0.00	0.00	0.00	0.00	0.00
11	老河口市	0.0	0.0	0.0	0.0	0.0	0.00	0.00	0.00	0.00	0.00
12	枣阳市	0.0	0.0	0.0	0.0	0.0	0.00	0.00	0.00	0.00	0.00
13	宜城市	0.0	0.0	0.0	0.0	0.0	0.00	0.00	0.00	0.00	0.00
14	鄂州市	0.0	0.0	0.0	0.0	0.0	0.00	0.00	0.00	0.00	0.00
15	荆门市	0.0	0.0	0.0	0.0	0.0	0.00	0.00	0.00	0.00	0.00
16	钟祥市	0.0	0.0	0.0	0.0	0.0	0.00	0.00	0.00	0.00	0.00
17	孝感市	0.0	0.0	0.0	0.0	0.0	0.00	0.00	0.00	0.00	0.00

续表

序号	地区名称	再生水生产能力(万立方米/日)					雨水泵站排水能力(立方米/秒)				
		建设规模	本年施工规模	本年新开工	累计新增生产能力(或效益)	本年新增	建设规模	本年施工规模	本年新开工	累计新增生产能力(或效益)	本年新增
18	应城市	0.0	0.0	0.0	0.0	0.0	0.00	0.00	0.00	0.00	0.00
19	安陆市	0.0	0.0	0.0	0.0	0.0	0.00	0.00	0.00	0.00	0.00
20	荆州市	0.0	0.0	0.0	0.0	0.0	0.00	0.00	0.00	0.00	0.00
21	石首市	0.0	0.0	0.0	0.0	0.0	0.00	0.00	0.00	0.00	0.00
22	洪湖市	0.0	0.0	0.0	0.0	0.0	0.00	0.00	0.00	0.00	0.00
23	松滋市	0.0	0.0	0.0	0.0	0.0	0.00	0.00	0.00	0.00	0.00
24	黄冈市	0.0	0.0	0.0	0.0	0.0	0.00	0.00	0.00	0.00	0.00
25	麻城市	0.0	0.0	0.0	0.0	0.0	0.00	0.00	0.00	0.00	0.00
26	武穴市	0.0	0.0	0.0	0.0	0.0	0.00	0.00	0.00	0.00	0.00
27	咸宁市	0.0	0.0	0.0	0.0	0.0	0.00	0.00	0.00	0.00	0.00
28	赤壁市	0.0	0.0	0.0	0.0	0.0	0.00	0.00	0.00	0.00	0.00
29	随州市	0.0	0.0	0.0	0.0	0.0	0.00	0.00	0.00	0.00	0.00
30	广水市	0.0	0.0	0.0	0.0	0.0	0.00	0.00	0.00	0.00	0.00
31	恩施市	0.0	0.0	0.0	0.0	0.0	0.00	0.00	0.00	0.00	0.00
32	利川市	0.0	0.0	0.0	0.0	0.0	0.00	0.00	0.00	0.00	0.00
33	仙桃市	0.0	0.0	0.0	0.0	0.0	0.00	0.00	0.00	0.00	0.00
34	潜江市	0.0	0.0	0.0	0.0	0.0	0.00	0.00	0.00	0.00	0.00
35	天门市	0.0	0.0	0.0	0.0	0.0	0.00	0.00	0.00	0.00	0.00

续表

序号	地区名称	污水泵站排水能力（立方米/秒）					雨污合流制泵站排水能力（立方米/秒）				
		建设规模	本年施工规模	本年新开工	累计新增生产能力（或效益）	本年新增	建设规模	本年施工规模	本年新开工	累计新增生产能力（或效益）	本年新增
	甲	111	112	113	114	115	116	117	118	119	120
1	湖　北	0.20	0.20	0.20	0.20	0.20	116.85	147.30	106.86	121.41	111.41
2	黄石市	0.00	0.00	0.00	0.00	0.00	0.00	0.00	0.00	0.00	0.00
3	大冶市	0.00	0.00	0.00	0.00	0.00	0.00	0.00	0.00	0.00	0.00
4	十堰市	0.00	0.00	0.00	0.00	0.00	0.00	0.00	0.00	0.00	0.00
5	丹江口市	0.00	0.00	0.00	0.00	0.00	0.00	0.00	0.00	0.00	0.00
6	宜昌市	0.00	0.00	0.00	0.00	0.00	6.94	6.94	1.50	6.75	6.75
7	宜都市	0.00	0.00	0.00	0.00	0.00	6.10	6.10	6.10	6.10	6.10
8	当阳市	0.00	0.00	0.00	0.00	0.00	3.98	3.98	3.98	3.98	3.98
9	枝江市	0.00	0.00	0.00	0.00	0.00	4.55	15.00	0.00	15.00	15.00
10	襄阳市	0.00	0.00	0.00	0.00	0.00	0.00	0.00	0.00	0.00	0.00
11	老河口市	0.00	0.00	0.00	0.00	0.00	0.00	0.00	0.00	0.00	0.00
12	枣阳市	0.00	0.00	0.00	0.00	0.00	0.00	0.00	0.00	0.00	0.00
13	宜城市	0.20	0.20	0.20	0.20	0.20	0.00	0.00	0.00	0.00	0.00
14	鄂州市	0.00	0.00	0.00	0.00	0.00	15.00	15.00	15.00	12.00	12.00
15	荆门市	0.00	0.00	0.00	0.00	0.00	0.00	0.00	0.00	0.00	0.00
16	钟祥市	0.00	0.00	0.00	0.00	0.00	5.99	5.99	5.99	5.99	5.99
17	孝感市	0.00	0.00	0.00	0.00	0.00	1.67	1.67	1.67	1.67	1.67

续表

序号	地区名称	污水泵站排水能力(立方米/秒)					雨污合流制泵站排水能力(立方米/秒)				
		建设规模	本年施工规模		累计新增生产能力(或效益)		建设规模	本年施工规模		累计新增生产能力(或效益)	
				本年新开工		本年新增			本年新开工		本年新增
18	应城市	0.00	0.00	0.00	0.00	0.00	5.00	5.00	5.00	5.00	5.00
19	安陆市	0.00	0.00	0.00	0.00	0.00	0.00	0.00	0.00	0.00	0.00
20	荆州市	0.00	0.00	0.00	0.00	0.00	0.00	0.00	0.00	0.00	0.00
21	石首市	0.00	0.00	0.00	0.00	0.00	1.60	1.60	1.60	0.30	0.30
22	洪湖市	0.00	0.00	0.00	0.00	0.00	21.40	21.40	21.40	0.00	0.00
23	松滋市	0.00	0.00	0.00	0.00	0.00	2.62	2.62	2.62	2.62	2.62
24	黄冈市	0.00	0.00	0.00	0.00	0.00	42.00	42.00	42.00	42.00	42.00
25	麻城市	0.00	0.00	0.00	0.00	0.00	0.00	0.00	0.00	0.00	0.00
26	武穴市	0.00	0.00	0.00	0.00	0.00	0.00	0.00	0.00	0.00	0.00
27	咸宁市	0.00	0.00	0.00	0.00	0.00	0.00	20.00	0.00	20.00	10.00
28	赤壁市	0.00	0.00	0.00	0.00	0.00	0.00	0.00	0.00	0.00	0.00
29	随州市	0.00	0.00	0.00	0.00	0.00	0.00	0.00	0.00	0.00	0.00
30	广水市	0.00	0.00	0.00	0.00	0.00	0.00	0.00	0.00	0.00	0.00
31	恩施市	0.00	0.00	0.00	0.00	0.00	0.00	0.00	0.00	0.00	0.00
32	利川市	0.00	0.00	0.00	0.00	0.00	0.00	0.00	0.00	0.00	0.00
33	仙桃市	0.00	0.00	0.00	0.00	0.00	0.00	0.00	0.00	0.00	0.00
34	潜江市	0.00	0.00	0.00	0.00	0.00	0.00	0.00	0.00	0.00	0.00
35	天门市	0.00	0.00	0.00	0.00	0.00	0.00	0.00	0.00	0.00	0.00

续表

序号	地区名称	干污泥无害化处置能力(吨/年)					绿地面积(公顷)					生活垃圾无害化处理能力(吨/日)				
		建设规模	本年施工规模	本年新开工	累计新增生产能力(或效益)	本年新增	建设规模	本年施工规模	本年新开工	累计新增生产能力(或效益)	本年新增	建设规模	本年施工规模	本年新开工	累计新增生产能力(或效益)	本年新增
	甲	121	122	123	124	125	126	127	128	129	130	131	132	133	134	135
1	湖　北	0	0	0	0	0	1904.12	1497.52	1272.66	1477.91	1385.91	742	612	77	112	112
2	黄石市	0	0	0	0	0	33.03	33.03	33.03	33.03	33.03	0	0	0	0	0
3	大冶市	0	0	0	0	0	24.20	24.20	24.20	24.20	24.20	0	0	0	0	0
4	十堰市	0	0	0	0	0	30.80	21.80	21.80	27.80	27.80	30	0	0	0	0
5	丹江口市	0	0	0	0	0	0.00	0.00	0.00	0.00	0.00	0	0	0	0	0
6	宜昌市	0	0	0	0	0	441.75	257.37	38.71	77.82	77.82	635	535	0	35	35
7	宜都市	0	0	0	0	0	8.02	8.02	8.02	8.02	8.02	0	0	0	0	0
8	当阳市	0	0	0	0	0	6.65	4.55	4.55	4.55	4.55	0	0	0	0	0
9	枝江市	0	0	0	0	0	0.00	0.00	0.00	0.00	0.00	0	0	0	0	0
10	襄阳市	0	0	0	0	0	69.75	69.75	69.75	69.75	69.75	0	0	0	0	0
11	老河口市	0	0	0	0	0	3.56	3.56	3.56	3.00	3.00	0	0	0	0	0
12	枣阳市	0	0	0	0	0	117.29	117.29	117.29	117.29	117.29	0	0	0	0	0
13	宜城市	0	0	0	0	0	40.60	40.60	40.60	40.60	40.60	0	0	0	0	0
14	鄂州市	0	0	0	0	0	45.00	45.00	45.00	45.00	45.00	77	77	77	77	77
15	荆门市	0	0	0	0	0	70.12	49.10	49.10	49.10	49.10	0	0	0	0	0
16	钟祥市	0	0	0	0	0	6.58	6.58	6.58	6.58	6.58	0	0	0	0	0
17	孝感市	0	0	0	0	0	124.00	32.00	32.00	124.00	32.00	0	0	0	0	0

续表

序号	地区名称	干污泥无害化处置能力(吨/年)					绿地面积(公顷)					生活垃圾无害化处理能力(吨/日)				
		建设规模	本年施工规模	本年新开工	累计新增生产能力(或效益)	本年新增	建设规模	本年施工规模	本年新开工	累计新增生产能力(或效益)	本年新增	建设规模	本年施工规模	本年新开工	累计新增生产能力(或效益)	本年新增
18	应城市	0	0	0	0	0	0.00	0.00	0.00	0.00	0.00	0	0	0	0	0
19	安陆市	0	0	0	0	0	11.00	11.00	11.00	11.00	11.00	0	0	0	0	0
20	荆州市	0	0	0	0	0	90.85	90.85	90.85	90.85	90.85	0	0	0	0	0
21	石首市	0	0	0	0	0	1.00	1.00	1.00	0.50	0.50	0	0	0	0	0
22	洪湖市	0	0	0	0	0	6.50	6.50	6.50	0.00	0.00	0	0	0	0	0
23	松滋市	0	0	0	0	0	2.55	0.95	0.95	0.95	0.95	0	0	0	0	0
24	黄冈市	0	0	0	0	0	435.00	435.00	435.00	435.00	435.00	0	0	0	0	0
25	麻城市	0	0	0	0	0	55.00	55.00	55.00	55.00	55.00	0	0	0	0	0
26	武穴市	0	0	0	0	0	30.00	30.00	30.00	30.00	30.00	0	0	0	0	0
27	咸宁市	0	0	0	0	0	54.70	0.00	0.00	54.70	54.70	0	0	0	0	0
28	赤壁市	0	0	0	0	0	35.17	35.17	35.17	35.17	35.17	0	0	0	0	0
29	随州市	0	0	0	0	0	3.00	1.00	1.00	3.00	3.00	0	0	0	0	0
30	广水市	0	0	0	0	0	0.00	0.00	0.00	0.00	0.00	0	0	0	0	0
31	恩施市	0	0	0	0	0	19.00	19.00	19.00	19.00	19.00	0	0	0	0	0
32	利川市	0	0	0	0	0	47.00	7.20	1.00	28.00	28.00	0	0	0	0	0
33	仙桃市	0	0	0	0	0	82.00	82.00	82.00	74.00	74.00	0	0	0	0	0
34	潜江市	0	0	0	0	0	10.00	10.00	10.00	10.00	10.00	0	0	0	0	0
35	天门市	0	0	0	0	0	0.00	0.00	0.00	0.00	0.00	0	0	0	0	0

图书在版编目(CIP)数据

湖北建设年鉴　2015/《湖北建设年鉴》编委会编.
武汉:湖北人民出版社,2015.11
ISBN 978-7-216-08740-7
Ⅰ.湖…　Ⅱ.湖…　Ⅲ.城市建设—湖北省—2015—年鉴　Ⅳ.F299.276.3-54
中国版本图书馆 CIP 数据核字(2015)第 237224 号

出 品 人:姚德海
责任部门:时政经济分社
责任编辑:李汶怡
封面设计:佘　龙
责任校对:范承勇
责任印制:王铁兵

出版发行: 湖北人民出版社	**地址:**武汉市雄楚大道 268 号
印刷:武汉市科利德印务有限公司	**邮编:**430070
开本:880 毫米×1230 毫米 1/16	**印张:**29.5
字数:673 千字	**插页:**18
版次:2015 年 11 月第 1 版	**印次:**2015 年 11 月第 1 次印刷
书号:ISBN 978-7-216-08740-7	**定价:**300.00 元

本社网址:http://www.hbpp.com.cn
本社旗舰店:http://hbrmcbs.tmall.com
读者服务部电话:027-87679656
投诉举报电话:027-87679757
(图书如出现印装质量问题,由本社负责调换)